東北亞近代空間的形成及其影響

李曉東・李正吉 主編

作者群

李曉東	島根縣立大學教授
飯山知保	早稻田大學教授
岡洋樹	日本東北大學教授
S.楚倫	蒙古科學院教授
中村篤志	山形大學教授
韓東育	東北師範大學教授
澤井啟一	惠泉女子大學名譽教授
井上厚史	島根縣立大學教授
劉建輝	國際日本文化研究中心教授
石田徹	島根縣立大學準教授
柳澤明	早稻田大學教授
茂木敏夫	東京女子大學教授
井上治	島根縣立大學教授
黃克武	中央研究院近代史研究所特聘研究員
張寅性	首爾大學教授
山本健三	島根縣立大學教授
李正吉	日本人間文化研究機構助教
波平恒男	琉球大學名譽教授
松田利彥	國際日本文化研究中心教授
王中忱	（北京）清華大學教授
Eduard Baryshev	筑波大學助教
森永貴子	立命館大學教授
趙誠倫	濟州大學名譽教授
娜荷芽	內蒙古大學副教授

譯者群

程永超　日本東北大學東北亞研究中心準教授（第 9 章）

樊　璐　北京理工大學外國語學院研究生（第 14 章）

高燕文　總合研究大學院大學文化科學研究科國際日本研究專攻博士後期課程
　　　　（第 19 章）

胡　藤　東京大學大學院人文社會系研究科東亞思想文化研究專門分野博士課程
　　　　（第 6 章、第 11 章）

胡紫鶯　北京理工大學外國語學院研究生（第 16 章）

黃曉然　北京理工大學外國語學院研究生（研究歷程）

李　萌　島根縣立大學東北亞開發研究科博士後期課程（第 17 章）

單荷君　青島大學歷史學院講師（第 4 章、第 10 章、第 22 章）

宋　琦　江西理工大學講師（第 1 章、第 2 章、第 8 章）

蘇文博　總合研究大學院大學文化科學研究科國際日本研究專攻博士後期課程
　　　　（第 23 章）

孫鳴鶴　北京理工大學外國語學院研究生（第 14 章、研究歷程）

王鶴琴　內蒙古大學研究生（第 3 章）

王莞晗　國際日本文化研究中心事務輔佐員
　　　　（緒論、第 12 章、第 18 章、第 21 章）

王心藝　北京理工大學外國語學院研究生（第 16 章）

張梓琳　大阪大學大學院文學研究科研究生（第 7 章）

目次

作者群 3
譯者群 4

緒　論 ....李曉東　7

第一部　從胚胎期到近代前夜的東北亞

第一章　蒙古與「中國」的接壤地帶：12 至 14 世紀的華北
　　　　——蒙古帝國的統治與華北社會的變遷.............................飯山知保　32
第二章　大清國歷史記述中的蒙古史脈絡................................岡洋樹　41
第三章　涅爾琴斯克條約中的「蒙古」問題：統治與解決...................S. 楚倫　57
第四章　驛站守護人：蒙古國喀喇沁集團的歷史與記憶....................中村篤志　76
第五章　從《大義覺迷錄》到《清帝遜位詔書》..........................韓東育　97
第六章　東亞地區多樣性的形成——以「心學」為題材...................澤井啟一　125
第七章　朝鮮的近代國家構想：「民國」與「愛民」.....................井上厚史　139
第八章　生態、移民、鐵道——滿洲「近代」的形成軌跡..................劉建輝　161

第二部　對「近代」的接受、重組與再詮釋

第九章　對馬與外國船隻——到港與出港................................石田徹　172
第十章　俄清外交交涉中的溝通隔閡
　　　　——以 18 世紀初及 19 世紀中葉的兩個事例為考察對象 ....柳澤明　193
第十一章　中國式秩序的理念——其特徵及在近現代的問題化........茂木敏夫　226
第十二章　扎木察拉諾描繪的蒙古近代空間.............................井上治　246
第十三章　辭彙、戰爭與東亞的國族邊界：
　　　　　「中國本部」概念的起源與變遷.............................黃克武　265

第十四章　俞吉濬的文明社會構想與蘇格蘭啓蒙思想
　　　　　──東亞接受近代思想及其變化的一個形態 .... 張寅性　297

第十五章　近代中國對法理學的接受與展開
　　　　　──梁啓超對中國「自然法」的「發現」 .... 李曉東　316

第十六章　朝鮮的「無政府主義式近代」：20世紀初東亞克魯泡特金
　　　　　主義的擴散和《朝鮮革命宣言》 .... 山本健三　339

第十七章　朝鮮末期的近代空間：民主主義土壤的培育 .... 李正吉　356

第三部　接觸（contact）的「光」與「影」

第十八章　再考沖繩的近代──關於日本帝國與同化主義的問題 ..... 波平恒男　380

第十九章　大韓帝國時期漢城的自來水管道建設──從其與殖民地都市
　　　　　「京城」的二重構造論的關聯說起 .... 松田利彥　399

第二十章　繪製「蒙疆」──從軍畫家深澤省三的美術活動與創作 ..... 王中忱　420

第二十一章　近代東北亞的形成與俄羅斯邊疆──1920年的尼古拉
　　　　　　耶夫斯克事件和薩哈林州的保障佔領 .... Eduard Baryshev　431

第二十二章　清朝門戶開放後俄國的茶葉貿易
　　　　　　──以恰克圖、漢口的流通為例 .... 森永貴子　450

第二十三章　近代過渡時期濟州島民的移動和跨國認同 .... 趙誠倫　478

第二十四章　1910-1930年代蒙古族的文化教育活動：以東蒙書局、
　　　　　　蒙古文化促進會及東北蒙旗師範學校為例 .... 娜荷芽　491

研究歷程　　.. 李正吉　501

緒論

李曉東

（王菀晗　譯）

　　島根縣立大學東北亞地域研究（NEAR）中心作為日本大學共同利用機關・人間文化研究機構的地域研究實施計劃「東北亞區域研究」的研究基地之一，從 2016 年開始了以「東北亞近代空間的形成與影響」為主題的共同研究項目。本書是此項研究的最終成果論集。

　　推進本研究的 NEAR 中心是在 2000 年島根縣立大學建校時設立的。大學從一開始就將東北亞研究作為大學的辦學特色。自設立以來，本中心一貫追求「東北亞學」的創建。關於這個理念，本中心的創建者、也是島根縣立大學第一代校長宇野重昭指出：「東北亞學的思想核心，在於超越由西方創造的『亞洲』概念，再從世界性的視角重新把握亞洲的諸問題，並以這種開放的世界性視角從亞洲方面促使西歐的改變。在此基礎上，在與改變了的歐美間的相互激發的關係中重新審視世界史課題，以此來探索解決亞洲以及東北亞地區的『難題』的可能性」[1]。這個理念在本項目的研究中也得到了充分的體現。

　　關於這五年的研究進程的介紹，將放在本書最後的「研究歷程」中，在緒論中筆者將基於自身的理解並結合迄今為止共同研究過程中的討論，在闡述本研究的目標、特徵和意義後，概觀各論文的內容，確認本書的意義。

一、通過「接觸空間（Contact Zone）」來研究把握東北亞的「近代」

（一）論述東北亞的意義

　　如果說「歷史是過去與現在間的無盡對話」（E. H. 卡爾），生活在現在的我

---

[1]　宇野重昭，《北東アジア学への道》（「北東アジア学創成シリーズ」・第 1 卷）（東京：國際書院，2012），頁 40。

們從各自不同的問題意識出發，從過去時空裡的無數事實中選取對我們有益的事物來進行「對話」，是十分自然的做法。

迄今為止，以「東北亞」為框架的研究其實並不少。例如以國家為主角，對該地區中有關安全保障、環境、資源等相關國際政治問題的研究；在意識到接壤性或此地區的比鄰關係的基礎上，在東北亞的框架中尋找地方（Local）經濟發展機會的研究；還有批判性地看待狹隘民族主義，以超越民族國家（nation-state，又作國民國家）界限為目標，提倡建立「東北亞共同之家」等共同體的研究，等等。因此，東北亞作為研究對象，由於論者問題意識的不同，其範圍能夠任意地伸縮。這個框架既能夠包含到太平洋對岸的美國，又能限定於中、日、韓三國及相鄰的國家與地區，此外，還可以成為地方振興的戰略。同樣以「東北亞」為框架的本書，在問題意識上亦有不少相同之處。

另一方面，與迄今為止的關於東北亞研究相比，本書的特徵有以下三點：（1）以「東北亞的『近代』」為中心，特別從歷史、思想、文化的視點進行探討；（2）在研究對象中，重視蒙古與俄羅斯／蘇聯的西伯利亞地區；（3）將東北亞看作一個網絡，以取代由國界等各種界限區隔而成的東北亞，同時特別關注發生在各種「接觸空間」中的接觸、碰撞以及所產生的變化。以下筆者將圍繞此三點特徵來闡明這個共同研究的目標。

首先是歷史、思想、文化的視點。東北亞地區因西方「近代」的東漸，最終不可迴避地迎來了「近代」，在此之前，這個空間裡包含了蒙古、俄羅斯／蘇聯、中華以及日本等多樣的「帝國」的興亡，具有悠久而獨特的歷史，它不但擁有歐洲基督教世界所不能相比的宗教多樣性，還是一個多種文化相互作用的熔爐。這個充滿多樣性的空間在近代以後，雖然被近代國家系統所替代並均一化，但在這個過程中不可避免地產生了各種問題。因此，只有通過追溯到近代以前，在歷史的文脈中重新把握東北亞的歷史、思想、文化，考察東北亞的多樣性和與西方「近代」所發生的相互碰撞，才能夠重新「發現」在近代國家的均一化過程中被忽略掉的、東北亞所具有的獨特性。同時，我們還將在「近代」化這個不可迴避的過程中，重新發現擁有多樣特徵的東北亞的「近代」，它們或在外觀上呈現了「近代」的外形，但是實際上內部卻有著與「近代」異質的內涵；或者即使可被稱作是「近代」，實際上已是被不同程度地再詮釋了的「近代」。

其次，重視蒙古和俄羅斯／蘇聯的西伯利亞地區的第二個特徵，可以使東北亞區域研究避免往往容易陷入的偏向性。

所謂區域研究，例如在美國，從第二次世界大戰時期發展起來的 Area Studies

被運用於國家戰略之中，具有政策性、實用性的特點，研究立場也往往是西方中心主義。以中國研究為例，所謂「衝擊－反應」模式以及「近代化」論長時期左右著學術界。這樣的視角終於在 1980 年代，遭到了「中國中心觀」（保羅‧柯文）和「作為方法的中國」（溝口雄三）等重視內發性因素立場的批判。這些新的方法成為針對東方主義的有力批判。但另一方面，「中國」這個內發性的立場，存在著容易陷入僅將視野限定在以漢字、儒學等為象徵的「中華」傳統的陷阱。的確，在中華的內部，由於中華的「可變」（華夷互變之可能）性和中華圈因地區間的差異，包括「反中華」在內，中華內部亦充滿了多樣性。政治和思想文化意義上的「中華」的形成過程本身就是各種對立、以及文化上相互激發和變化的過程。例如，在思考東亞儒教的特徵時，不能排除元朝的蒙古文化要素，還需瞭解儒教在內、外各區域的「本土化（Nativization）」的過程中充滿了多樣性。這種多樣性在與西方的「近代」的接觸中更增加了其複雜性。但是，無論是「中華」還是與「中華」對立並意欲取而代之意義上的「反中華」，還都是「中華」框架下的思考方式，而與「中華」的邏輯完全不同的「非中華」的卻容易被忽視。例如，當我們談論宋、元、明的歷史時，不能忽視不同於江南社會經驗的遼、金統治下的北方社會的經驗；研究清朝的政治統治時，不僅要談科舉，還需要談「八旗」。這些都是象徵了「非中華」因素重要性的典型事例。

與此相反，近年來作為「中華」框架的反命題，被稱為「新清朝史」的研究動向頗受矚目，有關研究重視清朝的「滿洲性格（Manchuness）」，從以蒙古為代表的「內陸亞洲」的立場出發，描繪出清朝「非中華」的一面（如 Mark Elliott、Evelyn Sakakida Rawski 等等）。圍繞中華與「非中華」，特別是在中美兩國的學者之間引起了爭論。這樣的視角對修正傳統上偏重「中華」的研究方法具有重要意義。但另一方面，在不能從民族主義意識中獲得完全自由的背景下，研究立場上的對立無法完全限定在學術領域內，爭論往往難以擺脫某些政治因素的影響。

在瞭解上述區域研究的傾向的前提下，本研究重視蒙古和俄羅斯等區域「非中華」因素的同時，注重包括地理空間和思想空間的「接觸空間」——例如作為可視的接觸空間的驛站、武漢等「條約港」、大連等近代都市空間、對馬與濟州、琉球／沖繩等島嶼，以及不可視的空間的統治理念、概念和思想的接觸與碰撞、制度、條約、教科書、留學等的相互影響與作用——將東北亞視作各種關係和連鎖所構成的網絡，以這一視角取代用國界等排他性的界線劃分出來的地區的視角。這是本研究的第三個重要特徵。

因為將東北亞視為一個網絡，我們特別注視其中的接觸空間中的相互激發與演

變過程，對本研究而言，近代國家體制的框架已不再是討論的預設前提，至少在我們的意識中，與以西方的「近代」為基準的東方主義是相對立的。不僅如此，存在於近代以前的東北亞的「華夷」秩序也將被相對化。具體地講，除了「朝貢」、「冊封」等中華邏輯及支持這一邏輯的儒學理念以外，例如從蒙古和西藏的角度觀察中華王朝，就會注意到其中存在著的與「華夷」觀相異的邏輯。並且，從近代國家的立場來想像歷史上的「中國」這一視角也將被解構。本研究正是在力圖擺脫所謂西方中心主義的同時，解構往往被視為正統的「傳統」的中華中心主義的基礎上，重新對東北亞進行探討的。

（二）「近代」給東北亞帶來的影響

提起「近代」，在作為其源頭的西方也擁有著多種多樣的形態。但是，之所以統稱之為西方「近代」，是因為它與「非西方」形成了對照。反觀「近代」東漸之前的非西方地區的東北亞，除了具有民族、宗教等文化的多樣性以外，歷史上眾多力量的角逐和不同的帝國統治的歷史不斷重繪這個地區的地圖，正因如此，過往並沒有「東北亞」這一統稱。因此，在此意義上，如同硬幣的正反面一樣，思考東北亞這個充滿多樣性的非西方地區的「近代」時，西方「近代」是一個不可或缺的參考。

這裡西方「近代」可以從廣義上來把握。首先，從物質方面來說，使近代西方人自身也因為無法適應巨變而為之感到「狼狽」（福澤諭吉）的蒸汽機、電信、印刷等近代物質文明帶來了近代的全球化。而思想和文化方面，「近代」在理念上以個人主義、自由主義和資本主義（市場經濟）為代表；在制度上的象徵則是近代立憲制度，同時，社會主義和無政府主義的思想、運動和制度也同樣是「近代」。不僅如此，帝國主義、殖民主義對東北亞而言也是講述「近代」時具有決定性意義的重要因素。

關於東北亞的「近代」，迄今為止已從各種角度被討論，但是無論是「近代化」論還是與之形成鮮明對照的「內發性發展」論，以及「文化觸變」論等等，儘管論者的立場各不相同，但同樣都是以西方的「近代」為前提的。

充滿多樣性的東北亞的「近代」也存在著多樣的形態。但是本書的研究並不僅僅滿足於展示東北亞「近代」的多樣性，更重要的是力圖深入紛繁複雜的東北亞各個地區的「近代」——它們或是主動，或是被動甚至是被強加的「近代」——的各自的特徵，並對其意義進行考察。

既然西方的近代是思考東北亞「近代」時不可或缺的參照，那麼首先思考西方

「近代」的東漸給東北亞帶來何種影響應是十分有意義的。東漸至東北亞的西方「近代」可以說給這個地區帶來了如下幾方面的影響:「排他性的領域性」、「近代國家的均一性」、「近代性」和「強迫觀念之形成」。

我們先討論一下有關「排他性的領域性」。

在東北亞地區,即使是在主要由農耕為生而過著定居型生活的人們構成的「中華帝國」,它雖然有著「朝貢」、「冊封」這種鬆散的統治和從屬關係,但在「普天之下」這種一元性的「天下」世界觀中,「王土」中的邊界是曖昧的。更何況對蒙古這樣的游牧民族以及以海洋為生活基礎的人們來說,讓他們自身倍感不自由的排他性界限的意識應是不存在的。

與此相對,近代國家的最大特徵是設置了排他性的界線,領域內的人民構成了國民,獨立的民族國家擁有排他性的主權。西歐「近代」的東漸,大大地改變了東北亞地區原有的基於「無為之治」的鬆散的統治關係和不具有明確分界線的世界,以及居住在那裡的人們的意識。兩者之間意識的落差和偏離,成為了引起許多對立與紛爭的原因。

首先,條約將明確的排他性界限帶入了以往曖昧的領域性中,在「外壓」中開始形成了向心性的國家認同,為了免受外來的干涉和入侵,創立一個自主自立、具有排他性主權的近代國家成為至上課題。對各個地區的政治體來說,雖然「外壓」絕不是始於近代西方列強,但是抵抗外壓,追求自主、自立的行為以創建近代國家的形式出現是前所未有的。並且,社會進化論為其提供了科學根據。對於多數人們而言,為在適者生存的競爭世界中「競存」,對建立排他性國家而實現「富強」成為強者的目標的追求,已由進化論證明了它的科學性與正確性。

因此,例如具有「多個面孔」的清帝國統治理念的多樣性與靈活性維持了兩百多年的和平,在20世紀初也不得不開始了「仿行憲政」以成為一元性的近代國家。在東北亞的一部分地區,近代以來創建近代國家的趨勢直到現在還在持續。在國民的形成尚處於建設中的東北亞地區,領土問題延續至今,超越「一國史(National History)」的門檻依舊很高。

第二個需要探討的是「近代國家的均一性」。近代國家擁有排他性主權,對內以確保領土的完整和創造出均一的國民。近代以來,東北亞地區各國不論願意與否,都不得不將建設近代國家視為至上課題,進入了創造「想像的共同體」的過程。

但是,要把鬆散、多元化共存的文化嵌入到一元性民族國家框架中,必然會產生很多問題。

　　首先，由於接壤地區對近代國家的各種「想像」會出現重合的部分，發生在國家邊緣部的國家的對立會作為領土問題表現出來。同時，性質不同的多元的文化被強硬地塞入到近代國家的框架中，導向均一化的過程，但在此過程中產生的齟齬沒能避免強制與壓迫的出現。這種現象在對外的殖民地統治和對內的國家建設這二者的過程中都無可避免。另一方面，從對內的角度看，在理念上的目標是基於 One Nation-One State 的理念來形成同質均一的國民（Nation），但實際的統合過程中必須建設一個統一的多民族國家。它導致了同一民族被阻隔在國境的兩邊；在國內產生了少數民族問題，這個不安的火種至今依舊是國際關係與國內政治所面臨的難題。自古以來，例如清朝雖然以多樣的統治理念維持了統治的安定性，但在近代國家原理的剛性面前，已失去了這種靈活性的餘地。越是以這種剛性來推進近代國家建設，為防止國內的不安定與分裂的危機，其結果就必然越是要強調民族主義與愛國主義。

　　第三個是西方的「近代」所帶來的近代性。西歐工業革命之原動力的鐵路、電信、以及近代武器、軍艦等可視性的「西力衝擊」給東北亞的政治、經濟、社會帶來了巨大的變化已經無需贅言。由於近代的全球化，譬如英國飲茶習慣的大眾化作為鴉片戰爭的遠因，成為東北亞地區的政治發生地殼變動的契機；西伯利亞鐵路的鋪設使東北亞地區政治力學發生變化，被視為影響日俄戰爭的重要因素之一。此外，前所未有的規模與密度的貿易管道所構成的經濟網絡，以及由人的移動而形成的人的網絡在經受國際和國內政治狀況衝擊下跨越國境，形成了全球化。另外還有無形的，例如自由、平等的近代理念、立憲政治等近代制度以及自由貿易等等，在歐洲歷時數百年時間形成的近代文化共時性地流入東北亞。在東北亞各地，自由主義、社會主義、無政府主義等具有多樣形態的「近代」被接受，這些思想理念的滲透與相互作用，在各地區形成了近代以來的新傳統。

　　另一方面，作為接受外來因素的一方，從接受衝擊而被動地接受「近代」到主動擁抱「近代」，東北亞人的反應各不相同，但這一過程卻是一樣充滿了糾葛的。在接受西方近代的過程中，各個地區的人們根據各自面對的問題、以各自的傳統思想、文化為基礎對「近代」進行了「再詮釋」。雖然這個過程包含了「誤解」與「歪曲」的一面，卻更意味著各地區的人民為構築各自的「近代」而進行的摸索，其再詮釋的意義值得探求。

　　再有，東北亞在接受「近代」過程中產生的時間差，更使這個過程具有多重性的特點。例如，在日本受到西方近代文化與思想薰陶的中國啟蒙思想家梁啟超的著作在朝鮮得到廣泛閱讀，就是這個特點的典型例子。它反映了東北亞內部的

思想的交流與連鎖。

　　第四點是西方近代所帶來的強迫性。如上所述，近代東北亞的知識人站在接受西方近代的最前列。但是，儘管他們是自主地擁抱西方的「近代」，同時又不得不受到精神上的創傷。這是因為，知識人主張引進西方文明的重要性，就是承認自身與西方相比處於落後狀態而需要「文明」化，這就意味著他們要積極地接受「文明・半開化・野蠻」這種西方中心主義的價值判斷觀念。在這種認識下，實現「富強」，躋身「一等國」成為當時東北亞知識人的強迫觀念。不僅如此，在國家內部，來自這個強迫觀念的壓抑使民族國家內部的「中心－周邊」、「內地－外地」等構造不斷衍生。例如，處於「邊緣」的沖繩人民為了成為近代國民，不得不在自身心中也植入了積極向民族國家「同化」的觀念。

　　如上所述，西方「近代」所具備的排他領域性、均一性、近代性與壓抑／強迫性對東北亞地區產生的影響是深遠的。本共同研究主要從理念、制度、交流等角度切入，深入探討這種往往帶著衝突（Conflict）性質的接觸（Contact）。

　　毋庸置疑，我們的研究絕不會止於西方的「近代」給東北亞帶來了什麼。正如近代西方中心主義式的「文化進化」論在殖民地行政中遭到了挫折顯露出其缺陷，而正是以這種在西方「外部」的殖民地統治的失敗經驗為契機，使西方內部出現了否定自文化中心主義的立場[2]。同樣，我們期待對西方外部的東北亞的「近代」進行的考察和研究，能成為對西方「近代」的反問，促使對既有「近代」的反省並成為從更普遍的視角研究「近代」這個「未竟工程」的新始點。

（三）網絡與「接觸空間」

　　在本研究中，我們把東北亞視為網絡，而非一個被用界線儼然劃分的地區。特別是將它作為各種力量的緊張和相互作用、異質文化相互混合的網絡交結點，我們將其作為「接觸空間（Contact Zone）」來把握。

　　作為網絡的東北亞形象，筆者認為可以藉助日本學者斯波義信的研究來理解。斯波認為宋朝以後伴隨「商業革命」產生的中國社會的變化起源於「市（場）」的發達，而非「村落」。對斯波而言，施堅雅提出的「原基市場町（Standard Marketing Town）」才是構成中國社會的基礎單位[3]。「市」是物品的流通、人的移動與交流

[2]　參照平野健一郎，《國際文化論》（東京：東京大學出版會，2000），第三章。

[3]　斯波義信，〈第 III.章　社會と經濟の環境〉，橋本萬太郎，《民族の世界 5　漢民族と中國社會》（東京：岩波書店，1983），頁 224。

等各種各樣的關係交織而成的場所。中國社會則是由無數個這樣的結點的「市」交織而成的網絡。這種理解方式與以往的以「家‧村‧鄉‧國‧天下」為單位來理解中國的方法相比，通過重視關係性與交流性的側面，更能逼近各種各樣的主體相互作用的實際狀態，因而能夠更加準確地把握中國社會的動態。

上述對中國社會的理解方式，在思考東北亞時值得參考。即如果將「市」這個結點擴大看作為異文化間的接觸空間，將東北亞理解為由人、物、訊息、觀念、思想等的交接點，即由接觸空間織合而成的網絡，而非以往的國家、王朝等政治體，便會浮現出一個與以往面貌不同的東北亞形象。

同時，將網絡狀的東北亞中的每一個接觸空間放在「近代」的背景下思考時，可以將其分為有形的地理空間，和思想、精神方面的交流空間這兩個層面進行思考。

首先，地理意義上的接觸空間──或亦可稱之為「接壤地區」──若將其與「近代」聯繫起來，其特徵可以大致可分為以下兩個方面：（1）多個因素相互交錯、相互作用的混合性與複雜性；（2）邊緣性與邊境性。就（1）而言，例如有歷史上成為人們移動中轉地的蒙古「驛站」；「鎖國」時代成為對外窗口的廣東和長崎；還有華夷秩序下具有「兩屬」特徵的琉球、對馬，多種文化混雜的原滿洲地區，還有作為「條約港」發展為近代都市的上海、武漢，等等。就（2）而言，有成為民族國家邊緣部的、例如沖繩、對馬、濟州、薩哈林等地。

本來，東北亞作為網絡或有疏密之分，對邊界並不重視。但在近代化的過程中，由於劃分了排他性的界線，在民族國家內部產生了「中心－邊緣」的構造。近代國家明確地將「內」與「外」區分開來，對內追求等質性，對外追求排他性。它規定了近代化這一大方向，而在近代國家內部被編為邊緣的地區，同時也被植入到了受壓迫和被犧牲的結構之中。其中，藉助接觸空間所具有的混合性在近代化潮流中發展起來的城市和地區固然不少，相對於此，在民族國家的統合過程中，處於民族國家的邊緣部的許多地區失去了原有的特性與自律性。在近代化的過程中，各個接觸空間的命運出現了明暗之分。

本書以各種接觸空間為中心，不僅考察近代化這一宏大敘述「光」的部分，更會留意在「光」的照射下所產生的「影」的部分。

其次，「接觸空間」還是一個思想、精神上的空間。

在接受「西力衝擊（Western Impact）」時，東北亞地區的人們為了尋求自主與自立，將創立近代國家作為首要課題並追求近代化。比如在近代中國，梁啟超在他的《新史學》中批評道，中國以往「認歷史為朝廷所專有物」，即便是《資治通

鑒》，也僅僅是供君主之用。他主張史學乃是「國民之明鏡也，愛國心之源泉也」[4]。梁啟超提倡民族主義，為了使中國人民能夠在優勝劣敗的世界中自立，寫下「史界革命不起則吾國遂不可救」[5]而發起「史界革命」，提倡構築稱之為「新史學」的一國史（National History）。

這樣，西方文明所孕育出的近代理念和「文明的精神」在被作為普世性「公理」為東北亞的人們接受的同時，也被看作為了生存的唯一選擇。也就是說，在東北亞地區開展的近代啟蒙思想宣導中，時刻伴隨著「不近代化就會滅亡」的強迫概念。

不僅如此，如何使新導入的近代價值觀在各個地區被接受和生根也是一個難題。這是因為，不光要找到與舊有觀念的妥協點，而且，被認為是具有「普遍」性的近代價值觀在被接受的過程中，由於文化的異質性，在各個地區都存在著不可翻譯性、誤讀和再詮釋的現象。價值觀的相互碰撞和相互激發，為東北亞地區的近代「空間」帶來了複雜的面貌。而且，在各個地區中的「東」與「西」相互作用的近代性空間並不是孤立的，東北亞地區的思想空間是一個相互連鎖，並相互影響的多層性空間。

另一方面，直接影響東北亞近代空間形成的西方「近代」本身也是多樣的。自由主義、社會主義和無政府主義等等為東北亞的人們呈現了「近代」的多面性，這些思想同時在各個地區的文化背景下被接受和重新詮釋。另外，為了對抗西方的「近代」，還產生了例如朝鮮的「東學」這種自生性的近代。

最後，還有一個導致東北亞的近代化具有多樣性和複雜性的因素，那就是這個地區的近代化時間差問題。無論是近代化得以順利進行的國家還是遭受挫折的國家，或是沒能獲得實行近代化的環境和條件的國家和地區，以及在國家內部被「遺忘」被邊緣化的地區等等，由於各地區內外的環境以及政治力學，使這個地區的近代化過程呈現出相當複雜的狀況。加之，殖民地化──不光是來自西方的殖民地化，成功實現近代化的日本也開始加入獲取殖民地的行列──進一步拉大了這個地區的近代化的時間差。在這一點上，例如民主化問題依然是當今東北亞的課題就是鮮明的例證。

綜上所述，可視的近代化與思想上的近代化，無論是積極的還是被動的；無論是作為理想的還是作為生存戰略的，對於受到「西力衝擊」的東北亞地區而言都成

---

[4] 以上，梁啟超，〈新史學〉，《飲冰室合集・文集九》（北京：中華書局，1989），頁4、1。
[5] 梁啟超，〈新史學〉，《飲冰室合集・文集九》（北京：中華書局，1989），頁7。

為不可避免的追求目標。但是,如果用「衝擊-反應」這樣的單向解釋,那只不過是僅僅反映了東方主義的視角。與此相反,本研究將東北亞地區近代空間的形成過程看作是一個文化上的交錯與「觸變」——接觸與變化——的過程。為了理解這些交錯與「觸變」的特徵,我們不但要重視近代化這一歷史表面舞臺上的宏大敘述,更須聚焦地理上的、思想上的接觸空間進行考察。

二、本書的內容及特徵

本書共收錄 24 篇論文,執筆陣容由東北亞各個地區、多個研究領域的活躍在第一線的學者組成。雖然論文數量不少,但毫無疑問還不足以充分呈現出「東北亞」多樣的歷史文化整體形象。即使這樣,本書的作者共同圍繞「東北亞」這個主題,聚焦於「接觸空間」裡的各種「接觸・碰撞」(Contact),還是成功地將東北亞的「近代」特徵展現出來了。特別是不同地區不同領域的學者從不同角度對同一或相關問題的考察,利於讀者對問題進行立體的理解和把握,引發新的思考。可以說這也是本書的一大特色。當然,由於作者研究對象的時代、地區以及研究領域分佈廣泛,研究的方法與觀點也不盡一樣,因此將它們歸結為一個統一的整體絕非易事。在這裡,我們將本論集分成(1)從胚胎期到近代前夜的東北亞、(2)對「近代」的接受、重組與再詮釋、(3)「接觸」(Contact)的「光」與「影」三個部分。以下,筆者將通過概觀各論文的內容,來確認本論集的意義。

(一)從胚胎期到近代前夜的東北亞

首先,飯山知保和岡洋樹的論文通過揭示元朝與清朝具有多層性和靈活性的統治構造,為我們展現了西方「近代」東漸以前的東北亞的多樣性及其特徵。

飯山知保的論文相對於以往的、以中國的「江南」社會為中心來思考宋、元、明的斷代史的視點,提出應重視 12-14 世紀的「華北」社會,考察了蒙古帝國這個「非中國王朝」的統治為這個地區帶來的影響與遺產。作者具體考察了蒙元時期蒙古統治下的華北社會所運用的官員起用方法。蒙古時代的統治除了「州縣官衙」外,還運用了「諸色戶計的管轄機構」和「投下・位下」等三種統治主體,可謂是「多層次的統治體制」。尤其是後二者可以不受中央政府的意向影響,可獨自免除服役和授予官位。正因為這種具有自律性權益的蒙古王侯的存在,與他們的關係(「根腳」)成為獲得官位的關鍵。作者認為,通過庇護者的提拔而得到晉陞(「僥倖」)的方法「可以說是當時官界的捷徑」。由於庇護關係會因庇護主的死

亡或失勢而消失，因此是不安定的，這使得金元‧元明等朝代更替的時期，華北地方社會權貴階層的興亡交替十分激烈。它與江南社會在整個宋、元、明具有一定連續性的特徵形成了鮮明對照。作者指出，不能輕視華北社會的蒙古因素而無條件地將江南社會的看法適用於華北，要認識到中國社會的地區性差異。不僅如此，還有必要解構近代國家的先入之見，在東北亞這一更廣闊的視野中對「中國史」進行相對化的反思。

接下來的岡洋樹的論文首先指出了近代國家統治的均質化不允許多樣性的共存，將特定的「本民族」歷史特權化，而把其他部分當作「他者」將其邊緣化的事實。對此，作者以蒙古為例，考察了「多面孔的帝國」清朝是如何使多文化主體的歷史認識得以並存的方法。清統治下的蒙古，分為由作為八旗一部分的「旗人」構成的「內屬蒙古」和「外藩蒙古」，後者是蒙古統治氏族屬下的各個群體。統治氏族的權威是由皇帝授予的「王公台吉」爵位來保障的。在這種情況下，有關王公台吉的譜系（即「根源」）的記載是與護法王的譜系和氏族的王統的譜系相接續的。同時，比這些更受到重視的是記載了王公對清朝所作功績的王公傳記的記述。這樣，滿洲為了統合服屬的各個蒙古王族的群體，同時接受了蒙古的權威的源泉成吉思汗以來的王族血統與信奉藏傳佛教的護法王的歷史認識，用汗以及護法王的身份將蒙古成功包攝到了清朝的統治體制之內。作者指出，這種多面孔帝國的巧妙統治方式在近代以後，由於被納入單一民族的脈絡之中導致種種困難，這才是真正應該關注的問題。

對於以上岡氏論文中指出的清的「多面孔性」，以下圍繞涅爾琴斯克（尼布楚）條約中的「蒙古要素」進行分析的 S. 楚倫的論文、對漠北蒙古的驛站進行考察的中村篤志的論文，和從清國統治者的滿族的角度思考「大中華」思想的韓東育的論文充分地體現了這一點。

楚倫的論文將俄清間締結的涅爾琴斯克條約尤其視為「蒙古」問題，明確了條約簽訂前的蒙俄、清俄關係以及蒙古內部的狀況。從 1670 年代起，俄羅斯意欲統治阿穆爾河流域，而清國為了保護故地和屬民，要求俄羅斯禁止建築要塞並歸還屬民，終於包圍了阿爾巴津（雅克薩）並呼籲蒙古的土謝圖汗等人介入事件。土謝圖汗此時正面臨著與葛爾丹‧博碩克圖和札薩克圖汗對立的危機，同時也與逼近色楞格河和烏金河流域的俄羅斯因先住民的管轄問題而對立。當時正與土耳其和韃靼處於戰爭狀態的俄羅斯為了和平解決東方局勢，派遣了特使戈洛文。戈洛文為了與清朝交涉並且不讓土謝圖汗站在清朝一方，在與蒙古方面圍繞著屬民問題進行爭論的同時，反覆協商。同時，他還希望土謝圖汗及哲布尊丹巴成為涅爾琴斯克條約交涉

的中間人。最終，戈洛文利用蒙古內部的紛爭，通過行使武力使眾多的蒙古貴族服從後，為了締結條約而進入涅爾琴斯克。如上所述，在涅爾琴斯克條約締結的背後，「蒙古」因素起到了相當重要的作用。

中村篤志的論文以清朝統治下的漠北蒙古「喀喇沁驛站」為例，對作為「接壤地區」的驛站的意義進行了考察。在清朝的「封禁」和「盟旗制」制度下，雖然人們的移動受到限制，但由於喀喇沁人口總數的 3%-4%長期都在所屬旗外服差役，為此產生了人口的流動。其中三到四成的差役承擔的是清朝為強化統治而設置的驛站任務。驛站是當時維持人們移動和交流的重要存在，驛站周圍設置了寺院和商店，是喇嘛和商人常駐的廣域交流場所。喀喇沁驛站佔有 40-50 里的廣闊面積，負責管理的是內蒙古各部的士兵，同時也有被徵集的大量喀爾喀兵丁在當地從事輔助業務。雖然喀喇沁群體屬於少數派，又因擔當驛站管理工作的中心部分而處於優越的地位，但他們與喀爾喀社會處於共居與合作的相互關係。本土化了的喀喇沁群體在清朝崩潰和漠北蒙古宣佈獨立時，提出了歸順蒙古的請求。雖然隨著 1930 年代驛站的消失，使喀喇沁群體也退出了歷史的表面舞臺，但實際上直到現在他們還仍然生活在驛站故地周圍，保持著群體性。就這樣，帝國在創造了邊界的同時，也將各地區連接起來。這種現象給人與物的流動帶來了活力，使邊境變得曖昧。而這個變化又會為當地帶來更為豐富的多樣性和流動性。

與以上「蒙古」視角的各研究相對，韓東育的論文則將目光投向清朝的「中華」思想。論文針對記錄了清朝雍正皇帝與反清儒教知識人曾靜之間圍繞「華夷」爭論的《大義覺迷錄》，和清末最後一位皇帝宣佈退位的詔書《清帝遜位詔書》兩個文本，通過詳細的文本分析，闡明了貫穿於兩文中的「中華大義」理論。因為清的統治者並非漢民族，所以需要論證自己的統治正當性和法理上的根據。作者認為，雍正在反駁曾靜時，正是運用了中華的思想，認為「華夷」應以天理人倫為基準；皇帝必須是有德者；中華要以「大一統」為大義；「華」與「夷」之別不能與君臣之禮分割；並且，在「天下一家」的思想下，不應強調「華夷」的界限，雍正通過這些主張駁倒了曾靜。作者認為在這種情況下，雍正帝和曾靜實際上處於儒教中兩種華夷觀的延伸上，即曾靜承襲的是被極端化了的孔子的「華夷之辨」的理念，而雍正的主張則是「天下一體」的孟子理念之延伸。作者認為，雍正的邏輯和理念為《清帝遜位詔書》所繼承，清帝堅持了「大一統」的理念，遵循「天命人心」的邏輯，自願退位，維護了「五族共和」的中華大義。

另一方面，如果將目光轉向「中華」內部，除了上述韓東育的論文以外，澤井啟一的論文和井上厚史的論文也表明，作為東北亞眾多傳統之一的「中華」內部，

以儒學為中心的「中華」傳統也是多樣的。

首先，澤井啟一的論文以儒學中的「心學」為題材，從儒學「本土化」（「大眾化」、Nativization）的觀點出發，論述了東亞共通傳統中的差異性。這裡的「心學」是廣義上的，它是為了克服創建了「理氣論」的朱子學中存在的修養方法的問題而誕生的。與朱子學提倡的正確學習儒學經典的方法相對，在中國，經由重視「心之修養」的陸九淵等，最終形成了陽明心學。陽明學認為「理」是先天內在於人心中的「良知」，提倡通過「事上磨練」，即通過日常的各種行為來直覺地把握「理」的方法。它的流行促使了儒學的大眾化。在朝鮮，李滉創建的「性理學」雖然被認為是對朱子學的發展，但同樣是對「心之修養」抱有強烈的關注，與陽明學的方法相對，李滉提倡在日常生活中堅持實踐各種「禮」的方法。接著，李洱又修正了李滉的主張。他重視現實中的實踐，通過對朱子學修養論的再解釋使其適合於朝鮮社會，實現心學在朝鮮的本土化。而日本則同時從中國和朝鮮接受了心學，山崎闇齋將其與神道結合，又有中江藤樹關注王學左派等等，形成了帶有宗教信仰性和精神上修養方法的形態。心學這一「儒學實踐」在東亞本土化過程中，在各個地區都形成了各自的「慣習（Habitus）」，也給各地區的近代化過程中帶來了差異性。

其次，井上厚史的論文將朝鮮近代國家形成的歷史追溯到 18 世紀，論述了朝鮮依據傳統思想來構想其獨特的國家及其特徵。作者通過解讀正祖的文章，認為正祖在文本中並非要表明體現儒教政治思想的近代性的「君民一致、萬民平等」的「民國」理念，認為正祖的文章是在宣言「確立以王為中心的絕對主義政治體制」的文本。同時還指出，對於大量出現在朝鮮王朝時代歷代君主文本中的「民國」一詞，一些研究將之解釋為「民之國」或「民即國」，以此試圖將其理解為「國民國家」性的這種認識是錯誤的。在此基礎上，作者認為應將「民國」分為「民」和「國」來理解，在被稱為「蕩平君主」的英祖和正祖的文本中頻繁出現的「民國」，意味著重視「民與國的利益」，這不僅僅是英祖和正祖，也是朝鮮王朝時代多數知識人常使用的「愛民」思想。朝鮮王朝正是以「愛民」和「民國」所象徵的「儒教式撫民政策」來運作政權的。作者主張，與西方國民國家不同的朝鮮的國家構想，可以從這種「來自元朝經高麗王朝後為朝鮮王朝所繼承」的「愛民」思想中發現其獨特的特徵。

除了上述「蒙古」和「中華」視點之外，接下來還有劉建輝的論文聚焦原滿洲地區，以清朝到近代的滿洲的生態、移民、鐵路為中心，對「滿洲國」之「近代」誕生的前提條件進行了考察。首先，清朝為了限制人們移動實施「封禁」政策，並

利用「柳條邊」進行了行政區分，為了禁止外來人口流入又在其周圍半徑達數百公里的範圍內營設了眾多狩獵場兼旗兵的軍事訓練場——「圍場」，為滿洲留下了廣闊的未開墾土地和豐富的森林、草原資源。第二次鴉片戰爭以後，清朝政府為了增加稅收和保護國土，解除了「封禁」並採取了「移民實邊」，推進滿洲地區的移民政策。這個政策在中華民國成立後被繼承了下來，其結果使得 1930 年的滿洲人口達到了三千萬人以上。不僅如此，鐵路等基礎設施也得到了完善。不光是俄羅斯和滿鐵，清朝政府和民國政府也進行了包括貸款在內的大量鐵路建設投資，到1924年為止鐵路總長達到了六千公里，並且在沿線誕生了都市群。除此以外，到 1909 年為止滿洲地區還擁有二十五個開放港口。如上所述，滿洲的近代絕不是在「滿洲國」時代忽然出現的，而是建立在至今為止未被重視的、滿洲的豐富遺產上的。

以上的諸研究展示了西方近代「東漸」之前的東北亞豐富而獨特的傳統。金、元時代的「華北」（中國北方）社會，需要將其放在包括蒙古在內的東北亞地區內進行考察，這一主張指出了帶有排他性界線的近代國家這一成見的局限性，在這個意義上，是對「中國」概念的解構。而在之後的清朝的統治中可以看到，一方面，被稱為「中華」的帝國持有將「天下」納入視野的「大中華」理念，它與狹隘的漢民族為中心的「小中華」形成鮮明對比，另一方面，清朝通過巧妙運用成吉思汗以來的王族血統與信奉藏傳佛教的護法王、甚至是西方的條約體系等多種多樣的統治理念，將蒙藏等非漢地區與人包攝於其中並維持了其統治的安定。正因為具有這種靈活性，清朝才得以將不同的文化成功地進行了統合。而且，即使是「中華」本身，其內部也包含著多樣的特性。在以朱子學為中心的相同儒學傳統背景下，根據不同地區的儒學實踐，產生了各自不同的「慣習」（Habitus），形成了「愛民」等各具地區特色的統治理念。東北亞最終先後進入了近代化的進程，東北亞各地區的各自的傳統與在歷史中形成的諸前提是思考東北亞「近代」不可或缺的出發點。

（二）對「近代」的接受、重組與再詮釋

東北亞相繼進入近代化過程後，開始了制度和體制上的重組，在與東漸而來的外來文明、文化的接觸中，由於外來的世界觀、理念、邏輯與各地區的本土思想發生了衝突，不可避免地產生了種種混亂與摩擦。在這個過程中，各地區都呈現出各自不同的對「近代」的接受方式。

首先，石田徹的論文和柳澤明的論文以條約為背景，細緻地描述了東西方不同邏輯交錯的實際狀況。

　　石田的論文以幕末、明治初期的對馬為舞臺，以原始史料為基礎再現了外國船隻到港和出航的幾個事例，通過對這些事例的分析，考察了西方的「近代」給日朝之間傳統的「通信」、「交鄰」關係帶來的影響。對馬是日本與朝鮮半島之間的外交和「藩屏」的最前線，直接參與交流的藩士們在與朝鮮的外交現場中積累了豐富的經驗和知識。他們在對馬和釜山的草梁倭館負責接待到達對馬的外國船隻和前往朝鮮船隻的相應工作。在安政年間五國條約（1858）簽訂後，幕府和明治政府不得不以近代西方的規則來對應西方各國，而此時的朝鮮正處於對西方採取攘夷態度的緊張狀態中，藩士們為使「萬端穩順」而煞費苦心。對馬藩士們敏感地察覺到了條約體制的邏輯與「通信」體制傳統邏輯間的差異，考慮到重視傳統交流方式的朝鮮，他們成功地向政府（幕府・長崎奉行所）提出建議，即在告知朝鮮「日本已與西方各國締結條約」的事實之前，暫緩蒸汽船往來於朝鮮，並阻止到港的外國人上岸及自由行動，這使相關事態得以穩妥解決。但是其後的「赫塔號到港事件」（1870）中，由於藩士們的外交經驗未能得到運用，這一德國軍艦問題最終成了導致日朝關係惡化的肇因之一。

　　柳澤明的論文以 18 世紀初和 19 世紀中葉的事例探討了俄清外交中的「溝通隔閡」問題，通過外交文本的考證對其意義進行了考察。18 世紀初，俄國（涅爾琴斯克的長官）與清之間的外交文件是由旗人阿爾巴津人擔任俄語與滿語間的翻譯的，但是在翻譯過程中，由於連續發生單純的錯譯和對錯譯的敷衍行為，結果，包括基本事實在內，俄語原文與滿文翻譯之間都出現了巨大的分歧，致使清俄雙方產生認識偏差，無法進行正常的交涉。到了 19 世紀中葉簽訂璦琿條約時，擔任談判翻譯的是俄國人，條約的條文包括滿語文本在內都為俄方所制。同樣，北京條約的俄漢翻譯也完全由俄方擔任。這樣，俄方利用語言能力上的優勢，操控了俄漢翻譯的過程，在翻譯過程中有意將俄語原文的表達進行扭曲或模糊化，甚至將清方重視的內容故意在俄方文件中省略，使俄方能夠得到有利於己方的解釋。而清朝方面卻沒有足夠的語言能力驗證條約文本間的差異，結果，俄方利用語言能力的優勢在涉及近代主權的談判中獲得了實質上的單邊權利。

　　隨著「西方衝擊」的深入，接下來值得注目的是，東北亞各國為了保持獨立與自主，無一例外地將建設近代國家作為建立或重組政治體的目標。茂木敏夫的論文探討了近現代中國在近代化過程中支撐「中國式秩序」的理念，論述了不同意義的重組過程中的變化及其意義。井上治的論文和黃克武的論文分別考察了蒙古和中國在追求近代國家過程中、知識人圍繞民族、歷史等問題的思考和努力。

　　首先，茂木敏夫的論文考察了支撐傳統「中國式秩序」之理念的各個特徵，探

討了它們在近現代是如何變換形式而延續下來的。作者將中國秩序的理念歸納為
「人格高尚者之統治」、「無為之治」、「均質的整體」、「禮的媒介性」、「德
治的政治文化」、「中國／非中國的二元化」等，特別是針對其中的「均質的整
體」這一特徵，作者指出，傳統儒家的「萬物一體」的理念認為人在根本上是具有
同一性的，這種追求內在完美的傳統內含近現代的思想統制的因素。擁有以上理念
的傳統秩序在 19 世紀經歷了採取近代形式卻以傳統理念來加以說明的「帶引號的
『近代』重組」後，又在 20 世紀以西方為範本進行了自主的近代性重組。在這個
過程中，原來以「無為之治」而「在結果上實現了多樣性的共存」的現象，在經歷
了近代一元化過程後，處於共存狀態的中國／非中國被重組為近代國家；在「均質
整體」的思維下，「君子的內心及於他人內心」的邏輯很容易地與思想統制相連，
並被強化。作者將 20 世紀中國的秩序問題定位在與傳統的關係上，同時強烈批判
了當下輕易地向過去的傳統靠攏的缺乏批判精神的態度。

　　井上治的論文通過對後貝加爾地區出身的布里亞特知識人扎木察拉諾（1881-
1942）主要著作的分析，考察獨立的「新生蒙古國家」的構想和構建「蒙古一國
史」中圍繞「近代空間形成」的思考。青年時期曾於聖彼德堡學習西方「近代」的
扎木察拉諾，通過實地調查，加深了對俄羅斯帝國在故鄉阿嘎草原實施殖民統治的
實際認識。1911 年，扎木察拉諾遷移到了辛亥革命後宣布獨立的博碩克圖汗政權
下的蒙古，在那裡親身體驗了蒙古從獨立到降級為自治的外交挫折。在動盪的政
治狀況影響下，扎木察拉諾構想了君主主權的「擁有保障人權的近代憲法的議會制
君主立憲國」，後來又參加了以蘇聯憲法為範本的制定憲法的工作。但是，從他一
系列的著作中可以發現，他的最大目標首先是創造一個自立於周邊大國的獨立的近
代主權國家。這個獨立國家是從古代延續下來的、由具有共同特徵的國民所組成的
共同體。扎木察拉諾在「蒙古民族原初的地理空間」中，描繪了起源於匈奴在內的
歷史上最古老的北方民族——「蒙古民族」所組建的共同體，展望一個能夠與歐洲
列強相並肩的強大近代國家。

　　黃克武的論文則從中國的角度出發，考證了 China Proper 這一西方造詞是如何
被日本翻譯為「中國本部」後，又在中國得到流行的歷史過程。論文通過對語言翻
譯、傳播和意義變遷的考察，描繪了繼承清朝版圖的中國在近代國家建設中自我認
同的形成過程。China Proper 原本是西方人為了理解清朝而創造的詞彙，譯詞所使
用的「本部」，是與傳統的「（行）省」相對應的概念，與以往華夷秩序下的「藩
部」有所區別。此詞在 1870 年被翻譯成日語後不久，出現了認為中國只是「中國
本部」，除此之外的例如滿蒙等地區不屬於中國的言論。中國本部的概念於1890年

代傳入中國後，清末的種族革命論也在「本部十八省」的範圍內主張漢民族的建國。中華民國建國後，特別是 1930 年代隨著日本侵略的加深，在中華民族意識增強的氛圍中，「中國本部」被作為將日本的侵略正當化的概念而受到了譴責。不僅如此，顧頡剛與費孝通針對此詞的批判展開了論爭，並以此為契機，圍繞中國國家的建設提出了在中國是應該重視泯除民族邊界強調一元統一，還是應該重視以多民族性為前提的「多元一體」的當前課題。

此外，東北亞對西方「近代」的接納，不僅僅意味著共時性地引進在西方的歷時性的概念。接納不可能是單純的調換（replacement），因此各地區「近代」的倡導者立足於各地區的思想、文化傳統，為了解決他們各自面臨的各種課題，從自己的問題意識出發對「近代」進行了主體性的理解和「再詮釋」。張寅性的論文、李曉東的論文和山本健三的論文分別以俞吉濬和福澤諭吉、梁啟超和穗積陳重、申采浩和克魯泡特金為例，闡明東北亞知識人對蘇格蘭啟蒙思想、近代自然法思想、無政府主義的接納及其特徵。李正吉的論文則將韓國民主主義的形成過程追溯到朝鮮末期進行了考察。

張寅性的論文考察了近代韓國啟蒙知識人俞吉濬通過福澤諭吉的譯著，接受以伯頓為代表的蘇格蘭啟蒙思想的過程。作者將俞吉濬的《西遊見聞》和俞吉濬參考的福澤諭吉《西洋事情外編》（這是對伯頓《經濟學教本》的部分譯作）為中心，將文本進行了比較分析，明確了近代東亞啟蒙思想中「思想連鎖」的特徵。作者認為，與正確地傳達了伯頓所述觀點的福澤相對，俞吉濬在其著作中，在儒學觀念的基礎上對蘇格蘭的啟蒙思想進行了再解釋。例如，俞吉濬使用「開化」來代替「文明」，創造了與「天稟」──「文明階段」說中認為人類在社會中擁有自我改善能力，能夠自然地從野蠻進步到文明──形成對照的「人稟」概念，主張「開化」必須是「以學問教誨人們道理，以法律保護人的權利」的「人稟」問題。此外，俞吉濬還將福澤對 right 的譯語「通義」一詞放在儒學的語境中，將其解釋為「理所當然的正理」，目的是為了制約自由的放縱。除此之外，與福澤把社會＝「人間之交際」分成國內社會和國際秩序兩個層次看待的做法相對，俞吉濬將社會稱為「人世」，把「公道」和「正理」作為國內和國際交往皆適用的普遍原理。

李曉東的論文以穗積陳重和梁啟超為例，對明治日本和清末中國在繼承近代西方法律過程中的思想連鎖進行了考察研究。清末中國的啟蒙思想家梁啟超在儒學中「發現」類似於西方自然法的思維，是受到穗積陳重的論文〈禮與法〉（1906 年）的啟發的。陳重在明治舊民法典的爭論中，從西方的歷史法學立場批判了對舊民法典有很大影響的自然法論，但不久，他意識到西方歷史法學內存在著的自然法思想

因素，示意如果將中國傳統法背後存在的儒家的「德」、「禮」理解為正義的理
念，就可嫁接到西方的近代自然法上。從陳重的論文中得到啟發的梁啟超從法理學
的角度討論了禮與法的關係，在管子的思想中找到禮與法結合的理想，之後又寫就
《管子傳》。考察了梁啟超主張的日本法學家田中耕太郎曾指出，儒家之禮與法家
之法的結合與調和，在法與道德、自然法與實定法等法律哲學的問題中起到架橋的
作用。由此可見，知識人雖然積極地接受西方的「近代」，但並非一味地西化，而
是在思想的碰撞中為架起「近代」與本國傳統之間的橋樑而努力。這顯示了東北亞
知識人的努力所具有的普遍意義。

　　接下來，山本健三的論文通過對《朝鮮革命宣言》（1932）的作者、朝鮮知識
人申采浩接受無政府主義思想的考察，探究申采浩思想中以「克魯泡特金式的協同
主義和暴力革命的混合體」為中心的「朝鮮固有的近代性」。在社會進化論對東北
亞具有壓倒性影響力的時代，克魯泡特金所主張的「互助和團結才是進步之主要原
因的無政府主義」，通過對大杉榮日譯本的重譯被介紹到朝鮮。作者認為，「推崇
科學至上主義邏輯和道德上的純粹性」的克魯泡特金主義對於無政府主義者來講，
具有超越並克服被理解為弱肉強食的社會進化論所內含的野蠻性和暴力性的邏輯。
在被日本吞併的朝鮮，克魯泡特金主義成為了批判將日本殖民地化正當化的社會達
爾文主義的武器，給予申采浩等知識人很大的勇氣。而且，正因為它是科學的真
理，所以是絕不允許妥協的，申采浩提出了用暴力正面對抗帝國主義的暴力革命
論。朝鮮的克魯泡特金主義的這種特色與它在日本的發展狀況是不同的。作者認
為，申采浩對創造出徹底對抗帝國主義暴力的強有力主體的摸索，正體現了朝鮮
接受的無政府主義的獨特性。

　　接下來的李正吉的論文是在歷史中尋找韓國民主主義的淵源，以此說明韓國的
民主主義絕不是到戰後才被由「外部」所賦予的。作者將朝鮮末期（1876年至1899
年）分成三個層面，以「選舉、分權、人權、平等」等民主主義理念為關鍵詞考察
了這些理念在朝鮮末期的發展過程。在第一個層面中，開化思想包含了「選舉、分
權」的近代意識，但這些意識僅存於少數知識人之間；在第二個層面中，具有廣泛
影響力的東學「人乃天」思想包含了四民平等和人道主義，在「輔國安民」思想
中，人權與平等的意識以與儒學民本思想相結合的形式得到了培養；在第三個層
面，創刊於 1896 年並被廣泛閱讀的《獨立新聞》，以及許多民眾參加的獨立協會
主辦的討論會強調了近代「人權與平等」、法制的落實等，這一時期的民主主義理
念儘管還保留著其傳統性格而帶有局限性，但它已得到了廣泛的滲透。作者認為，
在此過程中培養出來的民主主義意識是絕對不能被忽視的重要歷史資源。回顧朝鮮

末期，在清日俄等大國夾縫中堅持追求「近代」的曲折歷史經驗歷經了殖民地統治時代，終在戰後韓國的民主主義發展中得到傳承。

從以上的諸論文可看出，條約所象徵的西方「近代」和東北亞地區原有邏輯間的差異和交錯，意味著這個地區原有的「國際」關係的平衡開始出現破綻，也開啟了東北亞各地區全面接受西方「近代」的過程。同時，各地區的知識人又從各自不同的文化傳統出發，思考如何在近代國家的新框架中「創造」國族、一國史，以及在引進西方近代思想、制度的過程中如何保持和定位本國的歷史文化和傳統等問題，並分別進行了摸索。這一對西方「近代」的接受過程可以說同時也是對「近代」再詮釋的過程。這樣的探索體現了東北亞近代化的多樣性。

（三）接觸（contact）中的「光」與「影」

西方的「近代」當然不僅限於理念、思想、制度。始於西方的工業革命帶來了近代的全球化，資本主義的發展還產生了帝國主義和殖民主義。這樣的「近代」浪潮湧向東北亞後，接觸與碰撞所帶來的「近代」的影響以各種各樣的形式呈現出來。光和影總是相伴的，「近代」所產生的「光」和「影」顯然也不可能是以其中一種純粹的形式來表達的。

首先，波平恒男的論文、松田利彥的論文、王中忱的論文、Eduard Baryshev 的論文對近代的殖民地統治、「中心－周邊」構造所產生的歧視、壓迫等問題進行了深入探討。

波平的論文從沖繩的近代這一視角出發，對近代日本帝國的特異性和同化主義的問題進行了剖析。首先，作者將從明治政府強制合併琉球到二戰末期的沖繩陸戰的 66 年間設定為琉球／沖繩的近代，回顧了從作為德川日本的「通信之國」、到被改為「藩屬」、又遭到合併的琉球／沖繩的歷史，闡明了沖繩作為「國內殖民地」的性質。日本帝國與同時代的西歐諸帝國相比，具有「超級國家主義」的性質，形成了以「與天皇的距離」來衡量人和民族價值的歧視結構。作者認為，日本在「處分」琉球後雖然採取內地延長主義政策而推行了同化主義，但是此同化主義是以天皇為頂點，根據與天皇的距離確定等級的歧視性結構，同時還包含著中華主義式的歧視思想。此外，儘管琉球／沖繩的生活方式和思想與日本本土有著顯著的不同，但「基於日本國民精神優越性信念」（矢內原忠雄）的日本同化主義的強制措施，與英國的「自治主義」型殖民地統治原則形成了鮮明對比，與同屬於「同化主義」類型的法國相比又缺少了「基於自然法的人類觀」（同上）。而這種歧視性結構至今還尚未得到清算，與今日的沖繩問題在根本上是相聯繫的。

　　松田的論文通過對大韓帝國時期的漢城、亦即殖民地時期的京城的自來水建設事業進行考察，探明了朝鮮殖民地統治下歧視結構的實際情況。迄今為止，雖然已有不少研究指出生活在殖民地統治下漢城（京城）的日本人與朝鮮人在居住空間上的區隔中的差距，即「雙重構造論」，但是作者認為，這種歧視結構包含無法單純用二分法來認知的歷史和國際關係問題。高宗為了維持大韓帝國的獨立，採取了「勢力均衡政策」，在這樣的背景下，列強間圍繞漢城自來水建設的利權展開了爭奪，結果美國的企業獲得了承包事業的利權。該事業負責建設向整個漢城供水的近代基礎設施，朝鮮居民也是受益者。但是，將韓國淪為保護國後的日本開始搶奪列強在韓國的利權，對自來水事業也採取了高壓態度。合併韓國後，國際辛迪加大韓自來水公司被日本收購。而日本對朝鮮人的自來水需求抱著否定態度。作者詳盡地考察了當時包括總督府管轄下的自來水事業的實際狀況，發現圍繞自來水利用問題，在開展排水管鋪設工程的地區、自來水利用戶數、供水栓問題（包括公設共用栓和專用栓、私設共用栓的使用區別和待遇）等方面，內地人和朝鮮人之間因歧視帶來的差距至少在 1910 年代呈不斷擴大的趨勢。

　　王中忱的論文分析了活躍於戰前日本製造出來的「蒙疆」的畫家深澤省三在蒙古的活動和作品，並對深澤描繪的「蒙疆」及其意義進行了考察。「蒙疆」是在戰爭背景下形成的，蒙疆政權的統治範圍並不是一個固定的地區，具有流動性和多層性的特徵。蒙疆對日本而言不單是一個充滿異國風情的空間，也是一個以日軍佔領為背景、由對日合作政權統治的政治空間。在日本畫壇已頗具名聲的深澤於 1938 年來到這裡，走上了從軍畫家的道路。在與當地權威人士的交流中，深澤與蒙疆政權和軍隊的上層建立了人脈關係。他作為「謀求蒙疆諸民族之融合、親善」的「蒙疆美術家協會」的召集人也十分活躍，在振興當地藝術傳統的同時，他也有意識地參與了大東亞共榮圈的建設。根據作者的考察，在深澤蒙疆時期的宣傳性作品中，幾乎所有肖像畫都以政權上層人士和相關人員為題材，缺乏對於下層社會的關注，同時在作品中完全看不到戰爭時期的氣氛。但是代表作之一《蒙古軍民協和之圖》的構圖、以及畫中日本軍人（「軍」）與當地民眾（「民」）之間的視線中所體現出來的偏差和緊張氛圍，表現出了與畫家目的相反的，由畫家直覺意外捕捉到的不協和音調。

　　Eduard Baryshev 的論文對俄國革命後的 1920 年發生在薩哈林州的尼古拉耶夫斯克事件和日本佔領薩哈林州的過程進行了考察。薩哈林的尼古拉耶夫斯克是俄羅斯的遠東戰略要地。該地區發展礦山業，當地有許多中國和朝鮮勞工。俄國革命後，遠東地區各地相繼成立了社會主義政權，游擊隊運動波及到了薩哈林。1920

年，佔領尼古拉耶夫斯克的游擊隊對舊「統治階級」居民實施了「紅色恐怖」，並針對日本的出兵，在撤退時採取焦土作戰，大量屠殺反布爾什維克政權支援者和對日合作者，造成數千人犧牲。在此期間，部分中國和朝鮮勞工被動員為傭兵，並參與了屠殺。登陸當地的日本軍在對薩哈林州進行保障佔領方針下施行了軍政。軍政下，日軍無視俄羅斯市民的人權，嚴格限制了他們的生活和移動，沒收了尼古拉耶夫斯克殘留下來的所有可用資源。這對該市來說，是緊接著大屠殺的又一場災難。薩哈林的人們在革命主義恐怖活動和日本軍國主義的夾縫間，被迫做出重大的犧牲。不僅如此，事件也使日本的軍國主義變得更加強硬、成為激化東北亞局勢的導火線。

上述各研究更多聚焦「近代」的衝擊所帶來的「影」的部分，與此相比，森永貴子的論文、趙誠倫的論文和娜荷芽的論文，是對近代革命和殖民主義等政治所帶來的動盪中，在「接壤地區」裡頑強生活著的人們進行的種種考察。

森永貴子的論文以俄羅斯的茶葉貿易為題材，對至今沒有得到充分關注的、俄國人在19世紀中葉後以恰克圖和漢口為中心展開的商業活動及其意義進行了考察。在 19 世紀初以前，被清朝「廣東貿易系統」排除在外的俄羅斯與清朝之間的貿易是經由恰克圖易貨貿易，其中以毛皮貿易為中心。19 世紀中葉以後，隨著清朝的門戶開放和俄羅斯國內茶葉消費量的急漲，恰克圖貿易發生了巨大變化。從 19 世紀末到 20 世紀初，事實上俄羅斯超過英國成為了世界最大的中國茶葉的消費國。茶葉貿易的活躍，加上易貨貿易需要準備等價商品，刺激了俄羅斯國內纖維製品的生產。不久，易貨貿易被廢止，俄羅斯商人開始直接進入中國市場，以漢口為中心，開始了其他國家未曾開展過的製茶業，並經由恰克圖出口到俄羅斯。同時，因蘇伊士運河的開通，經由敖德薩的海上茶葉貿易路線也被打開。除了擁有海陸航線等廣泛通道，具有多樣的民族性和扎根當地的俄羅斯商人網絡支撐著在全球範圍內開展的茶葉貿易，它是不受政府的意圖所左右的。相反，俄清間的茶葉貿易終結於兩個帝國的革命爆發之後，政治因素成為阻礙經濟越境的最大原因。

接下來趙誠倫的論文力圖擺脫以國家為中心的歷史觀，從濟州島人們的立場出發，論述了歷史上濟州人形成跨國認同的事實。跨國認同的形成過程，也是濟州人的生活不斷被政治權力所擺佈的歷史。作者指出，濟州在耽羅國時代是自主的政治體制，有著積極與其他地區進行交流的歷史。但朝鮮時代被置於中央集權體制的統治之下後，島民們在長達 250 年的時間裡被「出陸禁止令」所束縛。到了日本殖民地時代，雖然濟州人民處於從屬地位而受到歧視，另一方面，為了生活卻開始能到東北亞各地自由地務工，以大阪為代表，他們建立了具有強大團結力的在日濟州人

社會。實際上，若不論對國家的歸屬意識，從濟州人的生活感受來看，大阪港比首爾更覺親近。濟州人建立了與濟州島緊密相連的網絡，形成了「命運共同體」。並且，戰後「偷渡的一代」與 1980 年代以後新出國的一代，也同樣可以看作是在這種跨越國境的生活的延長線上的。

最後，娜荷芽的論文從教育的角度出發，考察了在中華民國成立後 1912-1932 年間的軍閥混戰時期，內蒙古的有識之士和精英們為了民族文化的保存和發展，為創立各種文化團體和學校盡心盡力的事實。中華民國成立後，在「五族共和」的理念下，「蒙藏教育」的實施目標被明文化，但在軍閥割據的狀況中，中央和地方政權對蒙古的政策缺乏一貫性，對蒙文化教育政策有許多並未落實。相對於此，與這個時期活躍的蒙古民族運動相平行，以蒙古族知識人為主體的文化活動和教育事業十分興盛，例如，以繼承民族文化和振興整個蒙古地區為宗旨的東蒙書局和蒙古文化促進會，以及東北蒙旗師範學校等組織和學校相繼創建。蒙古族的有識之士們通過學校教育對年輕人進行意識改造，並且通過漢語著作向漢人的有識之士宣揚蒙古民族的立場。此外，由於資金不足而面臨經營困難的很多團體與地方政府進行了交易。蒙古族有識之士們在中國民族主義的高漲期展望了該民族的「民族性」。在他們的努力之下培養出來的人才，在後來推動民族文化教育活動中發揮了核心作用。

上述各研究通過考察各種「接觸空間」中的接觸與碰撞現象，剖析了殖民主義、以及近代國家的排他性和意識形態鬥爭中，特別是在被邊緣化的地區和生活在那裡的人們心中刻下的壓抑和創傷，另一方面，也顯現出人們雖然被近代國家的框架所限制，卻運用了原有的東北亞的網絡的各種資源，以本身的邏輯獲得了強有力發展的生活態度。換言之，這些研究展現了西方中心主義無法把握的「近代」的「光」和「影」，立體地呈現了東北亞「近代」形成和展開的過程。

這樣，我們在理解東北亞的「近代」的時候，如果能夠從「誰更正確地理解，更接近西方的『近代』、誰更『先進』」這樣的想法中解放出來的話，我們就可以對東北亞各地區對西方「近代」的抵抗、或接納方式和內容多樣性能有更深的理解和體認，筆者確信，這也必將成為反過來重新審視西方「近代」的新的契機。

以上概觀了本書收錄的二十四篇論文，當然無法涵蓋每篇論文的所有論點，同時，經由筆者自身的視角和理解所帶來的「過濾」作用也一定是不可避免的。但筆者還是希望以上概觀能成為讀者瞭解各篇論文對東北亞多樣性和獨特性的探討所具有的特色提供線索，便於更多的讀者閱讀本書。

此外，2016 年成立的本研究基地的成員有島根縣立大學的井上厚史教授（至 2017 年度為基地負責人）、井上治教授、石田徹副教授、山本健三教授、前田しほ

助教（至 2017 年度）、李正吉助教（2018 年度開始）、李曉東（2017 年開始為基地負責人），以及本研究的合作機關國際日本文化研究中心的劉建輝教授與松田利彥教授、東北大學的岡洋樹教授、早稻田大學的柳澤明教授、琉球大學的波平恒男名譽教授、筑波大學的 Eduard Baryshev 助教等共計十二名成員，還有中國東北師範大學的韓東育教授、（北京）清華大學的王中忱教授、內蒙古大學的娜荷芽副教授、中央研究院近代史研究所的黃克武特聘研究員、首爾大學的張寅性教授等五名海外合作學者。在研究過程中我們得到了眾多海內外學者的協助，進行了充實的研究活動。在此對每一位為本研究項目做出貢獻的人士表示感謝。其中，特別是岡洋樹教授和柳澤明教授，他們從研究的計劃階段就參與研究的主題和方向的討論。另外，劉建輝教授、韓東育教授、波平恒男名譽教授、張寅性教授、黃克武特聘研究員、李熙玉教授（成均館大學）不僅參與共同研究並做報告及擔任評論，還在共同舉辦研討會、出版研究成果等方面給予了大力的支援。最後，還要致敬本書的每一位譯者為本書論文的翻譯付出的艱辛工作，還有我的同事孟達來準教授和本研究基地的同事們也參與了相關論文的校閱工作。在此對以上各位學者同仁表示衷心的感謝。

※本書若干用語為尊重原作者／譯者之行文語境，故保留原（譯）文，不另統一。

第一部

從胚胎期到近代前夜的東北亞

第一章
蒙古與「中國」的接壤地帶：
12 至 14 世紀的華北
——蒙古帝國的統治與華北社會的變遷

飯山知保

（宋琦 譯）

問題所在

　　近年，「宋、元、明變革論」（The Song-Yuan-Ming Transition）在 10-16 世紀中國[1]史研究中有很大影響力，此說採用了宋、元、明斷代史的視角，探討相應時期中國社會的文化、經濟、社會面的連續或是斷裂。「宋、元、明變革論」的興盛源於人們對如何在歷史中定位「early modern」這一問題的深切關心。論文集 *The Song-Yuan-Ming Transition in Chinese History*[2]是「宋、元、明變革論」的嚆矢之作，其緒論說明該主張的目的是將宋代到明代的約六個世紀，視之為「唐宋變革」影響的深化，是近代中國社會的搖籃時期。[3]這種視角的新穎之處在於，它克服了以往

---

[1]　眾所周知，「中國」這個詞語和概念極具可塑性，其範圍和語義根據時代、地區或使用者的不同會發生改變，在進行歷史研究時不可一概使用。在漢字文化圈之外，China proper 這一詞彙是認可度最高的，相當於「中國」的詞匯，其字面意思是「中國本土」，這在日文學術界中也經常被使用。依筆者所見，這個概念多指「中國本土」和蒙古高原、西藏、新疆等區域在清代以後處於清朝皇帝的統治之下，有時也把這整個範圍統稱為「中國」。但是，本文所謂 13-14 世紀史料中出現的「中國」概念，基本上不包括現在的雲南省、貴州省等，即便與 China proper 相比也更小。與其說它是地理上的概念，不如說是文化上的概念。因此，本文中沒加引號的「中國」是指 13-14 世紀中想像的「中國」。另外，此概念不同於清代到近代歷史研究中備受熱議的「中華世界」這一概念。因為「中華世界」不僅是地理上的概念，而且是指由思想、語言、經濟和其他文化活動等多樣、多層次現象組成的一種政治文明圈。

[2]　Paul Jakov Smith and Richard von Glahn, eds., *The Song-Yuan-Ming Transition in Chinese History*, Cambridge (Massachusetts): Harvard University Asia Center, 2003.

[3]　另外，在此之前中砂明德的觀點具有開拓性意義。中砂明德，〈江南史の水脈——南宋・元・明の展望——〉，《岩波講座世界歷史 11 中央ユーラシアの統合》，東京：岩波書店，1997 年，頁 177-200。

中國史研究中「宋元」與「明清」之間存在的研究上的明顯斷裂，將元代與明代作為歷時性的考察對象。這個論文集中所收錄的論文內容包括：歷經朝代更迭依然存在的士人階層（參加科舉的階層）及其社會影響力的擴大、農業技術的進步、持續的經濟發展以及商業網絡的擴大等，總結出 10-16 世紀的社會轉型具有明確的連續性。這種強調自唐宋變革以降的社會轉型具連續性的見解，事實上已成為後續研究討論的前提。人們逐漸習慣將 1000 年到 1550 年左右的時期稱為「middle period」正說明了這一點。[4]

但另一方面，要注意的是關於宋、元、明變革論的地理範圍。迄今為止，幾乎所有研究都以「江南」為考察對象。不得不說，這使得宋、元、明變革論的主題──「非中國王朝」的統治及其影響，明顯受到制約。也就是說，上述各研究認為非中國王朝對中國（實際是江南）社會的統治滲透是有限的。恕我直言，這些研究是對 19 世紀以前反覆出現的歷史觀的極為線性的繼承，即非中國王朝（蒙古帝國）的統治只是「穿插在『中國』歷史長河中非常短暫的非常態」，但這很令人存疑。也就是說在這樣的研究中，前文提及的 *The Song-Yuan-Ming Transition in Chinese History* 書名中「Liao 遼」與「Jin 金」被排除在外，這表示十世紀後歷經非中國王朝統治更長一段時間的華北[5]社會，其歷史基本上沒有被考慮到。換言之，這些研究者以 13 世紀後半葉起受蒙古統治不足百年的江南經驗，來論述 10-16 世紀「中國」外來征服者的整個統治歷史。

事實上，到 1980 年代前半為止，存在這種研究傾向並不難理解。由於文獻史料不足，故對於 10-16 世紀的華北歷史研究很難超越政治史與制度史的框架。但是，後來經過大量的田野調查，石碑史料不斷被發現與運用，從 1990 年代開始，關於該時期華北當地權威階層的動向、作為社會重要勢力的水利組織、宗教集團、村社之變遷的研究獲得了進展。而隨之而來對於華北社會的認知，也逐漸讓人明白「宋、元、明變革論」所提示的江南社會狀況無法適用於其他區域。

基於這種情況，本文旨在透過以任用官吏為紐帶的當地權貴階層與國家之間的

[4]　Patricia Buckley Ebrey and Paul Jakov Smith, eds., *State Power in China, 900-1325*, Seattle: University of Washington Press, 2016.

[5]　在漢語圈中關於「華北」的用法中，陝西和河南有時會被排除在這個範圍以外，但本文將 12-13 世紀女真統治下的中國北半部（與蒙元時代漢語史料中稱為「漢地」的區域基本重疊）稱為「華北」。關於地理概念「華北」的產生及其變化範圍，請參照[久保 2014]。另外，關於金代出現的「漢地‧金國」國境，本文依照 Standen 的觀點，即在北宋、契丹＝遼的並存狀況下，越過邊界的來往行為原本與自己的政治歸屬意識無關，但是後來出現了去他國做官為「不忠」的觀念，而這形成了當時的「國界」。Naomi Standen, *Unbounded Loyalty: Frontier Crossings in Liao China*, Honolulu: University of Hawai'i Press, 2007.

關係，來論述蒙古統治下的華北社會是怎樣變化的。具體來說，就是根據蒙元時代在華北關於獲取官爵所發生的兩個象徵性事件，探討蒙古的統治如何改變當地權貴階層的現狀，及其應該如何在 10-16 世紀的中國歷史中進行定位。其中分為這些主題：（1）士人（被認為具有科舉應試能力的知識階層）與蒙古統治；（2）蒙古統治體系的特色；（3）「非士人」官員階層之勃興。

一、華北士人階層與蒙古的統治

11 世紀科舉制度確立後，應考階層急劇擴大，中國社會的知識份子姑且不論是否有志參加科舉考試，基本上都是受過基礎教育具備應試能力的人，因為新儒學（道學、理學）的重要目的是經世濟民，所以他們對於取得官位一般都很積極。因此直到上世紀後半葉，學術界的主流觀點都認為，自 1234 年華北被征服到 1314年，在蒙元統治下的這 80 年間由於沒有進行科舉考試，且恢復科舉之後也嚴格限制了及第者人數，故這一時期對士人階層來說是「黑暗時代」。但近年的研究表明，蒙元統治下，人們對儒學教養的鑽研仍具有明顯的連續性，且蒙元政權對此也給予極高評價，大力出版了研究成果並起用士人。[6]實際上，即便在華北，劉因、許衡等所謂「北方理學」大儒也在蒙元統治下展開學術活動。

那麼，在科舉制度不能作為穩定出仕途徑的情況下，士人是如何在蒙元統治下獲得官位並在官場活動的呢？士人郭郁的出仕及晉升背景，為本文解答此疑問提供了良好線索。故以下將根據為紀念郭郁成就、由福州路儒學教授徐東編著的《運使復齋郭公言行錄》及其姊妹篇、編纂者不詳的《編類運使復齋郭公敏行錄》，對士人郭郁的生平進行概述。[7]

1259 年左右出生於大名府（現河北省大名縣）的郭郁，6 歲開始讀書，曾跟隨真定的侯克中（生卒年不詳）學習《易》。19 歲以「儒雅」獲江淮行省推薦任命為江淮行樞密院令史。其師侯克中在征服南宋的過程中發揮了重要作用，他與當時在江淮行樞密院主事的史格（1221-1279）是知心朋友，這很可能與他受到提拔有關。元貞元年（1295），在「貞吉河南王」和「性齋右丞馬公」的庇護下，（郭郁

---

[6]　宮紀子，《モンゴル時代の出版文化》，名古屋：名古屋大学出版會，2006 年。

[7]　由於篇幅原因，無法對兩本書的版本目錄學特徵和引用的史料展開討論。詳細內容請參照飯山知保，《金元時代華北社會と科舉制度——もうひとつの「士人層」——》，東京：早稻田大學出版部，2011 年；Tomoyasu Iiyama, "A Career between Two Cultures: Guo Yu, A Chinese Literatus in the Yuan Bureaucracy", *The Journal of Song-Yuan Studies*, vol.44, 2014 (published in March, 2016), 4-71-501.

的人生）迎來了轉機。前者是兀良哈台（Uriyangqadai, 1200-1271）的孫子、阿朮（Aju, ?-1280）的兒子卜憐吉歹（Bürilgidei； Chin.卜憐吉歹, 生沒年不詳），他繼承祖父和父親統治前南宋領地，當時是河南行省左丞相；後者是當時河南行省右丞相馬紹。卜憐吉歹不僅是功臣的後代，也是在成宗鐵穆耳（r.1294-1307）死後，擁立愛育黎拔力八達的人物之一。仁宗愛育黎拔力八達（r.1311-1320）即位後，卜憐吉歹深受信任，並於皇慶元年（1312）由仁宗的親信——儒臣王約推薦，獲封河南王，在當時的蒙古政權中擔任要職。

因卜憐吉歹的舉薦而調任大都中書省幕官的郭郁，其才能得到中書答剌罕丞相——即哈剌哈孫（Qaryasun，生卒年不詳）認可後，成為都省掾。大德九（1305）年作為承務郎宣徽院都事，官列九品（入流）；大德十一（1307）年作為承德郎江浙行省都事，前往杭州赴任。此後，郭郁陸續在中央擔任都事、中書檢校等有關文書行政的中樞官職，在地方擔任知州。延祐七（1320）年喪父後，以知高郵府為開端，歷任江南地方行政要職，並於泰定四（1327）年就任福建等處都轉運鹽使（三品）。若考量當時官員入流前所需的漫長時間和冗官問題顯著的時代背景，他的晉升之路可以說是非常順利的。在這期間，郭郁認為自己是精通《易》的儒者，他與當地士人積極交流，資助他們的出版活動和學術討論。這種舉動與前後兩個時代的科舉官僚沒有任何區別。

但當然，庇護關係會隨著庇護主的去世或落馬而消失。卜憐吉歹於 1329 年去世，其家族可能屬於天曆內亂（1328 年）戰敗的派系，因此在蒙元時代末崛起的擴廓帖木兒（Küketemür, ?-1375）時已無法確認誰是繼任的河南王。在《元史‧阿朮傳》和諸王表中，沒有任何有關「卜憐吉歹」的記載，這也間接證明了其家族的沒落。當時規定的引退（致仕）年齡是 70 歲，而郭郁已經超過這個年齡。在失去庇護主的情況下，「雖然超過七十歲，但有能力與人望者例外」的規定便成為郭郁得以留在官場的最後依據。考慮到這種情況，筆者認為，上述《運使復齋郭公言行錄》和《編類運使復齋郭公敏行錄》中，之所以有很多郭郁的下屬及其管轄地區士人所寫的諸如「郭郁年老愈能幹」一類詩文，是其編纂目的就是為了能讓郭郁繼續留在官場。

這種由庇護主提拔而晉升的狀況，在漢語史料中被稱為「徼倖」、「僥倖」，往往受到激烈批判。但在諸如《運使復齋郭公言行錄》、《編類運使復齋郭公敏行錄》等蒙元時代的漢語史料，特別是華北史料中，幾乎沒有對「徼倖」表現出負疚感，反而有炫耀和大書特書的傾向。也就是說，郭郁的經歷並非例外，而堪稱當時官場上的不二法門。為了將他的成功置於蒙元統治的時代脈絡中，有必要更全面地理解蒙元時代的統治和官吏任用制度。

二、蒙元時代華北的統治與官吏任用制度

　　蒙元時代「中國」的統治特色是多層次的統治體制。在其所有疆域內，蒙古帝國實行雙重統治模式，即被征服地原有的統治體系和基於蒙古式主從觀念的分民制度兩者並存。被征服地的居民經過人口調查，根據其職業按照家族單位進行分類（具有這樣不同職能的各種「戶」在漢語史料中統稱為「諸色戶計」）之後，被分配給包括可汗及其家族在內的主要蒙古王侯將領。這種制度通行於蒙古統治下的整個歐亞大陸，一旦完成分配，分民人口的增加等全靠其所有者的經營手段和管理本領，可汗並不介入。1236 年，華北進行分配（「分撥」）後，按職業分類的人依照十進位進行編組（「十戶」、「百戶」、「千戶」、「萬戶」），並編入王侯們的「投下」、「位下」（Mon. ayimaɣ）。各王侯擁有被稱為「怯薛」的世襲親信集團，任命他們為自己投下的管理官，或者為其提供中央政府的官位。另一方面，以江南為代表的舊南宋領地雖然也進行了分配，但由於史料缺失，統治情況不太清楚。但是，華北人（當時的制度用語是「漢人」）統治南方人（即「南人」）的結構可以從殘存的史料中推測而知。原本在江南也存在著與諸色戶計有關的統治機構（海運萬戶府等），並成為新的強大的社會勢力，但與華北相比，蒙古王侯的存在感很弱。[8]

　　蒙元時期華北的地方統治機構，一般來說，存在三種互不隸屬的統治主體。即（a）州縣官衙、（b）諸色戶計的管轄機構、（c）投下、位下，（b）和（c）可獨立決定免除兵役和授予官位。這種不受中央政府意向而授予特權的狀況，在前後朝代中是看不到的。值得注意的是，蒙古王侯的這種自主權限並非如同某些前人研究所指出的那樣，意味著行省、投下、位下試圖脫離蒙古政權。倒不如說應該理解為，在華北的蒙古王侯超越了中央⇔地方這種兩極對立格局，他們雖從屬於可汗，但自主性依然持續受到保障。[9]

　　在這種情況下，與蒙古王侯之間超越世代的人脈關係（根腳）才是蒙元時代獲

---

[8] 植松正，《元代江南政治社会史研究》，東京：汲古書院，1997 年；岡洋樹，〈東北アジアにおける遊牧民の地域論的位相〉，岡洋樹・高倉浩樹〔編〕，《東北アジア地域論の可能性》（東北アジア研究シリーズ 4），仙台：東北大学東北アジア研究センター，2002 年，頁 19-3；杉山正明，《モンゴル帝国と大元ウルス》，京都：京都大學出版會，2004 年，頁 236-246；川本正知，《モンゴル時代の軍隊と戦争》，東京：山川出版社，2013 年。Sukhee Lee, *Negotiated Power: The State, Elites, and Local Governance in Twelfth-to Fourteenth- Century China*, Cambridge (Massachusetts): Harvard University Asia Center, 2014.

[9] 堤昭一，〈李璮の乱後の漢人軍閥——済南張氏の事例〉，《史林》，第 78 卷第 6 號，1995 年，頁 837-865。

得官位、晉升時的關鍵。由於蒙古王侯的意向往往不受官吏任用與晉升制度的束縛。《文翰類選大成》第 116 卷〈送朱安甫遊大都序〉（1317 年）中，如下記載了人們為得到此種人脈關係，從遙遠的江南來到大都求官的樣子：「栝距京師半萬里，水浮江淮，陸走徐袞，舟御輿戛，累數月然後至。至則米珠肉玉，旅食費良苦。然午門之外，東南人士遊其間者，肩相摩，武相踵也。蓋其遊，未始無所求。其求也，未始無所挾。儒者挾其學，才者挾其文，辨者挾其畫，巧者挾其藝。隨其所挾，而致其求，求焉而遂，挾焉而獲，則上書闕下，朝奏夕召可也。」作者許有壬（1287-1364）雖然是蒙元時代最早的科舉（1315 年）及第者，但在這篇文章中連他都勸告朋友去大都獵取官位，無論社會身份高低，只要獲得蒙古王侯的賞識，就可以如文中所云「朝奏夕召可也」。一旦建立這種人脈，獲得庇護主認可的話，受庇護者的後代就可以繼承這個庇護關係。只要庇護主的後人不失勢，受庇護者在蒙古帝國裡的政治地位就可以得到維持；如果庇護主的地位提升，則同樣受庇護者的地位也極有可能上升。

　　郭郁的官運亨通正是在這種統治與官吏任用體系中實現的。然而，關於將政治成就延續至下一代這部分，則郭郁絕非最順應蒙古統治體系、在華北最成功的人物。接下來要講的渾源孫氏的事例，才真正說明了在蒙古統治下的官場中，依靠蒙古式的主從關係會獲得何種榮華富貴。

三、渾源孫氏及其興盛

　　位於山西省大同市渾源縣西留村的「孫公亮家族墓」，在華北現存的蒙元時期家族墳墓（先塋）中，是屬於保存狀態良好的一個。雖然現在已幾乎無法確認墳墓本身的痕跡，但從遺留的 11 座蒙元時期的碑刻中，可以詳細知道建造這座墳墓的孫氏家族從 1190 年到 1324 年的歷史。[10]

　　與眾多在蒙元時代獲得顯貴地位的漢人家族一樣，渾源孫氏是蒙古入侵金國時興起的一族。關於金代末期以前這一家族的情況，幾乎無從知曉。其「起家之祖」孫威（1183-1240）從 1211 年成吉思汗開始進攻金國時，便不顧父母的阻攔，在金國北邊的重要據點西京大同府的守將手下當兵。之後，雖然具體過程不明，但他加入蒙古軍隊後，被蒙古的大同守將任命為義軍千戶，統管平山府的盔甲工匠。不知

---

[10] 詳細內容請參照 Tomoyasu Iiyama, "Steles and Status: Evidence for the Emergence of a New Elite in Yua-n North China," *Journal of Chinese History*, vol.1, 2016, pp.1-24. 。

自何時起，孫威從其義兄杜伸那裡學習了盔甲製造，其技能或統率能力獲得好評。
他可能主要負責盔甲的製造和修繕，在成吉思汗和窩闊台在位時期跟隨蒙古軍轉
戰。這期間，他向成吉思汗獻上盔甲，被賜名為「也可兀蘭」（yeke uran）。此
後，他在窩闊台（在位 1229-1241）統治期間也不斷轉戰各地。在這過程中，孫威把俘
虜編入自己手下，同時向窩闊台獻上盔甲，成功謀得會面。

　　孫威的兒子孫公亮是決定這個家族興盛的人物。繼承父親的職位後，起初他靠
製作盔甲侍奉了貴由、蒙哥、忽必烈三代可汗。自費獻上盔甲後，他得到了忽必烈
的信任。除了成長於蒙古高原、精通蒙古語外，他自幼出入於可汗身邊，熟悉蒙古
宮廷典禮，這也為他帶來更大的晉升機會。公亮原本志在求取盔甲製造官以上的職
位，被提拔為監察御史後，他開始參與蒙古帝國對中華地區的統治。並且，公亮還
歷任了提刑按察副使等監察系統的職務。蒙古征服南宋期間，公亮作為技術人才的
能力再次獲得賞識，他制定了對舊南宋領地匠人群體的統領制度和貢納品目、數量
等，最後成為江西等處行工部尚書（正三品），於 1285 年辭官。

　　長子孫拱（1241-1306）承襲了父親孫公亮製造盔甲的職位，他與父祖一樣，
在蒙古攻佔襄樊時將盔甲獻給忽必烈。獲得其賞識後，又獻上精心設計的盔甲和盾
牌，贏得了可汗的信任。同時，他為蒙古攻打南宋製作必備的盔甲並大顯身手，管
轄設在保定路的提舉局，不久當地的行政權也落入他的囊中。此後，在成宗鐵穆耳
統治時期，他轉為路總管，在任職益都路總管期間去世。其弟孫撤（1249-1296）
進入怯薛後，大概基於家族職務，在中央擔任盔甲製造、管理相關職位，這個職位
也被一代一代傳承下來。

　　孫拱的長子孫謙（1255-1298）也和叔父孫撤一樣，於 1278 年進入怯薛，侍奉
皇太子真金，獻上盔甲並獲得嘉獎。1285 年他繼承父親的職位，成為保定等路甲匠
提舉，「乃顏之亂」時因製作盔甲獲得功績。隨後，他向剛即位的成宗鐵穆耳獻上
盔甲而獲得賞識，之後繼續獻上珍貴盔甲，但於 44 歲時突然死亡，其盔甲製造之
職由其弟孫誼繼承。可以確認的是，孫誼在 1310 年同時兼任僉武備院事兼保定等
路軍器人匠提舉以及在武備院的職位。此外，還有一位孫諧，他在 1324 年擔任朝
列大夫和河東山西道宣慰副使之職。雖然具體情況不明，但從中可以看出他在繼承
盔甲製造職位的同時，也累積了作為行政官的經歷。

　　渾源孫氏在蒙元時代憑藉盔甲製造這一特殊技能，極佳地適應了重視人脈關
係的蒙古式君臣關係，奠定了顯貴地位，成為蒙元時代的豪門望族。歷代出仕者
的經歷都是首先從任職盔甲工匠的監工開始，通過向歷代可汗獻上盔甲獲得賞識
後兼任行政官。從官職和隨之而來的穩定的社會地位這點來看，可以說渾源孫氏

在同時代的華北社會中是非常成功的家族。相同的事例，頻頻見諸同時代的漢文
史料中。

結語　蒙古統治在華北社會歷史上的意義

　　面對「宋、元、明變革論」之探討，本文概述的華北同時代情況，不僅讓我們
認識到「中國社會」的地域性差異，而且意識到有必要在東北亞內部這種更廣闊視
野中對「中國史」進行相對化反思。在這種情況下，上世紀中期歐文・拉鐵摩爾
（Owen Lattimore, 1900-1989）關於華北歷史地理地位的討論極具啟發性。他提出
這樣一個假說：在「農牧接壤地帶」中產生的新的國家體系和統治體制，隨著征服
活動向周邊區域傳播，在此過程中經過進一步的變遷，將導致更大範圍的社會變
動。在這一假說的基礎上，他認為，這種社會變動成為新的「中國社會」之基礎的
現象在「中國」歷史上多次發生。[11]另外，拉鐵摩爾反對在「游牧」和「中國」
之間劃出明確的分界線，他認為這是將被固定的文化與社會框架視為自明之理的
做法。

　　反過來說，蒙元時代華北地區明顯具有那種呈現「北亞」特徵的蒙古帝國階層
性的國家與社會結構，即岡洋樹指出的「它雖然具有以可汗為頂點的社會等級制
度，但構成該結構的社會單位高度獨立、自足，上級單位不直接參與對於下級整體
居民的統治。」這種體系與中國原有的統治體系並存，甚至對社會、統治體系和地
方權貴階層的形態造成了影響及變化。[12]如果不從「游牧」或「中國」這種非此即
彼的視角出發，而是像拉鐵摩爾一樣關注接壤地帶本身的特質，那麼蒙元時代明顯
屬於這種影響的擴大期。蒙古退出中國後，征服華北的明朝在軍事制度等方面保留
了蒙元時代的遺產。在國家結構這一點上，「元明交替」是導致華北歷史上「北亞
式」特徵減退的另一個重大轉捩點。在此背景下，因與蒙古的人脈關係（根腳）而
繁榮起來的華北官員家族，在 1390 年代後也幾乎都從同時代的史料中消失了。

　　縱觀 10-16 世紀的歷史，華北發生的北宋、金代→蒙元時代→明代這兩次王朝
交替為國家和社會的關係帶來了巨大的變化。與此同時，在金元、元明交替時期，
地方權貴階層也歷經戲劇性的興衰。這與中國南方的狀況明顯不相容，江南的地方

---

[11] Owen Lattimore, *Inner Asian Frontiers of China*, New York: The American Geographic Society, 1940.
[12] 岡洋樹，〈東北アジアにおける遊牧民の地域論的位相〉，岡洋樹、高倉浩樹〔編〕，《東北アジア地域論の可能性》（東北アジア研究シリーズ 4），仙台：東北大學東北アジア研究センター，2002 年，頁 19-33。

權貴階層從宋元到明代具有一定連續性（像是蒙元時代社長〔農村行政基層組織「社」的負責人〕輩出的階層，後來成為鎮的創建者）。在以此後的明清時代為對象的社會史研究中，16 世紀中期這個作為宣告「近世」到來的巨大轉捩點上，里甲制、衛所制的鬆弛與崩潰、社會的「軍事化」以及白銀的流入等因素動搖了原有的社會秩序。在此狀況下的生存競爭中，能夠更有效地獲得與聚集社會資本的社會組織（所謂宗族和商幫等）興起於全「中國」。[13]唯其研究對象仍以東南沿海地區為主，而對於被視為「落後地區」的明清時代華北社會，則關注度甚低。

　　近年來，這一趨勢被重新審視。有學者提出，對於該時期華北社會的研究，不應該無條件地以源自南方的社會變動來推演，而應該注意其與蒙古高原或中亞在經濟、文化上的聯繫。對於這種主張，筆者沒有驗證其妥當性的能力。但筆者認為本文概述的蒙古對華北社會的統治及其影響，是與此提議一脈相承的。這再次提醒我們在東北亞或中央歐亞中，把握或解構「中國」及其歷史的必要性。

---

[13] Michael Szonyi, *Practicing Kinship: Lineage and Descent in Late Imperial China*, Stanford: Stanford University Press, 2002；David Faure, *Emperor and Ancestor: State and Lineage in South China*, Stanford: Stanford University Press, 2007.

第二章
大清國歷史記述中的蒙古史脈絡

岡洋樹

（宋琦　譯）

一、問題的提出

　　假如將近代國家統治的特質視為統治的「同質性」，那麼該社會就必須曾在某個時期創造出文化和法律意義上都受到統合的同質的「國民（nation）」，同時歷史也會被歸攏為單一國民的歷史。但是，在「近代」以前的統治具備「帝國」的廣域性和多樣性，歷史認識的統合遂變得更加複雜。20 世紀初，大部分的帝國解體了，創造出「民族國家」之歷史這一新的歷史敘述。這種新的歷史從帝國時代多樣的歷史脈絡中，溯及被選擇的特定「本民族」之歷史並予以特權化，同時將過去曾共存的「他者」之歷史觀推向外部或使之邊緣化。

　　大清國也是上述具備多種歷史敘述的「帝國」。近年，在主要基於滿洲史立場的研究中，有人用「Daicing Gurun」這一滿洲語名稱來稱呼這一帝國。這應該是屬於漢字文化圈的我國的一種戰略，即把這個帝國從「中華世界」的文脈中區分出來，使其顯露作為滿洲國家的一面。杉山清彥將這一帝國的多面性巧妙地形容為「清朝的皇帝具有多個面孔，讓看他的人只能看到面向自己的那一面」[1]。在這個帝國中，不僅中華世界，蒙古、西藏、伊斯蘭等多種文化主體也具有各自的歷史認識。這正是現在「少數民族史」的淵源。在具有多副面孔的皇帝的統治下，清朝的這些歷史認識是如何共存的呢？本文將以蒙古為例來考察這個問題。

---

[1] 杉山清彥，〈大清帝国支配構造試論：八旗制からみた〉，《近代世界システム以前の諸地域システムと広域ネットワーク》，平成 16-18 年度科学研究費補助金（基盤研究(B)）研究成果報告書（研究課題 16320080），研究代表者：桃木至朗，2007 年，頁 104-123。

二、作為大清國蒙古統治範疇的「外蒙古（外藩）」

提出大清國對於蒙古民族是否具有某種統治理念這一問題本身，就意味著假定了近代以前就存在著近代的「蒙古民族」，這是極具近代指向性的設問。首先有必要思考「蒙古」作為統治結構在清代具有怎樣的意義。「蒙古」這一概念本身毫無疑問是存在的。首先在八旗中，眾所周知八旗蒙古的組織名稱中標明有「蒙古」，從中也可以看出其民族的出身。但是這種身分認同，是作為隸屬於皇帝的統治精英「八旗」之成員——「旗人」這一身分。居住在蒙古高原的察哈爾、呼倫貝爾巴爾虎等部分集團被稱為「內屬蒙古」，而「內屬」一詞意味著處於八旗的管轄範圍之內。

與八旗相對的是漢語中被稱為「外藩」的範疇。若想更簡單地理解「外藩」作為統治範疇的涵義，可以將其滿洲語名「tulergi golo」或者是「tulergi monggo」和蒙古語名「γadaγadu mongγul」進行比較。滿洲語「tulergi」和蒙古語「γadaγadu」代表「外」，概指「外蒙古」之義。「golo」也被使用於內地的「省」，並不像漢語的「藩」和「省」那樣具有意思上的差異。在蒙古語的名稱中，「外藩」就是指「蒙古」。

由於「外藩」並不是地理上的概念，所以並不存在一個稱之為「外藩」的「地域」。在清代最初期，蒙古的諸集團僅僅是被稱為「monggo gurun（蒙古國）」或者是「monggo（蒙古）」，並沒有用「外」來修飾。這表明在努爾哈赤時期和滿洲接觸的蒙古諸集團被認為是與滿洲不同的政治主體。努爾哈赤直到晚年，才將科爾沁的奧巴命名為可汗[2]，基本上將其作為對等的外國來看待。「tulergi monggo」意指與八旗不同的、隸屬於滿族的蒙古王族屬下。一般認為這一範疇的設定是在太宗初期[3]。此後它在清代自成統治範疇，新入的諸集團被安置在其外緣。

「外蒙古」不光指作為族群的蒙古人，更是指滿語中被稱為貝勒 beile、貝子 beise 這些王族所統領的各集團。「貝勒」和「貝子」與蒙古語的「諾顏 noyan」和

2　杉山清彥，〈大清帝国支配構造試論：八旗制からみた〉，《近代世界システム以前の諸地域システムと広域ネットワーク》，平成 16-18 年度科学研究費補助金（基盤研究(B)）研究成果報告書（研究課題 16320080）研究代表者：桃木至朗，2007 年，頁 78。另，Iui zhi, Jiyačidai Buyandelger. "Non qorčin-u noyalaγči uuba baγatur qaγan čola abuγsan tuqai." *öbür mongγul-un yeke surγayuli-yin erdem sinjilegen-ü sedkül*. 2006-5, p.72-77.

3　Li Boowen. "γadaγadu, dotuγadu mongγul gedeg ner-e-yin egüsün ulariγsan asaγudal-du." 《蒙古史研究》第九輯，呼和浩特：內蒙古大學出版社，2007 年，頁 159-171。

「台吉 tayiji」相對應，是對統治氏族成員的尊稱。蒙古的統治氏族被認為是「外」貝勒、貝子，滿族的愛新覺羅氏王族被認為是「內」貝勒和貝子。亦即大清國的初期是由內外貝勒和貝子及其屬下這兩部分所構成。這兩個王族在後世作為「外王公」、「內王公」，構成了「王公身分」。「外蒙古」則被置於理藩院的管轄之下[4]。

　　由此可見，所謂「外蒙古」（外藩）指的是蒙古統治氏族之屬下這個統治上有所區別的概念，在清朝的統治結構中並不存在蒙古此一「民族統治」的範疇。

　　「外蒙古」統治氏族的身分地位是通過授予「王公台吉」（和碩親王、多羅郡王、多羅貝爾、固山貝子、鎮國公、輔國公、頭等—四等台吉）的爵位來確認的。由於爵位授予是皇帝才能裁決之事，所以統治氏族的權威和皇權之間密不可分。

　　這些統治氏族在從屬清朝之前便已確立地位，其它氏族則構成屬民的（qaračU，平民）這一身分。這樣的基本身分結構也為清代所繼承。

三、清代「外蒙古」的王公台吉系譜

　　作為統治範疇的「外蒙古」，其基礎在於對平民身分的屬民具有作為統治氏族的權威。如果說自北元時期以來，其權威是透過清朝皇帝的王公授爵而被公認，那麼對於每一位王公台吉來說，他們所要做的就是弄清自己在統治氏族各分支中所處的位置。

　　從乾隆開始，清朝要求外藩定期提交王公台吉的系譜。在《大清會典則例》（乾隆朝）中有如下記載：

　　一、譜系。乾隆二年奉旨：蒙古王扎薩克等家譜履歷，朕皆未甚明晰。爾院將當日襲封根源酌量各旗部落，徐修家譜奏聞。欽此。遵旨議奏：蒙古王扎薩克等原係太祖太宗時，輸誠向化，率屬歸附，各論其所著勞績，封為王、貝勒、貝子、公、一等台吉，編設旗分佐領。其科爾沁等十旗之王、台吉，在聖祖時，因皆係太皇太后、皇太后姻戚，曾將世次具奏有案。今重加考訂，造冊奏聞外，其餘五會扎薩克等，應俟造冊送院，再行辦理。並行令外

---

[4] 關於理藩院組織的簡明概述可參看如下文獻。趙雲田，《理藩院　清代治理邊陲的樞紐》，烏魯木齊：新疆人民出版社，1995 年。Chia Ning, "Lifanyuan and the Management of Population Diversity in Early Qing (1636-1795)." *Max Planck Institute for Social Anthropology Working Paper*, No.139. Max-Planck-Gesellschaft. Halle / Saale, 2012.

藩之喀爾喀、青海、厄魯特等，一並覈明錫封根源、襲爵世次，造冊送院。
奉旨：蒙古王等家譜，嗣後五年繕錄進呈，換出舊冊。欽此。[5]

由此可見，為了瞭解蒙古王公的家譜和履歷，乾隆帝要求提交「家譜」。八年後，家譜的提交改成十年一次[6]。在《理藩院則例》中，規定了承襲爵位時要提交「根源」（uγ eki）[7]。實際上，外藩蒙古各旗向理藩院提交了如後所述的「根源」檔冊。

另外，蒙古國立歷史中央檔案館保存了各旗每十年製作一次的台吉系圖。以筆者所調查的車臣汗部中末旗為例，台吉的五個分支每一個都被製成了系圖，並將其彙整後蓋上扎薩克的印做成全旗的台吉系圖[8]。這大概也是提交到理藩院的。

授予或繼承爵位時，旗透過盟，向理藩院報告滿 18 歲的成年王公台吉之子，然後再由理藩院上奏。例如乾隆 9 年 2 月 19 日的題本中這樣寫道：

議政大臣、兼任理藩院事務兵部尚書、固山額駙、二次加給、十四次紀錄、臣班迪等謹奏：關於對已成年的台吉、塔布囊等授予品級之事。在喀爾喀、車臣汗、達米仁遞交的文書中，吾同胞弟東丹已經成年。阿巴噶的扎薩克多羅郡王索諾木拉布丹遞交的文書中，我們旗四等台吉哈蒙之子烏里吉圖、加米揚扎布、貢布車凌、沙拉布、恰巴格札布、車凌達西、四等台吉多爾濟拉西的長子弗、次子策旺、四等台吉哈蒙之弟雲丹、四等台吉那木吉勒之子優木車凌，這些人都已成年。（中略）因此，按照慣例，在喀爾喀、車臣、汗、達米仁的旗、阿巴噶的扎薩克多羅郡王索諾木拉布丹等十一旗中，可汗之弟一名列為頭等，貝勒之子四名列為二等、貝子之子一名列為三等，台吉、塔布囊之子五百四十一名皆列為四等台吉。臣不敢私自做主，謹上奏。請求諭旨。[9]

---

[5] 《欽定大清會典則例》（乾隆朝）卷140，理藩院，旗籍清吏司，譜系，24 下-25 下。

[6] 《欽定大清會典則例》（乾隆朝）卷140，理藩院，旗籍清吏司，譜系，25 下。

[7] 《欽定理藩院則例》卷 3，襲職上に，「內外扎薩克各旗呈報承襲台吉塔布囊人員，各開具等級源流，按其房分支派名數，全行繪譜報院，分別准駁承襲。不得含混呈報。」（蒙古文：dotuγadu γadaγadu jasaγ olan qosiγun-u tayiji tabunang jalγamjilaqu arad-i ergün medegülküi-dür öber öber-ün jerge des uγ ekin-i γarγaju bičiged ger-ün salburi ner-e-yin toγan-i büridken ger-ün üy-e-yin bičimel-dür jiruju juryan-dur medegüljü yabuγulqu egegülkü yabudal-i ilγan salγaju jalγamjilaγul. qasi kereg-iyer ergün medegüljü bolqu ügei bolγaγtun.）

[8] 筆者基於檔案館藏的系圖史料所復原的中末旗台吉系譜，可參看岡洋樹《清代モンゴル盟旗制度の研究》（東京：東方書店，2007 年）卷末的附錄。

[9] 中國第一歷史檔案館、中國人民大學國學院西域歷史語言研究所編，《清朝前期理藩院滿蒙文題本》（以下略稱為《題本》）卷 3，呼和浩特：內蒙古人民出版社，2010 年，頁 236-256。

這裡列舉了成年台吉的名字，向皇帝請奏授予爵位。

另一項包含清代蒙古系譜資料的史料是蒙古文年代記。在喀爾喀從屬清朝之前，喀爾喀的善巴・岱欽所著的《阿薩拉格齊史》中詳細記述了各部王族的系譜[10]。在清代，答理麻・固什所撰寫的《金輪千輻》（1739年）和拉西彭楚克撰寫的《水晶念珠》等[11]也包含了詳細的系譜記述。在這些資料中，可上溯至印度護法王與成吉思汗統率的孛兒只斤族的王統系譜和清代的王公台吉系譜被聯繫了起來。

年代記和提交給清朝的系譜雖然記述框架不同，但都與蒙古統治氏族的系譜有關。這是因為清朝將蒙古統治氏族的權威以王公台吉的形式繼承了下來。年代記將滿族及其之前的護法王系譜與各王公台吉系譜相連結，這與清代蒙古王公台吉的地位並不矛盾。[12]

四、作為記錄「外蒙古」王公台吉功績的傳記史料

除了年代記和系圖，在清代也有蒙古王公的傳記記述。清代的傳記主要記載了蒙古王公對於清朝的功績。如上所述，清朝一方面認可蒙古各部統治氏族的權威，另一方面將他們對清朝的功績反映在授予爵位的評價上。在《大清會典》（康熙朝）卷142、理藩院1、爵級中有如下記載。

> 初外藩四十九旗，或以功、或以親、或以舉國輸服，封親王、郡王、貝勒、貝子、鎮國公、輔國公，秩皆照內王等，台吉、塔布囊等，俱給以品級。設都統以下驍騎校以上等官，照內管理。蓋國家一體之仁，周徧如此。[13]

可以看出，在授予蒙古王公爵位時，不僅要看是否屬於蒙古王統，更要看他歸順之後的功績、與清朝朝廷的親疏，及其在清初的歸順等情況。例如，順治7年（1750）正月癸酉，敕封鄂爾多斯的山達為多羅貝勒的勅書中這樣寫道：

[10] *Асрагч нэртийн түүх. XVII зууны Монгол түүхэн сурвалжийн тулгуур эхүүд.* Улаанбаатар; Болор Судар хэвлэлийн газар, 2011 он.

[11] 關於18世紀的蒙古年代記，森川哲雄《モンゴル年代記》（東京：白帝社，2007年）中有詳細研究。

[12] 但是必須指出，作為清代身分概念的王公台吉將衛拉特系各集團的統治氏族也作為與成吉思汗及成吉思汗諸弟系孛兒只斤氏族同等資格的王公身分來對待，這一點與北元時期蒙古的身分概念有著決定性的不同。

[13] 《大清會典》（康熙朝）卷142，理藩院1，爵級，1b。

ordus-yin šanda čimayi öber-ün qariy-a-tu aq-a degü, ulus-iyan abun erinčen ǰinung-
luγ-a
鄂爾多斯的山達，你帶著自己的兄弟、屬民和額仁欽‧濟農一起
oruba kemen törü-yin noyan bolγaba. kündü sedkil-i minu ebdeǰü, urbaqu, bosqu,
samaγu
歸順，故封你為多羅貝勒。　　違背朕之誠心，逃亡、發動叛亂的話
üile-yi egüskebesü törü-yin noyan čola-yi oγuγata baγuraγulqu. dayisun-ača
buruγulabasu,
多羅貝勒的爵位就會受到降級。　　臨陣脫逃的話，
toγtaγaγsan čaγaǰa-bar bolqu. tegün-eče busu yala bolbasu, törü-yin noyan čola-yi
就要依照所定律法治罪。如果是犯了其他罪行，則多羅貝勒爵位之降級
ür-e-yin ür-e-dür kürtele ülü baγuraγulqu bui.
不會波及子孫後代。[14]

　　山達被授予爵位的原因在於他「帶著兄弟、屬民」來歸順。各旗向理藩院提交
歸順以後王公台吉的功績。這就是上述被稱為「根源」（uγ eki）的記錄。在此，
作為其中一個例證，以下介紹 1779 年 11 月 5 日，關於車臣‧汗部中末旗的扎薩克
固山貝子伊達木扎布的記錄。[15]

(1a)
qalq-a-yin sečen qan-u ayimaγ-un ǰasaγ-un qosiγun-u beyise idamǰab, minu uγ eki,
我——喀爾喀的車臣‧汗部的扎薩克固山貝子伊達木扎布，
obuγ, törül ǰidkügsen γaǰar-i bayičaγaγsan debter.
以下是我的根源。這冊子列舉了我一族的功績。

[14] 中國第一歷史檔案館、內蒙古自治區檔案館、內蒙古大學蒙古學研究中心編，《清內秘書院蒙古文檔案匯編》第三輯，呼和浩特：內蒙古人民出版社，2003 年，頁 100-101，〈順治帝封鄂爾多斯部山達為多羅貝勒之誥命〉，順治 7 年正月 19 日。
[15] 蒙古國立歷史中央檔案館，M-168, Д.2, х/н122。Сэцэн хан аймгийн Бишрэлт засгийн хошууны засаг Ядамжавын уг эх, овог төрөл, зүтгэсэн зүтгэл, газрыг байцаасан данс. （調查車臣‧汗部比修熱勒圖扎薩克旗的扎薩克‧伊達木扎布之根源，一族，貢獻的檔冊。）

(2a)

jasaɣ-un qosiɣun-u beyise idamǰab, minu uɣ, sečen qan šolui tegünü nigedüger köbegün

我——扎薩克固山貝子伊達木扎布，我的根源如下：車臣・汗・碩壘，他的長子

mačari ildeng tüsiyetü, tegünü köbegün dari ildeng ǰinung-dur, sengǰu boɣda eǰen ǰarliɣ

嘛察哩・伊勒登・土謝圖，其子達哩・伊勒登・濟農接到了聖祖下達的諭旨。

baɣulɣaɣsan anu, dari či iǰaɣur ǰegün ɣar-un qalq-a-yin sečen qan-u abaɣ-a ebüge ečige

達哩，你原本是左翼喀爾喀的車臣・汗的叔父，祖父是

ildeng ǰinung bölüge. činu qariyatu albatu-ban abču, sečen qan-luɣ-a qamtu oruǰu

伊勒登・濟農。你率領屬民（albatu），和車臣・汗一起前來歸順。

irebei kemen čimayi örüsiyeǰü ketürkei-e qosiɣun-u tayiǰi bolɣabai kemen ǰarliɣ baɣulɣaǰu,

朕憐愛你，特封你為固山貝子，下此諭旨。

engke amuɣulang-un ɣučiduɣar on-dur, kesig kürtegen jasaɣ-un qosiɣun-u beyise

於康熙 30 年，賜恩封為扎薩克固山貝子，

ergümǰileǰü qosiɣu sumu ǰokiyaǰuqui. qoyin-a beyise dari-yin biy-e (2b) ebedčitei

組成了旗、佐領。之後貝子達哩上奏年老病重

nasun bolba kemen ayiladqaǰu, engke amuɣulang-un ɣučin nigedüger on-dur, dari-yin

於康熙 31 年，達哩的

törügsen köbegün čembel-dür ǰasaɣ-un qosiɣun-u beyise ǰalɣamǰilaǰuqui. čembel-ün

親生兒子車木伯勒承襲了扎薩克固山貝子。[16]

biy-e ebedčin-iyer ügei boluɣsan-u qoyin-a, engke amuɣulang-un döčidüger on-dur,

車木伯勒因病去世後，康熙 40 年，

čembel-ün törügsen degüü rabdan-dur ǰasaɣ-un qosiɣun-u beyise ǰalɣamǰilaǰuqui.

車木伯勒的親生弟弟拉布丹承襲了扎薩克固山貝子[17]。

beyise rabdan, engke amuɣulang-un tabin dörbedüger on, bar köl-ün čerig-tür oruɣulǰu ögkü

貝子拉布丹於康熙 54 年，送給巴爾庫勒的軍隊

---

[16] 《王公表傳》卷 57，傳 41〈扎薩克固山貝子達哩列傳〉中有阿海成伯勒 aqai čengbel。如果說這個「根源」檔冊是《王公表傳》參照的素材，那麼 čengbel 之名不同這一事實反映出祁韻士等還參考了「根源」檔冊以外的史料。

[17] 在《王公表傳》同傳中記錄了康熙親征噶爾丹時的事蹟，但未見於此「根源」中。

ɣurban mingɣan temege arban tümen qoni yabuɣulqu-dur, tabin temege, ǰirɣuɣan mingɣ-a

駱駝 3000 頭、羊 10 萬頭的時候，上供了駱駝 50 頭、羊 6952 頭

yisün ǰaɣun tabin qoyar qoni küčün bariǰuqui. basa engke amuɣulang-un tabin naimaduɣar on,

另外在康熙 58 年，

mügden-eče morduɣuluɣsan čereg-tür tusalaǰu tabun ǰaɣun mori bariǰuqui. rabdan-u biy-e

支援從盛京出發的士兵，上供馬 500 頭[18]。拉布丹

ebedčin-iyer ügei boluɣsan-u qoyin-a, nayiraltu töb-ün arbaduɣar on, rabdan-u aqamad köbegün

因病去世後，雍正 10 年，拉布丹的長子

wangǰil-dur, ǰasaɣ-un qosiɣun-u beyise ǰalɣamǰilaǰuqui. beyise wangǰil tayiǰi yabuqui-dur engke

旺吉勒承襲了固山貝子。貝子旺吉勒任台吉之時，

amuɣulang-un tabin tabuduɣar ǰirɣuduɣar qoyar on-dur, güng ǰan kang dan amu ǰögeküi-dür,

在康熙 55 年和 56 年這兩年，公 ǰan kang dan 輸送穀物的時候，

qubi-yin mal-ača yisün ǰaɣun naiman temege küčün bariǰu biy-e-ber qoyar ǰil-dür ǰidküǰü yabuba.

從自己的家畜中獻上 908 隻駱駝，自己辛勞了兩年。

basa tngri-yin tedkügsen-ü terigün on, ɣurbaduɣar, tabuduɣar ene ɣurban on-du tamir-un qota-yin

另外，在乾隆元年、三年、五年的這三年裡，在塔迷爾城的

čereg-ün küriyen-dür, ɣurban sar-a-bar ǰisiyan saɣuǰu, tngri-yin tedkügsen-ü doluduɣar on-ača

軍營駐班三個月。從乾隆 7 年

arban doluduɣar on kürtel-e, orqun-u qota-yi qaraɣalǰan saɣulɣaɣsan, qalq-a dörben ayimaɣ-un

---

18　關於拉布丹的康熙 54 年和 58 年的事蹟，《王公表傳》同傳僅簡單地記錄了「五十四年，獻駝助郡。五十八年，復獻馬。輸獎之。」

到 17 年守衛了鄂爾渾城。讓喀爾喀四盟的

nige mingγan čereg-yi naiman udaγ-a ǰil büri γurban sar-a-bar ǰakirču saγuǰuqui. beyise

一千士兵屯駐八次、每年管轄三個月[19]。貝子

wangǰil-un bey-e ebedčin-iyer ügei boluγsan-u qoyin-a, tngri-yin tedkügsen-ü qorin doluduγar

旺吉勒因病去世後，乾隆 27

on, wangǰil-un törügsen köbegün idamǰab nadur, kesig kürtegeǰü ǰasaγ-un qosiγun-u beyise

年、作為旺吉勒親生兒子的我——伊達木扎布，受恩繼承了扎薩克固山貝子。

ǰalγamǰilaba. beyise idamǰab bi tayiǰi yabuqui-dur, tngri-yin tedkügsen-ü qoriduγar on,

我伊達木扎布貝子任台吉的時候，於乾隆 20 年，

uliyasutai-yin čereg-ün küriyen-dü dörben ayimaγ-un ǰisiyan-u ǰangǰun-ü kereg-yi sidkegči

做為協理，曾協助在烏里雅蘇台軍營處理四盟駐班將軍事務的

ǰasaγ šungdüb-luγ-a tusalaγči-yin qubi-dur yabuǰu, qulaγai amurasana nar-un em-e keüked

扎薩克・遜篤布[20]做事，收容了盜賊阿睦爾撒納等的妻兒與家小。

ger ama-yi quriyaǰu yabuγad, qorin qoyaduγar on-du güng čerendoyud-un qamtu tüsiyetü

22 年，我和輔國公車凌多岳特[21]一起

qan-u ayimaγ-un wang čibaγǰab-un ǰerge kedün qosiγun-u dutaγsan alban-u mal-i kögen γarγaǰu,

徵收了土謝圖・汗部的恰巴格扎布王等數旗所缺的 alban-u mal（徵收用牲畜），

čereg-ün küriyen-ü ǰisiyan-du tusalaγči-yin qubi-du saγuǰu yabuǰuqui. beyise idamǰab bi

---

[19] 此處旺吉勒二等台吉時代的事蹟完全未見載於《王公表傳》。

[20] 扎薩克・遜篤布是土謝圖汗部左翼中左旗扎薩克頭等台吉。《王公表傳》卷 52 在一等台吉〈遜篤布列傳〉（15下）有：「乾隆二十年，駐烏里雅蘇台，偵阿睦爾撒納叛逃，偕烏里雅蘇台大臣阿蘭泰等，馳赴賊牧，收其孥屬。」

[21] 車凌多岳特是車臣汗部右翼中前旗輔國公。但是在《王公表傳》卷 58，傳 42〈扎薩克輔國公車凌多岳特列傳〉中沒有對應的記錄。

在軍營駐班裡擔任協理。我伊達木扎布貝子

tngri-yin tedkügsen-ü γučiduγar on uliyasutai-yin čereg-ün küriyen-ü jisiyan-dur saγuǰu,

乾隆 30 年，在烏里雅蘇台的軍營的駐班做事，

mön γučiduγar on-ača γučin dörbedüger on kürtel-e, orus ǰüg talbiγsan, sečen qan ayimaγ-un

並且從 30 年到 34 年間，管理設置在俄國車臣‧汗部的

qaraγul čereg ǰakirču saγuba. basa γučin doluduγar naimaduγar, döčin qoyaduγar ene γurban

卡倫的兵，並駐紮。在 37 年、38 年、42 年的這三年

on-dur, uliyasutai-yin čereg-ün küriyen-dü qoyar udaγ-a γurban sar-a-bar ǰisiyan saγuǰu,

在烏里雅蘇台的軍營裡兩度駐班三個月，

nigen udaγ-a alban-u mori mal ǰakirču saγuǰuqui. beyise idamǰab, minu elünče ebüge ečige

管理過一次官用的馬和家畜[22]。我伊達木扎布貝子的曾祖父

beyise aγsan dari-ača inaγsi nadur kürčü iretel-e dörben üy-e, yasu kiyud, obuγ borǰiged.

任貝子的已故達哩以來，到我是四代，姓為奇亞特，氏為博爾濟吉特。

tngri-yin tedkügsen-ü döčin dörbedüger on ebül (-ün dumdadu) sarayin sineyin tabun.

乾隆 44 年冬仲月初五。

這個檔案敘述車臣‧汗‧碩壘的孫子──初代扎薩克固山貝子達哩──的歸順與授爵，接著列舉了從策木貝爾、拉布丹、旺吉勒到伊達木扎布，歷代扎薩克向清軍供給家畜、駐班軍營、管理卡倫等的勤務記錄。這一記述雖然稱之為「根源」，但僅追溯到同部王公的直接先祖碩壘，記述的是歸順以後的歷代扎薩克對於清朝的功績。這本存檔冊是乾隆帝於乾隆 44 年 7 月 29 日下令編纂《欽定外藩回部王公表

---

22 伊達木扎布在烏里雅蘇台的駐班、管理卡倫和官用家畜的事蹟，未見於《王公表傳》中的傳記。《王公表傳》卷 57，傳 41〈扎薩克固山貝子達哩列傳〉。

傳》時由各旗提交的[23]，但同樣的東西除此之外又被反覆編製。祁韻士撰寫的《欽定外藩蒙古回部王公表記》[24]，由蒙古各部歷代王公的封爵表（iledkel）和傳（šastir）構成，傳由「總傳」以及各個王公傳構成，其形式類似「根源」檔冊。在思考兩者的關係時，有趣的是，蒙古國歷史中央檔案館收藏的道光 7 年著的中末旗「根源」檔冊中，在後半部謄寫了《王公表傳》卷 57、傳 41〈扎薩克固山貝子達哩列傳〉的蒙文本。比較前半部的「根源」檔冊和《表傳》會發現，內容和文字表現都有所取捨和刪改，「根源」檔冊不過是《表傳》撰述時的素材。另外，彙集了有關扎薩克圖汗部檔冊的《扎薩克圖汗部史》，其收錄的同部各扎薩克的「根源」[25]，也記述了各扎薩克歸順後的功績。

　　在這種系譜記述風格的背後，可以看出所謂的誥命與敕令記錄了王公自清初以附的功績和承襲經過。實際上，在承襲爵位時，誥命會被提出以作為理藩院確認承襲關係的根據[26]。

　　如上所述，編纂《王公表傳》時上呈的各旗王公的經歷，只不過追溯到了歸順時期。但在《王公表傳》中，於王公事蹟之外，另設了蒙古各部的「總傳」。藉由明示各王公是元太祖的第幾代子孫，將王公的淵源追溯到了蒙元帝國。比如其中內

[23] Nayur, "ongniγud qosiγun-u beyise tümenbayan öber-ün uγ ündüsü ebüge ečige-yin-iyen Jidkügsen γabiy-a-yi bayičaγaju medegülügsen bičig-ün tuqai", *Dumdadu ulus-un mongγul sudulul.* 34-düger boti, 2006-1 (No.203), 2006, p.51-54. 以及 bökeündüsü. "ongniγud baraγun γarun qosiγun-u qosiγun-u beyise qoyar Jerge temdeglegsen tümenbayan-u uγ ündüsün ečige ebüge-yin Jidkügsen γabiy-a-yi bayičaγaju ergün bariγsan bičig,-ün tuqai", *Dumdadu ulus-un mongγul sudulul.* 39 düger boti, 2011-4, No.236, 2011, pp.37-41。兩人介紹了乾隆 44 年 9 月 16 日，向理藩院報告翁牛特右翼旗貝子圖們巴顏的祖先自敖其爾以來之事蹟的文書。其開頭記錄顯示是接到理藩院的如下令令而製作的。「從盟長處傳來理藩院下達的文件中，說要謹遵諭旨，製成史書以流傳後世。為此要調查和報告各自的根源、承襲了幾代，以及有無功績。」兩人認為這是同年 7 月 29 日下令編纂《表傳》的諭旨。

[24] 關於《王公表傳》的撰者祁韻士和《表傳》成立的經過可參照：宮脇淳子，〈祁韻士纂修《欽定外藩蒙古回部王公表傳》考〉，《東方學》第 81 輯，1991 年，頁 1-14；寶日吉根（包文漢），〈蒙古王公表傳纂修考〉，《內蒙古大學學報（哲學社會科學版）》，1987 年第 3 期，頁 19-32；包文漢，〈蒙古回部王公表傳的編纂與研究——代前言〉，《蒙古回部王公表傳》第一輯，呼和浩特：內蒙古大學出版社，1998 年，頁 1-17；林士鉉，《清代蒙古與滿洲政治文化》，政治大學史學叢書 17，國立政治大學歷史學系，2009 年，頁 77-101。《表傳》中的蒙古語是理藩院由滿文和漢文中翻譯的。

[25] A. Очир, Ж. Гэрэлбадрах. *Халхын Засагт хан аймгийн угсаатны бүрэлдэхүүн, гарал.* Улаанбаатар; Соёмбо принтинг; 2003. 403-432 тал.

[26] 例如，在《題本》卷 1 所收錄的〈管理理藩院事務果親王允禮等題浩齊特扎薩克多羅額爾德尼郡王車凌喇布坦病故請准其長子承襲本〉中雖然引用了「če 冊」，但應該是誥命。另外，諾爾（Nayur）介紹的，收藏於赤峰博物館乾隆 44 年 9 月的文書，即關於翁牛特右翼旗的閑散王公圖們巴顏之事蹟的文書中，也引用了誥命。參看 Nayur 前揭論文。關於誥、敕，可參看：鞠德源，〈明清誥敕命文書簡述〉，《清代檔案史料叢編》第七輯，北京：中華書局，1981 年，頁 299-315；程大鯤，〈清代誥敕命制度探析〉，趙志強主編《滿學論叢》第一輯，2011 年，頁 116-122。

喀爾喀的巴林部「總傳」開頭這樣寫道：

> 巴林部，在古北口外，至京師九百六十里，東西距二百五十一里，南北距二
> 百三十三里。東界阿嚕科爾沁，西界克什克騰，南界翁牛特，北界烏珠穆
> 沁。元太祖十六世孫阿爾楚博羅特，生和爾朔齊哈薩爾。子二。長烏巴什，
> 詳扎嚕特部總傳。次蘇巴海，稱達爾漢諾顏，號所部曰巴林。[27]

　　可以看出，同部的系譜在簡略追溯完與「元太祖」成吉思汗的關係後，記述了
達延汗的第五子阿爾楚博羅特之後的系譜。《王公表傳》的這個特徵不同於各王公
的「根源」檔冊以及下文編入八旗之王族系譜的記述。[28]

　　孛爾只斤氏王族的一部分，在清朝征服的過程中被編入八旗。顧爾布什是巴岳
特部的王族，和巴林部一樣都是內五鄂托克喀爾喀之一，在努爾哈赤時代投降滿
洲，被編入八旗中的滿洲鑲黃旗。以下是關於顧爾布什事蹟的記載。[29]

(3a)

dashūwan meiren duicin nirui / gurbusi efu dade bayut beise jakūci[30] bihe, /
左翼梅倫 duicin 佐領 gurbus 額駙原本是巴岳特貝子。

abkai fulingga ningguci aniya omšon biyade, fukjin yaya monggo i harangga jušen be /
在天命 6 年 11 月，首次率領全部的蒙古屬下臣民

gajime / tayidzu ejen be baime dahame jihe manggi / taidzu ejen gosime beye de
banjiha /
追隨太祖。太祖憐愛之，將親生的公主

gungju bufi hošoi efu obuha jakūn gūsai manju ilan tanggū šufame bufi, emu nirui
許配給他，使其成為和碩駙馬。太祖聚集了八旗滿洲三百人與之，編成了一
佐領。

banjibuha, beye gajiha harangga jušen be emu nirui banjibufi, juwe nirui obume /

---

[27] 《欽定外藩蒙古回部王公表傳》卷 28，傳 13，〈巴林部總傳〉，1a-1b。

[28] 之後在《欽定大清會典事例》卷 730-736〈封爵〉中，各部歷代封爵記錄的開頭提及了太祖成吉思汗和其諸
弟。不過，它與《王公表傳》的關係不明。

[29] 關於巴岳特的系譜，可參照岡洋樹《清代モンゴル盟旗制度の研究》第三部第 2 章〈內ハルハ・バヨド・オ
トグの系譜について〉，頁 249-265。

[30] 此處的「jakūci（第八の）」應該是錯誤的。

額駙自己統領的屬民也組成一佐領。太祖讓額駙作為二佐領來專管之。

salibufi buhe, / taidzu ejen gosime cing joriktu seme colo bufi, sucungga tušan ilaci jergi

太祖慈愛地賜予青・卓禮克圖這一稱號，

jinggini / (3b) hafan obuha,

最初的官職為三等。[31]

　　在這裡僅僅敘述的是顧爾布什乃巴岳特的貝子，完全沒有表明和成吉思汗的關係。另外，在相同史料中收錄了題為「蒙古・喀爾喀的巴岳特貝子的祖先等的名字的檔冊」的顧爾什布希一族的系譜。在開頭部分這樣寫道：

monggo kalka i bayot beyise i / da mafari sei gebu i dangse, / kubuhe suwayan i duicin nirui

蒙古喀爾喀的巴岳特貝子的祖先等的名字的檔冊。鑲黃旗的對亦欽牛錄的

/ gurbusi efu dade monggo gurun i baiyot beyile bihe, šara murun bai niyalma, /

顧爾布什額駙原本是蒙古國的巴岳特貝勒。是西拉木倫地區的人。

da mafa ama juse omosi i jalan jalan i gebu dangse / gurbusi efu / da mafa alcubolot,

先祖、子孫代代的名字檔冊。顧爾布什額駙的祖先是阿爾楚博羅特。

erei ahūngga jui hasari noyen, gebu hūrhaci, ede sunja haha jui / banjiha, ahūngga jui,

他的長子哈薩爾・諾顏，名字是和爾朔齊，生了五個兒子。長子是

weijeng noyen, gebu ubasai, jarut debi, jacin haha / jui gebu subahai,

烏巴什・諾顏，名字是烏巴賽，在扎嚕特部。次子的名字是蘇巴海，

barin debi, ilaci haha jui gebu uban, gunggeret de bi, / duici haha jui tabun

在巴林部。第三子的名字是兀班，在翁吉剌部。第四子是塔奔，

bayot de bi, sunjaci haha jui gebu hanghal ujet debi, / duici haha jui tabun de

在巴岳特部。第五子的名字是杭哈勒，在烏濟葉特部。第四子塔奔生了四個孩子。

duin haha jui banjiha, ahūngga jui gebu / (10b) burahai, gulu suwayan debi,

長子的名字是布拉海，在正黃旗。

---

[31] 關於這一史料和顧爾布什，可參照拙著《清代モンゴル盟旗制度の研究》（東京：東方書店，2007），第 3 部第 2 章〈內ハルハ・バヨド・オトグの系譜について〉，頁 249-265。

jacin haha jui cing baturu gulu šanggiyan debi, / ilaci haha jui burgan, kubuhe šanggiyan debi,

次子是青・巴圖爾，在正白旗。第三子是布爾干，在鑲白旗。

duici haha jui esei, kubuhe / suwayan debi, esei ilan haha jui banjiha, ahūngga jui / gurbusi

第四子是額賽（エセイ），在鑲黃旗。額賽有三個孩子。長子是顧爾布什。

yaya onggolo harangga jušen be gajime / abkai fulingga ningguci aniya / taidzu ejen be baime

由於最早率領屬民在天命 9 年降於太祖

dahame jihe gung de / taidzu ijen beye de banjiha / gungju be bufi, jingkini hafan obuha.

因其功績，太祖將自己的女兒作為公主許配給他，封他為子爵。[32]

可以看出，在這裡顧爾布什的系譜記述追溯到了阿爾楚博羅特，但是沒有提及成吉思汗，並且也沒有表明阿爾楚博羅特是達延汗的第五子。[33]

總之，清代外藩的王公傳記，其共通點基本上都是以歸順清朝以後的功績為中心，記述框架有別於作為護法王成吉思汗系之系譜的年代記。

五、清朝統治「外藩」的理念

對於在 16 世迅速崛起並推翻了具有 400 年歷史的蒙古霸權的新興滿族來說，將孛兒只斤氏族等蒙古統治氏族的權威整合到滿族的汗的統治權力下，是一個微妙的政治課題。蒙古王族因為厭惡最後的大汗林丹的強權式整合而歸順於滿族，滿族承認了他們作為統治氏族的地位及其對屬民的統治權。但是，這同時也意味著要接受成吉思汗以來作為蒙古權威根源的王統，以及信奉藏傳佛教的護法王的歷史認識。縱觀有清一代，滿族不曾直接否定年代記中記載蒙古的歷史框架。他們將薩囊徹辰的《蒙古源流》譯成漢文並收錄於《四庫全書》便是這種體現。[34]蒙古的歷史認識

---

[32]　《顧爾布什駙馬事蹟稿》10a-10b，monggo kalka i bayot beyise i da mafari sei gebu i dangse.

[33]　需要指出的是，彙集了八旗滿洲旗人系譜的《八旗滿洲氏族通譜》卷 66-71 中，雖然有蒙古諸姓的記述「附載滿洲旗分內之蒙古姓氏」，但僅僅是「隸滿洲旗分之蒙古一姓」，關於孛兒只斤缺少清代之前的先祖的記述。《八旗滿洲氏族通譜（影印本）》遼寧省圖書館古籍部整理，潘陽：遼瀋書社，1989 年，頁 717-788。

[34]　關於《四庫全書》和殿版《蒙古源流》的原稿流傳到清朝的經過可參照岡洋樹〈殿版《蒙古源流》とツェン

是把佛教護法王的權威作為歷史依據，滿族的汗則通過將自己定位為護法王，包容了這種歷史認識。對於成吉思汗一系的世俗權威，清朝藉由賞賜王公待遇，順利地將其吸收進清朝的統治體制裡。

但是清朝予以評價並反映到授爵中王公台吉功績的，首先是帶領部眾臣服與在對外戰爭中的貢獻，而不是成吉思汗後裔本身。另外，記錄這些功績的「根源」檔冊和《王公表傳》中，並未溯及蒙古歷代可汗統治氏族的正統性及其作為護法王的事蹟。

同時，還可以指出的是清代傳記對蒙古年代記的影響。例如 19 世紀中葉，在道光 21 年（1841 年）所著的喀爾喀編年史——戈拉登撰寫的 *Erdeni-yin erike*（《寶貝念珠》）中，像 18 世紀編年史中看到的那種王公台吉的族譜記述消失了，取而代之的是引用了《王公表傳》[35]。此外，19 世紀鄂爾多斯的年代記中，道光 15 年（1835 年）貢其格扎布編撰的 *Subud erike*（《珍珠念珠》）記載了達延汗諸子的族譜之後寫道：

> *jiči basa čaqar naiman qosiγun-dur tayizu qaγan-u salburi ür-e ču bui / bolbaču iledkel šastir-a*
>
> 此外在察哈爾八旗也有太祖汗的末裔，但是《表傳》中
>
> *ese γarγajuqui.... （中略）.... ene metü deger-e dour-a / ner-e ür-e ese ileregsed ba,*
>
> 並沒有體現。……（中略）……如此，前後沒有出現名字和子孫的人，
>
> *busu basa doruγsi üy-e-yin salburi sačural-i / öber öber-ün qosiγud-u iledkel šastir-ača*
>
> 以及彼此後代的分支可以從
>
> *olju medekü bolai*
>
> 各自的旗的《表傳》中得知。

可見，編者在督促讀者參閱《王公表傳》的同時，也將其作為本身系譜記述的資料來源。[36]

グンジャヴ〉，《アジアにおける国際交流と地域文化》，平成 4-5 年度科學研究費補助金（總合研究 A）研究成果報告書（課題番号 04301046，研究代表者：長澤和俊），1994 年，頁 42-47。

[35] 關於 *Erdeni-yin erike* 中對《方略》、《王公表傳》的引用，約瑟夫・弗萊徹早已指出。Joseph F. Fletcher. "A Source of the Erdeni-yin erike," *Harvard Journal of Asiatic Studies*, 24, 1962-1963, pp.229-233.

[36] Subud erike kemekü bičig. Walther Heissig. *Die Familien und Kirchengeschichtsschreibung der Mongolen*. Teil II. Wiesbaden; Otto Harrassowitz, 1965. p.62.

六、結語

　　清代蒙古由於外藩這一統治範疇的設定，擁有了與內地（＝中國本土）不同的獨特統治理念和歷史敘述的空間。清朝皇帝通過將自身定位為護法王，把年代記中蒙古歷代可汗的護法歷史和清朝皇帝的統治聯接起來。另一方面，清朝雖把蒙古的統治氏族以王公身分厚待之，但其權威仍源自皇權。王公們為了證明自己的地位，提交了譜系圖和稱作「根源」的系譜。但是其中記載的是王公歸順以後對於清朝的功績，並不是他們作為成吉思汗一系或者藏傳佛教君主的權威。在此，作為與佛教歷史觀架構不同的功績傳記，其記述形式與護法王的歷史和統治氏族的系譜記述並存。

　　可以說，清朝在內地諸省繼承了明朝統治的同時，在蒙古也同樣沒有否定統治的歷史脈絡，而是將其納入皇權之下。這種體制也反映在歷史記載中。清朝一方面進行著中國式的正史編纂，另一方面在蒙古維持佛教史式的年代記。與此同時，作為功績傳述的蒙古統治氏族的傳記，雖與年代記在敘事框架上存在著偏差，但二者並存。清朝官修的歷史記述也為蒙古年代記帶來了影響。

　　正如杉山清彥所道破的那樣，清朝是一個多面相的帝國。清朝的皇帝究竟是中國式的天子還是蒙古的可汗？——這樣的問題並沒有太大意義。從歷史上來看，倒不如說，藉由這樣的多面相帝國，關注它在近代被納入單一民族脈絡來敘述的過程及落差所導致的困難，為本書討論的主題「近代空間的形成」提供了一個歷史性的視角。

第三章
涅爾琴斯克條約中的「蒙古」問題：
統治與解決

S.楚倫

（王鶴琴　譯）

　　1689 年在涅爾琴斯克（尼布楚）要塞簽訂的《涅爾琴斯克條約》（《尼布楚條約》）在蒙古史研究領域中幾乎從未引起學者們的關注。該條約雖然是俄國同清朝之間締結的條約，但又與「蒙古」問題密切相關，因而能夠左右「蒙古」的命運。著眼於《涅爾琴斯克條約》締結前的形勢、當時俄蒙與俄中之間的關係、蒙古人與俄國關係的歷史背景，能夠解開 17 世紀蒙古史中諸多複雜的問題。關於《涅爾琴斯克條約》這一歷史事件，國外的研究者早有詳細的考察。在此，筆者將致力探明條約締結前後的「蒙古」問題，這一問題在蒙古國國內學界沒有開展任何研究，並且至今尚未出版過以此為主題的研究論著。俄羅斯、中國、日本雖然有學者研究該條約，但是他們均從本國的利益和立場出發。在蒙古史研究中，目前尚無專門論述該課題的文章。簡而言之，該課題被長期拋之於史學研究範圍之外。現在，《涅爾琴斯克條約》被視為中俄關係之原點、正式外交之肇始，我們可從這一歷史事件中探知中俄關係發展演變的歷史進程。

　　我們的歷史資料中沒有關於《涅爾琴斯克條約》的明確記載。條約的原件現藏於俄羅斯帝國外交政策檔案館（АВПРИ）。拉丁文和滿文文本保存完整，俄文本係抄件。此外，俄羅斯國家古代條約檔案館（РГАДА）也存有一份俄文抄寫本。條約的原件至今尚未公開。筆者通過 V.S.米亞斯尼科夫的著作中獲知漢文碑刻的存在，並將其譯文加以利用。筆者此前曾走訪中國第一歷史檔案館、臺灣的檔案館及故宮博物院等地，均未找到漢文原本。期待日後能夠在檔案館發現。

　　俄國沙皇嘗試與蒙古和清朝建立聯繫已歷七十年，他們從 17 世紀後半葉開始改變其東方政策。他們意識到與其通過蒙古的貴族們聯繫清朝，不如直接與清朝建立聯繫。即便如此，同清朝交往過程中的主要問題仍然與蒙古人有關。

　　當時的蒙古貴族之間，喀爾喀與準噶爾不合，扎薩克圖汗與土謝圖汗互有矛盾，俄國與喀爾喀貴族之間互不信任。俄國與清朝之間在阿穆爾河與額爾古納河流域、達斡爾地區，因當地原住民的隸屬與土地問題發生了激烈的論爭。於是俄方在這一關鍵時期提出簽訂條約。其實這一問題並不是突然發生的。自1670年代末起，在涅爾琴斯克與額爾古納河流域游牧的蒙古貴族與移居此地不久的俄國哨所人員以及當地原住民之間便曾發生多次衝突。顯然，這與俄國對該區域實行的政策有直接關係。迄今為止，前人對《涅爾琴斯克條約》的研究多圍繞中俄關係展開。因此，本文主要就該條約締結之前提背景的「蒙古」問題進行探討。

　　與蒙古相關的史料中，關於涅爾琴斯克要塞的記載始見於 1670 年代。俄羅斯學者認為，該條約締結的目的旨在與清朝建立睦鄰友好關係，並積極加強外交關係及擴大貿易[1]。然而實際情況並非如此。以下，筆者將對此進行簡要論述。

　　自 1670 年代起，俄國將阿爾巴津問題、阿穆爾河、黑龍江以及額爾古納河等區域居住的原住民之隸屬、狩獵、建立新的要塞等諸多問題列為當時迫切需要解決的事。俄國對上述區域優越的地理位置、居住、耕種、自然資源等方面的條件垂涎已久，故而積極經營並試圖鞏固其統治。為了應對這一情況，清朝就保護土地和屬民、禁止修建要塞和歸還屬民等問題曾多次向俄方提出警告，並派遣使節送去文書，然而未見功效。因此，從 1680 年代起，清朝的軍隊匯集在阿穆爾河流域，包圍了阿爾巴津要塞。同時，清朝極力唆使蒙古的土謝圖汗‧察琿多爾濟等人參與此事，而後者並未立即參與。俄國學者 D.T.雅克布列娃認為：1676 年康熙帝向土謝圖汗‧察琿多爾濟、溫都爾格根‧哲布尊丹巴等人送禮，命其與俄國對立。該同盟直到 1689 年依然存在[2]。然而，實際上蒙古並未與清朝建立這樣的同盟並按其指示行事，而是將自身利益置於首位。這點在俄文和滿文史料中體現得十分明確。另外、土謝圖汗部內當時面臨諸多問題。西面衛拉特的噶爾丹聯合扎薩克圖汗形成壓迫之勢，俄國人直逼色楞格河、烏德河流域使得該區域原住民的隸屬問題更加複雜。這些都影響著土謝圖汗部。

　　對於土謝圖汗‧察琿多爾濟來說，通過外交手段而非戰爭來解決以上問題更為妥當，然而事情並非如此。俄方亦十分重視東方形勢的發展，他們派遣經驗豐富的外交官 F.A.戈洛文作為全權代表，希望以和平方式解決這些問題。當時俄國自身的外交狀況亦不容樂觀，他們正在與土耳其和韃靼等進行戰爭。除了阿爾巴津問題，

[1]　*Внешняя политика государства Цин в XVII в.* Ред. Л. И. Думан. М., Наук.1977. стр. 276.

[2]　Яковлева, П.Т. *Первый русско-китайский договор 1689 года.* М., Наука. 1958. стр. 76-77.

涅爾琴斯克、伊爾庫茨克、葉尼塞的要塞和村莊同樣怨聲不斷[3]。

在這種情況下，沙俄政府派遣了以戈洛文為首的由眾多要員組成的使團。戈洛文在其報告中自稱「偉大的全權大使、長官」[4]。使團成員包括耶拉湯姆斯基的行政長官伊翁‧葉沃斯塔夫耶維奇‧沃拉索夫、書記官謝米揚‧廓爾尼茨基[5]、伊萬‧尤金、百戶長阿列克塞‧森雅賓等人。他們的基本任務包括：一、確保阿穆爾河上游原住民自古以來向俄國人納貢一事；二、劃定阿穆爾河流域的邊界、解決阿爾巴津問題；三、確立貿易關係；四、為了重建阿爾巴津，將包括 500 名火槍兵的 2,400 人的軍隊派往色楞格要塞[6]。而當時，清朝在阿爾巴津曾擁有 3 萬人的大軍。然而，對戈洛文而言，「蒙古」問題是他在與清朝展開交涉之前，首先需要解決的一個大問題。而蒙古問題的核心是當時已經發生的色楞格、貝加爾、達斡爾地區的管轄問題，以及在蒙古建立要塞一事。因此，俄國非常重視與位高權重的土謝圖汗‧察琿多爾濟和溫都爾格根‧哲布尊丹巴等人進行交涉。以戈洛文為首的俄國使團於 1686 年 1 月 26 日從莫斯科啟程，於 1687 年秋抵達安加拉附近的雷布諾伊要塞。在雷布諾伊駐紮時，他們除了從外貝加爾一帶搜集了較為詳細的情報外，還會見了從清朝返回的使臣 N. 溫尤科夫和 I. 法沃洛夫等人。溫尤科夫報告稱，雖然他將皇帝的禮物送給了土謝圖汗，但是對方要求歸還其屬民，並告知他清朝皇帝遣使要求土謝圖汗參加俄清之間的戰爭。這對俄國來說無疑是十分嚴峻的事情。因為俄國無法派遣足夠的兵力，而擁有較強實力和影響力的土謝圖汗與清朝站在一邊的話，俄國將陷入極端艱難的境地。因此，戈洛文認為首先與土謝圖汗協商並解決問題比簽訂《涅爾琴斯克條約》更重要。俄國沙皇也在使團從莫斯科出發前，針對與土謝圖汗‧察琿多爾濟等人的交涉談判做了如下指示：

И окольничему де Федору Алексеевичю Головину из Селенгинского острогу с Очирой Саин-ханом обо всяких делех ссылатись возможно.

（譯文：費奧多爾‧阿列克塞耶維奇‧戈洛文身在色楞格要塞，從那裡與奧

[3]　Яковлева, П. Т. *Первый русско-китайский договор 1689 года*. М., Наука. 1958. стр. 127.

[4]　Шастина, Н. П. *Русско-Монгольские посольские отношения XVII века*. М.,1958. стр. 119.

[5]　АВПРИ. Ф-163. Трактаты. оп.1.д. №22. 1689. [Нерчинский договор между Россией и Китаем от 27 августа 1689 г]. л. 2-3об. — заверенная копия, русский язык., л. 6-6 об. — подлинник, латинский яз., л. 7-11 — подлинник, маньчжурский язык.

[6]　Трусевич, Х. *Посольскія торговыя сношенія Россіи съ Китаемъ. (до XIX вѣка)*. М., Человѣколюбиваго Общества. 1882. стр. 30.

其賴‧賽因汗進行全面協同合作。）[7]

戈洛文雖然欲與土謝圖汗進行談判，但使節管理當局並未予以許可。

俄國沙皇於戈洛文出發之前即 1685 年 12 月 13 日致函土謝圖汗，希望他能在俄國與清朝簽訂條約方面給予幫助。該函應係俄國使臣親自帶來的。其中提到：

...Очарою Сайн-хану, тем нашего царского величества великих послов любительным пересылкам верить, и службу свою и радение со всеми улусными людьми своими нам, великим государем, нашему царскому величеству, оказать совершенно и явственно, и к воинскому промыслу на неприятелей дать все владения своего силы, за которую службу и радение мы...

（譯文：奧其賴‧賽因汗您曾宣誓效忠皇帝，共同對抗我們的敵人。至今遵照諸皇帝之命，與我們的百姓和睦相處。如若發生任何不悦之事，應告知上述尊貴使節，並查明犯錯者，予以嚴懲。上述我等之偉大使節與您商討諸事宜。必要之時，需備兵對敵，信任我們偉大的使節，舉國上下因向皇帝繳納租稅而歡喜，務必竭盡全力協助他們。）[8]

然而，由於土謝圖汗從未臣屬於俄國，故其在屬民歸還問題上立場十分強硬。1686 年秋，戈洛文上書沙皇，請示向溫都爾格根‧哲布尊丹巴派遣自己的特使。信中清楚地說明了溫都爾格根‧哲布尊丹巴的地位。

государи, что мунгальские все владетели имеют ево, Кутухту, духовного чину в великом почитании и во всяких великих делех без его повеления поступати не смеют.

（譯文：蒙古的貴族在精神上十分尊重呼圖克圖。任何事情都不敢違背其真言擅自行事。）[9]

戈洛文認為，通過向溫都爾格根‧哲布尊丹巴派遣使節，探明以呼圖克圖為首

---

[7]　*Международные отношения в Центральной Азии. XVII-XVIII вв. Документы и материалы.* Книга 1. Составители Б. П. Гуревич, В. А. Мойсеев. М., Наука. 1989. стр. 179.

[8]　РГАДА, Ф-62. [Сношения России с Китаем], оп. 2,1685 г., д. Mг 2, лл. 29. Список XVII в.

[9]　РГАДА, Ф-62. [Сношения России с Китаем], оп. 2, 1685 г., д. № 2, ч. 2, лл. 352-354. Подлинник.

的蒙古貴族將以甚麼樣的目的會見俄國使臣、他們是否希望發動戰爭、呼圖克圖和蒙古貴族們有何想法等，並囑咐正確把握與清朝有關的所有事宜並詳加記錄後予以呈報。與此同時，俄國還與另一位蒙古貴族保持著聯繫。此人為統治和托輝特部的根敦・洪台吉，俄文史料稱其為「格根・呼圖克圖」。他因受到噶爾丹・博碩克圖的壓迫，遷移至通金斯基、庫布蘇庫爾湖東南，在色楞格、額格河流域一帶駐牧。因此，戈洛文很注意同他保持聯繫。

　　1686 年在庫倫伯勒齊爾〔俄文文獻做 *Кербильчил*〕舉行的會盟受到了俄國的密切關注。他們面臨此後如何防止蒙古人在色楞格、貝加爾南部進攻這一問題。1687 年 5 月，伊爾庫茨克政府發佈的一份文書中記載著蒙古和清朝為保護屬民而新增要塞的內容。同時，參加庫倫伯勒齊爾會盟的康熙帝的特使在與溫都爾格根・哲布尊丹巴等人的會談中提到，他們在經過前往阿爾巴津、涅爾琴斯克的沿途各城運送武器。俄國對於蒙古表示支持康熙帝一事非常警惕，唯恐其攻打自己。也就是說，俄國擔心在通往阿爾巴津和涅爾琴斯克的途中遭受蒙古和清朝的攻擊。

　　除了土謝圖汗和溫都爾格根・哲布尊丹巴，戈洛文還聯繫了根敦・洪台吉、額爾和・洪台吉、賓圖・阿海等等與土謝圖汗家族有關的蒙古貴族，並積極籠絡他們中的一部分，使其宣誓效忠。戈洛文於 1687 年秋來到烏德[10]。他首先接見了溫都爾格根・哲布尊丹巴和土謝圖汗・察琿多爾濟的使臣。溫都爾格根・哲布尊丹巴的使臣格楚勒・喇嘛・洛堆僧格帶著隨員、商人及信件等前來。在他們到訪前不久，土謝圖汗・察琿多爾濟致函康熙帝稱：

...orus-yin čaγan qan-u tabun mingγan elči ilegegsen kemeǰü bičig-tei elči ireǰi qariba. üge-yi inü niruγu degere sumun elči ilegeǰü egüber ba ǰegün-tegegür alin-a ire gegsen γaǰar-tur čiγulγalaǰu törü kikü genem. bisiči olan čerig ǰegün eteged siqaǰi yabunam. kemen sonustanam. manu qariyat ulus-i abuγad, ǰaq-a ǰaq-a-ača šoγ kiǰi bayiqu ni olan či bolba, qayan inu törü kikü duratai metü boluγad ulus ni tung maγad ügei samaγu itegel ügei tulada sigiid-ün yadaγsayar öni bolba. edüge ene elči-ber čaγan qan-du činaγsi kelegsen üges-ün aliba qariyu bai gekü-dü ni učir-i meden bolγaγuqu-yin tulada kümün ilegebe

（譯文：攜帶文書前來的使者稱，俄國沙皇已派出五千名使者。此方亦遣其告知對方願在此地或東邊會盟議政，地點悉聽尊便。另據傳聞，東方大兵壓境。

---

[10] Шастина, Н.П. *Русско-Монгольские посольские отношения XVII века*. М., 1958. стр. 123.

虜我屬民、四處騷擾之事愈增。其主似欲處理，但屬下毫無誠信，尋釁滋事，故至今未決。現派該使，給沙皇的信已有回覆，特遣人告知此情由。）[11]

土謝圖汗之所以告知康熙帝，是因為擔心若與俄國之間因發生某些問題而引起清朝怪罪，將對自己不利。戈洛文對蒙古使臣禮遇有加，詳細詢問其來意。使臣送來土謝圖汗與溫都爾格根・哲布尊丹巴的書信，內容如下：

Да Геген-кутухта поздравляет великому и полномочному послу в добром ли здоровье великий и полномочный посол пришел в Удинской. Да что он, великий и полномочный посол, идет для перемирных договоров на китайскую границу, и от великих де и полномочных послов он, Кутухта, к себе и улусным людем задору никакова не чает, о том радуется. А что де на китайскую границу они, великие и полномочные послы, идут для вечного умирения чрез их Мугальскую [землю], и им де, Геген-кутухте, и тайшам оттого имеет быти сумнение для того, что де с ним, великим и полномочным послом, идут // ратные люди многие, также брацкие и тунгуские люди, чтоб де он, великий и полномочный посол, брацких и тунгуских людей с собою не брал, потому что те брацкие люди ушли из их мугальских улусов и живут в стороне царского пресветлого величества. И те де брацкие люди, мня прежние к себе досады, какова дурна не учинили, потому что в прежних годех с великими государи, их царским пресветлым величеством, бывали у них ссоры многие, и о тех де ссорах Геген-кутухта и Ачирой Сайн-хан к великим государем писал многажды. И против де их писем от великих государей, их царского пресветлого величества, к ним, Кутухте и Ачирой Сайн-хану, отповеди не бывало и по се число

（譯文：格根・呼圖克圖恭賀全權大使平安抵達烏德。我等十分高興，相信為了簽訂和平之條約前往清朝邊界的全權大使不會做不利於呼圖克圖及我等百姓之事。為了永久的和平而經過蒙古前往清朝邊界的全權大使有大批軍隊、布拉茨克人及通古斯人隨行，這不免令我等心生疑慮。全權大使你們不能帶走這些布拉茨克人和通古斯人。因為這些布拉茨克人背棄蒙古，轉投俄

---

[11] *Дайчин гүрний дотоод яамны монгол бичгийн гэрийн данс (Галиг, орчуулга, хөрвүүлэг)*. Боть 6. Орчуулга, хөрвүүлэг, тайлбар сэлтийг хийсэн М. Баярсайхан, Т. Отгонтуул, Э. Мөнх-Учрал, Улаанбаатар. 2011. тал 57.

國。希望這些布拉茨克人不要像從前一樣給我等帶來不利。因為他們，數年
前我等與貴方皇帝曾多次發生爭執。關於這些爭執，格根・呼圖克圖與奧其
賴・賽因汗曾多次致函貴方皇帝，但貴皇帝至今未回覆我等。）[12]

　　土謝圖汗・察琿多爾濟與溫都爾格根・哲布尊丹巴一邊繼續保持外交姿態，
另一邊向俄國索要從蒙古逃逸者，並希望戈洛文大使一行不要侵犯蒙古人。不但
如此，他們還表示願意為俄國使臣和商人在前往清朝的途中提供幫助。然而，戈
洛文指出布拉茨克人或色楞格附近的蒙古人從來不是溫都爾格根・哲布尊丹巴及
土謝圖汗・察琿多爾濟等人的屬民，他們自古以來向俄國沙皇納貢。對此，蒙古
使者洛堆僧格明確指出：

Преж де сего, как те ясашные люди перешли в сторону их царского
пресветлого величества, изменя им, и ясак платят не в давных летех, а преж де
сего бывали под их мунгальским владением
（譯文：那些背叛我們投奔貴方皇帝的納稅者們，繳納貢租時日尚短。此前
他們都受蒙古人統治。）[13]

　　由此可見，這些居民向俄國納稅不過數年而已。然而戈洛文在會見蒙古使節時
主張徵稅始於阿列克塞・米哈伊洛維奇皇帝時代，反而抗議並索要從色楞格和達斡
爾之地逃入蒙古的民眾。另外，此次會面中還提到一件有趣的事。起初俄國與清朝
計劃在阿爾巴津附近簽訂條約，並分別派遣使節前往該地。如果該方案執行困難的
話，則由俄國使節穿越蒙古地區，赴清朝邊境附近簽訂條約。換言之，條約的簽署
地點起初並非明確定在涅爾琴斯克。俄蒙雙方曾就各自關心的若干問題相互詢問與
確認。例如，蒙古使節詢問去年在阿爾巴津被俘人員身在何處，俄國使節詢問清朝
將派何人簽訂條約。此次會面結束後，俄國大使戈洛文盛情款待了蒙古使節，膳食
過後，將書信與禮物交給使節。禮單如下：

гичюл Лодой Сенге сукно красное аглинское 4 аршина, юфть кож красных, 2
соболя в косках, мех заечей, выдра большая; Ирдени Немчи-лабе лисица

---

[12] РГАДА, Ф-62. [Сношения России с Китаем], оп. 1, кн. 13, л. 15-15 об. Список XVII в.

[13] РГАДА, Ф-62. [Сношения России с Китаем], оп. 1, кн. 13, л. 18. Список XVII в.

красная, 3 соболя в косках, мех заечей, кожа красная, выдра; Ачарой Сайн-хана посланцу мех заечей, соболь в коске; Шириширееву посланцу за дары сукно кармазин 4 аршина, мех заечей, соболь в коске; мунголом, которые были с посланцы двум человеком, 2 кожи красных да 2 соболя

（譯文：贈予格楚勒・洛堆僧格 4 俄尺英國紅大布、紅鞣革、2 張帶爪貂皮、兔皮、大水獺皮；贈予額爾德尼諾木齊喇嘛狐皮、3 張帶爪貂皮、兔皮、紅皮革、水獺皮；贈予奧其賴・賽因汗的使者兔皮、帶爪貂皮；贈予西第什哩的使者 4 俄尺紅大布、兔皮、帶爪貂皮、有贈予兩名蒙古使者 2 張紅皮革、2 張貂皮）[14]

因土謝圖汗・察琿多爾濟和溫都爾格根・哲布尊丹巴無法閱讀俄國使者帶來的書信，於是派遣巴勒丹・衛征去色楞格，希望翻譯後重新送來[15]。信的大意是，溫都爾格根・哲布尊丹巴既已知曉阿爾巴津戰爭的真相，我皇帝陛下從未做出招致蒙古反感之事，迄今為止如有何怨言，應告知全權大使，妥善解決，並強調：

...мунгальской Кутухта, потому ж в тех наших великих государей делех радение свое прилагал и имел с ними, нашего царского величества великими и полномочными послы, любительные пересылки и к государству нас, великих государей, нашего царского величества, ко всякому доброхотению имел желательство

（譯文：蒙古之呼圖克圖閣下，您參與我們皇帝陛下的事務，與我們皇帝陛下派遣之偉大的全權大使善意地交換意見。為了皇帝陛下的國家，還請您盡力展示您的善意。）[16]

如上所示，俄國希望在締結《涅爾琴斯克條約》的過程中，蒙古的土謝圖汗・察琿多爾濟和溫都爾格根・哲布尊丹巴成為主要中間人。俄國全權大使致溫都爾格根・哲布尊丹巴的書信中有以下內容：

---

[14] РГАДА, Ф-62. [Сношения России с Китаем], оп. 1, кн. 13, л. 23. Список XVII в.

[15] *Русско-монгольские отношения. 1685-1691. Сборник документов.* Сост. Г. И. Слесарчук. Ответственный редактор Н.Ф.Демидова. М., Восточная литература РАН. 2000. стр. 112.

[16] *Русско-монгольские отношения. 1685-1691. Сборник документов.* Сост. Г. И. Слесарчук. Ответственный редактор Н.Ф.Демидова. М., Восточная литература РАН. 2000. стр. 104.

ǰibǰun-damba qutuγ-tu-du orus-yin ilegegsen bičig. tngri-yin ǰiyaγabar yeke eǰen qoyar qaγan, yeke qoyar noyad iwan owligsi yibadča swin yeke baγ-a čaγan γaǰar-i eǰelegseger olan qaγan eǰen-tei γaǰar uridu qoyidu baraγun ǰegün tere γaǰar-i ečige ebüge-eče inaγsi oduu-a či bolba bide eǰelegseger tere qoyar qaγan gegen-i elči yeke elči owaγuli niwča inamis nig beren isgei soodur owligsi yibiiči gowaluwabin qalqa-yin ǰibǰun-damba qutuγ-tu-du inaγlaγsaγar amuγulang-i medegülünem, sonusba bi yeke eǰen čaγan qan-i albatu-yi örüsiyeǰi tusalaǰi bayinam geküi-yi selengge-yin čigi orus-ača bisi čigi qota-yin orus-ača sonusba bi, teyimü tulada inaγlaγsaγar ene bičig bariba ünen tulada urid-iyar ilegebe. bi tende keǰiy-e kürküle qoyar qaγan-i qoγur dumda törü-yin tulada qoyar yeke čaγan qan-i gegen-i ǰarliγ-iyar amuγulang qan-du sumun elči ilegekü, tende-eče amuγulang qan yaγu geküle tere elči-yin üge-yi tere čaγ-tu yaγu kelelčeküle ǰalqaγuraqu ügei elči ilegeǰi tan-du ayiladqaǰu bayiqu bayinam, üneker inaγlaγsan tulada, bi sanaγaban urid ayiladqaba, tan-i qayiralaqu-du ene elči-ber bičig baqan beleg bariγulba. bičig-yin qariγu, ene elči-ber, bi amuγulang geǰi bičig qayiralan, ilegegsen elči-yi mini qayiralan ende keregtü yaγuma-yi ǰoriγ-iyar qudalduγul. yeke qaγan noyad, yeke blam-a quwaraγ bügüdeger amuγulang boltuγai. bi inaγlaγsaγar kičiyen kereg yambar učir, amuγulang-i ayiladqaγulǰu bayisu

（譯文：俄國致哲布尊丹巴文書。上承天命之偉大君主的二位皇帝、偉大的二位諾顏，伊萬・阿列克塞耶維奇、斯威因（彼得）統治著大、小、白俄地方，自先祖至今統治著東南西北各地的疆土。二位皇帝之大使、侍臣、總督布里亞斯基・費奧多爾・阿列克塞維奇・戈洛文敬愛喀爾喀之哲布尊丹巴呼圖克圖，特此問安。據色楞格及其他城市之俄國人稱，大汗體恤臣民。因敬愛特致此函。我何時若至彼處，在兩皇帝之間，為了政務奉二皇帝之命，將緊急遣使康熙皇帝。不管康熙皇帝所言，也不管那使臣當時的所言，我將迅速遣使向您告知。因由心敬愛，我先表心意，遣使呈送書信與禮物。將回函交予該使。為了安寧和愛惜我派去的使者。請允許任意買賣此處所需之品。願大汗、諾顏、大喇嘛、僧侶皆安康。我將保持親善，彼此問候、告知事情。）[17]

---

[17] *Dayičing gürün-ü dotuγadu yamun-u mongγol bičig-ün ger-ün dangsa.* Erkilegčid J̌iyačidai Buyandelger, Borǰigidai Oyunbilig, Wu Yuanfeng. Öbür mongγol-un arad-un keblel-ün qoriy-a. Kökeqota. 2005. boti 6. tal-a 108-111.

　　戈洛文呈交此函的目的在於積極地聯繫較有影響力的貴族，從而獲得有關清朝的情報，進而防止色楞格及其周邊要塞可能發生的事端，使管轄問題不再被挑起。溫都爾格根・哲布尊丹巴遣使之前的一個月，達賴車臣諾顏的使者博碩克圖・卓哩克圖來到伊爾庫茨克，見了百戶長阿勒克賽・希德羅維察・辛雅賓。博碩克圖・卓哩克圖帶來一封信，翻譯將其轉寫成基里爾文，該信現藏於俄羅斯國家古代條約檔案館（РГАДА）。書信內容如下：

Енде есе биде. Босого Зориктуйги тероне гет куинь учирту илгексен. Ер тендесе чини укчи идкесен белек аяга лонхо цекме курчи иребо тенде эце чини илгиксен элчи. Сидор Васильев, Иван Офонасьев терегулен арбун дербун некурте иребе. Тере негуткуин учирту зуб саяхан гычи манду аил лак кобо харалди, нутук туни, гаргачи хоюр теге эге чини алба ини абчи ба элдее гичи айлат хаксен биле тере угани(?) харюхани икилен ноинтой зюблечи хароэгни келеку байна. Загора зач[в]сарту шок болху чибейце гичи. Элчи берх кургул бе игуино койно зару сетереди инакши чинакши элчи бен илгицыди менду бен меделцеди... худалду аралзи бен. Уриду ясугар абулцади баяхула тере унду мани сайн азаму эдечи уриду илгиксин элчир. Бу[я]нту Тусату Хочин Булго теде дербу биле Хочин Болго хоюри алачи кенерта аба акчикусен егомони дербун мурин гурбан торго хорин бис табин чай арбан табун тамаки сангун ман туни ине тегексе тегус кочу скеди угилтей алаксен кумуни цага заяги целден Алексей Сидорович бейде улутай байну[18]

（以上是用基里爾文字轉寫蒙古語，其內容如下：）

Послан де в-Ыркуцкой острог от мунгальского тайши Цецен-ноена улусной ево человек Босого Зориктý для всякого переговору, а что велено говорить, то писано в листу, а в листу пишет: Послан де был к нашему тайше из-Ыркуцка Сидор Васильев, а с ним в товарыщах иркуцкие казаки Ивашко Уксусов, 14 человек, а что де было послано наперед сего с нашим посланцом

---

18 РГАДА, ф-1121. [Иркутская приказная изба], оп. 1, д.23. 97. № 135, л. 24.

з Босого Зориктуем и с Сидором с товарыщи от великого полномочного посла, от окольничего и воеводы Федора Алексеевича Головина с товарыщи, и те де подарки до нашего Цецен-ноена дошли, а что было подарков, и тому подам де письмо. А о чем де говорил Сидор, чтоб де быть в совете и в любви, и отдать бы де нашим тайшам изменников братцких Тертейских и Конкодорского родов, и о том де у нас, тайшей, будет совет: что тех братцких мужиков, хотя де и выпустим на породные земли, ясак бы де имать Белому царю и нашему тайше, и в том бы де никакие нашим тайшам и промеж острогами никакой споны не чинить, а посланцом де велено говорить без боязни. А которой посланец был у нас в Мунгальской земле Сидор с товарыщи, и тот де посланец отпущен с нами до Иркуцка в добром здоровье, чтоб де и впредь к нашим // тайшам посланцы ездили, и наши мунгальские посланцы к вам также безо всякие ссоры, и впредь бы де нам промеж себя торги сводить. А преж де сего посланы были от нашего тайши посланцы, 4 человека: Буйту, Тусату, Хочин, Булгуй. И ис тех де наших 4-х посланцов Хочин повешен, Болгой убит, а у тех де наших посланцов взято нашего тайши казны: 4 коня, 3 камки, 20 кумачей, 50 бакчей чаю, 15 бакчей табаку, и то бы де указали великие государи сыскать стольнику Алексею Сидоровичю, а сыскав, велел бы де к нашему тайше отослать, чтоб де впредь о том не ссоритца.

　　（譯文：蒙古車臣・諾顏・台吉麾下，博碩克圖・卓里克圖作為使者來到伊爾庫茨克，現有諸問題致函商討，內容如下：戈洛文大使從伊爾庫茨克派遣了以西多爾・巴西列夫為首的伊爾庫茨克之哥薩克的伊瓦希科・烏克蘇索夫等包括 14 名隨從者的使團來到我台吉處。他們與博碩克圖・卓里克圖一起帶著大使餽贈之禮物來到我台吉處。西多爾承諾要友好相處，將背叛我們的帖爾帖・洪格德爾・額孛克（氏）的布拉茨克人引渡給我們台吉。關於此事，我們台吉商量之後決定即使讓這些布拉茨克人回到故地，也要他們向我台吉與俄國皇帝繳納貢租，並告知我們台吉及貴方之要塞。為了不再引發無謂之騷亂，已告知他們將此事從實告知大使閣下，無需過慮。前來蒙古的西多爾特使及隨從者已全部返回。今後望貴方與我方能夠繼續友好往來，和平互市。以前我方曾經派遣台吉布顏圖、土薩圖、浩欽、孛勒貴等 4 人前往貴國。其中，浩欽被吊死，孛勒貴被捕殺害，並且他們庫房之內的 4 匹馬、3 匹絹、20 件織物、50 塊茶及 15 塊煙草被搶奪。為了今後避免此類事件的

發生，還請俄國皇帝命令戈洛文將以上物品歸還與我台吉。）[19]

信中表達了進行貿易、互相問候及和睦相處的意願。如此正合戈洛文之意。於是，他立即派遣了使者。

這樣，俄國全權大使與蒙古有影響力的各個貴族取得聯繫，按部就班地為締結《涅爾琴斯克條約》做準備。通過上述俄蒙雙方的交涉往來可知，《涅爾琴斯克條約》表面上看似在解決阿爾巴津、阿穆爾河流域發生的領土問題，但實際上與之匹敵的「蒙古」問題亦不容忽視。蒙古與色楞格、涅爾琴斯克、烏德、伊爾庫茨克等要塞之管理者之間產生的屬民管轄問題，以及日趨活躍的蒙古與清朝的關係，引起了以戈洛文為首的俄國使團的關注。因此，戈洛文在致溫都爾格根・哲布尊丹巴的信件中，提出如下請求：

Также б ты, мунгальской Кутухта, нам, великим государем, нашему царскому величеству, радение свое показал, и х китайскому богдыханову высочеству писал и к мирным договором ево приводил

（譯文：蒙古之呼圖克圖閣下，您是否可以介入我們皇帝陛下的事務，請您致信清朝皇帝，說服其簽訂和平條約。）[20]

此時橫跨色楞格、肯特山脈東北部駐牧的車臣汗部策布登貝勒的勢力與日俱增。1687年戈洛文遣使赴清，經過策布登的地界時，欲與策布登交談關於全權大使的活動，但途中使者的馬匹被蒙古人搶走，該使遂向策布登求助。策布登為其找回馬匹，並建議其前往溫都爾格根・哲布尊丹巴處。溫都爾格根・哲布尊丹巴建議使者來自己的帳殿附近，並親自將其引見給土謝圖汗・察琿多爾濟。而土謝圖汗方面，曾試圖利用這次機會要回失去的屬民。戈洛文曾多次派人探查土謝圖汗・察琿多爾濟和溫都爾格根・哲布尊丹巴等在蒙古有影響之貴族的活動。當時，一位頗具影響力的貴族是希布泰・哈丹巴特爾。他是土謝圖汗的堂弟、阿巴岱・賽因汗之孫，擁有4,000多名屬民，駐牧於色楞格河流域[21]。

[19] *Русско-монгольские отношения. 1685-1691. Сборник документов.* Сост. Г. И. Слесарчук. Ответственный редактор Н.Ф.Демидова. М., Восточная литература РАН. 2000. стр. 102.

[20] РГАДА, Ф-126. [Монгольские дела], 1687 г., д. № I, л. 1. Подлинник.

[21] Бантышъ-Каменскій, Н. *Дипломатическое собраніе дѣлъ между Россійскимъ и китайскимъ государствами съ 1619 по 1792-й годъ.* Казань. Типографія Императорскаго Университета. 1882. стр. 55.

　　1688 年 1 月，當地居民 S. Ya. 庫洛文向戈洛文提供了蒙古人的內部情報，其中包括清朝派特使到溫都爾格根・哲布尊丹巴處、衛拉特的噶爾丹・博碩克圖未參加庫倫伯勒齊爾會盟、土謝圖汗與噶爾丹・博碩克圖關係惡化、清朝特使夏天在溫都爾格根・哲布尊丹巴處的經過、扎薩克圖汗與土謝圖汗之間的矛盾，以及庫坎汗欲向涅爾琴斯克和阿爾巴津派遣兩萬名士兵等內容[22]。接到該報告後不久，戈洛文在色楞格要塞接見了溫都爾格根・哲布尊丹巴的使者巴勒丹・衛征，證實消息的可靠性。在這兩次會面中，戈洛文均向巴勒丹・衛征索要從色楞格要塞與布拉茨克人逃入蒙古的百姓，要求保證俄國城市沒有危險，並對蒙古貴族內部的相互操戈表示遺憾，詢問是否締結和平條約以及條約中的相關注意事項等。與巴勒丹・衛征會面後，戈洛文起草了五項報告書，詳細敘述了雙方聯繫的經過，並將該文交給蒙古使者。

　　戈洛文派伊萬・喀察諾夫偕巴勒丹・衛征前去翻譯書信[23]。會面後，戈洛文將自己到烏德要塞後的工作向莫斯科使節管理局進行了匯報。1688 年 3 月，他向涅爾琴斯克的哥薩克騎兵喀贊采夫、索科洛夫等詢問蒙古人進入涅爾琴斯克的消息及色楞格的消息[24]。4 月從涅爾琴斯克收集了關於清軍和蒙古軍攻打涅爾琴斯克、色楞格的情況，有關蒙古達賴・車臣汗的情況，溫都爾格根・哲布尊丹巴為了對抗噶爾丹・博碩克圖向清朝求援、以及向阿海・岱青遣使等情報。而最重要的是通過蒙古人獲取關於清朝的情報。

　　1688 年 6 月中旬，溫都爾格根・哲布尊丹巴的使者巴勒丹・衛征再次來到烏德要塞。此次來訪的主要目的是，如果俄國全權大使在入冬前遣使赴清朝理藩院，蒙古將在自己的地界範圍內提供幫助，以及辦理在清朝迎接使者等事宜，在庫倫附近進行商業活動等。除此之外，巴勒丹・衛征提出，通往清朝皇帝處有兩個大門，其一是涅爾琴斯克，另一是色楞格，並表示希望締結友好條約[25]。然而，俄國並未給出明確的答覆。數日後，庫洛文與托博爾斯克的公差喀察諾夫將噶爾丹・博碩克圖和喀爾喀貴族們的戰爭、清朝使者來到色楞格等消息告訴了戈洛文。這些消息令俄國全權大使戈洛文倍感焦慮。是否與蒙古的實力派貴族們簽訂條約？直接去清廷還

[22] *Русско-монгольские отношения. 1685-1691. Сборник документов.* Сост. Г. И. Слесарчук. Ответственный редактор Н.Ф.Демидова. М., Восточная литература РАН. 2000. стр. 121-122.

[23] *Русско-монгольские отношения. 1685-1691. Сборник документов.* Сост. Г. И. Слесарчук. Ответственный редактор Н.Ф.Демидова. М., Восточная литература РАН. 2000. стр.126-137.

[24] *Русско-монгольские отношения. 1685-1691. Сборник документов.* Сост. Г. И. Слесарчук. Ответственный редактор Н.Ф.Демидова. М., Восточная литература РАН. 2000. стр. 142-143.

[25] *Русско-монгольские отношения. 1685-1691. Сборник документов.* Сост. Г. И. Слесарчук. Ответственный редактор Н.Ф.Демидова. М., Восточная литература РАН. 2000. стр. 150-151.

是赴阿爾巴津、涅爾琴斯克？戈洛文面臨多重選擇。如果與蒙古的土謝圖汗、溫都
爾格根・哲布尊丹巴簽訂條約，就會面臨如何對待噶爾丹・博碩克圖、喀爾喀和衛
拉特的戰爭中誰會勝出、與清朝是否會另外簽訂條約等問題。

　　不久，溫都爾格根・哲布尊丹巴的使者格楚勒・羅布桑岱青來到烏德，帶來關
於蒙古內部情況的詳細資訊[26]：噶爾丹・博碩克圖與扎薩克圖汗結盟，對抗溫都爾
格根・哲布尊丹巴和土謝圖汗，俄國將提供軍事援助，如果清朝派遣使臣前來便讓
其前往色楞格等。可以說，戈洛文對蒙古人的高評價以此事為界開始下滑。1688 年
10 月，使節管理局的報告稱，土謝圖汗・察琿多爾濟與噶爾丹・博碩克圖之間爆發
戰爭，蒙古內亂愈演愈烈，喀爾喀的貴族們開始喪失相互間的協調[27]。恰逢此時，
清朝使臣阿爾奈途經土謝圖汗・察琿多爾濟所在之處，來到烏德與戈洛文會面，商
定在涅爾琴斯克簽訂條約。選擇涅爾琴斯克的原因包括：一，這裡是俄國與清朝衝
突最為激烈的地方；二，從俄國其他要塞到達此地更容易；三，像喀爾喀地區一
樣，內亂少。除此之外，還有一個原因是前人研究從未提及的，即俄國企圖占有銀
礦。在帕維勒・舒里金進行管理的 1670 年代，俄國人在距涅爾琴斯克不遠的額爾
古納河的兩條支流阿勒塔其和孟古其這兩條支流中發現了金和銀的礦床[28]。他們自
從 1640 年代起尋找從車臣汗處打聽到的銀的礦床，最後通過《涅爾琴斯克條約》
將其據為己有。

　　戈洛文按照之前的約定前往涅爾琴斯克。途中，他聽聞貝加爾與色楞格之間有
大批蒙古人和衛拉特人遷徙的消息，於是緊急變更了計劃。戈洛文返回烏德要塞
後，迅速使用武力擄走了這些逃難的民眾。其結果導致了蒙古的一部分台吉投靠了
戈洛文。這是蒙古人首次在戰爭中見識到火器的威力。戈洛文將此事的來龍去脈進
行了詳細地記錄並向莫斯科當局做了彙報。N. P. 莎斯季娜將這一侵略行為解釋為
俄國對蒙古人侵犯色楞格要塞所做出的報復。該觀點不過是一家之言。因為很明
顯，這些逃難者不是俄國屬民。這次衝突使 6 名宰桑、2 名達魯嘎、13 名舒楞額、1
名喇嘛、1200 名平民留在俄國，成為其正式屬民[29]。對此，檔案史料中有相關記載：

воевода Федор Алексеевич Головин с ратными их царского величества людьми
их, мунгалов, на них не пропустил, и был у него с ними бой, и на том бою

[26] Шастина, Н.П. *Русско-Монгольские посольские отношения XVII века.* М., 1958. Стр. 144-145.

[27] Шастина, Н.П. *Русско-Монгольские посольские отношения XVII века.* М., 1958. стр. 149.

[28] *Нерчинск.* Редактор В.А.Дутов. Чита. 2013. стр. 14.

[29] Шастина, Н.П. *Русско-Монгольские посольские отношения XVII века.* М., 1958. стр. 152-153.

мунгалов побито и в полон взято множество со всеми их пожитки и скотом, а
которых побили, и тот скот взяли их царского величества ратные люди. И их
де тайши, и Доржи, и Елдень [с] зайсаны, и со всеми своими подданными
улусными людьми били челом им, великим государем, в вечное подданство и
дали ему, окольничему и воеводе, для подлинного уверения детей своих
родных и братей и племянников в оманаты, которые аманаты их ныне в
Удинском остроге. И как их окольничей и воевода принял, и они, тайши, сами
при нем, окольничем и воеводе, по своей вере шерть учинили и обещались им,
великим государем, ясак платить

（譯文：很多蒙古人失去生命，或連同家產被俘。皇帝的親兵獲得了死去蒙
古人的牲畜。他們的太師多爾濟和額勒登宰桑帶領自己的族人謁見皇帝並宣
誓永為其屬民。作為擔保，他們將自己的兄弟子侄作為人質送到烏金斯克
城。城內的長官接收了他們。他們在長官面前起誓，以示信譽，並向皇帝納
稅。）[30]

　　俄國進而向蒙古派遣了大約 80 名特使，用各種方式哄騙他們使其成為下屬。受
其影響，從 1688 年夏至 1689 年春，不斷有人成群地逃離蒙古來到外貝加爾湖地區。
　　由於內戰頻發以及俄國使用各種計策與手段，多名蒙古實力派貴族從 1689 年
1 月起開始轉向支持簽訂條約，成為俄國屬民。1688 年 7 月駐牧於通金斯基附近的
兩群蒙古人[31]，1689 年 1 月阿巴岱・賽因汗的曾孫達希・洪台吉（dasi qung tayiǰi）
之子額爾和・洪台吉（erke qung tayiǰi）、賓圖・阿海（bintu aqai）[32]等率先歸附俄
國。筆者在俄羅斯國家古代條約檔案館（РГАДА）發現了賓圖・阿海與額爾和・洪
台吉致俄國的書信。以下是賓圖・阿海的書信：

ejen yeke čaγan qaγan-du mörgünem. ejen yeke čaγan qaγan-u bičig tamaγ-a ǰaγun
siru qoyar sayin čengme arban bulaγayir minü γar-tu bariγulba. bi yeke mörgüǰi

[30] *Русско-монгольские отношения. 1685-1691. Сборник документов.* Сост. Г. И. Слесарчук. Ответственный
редактор Н.Ф.Демидова. М., Восточная литература РАН. 2000. стр.230-231.

[31] *Исторический выбор: Россия и Бурятия в XVII – первой трети XVIII века. Документы и материалы.* Иркутск.
2014. стр. 327.

[32] *Asarayči neretü-yin teüke.* Эх бичгийн цогц судалгаа хийсэн доктор (Ph.D) Д.Заяабаатар. Улаанбаатар. Болор
судар. 2011. tal-a 79.

bayarlaba bi. ula ügei alba ügei geǰi qayiralaɣsan-du yeke bayarlaba mörgübe. eǰen yeke čaɣan qaɣan-du bintu aqai bi mörgünem. urid iregsen ǰaɣun ɣučin ulus albatu-yin tulada mörgügsen bile. eǰen yeke čaɣan qaɣan-i ǰarliɣ ene geǰi. ɣurban ǰilese uruɣsiki ulus albatu-yi ürebe. ɣurban ǰilese qoyisiki ulus albatu-yi qayiralaba geǰi. mikeyida eleksei bayiǰi fbayibul ibang ayiči, simon tolmači ene ɣurban tolmači bintu aqai mini elči durɣul-i kiy-a baɣsi-du eǰen yeke čaɣan qaɣan-i ǰarliɣ ene geǰi bičigülbe. eǰen yeke čaɣan qaɣan-ai ǰarliɣ ulus-i tan-i tamaɣ-a bičig-tü ög gegsen ǰarliɣ ügei geǰi ene bayising-giyin noyad ese ögbe. eǰen yeke čaɣan qaɣan-du bintu aqai bi mörgübe. ene ulus albatui-gi min qayiralamu geǰi mörgübe. eǰen yeke čaɣan qaɣan-du mörgünem bintu aqai bi. eǰen yeke čaɣan qaɣan-u öndür yeke urtu ɣar-tu tüsigsen qoyin ulus albatu-yi mini qayiralamu geǰi mörgünem bi. ulus albatu mini ügeyirebe sürüg aduɣu mini dayin abuba. ǰil-i-yin sara-yin mönggü tariy-a qayiralamu geǰi mörgünem geǰi. eǰen yeke čaɣan qaɣan-u öndür yeke urtu ɣar-tu erke qung tayiǰi erdeni qung tayiǰi tüsigsen bile. tayiǰi gem ügei bayital-a urbaǰi očiba. erke qung tayiǰi (-gi) albatu-gi bariǰi očiba. bintu aqai bi eǰen yeke čaɣan qaɣan-i sanaǰi mörgüǰi saɣunam bi. ene mörgüǰi ayiladqaɣsan-i qariɣu-gi mongɣol bičig orus bičig qayiralamu geǰi mörgünem. eǰen yeke čaɣan qaɣan-du mörgünem. bintu aqai bi elči ilegey-e gegsen bile. ene bayising-giyin noyad eǰen yeke čaɣan qaɣan-u ǰarliɣ ügei geǰi elči ülü ilegenem. elči ilegeltei učir bolqu-du elči ilegey-e geǰi mörgünem. bintu aqai öber-ün ɣar-iyar bekelebe

（譯文：向偉大的君主皇帝跪拜。感謝您賜予印信文書、一百珠珊瑚、兩張毛呢及十張皮革。我不勝感激並跪拜。感激您免除了我們的驛馬和租稅。我賓圖‧阿海在這裡替早先到達此地的一百三十名屬民跪拜偉大的君主皇帝。偉大的君主皇帝之敕令為，三年以前的屬民您已放過了，而三年以來的屬民您已歸還我了。以上為您的三名翻譯米科依達‧阿列賽維奇、帕沃艾爾‧伊萬諾維奇、西蒙‧拖勒瑪奇通過我的使者朵兒果勒，並讓奇亞‧巴克什書寫了偉大的君主皇帝之敕令。偉大的君主皇帝之敕令中，因沒有印信文書，所以要塞的官吏們沒有歸還我的屬民。我賓圖‧阿海跪拜了偉大的君主皇帝。我跪拜懇請歸還我的屬民。我賓圖‧阿海跪拜偉大的君主皇帝。我的屬民投靠您尊貴之手時，懇請歸還於我，為此向您跪拜。我的屬民十分貧窮，馬匹又被敵人搶奪。我跪拜懇請您每年每月賜予銀錢和食糧。額爾和‧洪台吉和額爾德尼‧洪台吉曾投靠了偉大的君主皇帝的尊貴之手。這些台吉並沒有犯

錯卻背叛而逃去。額爾和・洪台吉帶領其屬民而去。我賓圖・阿海想念並跪拜偉大的君主皇帝。請您為我的跪拜懇求賜予回覆時，敬請用蒙古文和俄文回覆。向偉大的君主皇帝跪拜。我賓圖・阿海曾想派遣使者，但要塞的官吏們說沒有偉大的君主皇帝之敕令，所以就不派遣使者。今後有必要的時候將派遣使者，再次跪拜。賓圖・阿海親筆。）[33]

　　賓圖・阿海就這樣落入俄國的圈套，致信表示歸順。戈洛文起草了包括 9 項內容的條約底稿[34]。該條約是俄國最早與蒙古、清朝簽訂的條約〔*договор*〕之一，時間比《涅爾琴斯克條約》早 7 個月。戈洛文向西伯利亞當局報告了從這些歸順者和納稅者得到的情報。很多貴族表示歸順俄國，例如：策仁台吉、策仁扎布・賓圖・阿海台吉、杜喇勒・塔布囊、澤布・額爾德尼、額爾德尼・朝克圖、莫爾根・阿海等[35]。

　　戈洛文在短期內主動接近有實力的蒙古貴族，時而採取高壓手段，時而拉攏離間。1689 年 8 月，他為了簽訂條約來到涅爾琴斯克。這時土謝圖汗・察琿多爾濟、溫都爾格根・哲布尊丹巴被噶爾丹・博碩克圖擊潰，移居至黑龍江、大興安嶺、喀爾喀河以東地區。

　　由於遷至色楞格、貝加爾一帶的民眾管轄問題得到相對緩解，有實力的貴族紛紛表示歸順，土謝圖汗、溫都爾格根・哲布尊丹巴亦離開了故地，噶爾丹・博碩克圖撤軍，暫駐科布多。戈洛文的後顧之憂已除。趁此時機，他將全部精力投入《涅爾琴斯克條約》的簽訂上。1689 年 8 月 12 日，在石勒喀與涅爾恰河之間，涅爾琴斯克小要塞附近，從四面八方趕來了近 500 人，匯集在這裡。

　　清朝的代表有欽差大臣、幫辦大臣、領侍衛內大臣索額圖，內大臣、都統一等侍衛、國舅佟國綱，都統朗談，都統班達爾善，黑龍江將軍薩布素，護軍統領瑪喇，理藩院侍郎溫達等人。俄國代表欽差全權大使戈洛文、謝米揚・廓爾尼茨基、沃拉索夫等人參加了談判[36]。拉丁文翻譯由法國人張誠擔任。官方談判文本用拉丁

---

[33] РГАДА. Ф- 214. [Сибирские приказ]. Оп.3. №544. лл.343-344.

[34] *Русско-монгольские отношения. 1685-1691. Сборник документов.* Сост. Г. И. Слесарчук. Ответственный редактор Н.Ф.Демидова. М., Восточная литература РАН. 2000. стр.186-190.

[35] Бантышъ-Каменскій, Н. *Дипломатическое собраніе дѣлъ между Россійскимъ и китайскимъ государствами съ 1619 по 1792-й годъ.* Казань. Типографія Императорскаго Университета. 1882. стр. 59.

[36] АВПРИ. Ф-163. Трактаты. оп.1. д. №22. 1689. [Нерчинский договор между Россией и Китаем от 27 августа 1689 г]. л. 2-3об. - заверенная копия, русский язык., л. 6-6 об. - подлинник, латинский яз., л. 7-11 - подлинник, маньчжурский язык.

文書寫，雙方為維護各自的權益，就如何劃分領土等問題進行了激烈的辯論。

俄羅斯學者雅克布列娃認為，雖然清朝使臣直接表態開戰，但俄國使臣主張和平解決，不希望無謂流血[37]。但實際上，當時無論從兵力還是人數上優勢來看，俄國絕對無可能與清朝交戰，這點也應該考慮到。

談判從 1689 年 8 月 14 日到 27 日持續了兩周。俄國與清朝最終締結了雙方第一份條約──《涅爾琴斯克條約》。該條約是在前文所述包括 9 項內容的原條約指導下制定的，內容包括：以從北流入黑龍江之綽爾納河，即烏倫穆河附近之格爾必齊河為兩國之界。黑龍江以南歸清朝管轄，外興安嶺以北歸俄國管轄。注入黑龍江之額爾古納河亦為兩國之界，墨爾格勒[38]河附近的俄國人全部遷回。該條約的滿文本載：

emu hacin ne yagsa i bade oros gurun i araha hoton be yooni necihiyeme efulefi yagsa i bade tehe oros i niyalma eiten jaka be gemu cagan han i bade amasi gocibume

（譯文：俄國人在雅克薩所建之城障，應即行除毀。居於此地之俄民，應攜帶其物用，盡數遷回俄境。）[39]

以上述規定地點為界，兩國獵戶無論如何不得越界。若有一二賤民擅自越界偷獵，立即捉拿，遣送各方境內官吏。即使少數人犯禁，兩國亦和睦相處，不得兵戎相見。之前發生的所有事情不再追究。現在俄國人在清朝居住者或清朝人在俄國居住者，兩國不再互相索要[40]。這與曾是主要糾紛之一的達斡爾貴族鋼特木爾事件有關。

此外還規定，兩國貿易正常化；持有效文件往來；兩國條約自簽署之日起，絕不收留對方逃人；兩國大臣會面，廢除一切邊界爭執，實現永久和睦，並嚴格

---

[37] Яковлева, П.Т. *Первый русско-китайский договор 1689 года*. М., Наука.1958. стр. 168.

[38] 筆者於 2015 年 9 月 9 日至 16 日以及 2016 年 10 月 27 日至 11 月 3 日期間，曾兩次赴額爾古納河流域、海拉爾、達來湖等斯帕法里所去過的地方，以及黑龍江、尼爾楚、齊齊哈爾等阿爾辛斯基所去過的地方，收集了相關地區以及當地住民的歷史文化相關資料。

[39] АВПРИ. Ф-163. Трактаты. оп.1. д. №22. 1689. [Нерчинский договор между Россией и Китаем от 27 августа 1689 г]. л.. 7-11.- манж хэлний эх.

[40] АВПРИ. Ф-163. Трактаты. оп.1. д. №22. 1689. [Нерчинский договор между Россией и Китаем от 27 августа 1689 г]. л. 2-3об. - заверенная копия, русский язык., л. 6-6 об. - подлинник, латинский яз., л. 7-11 - подлинник, маньчжурский язык.

遵守條約[41]。

條約用俄文、拉丁文、滿文各書寫兩份。並定以漢文、滿文、俄文刻於石碑，立在兩國邊界。米亞斯尼科夫在其著作中稱，條約的漢文本來自格爾必齊河旁的石碑[42]。

俄國與清朝之間簽訂的第一份條約《涅爾琴斯克條約》，從其訂立之時即面對「蒙古」問題。雖然由於戈洛文的積極活動、強硬的態度及蒙古內部危機等因素導致蒙古人的影響力減弱，然而蒙古在俄國與清朝之間的中介角色、圍繞屬民管轄的對立、與俄國發生矛盾的原住民管轄問題、蒙古貴族間的同盟，以及歸順俄國等與蒙古相關的事件，均與簽訂《涅爾琴斯克條約》密不可分。俄國與清朝締結的這一條約不僅是解決邊界、管轄、貿易問題的第一步，而且成為往後歷次條約談判的基礎。並且，每次條約的簽訂都涉及蒙古問題，蒙古人的介入成為慣例。《涅爾琴斯克條約》是此後一系列蒙古事件從法律方面予以解決的根源。今後的研究應充分留意這點，展開更為深入的研究。

※本文係自作者楚倫先生論文的日文版中譯而成。日文版：堀內香里譯，〈ネルチンスク条約における「モンゴル」について—領有と決定〉，《北東アジアにおける近代的空間の形成とその影響》，東京：明石書店，2021 年。

[41] *Русско-китайские отношения 1689-1916. Официальные документы.* М., Восточная литература. 1958. стр. 10.

[42] Мясников, В.С. *Договорными статьями утвердили. Дипломатическая история русско-китайской границы XVII-XX вв.* М., 1996. стр. 452.

第四章
驛站守護人：蒙古國喀喇沁集團的歷史與記憶

中村篤志

（單荷君 譯）

序

本論文整理了關於發生在清朝統治下漠北蒙古的大範圍人員流動以及支撐其流動的驛站的研究成果，聚焦「喀喇沁驛站」，考察其從成立至今在地域社會中的定位。

不言而喻，驛站是統治者為了加強統治而設置的基礎設施，在清朝蒙古，它同樣承載著與統治基礎相關的人、物和信息的移動，包括派遣自清朝中央官僚與士兵、及其所需物資的移動、以及行政公文的傳遞等等。

從這個意義來說，驛站對於蒙古社會來說雖然是外在的存在，但正如下文所述，負責管理維護驛站的人都是來自於蒙古各地的人。況且驛站本身就是一個不同民族、階層、職業、懷著不同目的的人們居住和往來的「接觸地帶」（contact zone）。

研究這種作為「接觸地帶」的驛站，在蒙古史研究上也具有重要意義。其一是改變了以往的封閉社會的形象。因為一般認為在清朝統治下的蒙古社會，由於採取限制漢人進入蒙地或者與蒙古人交流的封禁制度，以及以旗作為基本行政單位進行細分，禁止越旗移動的盟旗制，所以它一直被認為是限制越境與移動自由的封閉型社會[1]。最近這個問題開始被重新評價，「偏離」制度的多種多樣的移動的實際情況也逐漸為人所知，但並未對大範圍的移動進行全面的討論[2]。因此，遍布蒙古全境，支撐大範圍移動的驛站可以說是重要的研究對象。

另一點是與近現代的連續性問題。在拙稿（中村＆孟和巴特爾，2019）中已經

---

[1] 清朝把蒙古細分為內扎薩克 6 盟 49 旗、外扎薩克的喀爾喀 4 部（4 盟）86 旗和西部衛拉特系集團的諸部‧諸旗等行政單位（旗）。中村（2018）梳理了關於先行研究中的問題。本篇論文中所提到的漠北蒙古指的是喀爾喀四部和科布多地區的諸旗。

[2] 關於漠北的主要研究，堀內（2016）探討了日常游牧的越境、岡（2020）探討了蒙古人因貿易、外出做工等發生的越境。也有介紹因為巡禮而越境的例子（萩原 2020）。

證實，驛站在清朝滅亡後也一直被持續利用，即使現在也保留在當地人們的記憶中。這個事實既表明作為清朝統治手段的驛站已經扎根在地域社會，同時也是探討清朝統治的內在化與對近現代影響的非常好的例證[3]。

但是關於驛站的研究還剛剛起步，沒有足夠的積累。因此在本篇論文中，首先以拙稿為中心總結近些年的研究成果，再以「喀喇沁驛站」為例對於上述問題展開探討。首先聲明由於篇幅有限，對於個別的實證會另外進行考察。

一、清朝統治下漠北蒙古的人員移動與驛站

筆者在本項目成果之一的上一篇論文中（中村，2018），考察了作為議論前提條件的清代漠北蒙古社會移動人口。如上所述，為了修正以往基於封禁制和盟旗制的社會形象，非常有必要從數量上把握移動人口。現將其要點總結如下。

人的移動動機各有不同，形態、期間也不同。特別是把握像逃散等非法移動的人數是有難度的。因此筆者著眼於基於清朝自身規定的義務、在人數上被管理和掌握的移動，亦即伴隨各種公務、差役的人口移動。

清朝要求蒙古承擔的諸多義務（阿勒巴、alba）中，主要是差役。其中具有代表性的包括在俄國邊境上設置的哨所（卡倫、qaraɣul）和驛站（örtege）的管理業務，這些基本上是以家庭為單位長期從事的差役。具體的項目、總數等都可以在《四部攤派各類賦役檔》（Нацагдорж & Насанбалжир 1962）中查到。由於這份史料記錄了喀爾喀四部全體需要承擔的阿勒巴的項目、總數，以及關於各部的分配的調整、商議等內容[4]，所以可以由此把握喀爾喀整體的狀況。

比如，在道光 10（1830）年關於分配的記載中，被派遣承擔阿勒巴的人數合計4,146 戶，約佔總人口的 4%左右[5]。其中在驛站服役的共計 1,313 戶，大約是所有承擔阿勒巴人數的 3 成。光緒 30（1904）年，承擔阿勒巴的戶數為 3,357 戶，略微減少，但是派遣到驛站的人數和道光 10 年差不多相同，有 1,322 戶人家。總而言之，我們可以知道當時喀爾喀四部，約有總人口的 3-4%的人離開所屬旗，從事長時間

---

[3] 比如清朝形成的基於台吉的血統分支的社會集團，作為區域劃分至今仍被記得（岡 2007：195-216），關於這樣的研究還很少。

[4] 在清朝，部、旗級別的行政單位也會製作攤派各類阿勒巴的檔案冊，大多被收藏在蒙古國立中央文書館。研究旗級別的攤派各類阿勒巴檔的有：岡（2007：147-158）、中村（2011）。

[5] 關於喀爾喀四部的總人口，參照了時代稍微往後的麥斯基（Майский, I. M.）的 1918 年的人口統計。具體情況參照（中村 2018）。

的阿勒巴勞動,其中有 3-4 成的人承擔驛站的差役。

值得注意的是,這個數字僅僅是確切可以把握的數字,實際上的動員人數遠遠不止這些。通過旗級別的阿勒巴攤派檔冊可以知道,很多人長期背井離鄉從事為驛站或者哨所駐紮的官兵運送家畜等生活物資的差役,或是跟隨扎薩克、台吉、官吏等趕赴外地(遠的比如北京或者熱河等地)的差役,抑或是押送犯人等差役(中村 2011)。再加上這種旗級別的阿勒巴,被迫長期在所屬旗外居住和勞動的人應該有相當多的數量。

而支撐這些因公務而移動的人們的就是驛站。

關於漠北驛站,自從日比野(1948)論述了驛站的成立過程、運行體制以及當時的狀況以來,除了整理制度沿革的金峰(1979a;1979b;1981)、韓(2000)之外,並沒有出現什麼突出的研究成果。近年,蘆(2014;2017)就阿爾泰軍台的成立過程、動員體制,以及圍繞驛站阿勒巴的對立等進行了論述。對照地圖,闡明驛站所在地、路線等的 Мөнхбаатар(2016;2020)、呼斯勒(2016)、二木(2019)以及圍繞驛站佔有地的訴訟和清朝的態度進行論述的朝魯孟格日勒(2020)等論文的發表,極大推動了驛站的研究。

拙稿(中村 2018)中也論及了驛站管理體制的特徵以及在地域社會中驛站的情況。特別是從驛站附設寺院和商店、喇嘛、漢人商人、俄國商人常駐於此的事例中發現,驛站作為駐有官兵的固定存在,不僅對於商人以及鄰近住民來說是一個交通便利的地點,而且對於商人來說,驛站駐紮的官兵本身也是重要的顧客,圍繞驛站存在多種多樣的社會與經濟關係[6]。

筆者的另一研究是,在中村&孟和巴特爾(2019)中,從庫倫(yeke küriy-e、現在的烏蘭巴托。後面稱為庫倫)向南 14 個驛站(圖 1[7])為研究對象,分析驛站名稱的變遷、在清代地圖上的繪製方式、日記史料中的記述、以及實地調查的結果等,得出以下結論:驛站佔有水井等飲水站附近的固有土地、很多驛站中設有倉庫、寺院等,驛站成為游牧社會的定點,且在清朝滅亡之後,驛站依舊被使用,有關驛站的記憶直到現在依然保留在地域社會中等。

通過以上的研究,我們可以設定以下兩個課題。第一,在存在著大量的社會移動人口,特別是大量被動員到驛站的蒙古人的這一前提下,將驛站作為多樣且廣泛的

---

[6] 如上所述,所屬旗要定期給駐紮旗外的官兵送去物資。這對旗來說是種負擔,因此有的旗和交納地附近的漢人商人簽約,讓其承包運輸(Оюунжаргал 2016)。有關這種大範圍的經濟關係還有許多不明之處。

[7] 在廓索維慈和科特維奇 1914 年製作的地圖基礎上製作而成。

交流場所。第二，在現在驛站作為當地人們的記憶依然留存下來這一前提下，分析其
與近現代的連續性。下面以漠北驛站中特別是「喀喇沁驛站」為例來考察這些問題。

二、喀喇沁驛站的歷史和喀爾喀社會

漠北驛站的主要路線如圖 1 所示。

圖 1　清代漠北蒙古主要驛站
根據 Коростовец et al. 1914 插圖做成

其中最為重要的路線是被稱為阿爾泰軍台、連接張家口和蒙古西部的據點烏里
雅蘇台（uliyasutai）等的東西路線，自此延伸出連接中部的庫倫、俄國邊境恰克圖
（kiyaγtu）的支線，以及連接各地旗等的支線。阿爾泰軍台的東半部分到第44台哈
達圖被通稱為「qaračin（喀喇沁）驛站[8]」。地圖中所標誌的漠北的喀喇沁驛站的名
稱、大體位置如圖 2 所示。阿爾泰軍台以張家口為起點編號，本文下面也使用圖 2
所用的編號[9]。

---

[8]　關於喀喇沁的研究有梅山（2006）等。不同於附屬清朝後被編入八旗蒙古的集團，以烏梁海氏族為中心的集
團和土默特一起形成了內扎薩克的卓索圖盟。卓索圖盟在地理位置上是最接近長城的地方，很早就進行了農
耕化，在清末出現了開明的貢桑諾爾布王等知識人（布仁賽音（2015）有相關概括）。「喀喇沁」可以指部族
名、行政單位名、地區名等，但在本文中為了區分，把出身喀喇沁被派往漠北驛站的人員，稱為「喀喇沁集
團」。

[9]　圖 2 的蒙古語名稱（羅馬字轉抄）主要是根據《四部攤派各類賦役檔》道光 10 年士兵派遣表（Нацагдорж &

21	segUji（叟吉布拉克）	33	Modon（黙端）
22	toli bulaG（托里布拉克）	34	qabirG-a（哈比爾噶）
23	tOgOrig（圖固哩克）	35	Sibutai（希保臺）
24	moqorGasiGun（穆胡爾噶順）	36	laGus（老薩）
25	qonici（霍呢齊）	37	jirim（吉坍木）
26	bilgekU（畢勒格庫）	38	saGsurG-a（沙克舒爾噶）
27	qacabci（哈濟布齊）	39	cabcar（察布察爾）
28	jalatu（札拉圖）	40	qasiyatu（哈沙圖）
29	jUgebUri（卓布哩）	41	jegere（哲林）
30	Borooboo（博勒鄂博）	42	ongin（翁錦）
31	kUtUldolon（庫圖勒多倫）	43	Uneged（烏訥格特）
32	taldolon（塔拉多倫）	44	qadatu（哈達圖）

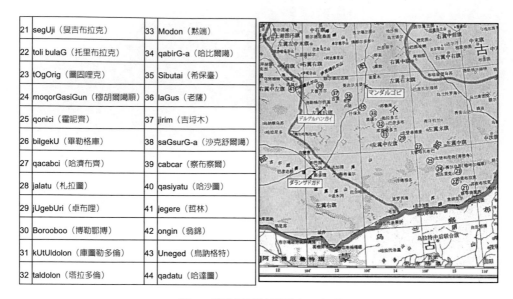

圖 2　漠北喀喇沁驛站主要部分

譚其驤主編，1987，《中國歷史地圖集》8: 56，Нацагдорж&Насанбалжир 1962: 25，
根據《理藩院則例》卷 31 郵政上作成。

　　維護管理這個驛站的主力軍是康熙和雍正年間被派往喀爾喀的喀喇沁等內蒙古
諸部[10]的士兵。雖然總人數不確定，但是按照規定各個驛站會配置官員數名、驛卒
17-18 名[11]。另外還有輔助驛站業務的喀爾喀的士兵。據前文提到的《四部攤派各類
賦役檔》道光 10 年部分後面，派往喀喇沁驛站的士兵人數表中（Нацагдорж &
Насанбалжир 1962：25）記載，從喀爾喀四部共派遣「čaүdaү-a（巡邏兵）」252
戶，「qabsurү-a（輔助）」119 戶（每個驛站大約 16 戶）。

　　關於喀喇沁驛站的創立，拙稿（中村，2021a）進行了探討。下面簡單介紹一
下其內容。以往如那順巴勒吉爾（Насанбалжир1964: 52）論述的那樣，認為此驛站
的創始時間為康熙 58（1719）年。但是近年，蘆（2017：74-75）根據咸豐 21
（1871）年的烏里雅蘇台將軍上奏文書中驛站的喀喇沁士兵「歷經 130 年」這樣的

Насанбалжир 1962: 25），漢語名稱依據《理藩院則例》卷 31 郵政上。在日記等史料中有時使用別名記載，
　　在此省略。

[10]　在喀喇沁驛站中，也有土默特的士兵被派遣至此。現在的喀喇沁集團中除了土默特、卓索圖盟之外，還有巴
　　林、翁牛特、察哈爾等姓氏的人（Цолоо 2013: 243），詳細的來歷不明。而 Цолоо（2013）是蒙古國立科學
　　院歷史學民族學研究所那楚克道爾吉（Natsagdorj）氏的賜教。在這裡表示謝意。「喀喇沁驛站」作為通稱
　　固定出現在官方史料中是在乾隆 19（1754）年左右（中村 2021a）。

[11]　《理藩院則例》卷 31 郵政上。

記述判斷，雍正 9（1731）年左右是應是創始時期。

確實，康熙 58 年是設置以殺虎口為起點的驛站的年份，後來定下以張家口為起點是雍正 2（1724）年，那麼雍正 9 年的說法應更為妥當。如果這是事實的話，那麼康熙 58 年的說法依據何在，又為什麼會流傳甚廣？

那順巴勒吉爾氏的依據是前面提到的《四部攤派各類賦役檔》中的記載。光緒 25（1899）年，喀喇沁驛站的副參領親自調查衙門以前的檔案冊，在向盟的報告中提到，康熙 58 年 21 個驛站「最初設立時，從喀喇沁、土默特、扎薩克貝子的旗中選出」移住到喀爾喀（Нацагдорж & Насанбалжир1962：195）。依據是驛站衙門保管的史料這點，以及喀爾喀四部共同商議這一點，都值得關注。

關於喀喇沁集團的來歷、形成過程中還有許多不確定的問題點，現階段可以理解為，康熙 58 年包括喀喇沁在內的內蒙古的官兵首次被動員到喀爾喀驛站，雍正 9 年左右駐屯人數、制度等確定了下來。

值得注意的是，作為當事者的喀喇沁集團自身主張他們的創始年代最早能夠追溯到康熙 58 年，也就是主張自己的歷史更悠久。在此基礎上，筆者嘗試考察喀喇沁驛站在之後喀爾喀社會中的定位並思考這一主張的理由。

在此之後歷史上重要的事件可以說是乾隆 21（1756）年的青袞扎布之亂了。呼應此亂的一部分喀爾喀放棄了驛站的任務，因此也被叫做「撤驛之變」（森川 1979）。面對襲擊和掠奪驛站等事件，喀喇沁集團拚盡全力維護驛站。由此證明了在維持漠北的安定統治中驛站的重要性，及常駐驛站的內蒙古兵的重要性。喀喇沁驛站在喀爾喀社會中的優勢地位可能也與此相關。

土地佔有是顯示其優勢地位的例子之一。

「驛站的土地」在規定上是 40-50 里的寬度、整體呈帶狀橫穿喀爾喀土地（圖 3）。由於會有驛站土地從旗的中間穿過從而產生飛地，或者是旗的大部分土地被驛站佔有等情況，因此會和旗之間產生土地糾紛。根據研究土地訴訟的朝魯孟格日勒（2020）的分析，清朝始終堅持裁定不改變當初（乾隆 45 年（1780）左右）登記的驛站土地的界線，這與有時因訴訟而被修正的盟、旗的邊境相比，驛站可以說是「不動的土地」了。

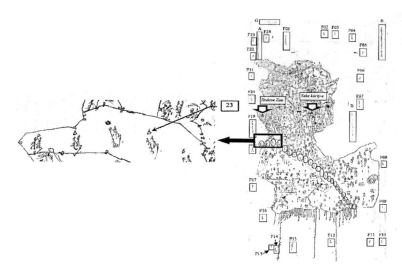

圖 3　驛站的土地
中村篤志、孟和巴特爾，2019: 105 圖 4（原圖 Inoue2012: 213,215）

　　但是，在實際的社會生活中到底是怎樣，卻是另一回事。根據同論文所引用的史料來看，當初確定驛站土地的界線後，喀喇沁集團和喀爾喀也保持「友好，一起游牧」的關係，直到嘉慶年間也不曾建立敖包。嘉慶 16（1811）年察哈爾都統對驛站下達指示，要求加強貫徹邊境管理，驅逐在驛站土地上的喀爾喀游牧民和漢人（同：64-66），反過來僅此就可想像喀爾喀和漢人雜居的狀況。土地管理似乎逐漸嚴格，但可以確定的是，喀喇沁集團處於「驅逐」喀爾喀人和漢人的立場，盟、理藩院處於保護喀喇沁驛站土地的立場。

　　從驛站阿勒巴也可以看出喀喇沁驛站的優越性地位。正如前面所說，被派遣至此的喀爾喀官兵也會輔助喀喇沁驛站的業務。由此產生了負擔比例問題。根據盧（2017）的研究，同治以前喀喇沁和喀爾喀是 6 比 4，但是以同治 9（1870）年造反回民闖入漠北事件為契機，之後驛站的負荷便增加了。負擔分配變成了 2 比 8，喀爾喀就開始訴求減輕負擔。喀喇沁方面有豐厚的報酬和補給，而喀爾喀卻要用自家的家畜完成公務。這清楚地表現了二者間的權力關係，在同治以前，就有喀喇沁集團允許喀爾喀人在驛站的土地上游牧，從而收取家畜或者毛氈的事例[12]，除了喀喇沁的經濟優勢之外，還可以確認其與喀爾喀社會之間存在的日常交流及共存的關係。

---

[12] 史料集《革命以前蒙古的土地關係》№47，道光 27（1847）年的文書（Шархуу 1975: 151）。同書也記載了許多圍繞驛站土地的其它訴訟案件。

　　綜上所述，我們可以知道，喀喇沁集團在喀爾喀部佔多數的漠北社會中，雖然是少數者群體卻是驛站管理的中心，佔有著驛站的土地，再加上清朝的保護，佔據著政治上、經濟上的優勢地位。

三、賽爾烏蘇驛站的構造

　　接下來，就來看看驛站的實際狀況。拙文（中村 2021a,b）中，根據文獻和實地調查分析了賽爾烏蘇（sayir usu）驛站的遺構。以下是補充若干實際調查結果的概要總結。賽爾烏蘇驛站是第 32 台塔拉多倫（tal-a dolon），相當於現在的蒙古國中戈壁省烏力吉圖蘇木。從此向西 32 驛站就到了達烏里雅蘇台，正好是處於中間地點，並且通往庫倫、恰克圖的道路從這裡向北分支（圖 1）。最重要的是這個驛站設置了管理從第 24 到 44 台驛站的行政官扎爾固齊（jaryuči）衙門[13]，可以說是漠北驛站網的「中樞」[14]。規模上也可能是漠北最大的，是考察其它驛站情況和構造的基準。

　　波茲德涅耶夫的光緒 18 年（1892）的日記（Позднеев1896：172-179）中詳細記載了驛站的情況。摘錄其中的一部分如下。

　　　　驛站的建築物分為 4 個區域，散布在溪谷之間。最南邊是滿洲人祭祀崇拜的關帝廟，被一重牆壁圍著。從關帝廟向北 200 俄丈（約 427m）的沙地上是賽爾烏蘇的水井，再向北 200 俄丈是蒙古人驛員的帳篷。帳篷再向北是蒙古人的佛寺。佛寺和驛員的帳篷中間是用曬製磚瓦建造的小方屋。蒙古人叫做蘇泊爾嘎（佛塔）。西側的區劃是，驛員的帳篷和關帝廟之間、稍稍靠近帳篷的地方是扎爾固齊的住所，再稍稍偏北的方位上有兩棟建築物，那是扎爾固齊的衙門以及其下屬的住所。

　　一平方千米的範圍內，南面是關帝廟、北面是佛教寺院，中央是帳篷、扎爾固齊們的住所、衙門。據說這個關帝廟是中國樣式，被圍牆圍著，中庭的中央是香

---

[13] 漢語法制史料中寫作「管站章京」等，一般由理藩院的郎中、主事級別的人擔任，在當地有時被稱為「大臣」（amban）（Позднеев 896: 172）等，不僅管理驛站的通行，也是負責調停與旗之間紛爭的要職（朝魯孟格日勒 2020）。

[14] 《考察蒙古日記》3 月 17 日條，「此地為蒙古臺路中樞、西北行三十二臺至烏里雅蘇臺、更西通科布多、阿爾泰，北達庫倫十四臺。」

爐，香爐後面是廟宇、倉庫的三重構造建築。（同：175-177）

　　筆者曾兩次去賽爾烏蘇實地調查，一次是 2018 年 8 月 1 日，一次是 9 月 9 日。依靠無人機把握整體構造，使用便攜式的 GPS 進行步行測量。由於是簡易的測量，測出的數值、建築的外郭都是粗略估算的。

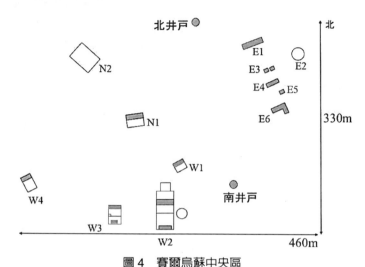

圖 4　賽爾烏蘇中央區
在（中村 2021b: 104）基礎上做了部分修改。網格狀部分推測為建築物遺跡。

　　中心區的整體構造如圖 4。大約是東西長 460m，南北寬 330m 的區域，隔著水井，東側是小規模的建築群，西側有兩處四合院式樣的較大的建築物遺跡。其中一處是賽爾烏蘇最大的遺構（W2），東西約 21m，南北約 42 m（如果包括凸出的北端的話，南北約 70 m），中間夾著中庭的二重構造建築。這兩處遺構比較明顯的特徵是軸線朝向正南方。而其它的建築遺跡以及後述的寺院遺跡的軸線是東南朝向，由此也可以知道這兩座建築物是不同時期建造的特殊建築物。綜合考慮的話，推測W2 是扎爾固齊的住居、西鄰的 W3 是書記官的辦公場所兼住所。

　　南端的關帝廟在 W2 東南約 350 m 的位置。在當地的資訊提供者 D 氏的引導下，好不容易才到達那裡。那是一個 15 米見方的不起眼的小土丘，只看見磚、圓瓦、陶器殘片，沒有遺構的痕跡[15]。關於這個地方有關帝廟最早的記錄，個人認為

---

[15] D 氏從父輩那裡聽說，緊挨廟的旁邊便是水井、廟前是佛像、裡面掛著皇帝畫像（也許是關帝畫像），是漢族人建造的，但是因為使用的是曬製磚瓦所以風化了等等。

是嘉慶 18（1813）年[16]，但是根據所掛的匾額的文詞「敕封忠義神威靈佑關聖大帝」來看，創建時間追溯到乾隆 33（1768）年左右也是有可能的[17]。漠北的關帝廟，只有在庫倫等一些重要的城市的才被人們所知（岡，2000），設置在地方或者驛站的關帝廟比較稀少，今後還有研究的空間。

　　最後說一下北側的寺院。寺院叫做塔林・呼拉爾（塔拉的寺院），根據文獻史料，道光 17（1837）年就在這裡出現了（Банзрагч&Сайнхүү 2004: 220）[18]。根據前述波茲德涅耶夫的記載，這座寺廟是藏式建築，寺院中有從青海、西藏、多倫諾爾、庫倫等地蒐集來的佛像、佛經，還供養名叫冉贊巴的活佛，常住的喇嘛有 5、6人左右（同：177-178）。在 W2 幾乎正北方 1.3km 的位置上。在東西 140m 南北130m 的區域內，確認有幾處遺構，都是東南朝向（圖 5）。

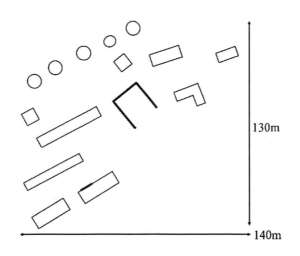

圖 5　塔林・呼拉爾的遺構分佈圖
轉載自中村 2021b: 104。

　　綜上所述，賽爾烏蘇驛站作為漠北驛站的重要據點，中央是四合院式的衙門、南面是漠北比較少見的關帝廟、北面是規模較大的佛教寺院。在此有駐紮的清朝官

---

[16] 升寅《使喀爾喀紀程草》記載有「南有關帝廟、亦係土屋」。

[17] 匾額是用滿蒙漢三種語言書寫的（Позднеев 1896: 176）。關於關羽的封號變遷在太田（2019：41、70）中介紹的比較詳細。太田氏指出乾隆 33 年之所以追加「靈佑」封號，是因為準格爾、回部的平定，如果這樣的話，和在賽爾烏蘇建立關帝廟的理由也是一致的。從其建立到被當地接受的情況將作為今後的課題。

[18] 詳情後述。可以在蒙古寺院歷史遺產項目的主頁上看到照片和記錄（https://mongoliantemples.org/mn/2020-07-08-04-38-38/old-aimags-in-mongolian-mn/482?view=oldtemplemn；最後閱覽日 2021 年 3 月 31 日）。

吏、喀喇沁、喀爾喀雙方的驛卒,還有喇嘛、漢人商人等都在這裡居住和往來,是個非常多元的空間。

四、喀喇沁的驛站寺院及以後

根據以上的分析研究,本節以喀喇沁驛站中附設的佛教寺院為中心,進一步考察其來歷、特徵、在歷史上以及現代社會中的意義。

不只是前面所提到的賽爾烏蘇驛站,在驛站中常常附設寺院(中村 2018:176-179)。有記錄表明在庫倫以南 14 個驛站中,大約有 7 個驛站周邊存在寺院(中村&孟和巴特爾 2019:111,115)。但是,寺院的由來、與驛站的關係等還存在很多不明之處[19]。

在喀喇沁驛站中,有從賽爾烏蘇向東(南)的第 22 台托里布拉克的慈蔭寺、第 25 台霍呢齊的溥恩寺這樣的敕建寺院[20],與此相對,賽爾烏蘇以西的喀喇沁驛站有這樣一個特點,即幾乎所有的驛站,驛站從事者們本身就是寺院發起人,並參與寺院的營運和維護,創建了名副其實的驛站寺院。

關於這些驛站寺院在《蒙古寺院史》(Банзрагч & Сайнхүү 2004)中有詳細記載。這本書收錄了 1930 年代大肅清時期作成的地方寺院的調查記錄,以下關於喀喇沁驛站以西的驛站寺院記錄也是這個時期的資料[21]。

以這份史料為中心,結合清末日本人旅行記、當地的調查報告,總結出賽爾烏蘇以西的喀喇沁驛站寺院[22]如表 1。

---

[19] 驛站本來就是有很多人聚集的地方,因此附近設立寺院並不奇怪。但是如後文所述,驛站的服役者們將寺廟當作自己的核心還是比較少見的。因為喀爾喀的驛站服役者們原則上數年更替一次,沒有動機建立以驛站為核心的寺院。

[20] 慈蔭寺名字起源於康熙帝漠北親征時湧出水的水井(《夏湘人出塞日記》,乾隆 5(1740)年 9 月 25 日條)。溥恩寺是咸豐年間敕建(延清〈奉使車臣汗記程詩〉「遊溥恩寺二首」的註釋「寺係咸豐年間奉旨敕建」),在嘉慶 18(1813)年已是喇嘛超過 100 人的寺院了(升寅《使喀爾喀紀程草》)。

[21] 序文(同:4-5)中記載,本書收錄了 1910 年代博克多汗政權下撰寫的記錄(同國中央圖書館以及中央文書館所藏),並使用了 1936-38 年作成的國家保安局(現中央情報局)所藏史料。後者的史料差不多是 1937 年 1 月根據內務大臣指示進行的全國寺院和喇嘛的調查(阿榮賽罕 Ariunsaihan(2001:201))。原史料是 Агваан(1991:20-21)的報告書,記載了因肅清而遭到破壞的地方寺院的歷史,以及遭到破壞前的樣子,非常珍貴。並且本書是西里爾文與蒙古文(豎文)的合編本,以下引用時先後標明西里爾文與蒙古文的頁數。書中出現的 325 所寺院全部用數字依次編號。喀喇沁驛站西方的寺院為№310-317(同:218-222(429-431))。

[22] 賽爾烏蘇的塔林寺院是東邊第 31 台庫圖勒寺院的分寺,表中也收錄了 31 台。

表 1 喀喇沁驛站寺院

No.	驛站名	Банзрагч & Сайнхүү 2004: 218-222，429-431	蒙古寺院 歷史遺產項目 ※1	野村 1937: 457-460	實地 調查
31	庫圖勒多倫	No.317：庫圖勒寺院 喀喇沁驛站的章京於 1767（乾隆 32）年創立。70 年後（1837 年道光 17 年）固定。	同左		未
32	塔拉多倫	No.138：塔林寺院 喀喇沁民眾於 1766（乾隆 31）年創立。1837（道光 17）年從庫圖勒寺院分離並固定。	同左	衙門、喇嘛廟、關帝廟	寺院
33	默端	No.310：察漢哈達寺院※2 1863（同治 2）年創立。5 年後的 1868（同治 7）年固定。	同左	佛塔	未
34	哈比爾噶				未
35	希保台	No.313：喀喇沁驛站的希保台寺院 喀喇沁驛站的喇嘛於 1733（雍正 11）年創立。1887（光緒 13）年固定。	同左	廟	寺院
36	老薩	No.315：喀喇沁驛站的佛塔寺院 驛站的民眾於 1848（道光 28）年創立。1851（咸豐元）年固定。別稱白塔寺。	同左	廟	寺院
37	吉埒木	No.311：赫伯圖爾的寺院 吉埒木驛站的喀喇沁於 1826（道光 6）年創立。1856（咸豐 6）年固定。	同左	中間有大廟	寺院
38	沙克舒爾噶	No.312：孟克圖寺院 喀喇沁驛站的章京們於 1856（咸豐 6）年創立。1881（光緒 7）年固定。	同左		寺院
39	察布察爾		創建年份、來歷不明		寺院
40	哈沙圖		創建年份、來歷不明		寺院
41	哲林		1780（乾隆 45）年創立。	廟	未
42	翁錦		被稱作「翁錦驛站的寺院」。19 世紀中旬創立。	廟	未

43	烏訥格特		附近有驛站，年代不明。		未
44	哈達圖		「哈達圖的驛站寺院」，1764（乾隆29）年創立。		未

※1　蒙古寺院歷史遺產項目：https://mongoliantemples.org/mn/2020-07-08-04-38-38/old-aimagsin-mongolian-mn
※2　此寺院的所在不明，但根據野村1937年的記錄屬於第33台。

　　一目了然幾乎所有的驛站都有寺院。並且，全部 14 所寺院中有 8 所寺院（№31,32,35-38,42,44）都是喀喇沁集團的章京、喇嘛等人建立和管理的。在此省略逐一論述，選取上一節提到的賽爾烏蘇驛站的塔林寺院，列舉有關它的一部分記述。

　　　　1766（乾隆 31）年、在塔拉這個地方，以章京丹達為首，驛站的喀喇沁們以及 10 名左右的喇嘛共同創建了毛氈的蒙古包寺院……，在各地移動，71 年後（1837（道光 17）年）從庫圖勒驛站（第 31 台）的寺院分離，固定（bayuju）在賽爾烏蘇驛站，建設了經堂。……有兩個經堂。喇嘛們的蒙古包有 2 個，固定房屋（bayising）17 個，一般人的固定房屋 28 戶……。（同：220，431）

　　首先固定住房超過 40，與筆者現地調查（圖 5）相比，要多許多。前面所述遺構東西 140m 南北 130m，如果更加深入調查，有可能在周邊發現遺構。而且，寺院的發展大體可分為兩個階段，一是乾隆年間將蒙古包當作寺院，一是道光 17 年左右固定在現在的位置後繼續發展。

　　值得注意的是這個寺院在賽爾烏蘇驛站固定下來的年代（表中的黑體字）。我們可以推測是在 1830~80 年代，尤其集中在 1830-50 年代。在相同時期固定於此，背後應該有什麼原因。雖然沒有直接的史料證明，作為一種假說可以想到是由於自然災害和經濟貧困。道光年間、特別是道光 16（1836）年土謝圖汗部發生大規模雪災，鄰接喀喇沁驛站同部的左翼後旗在此後的約 20 年間出現家畜、人口減少的傾向（中村 2003），可以想像驛站周邊的經濟狀況相當嚴峻。結果，道光 24（1844）年不得不實施新的阿勒巴分配法（二木 1984），社會制度本身發生動搖。再者，正如前面蘆（2014；2017）指出的一樣，同治年間圍繞增大的驛站負擔，與喀爾喀

社會的摩擦也隨之增加。尤其是同治 9（1870）年，因叛亂回民入侵漠北，驛站由於需要動員士兵前去鎮壓並擔任運送物資的任務而負擔加重。

　　在社會整體的貧困化、社會環境的急劇變化中，興建寺院不僅是建立集團凝聚的象徵性核心，在實現財產的聚集和保護、構築與中央宗教界關係等政治、經濟方面的效果也備受期待[23]。

　　我們可以從自清朝滅亡到現在的喀爾喀集團的言論與行動中找到依據。1911年，清朝滅亡後漠北蒙古宣布獨立，誕生了博克多汗政權。喀喇沁集團本來是擔任清朝公務的集團，在原則上清朝垮臺之後應該回歸故里。但是考慮在喀爾喀度過的年月和當時的政治形勢，已經沒有回到內蒙古這一選擇了。同年 12 月 1 日獨立宣言之後不久，喀喇沁集團提出歸順的意願，可以說是表明了立場。

　　穆胡爾噶順、扎依爾瑪克驛站的代表提出的請願書如下[24]。

> 我們喀喇沁驛站原本奉皇帝御旨，擔任重要軍台的阿勒巴。南方的土地已經很難賴以生存，我們官民近 200 年一直生活在喀爾喀給予我們的土地上，一直承擔阿勒巴，並且我們從古至今一直在博克多汗的統治下，在每個驛站建立了寺院為聖上萬壽無疆祈福誦經，傳播黃教……[25]

　　雖說是為了歸順找的理由，但是每個驛站興建寺院這件事被當作在喀爾喀社會扎根、本土化的證據。

　　在這一請願下，政府批准了集團的歸順並設旗，兩名參領作為代表被任命為扎薩克並授予爵位，同時把喀喇沁驛站編成南北兩旗[26]。但是，共戴 8（1918）年，兩個驛站旗由於經濟困難等原因，自己提出撤除旗的請願，最後編入了博克多汗的沙畢[27]。喀喇沁驛站寺院，和喀爾喀佛教界，特別是和庫倫沙畢有多少交流將是今後的

---

[23] 當然，喀爾喀社會因同樣的背景和動機建設寺院也不足為奇。比如前文提到的蒙古寺院歷史遺產項目的中戈壁省的一頁中就刊載了 77 座寺院（ https://mongoliantemples.org/mn/2020-07-08-04-38-38/old-aimags-in-mongolian-mn/10?view=oldtemplesmn ），除了表 1 驛站寺院之外，還有約 6 座寺院同樣是在 1800 年代後半期創建的。據說其中一座奧爾多庫寺院原先是左翼後旗的寺院，但是為了躲避入侵的回民，而在現在的所在地固定下來（Банзрагч＆Сайнхүү 2004: 221-222，433）。但是這些寺院所在的地方不同，看不出像喀喇沁驛站寺院一樣的共通性。將作為今後的課題。

[24] 穆胡爾噶順是第 24 台，扎依爾瑪克是 35 台的希保台的別稱，兩個驛站設置了統括多個驛站的參領。

[25] 蒙古國立中央文書館 A11-1-503。共戴元年 11 月 18 日（1912 年 1 月 6 日）文書。

[26] 同上。設置旗的諭旨在同年的 11 月 9 日（1911 年 12 月 28 日）下達。

[27] 同 A234-56。共戴 8 年 10 月 29 日文書。

課題，但是和中央的宗教關係，對其歸順喀爾喀和之後的處境一定是起到了有利的推動作用。

那麼，喀喇沁驛站的後裔後來怎樣了呢？由於 1930 年代的肅清，寺院遭到破壞，幾乎沒有留下寺院痕跡。作為維持國家體系的驛站也消失了。雖然喀喇沁集團確實在歷史的舞臺上消失了身影，但實際上即使到現在也沒有分散，一直居住在故地。

在調查驛站過程中，向寺院周邊的蒙古包問路時，其主人自稱是喀喇沁人的比較多，其中也有人說他們世世代代守護著土地、寺院。居住在驛站周邊的喀喇沁集團會根據居住地和出身地來區分彼此，比如像「圖格里克的喀喇沁」。已經確認的以下 7 個地名，圖克里克、察布察爾、孟克圖、老薩、希保台、察漢哈達、寶音圖，全是指驛站或者驛站寺院[28]。我們看以下幾個例子。

前面提到的賽爾烏蘇的訊息提供人 D 氏自稱是寶音圖的喀喇沁。祖先承擔清朝的牲畜管理和驛站管理的任務，由於喀喇沁人中能力突出、工作認真的人比較多，在這個山谷（指的是寶音圖的喀喇沁）人才輩出，其中有勞動英雄 2 人、人民戲劇演員 2 人等 12-3 個這樣優秀的人才。並且他們祖祖輩輩精心地守護著塔林寺院。到現在，這附近的喀喇沁人還在祭祀著賽爾烏蘇南面的敖包，祭祀時其他地方的喀喇沁人聚集於此。

守護著第 38 台沙克舒爾噶附近的赫伯圖爾寺院的 D 氏，也稱自己是喀喇沁，說因他的曾祖父是赫伯圖爾的康巴／喇嘛的緣故，因此守護著先祖的土地。

而且我們的嚮導、住在烏力吉圖蘇木中心地區的 H 氏，自身是土默特姓，他的母親是被老薩寺院的活佛撫養長大的，因此稱自己是老薩的喀喇沁。

第 40 台哈沙圖，別名圖格里克，守護這個驛站的 E 氏，自身是喀喇沁，由於祖先是這個寺院的喇嘛，因此一直守護著祖先的這塊土地。據說以前有漢人住進在這個寺院，製作石灰、燒製磚瓦。寺院遺跡的北側是新建的佛塔（圖 6），現在有圖格里克血統的人正在募捐集資，旨在振興寺院。

---

[28] 前 5 個是驛站的名稱。察漢哈達應該指的是表 1№33，名為默端的寺院及其周邊的集團。寶音圖是指賽爾烏蘇的周邊。

圖 6　圖格里克寺院舊址的佛塔
筆者攝於 2018 年 6 月

圖 7　老薩寺院舊址的佛塔
筆者攝於 2018 年 6 月

　　由此可知，現在的喀喇沁集團深知自己是驛站，形成直接以寺院遺跡為核心的身份認同。他們不單單是守護遺構，也有像圖格里克這樣當代逐漸復興的寺院。這就是以規模最大著稱的第 36 臺老薩的寺院。在《蒙古寺院史》記載中被稱為「白塔寺」（Банзрагч & Сайнхүү 2004:219，430），標誌性的兩座白塔在當地被重建（圖 7）。據說老薩現在也正在慢慢復興。筆者對是誰主導了復興、誰參與其中、要實現怎樣的復興等問題很感興趣，將作為今後的課題。

終章

　　一直以來普遍認為在清朝的統治管轄下，蒙古人的游牧生活、移動、交流的範圍受到了極大的限制。但是漠北喀爾喀四部至少有佔人口 3-4%以上的人，由於清朝的課徵公務（alba）長期在旗外生活。也可以說是清朝自己創造出這種人員的流動性。

　　支撐這些人員移動的就是驛站。驛站一方面是服務於統治的基礎設施，是為了順暢地運轉統治蒙古所需要的人才、物資、文書等而建立起來的。另一方面，驛站也是連接各種各樣人員、資訊的接觸地帶。有 1300 戶以上的喀爾喀官兵被派遣至驛站，生活物資也是從他們所屬旗搬運而來的。不僅有清朝官吏、使節、行政文書往來於驛站，還有漢人、俄國商人等以驛站為據點進行買賣，有的還會附設寺院等，驛站成為草原上形形色色的人們聚集在一起的節點。

　　本文著重分析了阿爾泰軍台的東半部分的喀喇沁驛站。自從康熙年間（18 世紀初），喀喇沁等內蒙古出身的官兵被安排到此驛站，直到清朝滅亡，他們的祖祖輩輩都在此負責驛站的維護管理。喀爾喀的官兵也被派遣到驛站，以輔助完成驛站業務，因此兩者間形成了共住與合作的關係。喀喇沁集團在喀爾喀社會中雖然是少數群體，但是清朝允許其佔有驛站的土地，並提供政治和經濟上的特別保護，因此在社會上佔據優勢地位。

　　驛站的多元性在驛站遺構的實地調查中逐漸顯露出來。在本文中選取了漠北驛站的分岔點、有管理官員駐紮的重要據點，即第 32 台賽爾烏蘇驛站為例。通過調查發現，在戈壁平原正中，驛站衙門和關帝廟、佛教寺院並肩而立，形成了清朝的中央官吏、內蒙古出身的喀喇沁士兵、喀爾喀士兵，以及漢人與俄國人混住、來往的多元空間。

　　在人員物資往來頻繁的驛站，祖祖輩輩居住在驛站周圍的喀喇沁集團，將寺院當作其集團的核心，在每個驛站都設立了寺院。但仔細考察的話會發現，寺院固定

下來大約在 1830-80 年代，特別是集中在 1850 年代之前，這應該是由於某些巨大的社會變動的緣故。在這個時期，伴隨自然災害的社會變動、回民叛亂等政治經濟的緊張事態相繼發生，也有可能寺院被視為集團的政治經濟核心而興建。這些寺院在清朝滅亡後也起到了一定的作用。在請求歸順博克多汗政權時，每個驛站都建立了寺院這一點，被當作喀喇沁集團確實扎根於喀爾喀土地的本土化證明。

　　喀喇沁集團雖然曾一度獨立成旗，但後來旗被撤銷，在 1930 年代的大肅清中寺院也被破壞。但是喀喇沁集團現在依然居住在驛站周邊，並形成了以各個驛站站名冠名的小地域集團。各個集體的核心地域依然存在寺院遺跡，延續著祖祖輩輩守護在此的「守護人」的記憶。並且部分寺院正在一步步實現復興，作為少數群體的喀喇沁集團，正在努力重新恢復以寺院為核心的集團性。

　　以上是本論文的概要。

　　帝國在邊境社會的內外製造原本並不存在的邊界。但另一方面，正是因為被納入帝國，地方與中央、地方與地方才得以連接。由此，在激發了跨越邊界的人或物的移動的同時，最終又模糊了帝國自己劃分的界限。圍繞漠北蒙古的阿勒巴而產生的人員移動，以及與驛站系統維護管理相關的人員移動，可以說是其中一例。

　　這種由於帝國統治需要而設定的界限及其動搖，最終形成的「接觸地帶」為地域社會帶來了更加複雜的多元性、多樣性、流動性。喀喇沁驛站就是一個例證。本來在喀爾喀部族以及以游牧生產為主的漠北社會中，屬於少數群體的喀喇沁集團，數百年間在喀爾喀土地上維持著集團性，這也可以說是清朝帝國統治的產物吧。

　　作為接觸地帶的驛站研究還剛剛起步，尚有許多未解決的問題，筆者將作為今後的課題繼續研究。

參考文獻

*按字母順序

Агваан, Ш. (1991) Х.Чойбалсан ба дотоод явдлын яам, Улаанбаатар: Улсын Аюулгүй Байдлыг Хангах Ерөнхий Газар.

アリウンサイハン〔阿荣賽罕〕，マンダフ（2001）「モンゴルにおける大粛清の真相とその背景：ソ連の対モンゴル政策の変化とチョイバルサン元帥の役割に著目して」『一橋論叢』126(2): 190-204.

Банзрагч, Ч. and Сайнхүү, Б(. Eds.). (2004) Монголын хүрээ хийдийн түүх, Улаанбаатар：Соёмбопринтинг XXK.

ブレンサイン〔布仁賽音〕編著（2015）『内モンゴルを知るための60章』東京：明石書店.

朝魯孟格日勒（2020）「清代外モンゴルにおける駅站の牧地実態に關する一考察：トシェート・ハン部の諸駅站と旗との間の牧地境界画定過程」『アジア・アフリカ言語文化研究』100: 55－81.

フスレ〔呼斯勒〕，ボルジギン（2016）「張家口＝フレー間の道」『昭和女子大学国際文化研究所紀要』23: 45-75.

二木博史（1984）「ホショー内における平民の貢租賦役負担：清代ハルハ・モンゴルの場合」『内陸アジア史研究』1: 25-40.

二木博史（2019）「外邦図にえがかれたイフフレー南方の旧街道の現地調査」『日本とモンゴル』138: 102-111.

萩原守（2020）「オドセルとナワーンの事件（1877年）から見る清代のモンゴル人社会」松原正毅編著『中央アジアの歴史と現在：草原の叡智』勉誠出版: 118-132.

韓儒林（2000）〈清代蒙古驛站〉，《穹廬集》，頁233-282，石家荘：河北教育出版社。

日比野丈夫（1948）「阿爾泰軍台について一その歴史と現状一」『東方学報』16: 141-160；日比野丈夫（1977）『中国歴史地理研究』京都：同朋舎再録.

堀内香里 Хориучи, К. (2016) Манжийн үеийн монгол дахь нутгийн хязгаар ба нүүдлийн мал аж ахуй; халх баргын шижээгээр. S.チョローン,ホルチャ, А.А.ボリソフ, 岡洋樹編『ユーラシアの遊牧：歴史・文化・環境』東北アジア研究センター, 75-96.

Inoue, O. (2012) "Old Maps Showing Erdene Zuu Monastery from the Private Archive of Prof. W. Kotwicz," Tulisow, Jerzy, Osamu Inoue, Bareja-Starzyńska, Agata and Dziurzyńska Ewa eds. In the Heart of Mongolia: 207-244, Cracow: Polish Academy of Arts and Sciences.

金峰（1979a）〈清代蒙古台站的管理機構〉，《内蒙古大學學報・哲學社會科學版》1979(1・2): 60-76。

金峰（1979b）〈清代外蒙古北路驛站〉，《内蒙古大學學報・哲學社會科學版》1979(3・4): 77-102。

金峰 Altanorgil(1981) Mongɣol örtege neres-ün tuqai, Mongɣol teüke-yin tuqai ögülel-üd: 140-155, Köke Qota: Öbür Mongɣol-un Arad-un Keblel-ün Qoriy-a.

Коростовец, И.Я. and Котвич, В.Л.(1914) Карта Монголии, Санкт-Петербург: картографического заведения А.Ильина.

蘆婷婷（2014）〈晚清蒙古台站弊端〉，《内蒙古民族大學學報：社會科學》6: 5-9。

蘆婷婷（2017）〈阿爾泰軍台的幫台抗差研究〉，《清史研究》2017(2): 73-82。

森川哲雄（1979）「チングンジャブの乱について」『歴史学・地理学年報』3: 73-103.

Мөнхбаатар, Ш.(2016) Их Хүрээнээс Сайр-Ус хүртэлх өртөөний нэрсийг нягтлах нь, Цайны зам-ын эрдэм шинжилгээний анхдгаар бага хурлын илтгэлийн эмхтгэл: 63-73, Улаанбаатар.

Мөнхбаатар, Ш. (2020) Халхын дөрвөн аймгийн өртөөний байршлыг нутгийн зургаар тодруулах нь, Гэрэлбадрах, Ж. (ed.). Монгол нутгийн зургийн судалгааны зарим асуудал: 75-136, Улаанбаатар: Адмон Принт ХХК.

中村篤志（2003）「19 世紀ハルハ・モンゴル旗社会の統計史料：トシェート・ハン部左翼後旗の「戸口家畜冊」について」『内陸アジア史研究』18: 63-73.

中村篤志（2011）「清朝治下モンゴル社会におけるソムをめぐって：ハルハ・トシェートハン部左翼後旗を事例として」『東洋学報』93(3): 366-342.

中村篤志（2018）「清朝治下ハルハ＝モンゴル社会における人の移動と駅站」『北東アジア研究　別冊』4: 163-181.

中村篤志（2021a）「Манжийн үеийн Харчин өртөө ба Сайр ус（清代のハラチン駅站とサイル＝オス）」S.チョローン，ホルチャ，A.A.ボリソフ，岡洋樹, 堀内香里編『ユーラシア遊牧民の歴史的道程』東北アジア研究センター：319-333.

中村篤志（2021b）「清代モンゴルの駅站衙門サイルオス：現地調査からみた遺構の分布状況」『アジア流域文化研究』12: 99-105.

中村篤志、ムンフバートル〔孟和巴特爾〕（2019）「清代モンゴルのフレー以南14駅站に關する基礎的考察」『内陸アジア史研究』34: 95-118.

Насанбалжир, Ц. (1964) Ар монголоос Манж чин улсад залгуулж байсан алба (1691-1911), Улаанбаатар: Шинжлэх Ухааны Академийн хэвлэл.

Нацагдорж, Ш. and Насанбалжир, Ц. (Eds.). (1962). Дөрвөн аймгийн алба тэгшитгэсэн данс. Улаанбаатар: Шинжлэх Ухааны Академийн хэвлэл.

野村米三郎（1937）「蒙古新疆旅行日記」上原芳太郎編『新西域記』下巻：439-555，東京：有光社・

岡洋樹（2000）「清代のモンゴルと關帝信仰」山田勝芳編『東北アジアにおける關帝信仰の歴史的現在的研究』（平成9-11年度科学研究費補助金（基盤研究（C）（2））研究成果報告書）：121-137.

岡洋樹（2007）『清代モンゴル盟旗制度の研究』東京：東方書店.

岡洋樹（2020）「清朝中期におけるモンゴル人の人口流動性について」岡洋樹編著『移動と共生の東北アジア：中蒙露朝辺境にて』東北アジア研究センター：18-38.

太田出（2019）『關羽と霊異伝説：清朝期のユーラシア世界と帝国版図』名古屋：名古屋大学出版会.

Оюунжаргал, О. (2016) Манжийн үеийн Халх дахь "тосгон"-ы тухай, S.チョローン,ホルチャ，A.A.ボリソフ，岡洋樹編『ユーラシアの遊牧：歴史・文化・環境』東北アジア研究センター：47-65.

Позднеев, А. (1896) Монголия и Монголы: результаты поездки в Монголию, исполненные в 1892-1893 гг, Санкт-Петербург: Императорскаго Русскаго географическаго общества（日文譯本為東亞同文會編纂局譯（1908），《蒙古及蒙古人》，東京：東亞同文會編纂局。漢文譯本為張夢玲等翻譯（1983），《蒙古及蒙古人》1，呼和浩特：內蒙古人民出版社）.

Шархүү, Ц. (1975)Хувьсгалын өмнөх Монгол дахь газрын харилцаа.Улаанбаатар: Улсын Хэвлэлийн Газар.

譚其驤主編（1987）《中國歷史地圖集》8，北京：中國地圖出版社。

Цолоо, Ж. (2013) Халхын аман бичгийн хэлийн дурсгал. Улаанбаатар: Адмон Принт ХХК.

梅山直也（2006）「八旗蒙古の成立と清朝のモンゴル支配：ハラチン・モンゴルを中心に」『社会文化史学』48: 85-108.

*附記： 本研究受到 JSPS 科研費（國際共同研究加速基金（國際共同研究強化）：16KK0021、基盤研究 B：18H00723、基盤研究 C：21K00902）的資助。

第五章
從《大義覺迷錄》到《清帝遜位詔書》

韓東育

一、前言

　　就中原王朝的地理方位言，滿族人從「肅慎」時起，便世居於東北邊陲地帶。由於該地區在狹義中華的圈域布列中位處「夷（東）狄（北）」，所以，「明清鼎革」前後，「胡虜」、「奴酋」、「虜夷」這些對「夷狄」的貶斥語彙，也就成了人們對滿清族系的習慣性蔑稱。不僅如此，由於包括南明政權在內的東亞列國多將「崇帝登天，弘光陷虜」等系列歷史事件渲染為「中華陸沉」或「中國不再」，因此，「華夷變態」這一製作於日本人的極端式說法，還一度成為圈域內廣而告之的流行語。[1] 然而，無論是康乾時屢稱準葛爾部事務為「夷情」的《岳襄勤公行略》（成文於嘉慶年間），還是道咸同三朝對外交涉案的《籌辦夷務始末》，清朝並沒有自視為「夷狄」，而是「中華」，並且是理直氣壯的「中華」。其邏輯可簡約地表述為：敢於斥他人為「夷狄」的人或民族，顯然不可能也是「夷狄」，至少已不再是「夷狄」。話雖如此，清初通過軍事高壓所獲得的「政治身份認同」，畢竟不等於日常而自然的「文化身份認同」，[2]「武義璜璜，陸慴水栗」的武威也不足以弭平清人自詡和他人評價之間長期形成的溝壑。這意味著，史學家送給清朝的「慕義歸化，非以力征也」等事後定評，[3] 其實省略了一個曾經發生過的重要環節，即清朝為實現政治認同與文化認同的合一所付出的艱辛和努力。對此，相關的歷史記錄無疑為該問題的認識提供了重要的文本參照。

1　參見林春勝、林信篤編：《華夷變態》上冊（東京：東洋文庫，1958 年），頁 1。
2　關於「政治身份認同」與「文化身份認同」的關係，可參見黃俊傑：〈中日文化交流史中的「自我」與「他者」的互動：類型及其涵義〉，載《臺灣東亞文明研究學刊》第四卷第二期（臺北：臺灣大學，2007 年 12 月）。
3　參見趙爾巽：《清史稿》卷 526，〈列傳・屬國一〉，北京：中華書局，1977 年版，第 48 冊，頁 14575。

二、《大義覺迷錄》的問題設定

　　《大義覺迷錄》（下簡稱《覺迷錄》），是雍正七年（1729）清世宗憲皇帝胤禛（1678-1735）圍繞曾靜（1679-1735）反清案件而刊布的政論性著述。全書共四卷，收上諭十道、審訊詞若干、曾靜供詞四十七篇、張熙等供詞兩篇以及曾靜的〈歸仁說〉一篇等。[4]該書所論者，看似對曾靜和呂留良等反清士人而發，可究其實，卻是面向漢人全體在詰問兩個至關重要的大問題：第一，清朝代替明朝是否擁有正當性抑或法理依據？第二，雍正皇帝是否具備天子所必須的德行操守？前者反映了持續千百年之久的「華夷」論爭，而後一個問題其實是在拷問最高政治領袖的道德自律能力。

　　《覺迷錄》（引文只標注頁碼）所呈顯的獨特問題指向，展開於雍正和曾靜截然相反的「大義」理解中。曾靜的本初想法，多集中在他本人被抓捕前撰寫於《知新錄》等責難清朝和雍正帝的文論中；而雍正的正面回答，亦毫無躲閃地一一對應了曾靜及其幕後操手的各種說辭。毋庸諱言，「華夷之辨」是曾靜全部情感取向和價值判斷的基點所在。他的部分想法來自遠古華夏族系對周遭世界的「五服」觀察，但他的闡述卻比《尚書‧禹貢》和《國語‧周語上》的規定還要極端（154頁）。在「天生人物，理一分殊，中土得正，而陰陽合德者為人，四塞傾險而邪僻者，為夷狄，夷狄之下為禽獸」（27頁）這段話中，曾靜的「華夏中心主義」傾向自不待言，其對「中土」以外者「傾險而邪僻」的定性，還在倫常道德上取消了「夷狄」與「中華」比肩的任何可能性。儘管就程度而言，此處介於「中土」與「禽獸」之間的「夷狄」，似乎還沒有被徑稱為「禽獸」，但是，其「中華之外，四面皆是夷狄。與中土稍近者，尚有分毫人氣，轉遠則與禽獸無異」（同前揭書，55頁）等接下來的表述卻無異於宣稱，除了部分受「中華」感化者外，遠離「中華」的「夷狄」已經與「禽獸」不分高下；而「夷狄異類，譬如禽獸」云者（21頁）則不啻在說，「夷

---

[4]　參見《大義覺迷錄》，見《清史資料》第四輯，北京：中華書局，1983年版，頁1-3。有關該問題的記載和討論，可參見《清實錄》第七、八冊，《世宗實錄》1-2；《清實錄》第九冊，《高宗實錄》1，北京：中華書局1985年；馮爾康：《雍正傳》，上海三聯書店，1999年；孟森：《明清史論著集刊》，中華書局，1959年；《明清史論著集刊續編》，中華書局，1986年；王柯：《民族與國家：中國多民族統一國家思想的系譜》，北京：中國社會科學出版社，2001年；黃裳：《筆禍史談叢》，北京出版社，2004年；楊念群：《何處是「江南」：清朝正統觀的確立與士林精神世界的變異》，北京：三聯書店，2010年；稻葉君山：《清朝全史》上下卷，東京：早稻田大學出版部，1914年（本文所用係但燾譯訂：《清朝全史》上冊，上海：社會科學院出版社，2006年）；安倍健夫：《清代史の研究》，東京：創文社，1971年；石橋崇雄：《大清帝國》，東京：講談社，2000年版，等。

狄」其實就是「禽獸」。「夷狄」既為「禽獸」，那麼，稱清朝代明為「夷狄盜竊天位，污染華夏」（53-54頁），也就等於說是「禽獸」在「盜竊天位」，在「污染華夏」。這樣，當經過「華夷」大別上的梳理後，清朝國君配不配做中華皇帝的問題，似乎也就有了天然的答案。實際上，與雍正帝對話前，曾靜曾經送給過這位皇帝以無數惡評，諸如「謀父、逼母、弒兄、屠弟、貪財、好殺、酗酒、淫色、誅忠、好諛、奸佞」等不一。曾靜筆下的雍正所以會呈現如此不堪的道德面貌，是因為在他看來，滿清族系原本就不是「中華」，惟其不是「中華」，則「夷狄之有君，不如諸夏之亡也」的聖人箴言，便永遠有效。然而，曾靜一班人非議清廷時的邏輯預設，卻明顯缺乏必要的周延。彷彿是一把雙刃劍，上述說法在有助於人們瞭解雍正何以要為自己的道德形象曲盡申辯之理由的同時，也為清廷獲得「中華」定位和取明朝而代之之的法理依據，提供了「反其道而用之」的便利。這意味著，當皇家最高領袖通過正面的個人洗刷使附在他身上的「非道德」譏評大白於天下後，「有德者為君」的命題，反而成為清廷對曾靜所謂「中華」價值反唇相譏的利器。面對尖損刻薄的詬詈而雍正帝能「坦然於懷，實無絲毫仇怒之意，笑而覽之」（120頁）的原因，或許也在這裡。而接下來的常識性反問，還進一步突顯了曾靜紕漏的低級和直觀：一，「人獸」之別是以天理人倫為標準，還是以「華夷」出身為轉移？二，中華皇位，是「有德者居之」還是相反？三，「中華」是以「大版圖」為舞臺，還是以「一隅」為樂處？四，「華夷」之分是否可與「君臣」之禮相拆分？五，在「天下一家」的邏輯下，「華夷」畛域是否還有強分之必要？

雍正的上述反問，顯然依託了在他看來屬於真正意義上的中華價值標準。**首先**他認為，「盡人倫則謂人，滅天理則謂禽獸，非可因華夷而區別人禽也。」（8頁）。就是說，「人與禽獸同在天地之中，同稟陰陽之氣，得其靈秀者為人，得其偏異者為禽獸，故人心知仁義，而禽獸無倫理。豈以地之中外，分人禽之別乎？」（27-28頁）既然有無「天理人倫」才是甄別「人獸」的標準，那麼，曾靜把離明朝領域較遠者統統斥為「禽獸」的言說，就顯得有些過分了：「今日蒙古四十八旗，喀爾喀等，尊君親上，慎守法度，盜賊不興，命案罕見，無奸偽盜詐之習，有熙皞寧靜之風，此安得以禽獸目之乎？若夫本朝，自關外創業以來，存仁義之心，行仁義之政，即古昔之賢君令主，亦罕能與我朝倫比。且自入中國，已八十餘年。敷猷布教，禮樂昌明，政事文學之盛，燦然備舉，而猶得謂為異類禽獸乎？」（21頁）雍正試圖辯明，是否「禽獸」，與距離「中土」遠近沒有關係，卻與有無禮樂大有關係。重要的是，那些偏離事實的貶斥，還極易給原本安於邊地生活的各方族屬造成自尊心的傷害，並由此而引來怨恨：「夷狄之名，本朝所不諱。孟子云：『舜，

東夷之人也；文王，西夷之人也。」本其所生而言，猶今人之籍貫耳。況滿洲人皆恥附於漢人之列，準噶爾呼滿洲為蠻子，滿洲聞之，莫不忿恨之，而逆賊以夷狄為誚，誠醉生夢死之禽獸矣。」（22 頁）尤其當中原人對邊地居高臨下、恃強凌弱時，相關言行，還會結下仇恨。這一點，早在努爾哈赤階段就有過隱忍不禁後的爆發：「我國素順，並不曾稍倪不軌，忽遣備禦蕭伯芝，蟒衣玉帶，大作威福，穢言惡語，百般欺辱，文詞之間毒不堪受。所謂惱恨者七也。」[5]

這就觸及了**第二個問題**，即中華皇位應該是「有德者居之」還是相反？清對明的反感，從最根本的意義上講是因為明朝已失去了來自邊地的道德尊敬；而能否獲得這份尊敬，乃取決於明廷還是不是君子所居或王化所在——它構成了「禮樂征伐自天子出」的道義前提。可當這一前提不復存在時，「夷狄」或「禽獸」，便不但不應是往日所指，有時還會發生天壤般逆轉：「呂留良等，以夷狄比於禽獸，未知上天厭棄內地無有德者，方眷命我外夷為內地主，若據逆賊等論，是中國之人皆禽獸之不若矣。又何暇內中國而外夷狄也？自罵乎？罵人乎？」（5 頁）雍正歷數了明代的「失德」諸端，認為明清易代，並不全是武力征伐的結果，其中更有清朝順天應人和體道崇德的「大義」在：「明代自嘉靖以後，君臣失德，盜賊四起，生民塗炭，疆圉靡寧，其時之天地，可不謂之閉塞乎？」（5 頁）「本朝之得天下，非徒事兵力也。太祖高皇帝開創之初，甲兵僅十三人，後合九姓之師，敗明四路之眾。至世祖章皇帝入京師時，兵亦不過十萬，夫以十萬之眾，而服十五省之天下，豈人力所能強哉？實道德感孚，為皇天眷顧，民心率從，天與人歸。是以一至京師，而明之臣民，咸為我朝效力馳驅。其時統領士卒者，即明之將弁，披堅執銳者，即明之甲兵也。此皆應天順時，通達大義，輔佐本朝成一統太平之業。而其人亦標名竹帛，勒勳鼎彝，豈不謂之賢乎？」（21-22 頁）這些話無疑有過度渲染的成分，但如果看到仇清入骨的明遺民朱舜水也無法不承認清兵入關後的「迎刃破竹」是因為明軍的「前途倒戈」所致等反省文字時，[6]雍正的說法又不好被完全視為誇張。尤其當說到明朝君臣狐疑內外、致使華夷離心時，雍正的以下分析事實上還不失中肯：「朕讀洪武寶訓，見明太祖時時以防民防邊為念。蓋明太祖本以元末奸民起事，恐人襲其故智，故汲汲以防民奸；其威德不足以撫有蒙古之眾，故兢兢以防邊患。然終明之世，屢受蒙古之侵擾，費數萬萬之生民膏血，中國為之疲敝。而亡明者，即流民李自成也。自古聖人感人之道，惟有一誠，若存籠絡防範之見，即非誠也。我以不誠待之，人亦以不誠應

---

[5] 參見孟森：《清太祖告天七大恨之真本研究》，載氏著《明清史論著集刊》，中華書局，1959 年，頁 210。

[6] 朱舜水：《中原陽九述略》〈致虜之由〉，參見朱謙之輯《朱舜水集》上冊，中華書局，1981 年版，頁 1。

之，此一定之情理。是以明代之君，先有猜疑百姓之心，而不能視為一體，又何以得心悅誠服之效！先有畏懼蒙古之意，而不能視為一家，又何以成中外一統之規！」（84 頁）它突顯了清興而明衰的道德前提和法理依據：「蓋生民之道，惟有德者可為天下君。此天下一家，萬物一體，自古迄今，萬世不易之常經。非尋常之類聚群分，鄉曲疆域之私衷淺見所可妄為同異者也。《書》曰：『皇天無親，惟德是輔。』蓋德足以君天下，則天錫佑之，以為天下君，未聞不以德為感孚，而第擇其為何地之人而輔之之理。又曰：『撫我則後，虐我則仇。』此民心向背之至情，未聞億兆之歸心，有不論德而但擇地之理。又曰：『順天者昌，逆天者亡。』惟有德者乃能順天，天之所與，又豈因何地之人而有所區別乎？」（3-4 頁）在這一文脈下，「以地判物」的陳規便自然要讓位給「以德立國」的資格和「以德配天」的邏輯。或許是因為「理直」才能「氣壯」，雍正的表述中遂不免有明顯的情緒化傾向，這種傾向，有時還使「聖人」的初旨屢遭曲解：「孔子曰：『夷狄之有君，不如諸夏之亡也。』是夷狄之有君，即為聖賢之流，諸夏之亡君，即為禽獸之類。寧在地之內外哉！」（21頁）

　　然而畢竟，「中外一統之規」對「類聚群分」格局和「鄉曲疆域」淺見的打破，是符合「普天之下莫非王土」之「中華天下」大義的。如此，則積極參與「中華版圖」拓展和建設的任何民族，便理應受到一律的尊重和擁戴，又何必峻別「華夷」和「內外」？在這一文脈下，「『中華』是以『大版圖』為舞臺，還是以『一隅』為樂處」的雍正**第三質疑**，便無法不令曾靜及其言說頻生語塞：「自我朝入主中土，君臨天下，並蒙古極邊諸部落，俱歸版圖，是中國之疆土開拓廣遠，乃中國臣民之大幸，何得尚有華夷中外之分論哉！」（5 頁）而如此版圖遠拓，其實已實現了迄今中華政權均不能望其項背的「五族統合」和「烽煙不起」理想：「在昔漢、唐、宋極治之時，不過承平二三十年，未有久安長治如今日者。百姓自齠齔之年，至於白首，不見兵革，父母妻子家室完聚，此非朝廷清明庶績咸熙之所致乎？且漢、唐、宋、明之世，幅員未廣，西北諸處，皆為勁敵，邊警時聞，烽煙不息。中原之民，悉索敝賦，疲於奔命，亦危且苦矣。今本朝幅員弘廣，中外臣服，是以日月照臨之下，凡有血氣，莫不額手稱慶，歌詠太平。」（22-23 頁）雍正強調，清朝的開疆拓土，不但廣泛擴展了明代的有限幅員，還在更大的範圍內發揚了「中華一統」之大義，可這又如何能以「封建－戎狄」隨意命之呢：「以塞外蒙古言之，昔者各蒙古自為部落，亦互相戰伐，至元太祖之世，而統於一。越有明二百餘年，我太祖皇帝神武奮興，遐邇歸誠，而復統於一。我朝幅員廣大，中外一家。為千古所莫倫，蓋悉惟天時人事積漸使然也。至若封建以禦戎狄，則尤為不通之論」（62 頁）。有學者注意到，以下三個地點內藏有重要的暗示意義，即：北京、盛京和熱河。具言之，首都北

京位於得以控制中國內地的戰略位置，坐鎮副都盛京則可以把守整個東北，而熱河卻能有效地掌握蒙古高原甚至更廣大地域的大小事務。如此形成的清朝便呈顯出如下版圖格局，即由「滿」（東北部的滿洲、蒙古、漢之一部分）、「漢」（中國內地）和「藩」（蒙古、西藏和維吾爾地區）所組成的龐大疆域。其幅員之遼闊，除明朝全土外，還擴展至蒙古族世界、藏族世界，甚至包括阿拉伯世界的部分地區。這一明朝面積遠不能及的巨大國家，完成了漢、滿、蒙、藏、維的「五族」統合，它的象徵意義還被反映在北京乾清宮、雍和宮與熱河避暑山莊的正門匾額上：乾清宮還只是漢滿兩種文字合璧的匾額，到了雍和宮，已演變為蒙、藏、漢、滿四種文字；而到了避暑山莊的「麗正門」，又進一步衍化成蒙、維、漢、藏、滿這五種文字的並列組合。這意味著，代表「華」的明朝所未能實現的「五族統合」夢想，卻在被賤稱為「夷」的清朝手裡變成了現實。[7]曾靜後來的態度變化固有被迫成分在，但下面的發言卻未必不合事實：「我朝幅員之廣，中外一家，亙古未有。」（63頁）

　　由於曾靜在「尊王攘夷」中明顯偏執於「攘夷」，因此，當他以「華夷觀」非議清朝的理由難以成立時，「尊王」大義，還使曾靜的主張更現局促，甚至不通。「華夷」之分是否可與「君臣」之禮相拆分的雍正**第四問**，遂由此而發。他先是正面提問：「人生天地間最重者莫如倫常，君臣為五倫之首，較父子尤重。天下未有不知有親者，即未有不知有君者。」（26頁）繼而質疑曾靜道：「旨意問你所著逆書《知新錄》內云：『如何以人類中君臣之義，移向人與夷狄大分上用。管仲忘君仇，孔子何故恕之？而反許以仁。蓋以華夷之分，大於君臣之倫；華之與夷乃人與物之分界，為域中第一義。所以聖人許管仲之功。』又云『人與夷狄無君臣之分』等語。君臣為五倫之首，斷無有身缺一倫，而可以為人之理。曾靜當日以人與夷狄無君臣之分，不知從前以何人為君，且到今還是甘心俯首以君臣之義，移於夷狄分用乎？抑是始終以與夷狄無君臣之分乎？」（52-53頁）曾靜對「攘夷」意義的偏執顯然不盡符合管仲「得君行道」的本意，而雍正的有意歸謬，也不乏「尊王」是認上的極端，但雍正接下來的議論，卻在「政治」與「教化」的職能分擔上揭破了曾靜對「治道」的毫無經驗和由此而導致的理論設計上的書生意氣與不切實際。而更為重要者在於，曾靜的言論，不單否定了異族政權的合理性，歷朝漢人的帝王將相亦在他的信口言辭中統統變成了不學無術的「光棍」。如此狂狷的放言，無疑給雍正找到挫敗論敵的切口，提供了進一步的方便。它被歸謬為：曾靜不但將亂臣篡奪的污水潑在了聖賢身上，也赤裸裸地把自己變成了明清兩朝的「叛臣賊子」：「旨意問你，所著逆書《知新錄》內云『皇

7　參見石橋崇雄：《大清帝國》，東京：講談社，2000年版，頁23-59。

帝合該是吾學中儒者做，不該把世路上英雄做。周末局變，在位多不知學，盡是世路中英雄，甚者老奸巨猾，即諺所謂光棍也。若論正位，春秋時皇帝該孔子做，戰國時皇帝該孟子做，秦以後皇帝該程朱做，明末皇帝該呂子做，今都被豪強佔據去了。吾儒最會做皇帝，世路上英雄他那曉得做甚皇帝』等語。孔孟之所以為大聖大賢者，以其明倫立教，正萬世之人心，明千古之大義。豈有孔子、孟子要做皇帝之理乎？孔子云：『事君盡禮。』又云：『臣事君以忠。』又云：『君君臣臣，父父子子。』看〈鄉黨〉一篇，孔子於君父之前，備極敬畏小心。孟子云：『欲為臣，盡臣道。』又云：『齊人莫如我敬王者。』使孔孟當日得位行道，惟自盡其臣子之常經，豈有以韋布儒生，要自做皇帝之理！若依曾靜所說，將亂臣賊子篡奪無君之事，強派在孔孟身上。污蔑聖賢，是何肺腸？且自漢唐以來，聖君哲後，代不乏人。漢高祖、唐太宗、宋太祖、金太祖、元太祖、世祖，或戡定禍亂，或躬致太平，皆天命所歸，功德丕著。今乃概目為光棍！況曾靜時切明亡之恨，而以週末局變之後，皇帝皆係光棍，則明太祖亦在光棍之列。曾靜不但是本朝之叛臣賊子，亦即是明之叛臣賊子。」（48-49頁）如果連漢人列帝也不過是一群「光棍」，那麼，滿人的皇帝又如之何可得倖免呢？可如此筆觸和預設，卻極易給歷史的公正記錄造成無視事實的顢頇和歪曲，其終則不啻取消歷史。雍正先以元朝為例：「歷代從來，如有元之混一區宇，有國百年，幅員極廣，其政治規模頗多美德，而後世稱述者寥寥。其時之名臣學士，著作頌揚，紀當時之休美者，載在史冊，亦復燦然具備，而後人則故為貶詞，概謂無人物之可紀，無事功之足錄，此特懷挾私心識見卑鄙之人，不欲歸美於外來之君，欲貶抑淹沒之耳。」（7頁）接著，他還深入討論了能否秉筆直書，對歷史敘事和現實政治將會造成的巨大影響：「不知文章著述之事，所以信今傳後，著勸戒於簡編，當平心執正而論，於外國入承大統之君，其善惡尤當秉公書錄，細大不遺。庶俾中國之君見之，以為外國之主且明哲仁愛如此，自必生奮勵之心，而外國之君見是非之不爽，信直道之常存，亦必愈勇於為善，而深戒為惡，此文藝之功，有補於治道者，當何如也。倘故為貶抑淹沒，略其善而不傳，誣其惡而妄載，將使中國之君以為既生中國，自享令名，不必修德行仁，以臻郅隆之治。而外國入承大統之君，以為縱能夙夜勵精，勤求治理，究無望於載籍之褒揚，而為善之心，因而自怠。則內地蒼生，其苦無有底止矣。其為人心世道之害，可勝言哉！」（7-8頁）雍正深曉「華袞斧鉞」的道理，惟此，當幾乎是故意為之的不公評價和人身攻擊被加於己身時，他的心裡委屈，亦每每溢於言表：「朕之俯視萬民，實如吾之赤子，朕清夜捫心，自信萬無遭謗之理。」（26頁）他意識到，在那些無視事實的反對者那裡，宵旰圖治、朝夕惕厲地勤政為民，不但得不到理解和體恤，更不要說推尊和擁戴了。當曾靜一班人說「自崇禎甲

申，以至今日，與夫德佑以迄洪武，中間兩截世界，百度荒塌，萬物消藏，無當世事功足論，無當代人物堪述」的時候，雍正還十分傷感：「本朝自太祖、太宗、世祖，聖聖相承。聖祖在位六十二年，仁厚恭儉，勤政愛民，乾綱在握，總攬萬幾，而文德武功，超越三代，歷數綿長，亙古未有。朕承嗣鴻基，以敬天法祖為心，用人行政，無一不本於至誠。六年以來，晨夕惕厲之心，實如一日。朕雖涼德，黽勉效法祖宗，不敢少懈，是豈元政之可比哉？」可如果是單單對入主中原的外族君主如此詬病倒也罷了，其對明朝皇帝，又何嘗給予過例外：「昔明世嘉靖、萬曆之時，稗官野史所以誣謗其君者，不一而足。如《憂疑竑議錄》、《彈園雜誌》、《西山日記》諸書，咸訕誹朝廷，誣及宮壼，當時並未發覺，以致流傳至今，惑人觀聽。」（25頁）

　　由於曾靜的鋒刃所指其實是所有的當權者並試圖取代之，而當權者中的外族君主，又是首先需要打倒的對象，因此，倘若「華夷」畛域已不復存在，那麼，曾靜一班人也就喪失了**繼續蠱惑漢地民眾**的全部正當性。於是，在「天下一家」邏輯下，是否還有必要強分「華夷」畛域的**最根本問題**，就成為雍正帝徹底摧毀論敵的殺手鐧。事實上，清朝對於中原王朝送給自己的「夷狄」稱呼，有時並不在意，所謂「夷狄之名，本朝所不諱」是也。但這需要一個條件，一如有學者所指出的那樣：「雍正乾隆以後的清朝，喚醒了這樣一種凜然的氣魄——如果『夷』意味著野蠻，那麼我們就是華而非夷；如果『夷』僅僅意味著異民族，那麼說我們是夷而非華也毫無關係。」[8]清朝能有這樣的「凜然氣魄」，在於它已經成功地將「夷狄」概念從文化卑下蔑稱改造成了單純的地理指代；而能夠實現這一成功的關鍵，是因為在清朝的廣袤疆域中，以往中原王朝所謂「夷蠻戎狄」已悉入「中土」，「華夷」之間亦已無所畛域。雍正的這種自信，理論上來自對曾靜言說乃至儒家哲學的入室操戈：「旨意問你，所著逆書《知新錄》內云：『天下一家，萬物一源。』……既云天下一家，萬物一源，如何又有中華、夷狄之分？曾靜但知肆其狂悖之詞，而不知其自相矛盾。《中庸》云：『致中和，天地位焉，萬物育焉。』九州四海之廣，中華處百分之一，其東西南朔，同在天覆地載之中者，即是一理一氣，豈中華與夷狄有兩個天地乎？聖人之所謂萬物育者，人即在萬物之內，不知夷狄在所育之中乎？抑不在所育之中乎？可問曾靜是如何講」（55頁）；而在事實上則根源於「中外一統」的巨大版圖：「夫我朝既仰承天命，為中外臣民之主，則所以蒙撫綏愛育者，何得以華夷而有更殊視？而中外臣民，既共奉我朝以為君，則所以

8　安倍健夫：《清代史の研究》，東京：創文社，1971年，頁43。參見王柯：《民族與國家：中國多民族統一國家思想的系譜》，北京：中國社會科學出版社，2001年，頁154-155。

歸誠效順，盡臣民之道者，尤不得以華夷而有異心。此揆之天道，驗之人理，海隅日出之鄉，普天率土之眾，莫不知大一統之在我朝。……蓋從來華夷之說，乃在晉宋六朝偏安之時，彼此地醜德齊，莫能相尚，是以北人詆南為島夷，南人指北為索虜，在當日之人，不務修德行仁，而徒事口舌相譏，已為至卑至陋之見。今逆賊等於天下一統，**華夷一家**之時，而妄判中外，謬生忿戾，豈非逆天悖理，無父無君，蜂蟻不若之異類乎？」（4-5 頁）「華夷之辨，此蓋因昔之歷代人君，不能使中外一統，而自作此疆彼界之見耳」（84頁）。在如此強大且難以撼動的邏輯與事實面前，曾靜「供詞」所言，雖不無阿諛成分，但其對疆域的嘆服式描述，卻未嘗游離實情：「蓋惟天至誠，惟其至誠，所以覆冒無外，感而遂通。故《中庸》言：『誠』，必推極於天，惟其誠能合乎天，所以高明光大，博厚悠久，與天無異世。此我皇上所以合蒙古，中國成一統之盛，凡天所覆冒者，俱歸版圖，凡屬民生，皆當慶幸，豈有華夷中外之間哉！理到至處，行到極處，雖堯舜復起，亦不能贊一詞。而我皇上不惟規模弘遠，開中天之隆會；抑且道德廣大，立萬世之成規。人君不能修身配天，強分中外華夷，到此直堪恥無地矣。」（89頁）他甚至在〈歸仁說〉中講：「蓋生人之**大迷**，而至今乃得**大覺**也，抑厚幸矣。……其名欲正**大義**，而不知實反拂乎生人之大義；謂以明道，而不知竟大昧乎當然之常道。」（154 頁）顯然，曾靜的此番「覺悟」，嗣後還凝結成了《大義覺迷錄》的書名。

三、對《大義覺迷錄》的結構分析

察雍正與曾靜之所辯，究其實不過是對孔子和孟子兩種「華夷觀」的平行式延伸。但正如人們所看到的那樣，《覺迷錄》中的告辯雙方，又均不乏對孔、孟理論的過分解讀處，這在曾靜的說法中，似尤顯極端。孔子所在的春秋時期，夷狄未必盡居於中夏外部，伊洛之戎、陸渾之戎，或者赤狄、白狄這些所謂戎狄，都還在「中國」之內。西周政治中心的隱沒，既喚起華夏內部的「下克上」野望，也激發了周邊部族對「中國」的覬覦狂潮。這種內憂外患的自然連動，意味著中原王朝不但要忍看「八佾舞於庭」（《論語・八佾》）的禮廢樂壞，還要直面「南夷與北狄交，中國不絕若線」（《公羊傳》僖公四年）的華夏文明危機。這就使孔子不僅要用「是可忍孰不可忍」的態度來對內「正名」，以捍衛周王權的禮樂秩序，還要以「夷狄之有君，不如諸夏之亡也」的「華夷之辨」觀念去抵禦外擾（《論語・八佾》）。與內憂外患的天然關涉相彷彿，孔子的「必也正名」與「華夷之辨」行為的同時登場，剛好突出了一個共同的文化主題，即「周監於二代，鬱鬱乎文哉，吾從周」的問題。

這意味著，「中華」優越意識的文明強化和心理認同行為的切實發生，反而導源於「天子失序」和「夷狄交侵」的雙向刺激中。從外在形式上看，被高度強化的「中華」優越意識似乎是被打出來的——它符驗了置於死地而後生的文明論原理；而其內在邏輯則表明，以往不敢望華夏項背者的「中原問鼎」行為，從反面突顯了華夏禮樂價值的彌足珍貴與自我毀棄後的惡果和遺恨。在這種情況下，「從周」，似乎也只有「從周」，才能喚回華夏文明的優越感。[9]而這一優越感能否被喚回的首要前提和當務之急，是如何才能做到「尊王攘夷」。由於「尊王」的背後潛藏著「天→天子→天下」這一不可研究的邏輯，因此，「尊王」事實上反映了「天下一統」意識的絕對性；而「攘夷」本身，由於是擴展「天下」時所必須設定的文明落差和「禮樂征伐自天子出」的行為根據之一，因此，對華夏文明的捍衛和認同，也就同時被賦予了維護「天下」邏輯的意義。於是，捍衛華夏，不但使「桓公救中國，而攘夷狄」（《公羊傳》僖公四年）的行為，受到了道德的謳歌，甚至在尊、攘行為間必擇其一時，後者的重要性總會獲得最大限度的突顯。孔子之所以對管仲給予那麼高的讚譽，原因亦在於此。這意味著，當政治權力和文明權威同時受到威脅時，孔子最先捍衛的是文明權威，並善於把內在政治矛盾轉化為對外的文明之爭。在這種轉化中，除非你希望自己被稱作「夷狄」和「禽獸」，否則就必須服從不需要討論的「中華大義」。其雙向控制邏輯可以被表述為：維護禮樂政治本身，就等於維護華夏文明；而破壞禮樂的內部爭鬥，則不啻自降為夷狄，自墮為另類。進一步講，在「華夷之辨」的大是大非面前，華夏族屬內部的所有爭執和齟齬，都必須讓位給這一首要矛盾。它有效地維護了「天→天子→天下」體系，也嚴厲地規定了華夏人士的「大義」和「大節」。後來，每逢中原和周邊發生爭奪時，孔子的「攘夷」思想都會發揮重要作用，這也是岳飛、文天祥、史可法等「民族英雄」得以次第湧現的價值依據。但是，由於其「披髮左衽」說開啟了用生活習慣去鄙夷「中華」以外族屬的先河，因此，嗣後的繼承者，還一步步將這類表述推向極端。中國文化古典常常把是否「室居」和「火食」作為人類與動物界相與揖別的物質表徵，「有巢氏」的「避群獸」和「燧人氏」的「化腥臊」（《韓非子·五蠹》），說的就是這一問題。這意味著，以往單純的生產生活方式差別從此還被進一步附著以文明和野蠻的價值高下色彩。《禮記·王制篇》的規定是：「中國戎夷，五方之民，皆有性也，不可推移。東方曰夷，被髮文身，有不火食者矣。南方曰蠻，雕題交趾，有不火食者

9　參見朱熹：《四書集注·八佾》引尹氏語：「三代之禮，至周大備」。此外，「從周」的言論還頻繁出現於〈雍也〉、〈子張〉、〈泰伯〉等篇章。

矣。西方曰戎，被髮衣皮，有不粒食者矣。北方曰狄，衣羽毛穴居，有不粒食者矣。」重要的是，該規則一經確定，便既有不易改變的成見性，也有歷時彌久的時間性，因為直到明朝，謝肇淛還在《五雜俎》中說：「東南之人食水產，西北之人食六畜，皆不知腥膻。……聖人之教民火食，所以別中國於夷狄，殊人類於禽獸。」它從生產方式上分開了農業與游牧的此疆彼界，也在文明程度上區隔了「人類」與「禽獸」的價值畛域。其「中國戎夷，不可推移」和「別」與「殊」的歧視態度，已將「出身」和「出自」意義上的「血緣」、「地緣」觀念絕對化。這在朱熹的《資治通鑒綱目》中，曾經有過體系性的表達。

然而，除了以上將孔子「攘夷」思想推向極致的嚴毅苛刻的「華夷觀」（經）外，還有著不乏變通精神和包容氣度的另外一種「華夷觀」（權）。這一觀念的提出者和弘揚者，是孟子及其後學。孟子所以會提出與孔子有異的「華夷觀」，是因為到了戰國，春秋時期的內部夷狄已逐漸消失，人們的意識當中，夷狄將全部成為七國以外乃至更遙遠的存在。這意味著，比起「華夷之分」，早年發生於「天→天子→天下」邏輯下的「一」，反而成為凝聚天下蒼生的最重要價值。於是，當梁惠王「卒然」發問「天下惡乎定」時，孟子的「定於一」回答幾乎是下意識的（《孟子‧梁惠王上》）。這裡的「一」，顯然不是指對「天下」的全部佔領，而是試圖給世界賦予一個整體意義。在這個整體當中，所謂「外界」，在邏輯上是不存在的。重要的是，「天下一體」原則，還使孟子超越了以往「嚴華夷之防」的逼仄視野，為「夷夏融合」的同質化運動，賦予了無限的空間：「舜生於諸馮，遷於負夏，卒於鳴條，東夷之人也。文王生於岐周，卒於畢郢，西夷之人也。地之相距也千餘里，世之相後也千有餘歲，行志得乎中國，若合符節，先聖後聖，其揆一也。」（《孟子‧離婁下》）孟子的這一觀點，比東漢何休「公羊三世說」中「至所見之世，著治太平，夷狄進至於爵，天下遠近大小若一」的說法，要早四百多年。[10]而唐朝程晏的〈內夷檄〉和清代皮錫瑞的〈春秋〉篇，亦顯然與此同源。[11]至於唐朝韓愈的〈原道〉及其所謂「孔子

---

[10] 參見何休：《春秋公羊經傳解詁‧隱公元年》。

[11] 程晏說：「四夷之民長有重譯而至，慕中華之仁義忠信，雖身出異域，能馳心於華，吾不謂之夷矣。中國之民長有倔強王化，忘棄仁義忠信，雖身出於華，反竄心於夷，吾不謂之華矣。（竄心於夷，非國家之竄爾也。自竄心於惡也。）豈止華其名謂之華，夷其名謂之夷邪？華其名有夷其心者，夷其名有華其心者，是知棄仁義忠信於中國者，即為中國之夷矣，不待四夷之侵我也，有悖命中國，專倔不王，棄彼仁義忠信，則不可與人倫齒，豈不為中國之夷乎？四夷內向，樂我仁義忠信，願為人倫齒者，豈不為四夷之華乎？記吾言者，夷其名尚不為夷矣，華其名反不如夷其名者也。」參見董誥等編著：《全唐文》（九）卷 821〈內夷檄〉，北京：中華書局影印版，1983 年，頁 8650。皮錫瑞亦謂：「春秋有攘夷之義，有不攘夷之義」，「夷狄進至於爵，與諸夏同，無外內之異矣。外內無異，是不必攘，遠近大小若一，且不忍攘，聖人心同天

之作《春秋》也，諸侯用夷禮則夷之，夷而進於中國則中國之」（〈原道〉）云者，雖不乏孔子思想的要素，但更主要的成分，卻來自孟子的主張。[12]

　　於是我們看到，幾乎構成雍、曾論辯底色的孔、孟「華夷觀」，在《覺迷錄》中其實是一貫始終的：曾靜在談及「華夷之辨」時，其核心觀點基本來自孔子一系，而且是被偏執了的孔子一系；而雍正在提出反駁意見時，則多以孟子為據，儘管其中也不乏極端性發揮。曾靜在談到其「華夷觀」的理論來源時承認說，自己「終不能去呂留良之說。而緊抱一部《春秋》義旨，在言下不是說壞本朝不是聖人，定會誹謗孔子錯作《春秋》」（144-145頁），「讀呂留良文評，……不覺為其說所浸淫者實深。至近年以來，兼讀其雜文殘詩，甚有謂《春秋》華夷之分，大過於君臣之義。而今日有人實若無人，有世實若無世。以此為《綱目》凡例未發之蘊。始聞未嘗不疑，迨久而不得不信。蓋以其意藉口於孔子之《春秋》，而例又竊附於朱子之《綱目》故也」（163-164頁）。而「孔子→朱熹→呂留良」系列一俟成立，「孟子→韓愈→雍正帝」系列，便自然與之對壘，衝突也就在所難免。在孔子系列中，「族屬」與「文明」往往一體觀瞻，「華－夷」之辨即意味著「文－野」之別，於是，「華－夷」便成為甄別優劣的根本性標準；而在孟子系列中，「文明」固屬「中華」，但「文明」的承載者和實踐者卻不定「族屬」，甚至可超越「族屬」，於是，「道德」和是否擁有「道德」實踐的「能力」，就成為是非判斷的真正價值標準。這表明，孟子系列以無以倫比的開放度，已超越了被封閉處理後孔子系列的狹隘性限制。它至少給清朝政權的正當性宣示，帶來了兩重便利：一，孟子不計舜與文王的東、西夷出身並賦予其以「行志得乎中國」的合理性，給清朝入主中原掃清了狹隘「華夷觀」下的地域壁壘；二，「聞誅一夫紂矣，未聞弒君也」的「革命」標準，又在「有德者居天下」的意義上給清朝的「邊地革命」行動清除了道德障礙。這樣才能解釋，為什麼曾靜的著述中會不斷援引孔子、朱子和呂留良，而雍正帝在審問曾靜時卻要頻繁引用孟子和韓愈觀點等各自取捨原因。

　　然而，如果我們以為曾靜在雍正審訊下的畏葸面諛態度即意味著他放棄了「中華」立場，那就過於天真了。曾靜的綿裡藏針，體現在他對中華文化中「天心、孔子、道統」等價值的公開堅守和「用夏變夷」原則的隱蔽堅持：「孔子之心即天心。今聖心與孔子之心為一，即是與天心為一。而祥瑞見於曲阜，適在興修聖廟之

　　地，以天下為一家，中國為一人，必無因其種族不同，而有歧視之意」，「是中國夷狄之稱，初無一定」。
　　參見皮錫瑞：《經學通論‧春秋》，北京：中華書局，1954年，頁8-9。
[12] 參見拙稿：〈華夷秩序的發生邏輯與早期展開〉，《思想史研究》第11號，東京大學，2010年3月。

會者，乃上天所以嘉予聖心與孔子之心為一處，比泛見於雲、貴、山西等省，其慶幸為更大，其盛德之合於孔子，而感孚上天者為更極其至。此所以為一無之中，文明光華極盛之會，而為生民所未有也」（95 頁），「是君之心即天之心，君之德即天之德。凡天所欲為者，君體天之心為之；天所欲行者，君體天之德行之。君未嘗參一毫己意於其中，事事仰承天命而已。所以大君之號曰天子，言善繼善述，與天不分兩體，實一氣貫注，如子之承父也。但天隱而難見，其本體之流露者，惟理而已。故先儒曰：『天即理也』」（115 頁），「自古聖明之君見之典謨，載之史冊，所傳詔誥，其精思神力，未有在縱之深厚目極如是也。極而至於體天之心，為民之深，直至作述之間，心融神契，道統、治統、心法、聖學，一氣相承。」（162 頁）學者們傾向於認為，皇太極將「女真」改稱「滿洲」、在國號上易「金」為「清」等行為，有在中華的文脈上與「明」比美之意；而太宗改元「崇德」，亦意在與「崇禎」對舉。「因為廢除女真和金的稱號暗含了重新將自己納入『中國』範疇的可能性」。[13]這些說法，大概只想證明，雍正與曾靜的全部辯論，無非是想確認自己的所作所為和清朝的入主中原，都是符合「中華」價值標準的正當舉措。但是，雍正所謂「中華」，是「大中華」而非「小中華」，是「華夷一家」而非「華夷分立」，是「天下一統」而非「內外懸隔」，是「族屬平等」而非「華夷高下」。「中華不定所屬」的「大義」新規意味著，「中華」早已不再是哪個族屬的專有指代，而是超越了單一族屬的區域性公共價值；對它的追求也不再是狹隘的「漢化」，而是「同化」，並且是「五族」間相互欣賞和彼此接納的「同化」。這種與孟子「吾聞用夏變夷者，未聞變於夷者也」（《孟子・滕文公上》）有著微妙差異的思想和行動，意味著曾靜最終沒有放棄的「文化」立場，已經是雍正「大義」宣導下的「大中華」。因為只有在「大中華」的世界中，「中原」與「邊地」才沒有什麼差別可以計較；也只有在「不知人間有華夷」的一統天下裡，「中華大義」才能夠得到真正的落實。正由於有這樣的前提，雍正才不允許有誰對他的道德操守進行有違事實的謗議，因為他自認清朝皇帝比前朝帝王更懂得自律的意義，否則就不會有「天命」的移轉；[14]也不允許有誰對「明清易代」進行價值上的非議，因為給中華

---

[13] 參見金啟孮：〈從滿洲族名看清太宗文治〉，載王鐘翰主編《滿族歷史與文化》，北京：中央民族大學出版社，1996 年，頁 13；孟森：〈滿洲名義考〉，載氏著《明清史論著集刊續編》，中華書局，1986 年，頁 1-3；汪暉：《現代中國思想的興起》上卷第二部〈帝國與國家〉，北京：三聯書店，2004 年版，頁 536。

[14] 實際上，康熙六下江南所需費用，幾乎全由負責皇帝私人開銷的「內務府」承擔，而沒有將負擔攤派給沿途的地方財政。其「孳生人丁，永不加賦」（1712 年）和雍正帝「攤丁入畝」（1723 年）的「丁銀」制度，不但開明利民，也使國家財政大為獲益。這些措施，固然有減弱明朝漢人反清勢力的考慮，但以德立國而不與民爭利，或許才是清廷的更根本考慮。

帶來如此廣袤的疆域並實現歷代中原政權都無法實現的「五族統合」行為，又如何不是對「中華大義」的推展和實踐？當然，也是在這一前提下，他不允許有誰來破壞這來之不易的大局，也不允許有誰試圖通過狹隘的文化民族主義來分裂政治一統的國家。從這個意義上說，「文字獄」的興起，除了思想鉗制和整肅謗議等目的外，是否也內含反對利用「華夷之辨」來破壞國家統一、維護大一統局面的深謀遠慮呢？涉及「華夷之辨」及其相關內容的 311 冊禁燬書，確曾給後人全面把握歷史原貌工作造成過相當的障礙，它顯示出今天的恢復作業所具有的重要意義。但成書於禁燬過程當中、並且集漢文化之大成的巨作《古今圖書集成》和《四庫全書》，又無疑給中華文史事業的承前啟後，帶來了前所未有的輝煌。而且，清朝前期的強大與後人在咸豐、光緒時所見，畢竟是兩碼事。它應該能幫助人們理解以下頗顯矛盾的現象，即日後以推翻清朝為職志的孫中山，在高呼「驅逐韃虜，恢復中華」口號的同時，反而更看重「五族一體」的國民凝聚和空前廣袤的疆域遺產。而且下面的問題，也許還需要研究者作出更進一步的思考，即如何解釋《論語・子罕》篇「文王既歿，文不在茲乎」中的「文」。孔子顯然是想以文王的繼承者身份來施展其政治抱負的，可如果文王是孟子所說的「西夷之人」，那麼，被孔子視為「中華」最高象徵的文王之「文」便似乎不應被理解為「華夏」之「文」而是「夷狄」之「文」了，可事實上並非如此。有學者在談到雍正的「中外一家」觀念時指出：「這種理論勇氣，中國歷史上大概只有不分『中華』『夷狄』、『朕獨愛之如一』的唐太宗可以與之前後相望，引為同調；而饒有趣味的是，雍正是純正的夷狄，唐太宗的血管裡也流淌著夷狄（鮮卑）的血液。從唐太宗到雍正皇帝，從反對『貴中華，賤夷狄』到『中外一家』，中國和中華民族逐漸整合成型的歷史軌跡清晰可辨。」[15]在清朝為後人留下的「大中華」遺產面前，對明朝及明以前「小中華主義」的恢復，無論怎樣提倡和運作，似乎都顯得意義有限。哪怕「華夷變態」輿論曾經被放大利用為異域「民族主義」的催生劑，甚至被「惡用」為東亞地區近代「國家主義」的孵化器。

四、《清帝遜位詔書》與「大義」的終局表達

乾隆帝登基後月餘，即下令逮捕曾靜等人，理由是：根據雍正留下的處死呂留良的先例，攻擊「朕」自身猶可諒之，但攻擊父皇則決不可饒恕—乾隆繼位後，顯

---

[15] 參見郭成康：〈清朝皇帝的中國觀〉，《清史研究》，2005 年第 4 期。

然也不會允許攻擊「皇考」的人還活在世上。[16]不過，這一理由也同時帶來了一大疑問：既然乾隆是在效法雍正，那麼又如何要違背雍正寬大曾靜的做法呢？乾隆在查禁其他書籍時曾說過這樣一段話：「聞有應毀之書，必且以為新奇可喜，妄行偷看，甚或私自抄存，輾轉傳寫，皆所不免。」[17]儘管從文面上看乾隆不喜人如此，但細心者的分析，或許亦觸及了問題的另一面，即乾隆殺曾靜並廢《大義覺迷錄》為禁書，恐怕是利用了人們愈禁愈求的好奇心態，故不啻名黜而實興。[18]如果這種可能性無法徹底排除，那麼，乾隆比雍正時代更加強調「滿漢一體」和「華夷無間」的事實，或許才不違邏輯上的通達性：「滿、漢均為朕之臣工，則均為朕之股肱耳目，本屬一體，休戚相關。至於用人之際，量能授職，唯酌其人、地之相宜，更不宜存滿、漢之成見。邊方提、鎮，亦唯朕所簡用耳，無論滿、漢也……嗣後若有似此分別滿、漢，歧視旗、民者，朕必從重議處之。」[19]但是，「不別滿漢」並不意味著滿族應以失卻個性為前提，去單向度完成所謂「漢化」，恰恰相反，滿族能與其他民族共為國家之「股肱耳目」，只能證明股、肱、耳、目的存在前提不單是相互間的不可分割，還在於彼此間的不可替代。於是，與雍正動輒「一統」、言必「一家」的無條件「混一」願望有別，乾隆反而把突顯甚至張揚各族個性的觀念植入於超越狹隘民族意識的「大中華」體系中，並走上由「不同」而「大同」的「和而不同」之路。Pamela Kyle Crossley 在分析乾隆違逆父命誅戮曾靜、禁燬《大義覺迷錄》的做法時指出，乾隆從未認為滿人有什麼可恥之處，滿人之所以入主中原，並不是滿人受到漢人的教化使然，而是因為努爾哈赤、皇太極秉持「天心」，才使滿人取明朝而代之。於是人們看到，滿人是透過優寵藏傳佛教以治理西藏、綏服蒙古，接納儒家文化籠絡江南文人，但又尊崇薩滿教以維繫滿人的自我認同。文化政策雖是滿人政權得以維繫的關鍵，但滿人文化政策成功的秘訣不惟在其漢化的程度，更在於清廷能採取彈性因應的文化政策，整合帝國之內各個族群的人民，從而共同構築了一個多元文化的世界觀。離棄了這個多元文化的世界觀，也就無法統御這龐大的國家。[20]它有助於我們理解，何以當有人影響了滿漢、滿蒙、滿回等諸民族之間的平等關係時，乾隆及其後嗣之君，均對之「議處」不貸、力持公平的原因。甘肅

16　〈上諭：高宗聖訓嚴法紀門〉，參見《清代文字獄檔》下冊，上海書店出版，1986 年，頁 968。

17　中國第一歷史檔案館編：《纂修四庫全書檔案》上，上海古籍出版社，1997 年，頁 446。

18　參見石橋崇雄：《大清帝國》，頁 215-216。

19　《高宗純皇帝實錄》卷八〈雍正十三年十二月〉，載《清實錄》第九冊《高宗實錄》（一），中華書局，1985 年版，頁 303。

20　參見史景遷：《雍正王朝之大義覺迷》譯後記，溫洽溢、吳家恒譯，桂林：廣西師範大學出版社，2011 年，頁 262-263。

巡撫鄂昌，身繫滿洲，曾作詩〈塞上吟〉辱稱蒙古為「胡兒」。乾隆聞之大怒，曰：「夫蒙古自我朝先世，即傾心歸附，與滿洲本屬一體，乃目以胡兒，此與自加詆毀者何異，非忘本而何？」遂數罪並罰，賜詔使自盡。[21] 同治元年（1862），陝甘地區有回民起義。對此，朝廷的態度是：「第漢回不和，到處皆然，均係國家赤子，必得查明曲直情由，秉公辦理，不可稍存漢回之見，致有偏倚，方能折服其心。」[22]

　　族屬意識的淡化，不但給各族帶去了平等的尊嚴，還促成了各族人士的高層合作。成立於雍正七年（1729）的「軍機處」，歷來被視為清朝的最高決策部門。可當我們帶著「滿清王朝」的成見去審視其中的人員族屬時卻發現，雍正時的軍機大臣不光有允祥（滿），還有張廷玉（漢）和蔣廷錫（漢）；乾隆時則不僅有鄂爾泰、訥親、海望（以上滿），還有張廷玉、徐本（以上漢）和納延泰、班第（以上蒙古）等。乾隆六年以後的軍機處排名一直是鄂爾泰、張廷玉、徐本、訥親、海望、班第、納延泰，幾乎雷打不動。而且據《清史稿》記載，乾隆時軍機處雖然只有兩個漢人，但漢人的地位都很高——張廷玉是太保、大學士、三等伯，徐本是太子太保、大學士，高於除了鄂爾泰之外的所有同僚。至於鄂爾泰的地位之所以穩居軍機大臣之首，則與他在「改土歸流」、「混一華夷」過程中所曾立下的不朽功業，恰成正比。即便到了清季，軍機處仍不改諸族合作之傳統，吳鬱生（字蔚若，號鈽齋。江蘇吳縣人）、榮慶（字華卿，鄂卓爾氏，蒙古正黃旗人）和世續（字伯軒，索勒豁金氏，滿洲正黃旗人）等軍機大臣，在國勢陵夷的光緒與宣統時期，依然在默契地合作。[23]

　　清朝的民族政策和用人襟抱，曾產生過深刻的政治影響和社會影響，以致後來袁世凱在分配國會代表席位時，反而力主如何增加蒙藏人員的指數。[24] 這些正面的反應，還每每體現在漢族士大夫及其所從事的學術工作上。人們注意到，迥異於其他儒家經典、主張以文化而非血統來確立王系正統的《春秋‧公羊傳》，已在不知不覺中演變為顯學。著名今文經學家莊存與（1719-1788），依公羊學之大脈，在

[21] 《高宗純皇帝實錄》卷四百八十五〈乾隆二十年三月庚子〉，載《清實錄》第十五冊《高宗實錄》（七），中華書局，1985 年版，頁 75。

[22] 《穆宗毅皇帝實錄》卷十七〈同治元年正月丁未〉，載《清實錄》第四十五冊《穆宗實錄》（一），中華書局 1985 年版，頁 469。

[23] 參見趙爾巽：《清史稿》卷 176，〈表十六‧軍機大臣年表（一、二）〉，北京：中華書局，1977 年版，第 21 冊，頁 6229-6320。

[24] 「內閣總理大臣袁世凱奏：本月初六日奉旨，國會選舉暨開會地點，可酌量變通辦理等因。臣原擬會員每州縣各一人，每旗各一人，地點定為北京。磋商越二十日，伍廷芳堅持不讓，遂強定為選舉區二十四處，一省為一處，內外蒙為一處，前後藏為一處，每處三人。臣以人數太少，眾情不服，現擬改為二十八處。一省為一處，蒙藏合為六處，每處六人，共一百六十八人，與資政院額數相去不遠。」參見《宣統政紀》卷六十九〈宣統三年十二月上〉，載《清實錄》第六十冊，頁 1266。

鏡鑒元末趙汸所著《春秋屬辭》的基礎上，撰寫了《春秋正辭》一書。在這部書中，莊存與並沒有對老生常談的「通三統」、「張三世」命題做更多的著墨，而是把重點措置於以「建五始」和「宗文王」為法理基礎、以「大一統」及其「內外」關係為論述中心、以「譏世卿」為政治取向、以「孝」為禮儀原則等方面。一如有學者所指出的，莊存與把「大一統」的命題放到「建五始」的天道論與「宗文王」的禮制論命題之後，這一安排本身的意義在他「譏世卿」的實踐中充分地顯現出來。換言之，法統的建立不能以宗法分封關係的連續性為依據，而必須參照天意，重構社會關係。莊氏試圖以今文經學為依據，重構一套泯除夷夏、取消內外的大一統理論作為王朝的合法性理論。問題在於，既然「建五始」為新王的出現提供了合法性，那麼為什麼「作新王」的同時不是另立制度儀軌，而是要「宗文王」呢？汪暉認為，「建五始」與「宗文王」之間有著複雜的關係，而「中國而夷狄則夷狄之」或「夷狄入中國則中國之」的禮儀根據，便正是莊氏的「宗文王」原則，對此，汪氏將其「歸結為以孝子之行，行王者之事」。這些富於新意的解讀，顯示了當代學者對莊存與基本走向的把握水準──「『宗文王』、『一乎周』是一種抽象的禮儀原則，而不是附麗於某個特定統治民族的歧視性政策或觀點」。[25]不過，當我們進一步觀察時或許還會發現，莊存與的「受命於天」原則似乎亦同時暗示了「明清鼎革」行為所內含的古已有之的合法性。「公羊子曰：王者孰謂？謂文王也。聞之曰：受命之王曰太祖，嗣王曰繼體。繼體也者，繼大祖也。不敢曰受之天，曰受之祖也，自古以然。文王，受命之祖也，成康以降，繼文王之體者也。武王有明德，受命必歸文王，是謂天道。武王且不敢專，子孫其敢或干焉？命曰文王之命，位曰文王之位，法曰文王之法。所以尊祖，所以尊天也。」[26]這意味著，比起「血統」，「受命」才是最重要的；比起「出身」，「天道」才是政統的根本。儘管「文王生於岐周，卒於畢郢，西夷之人也」這一事實在莊存與的以上論證中並沒有被明確提及，但由於這畢竟是歷史上曾經發生過的事實，而且嗣後中華世界亦從未有人對文王所具有的中華象徵意義表示過絲毫的懷疑，因此，華夷內外之間已失去了值得繼續探討遑論冥頑泥守的區隔價值等意蘊，或許才反映了莊存與的真實想法。

事實是，從乾隆時代後期開始，以沈垚、張穆、龔自珍等為代表的知識人，均紛紛關心邊疆事務，並為國家的穩定而殫精竭慮、獻計獻策。龔自珍大倡「回

---

[25] 參見汪暉：《現代中國思想的興起》上卷第二部，〈帝國與國家〉第五章第三節〈今文經學與清王朝的合法性問題〉。

[26] 參見莊存與：《春秋正辭・奉天辭第一》，《皇清經解》卷三七五，頁3。

人皆內地人也」，[27]無所謂「華夷之別」，並上疏安西北策，將新疆等同內地，主張「疆其土，子其民，以遂將千萬年而無尺寸可議棄之地，所由中外一家，與前史迥異也」。[28]不寧唯是，魏源也通過《聖武記》的編寫，而完全認同了清朝所代表的正統地位。至於地方上的士大夫們，還透過他們編寫於乾隆、道光和光緒等不同時期的《鳳凰廳志》，逐步確證了民間對國家及其民族平等政策的認同。細心的研究者還注意到，《鳳凰廳志》對南方苗人進行描述時，在筆法上已清晰地呈顯出從「苗蠻」到「苗人」再到「苗民」的轉變。[29]安部健夫指出：「改土歸流還是一個借苗族的漢化，證明『夷性華化』能夠實現的活廣告。」[30]王柯教授甚至認為，「至遲到道光皇帝在位（1821-1850 年）的十九世紀前半，在清的帝國構造中，西南部的非漢民族地區就已經被完全當作『內地』來對待了。」於是，「屬於羈縻對象的『外夷』，就不再是清朝版圖內的非漢民族，而是像沙皇俄國那樣的外國了。」這意味著，「在康熙和雍正時代，清朝就已經具有了在領土、邊境和主權意識（例如與俄羅斯之間的各項條約——引者注）的基礎上，對中國國內的非漢民族與外國進行區別的能力。雍正反對在清朝版圖之內區別『華夷中外』，是以非漢民族接受中華文化——『向化』為前提的。換句話說，雍正希望通過非漢民族接受中華文化來消除清朝領內的華夷區別的。這也正是明代以來的『改土歸流』思想的核心。」[31]

清朝統治領域內部的一體化，見證了清歷代國君對「中華大義」的思考歷程與實踐軌跡；而各個時期域內「五族」尤其是漢人士大夫對上述「大義」的理論配合與行動呼應，還給空前巨大的「中國」的實體化落實，提供了上下偕動的支持。從這個意義上說，雍正帝甘冒家醜外揚之虞而敢於打破常規、親自審理曾靜案件的行為，無疑在清朝確立正統地位的過程中發揮了重大的轉捩作用。後來的走勢表明，雍正帝是在最需要做如此工作的時候完成了這項工作。至於曾靜和呂留良，在幫助漢人扭轉「小中華」眼界並重鑄「大中華」意識方面，還被賦予了某種他人所無法替代的反面教諭意義。但是，指望幾千年來同時並存且根深蒂固的兩種「華夷

27 參見龔自珍：〈上鎮守吐魯番領隊大臣寶公書〉，載《龔自珍全集》第五輯，上海：上海人民出版社，1975 年，頁 311

28 參見龔自珍：〈御試安邊綏遠書〉，載《龔自珍全集》第一輯，上海：上海人民出版社，1975 年，頁 112。

29 參見張雙志：〈清朝皇帝的華夷觀〉，《歷史檔案》，2008 年第 3 期。

30 參見安倍健夫，《清代史の研究》，頁 42。

31 參見王柯：《民族與國家：中國多民族統一國家思想的系譜》，頁 158-159。明清時期，中國西南及其他一些少數民族聚居的地區實行土司制度，其職務為世襲，僅名義上接受朝廷的冊封。土司們生殺予奪、驕恣專擅。這種制度妨礙了國家的統一和地區經濟文化的發展。雍正即位後，廢除了雲南、貴州、廣西、四川、湖南各地的許多土司，改成和全國一致的州縣制度。

觀」，只用去一兩百年時間即全部統一到囊括夷蠻戎狄的「中華大義」上來，是有
困難的。乾隆朝以和珅為代表的上層腐敗官員所導致的清朝盛極轉衰，還使人們有
足夠的理由相信，曾經被曾靜誇大其詞的清廷非德現象，這個時候已演變成枝蔓橫
生的現實。對於與漢地全無血緣地緣關係而僅憑天命道義來立國立身的清朝而言，
這無疑會再度觸及其應否存在的理由和根據等大問題。然而，西洋列強的東漸及隨
之而來的版圖覬覦之心，使清廷所面臨的內部問題驟然間轉向外部，「兄弟鬩於牆
外禦其侮」的邏輯，不但使清王朝的內部認同由此加速，還使以往被使用於漢人與
邊地族屬之間的「華夷之辨」和「內外之別」開始被域內各族一致對外的「新華夷
觀」所代替。清朝作為整體「國家」，其概念和輪廓，亦因此變得明晰。清史專家
指出，針對意欲傳教的英國使臣，乾隆以「華夷之辨甚嚴」為由斷然拒絕的行為，
可能是清朝皇帝第一次以民族意義上的「中華」與中國各民族的潛在敵人——「外
夷」相對稱。在清朝文獻中，「中國」與「外國」，特別是與西洋各國的對稱現
象，日益頻密。乾隆昧於世界大勢，一廂情願地以「華夷之辨」反制西方國家的行
為固然不足稱道，但這中間隱含著面臨日益迫近的西洋威脅，「中華民族」的自我
認同已呼之欲出了。[32]它表明，以版圖劃民族，並有意把疇昔作為禮儀文化指代的
「中華」改換為以「文化＋行政版圖」為單位的「中華民族」，已成為上述轉換的
整體基調。而且，來自清朝外部的壓力越大，「中華民族」的整體意識就越強，[33]
以至英法等歐洲列強打著「民族國家」幌子來插手新疆、西藏事務時，歐洲那一套
理念和做法並沒能收到其預期的效果。費正清發現了這一點，他說：「由於中國領
導人堅持國家的大一統，民族主義則不得其門而入」。[34]

　　然而畢竟，鴉片戰爭以來的內憂外患，使清朝的執政能力受到了空前的挑戰。
中英、中法、中日戰爭等外部打擊和先洋務、次改良、再革命的內部激變，也的確
使這個巨大的政治實體不可逆轉地衰落了。特別是，當辛亥革命打出「驅逐韃虜，
恢復中華」的旗幟後，王朝本身還必須面對比「明清鼎革」之際浩大得多的反清浪
潮。稻葉君山的極端表述顯示：「外族人承大統，果為禹域蒼生之幸耶？抑李鴻章
一流人物果能悉舉中國人之思想而代表之耶？此必不然者也。故所謂漢族本位思想
者，遂為中流之一柱，而三百年之間清朝歷代之英主賢相，汲汲以融和此思想為急

---

[32] 參見郭成康：〈清朝皇帝的中國觀〉，《清史研究》，2005 年第 4 期。

[33] 如費孝通所言：「中華民族作為一個自覺的民族實體，是近百年來中國和西方列強對抗中出現的，但作為一
個自在的民族實體則是幾千年的歷史過程所形成的。」參見費孝通：〈中華民族的多元一體格局〉，《北京
大學學報》，1989 年第 4 期。

[34] 參見費正清（John King Fairbank）：《中國：傳統與變遷》，北京：世界知識出版社，2002 年，頁 447。

務。卒之滿漢齟齬，跡不可掩，演繹而成歷史。」[35]事實是，「排滿革命」發生後，清朝很快便陷入了空前的混亂與危篤狀態：「方今海宇分崩，叛逆四起，存亡危急，即在目前」，[36]「近則東南紛擾，警報頻聞，俄員利此時機，勢欲得滿洲里而甘心」，[37]「外務部準駐俄使臣陸徵祥電告：據俄外部意，不欲中國在蒙古駐兵殖民。並內治事宜歸蒙自理」，[38]「現大局震撼，人心動搖，成敗利鈍，未敢逆睹，世變所極，已陷於水深火熱之秋」[39]……。在這種情況下，清廷至少有三種可供選擇的走向：一是像元朝退至漠北而為「北元」一樣，「八旗」的力量亦可退守「滿洲」，回歸皇太極入關前的「清國」自立狀態；二是集結全部可用之武裝力量，與漢人國家做殊死一決；三是聽由周邊國勢力滲透並放任蒙、藏、維諸部「獨立」，使大清帝國分崩離析。這些選擇之所以有可能變為事實，是因為「法明崇滿」邏輯下的「多元一體」格局給清廷賦予的「中國皇帝」（統轄漢地）和「天可汗」（管控滿、蒙、藏、維）之雙重身份，[40]並沒有完全喪失其凝聚力和號召力，於是，返歸「滿洲」以期再度凝聚，便當然會成為清王室的第一反應。肅親王善耆之所以和日本人川島浪速勾結起來，並試圖建立依附於日本的傀儡政權，無疑是這一反應的具體表現。而且據稱，此前還有過王公考慮將清室遷回東北的傳說，諸如駐奉天的日本領事也發現趙爾巽派人加緊修整奉天故宮，鐵良、張人駿秘密潛往奉天等不一。重要的是，清室一旦決定撤回東北，袁世凱是無力阻擋的。當時北京員警中滿人居多，數量達 1.2 萬人的禁衛軍雖改由馮國璋統領，但多數士兵和中下級軍官仍為滿人。而北洋軍己開往前線，與革命軍對峙。所以倘清室孤注一擲，南北雙方想極力避免的國家分裂局面就極有可能發生。其次，在決定清室命運的御前會議上，親貴們不但「做出了要拚命的姿態」，還提出了種種對決計劃：「內閣代遞奉天八旗滿蒙漢宗室覺羅內務府總代表德祿電奏『倘革黨仍不反正，東省八旗子弟定必組織決死隊，附入北軍，定期南征』等語。著趙爾巽查明情形，究竟能編練若干營？何時可以成軍開拔？迅速奏聞。」[41]而第三種跡象顯示，蒙古王公由於和清王朝關係的深厚已紛紛表態「獨立」。1911年底，由喀爾喀親王那彥圖牽頭，由24

[35] 稻葉君山：《清朝全史》上冊〈原序〉，但燾譯訂，上海社會科學院出版社，2006年，頁5。
[36] 參見《宣統政紀》卷六十七〈宣統三年十一月上〉，載《清實錄》第六十冊，頁1236。
[37] 參見《宣統政紀》卷六十八〈宣統三年十一月上〉，載《清實錄》第六十冊，頁1246。
[38] 參見《宣統政紀》卷六十九〈宣統三年十二月上〉，載《清實錄》第六十冊，頁1264。
[39] 參見《宣統政紀》卷六十九〈宣統三年十二月上〉，載《清實錄》第六十冊，頁1273。
[40] 參見刁書仁、劉曉東、田毅鵬：〈從「法明崇滿」到「五族共和」：清代多民族統一國家建構的思想軌跡〔筆談〕〉，《學習與探索》，2011年第2期。
[41] 參見《宣統政紀》卷六十九〈宣統三年十二月上〉，載《清實錄》第六十冊，頁1263。

位王公世爵副署，以「蒙古全體代表」的名義致函袁世凱，恫嚇他「倘從共和之
請，代表等恐蹈庫倫之續」，還解釋說：「庫倫所以宣言獨立者，非叛大皇帝」，
「實以改為民主之訛傳，恐失其統於一尊之效。」[42]與此同時，新疆伊犁等地也在
俄國挑唆下屢生事端，清廷還為此著令袁大化嚴防堅備，不許懈怠；至於西藏，朝
廷乃電諭「駐藏辦事大臣」，囑當此「時局艱危」之際，應「力任其難」。[43]清廷
深知，英人唆使下的「驅漢」風潮其實已露骨地表達了他們的覬覦之心。[44]以上種
種情況意味著，身兼諸藩可汗和內地皇帝的清廷，為了王朝的遞續，應該而且有條
件去試行無數個可能的自救方案，但清廷卻沒有那樣做。關於其出人意表的最終決
斷問題，有學者指出，作為中國歷史內在邏輯與外力影響交互作用的結果，最後展
現在我們面前的是，當清朝即將覆亡之時，竟由滿族統治者提出「合滿、蒙、漢、
回、藏五族完全領土為一大中華民國」這一邏輯嚴謹、內涵明確的「大中華」、
「大中國」的概念。[45]更有學者這樣評價清帝退位的事件：「在南北和議、《清帝
遜位詔書》頒佈之前，清帝國之疆域大有分崩離析的解體之勢。正是在此存亡危機
之關頭，清王室果敢地接受辛亥革命之事實，屈辱而光榮地退位，將一個偌大的帝
國疆域連同他們對清王室的忠誠、臣服，和平轉讓與中華民國，從而為現代中國的
構建，為這個未來中國的領土疆域之完整和鞏固，做出了不可磨滅的貢獻。」[46]而
這一所謂對「未來中國做出了不可磨滅貢獻」者，便是長期以來被熟視無睹甚至被
忘卻了的歷史性文獻──《清帝遜位詔書》（下簡稱《遜位詔書》）。

　　《遜位詔書》共計 319 字，1912 年 2 月 12 日由清宣統帝愛新覺羅・溥儀奉隆
裕皇太后懿旨頒布於天下。清王朝二百六十八年的歷史，據稱亦隨著這紙《遜位詔

---

[42] 參見喻大華：〈《清室優待條件》新論：兼探溥儀潛往東北的一個原因〉，《近代史研究》，1994 年第 1
期。「庫倫獨立」事件，發生於 1911 年 10 月武昌起義爆發後。當時，外蒙古王公上層趁機組建了「臨時總
理蒙古國務衙門」。他們從庫倫各旗動員蒙古兵丁，在俄國幫助下，於 11 月 30 日向清朝駐庫倫辦事大臣遞
交文書，在庫倫宣佈外蒙古「獨立」。12 月 28 日，在庫倫舉行了「大蒙古帝國日光皇帝」哲布尊丹巴活佛
「登極」儀式，以「共戴」為年號，正式宣佈「大蒙古帝國」成立，並組成了蒙古「獨立」政府。然而，清
政府自始至終均未嘗縱容放任之。有關鎮撫情況，可參見《宣統政紀》卷六十七〈宣統三年十一月上〉、卷
六十八〈宣統三年十一月下〉，載《清實錄》第六十冊，北京：中華書局，1987 年，頁 1237、1251、
1254。
[43] 參見《宣統政紀》卷六十八〈宣統三年十一月下〉，載《清實錄》第六十冊，頁 1255。事實上，不少邊吏和
鎮守要津者見國勢陵夷，乃紛紛提出「開缺」，試圖臨陣脫逃。但清廷大多覆以「不允」，並責令堅守。參
見〈宣統三年十一月上下〉，同上，頁 1240、1252、1256、1261、1263、1266 等。
[44] 參見〔美〕李約翰（John Lea）：《清帝遜位與列強：第一次世界大戰前的一段外交插曲》，南京：江蘇教育
出版社，2009 年。
[45] 參見郭成康：〈清朝皇帝的中國觀〉，《清史研究》，2005 年第 4 期。
[46] 參見高全喜：《立憲時刻：論〈清帝遜位詔書〉》，桂林：廣西師範大學出版社，2011 年，頁 136。

書》的出臺而宣告結束：

> 奉旨朕欽奉隆裕皇太后懿旨：前因民軍起事，各省相應，九夏沸騰，生靈塗
> 炭。特命袁世凱遣員與民軍代表討論大局，議開國會，公決政體。兩月以
> 來，尚無確當辦法，南北暌隔，彼此相持，商輟於途，士露於野。徒以國體
> 一日不決，故民生一日不安。今全國人民心理，多傾向共和。南中各省，既倡
> 議於前；北方諸將，亦主張於後。人心所向，天命可知。予亦何忍以一姓之尊
> 榮，拂兆民之好惡。是用外觀大勢，內審輿情，特率皇帝將統治權公諸全國，
> 定為共和立憲國體。近慰海內厭亂望治之心，遠協古聖天下為公之義。袁世
> 凱前經資政院選舉為總理大臣，當茲新舊代謝之際，宜有南北統一之方。即
> 由袁世凱以全權組織臨時共和政府，與軍民協商統一辦法。總期人民安堵，海
> 宇乂安，仍合滿、漢、蒙、回、藏五族完全領土，為一大中華民國，予與皇帝
> 得以退處寬閒，優遊歲月，長受國民之優禮，親見郅治之告成，豈不懿歟？[47]

　　《遜位詔書》的延伸部分，包括另外兩道「懿旨」及相關的「優待條件」。[48]
有關《遜位詔書》的價值和意義問題，歷來無所定讞。不過，有兩個面向應該是比
較明確的：一是面向未來的分析，二是面向傳統的解讀。前者主張從以下幾個方面
論證《遜位詔書》的「憲法」意義：第一，它對沖、稀釋乃或阻止了南方政權的種
族革命激情，避免了類似法國革命的趨勢。第二，通過清帝遜位，傳統王朝屈辱而
又光榮地把王權交給了一個立憲共和政體，整個改變了中國傳統政治制度的結構。
第三，清帝遜位的優待條件不僅僅是一項政治贖買，更是一個建國契約，它對復辟
帝制構成某種制約。第四，遜位詔書確立了中華民國的兩個主題，一個是建立共和
政體，一個是人民制憲，實現「五族共和」。第五，天命流轉問題，遜位詔書隱含
著承認人民主權是中華民國的新天命。基於此，作為現代中國——中華民國憲制的
一個重要構成，《清帝遜位詔書》不啻為一種「中國版的光榮革命」。[49]而與此不
同或曰對立的後者面向，則更多投諸傳統，並且是「革命」的傳統：「湯武革命開
啟的古典革命建國思想，提供了近代中國幾乎唯一現實的政治整合的觀念基礎。是
革命傳統的歷史延續性，而不是協議文本的法理延續性確保了這個近代以來多災多

---

[47] 參見《宣統政紀》卷七十〈宣統三年十二月下〉，載《清實錄》第六十冊，北京：中華書局，1987年版，頁
　　1293，此處略去了〈詔書〉原件中「欽此」二字。
[48] 參見《宣統政紀》卷七十〈宣統三年十二月下〉，載《清實錄》第六十冊，同上，頁1293-1297。
[49] 參見高全喜：《立憲時刻：論〈清帝遜位詔書〉》封面的〈內容簡介〉。

難的古老國度能夠最大限度地保持了國家統一和民族團結，並且最終締造了人民主權的中國形式」。從這個意義上說，《遜位詔書》「並不足以奠定憲政建國論所謂之『政治契約』，卻足以表明當時普遍奉行的『大一統』政治觀念。這個『大一統』的政治觀念，正是源自於湯武革命的歷史實踐和經學闡釋」。[50]應該說，這兩種分析，分別給《遜位詔書》賦予了重大的現實意義或傳統價值。而且，如果想進一步發掘其「微言大義」，人們還完全可以從中尋找出更多有利於解釋者的各類暗示。只是，無論我們怎樣從憲政的角度給《遜位詔書》賦予近現代的意義，清帝遜位意味著清無力自主完成近現代轉型的基本事實，似乎沒有發生過本質性的改變。同時，也不管人們如何希望「辛亥革命」與「湯武革命」疊韻雙聲，「辛亥革命」畢竟不是「湯武革命」，清帝的「禪讓」亦無法等值於傳統「革命」的顛覆性政治循環。這就意味著，《遜位詔書》的背後，應該潛藏著既不同於前者、也有別於後者的另外一條線索。重要的是，這條線索應該、也只能形成於與清王朝有關的歷史過程中而無法從外面強行植入。民國二年（1913），時任北洋政府顧問的日本人有賀長雄曾提出過一個觀點，即「中華民國並非純因民意而立，實係清帝讓與統治權而成」的「國權授受說」。[51]該見解雖引發過諸多爭議，但這一「現場報導」，至少排除了後世的「逆推」和「發揮」。尤其當人們發現《清帝遜位詔書》的主體邏輯幾乎與《大義覺迷錄》首尾相應、一貫始終等事實時，其「自省」的勇氣、「自尊」的選擇和「自裁」的決絕這些清王朝終焉前的全部反應，才能獲得近乎真實的解釋。

首先，清帝遜位的依據，是「天命人心」決定「國朝運勢」的判斷標準，而不是現代人所謂「進步」或「倒退」的抽象觀念論。這意味著，《遜位詔書》中「人心所向，天命可知」這一「不違天命」的歷史取向，不但是清廷「遜位」於民國的價值根據，也曾是清廷「爭位」於明朝時的充分理由。換言之，《遜位詔書》與「明清鼎革」後的《大義覺迷錄》之間，事實上已形成了傳統語境上的首尾呼應。剔除雍正帝審問曾靜時的倨傲口吻，人們不難發現，兩個歷史文獻之間在國運興滅的道理上並沒有什麼差別可以計較：「旨意問你上岳鐘琪書內云『道義所在，民未嘗不從；民心所繫，天未嘗有違。自古帝王能成大功建大業，以參天地，而法萬世者，豈有私心成見介於其胸』等語。我朝積德累功，至太祖高皇帝神武蓋世，統一諸國，成開創之功，太宗文皇帝，弘繼統之業，世祖章皇帝，建極綏猷，撫臨中外。此正順天命，從民

---

50 參見凌斌：〈從湯武到辛亥：古典革命傳統的現代意義〉，載《新史學》第七卷，〈20世紀中國革命的再闡釋〉，北京：中華書局，2013年，頁23-25。

51 參見有賀長雄：〈革命時統治權轉移之本末〉，收錄於王健編：《西法東漸：外國人與中國法的近代變革》，北京：中國政法大學出版社，2001年，頁108。

心，成大功，建大業，參天地而法萬世之至道也。你生在本朝，不知列祖為天命，民心之所歸，而云『道義所在，民未嘗不從，民心所繫，天未嘗有違』，是何所指？」（26-27 頁）只是，強勢者的發言與頹勢者的佈告，其心境無疑已別若天淵。惟其如此，《遜位詔書》的意義，才非同一般文獻可堪比擬。「辛亥革命」爆發後「全國人民心理，多傾向共和」等回應之勢，不但表明「兆民之好惡」真實地反映了「天命」的轉移，還意味著面對「九夏沸騰，生靈塗炭」的局面已拿不出「確當辦法」的清廷，需要在「天命可知」的價值覺解中斷然自決，否則，清朝一貫的「天命人心」論就是欺瞞，就是「喪德」的謊言。當看到「外觀大勢，內審輿情，特率皇帝將統治權公諸全國，定為共和立憲國體」的清廷宣言信而有徵時，《遜位詔書》中「遠協古聖天下為公之義」的說法就不應該被簡單地研判為清「無力回天」的託辭。其主動放棄原本可供選擇的「三種走向」等重大決定意味著，「天命人心」論所反映的，乃是清王朝立國以來一以貫之的政治原則。它形成於對「大中華」價值體系的篤信和實踐過程中；而如此首尾一致的政治反應和抉擇，才應該引起研究者們的足夠重視。

其次，「則公去私」的政治立場和「不忍自殘」的人倫關切，亦應成為我們思考《遜位詔書》時不可或缺的另一條傳承線索。毋庸諱言，來自漢人的「韃虜」侮蔑和「排滿」行動，曾引起過清朝皇室的激憤和怨懟。可是，當清廷意識到非理性的對抗只能導致「南北暌隔」、「生靈塗炭」時，其整體思考方向便迅速從「一姓之尊榮」中脫出，屈辱而光榮地回到「中華一體」的天下大局中：

> 古之君天下者，重在保全民命，不忍以養人者害人。現將新定國體，無非欲先弭大亂，期保乂安。若拂逆多數之民心，重啟無窮之戰禍，則大局決裂，殘殺相尋，必演成種族之慘痛。將至九廟震驚，兆民荼毒，後禍何忍復言。兩害相形，取其輕者。此正朝廷審時觀變，痌瘝吾民之苦衷。凡爾京、外臣民，務當善體此意，為全局熟權利害，勿得挾虛矯之意氣，逞偏激之空言，致國與民兩受其害。著民政部、步兵統領、姜桂題、馮國璋等嚴密防範，剴切開導。俾皆曉然於朝廷應天順人，大公無私之意。至國家設官分職，以為民極。內列閣、府、部、院，外建督、撫、司、道，所以康保群黎，非為一人一家而設……。[52]

對清廷而言，「古之君天下者」顯然不是一個抽象的政治符號，其最真切的內涵應該是對清朝一統天下理念的自我表達。換言之，比起後人植入的臆想和揣測，

---

[52] 參見《宣統政紀》卷七十〈宣統三年十二月下〉，載《清實錄》第六十冊，同上，頁 1293-1294。

這種大局意識應根植於由清朝集其大成的中華價值體系中，亦即生長於雍、乾「盛世」的一貫說法中：

> （雍正）自古帝王之有天下，莫不由懷保萬民，恩如四海，膺上天之眷命，協億兆之歡心，用能統一寰區，垂麻奕世。蓋生民之道，惟有德者可為天下君。此天下一家，萬物一體，自古迄今，萬世不易之常經，非尋常之類聚群分，鄉曲疆域之私衷淺見所可妄為同異者也。（《覺迷錄》3頁）
> （雍正）夫天地以仁愛為心，以覆載無私為量。（《覺迷錄》5頁）
>
> （乾隆）夫人主君臨天下，普天率土，均屬一體。無論滿洲漢人，未嘗分別。即遠而蒙古蕃夷，亦並無歧視。本朝列聖以來，皇祖皇考逮於朕躬，均此公溥之心，毫無畛域之意，此四海臣民所共知共見者。[53]

　　這意味著，當人們激賞孫中山的座右銘──「天下為公」時，似乎亦應給《覺迷錄》和《退位詔書》中幾乎完全一致的說法，賦予歷史的尊重和傳統的敬意。

　　第三，「五族統合」的「中華大義」，應該成為我們觀察《遜位詔書》的最終底線。如前所述，「華夷一家」邏輯下的「五族統合」，曾經是雍正帝摧毀曾靜等論敵的殺手鐧，也是曾靜者流無法不是認的最具說服力的巨大事實。實際上，空前廣袤的「大一統」局面，是「五族」人民長期合作和共同奮鬥的結果。它注入了包括滿族在內的「中華民族」的全部心血，惟此也是悠悠萬事當中最不能被觸碰遑論破壞的底線。正因為如此，「排滿革命」發生後最令清廷痛徹心肺的，莫過於「南北暌隔」、「滿蒙回藏」的分立趨勢和外國列強的趁機染指。這既是《遜位詔書》正文中「宜有南北統一之方」、「總期人民安堵，海宇乂安，仍合滿、漢、蒙、回、藏五族完全領土，為一大中華民國」等期待所由以發生的根源，也是與民國政府提出所謂「優待條件」之最根本目的：「議定優待皇室八條，待遇皇族四條，待遇滿、蒙、回、藏七條。覽奏尚為周至。特行宣示皇族暨滿、蒙、回、藏人等，此後務當化除畛域，共保治安，重睹世界之升平，胥享共和之幸福，予有厚望焉。」[54]然而需要指出的是，由「五族統合」而成的國家，是中華傳統與近代文明相結合的「文化＋行政版圖」，而不是西方「國際法」前提下的單純的「民族國家」。這一點，最

---

[53] 《高宗純皇帝實錄》卷八〈雍正十三年十二月〉，載《清實錄》第九冊《高宗實錄》（一），中華書局，1985年版，頁303。

[54] 參見《宣統政紀》卷七十〈宣統三年十二月下〉，載《清實錄》第六十冊，同上，頁1294。

終還以足夠巨大的力量把伊始疾馳於「民族革命」途路上的孫中山扳回到「五族共和」的軌道上來。[55]而且，無論是「中華民國」還是「中華人民共和國」，只要代表的是「全國人民」的利益，最終都必須成為「大中華」的積極捍衛者和世代繼承者。一個饒有興味的現象是，清以後的歷代政權，凡涉及到中外疆域紛爭問題時，莫不以清朝的「完全領土」為法理依據，且自古以然，於今為烈。人們或許可以忘記「全國人民」、「五族」、「大中華」的提法最早出自《遜位詔書》等事實，卻無法無視一貫於《覺迷錄》和《遜位詔書》之始終的「中華大義」及其巨大遺產。

　　然而，除卻時代之別和強弱之勢等政治背景外，《遜位詔書》復有不同於《覺迷錄》者。其中最大的不同，是《遜位詔書》中已全無「華－夷」優劣之觀念，而惟餘為君者均需正視之民心向背、大公無私、五族一體、中華一家等單純政治價值。這意味著，清帝遜位，是國體之讓渡，而非華夷之讓渡；是五族之一統，而非排滿之意氣；是疆域之大義，而非待遇之豐脊。《遜位詔書》所體現的從君主到民主、從帝制到共和、從帝國到民國的轉變和「天下一家」的立場，反而使漢族民族主義者的激進言行，顯得有些自我矮化，以致漢人內部亦有為之赧顏甚至鳴不平者。康有為說：「談革命者，開口必攻滿洲，此為大怪不可解之事。夫以開闢蒙古、新疆、西藏、東三省之大中國，二百年一體相安之政府，無端妄引法、美以生內訌，發攘夷別種之論以創大難，是豈不可已乎？⋯⋯然則滿洲、蒙古，皆吾同種，何從別而異之，⋯⋯且中國昔經晉時，氐、羌、鮮卑入主中夏，及魏文帝改九

---

[55] 孫中山急切的民族主義傾向，曾險些被覬覦中國的日本右翼所利用。眾所周知，「黑龍會」及其日本浪人，一度幫助孫中山的「辛亥革命」。但當 1927 年內田良平回憶那段歷史時卻說：「我們賭上生命援助孫的革命，是因為它與日本的利益一致。」（參見西尾陽太郎解說〈內田良平自傳〉、〈硬石五十年譜〉、福岡：葦書房，1978 年，頁 77）因為據內田稱，孫中山當年曾親口對他說：「原來吾人之目的，在於滅滿興漢。至革命成功之曉，即令滿蒙西伯利亞送與日本亦可也。」（參見段雲章編著：《孫文與日本史事編年》，廣州：廣東人民出版社，1996 年，頁 40）這件事的真相雖不可知，但「日本大陸浪人之所以支持孫中山的革命，是在將東北地區最終納入日本帝國主義勢力範圍的目的驅使下開始的；之所以讓他們能夠看到這種可能性，就是中國革命派所提出的『滅滿興漢』的政治主張」。值得注意的是，「同盟會」的籌備會議（1905 年 7 月 30 日），就召開於「黑龍會」領袖內田良平的住處；而「驅逐韃虜，恢復中華」等十六字入會誓詞，亦首次發佈於這次會議。「黑龍會」的野心似不止於此，按照他們的說法，拿下「滿洲」，才能為下一步的「大陸經營」打下基礎。不過，1912 年中華民國臨時政府成立後，孫中山為獲得日本政府的承認，曾擬派宋教仁赴日斡旋。可當隱約感到日方對華的領土意圖後，孫中山遂指示宋教仁道：「如果得到承認，卻有難以保全領土之虞，就不進行和議。」在摸不清日方是否有藉機提出領土要求的情況下，宋教仁也決定推遲訪日（參見王柯：〈民權、政權、國權：辛亥革命與黑龍會〉，《二十一世紀》，香港中文大學中國文化研究所，2011 年 10 月號）。「驅逐韃虜」還在相當程度上被日本人炮製的「本部」概念所利用。顧頡剛先生當年的反應證明了日人說法的影響之鉅：「試看我們的東鄰蓄意侵略我們，造了『本部』一名稱來呼我們的十八省，暗示我們邊陲之地不是原有的；我們這群傻子居然承受了他們的麻醉，任何地理教科書上都這樣叫起來了。這不是我們的恥辱？」（顧潮編著：《顧頡剛年譜》，北京：中國社會科學出版社，1993 年，頁 216。）

十六大姓，其子孫遍佈中土，多以千億，……又大江以南，五溪蠻及駱越、閩、廣，皆中夏之人，與諸蠻相雜，今無可辨。當時中國民數，僅二三千萬，計今四萬萬人中，各種幾半，姓同中土，孰能辨其真為夷裔夏裔乎？……若夫政治專制之不善，則全由漢、唐、宋、明之舊，而非滿洲特制也。……若國朝之制，滿、漢平等，漢人有才者，匹夫可以為宰相……今革命者，日言文明，何至並一國而坐罪株連之；革命者，日言公理，何至並現成之國種而分別之，是豈不大悖謬哉！……國人今日之所當憂者，不在內訌，而在抗外也。……昔戊戌在京時，有問政體者，吾輒以八字言之，曰『滿、漢不分，君民同體』。……故只有所謂中國，無所謂滿洲。帝統宗室，不過如漢劉、唐李、宋趙、明朱，不過一家而已……。」[56]《退位詔書》頒布前後的清王室心態，亦真實地詮釋了康有為的描述。有學者指出：「隆裕太后與宣統皇帝作為當時名義上的天下共主，始終以華夏正統自居，絲毫不以『異族政權』自命，而且絲毫沒有任何意思表明或暗示詔書所謂『民軍』、『南中各省』與『北方各將』僅為漢族一支，而辛亥革命與他族無關。相反，正如共和建國論者所強調，縱觀詔書全文，皆言事關『全國人民』、『兆民』、『海內』、『天下』，所謂『將統治權歸諸全國』、『宜有南北統一之方』、『協商統一辦法』、『總期人民安堵，海內刈安，仍合滿、漢、蒙、回、藏五族完全領土，為一大中華民國』諸語，無一不以中國境內各族人民為一整體。」[57]它反映了知識界呼應的事實根據：梁啟超、楊度的「大民族主義」構圖（中華民族）、黃興改「中華民國民族大同會」為「中華民族大同會」以及李大釗力倡「新中華民族主義」論等，都是對當時國內大勢的真實寫照。而且，這些難以搖撼的事實，還被嗣後的歷代政府所是認、所繼承。1961 年 6 月，周恩來在接見嵯峨浩、溥傑、溥儀時說：「『滿洲國』我們不承認，但宣統我們是承認的」。他還談及了清朝所做過的「幾件好事」：「第一件，把中國許多兄弟民族聯在一起，把中國的版圖確定下來了，九百多萬平方公里。第二件，清朝為了要長期統治，減低了田賦，使農民能夠休養

---

[56] 參見康有為：〈與同學諸子梁啟超等論印度亡國由於各國自立書〉，《康有為政論集》上冊，北京：中華書局 1981 年，頁 487-489。梁啟超在回憶康有為有關中國問題的思考時亦道：「近年聯漢撲滿之議頗行，先生以為驟生此界，是使中國分裂，而授外國以漁人之利也。苟使能去專制之秕政，進人民之公益，則漢人自居國民之大多數，兩利俱存，何必仇滿。」又，「近世多有倡各省獨立之說，先生以為中國自秦以來，數千年皆統一之歷史，蓋地理上、人種上、習慣上有不得不然者也，雖欲分之，必不可得分，徒取糜爛，且生外憂。」參見梁啟超：《南海康先生傳》第八章〈康南海之中國政策〉，載《康有為全集》第 12 集〈附錄一〉，北京：中國人民大學出版社，2007 年，頁 437。

[57] 參見凌斌：〈從湯武到辛亥：古典革命傳統的現代意義〉，載《新史學》第七卷，〈20 世紀中國革命的再闡釋〉，頁 25。

生息，增加了人口，發展到四萬萬人，給現在的六億五千萬人口打下了基礎。第三件，清朝同時採用滿文和漢文，使兩種文化逐漸融合接近，促進了中國文化的發展。清朝在確定版圖、增加人口、發展文化這三方面做了好事。……清朝所做的壞事，歷史已經做了結論，用不著多提，做的好事是應該講一下的。漢族是個大民族，也做了很多好事，這就不用提了。這個思想不是我的，是毛主席多次講過的。」[58]周恩來曾不止一次地提及清朝疆域所具有的「大中華」意義，如「清代以前，不管是明、宋、唐、漢各朝代，都沒有清朝那樣統一。清朝起了統一的作用」等不一。[59]尤為重要的是，他的以下發言，還十分鮮明地體現了中國政府與清代在民族政策上的繼承關係特徵：「我們反對兩種民族主義，就是既反對大民族主義（在中國主要是反對大漢族主義），也反對地方民族主義，特別要注意反對大漢族主義。……一方面，如果在漢族中還有大漢族主義的錯誤態度的話，發展下去就會產生民族歧視的錯誤；另一方面，如果在兄弟民族中存在地方民族主義的錯誤態度的話，發展下去就會產生民族分裂的傾向。總之，這兩種錯誤態度、兩種傾向，如果任其發展下去，不僅不利於我們民族間的團結，而且會造成我們各民族間的對立，甚至於分裂。這個問題怎樣解決呢？我們認為，除了極少數人的問題以外，在民族問題上的這兩種錯誤態度、兩種傾向問題，是人民內部矛盾的問題，應當用處理人民內部矛盾的原則來解決」（同上，第 247-248 頁），「在新中國誕生以後，在中國共產黨領導下，在我們的憲法上，在國家的政策中，規定了民族平等」（同上，第251 頁）。在這些表述中，清代的「華夷一家」和「化除畛域」已被新政府改喚成「人民內部」，而清代的「總期」亦已上升為新中國的「憲法」。有學者在分析「辛亥革命」中《遜位詔書》的意義時指出：「這場以民族革命作為一個內容的革命不但沒有導致民族的爭鬥，反而協調起來，這在中國是史無前例的，它向世界展示了中國各民族的寬廣胸襟。」[60]可是，當我們瞭解到《遜位詔書》所突顯的價值是清王朝一直堅守的「中華大義」而非一時衝動時，充滿私德色彩和不確定因素的「胸襟」說，似乎已不再具有特別的指標意義；而貫穿於《覺迷錄》和《遜位詔書》之一部始終的清朝大中華理念及其內部凝聚實然，也為海外「新清史」（The New Qing History）的超事實立論，給予了基礎性啟蒙。

---

[58] 參見周恩來：〈接見嵯峨浩、溥傑、溥儀等人的談話〉，《周恩來選集》（下卷），北京：人民出版社，1984 年，頁 317、320。

[59] 參見周恩來：〈關於我國民族政策的幾個問題〉，《周恩來選集》（下卷），頁 262。無法證明周恩來曾讀過《大義覺迷錄》，但這話已與雍正帝「漢、唐、宋、明之世，幅員未廣」一語十分相似。

[60] 喻大華：〈〈清室優待條件〉新論：兼探溥儀潛往東北的一個原因〉，《近代史研究》，1994 年第 1 期。

第六章
東亞地區多樣性的形成
——以「心學」為題材

澤井啟一

（胡藤　譯）

一、前言

　　本次研討會的主題是近現代東亞的多樣性，但本文將討論的是其前提，即多樣性是如何在近世時期的東亞產生的。[1]關於這一地區，自西島定生指出古代已形成了獨有的「世界」以來，學界便認為此處存在相異於歐洲等地的「共通性」。但如果不加思考地接受這種論點，就有可能落入把其中的「差異性」理解為脫離了「中國性」，甚至將中國以外的地區歸結為「落後性」的危險。並且，把這種論點套用到近代的話，又會變成將日本視為取代中國的「中心」。東亞範圍內的「共通性」和「差異性」的問題能否避免在「中心與周邊」的圖式下討論其形成和特色呢？本文即是對此問題的探討（而非結論）。

　　本文要處理的內容是，通過引入儒學「本土化（Nativization）」的觀點，探討在近世東亞各地發展的「心學」中的「共通性」和「差異性」。[2]首先對討論的對象「心學」進行說明。目前較普遍的理解僅將在明代中國形成的陽明學視為「心

---

[1]　這裡所說的近世時期是指十五世紀到十九世紀，東亞則設定為現在的中國、朝鮮與韓國、日本。從儒學的視角來看，應當將越南也納入討論範圍，但此處省略。東亞的時代劃分是現代國家形成以後，在各自國家歷史（即「一國史」）的時代劃分中被使用的，以東亞全體為對象的「標準的」時代劃分並不存在。就近世時期而言，甚至有意見認為中國的近世從十世紀開始，而與此相對的，日本的近世一般認為從十六世紀末開始，這之中出現了長達六百年的「誤差」。本文設定十五世紀，是考慮到中國的明朝和朝鮮半島的朝鮮王朝的成立，以及日本此時發生了應仁、文明之亂，出現了社會變化。當然這是為了本文行文所做的設定，並非表示這一時代劃分已經被普遍接受。

[2]　第二節以後的論述參考了許多學者的成果。由於數量龐大難以枚舉，故從略。此外，雖然參考了這些成果，但具體的敘述是由筆者進行的，如出現錯誤，責任在筆者。再次，考慮到字數的限制，第二節以後出現的儒學家的言論也不附參考資料。

學」。這種理解是以陽明學的出現為起點的，然而本文把「心學」的範圍略加擴大，將朝鮮王朝出現的「（朝鮮）性理學」和深受其影響的德川日本的山崎闇齋學派也包括在內。其理由是，「心學」這一思想型態可視為源於近世儒學朱子學形成之際內在產生的理論課題，在解決這一問題的過程中，由於各地區固有的條件產生作用，從表面上看誕生了多個不同的學派。

　　「心學」形成過程中可見的「本土化」現象也是東亞近世儒學產生之際出現的普遍型態。此處所謂的「本土化」不僅僅是指在中國產生的儒學被周邊地區所接受、並為了適應於各個地區而改變形態此一廣為人知的過程；同時也包括中國在內的各個地區中，儒學從上層人群擴展到下層的過程中，為適合下層人群的生活形態和行動模式而發生變化的過程。後者的「本土化」在文化史等領域也被稱為「大眾化」等現象，這也可以說是為了接受自身不熟悉的新文化而產生的生產行為。這種在地區和階層中的傳播過程中產出的內容，不能像從前一樣視之為劣化版，而應當看作是其新受眾「主體性」的產物。唯有如此，才能夠同時說明各個地區的「獨特性」。

　　本文將引入布爾迪厄（Pierre Bourdieu）「實踐（practice）」和「慣習（habitus）」的術語來說明「本土化」的過程。[3]這樣，儒學就不再局限於既往思想史研究的觀念性活動的層面，同時可以看作是生產各種實踐行為的活動，它包括個人、家族乃至社會性的禮儀行為，以及從政治實踐到文學生產的行為。布爾迪厄的「慣習」在日語中翻譯為「習慣性實踐」，這一概念著重關注的是人類的實踐活動多是在沒有明確意識的情況下進行。儒學的禮儀正是其代表事例，然而如果將政治實踐和文學生產等都看作是為了顯示自身的存在而進行的實踐行為，那麼它們都可以稱為實踐（practice）。這樣就出現了如下現象：儒學名義下各種各樣的實踐在中國向周邊地區傳播的過程中改變其型態以適應各個地區；以及原先僅是一部分上層階級的人們實踐的內容被下層的人們改造為適合於自身實踐的形式。這正是所謂儒

3　布爾迪厄認為，實踐是「社會性地構成、習慣性地進行」的行為或活動；慣習是「賦予日常生活的認知、評價、行為以方向的秉性（dispositions）系統」。作為「永久的、可變的秉性體系」，是預先決定的結構化的結構，使其作為「結構化」的結構發揮作用。其結果，就形成了「不是有意識地向著目的、或為達到目的而以有意地控制必要的操作為前提，而是可以客觀地適應目標」的狀況，即「儘管絕非因遵循規則而達到的結果，客觀上卻是『受約制的』、『有規則的』，因而儘管不是由領導者主導的組織化結果，卻作為群體被組織化，生產出受統制的實踐和表象」。以上的說明引用自西兼志〈「ハビトゥス」再考：初期ブルデューからの新たな展望（再論「habitus」──從布爾迪厄出發的新展望）〉，《成蹊人文研究》23（東京：2015）。此外，有關布爾迪厄的議論，也從田辺繁治《人類学的認識の冒険──イデオロギーとプラクティス（人類學認識的冒險──意識型態與實踐）》（東京：同文館出版，1989）中獲益良多。

教實踐的「本土化」。[4]

　　在各地區「本土化」推進的過程中，產生了各個地區特有的慣習，即帶有一定秉性的體系似的東西。但布爾迪厄的討論中僅說明慣習是產生實踐的「母體」，並未說明它是如何形成的。這樣的定義就會與「文化決定論」並無二致，即把慣習的秉性看作是預先內在於人的群體裡的。而本文認為，在實踐和慣習之間存在著這樣一種關係，即慣習在各種實踐的生產過程中形成，同時由於這一慣習擁有的指向性使得新從外部引入的實踐發生變化。這樣的相互作用經由一定的年代積累後，逐漸形成了東亞各地區的慣習。

二、朱子學的產生和本土化

　　近世儒學的一大特徵是，基於從佛教獲取的理論，對古代的儒學文本進行再詮釋，從中創造出可以加以執行的實踐（practice）。近世儒學獲取的佛教思想的核心主要是華嚴宗和禪宗的唯識論，它們討論了心的活動。當然，東亞的佛教還有密教和淨土宗，它們對近世以來的「宗教」性活動有很大影響，但幾乎沒有被吸收進儒學當中。另一方面，近世儒學也借用了「氣」的概念來解釋世界的形成和現象等。這主要是陰陽家和道家的理論，它相對較早就被儒學所吸收。近世儒學是吸收了各種關於現實世界解釋的先行的本土理論，並從佛教——更準確地說是為適合東亞社會而逐漸變化的佛教——中獲取了把握其根本原理和法則的方法論後才得以形成的。

　　近世儒學的出發點，在理論和實踐上的基本完成形態是由南宋的朱熹構建的。朱子學形成前的動向以唐末到宋代的一部分知識階層著手於重整儒學為其端緒，進入宋代（北宋）後，官僚階層——同時也是中小地主階層——利用儒學的現象成為常態。其利用形態多種多樣，有希望將儒學運用到現實政治中的激進活動，也有基於以前的「慣習」詮釋經典、作詩文等。其中一派為「道學」，相較於政治實踐和詩文活動而言，「道學」探求關於心的修養的理論和實踐，不過他們只是少數派而已。但是，在北宋到南宋的混亂時期中，由於「道學」的中堅力量大多遷往南方，從而在那裡佔據了儒學的中心位置。「道學」的主流化儘管有很大的偶然因素，但在政治實踐與經典詮釋的活動之間，南宋道學也因為重視對象不同而形成了好幾個

---

[4]　筆者關於「本土化」的議論可參考《〈記号〉としての儒学（作為「符號」的儒學）》（東京：光芒社，2000）。另外，基於此書對近世東亞儒學的勾勒，請參考〈土著化する儒教と日本（本土化的儒學與日本）〉，《現代思想》2014 年 3 月號（東京，2014）。

學派。而將這些多種多樣的意見統合起來的正是朱熹。

　　朱熹在重視修養的同時梳理了此前的討論，構建了被稱為「理氣論」的原理性詮釋。通過「氣」的生成和消滅來說明包含人類在內的所有事物和現象便存在古代，但古代樸素的理論僅是像聯想遊戲一樣針對現象之間的關聯性作出說明。朱熹則構建了「理氣論」來作為支撐這一現象世界的原理。「理氣論」不僅包括了現象世界，還認為在被稱為「人性論」的關於人類善惡的問題上也存在著相同的構造，這一點有劃時代的意義。朱熹的重要之處在於，他不僅確立了原理，而且還試圖確立使人類成為「善」的存在的方法論。朱熹認為，由於現象世界的所有存在根本上都受到「氣」的活動的制約，因此一直受到干涉，不可能保持「純粹存在」的狀態。朱熹在這裡主張，在根源上支撐人的心的活動的「理」（＝本然之性）與統領天地（宇宙）生成運動的「理」是同一個理。以此為前提，為了認識人心中的「理」並再度使其活化，需要觀察天地（宇宙），更重要的是正確學習說明了人類和天地（宇宙）同一性的儒學文本。據此，在「靜坐」這一因引進佛教的「坐禪」而備受批評的道學的心的修養方法以外，朱熹開闢了其他的路徑。

　　朱熹把可以被稱為儒學主流的文本學習納入實踐方法的這一做法為朱子學獲得正統地位起到重要作用。朱子學之所以在東亞得到廣泛傳播，一個重要的原因是它相比於其他學派擁有更加精緻的議論結構，但同時亦因朱子學確立了根據文本群的排列順序進行階段性學習的方法。古代儒學以被稱為五經（《詩》、《易》、《書》、《春秋》、《禮》）的文本為中心，朱子學加入了「四書」這一新的文本群。四書的意義不僅是在於通過《大學》、《論語》、《中庸》、《孟子》的順序可以學習「什麼是儒學」的問題，其作者孔子、曾子、子思、孟子這一譜系本身即是保障源於堯、舜的「道統」，即儒學正統的連續性。通過確立「四書」，朱熹成功確立了被老莊和佛教中斷了的正統儒學復興這一宏大的歷史與話語。但是通過學習四書五經的大量文本能夠有助於人格的形成和對社會做出貢獻是學習完成後的事情，所以這種保證也是相當脆弱的。

　　即使是在朱熹生活的時代，被視為朱子學最大對手的陸九淵一派著重討論心的修養，另外還有被稱為事功學派的人們傾向於現實政治的實踐，二者都強烈批評朱熹的主張。所以理所當然的，到了朱熹後學的時代，他關於實踐的方法論被視為花費時間精力的學習而被敬而遠之，逐漸擴大為對「理氣論」這一理論的懷疑。為此，朱熹的門人在校訂並出版朱熹著作的同時，還編訂了朱熹與門人的信件、問答和講學時的發言等，積極地讓社會了解朱子學。另外，還有利用以上的資料「簡單易懂」地勾勒朱子的議論，簡明介紹朱子學重要概念的陳淳的《字義詳

講》——又被稱為《北溪字義》或《性理字義》——，對後來的朱子學產生了極大影響。還有，在南宋末理宗時出仕的第二代朱子學者真德秀，為了因朱熹晚年一度遭受迫害而受牽連的朱子學翻案而竭盡全力，他將「涵養」放在比「窮理」更重要的位置上並置於自己所理解的朱子學的中心。反映他此一認識的《大學衍義》、《西山讀書記》、《心經》等著作也構成了後世朱子學的基礎。這些朱子學後繼者的努力是因為強烈意識到主張極為簡潔的實踐方式的陸九淵的學統，並力圖與其相對抗，但它同時也意味著東亞朱子學的適應過程，即「本土化」的開始。

在南宋以朱子學為首的「道學」派儒學獲得發展的同時，北方的金朝流傳的是北宋時代由蘇軾等創立的「蜀學」，朱子學幾乎沒有獲得接納。此後金朝滅亡，到元朝統治時期，該地的漢族也是被統治族群，儒學本身也不受重視。然而，在元軍為滅南宋而入侵南方的過程中，學習朱子學的南方知識人被俘虜，通過他們，朱子學被傳到了北方。此後，朱子學在中下層官僚的漢族（漢人）間擴散，最終在錄取漢人官僚的科舉考試中被選定為考試科目。在元代，由於朱子學作為統治意識形態的有效性獲得認可，朱子學擴散到全中國。另外，儘管被納入元朝的統治，但作為王朝仍勉強得以存續的高麗朝中，中下級官僚的知識人也接受了朱子學。他們原本是新羅一系的知識人後代，出於職守而留在元朝的首都北京。他們在此學習了元朝的知識和技術，其中一項就是朱子學。後來，朱子學成為他們政治改革的核心理念，在中下層知識人中迅速擴散。從高麗王朝到朝鮮王朝的更替，就其性質而言，同時也是地方中小地主階層的中下級官僚階層要求實現朱子學理念而發動的「易姓革命」。

被納入元朝統治的中國南方知識人被稱為「南人」，在官僚任免等方面受到社會歧視，他們只能以各地方為據點在同族集團內維持儒學。此時，四書五經等經書的詮釋被稱為「家學」得到繼承，同時也針對實踐性的學習方法進行了重新探討。如此在南方普及的朱子學不僅推進了經書的研究，還十分重視維持同族集團的儒學規範——《朱子家禮》等——的實踐。從儒學「本土化」的觀點來看，可以認為中國南方早於北方進入了透過實踐（practice）產生了慣習的局面。另一方面，在南宋相互對立的朱子學和陸學彼此的調和也開始成為大課題。南宋末期，陸學以江南為中心處於優勢，作為與之對抗的策略，朱熹的門人收集朱熹的著述並整理校訂。此外還出版許多解讀朱熹思想的書籍。這些努力最終反映在明代初期的《大全》等書之中。其中，出現一個大問題，那就是朱熹中年以後思想出現的大變化。在元朝統治下繼承朱子學的人看來，這是一個大問題。首次將朱熹思想變化和對抗陸學相結合起來的是江南出身的吳澄。他為復興儒學而出仕元朝，不僅致力於推動經書研

究，還倡導「儒者內外合一之學」，試圖在方法論上綜合朱子學和陸學，主張通過朱熹晚年思想轉變來消解朱熹與陸九淵之間的對立。這是試圖一舉解決「資料中留存下來的朱熹思想變化」與「南宋時代開始的朱子學與陸學圍繞實踐方法論上的對立」這兩者的劃時代想法。

三、兩種心學

　　試圖調停朱子學和陸學的主張不僅停留在學習方法論上，也必然地要深入到重新探討朱子學「理氣論」的層面。它的全面展開是在明代朱子學獲得官方學說的地位之後，同時這也是朱子學獲得體制上教學地位的副產品。明朝初期，朱子學成為了科舉考試的科目，不僅如此，為了順利舉行科舉，還編纂了《四書大全》與《五經大全》。書中不僅有朱熹的注釋，還加入了北宋道學及與此相關的朱熹的議論，以及朱熹門人對朱熹注釋的討論，並賦予其權威性。讀書人學習這些文本時被要求記下書中記載的所有文章，然而正是因為需要大量的時間，作為科舉的科目可謂恰到好處。然而，大全中也包含像吳澄那樣試圖調停朱子學和陸學的學說，以至於尚不能說朱子學被正統化了。

　　鑑於這樣的趨勢，陳獻章等人對朱子學的「心性論」進行了調整，另外還產生了程敏政提出的「朱陸早異晚同論」。陳獻章倡導通過「靜坐」進行心的修養並將其理論化，而程敏政則試圖強化吳澄的觀點，主張朱熹和陸九淵在最初意見各異，但朱熹晚年接受了陸九淵的看法，二人的議論達成了一致。重要的是，無論陳獻章還是程敏政，他們都認為自己是朱子學者。他們都是為了促進朱子學的「本土化」而活動的，然而從中產生了「心學」。鑑於朱子學在理論和實踐的方面存在結構性的問題，因而在朱子學內部出現了對解決方法的探索，而進一步試圖通過向「心之理」的傾斜來解決問題的就是「心學」。朱子學認為統領天地（宇宙）生成運動的「理」（＝天理）與在根源上支撐人類心的活動的「理」（＝本然之性）是同一的，並要求同時「體認」二者。其中將重點放在心的活動，藉此獲得理論和實踐方法的嘗試就是「心學」。「心學」興起的背景正與此相關，即不僅在修養方法上，同時對朱子學的最根本的「理氣」論都要求進行修正。

　　陽明學從一開始就被稱為「心學」，其內涵包含了批評既有的朱子學是「理學」，即不探求心而是追求外部的「理」的學問。到了近代，陽明學被作為以確立「精神」——它以精神和肉體的統一體這一近代人生觀為基礎——為目標的討論而獲得高度評價，但近世的陽明學被稱為「心學」，是指其著眼於如何重新獲得心中

存在的「理」。陽明學不僅沒有否定心中存在的作為「善」的根據的「理」，甚至是比朱子學還要堅信其存在。這種「確信」也被視為超越認識論式的理解而通過直覺來把握，基於這一點，到近代也有認為陽明學與「宗教」具相似性的觀點。

王守仁的確批判了朱子學，但這不代表王守仁否定了「道學」本身。王守仁繼承了吳澄和程敏政的討論，在二程子的節點上將「道學」的譜系分為從程頤（伊川）到朱熹與程顥到陸九淵這兩支，並主張後者才是正確的「道統」。吳澄和程敏政的觀點在當時已經被指出在資料上有錯誤，但王守仁在明白這一點的基礎上仍然將自身正統性的根據放在朱熹晚年思想的轉變之上。從這一過程清晰可見，陽明學並非是近代所理解的那樣、是以替代朱子學為目的而登場的，反而是作為「道學」的純正品被提出的。

在這裡無法詳細說明王守仁的思想，其思想重要之處在於，他認為「道學」的正統方法論是直覺性地把握「理」，而由於是直覺性地把握對象，因此他主張不用詳細地說明「理」。在朱子學那裡，「理」是認識的對象（客體），因此要求進行詳細說明。然而對此，朱熹自身的說明產生了搖擺，這一搖擺進而被其門人所擴大。對此，王守仁主張，僅需要把「理」理解為作為「良知」內在於先驗之中，而應致力於讓「理」覺醒的方法。而方法不僅是此前作為中心的「靜坐」，同時還要在日常中通過各種行為直覺性地去把握，這被稱為「事上磨練」。更重要的是，這種方法不能停留在覺醒＝學習的階段，它同時還是使人恆常地保持在覺醒狀態的方法。朱子學的修養論，比如「敬」的工夫等都將重點放在「理」的發現，即學習的階段，對於發現「理」之後的思考並不充分。陽明學的出現也是對於朱子學確保「恆常的修養」這個問題的一個回答。

陽明學的「事上磨練」也可以說是基於「清規」而實踐「作務」這一禪宗修養方法的世俗版，因而朱子學方面批判它與佛教無異。這是由於陽明學儘管使用了儒學文本的用語，但在追求人心中存在的「理」的方法上卻比朱子學更接近禪宗。不過這種學習的簡便化也意味著在宋代僅限於「士大夫」的官僚地主階層「道學」走向「大眾化」。陽明學的普及不僅在官僚階層，也擴展到本土的地主階層「鄉紳」和商品經濟發展後興起的工商業者之中。當然，「鄉紳」階層和工商業者處於統治階層的底部與中間層之間，稱呼他們為「大眾」可能會受到質疑，但考慮到「鄉紳」階層和工商業者主動地接受儒學，並且，儒學的規範——鄉約和《六諭衍義》等——正是通過他們才滲透到城市和農村的普通大眾之中，陽明學的形成和流行也可以被視為儒學的「大眾化」，也就是「本土化」。

另一方面，朱子學在北方普及並被高麗王朝的中下層官僚所接納，其結果是促

成了儒學國家朝鮮王朝的誕生。朝鮮王朝的初期進行了以建立朱子學理念的政治體制和要求實踐《朱子家禮》與鄉約的改革，但被認為是不符合當時社會實際情況的激進改革而受到批判，結果主導改革的激進派在政治鬥爭中失勢，被迫謫居各地。相對於當時掌握政治權力的「門閥派」，這些人被稱為「士林派」。另一方的門閥派雖然也掌握了儒學知識，但對於實踐朱子學的社會規範持消極態度。《朱子家禮》和鄉約等社會規範的普及是在高麗王朝後期，朱子學傳入近兩個世紀後的十六世紀。這是朱子學為適應朝鮮社會而推進「本土化」的一個證據，為此要求與「本土化」相應的理論上的改變。

　　「（朝鮮）性理學」從其產生至今，一般都認為它是在理論上發展了朱子學。的確，「（朝鮮）性理學」無論從其與朝鮮社會的適合性，還是從它的出現是強烈意識到陽明學這點來說，與「心學」的立場是相對立的。但必須注意到，「（朝鮮）性理學」批評的不僅是陽明學，還批評明代的朱子學不能正確反駁陽明學，因此主張回歸到朱熹的討論這一原點之上。同時，「（朝鮮）性理學」與其說是回歸到他們所主張的純粹的朱子學，不如說是與陽明學一樣地具有改革的志向。「（朝鮮）性理學」出現的最大原因是，它認為，明代的朱子學在關於心的修養的實踐方法上不及陽明學，因此為了彌補這一點，不僅要在實踐方法上，而且要進一步在支撐這一方法的理論上進行修正。此外，對於陽明學的戒備心也加劇了這一傾向。這裡可以看出，由於形成了對抗關係，出現了在其中一方議論的引領下，另一方的議論也同時傾向於同一方向的現象。

　　堪稱「（朝鮮）性理學」形成的領導者李滉（退溪）提出了「理氣互發」說，對朱子學的理論進行修正。當然，在李滉自己的認識當中，這是為了超越未能對抗陽明學的明代朱子學而回到朱熹思想的原點的努力，但結果也與陽明學一樣，做出了重視心中存在的「理」的修正。「理氣互發」說認為在極端情況下，「理」自身可以發動並朝向「善」運動。朱熹的理氣論中，世界是由「氣」的運動形成的，「理」只是為「氣」的運動賦予了方向，它自身是不活動的。然而，朱子的弟子們記錄的朱熹大量發言中能見到他認可「理」本身發動的例子，李滉注意到此並構建起了理論，這與當時普遍的朱子學理解相異。

　　李滉的意圖在於，此前「情」被認為是包含了善惡，因此在修養論中幾乎被無視。而通過重新定義「情」，即分成以「理」為主體的「四端」和以「氣」為主體的「七情」——準確地說，李滉主張「四端」是「理」發而「氣」乘其上；「七情」是「氣」發而「理」乘其上——，以此從理論上證明從沾染惡的狀態轉向善的可能性。李滉主張基於此理論的實踐方法，同時這也是為了持續地維持善的狀態的

方法。李滉認為，這種修養方法是在日常生活中堅持實踐各種各樣的「禮」，這才是朱熹所謂「居敬」的真正含義。這顯然是與陽明學的「事上磨練」相對抗。李滉不僅研究了陽明學，還主張實踐由真德秀撰寫、程敏政附加注釋的《心經》（即《心經附注》）。李滉建立的「（朝鮮）性理學」也是對「心的修養」表現出強烈關心的另一種「心學」。

四、心學的本土化

　　李滉的理論此後經過李珥（栗谷）的修正，「（朝鮮）性理學」從理論上回到了穩妥的朱子學並在朝鮮社會擴散開來。李珥在「理」對於「氣」的優先性這一點上贊成李滉，但對李滉提出的核心觀點，即「理」本身的活動性，李珥則持否定態度。李珥的修正認為，由於「理」是無形無為的存在，因而可能存在於所有的事物和現象當中，但「氣」是有形有為的存在，因此不斷地反覆產生、變化、消滅，它被限定在各種具體的事物之中。也就是說，「理」儘管是「氣」的主宰者，但現實世界只能說是「理」乘於「氣」的活動之上。但是與李滉相同，李珥的觀點的核心是要讓朱子學的修養論適於他們身處的社會。因為李珥也同樣積極評價朱子學中作為外界事物作用的「情」。李珥的主張並不將正視事物、亦即正視現實世界視為擾亂「心」的活動的契機而否定它，而是積極評價它，將它視為使具體實踐活動作為發動善的重要契機。

　　不過，如果仔細觀察李珥的觀點，可以發現其中對從「宇宙論」及其關聯出發，理論性探討「人性論」的志向並不強烈，對於李珥來說，只要能確認現實世界是通過「理」和「氣」的運動而存在的即可。因此應當認為，李珥的首要目標並非在於理論而是在於現實實踐。李珥主要的著作有《聖學輯要》、《擊蒙要訣》、《東湖問答》等，這些全都是關於實踐性活動和現實政策的內容。《聖學輯要》是為了忙碌的國王摘錄的真德秀《大學衍義》，但並非單純的摘錄，也與明代丘濬的《大學衍義補》不同，而是為使其適合朝鮮社會而做了很多修正。《擊蒙要訣》是為了啟蒙初學者的著作，但它不僅展示了朱子學中作為初學入門的《小學》的要點，同時還是以適合（朝鮮）人自身學習朱子學的方式來撰寫的。《東湖問答》的核心內容是向國王建議改變造成鄉村很大打擊的「貢納制」，引進以挽救鄉村疲弊為目標的「代貢收米法」，到朝鮮後期，「代貢收米法」作為「大同法」制度而穩定下來。可見，李珥的著述是以啟蒙國王和兩班──不僅包括升入中央成為官僚的階層，還包括在鄉村起指導作用的在地階層──為目而寫成的，它們如實反映了李

珥的問題關注所在。

此後，「（朝鮮）性理學」分為李滉的學統和李珥的學統兩派並得到繼承，由於它們成了官僚的出身的基礎，由此發展為政治上的對立。理念性的問題也被重提，但整體來看，問題的關注點轉移到了為維持和發展兩班階層這一同族集團（門中）的社會規範實踐和應對現實政治課題的政策實行之上。這一方向與明代後期的動向極為相似，反映了東亞整體的儒學動向從重新定義心中之「理」的理論探討轉向現實社會中儒學實踐的討論。

另一方面，明代末期王守仁歿後，學統分裂為以錢德洪為中心的修證派、王畿等人的現成派（王學左派）、羅洪先等人的歸寂派（王學右派）。他們間的差異源於對「恆常的修養」這一課題的不同理解。歸寂派重視通過「靜坐」進行修養，修證派批評在日常實踐中積累修養的看法。現成派則主張人類天生地處於「理」的顯現狀態，因此主張連修養本身都沒有必要。現成派的主張最終導向了對「欲（欲望）」的肯定，在近代被視為「人性解放」的先驅而得到高度評價，但在當時既存在著熱情地接受這一思想的人，同時也存在視此為危險思想而加以批判的人。如此分為三派的陽明學，最初是不承認修養的必要性、極端肯定現狀的現成派佔優，但隨後產生了對其激進性抱有警戒的風潮，主張在日常生活中實踐修養的修證派恢復了影響。最終，明代末期的陽明學既不否認修養的必要性，也不主張嚴格修養的必要性，形成在日常生活中略帶修養的意識並實踐的觀點。

但陽明學的這種變化使其與失去對宇宙論的「理」的關心而重視『朱子家禮』等日常實踐的明末朱子學的差異也變得不明顯。最能代表這種朱子學與陽明學相互接近的案例是東林黨。東林黨是由顧憲成重建荒廢已久的東林書院後，以此為據點形成以江南地主勢力為中心的人際網絡的群體，他們批評當時掌握政治權力的宦官勢力在道德上的腐敗，以通過學問修養提高倫理水平為目標。對於東林黨，有看法認為他們是從陽明學向朱子學靠近，也有看法認為是從朱子學向陽明學靠近，但或許應當認為他們不是以兩方中的任何一方為出發點，而是居於二者之間的存在。

明末的這種情況正好顯示了在試圖使朱子學適合於現實社會的「本土化」過程中，哪部分被優先而哪部分被放棄了。通過尖銳地攻擊朱子學存在的問題而出現的陽明學在通過「本土化」而被社會接受的同時，另一方面也導致其思想喪失了衝擊力。但有必要注意到，迎來朱子學和陽明學「融合」的明末儒學也催生了大量以科舉為目的的四書五經的注疏。應對科舉的注疏，廣為人知的包括一度主導政界、引進「一條鞭法」的張居正的《四書直解》，它能大行其道的理由可能跟它是出自在

政界握有實權的人物有關。同時，無論朱子學還是陽明學，如果允許在理論上沒有限制的注釋，焦竑這樣不僅討論儒學（《焦氏筆乘》），也論及老莊思想（《老子翼》、《莊子翼》）的人物也開始出現。有研究者認為焦竑持儒釋道「三教合一」立場，他也反映出明朝末期由於「本土化」導致各種思想融會貫通的思想狀況。

　　以上明末儒學的動向可以認為是「清朝考據學」的前兆，它不僅研究儒學、還對各種文本進行研究。但「清朝考據學」中盛行的是對朱子學中被置於「小學」的語言、經書和史書中記載的禮樂的研究。這顯示出儒學的核心關懷離開「心之理」，轉移到從別處尋求秩序的根據。朱子學設定了「理」作為所有存在和活動的根據，在將其分為心之「理」的「本然之性」和天地自然之「理」的「天理」的基礎上，主張它們是同一內容。「心學」關注的在於「心之理」，但這一關注方向的衰落，並不意味著轉而向天地自然之「理」尋求根據。認為天地自然有不可動搖的法則性（理法），這種認知要等到全面開始學習西洋自然科學的近代才開始普及。

　　只是，了解了西洋自然科學後，認為（天地自然的法則）與人類的道德行為並無直接關係的理解被廣泛接受，在儒學話語中也就不再出現把道德行為的根據置於天地自然的「理法」之中的討論。東亞近世後期出現的觀點，實際上是回到朱子學以前，以「氣」的生成和擴散來解釋現實世界。這一動向在近代被稱為「氣的思想」，它被視為「唯物論」式思考的萌芽受到高度評價，然而實際上只是把朱子學的「理」不稱作「理」而是將之更換為規則性而已，並非發現了西方自然科學那樣的獨立的法則。這種動向也只能起到作為接受西洋自然科學時的工具的作用。

　　「心學」衰退導致的結果是，人們的關注重點不是轉向天地自然之「理」，而是轉向探求接近人類「心」的活動的事物的規範性。18世紀以來的東亞加強對語言和禮樂的關注正與這種對秩序原理的探求相關。現在認為語言反映了人類的意識，但當時人們認為語言中存在著獨自的規律性。也就是說，試圖將從語言中「發現」的規律性作為節制人類的「心」的活動的依據。認為語言是人類理性和情感的表露這一理解與現在對語言的理解相同，然而其目的恰好相反。此外，禮樂在古代的儒學中也同樣是關於人類行為的規範，它也一直被當作控制理性和感情等「心」的活動的工具來討論。當然，禮樂受到重視是因為其作為社會規範的意義得到認可，但它和上述自然科學一樣，在接受西方的社會學之前，人類群體存在著獨立的規則性的觀念並沒有充分發展起來。對於這一點需要更詳細的說明，將另尋機會展開。

五、心學在日本的發展

最後將談及前文所述的兩種「心學」對日本造成的影響。儒學在日本開始得到廣泛接受並發揮社會效應是在德川時期，相當於中國的明末清初時期、韓國的朝鮮王朝後期。由於日本幾乎是同時接受了明代朱子學、陽明學與「（朝鮮）性理學」這樣的「心學」以及前述對朱子學和「心學」持批評態度的儒學，使得情況變得十分複雜。同時，由於日本沒有引進科舉制度因而沒有必要編定《四書大全》等標準文本，因此接觸朱子學等學問的學者基於各自的好惡改造了儒學。多樣性可謂日本思想的一大特色，但就儒學而言，這不過是從日本接受儒學開始就埋下的問題逐漸浮出水面的過程。

毫無疑問，在日本史的劃分中被稱為「中世」的鎌倉室町時期已有朱子學傳入，但僅是被一部分禪宗的學問研究所利用，或被「博士家」即負責朝廷學識的人接受，未得到更大的傳播。其理由是在「戰亂」的社會狀況下沒有必要推行利用儒學的政治。雖然有些在足利學校學習的人通過「易占」侍奉戰國大名的軼事，但那也僅是《易經》作為在戰場上有用的知識被運用。流傳下來與此相關的故事還有，繼承桂庵玄樹的學統並推廣了「薩南學派」的南浦文之在學習《周易》的「新注」後，應後水尾天皇的要求在宮中進行了基於「新注」的《四書》講座。繼承了桂庵玄樹「訓點」的「文之點」是了解戰國末期接受朱子學情況的重要材料，從中可以了解到，接受的是《大全》與收錄在《大全》中的元代後期到明代前期的朱子學。在其中，陽明學並未成為問題，因此可以認為是以之前的朱子學為基礎的。

室町到戰國期間雖然禪宗的僧侶較多，但對於了解儒學在日本是如何「本土化」的過程而言十分值得參考。另外，在思考這種「本土化」時，在土佐發展起來的「南學派」的存在也十分重要。普遍流傳的南學派源於南村梅軒這一說法，但由於梅軒是否存在這一問題本身都存疑，故最近一般認為「南學派」是在土佐這一場所「自然發生」地形成的。當然，很難想像某種特定的思想是「自然」生成的，因此它是由被現代遺忘的人們一點點地傳播開的。就德川前期而言，認為日本對儒學的接受以中央為中心，即以代表京都文化的公家和禪僧為中心的看法，這雖然並不能說是錯誤的觀點，但可以認為有更多樣的「本土化」。特別是由於在應仁之亂以後的戰國時代，大量的公家和禪僧為了躲避戰亂逃到各地，應當考慮到在這一過程中各地區開始逐漸接受儒學。

「（朝鮮）性理學」也在這樣的「本土化」過程中被接受。朝鮮王朝生產的儒

學文本——其中包括在朝鮮再版的朱子學文本和朝鮮儒學家著作在內的多種多樣的文本——原本是作為豐臣政權侵略的「戰利品」被帶到日本，此外也有通過交易引進的文本。土佐儒學的興盛是由於土佐藩家老野中兼三和他的助手小倉三省參加了從僧侶還俗後在民間教授儒學的谷時中舉辦的學習會。兼山積極地求購儒學的文本，其中就包含了大量從朝鮮來的書籍。兼山在藩政改革中實施的治水工程和殖產興業政策中，就利用了作為儒學的一部分而被接受的知識和技術。此外，兼山企圖「改良風俗」而要求實踐《朱子家禮》等，因為佛教勢力的反對和與其相呼應的藩內保守派的抵抗而遭受挫折。由此也可以看到與王安石和韓國士林派等事例相同的，急於實踐儒學的理念所產生的弊端。

　　由於兼山的失勢，土佐的「南學派」不可避免地衰落了，他們的嘗試被山崎闇齋所繼承。原本生於京都的闇齋作為臨濟宗的僧侶被派至土佐，以參加兼山等人的學習會為契機放棄了佛教，選擇了儒學。為此，闇齋在被土佐流放後返回了京都。闇齋在土佐接觸到「（朝鮮）性理學」純屬偶然，但闇齋利用它來與當時在京都擁有絕大影響力的藤原惺窩等人的「京學派」相對抗。此處無暇詳述源自惺窩、由林羅山等繼承的「京學派」，簡單來講，他們採取了以明代朱子學為中心、為了統治而推廣知識和技術的「啟蒙」立場。這種傾向在羅山身上特別顯著，而對於吸引眾多人的朱子學透過修養提升人格的方法，其關注卻非常淡薄。闇齋通過學習「（朝鮮）性理學」，尤其是學習了批評明代儒學、主張回歸朱熹的李滉的著作後，確立了其獨自的「心學」。闇齋在年少時就關注神道、尤其是伊勢神道中對「心的潔淨」強烈關注的度會神道，他採納其中內容創建了被稱為「垂加神道」的獨特神道。闇齋的門人被稱為「崎門」，分為儒學系和信奉垂加神道的神道系兩派，但由於崎門都主張靜坐或通過實踐家禮的「心的修養」，因此可以說二者都貫穿著「心學」傾向。

　　提到德川日本的陽明學，廣為人知的是中江藤樹。藤樹出身於近江，原是侍奉伊予大洲的加藤家的中級武士。當時的一般武士學習儒學極為罕見，正如他回憶錄中所記錄的，因為自己關注儒學而被同僚孤立。藤樹的關注點是陽明學，而且是現成派王畿的著作。藤樹的這一選擇和前述的闇齋一樣大部分出於偶然，但值得關注的是，在普遍認為現成派的思想是危險且錯誤的背景下，藤樹仍「有意識地」閱讀陽明學的書籍。這是因為藤樹將儒學視為對道德實踐問題的解答，並邁向了通過「心的修養」以達到目標的方向，這一點就是他的存在意義。但藤樹學問的體系化和方法論的成形由於他中途去世而並不完善。其中引發關注的是他主張重視《孝經》，每日早上吟誦並祭祀天地的主宰神並親自實踐這一近似宗教的行為。這裡的

「主宰神」被指與古代儒學的「上帝」或道教的「太乙神」有關,藤樹主張它在人的心中是作為「天君」的存在。藤樹理解的心中的「神」不僅是「神秘的作用」,還是「神靈」一般的存在。

　　如上所述,德川前期的「心學」中,心的修養方法成為宗教性的實踐行為,可以說是其「本土化」的特徵。藤樹的宗教性實踐行為沒有被門人熊澤蕃山所繼承,但由於蕃山主張從《孝經》中導出的「心法」,雖然其宗教性有所減弱,但在重視心的修養方面並無二致。另一方面,闇齋的觀點由代表崎門的佐藤直方所繼承,他重視「靜坐」,相比於學習知識、技術,更重視人格的形成。此外,淺見絅齋關於《朱子家禮》的實踐對德川中期以後的神道論產生了很大影響。到了明治時期,崎門和陽明學被視為對維新有貢獻的儒學而被重提,且不管事實是否如此,但其背景正是這些儒學作為「本土化」的一環在各地得到傳承。日本「心學」的特徵正是以帶有宗教性的信仰或精神的修養方法形式延續到近代,甚至可以說在近代仍然持續。

　　以上所述的是有關近世東亞的「心學」。如果要處理細緻的問題,還有很多需要詳述的地方,但此處應已經說明了其大致過程和在各地區的特色。通過近世前期在中國和韓國擴散的「心學」之形成及其「本土化」,和近世後期在日本與其他學派相互競爭中推進的「心學」的「本土化」,各地的儒學發展出各自的儒學實踐(practice),也進行了與其相符合的理論修正。各地區的儒學實踐(practice)從生產和再生產不斷積累的過程中,誕生了各自的慣習(habitus)。與各地情況相符的慣習(habitus)的形成最終對近世後期儒學的展開以及對近代的思想展開形成了很大的「制約」。在思考近代東亞「近代化」的地區差異時,這種「心學」的差異可以為我們提供很多的啟示。本文也在指出這一點後就此擱筆。

第七章
朝鮮的近代國家構想：
「民國」與「愛民」

井上厚史

（張梓琳 譯）

一、前言

　　東北亞是個在民族、宗教、文化方面都極為多樣的地區，且至今仍有移民及領土問題等許多懸案。對於東北亞地區的「近代空間」，也就是近代國家形成的樣貌，川島真有以下的說明：

> 雖然現今位於東北亞及東南亞半島的國家輪廓是形成於近世，但是明確的國界線，卻是在十九世紀與歐美交涉的過程中被劃分的。原本在東亞地區的各國之間有軍事上的界線、以及為了道路管理，及確定徵稅對象等需求而劃成的國界線，19 世紀的國界被畫成一條完整的線。……居住在國界線領域中的人們，在近代國家建設中，被認為是該國的國民。當然，在人們移動活躍的當時，要確定國民是件困難的事。……民族主義為了強調對國家的忠誠，也為了在一定程度上抑制這樣的狀況（多重國籍及各種地位的買取），從十九世紀末到二十世紀初，開始有為了確定國民，及為了保護本國國民，而訂立國籍法的國家。但是日本將臺灣及朝鮮殖民地化，臺灣及朝鮮半島的人們成為日本國臣民後，臺籍住民及滿州朝鮮系的住民產生國籍問題，使局勢更加變化不定。[1]

---

[1] 川島真：〈東亞的近代〉，收入岩波講座：《東亞近現代通史》（東京：岩波書店，2010），第 1 卷，頁 36-37。

　　國界是「十九世紀與歐美交涉過程中被劃分出來的人為東西」，且「居住在國界線領域中的人們」突然就被認為是該國的「國民」。但在「人們頻繁移動」的這個地區，要確定「國民」是件困難的作業。特別是位於日本殖民下的臺灣住民及滿洲朝鮮住民的國籍問題等，圍繞國家及國民的局勢，可以說是變化不定。

　　川島更進一步地說明：「在這個地區被認為最早成功近代化的日本明治維新，這樣評價的定型，也是在日本取得甲午戰爭及日俄戰爭勝利之後的事。在 1880 年代『究竟像日本那樣推動西方國家建設是否正確？』尚未有結論，清朝及朝鮮對於明治維新存有疑慮。」[2]

　　川島的這項指摘，不僅指出東北亞地區的「近代國家」形成，並不是如出一轍地進行，同時也暗示著當時沒有往「像日本那樣推動西方國家建設」發展的選項是有可能的。趙景達也指出：「近代朝鮮認識到加入西歐國民國家體系是無可避免的，卻也確實存在堅持同時依據傳統思想去實現獨自特有的國家構想。」[3]有必要認識到：近代化與近代國家的形成，並不見得是必然相續出現的歷史現象。

　　本文是建立在這樣的認知共鳴，將焦點放在近代化過程中，異於日本明治維新，而採取「同時依據傳統思想去實現獨自特有的國家構想」的朝鮮「近代國家」形成的樣態。探討這一嘗試並描繪出其特徵。

二、「民國」說的檢討（其一）：正祖〈萬川明月主人翁自序〉

　　近年在韓國，從「民國」的觀點回顧朝鮮的近代化，備受注目。身為先驅者的李泰鎮對於朝鮮的「民國」概念，給了以下的說明：

> 到了十八世紀，一邊克服朋黨政治的極限，一邊為了應對民眾的新動向，蕩平君主們作為中心邏輯而設立的民國論，是指向君民一致、萬民平等的世界。不得不說，應該被規定為儒教政治思想的近代性指向的民國理念，在西方民主主義政治思想被介紹以前就已經成立，這件事值得關注。[4]

　　李泰鎮從「民國」這個合成詞中看出了其「儒教政治思想的近代指向」，將其

---

[2]　川島真：〈東亞的近代〉，收入岩波講座：《東亞近現代通史》（東京：岩波書店，2010），第 1 卷，頁 40。
[3]　趙景達：《朝鮮的近代思想：與日本的比較》（東京：有志舍，2019），頁 273。
[4]　李泰鎮著；六反田豐譯：《朝鮮王朝社會與儒教》（東京：法政大學出版局，2000），頁 310。

特徵理解為「指向君民一致、萬民平等的世界」的特徵，並得出了它「早在西洋民主主義政治思想被介紹前就已成立」的結論。

　　成為這項「民國」說的根據資料即為〈萬川明月主人翁自序〉。〈萬川明月主人翁自序〉是正祖二十二年（1798）十二月三日，在正祖去世前兩年，本人親自撰寫的文章。文章篇幅頗長，並不容易註解。但由於包含了關於「民國」說在解釋上的重要問題，因此錄出全文如下。

　　　　萬川明月主人翁曰：有太極而後有陰陽，故羲繇以陰陽明理。有陰陽而後有五行，故禹範以五行晰治。⁵觀乎水與月之象，悟契太極、陰陽、五行之理焉。月一也，水之類萬也。以水而受月，前川月也，後川亦月也，月之數與川同，川之萬有，月亦如之。若其在天之月，則固一之而已矣。夫天地之道，貞〔正確之意〕觀也。日月之道，貞明也。⁶萬物相見〔萬物成長，顯現其盛況〕，南方之卦也。南面而聽，嚮明而治。⁷予因以有得於馭世之長策，革車〔戰爭用的兵車〕變為冠裳，城府洞如庭衢〔庭院與巷〕，而右賢而左戚，⁸遠宦官宮妾，而近賢士大夫。世所稱士大夫者，雖未必人人皆賢，其與便嬖〔佣人〕、僕御〔馬車侍〕之伍〔隊伍〕，幻鸞晳〔暗與明〕而倒南北者，不可以比而同之。

　　　　予之所閱人者多矣。朝而入，暮而出。群群逐逐〔一大群人從後面接踵而來〕，若去若來，形與色異，目與心殊。通者塞者，強者柔者，癡者愚者，狹者淺者，勇者怯者，明者黯者，狂者狷者，方者圓者，疏以達者，簡以重者，訒〔講話方式吃力且遲鈍〕於言者，⁹巧於給者，峭而亢者，遠而外者，好名者，務實者，區分類別，千百其種。始予推之以吾心，信之以吾意。指顧〔指點回顧〕於風雲之際，陶鎔〔慢慢教化讓他具感受力〕於爐鞴〔坑爐與風箱〕之中。倡以起之，振以作之，規以正之，矯以錯之，匡之直

5　〔宋〕陳亮：《龍川集》卷9：「有太極，而後有陰陽，故《易》以陰陽而明理。有陰陽，而後有五行，故〈洪範〉以五行而明治道。」
6　《易・繫辭下傳》第一章：「天地之道，貞觀者也。日月之道，貞明者也。」
7　《易・說卦》第五章：「萬物皆相見南方之卦也，聖人南面而聽天下，嚮明而治。」原本在這篇引用文前面有「離也者，明也」，說明萬物成長後將其茂盛的樣子，顯露是因為聖人南面而治天下。考慮到〈離卦〉的〈象〉裡有「大人〔聖人〕以繼明照于四方」，正祖應該是因為「天地之道」與「日月之道」都是「貞」，引用〈離卦〉的「利貞」，從〈離卦〉的象取「明」，想表達聖人的自己明確的掌握治理貞明天下的方法。
8　《漢書・文帝紀》。
9　《論語・顏淵》：「子曰：『仁者，其言也訒。』」

之。有若盟主珪璋〔人品的高尚〕以會諸侯，而疲於應酬登降〔身分的升降〕之節者，且二十有餘年耳。

　　近幸悟契於太極、陰陽、五行之理，而又有貫穿〔連貫〕於人。其人之術〔用人之術〕，蓮楹〔梁與柱〕備於用，鳧鶴〔野鴨與鶴〕遂其生，物各付物，物來順應，[10]而於是乎，棄其短而取其長，揚其善而庇其惡，宅其臧殿其否，進其大而容其小，尚其志而後其藝，執其兩端而用其中焉。[11]天開九閽，廓如〔敞開貌〕谺如〔廣闊貌〕。使人人者，皆有以首仰而快睹〔舒服地看著〕，然後洪放密察〔詳細地觀察〕以待通者，優游〔悠哉〕寬假〔寬鬆〕以待塞者，柔以待強者，強以待柔者，明亮〔聲音清楚且正確〕以待癡者，辯博〔言論明確且學問淵博〕以待愚者，虛曠〔空虛〕以待狹者，深沈〔穩重〕以待淺者，干戚〔兵器〕之舞以待勇者，[12]戈甲〔武具〕之容以待怯者，汋汋〔深遠貌〕以待明者，侃侃〔性格倔強悠然自得直率貌〕以待點者。醉之以酒，所以待狂者也。飲之以醇〔純一不雜〕，所以待狷者〔固守意志卻頑固的人〕也。車輪所以待乎方者也，圭角〔玉的尖角〕所以待乎圓者也。疏以達者示我堂奧，簡以重者奏我和鸞〔國王搭的車〕，訒於言者戒以敏行，巧於給者籲以退藏〔遠離世間隱居之處〕，峭而亢者包之以山藪〔在民間不為官員〕，遠而外者莫之以袿帷〔衣襟與帷幕〕，好名者勸以務實，務實者勸以達識。如仲尼之徒三千，而扣之則響，春工之化群生，而著之則成，以至聞、言、見、行，則大舜之沛然若決江河〔長江與黃河〕也。[13]

　　予懷明德，則文王之照臨於西土也。[14]寸長〔擁有一些技能〕不讓於人，萬善都歸於我。物物太極，罔咈其性，性性存存，皆為我有。太極而推往，則分而為萬物。自萬物而究來，則還復為一理。太極者，象數未形，而其理已具之稱。形器已具，而其理无眹之目。太極生兩儀〔陰陽〕，則太極固太極也。兩儀生四象〔老陽、少陽、少陰、老陰〕，則兩儀為太極，四象生八卦〔乾、兌、離、震、巽、坎、艮、坤〕，則四象為太極。四象之上，各生一畫，至于五畫〔由三根的算木構成的四象上加五根變成八卦〕。畫而

---

[10]　《朱子語類》卷72，《易》八〈咸〉，鄭可學錄：「明道云：莫若廓然而大公，物來而順應。」

[11]　《禮記‧中庸》：「舜好問，以好察邇言，隱惡而揚善。執其兩端，用其中於民。其斯以為舜乎！」

[12]　《禮記‧樂記》：「干戚之舞非備樂也，孰亨而祀非達禮也。」

[13]　《孟子‧盡心上》：「及其聞一善言，見一善行，若決江河，沛然莫之能禦也。」

[14]　《書經‧泰誓下》：「嗚呼！惟我文考若日月之照臨，光于四方，顯於西土。惟我有周，誕受多方。」

有奇偶，累至二十有四，則為一千六百七十有七萬餘畫〔2 的 24 次方＝16,777,216〕。一皆本之於三十六分六十四乘，而可以當吾蒼生〔眾多的人民〕之數矣。不以界限，不以遐邇〔遠近〕，攬而歸之於雅量〔高尚且大方的思想態度〕己分之內，而建其有極〔至極之道〕，會極歸極，[15]王道是遵，是彝是訓，用敷錫〔廣泛傳播國王的教令〕厥庶民，而肅〔謹〕、乂〔治〕、哲〔明〕、謀〔圖〕之應，[16]五福〔壽、富、康寧、好德、終命〕備具，[17]而康而色，予則受之，豈不誠淵乎遠哉。[18]

　　夫子著《易‧繫》〔繫辭傳〕，首揭太極以詔來人。又作《春秋》，而遂明大一統之義。九州萬國統於一王，千流百派歸於一海，千紫萬紅〔多彩的花〕合於一太極。地處〔有地之處〕天中〔天的中央〕而有限，天包〔天所覆蓋之處〕地外〔地的盡頭〕而無窮。[19]飛者之於空也，潛者之於川也，蠢動之自蠕也，草木之無知也，亦各榮悴〔草木的茂盛與枯萎〕，不相凌奪〔凌駕取奪〕。語其大則天下莫能載，語其小則天下莫能破〔戳破隱蔽，顯露秘密〕。[20]是蓋參贊〔參與並協助〕位育〔貧富貴賤都能安於本分，萬物皆充分生育〕之功，為聖人之能事也。予所願者，學聖人也。譬諸在水之月，月固天然而明也。及夫赫然而臨下，得之水而放之光也。龍門之水洪而駛，鴈宕之水清而漪，濂溪之水紺而碧，武夷之水汩而灘。揚子之水寒，湯泉之水溫。河淡海鹹，涇以渭濁〔源自甘肅省，東流陝西省，合涇水與洛水，合流於黃河的河川〕，而月之來照，各隨其形。水之流者，[21]月與之流。水之渟者，月與之渟。水之溯者，月與之溯。水之洄者，月與之洄。總其水之大本，則月之精也。吾知其水者，世之人也。照而著之者，人之象也。月者太極也，太極者吾也。是豈非昔人所以喻之以萬川之明月，而寓之以太極之神用〔不可思議的作用〕者耶？以其容光〔從隙縫中射進的光線〕之必照，而儻有窺測乎？太極之圈者，吾又知其徒勞而無益，不以異於水中之撈月也。遂書諸燕居之所曰：「萬川明月」，主人翁以自號。時戊午十有二月之哉生

---

[15] 《書經‧洪範》，皇極：「會其有極，歸其有極。」

[16] 《書經‧洪範》，五事：「恭作肅，從作乂，明作哲，聰作謀。」五事是指對應五行的人類動作的五個基本作用。留意正祖將原本在這之後接續的「睿作聖」省略。

[17] 《書經‧洪範》，五福六極。

[18] 〔清〕紀昀：《閱微草堂筆記》卷 22，〈灤陽續錄四〉。

[19] 〔明〕薛瑄：《讀書錄》卷 10：「地處天中而有盡，天包地外而無窮。」

[20] 《中庸》第 12 章：「故君子語大，天下莫能載焉，語小，天下莫能破焉。」

[21] 《孟子集注‧梁惠王章句下》。

明〔初見月亮之時〕。[22]

李泰鎮將此文章的內容整理成以下的大綱：

> 蕩平君主們的民國政治思想，是通過在十八世紀後半在位的正祖大王，而幾
> 乎完美地被體系化。他的〈萬川明月主人翁自序〉是對民國政治思想的理論
> 性確立，因而值得關注。這篇文章是描寫，將人民喻為萬川，把身為君主的
> 自己喻為明月，就像明月能照映在每條河川一樣，君主的理念也能傳達給每
> 個人民的政治世界。他對於明月及萬川的關係說明，在說完明月是身為君主
> 的自己，亦為太陽之後，寫著，太極分成陰陽，而陰陽分為四象的順序，使
> 《易》卦轉變成高達約 16,774,200 餘變化，並以此數字即為天下蒼生的數
> 量，再三明確了君民一體的思想。相較之下，比起朱熹對此僅說明道
> 「《易》卦之無窮如此」，不得不說是完全不同的意識世界。[23]

李泰鎮認為此文是「描寫分別將人民喻為萬川，而把身為君主的自己喻為明
月，如同明月將映照在每條河川般，君主的理念也能傳達給每位人民的政治世
界。」同時也是再三表達「君民一體的思想」的文章。作為這項主張的根據，他提
出了三個要點。①太極分化「累至二十有四，則一千六百七十有七萬餘」就是「吾
之蒼生之數」。②「水之流者，[24]月與之流。水之渟者，月與之渟。水之溯者，月
與之溯。水之洄者，月與之洄。總其水之大本，則月之精也」可以解釋成「描寫出
如同明月將映照在每條河川般，君主的理念也能傳達給每位人民的政治世界」。③
這個解釋與朱子的解釋是「完全不同的意識世界」。

但實際上，在〈萬川明月主人翁自序〉裡所表達的意義，如同以下的說明，與
李泰鎮的解釋有些許的不同。

〈太極圖說〉是說明太極→陰陽→五行的分化，這可以用水與月的關係來解
釋。儘管映照於河川的月可以有數萬，但在天上的月只有一個。《易・繫辭下傳》
中說「天地之道，貞觀者也；日月之道，貞明者也」；在〈說卦〉中說：「萬物皆
相見，南方之卦也。南面而聽，嚮明而治」；在〈離卦〉中說：「利貞，亨」、

22　《弘齋全書》卷 10，序引三。

23　《朝鮮王朝社會與儒教》，頁 306。

24　《孟子集注・梁惠王章句下》。

「大人以繼明照於四方」。這些言論是在告訴我們，以「貞」、「南面」、「明」作為關鍵詞去統治就能成功的道理，而實際上我也基於這個道理得到了「馭世長策」。至今，我在長達二十幾年中，遇見千百種人，並以「我心」及「我意」應對他們。我最近幸運地能領悟「極、陰陽、五行之道理」，掌握「人之術」，習得「明德」。如文王「照臨西土」般在「寸長」（技術）上不輸任何人，「萬善」歸屬於我，連同「太極」與「性」皆歸我所有。太極在分化後生成萬物，但其中的原理是看不見的。如同太極在分化後形成陰陽、四象、八卦，進而形成一千六百七十有七萬多變化。吾之蒼生（民）也是從我分化出來的，正因如此，才分有著我身上的「雅量」，於是大眾集中於「有極」。王道是應該遵守的，將這個道理傳向國內所有的百姓，而百姓也能遵循肅、乂、哲、謀的話，應能迎接五福的到來。孔子著《易・繫辭傳》教導「太極」的重要性，著《春秋》教導「大一統」（偉大的統一），也就是所有的國家應當被「一王」所統治，所有的河川皆應歸於「一海」，各色彩皆應集於「一太極」的道理。萬物中能「參贊位育之功」的只有聖人才有可能。因此，我期望的是「學習聖人」這件事。將此比喻為映入水中的月亮，明媚月光居高臨下，映照龍門、鴈宕、濂溪、武夷、揚子、湯泉等各種性質的河川。水與月如影隨形，水由月之精而統一。我知道水即是世人，被映照出來的是人的形象，月即是太極，而太極即是我。這正是古人用河川與明月的比喻，來形容太極之「神用」的理由。看見「容光」必照，或許就能理解此事。但我也知道，太極的圓（無極而太極）為徒勞無益，如同水中撈月。因此，我在家中寫了這篇序文，並自稱為「萬川明月主人翁」。

　　透過此篇文章的全文，可知此文所要主張的是，我已經可以理解世界構成的原理（「極、陰陽、五行的道理」），而我即為太極，且能像聖人一般統一世界。表明正祖對於統治有著屹立不搖（或者也可以說是不遜）的自信。所以這篇文章，與其說是表明「君民一體的思想」，不如說應該視為是在宣言，確立以王為中心的專制主義政治體制的文章。

　　李泰鎮會誤解這篇文章的原因，或許與他過於重視「累至二十有四，則為一千六百七十有七萬餘畫。一皆本之於三十六分六十四乘，而可以當吾蒼生之數矣」的「蒼生」；「是蓋參贊位育之功，為聖人之能事也」的「位育」；及「水之流者，月與之流。水之渟者，月與之渟。水之溯者，月與之溯。水之洄者，月與之洄」的「與」。以至於將「寸長不讓於人，萬善都歸於我。物物太極，罔咈其性，性性存存，皆為我有」；「九州萬國統於一王，千流百派歸於一海，千紫萬紅〔彩色的花〕合於一太極」；「月者太極也，太極者吾也」等，對表明王的專制主義權力的

言論，給予過低的評價有關。

特別不可忽略的是，談到《書經·洪範》的五事，敘述「用敷錫厥庶民，肅、乂、哲、謀之應，五福備具，而康而色」的地方。本來《書經·洪範》五事的這個部分的原文是「恭作肅，從作乂，明作哲，聰作謀，睿作聖」，最後的「睿作聖」，正祖故意將此部分刪除。《書經·洪範》是在說明，天賜與禹王洪範九疇的文章，九疇的第一是五行（成為萬物成立並變化的原因的五單位性能）、第二是五事（對應五行的人類動作的五個基本作用）。[25]從這五事中排除「睿」，是在示意正祖做為人類動作的基本作用對百姓的期待只有「恭、從、明、聰」這四項，並理解到既然「睿」是聯繫聖人之德，只有身為國王的自己能符合。

在《朱子語類》卷 79 裡，記錄著關於〈洪範〉皇極的以下兩個話語：

> 皇，君也；極，標準也。皇極之君，常滴水滴凍，無一些不善。人卻不齊，故曰「不協于極，不罹于咎」。[26]「天子作民父母，以為天下王」，[27] 此便是「皇建其有極」也。[28]

> 皇，須是君；極，須是人君建一箇表儀〔榜樣〕於上。且如北極是在天中，喚作北中不可；屋極〔屋頂的棟樑〕是在屋中，喚作屋中不可。人君建一箇表儀於上，便有肅、乂、哲、謀、聖之應。五福備具，推以與民；民皆從其表儀，又相與保其表儀。下文「凡厥庶民」以下，言人君建此表儀，又須知天下有許多名色人，須逐一做道理處著始得。[29]

對於「皇建其有極」，朱子遵照《書經·洪範》皇極的本文，表示人有各種各樣（「人卻不齊」）所謂不合於中，不罹於咎惡（「不協于極，不罹于咎」），皇（天子）應當像作人民的父母一樣，來作天下的君王（「天子作民父母，以為天下王」）；又表示人君以身作則的話（「人君建一箇表儀於上」），人民也會應「肅、乂、哲、謀、聖」，集齊五福則「與民」行動，民皆遵從並相互幫助，遵守其示範（「相與保其表儀」）。這是李泰鎮所說的上述②的「描寫君主的理念能傳達給所有民的政治世界」，且表示期待民的「肅、乂、哲、謀、聖」這五事（不像

---

[25] 《新釋漢文大系·書經》（東京：明治書院，1983），上，頁 149。

[26] 《書經·洪範》，皇極。

[27] 《書經·洪範》，皇極。

[28] 《朱子語類》卷 79，《尚書》2，〈洪範〉，甘節錄。

[29] 《朱子語類》卷 79，《尚書》2，〈洪範〉，滕璘錄。

正祖去除「聖」）。朱子的解釋是忠實於《書經・洪範》的文本，而反倒是正祖將其蓄意的改寫為自己的風格。改寫的用途並非是將「君主的理念能傳達給所有臣民的政治世界」放在心上，而是為了說明，朱子絕不提及的「太極即是我」，也就是所有國家應當被「一王」統治，所有色彩皆應集於「一太極」的，以王為中心的專制主義的政治體制。正祖從《書經・洪範》五事裡去除「聖」，且未提到「天子作民父母，以為天下王」，無視朱子的解釋，只說明作為自身（太極）的〈分身〉的「蒼生」這件事，隱藏著正祖真正的意圖。因此，認為正祖的解釋，與只說了「《易》卦之無窮如此」[30]的朱子是「完全不同的意識世界」。李泰鎮這樣的判斷，應該是要被理解為，正祖表明了朱子絕不言及的「以王為中心的絕對主義的政治體制」的構造。

三、「民國」說的檢討（其二）：蕩平君主與「民國」

黃台淵擴張李泰鎮的「民國」說，對於從孝宗到正祖的「民國」概念的改變，給予以下的說明：

> 「民國」並非從一開始就被當作「民國」的合成詞，而是並列使用了「民」與「國」兩個單字。雖然與民國一體論類似，但與展開本質上相異的「民國不二論」是同樣的。例如孝宗七年（1656）司諫院的某啟中有「民國相依，元非二體」[31]一文。在孝宗七年，還可以看到像「民國兩便」[32]這樣的描述。像這樣的對等合成詞的並列語法，是所謂民、國一體的「民國」的合成語誕生後，也理所當然地多方被使用著。正祖二年（1778）右議政的鄭弘淳論道：「而若其汰冗兵、減冗食，寔為民國俱利之要道」。[33]又正祖四年（1780）領議政的金尚喆論道：「若於今秋滌場後，道臣先察其不可不改量之邑，漸次設施，則民國俱賴」。[34]

---

[30] 這是在暗示朱子的哪一項言論實際上是不明確的。在「朱子太極圖說解」裡有「人物生生，變化無窮」，但這是用以解釋周濂溪「太極圖說」本文的「萬物生生，變化無窮」，而非朱子說易卦是無窮的。

[31] 《承政院日記》孝宗 7 年 10 月 23 日丁酉。

[32] 황태연：《조선시대 공공성의 구조변동》（성남시：한국학중앙연구원출판부，2016），頁 44，在註 58 將出處標記為「同前」，但是在《承政院日記》孝宗 7 年 10 月 23 日甲子裡面看不到「民國兩便」。在《承政院日記》裡「民國兩便」的第一次出現是在英祖即位年 11 月 24 日甲子。

[33] 《正祖實錄》2 年（1778）閏 6 月 24 日壬午條。

[34] 《正祖實錄》4 年（1780）1 月 10 日己丑條。

從被並列使用的「民」與「國」，慢慢地自然延伸出民、國一體的「民國」的從屬合成詞，這個合成詞漸漸地被廣泛使用。特別是在蕩平君主時，做為民國一體的從屬合成詞被使用的頻率急增，超越對等合成詞的使用頻率。這種合成詞的使用，在英祖時期，明顯有 80-90% 以上壓倒性的使用頻率。在這個時期，民國幾乎全部都以一體的合成詞被使用。活用「民即是國」亦或是「民之國」的解釋來定義民國概念的「民國之策」、「民國之大政」、「民國之大事」、「民國一事」、「民國之丕計」、「民國之大計」、「民國重事」、「民國之本」、「民國之務」、「民國之急」、「民國之任」、「民國之重」、「民國之責」等的語法也集中的出現。在《承政院日記》中，民國的從屬合成詞的使用，在肅宗時總共有八次，英祖時共有四百一十七次；在《日省錄》中，正祖時共有一百四十六次。在《朝鮮王朝實錄》中「民國」的使用，在英祖時代有三十一件，正祖時代四十三件，純祖時代五十九件。可以發現大約以英祖時代為界線，起了很大的變化。

看看在英祖時期，世孫（之後的正祖）所寫的合成詞的「民即國」的「民國」的用例，世孫的上疏文寫著以下的句子：「況茲民國之重，機務之繁，遽以畀之，不少留難何哉？」[35]

又正祖時期，判中樞府事論道：「常賑穀散置諸道，一則為荒年之賑資，一則為不時之需用也。必須穀數有充羨之實，用度無尾閭之洩。然後凡百經用之道，自可有裕。民國預備之策，無過乎此」。[36]

將這兩段引文的「民國」，分解、並列成「民與國」讀起來不成意思。那是因為，常賑穀的管理是「民的工作」，同時也完全是「國家固有的業務」，而非「國家的工作」。因此在這些引文中的「民國」，毫無疑問的是以合成詞的「民之國」或是「民即國」的「國民國家」的意思被使用。所以，高宗時的金炳始將「民依於國，國依於民」解釋為「民國一體」，道破了這正是「古之義」。也就是民與國並非是「不二不一的關係」而是「民即是國家」

---

[35] 《英祖實錄》51 年（1775）12 月 8 日條。
[36] 《正祖實錄》20 年（1796）6 月 22 日條。

的「民即國」。[37]

　　根據黃台淵所說，在孝宗時代（在位 1649-1659），「民」與「國」已被並列著使用。到了英祖（在位 1724-1776）及正祖（在位 1776-1800）的所謂蕩平（為了結束黨爭，平等採用各派的人才）君主時代，「民國」以「民即是國」或是「民之國」的意思開始被使用。

　　但是，根據黃台淵提出的資料，就把「民國」解釋為「民即是國」或是「民之國」行不通。不得不說，這是無視文章脈絡，強硬解釋組成的推論。我舉兩件事例說明。

　　前面舉出正祖所寫的合成詞「民即國」的「民國」的用例「況茲民國之重，機務之繁，遽以畀之，不少留難何哉？」出現在《英祖實錄》五十一年（1775）十二月八日條：

> 噫！臣年幼而學淺，識蔑而才踈，忝叨儲位〔皇太子之位〕，尚切兢業〔戒慎〕，惟知繞膝〔子孫圍繞在父母膝下嬉戲〕之為歡，舞綵而為樂而已。雖尋常字句之間，終未敢仰贊於至化〔美好的教化〕之治者，抑亦聖明〔國王的聰明〕之所燭也，又何為而有此莫重之教耶？至如狀聞稟請〔上奏〕之事，猶不敢奉承〔恭聽〕，再疏三疏不知止者，誠以左右思量〔深思〕，萬無承當〔接受〕之望而然矣。<u>況茲民國之重，機務〔重要且須保密的事〕之繁，遽以畀之，不少留難〔提出難題〕，何哉？</u>

　　此文的意思是說：「啊！我既年幼，又沒有學問及才能，愧於皇太子的位子，儘管兢兢業業，也只知在父母身旁戲耍，身著漂亮的衣服。只羅列尋常的字句，不能讚賞國王優秀的國家治理，如國王所看透的一樣。其中怎能無重要的指教呢？我明明知道國王聽了我的申述，卻再三地不停上奏，思考許多得出的結論是，我認為是國王絕對沒有承諾我的提議。更何況遽然授以民與國的重責及諸多機務，而且提出這麼多難題，到底是為什麼呢？」

　　黃台淵將底線部分解釋為「何況對於突然交與民國的重要性及機務的繁雜性而完全不感到猶豫和困難是為什麼呢」？但「留難」是指「提出難題」的意思，而「民國之重、機務之繁」就是此難題。如同這篇文章名為「王世孫四疏」，正祖向

[37] 황태연：《조선시대 공공성의 구조변동》，頁44-46。

既是國王又是祖父的英祖，所提出的第四次上疏文，並對英祖總是對身為皇太子的正祖給予難題這件事提出抱怨的文章。

其實「民國之重」的用例，在《英祖實錄》此條文先後的也有在《承政院日記》使用。在這之前的用例是「噫，臣受國厚恩，冥升〔不斷向上攀登〕至此，在臣感激圖報〔圖謀回報〕之道，苟有涓埃〔些許〕之效，可以少補於聖治者，則雖糜身粉骨，固不辭者，何敢不顧民國之重，而自甘逋慢〔怠惰受到的命令，不去執行〕之誅哉？」（《承政院日記》英祖三十二年（1756）五月二四日辛卯）；這之後的用例是「伏願殿下，行其所已難勉，其所未及，益加誠禮，敷心延登〔招集人材並錄用〕，如宣祖大王之於李珥，孝宗大王之於宋時烈，責之以君臣之大義，勉之以民國之重務，則德相必不敢以些少疾恙〔疾病〕，少遲明命〔天命〕之敬應〔謹慎遵守〕，明良一堂〔堂中所有的人〕，俞咈萬幾，則聖學於是乎益樊，朝象〔朝廷的樣子〕於是乎丕變，一國士庶，莫不興起鼓舞，太平之盛，不日而將奏功矣。」（《承政院日記》正祖三年（1779）三月三日癸巳）。不管哪個用例，「民國之重」都是「民與國之重務」（民國之重務）的意思。因此，把「民國之重」解釋為「民國的重要性」明顯的說不過去。

再者，作為正祖代的事例，被舉出的判中樞府事（李命植）上疏文中的「常賑穀散置諸道，一則為荒年之賑資，一則為不時之需用也。必須穀數有充羨之實，用度無尾閭之洩。然後凡百經用之道，自可有裕。民國預備之策，無過乎此」。出現在《正祖實錄》二十年（1796）六月二十二日條的文章中：

> 常賑穀〔宣惠廳管轄的賑恤穀〕散置諸道，一則為荒年〔飢餓年〕之賑資，一則為不時〔臨時〕之需用也。必須穀數有充羨〔充滿〕之實，用度〔必要的費用〕無尾閭〔在大海底部，水不斷地流漏之處〕之洩，然後凡百經用〔常用〕之道，自可有裕。民國預備〔事先預備以防萬一〕之策，無過乎此。蓋自設置以來，未聞有不足之歎，良以穀數之愛惜而無移劃〔把錢穀從這移動到那〕也，用度之節損而無濫觴〔事物的起源〕也。

這段引文說的是，常賑穀設置於各道，一方面是為了飢荒之時的救濟，另一方面也是為了臨時之需。穀米的收穫量必定要儲存到填滿，且不可在費用上有大的遺漏。這樣才能在各種平常中保有餘裕。作為民與國的預防對策，沒有比此更重要的事。自從設置常賑穀後，就沒有聽過穀米不夠的陳請，應做到避免因捨不得穀物的收穫量而不移動穀物，或是為了節省費用而發生事件。

黃台淵將「民國預備之策，無過乎此」解釋為「民國預備的對策，無法凌駕於此」。並得出了「將這兩段引文的『民國』分解、並列成『民與國』讀起來不成意思。那是因為常賑穀的管理是『民的工作』，同時也完全是『國家固有的業務』，而非『國的工作』」的結論。但是「民國預備之策」是在指前文的「穀數有充羨之實，用度無尾閭之洩」，並非在指摘「國家固有的業務」的不足，而是在說明，無論是對民或是國家，講述予防對策的必要性。而「無過乎此」是指「沒有比此更重要的事」的意思。

因此，從這兩件事例來看，黃台淵的「從被並列使用的『民』與『國』慢慢地自然延伸出民、國一體的『民國』從屬合成詞，並以這個合成詞漸漸地被廣泛使用」的觀點是沒有根據的。

問題是，為什麼李泰鎮跟黃台淵關注的英祖時代之後「民國」的合成詞會突然多次出現在文書中？李泰鎮將其視為是「君民一體思想」的表明，而黃台淵則視之為「民之國」及「民即國」的「國民國家」意識的表明，但真相到底是甚麼呢？

四、朝鮮王朝的「民國」系譜學

我們再次來驗證在朝鮮王朝時代「民國」的用例。在《朝鮮王朝實錄》及《承政院日記》第一次出現的用例，都是舉出成宗時代（在位 1469-1494）的同一事例。在這裡舉出《成宗實錄》一百三十卷，成宗十二年（1481）六月九日壬子條，文章如下：

> 臣願發此久陳之米，優其斗數，以貿番上〔地方的軍士為了從事軍役，輪流前往首爾〕軍士所賣綿〔綿布〕布，俟其年豐米賤之時，還以換米〔估價之後，拿雜穀或其他物品去換米〕，則非徒救民而已，抑且優於本數〔為萬物根本的道，仁義〕，而倉廩〔儲藏穀物的糧倉〕自若矣。古之人君，雖非凶歲，或賜田租〔田租〕之半，以厚民生，況此民國兩便者乎？

這是軍資僉正的李晏，向成宗上疏的內文。內容是在講發放舊米或購買棉布，在米價下降的豐收年時買米的話，不僅可救民，符合仁義，也能穩固倉廩。古代先王就算不是荒年，也還原一半的田租，以厚民生。這正是所謂民與國皆能安定。在朝鮮王朝首次出現「民國」，是在向國王請求在荒年之際調整穀米的數量時被提及的。

　　《朝鮮王朝實錄》的第二個事例，是在《中宗實錄》中宗十二年（1517）二月二十六日壬申條中，有以下的文章：

> 若曰：天生蒸民〔諸多的人民〕，為國之本；地生百穀，為民之命，<u>非民國罔立</u>，非食民罔生。是以，先王之欲生其民，厚其衣食者，莫不以農桑為之首也。堯以敬授人時為急；[38]舜以食哉惟時為務，[39]商知小人攸依；[40]周以農事肇基〔確立事物的基礎〕。[41]

　　這是中宗（在位 1506-1544）命令製作《農桑教書》，向八道告諭的文章中的開頭內容。有人認為在製作《農桑教書》之際，參考了《宋名臣奏議》卷一百五「財賦門‧勸課」的陳靖〈上太宗聚人議〉。因為在《宋名臣奏議》的開頭，記載著如以下的敘述：

> 臣伏以天生烝民〔諸多的人民〕為國之本，地生百穀為民之財。國非民罔興，民非財罔聚。故《書》有「本固邦寧」[42]之旨，《易》有「聚人曰財」[43]之文。考斯格言，誠為要道〔重要的道理〕。夫先王之聚民也，豈能耕與之食，織與之衣？蓋開其貨殖〔增加財產〕之門，示以農桑之本，俾夫養生送死，力服田疇〔農田〕，而無輕家離鄉之心。是知理國之道，聚人為先，人聚則野無閑田〔沒在耕作的農田〕，家無乏用〔費用不夠〕。

　　中宗所敘述的「天生蒸民，為國之本；地生百穀，為民之命，<u>非民國罔立</u>，非食民罔生。」在陳靖的上疏文中記載為「以天生烝民為國之本，地生百穀為民之財。國非民罔興，民非財罔聚。」中宗把「民之財」變更為「民之命」；「國非民罔興」變更為「非民國罔立」；「民非財罔聚」則變更為「民非食貨，則無以為生」。值得注目的是，相對於陳靖用「國非民罔興」，中宗用「非民國罔立」；又陳靖用「民非財罔聚」，中宗用「非食民罔生」。可以把這些變更理解為，其中含

---

[38]　《書經‧堯典》。

[39]　《書經‧舜典》。

[40]　《書經‧無逸》：「知小人之依。」

[41]　《書經‧武成》：「至於大王，肇基王跡。」

[42]　《書經‧五子之歌》：「民惟邦本，本固邦寧。」

[43]　《易經‧繫辭下傳》。

有中宗希望藉此讓大家看到他重視「民」，民與國並重的姿態，以振興農業。

　　中宗重視「民」的態度，透過仁祖（在位 1623-1649）可更加清楚地了解。在《仁祖實錄》仁祖二十年（1642）二月二日壬寅條，由正言（司諫院正六品的官吏）的河溍所上的疏文，有以下的文章：

> 興亡之機，在於人心離合，人心固結，則危可使安，亂可使治；人心橫潰〔因洪水潰堤〕，則危者益危，亂者愈亂，此必然之理也。歷代興亡，昭在方策，殿下固已洞觀其機，而今日之失人心，亦已多矣。喪亂〔亡國後失去土地人民離散〕之後，加以水旱〔水災與乾旱〕，飢饉連仍〔不斷發生〕，流殍〔難民與飢荒餓死〕相望，而仁恩不加，賦役愈重。催剝〔弄亂剝去〕聚斂〔嚴格收稅〕者，謂之忠於國；慈祥〔慈悲善良〕撫恤〔賜予恩惠並憐憫〕者，謂之黨〔夥伴間彼此偏袒〕於民，判民國而二之。國之於民，猶毛之於皮，皮之既盡，毛將安傅〔跟隨在身旁〕？如此而望民之愛戴〔樂於奉戴〕於上，難矣。

　　意思是：「國之興亡，在於人心離合；歷代王朝之興亡，取決於國王的方策。殿下應該已洞察機微，知道現今的政策已失去人心。連續的天災及飢荒，且不施於仁愛恩德，賦役變得越來越重。您把嚴格催收徵稅者說是『忠於國』，善良救濟貧困者說是『黨於民』，若是像這樣將民與國一分為二的話，民與國就如同毛與皮的關係，沒有民（皮）則國（毛）該如何生存呢？在這樣的狀況下，很難期望人民去敬愛國王。」國家的興亡，在於人心的離合。因此不是「將民與國一分為二」，而是希望國王更加親近人民而施政。

　　像這樣來自臣下的要求，在英祖（在位 1724-1776）的即位年也有出現。在《承政院日記》英祖即位年（1724）九月二十五日乙丑條中，有都提調（設於六曹的屬衙門及軍營等的正一品的諮問職）的李光佐以下十二名臣下的上奏文：

> 孔子曰：「道千乘之國……節用而愛民」。[44]此固治國之大法也。我國用度歲增，故一年稅入〔稅租的收入〕，不能當，既不能當，從何出乎？戶、兵曹封〔祿〕不同，惠廳〔正式來說是宣惠廳。掌管出納大同米、麻布、金錢的官衙〕餘貯，舉皆蕩然〔不留形跡〕，意外國有大喪，將入幾何，不為預

---

44 《論語・學而》：「道千乘之國，敬事而信，節用而愛人，使民以時。」

度〔在事發前先策劃〕，國用輕減一匹〔約九點四公尺長的布〕，則將何以
支用？ 勢必如皇明〔明朝〕末，將徵於民也。實有大償敗〔敗仗〕之慮，
他日更當細為陳達〔陳述情況傳達〕，而治國根本，在於節用〔節省浪費，
節約費用〕，世祖大王，與黃喜、許稠議定祭享之用素饌〔素食〕，聖祖賢
相之所講定者，至今賴之，儉約之道，推此可知。殿下於此等處，特為勉力
〔強行努力工作〕，凡諸用度，大段減省〔減少、省略〕，則此救民活國之
道也。<u>都民國之本也</u>，應下之物，亦不得出給，都民以此倒懸〔綁著顛倒懸
吊〕，凡所以省用裕財之方，十分勉力，何如？

　　要注意的是，在開頭從《論語·學而篇》的引用，對比原本是「道千乘之國，
敬事而信，節用而愛人，使民以時」，李光佐將這「愛人」的「人」換成「民」，
而成為「節用愛民」。[45]更換成「民」，是在表達希望國王能關注於「民」吧。
　　英祖重視民與農業的想法，在翌年被用以更加強調的寫法記載著。在《承政院
日記》英祖一年（1725）中，有如以下的文章：

　　蓋農者，天下之大本，[46]國以民為天，民以食為天，[47]可不重歟？故夫子
曰：「足食」，[48]又曰：「道千乘之國，……使民以時。」[49]雖有勸農〔勸
導推動農業〕之教，[50]不使民以時，則民何以專意農事乎？以常年言之，其
不可忽也，而況年因荐饑〔荒年不斷〕，內無經費之蓄，外無禦寇〔防範外
敵的入侵〕之備。古語云：「國無三年之蓄，國不為國」，[51]況其一年者
耶？ 將何以穀，內救都民之飢，外活邊氓〔在邊境的民〕之饉？國猶如
此，其蔀屋〔貧困昏暗的家〕之顛連〔非常困難〕，可勝言哉？念及于此，
忘餐忘寢。嗚呼！<u>民國之本</u>，本固邦寧，[52]古人之語，民無食，而其能為邦

<hr/>

[45] 從「愛人」到「愛民」的變更早在中國就能看到先例。在《資治通鑑》卷 109，晉紀 31，安皇帝甲裡有「此必不可若節用愛民」一句，「節用愛民」作為合成詞被使用。
[46] 〔宋〕史浩，《尚書講義》卷 3。
[47] 《東周列國志》第 81 回有載「臣聞國以民為天，民以食為天」；〔明〕湛若水《格物通》卷 16，〈畏民上〉，」春秋莊公八年秋師還」也有：「夫國以民為天，民以食為天」一句。
[48] 《論語·顏淵》。
[49] 《論語·學而》。
[50] 《史記》卷 10，〈孝文本紀〉第 10：「上曰：農天下之本，務莫大焉。今勤身從事，而有租稅之賦，是為本末者，無以異其於勸農之道未備，其除田之租稅。」
[51] 《禮記·王政》：「無三年之蓄，曰：國非其國也。」
[52] 《書經·五子之歌》：「民惟邦本，本固邦寧。」

本乎？[53]

　　這是作為備忘錄（記錄向承旨傳達王令的文書）英祖傳達給臣下的文章。內容在說：要重視「農者為天下之大本」、「國以民為天，民以食為天」。而且勸農應該要考慮適當的時機。近年來，連續的荒年使國內的經費及對外的防備都已見底。雖說古語裡有「國無三年之蓄，國不為國」，但只要一年沒了儲蓄那就不成國家了。啊！民為國之本，且本（民）固則邦寧。古人不是說過「民無食，而其能為邦本乎」？

　　英祖從即位始，理解到強化農業振興的生產力才是民與國的基礎，並將此告知臣下。可以說，英祖在作為國王的施政方針演說中，宣言將「國以民為天，民以食為天」作為自己政策的重心，並運用在其長達五十三年間的長期政權中。可以想見，英祖這種堅決的政治態度的表明，促進了自己及臣下間頻繁提及「民國」。[54]

　　繼承英祖的「重視以農業為基礎的民與國」的道理而即位的是正祖（在位 1776-1800）。在《正祖實錄》正祖即位年（1776）收錄了以下的文章：

　　　　查正〔調查改正〕諸宮房〔王族〕冒受〔犯法一味地接受〕免稅田結〔農田的稅金〕。教曰：凡所以利於國利於民，則肌膚何惜？[55]此吾先王嘗所以諄諄〔誠實且拘謹〕於寡人〔指國王自身〕也。目今國用告乏，民產如罄，言念民國，不覺中夜繞榻〔被子〕。至於宮房田結，或有法外加受者，或有代盡未收者，又或有已準結數，而假托未準者，不但有害於國用，其貽害小民，不一而足。[56]

　　　　罷宮差〔由王族派來的官員〕徵稅之法。教曰：嗟我民生，困悴極矣。予自即阼〔即位〕以來，懷保軫恤〔富於同情〕之念，耿耿〔刺眼睡不著〕在中，未嘗須臾少忽也。凡可以蘇民力而袪民瘼〔人民苦於惡政〕，則汲汲

---

[53]　《承政院日記》英祖 1 年（1725）1 月 1 日庚子條。

[54]　象徵英祖將「民國」作為政策中心的言論被保留著。那是在「上曰，予已許身民國」（《承政院日記》英祖 32 年（1756）10 月 9 日癸酉條）以及「噫，年將添一歲，而且加一事，是豈樂為？即予一心，已許民國。」（《承政院日記》英祖 36 年（1760）12 月 2 日丁酉條）等裡面看到的「予已許身民國」、「即予一心，已許民國。」這樣的言論。身為王的自己多次向臣下聲明「許諾身心皆是民與國重要性」是能感受到英祖對於「民國」強大的責任感的言論。

[55]　《史記》卷 10，〈孝文本紀〉第 10：「夫刑，至斷支體，刻肌膚，終身不息，何其楚痛，而不德也，豈稱為民父母之意哉？」

[56]　《正祖實錄》正祖即位年（1776）4 月 10 日辛亥條。

若救焚〔拯救被火燒或般痛苦〕拯溺〔從溺水中撈起〕，幾欲忘寢與食，此余所以向有苟利於民，肌膚何惜之教者也。[57]

正祖宣言以「凡所以利於國利於民，則肌膚何惜」？「苟利於民，肌膚何惜」作為自己的施政方針，並親自運作政權。如上所述，其政權營運之特徵，並不是「君民一體」、「民之國」或「民即國」的「國民國家」，而是以構築標榜「有利民與國」的「以王為中心的專制主義的政治體制」為目標的。

五、朝鮮的近代國家構想與「愛民」思想

被稱為蕩平君主的英祖與正祖在頻繁論及「民國」的文章裡，其實伴隨著一個不可忽略的重要概念。那就是「愛民」。例如在《承政院日記》英祖七年（1731）十二月十九日戊辰中，在大司憲李夏源的上疏文中，有以下的文章：

> 惟彼一粒之粟，皆自民膏血中出，反為私人各邑從中取贏〔徵收〕之資，貧民下戶，不得蒙一分之惠，常平〔常平倉〕之義安在，賑恤之名何居？……自今以後，劃給〔賜予配額〕發賣〔以商品賣出〕之政，折錢〔用錢占卜，占卜方法的一種〕上納〔納官〕之令，一切防禁〔預防與禁止〕，惟以儲穀〔儲備的穀物〕為主。春夏分糶〔發放官穀〕，必令折半留庫〔不全部發放而存留在倉庫〕，逐年〔每年〕還給，常有餘蓄，則雖值儉歲〔五穀不結之年〕，民國俱有所恃矣，宜令申立禁條，毋踵前習焉。愛民之實，在於節用，不節則必至傷財而害民。我殿下愛民之誠，無所不至，乃在今歲，至捐內帑〔君王所擁有的財貨〕巨萬金於諸道，以補賑資，甚盛舉也。凡有血氣，孰不感泣？而以此救百萬生靈，無異於以一杯水，救一車薪〔放在車上的柴木〕之火也。臣以為，殿下愛民之心，固至矣，而愛民之實，不在於是，只在於節其用。何者？用苟節則財自裕，而及民之惠，無所不溥矣。

因為即使是一粒粟也是百姓血汗換來的。所以，要以儲備穀物為重點，還之於民，即使是荒年也「民國俱有所恃」。「愛民之實」即是節約。吾殿下（國王）的「愛民之誠」顯現在發放政府的財貨，以補充各道的賑濟撫恤資金。吾殿下的「愛

民之心」是無可復加，但「愛民之實」不是在於發放財貨，而是在於節約。這是因為如果國王節約，恩惠將及於百姓。由此可知「民國俱有所恃」的話語是如此依據「愛民」的想法而被提出的。

如前面敘述所指出的，在《承政院日記》英祖即位年（1724）九月二十五日乙丑條的上奏文中，《論語‧學而篇》的「節用而愛人」的「人」被改為「民」而成「節用愛民」，應該是希望國王能多關懷「民」的表現。英祖繼承了中宗及仁祖珍惜民與國的思想，真誠地傾聽臣下的訴求，更重要的是，他們都有「愛民」的思想。[58]所以，在英祖時代的《承政院日記》及《朝鮮王朝實錄》中，「民國」一詞才會被作為合成詞使用。而正祖繼承英祖「重視以農業為基礎的民與國」的想法，同時構築以「利國利民」為基礎的專制主義的政治體制為目標。

藉由英祖、正祖所謂蕩平君主而成為政策主要中心思想的「民與國（民國）」之重視，在純祖時代（在位 1800-1834）也踏實地被繼承著。在《純祖實錄》純祖十九年（1819）九月十日己巳條裡，吏曹判書李存秀的上申中，記錄著以下的文章：

> 以今民國事勢言之，量田〔測量田地〕已過百年矣。陳起〔擱置與栽培農田〕互換，虛實相蒙。民賦〔從民徵收到的年貢〕有白徵〔強行向無關的人徵收稅金〕之冤，國計〔國家的財政〕有日縮〔日益縮減〕之歎。最其甚處，竝與舊量之案而已歸烏有〔甚麼都沒有〕，徵賦徵稅之際，無以憑據〔依據〕。改量之舉，臣固無異議。而其事則莫大之役也，其舉則生弊最易，任其事者，存得此鄭重〔有禮且恭敬的樣子〕難慎底意，則亦可濟事而弊寡矣。居牧民〔地方長官〕之職者，不能體朝家〔朝廷〕愛民之德意，惠不下究〔下達〕，民亦不孚久矣。

---

[58] 「愛民」思想是原本從元朝歷經高麗王朝繼承到朝鮮王朝。如在〔明〕宋濂等《元史》卷 93，志第 43，食貨 1（1369 年成立）云：「〈洪範〉八政〔食、貨、祀、司空、司徒、司寇、賓、師〕，食為首，而貨次之。蓋食貨者，養生之源也。民非食貨，則無以為生。國非食貨，則無以為用。是以古之善治其國者，不能無取於民〔榨取自民〕，亦未嘗過取於民，其大要在乎量入為出而已。……於是，漢有告緡〔告發逃稅者〕算舟車之令，唐有借商〔向富商借入〕稅間架〔房屋稅〕之法，宋有經、總制二錢〔經制錢、總制錢，皆為宋代加稅之名〕。皆掊民以充國，卒之民困而國亡，可歎也。已元初取民未有定制，及世祖〔忽必烈〕立法，一本於寬。其用之也，於宗戚〔宗族〕則有歲賜〔每年賜給臣下〕，於凶荒則有賑恤。大率以親親愛民為重，而尤惓惓〔盡誠心貌〕於農桑一事，可謂知理財之本者矣。」在《高麗史》卷 18，世家卷 18，毅宗 2 有云：「一、救恤民物〔民之財務〕。國家特立東西大悲院及濟危寶〔擔任民之救護及疾病治療的單位〕，以救窮民。然近來任是官者，率非其人。故或有饑饉不能存者，疾病無所依附者，未能收集救恤。於寡人愛民之心，何如哉！」循著元朝→高麗王朝→朝鮮王朝的路徑，「愛民的心」在朝鮮王朝時代脈脈相傳下去。關於「愛民」詳細的說明請參考井上厚史：《愛民的朝鮮儒教》（東京：ぺりかん社，2021）。

　　說到現在「民與國」的情勢，由於農田的測量已經過了百年，耕作與放置交替
進行，對百姓胡亂徵收稅金，國家財政日益縮減。最糟糕的是沒有徵收賦稅的基
準。我並不反對重改測量方法，但那會是非常辛苦的工作，且容易產生弊害。負責
的官員若是細心謹慎的人，那弊害會比較少。但若牧民官無法領會朝廷的「愛民」
之德，那恩惠就無法傳達於百姓，百姓也無法長養吧。由此可見關於「民國」的政
策與「愛民」思想密不可分。

　　同時代的儒學家崔漢綺（1803-1879，字藝老，號惠崗）也對「民國」及「愛民」有
以下的敘述：

　　　蓋民依於國，國依於民。惟民國相依以為生，豈可忘民而使無所依？必有從他
　　浸溺，留心臺榭〔高殿〕，進用奇巧〔很多虛假的詭計〕之人，致精遊獵，招
　　延〔招攬〕馳聘〔為了得到地位及功名努力發揮本領〕之人，存意管絃，鄭衛
　　〔鄭國與衛國的淫樂〕多進，降懷粉黛〔美女〕，燕趙〔燕與趙有很多美女〕
　　斯來。既有樂於害治安之心，又收用〔沒收使用〕於害治安之人，何暇念及於
　　生靈治安？縱或言發愛民憂世，皆是套習〔做為範例〕外飾，何以知用賢俊致
　　治安？[59]

　　正因民依於國，國依於民，「民與國互相依存」而營生。官員們為何會忘民，
而使百姓失去所依賴的呢？他們沉溺於百姓以外的事，一心只想升官，錄用懷有陰
謀詭計的傢伙，熱衷於狩獵，把曲學阿世放在身邊，遊戲於音樂及美女的伺陪，樂
於攪亂治安。攪亂治安的人所重用，必無暇思考生靈百姓的治安。嘴上雖然講「愛
民憂世」，卻也只是表面上的事而已。這樣怎麼錄用賢者而完成治安呢？此文猛烈
地諷刺那些主張「民與國相互依存」的同時，又忘記「愛民憂世」的本分，而沉溺
於權力地位的官僚。

　　最後，來介紹哲宗時代（在位1849-1863）的儒學家許傳（1797-1886，字以老，號性齋）
的「三政策」。「三政策」是針對哲宗的諮詢，許傳在 1863 年上奏的內容，是關
於三政（田政、軍政、還政）的政策建言書，其中有以下的文章：

　　　臣對，臣竊伏惟，我殿下今日親策〔天子親自考試〕三政之舉，即民國之安

---

[59]〈用人門（二）・為民治安〉，收入崔漢綺，《人政》（서울시：민족문화추진회，1980），卷21，頁35-36。

危存亡之一大界分也。……今晉州則尤甚於國法云。此何變也？通計〔通
算〕八路都結〔為了彌補下級官人私底下流用公錢及軍布，徵收比規定金額
高的結稅〕之邑，則太半如此。其所徵寃，無慮千億萬金矣。民其聊生乎？[60]
且法者祖宗之法也，雖或有利於民國者，固非道臣、守令之所敢擅改〔擅自
更改〕也。……殿下既曰，蠲蕩〔免除未繳納的稅金等〕之為快，則聖心之
快，必以民心之快為快者也。當快而不快，則將見民靡孑遺〔僅存的〕而有
不快者至矣。何拘乎取給〔只拿需要的分，不追求多餘的〕之無術乎？臣聞
量入為出，[61]先王之制也。節用愛民，[62]聖師之訓也。

吾殿下（國王）諮問關於三政這件事，是攸關「民與國的安全及存亡」重要的
分歧點。現今，晉州是國中法律最為混亂的，非法收取稅金的行為猖獗，這是怎麼
一回事呢？法律是代代制定的，就算是說「有利於民與國」，為什麼道臣及守令可
以擅自變更呢？殿下先前曾說，為免除稅金而感到高興是聖人之喜，必以百姓的高
興為殿下自身之喜。為該高興的事而不高興，是為「百姓拿不出任何錢財」而不高
興，為何要執著於有無方法不徵收多餘的？我聽說「量入為出」是先王的制度，
「節約愛民」是聖師的教訓。

讀者應該已理解，在英祖、正祖時代頻繁地提及的「民國」，是朝鮮王朝建國
以來，在「愛民」思想發展過程中所出現的現象。而且「民國」是象徵著重視「民
與國的利益」政策的詞彙。而堅持由「愛民」及「民國」所象徵的儒教撫民政策，
謀求以實現其政策為首要課題而營運政權的朝鮮王朝，在十九世紀被捲入到如暴風
雨般的西方的衝擊，也就是西化＝近代化的漩渦中。

六、結語

趙景達質疑賦予「民國」概念以現代意義，主張朝鮮近代國家的概念是從內在
歷史的文脈中誕生的解釋，他提出了以下疑問：「如果說民本主義孕生出民國理念
的話，那應當是擁有與西歐的國民國家不同性格的國家構想。而且其中不正是有圍
繞朝鮮近代固有國家觀的糾葛嗎」[63]？

---

[60]　《史記・春申君列傳》：「人民，不聊生。」
[61]　《禮記・王制》：「用地小大，視年之豐耗。以三十年之通制國用，量入以為出。」
[62]　《論語・學而》。
[63]　趙景達，《朝鮮的近代思想：與日本的比較》，頁163。

　　如本文所考察的那樣，若要在朝鮮的近代思想中尋求「與西歐的國民國家不同性格的國家構想」的話，可以說，那就基於「愛民」思想的重視「民與國」的國家構想。趙景達將求之於「自強」，並且說：「『自強』被理解為王道論，原本與霸道論式的富國強兵是區別開來的。因日本的影響而流傳富國強兵一語，但『富強』中所含的內容為『自強』，其中朱子學中的民本主義邏輯起了重要的作用。」[64]但「愛民」與「自強」在思想上結合到甚麼地步，是今後需考察的重要課題。

　　筆者認為，朝鮮確實有「與西歐風格的國民國家不同性格的國家構想」，那是因為朝鮮儒教裡有獨特的「愛民」思想發達的緣故。在中國儒教及日本儒教裡都看不到本文中所考察的關於「愛民」及「民國」旺盛的思考，以及作為其結果的文本＝話語的生產。關於東北亞的近代化，以丸山真男的《日本政治思想史研究》作為理所當然的前提來講述，意味著放棄考察東北亞地區的「近代空間」實際上是如何形成的努力。「日本放棄了儒教，因而能在亞洲最早實現近代化，中國與朝鮮因未能放棄儒教而落後」這種說法早已過時。

　　關於東北亞諸國的近代化過程，必須通過仔細且正確地解讀留存下來的文本，重新從新的視角進行考察。在以此自戒的同時，在此指出今後還需要進一步鑽研這一領域，作為本文的結束。

---

[64] 趙景達，《儒教的政治思想、文化與東亞的近代》（東京：有志舍，2018），頁57。

第八章
生態、移民、鐵道
——滿洲「近代」的形成軌跡

劉建輝

（宋琦　譯）

一、何為「滿洲近代」？

　　戰後，學界與新聞界一直在反覆叩問何為滿洲。但大多都是集中在日本近代史延長線上的關於「滿洲國」的討論，而對「滿洲國」時代之前與之後的這個地區的情況以及其中所蘊含何種意義的考察卻很鮮見。特別是關於下列問題的關注更是少見：急速興起的「近代國家」為何能在短期內得以實現？其中所釋放出的能量在時間與空間上的影響範圍為何？對此地域內外的社會與文化有什麼樣的影響？總之，不得不說，儘管何為「滿洲國」這個問題一直受到關注，但東亞中的「滿洲」、所謂的「滿洲體驗」究竟是什麼？除了敗戰後的撤離體驗之外，在個人乃至國家層面，上述這些問題究竟在多大程度上受到關注和研究，不得不說十分令人存疑。

　　當談起「滿洲」的時候，暫不論對其殖民地地位如何評價，大都會提到此地在短時期內實現了「近代性」，並強調這是該地區最重要的要素之一。例如，即便是毛澤東主席在抗日戰爭時期的延安時代，就已經認識到了：「東北是很重要的，從我們黨，從中國革命的最近將來的前途看，東北是特別重要的。如果我們把現有的一切根據地都丟了，只要我們有了東北，那麼中國革命就有了鞏固的基礎」[1]，他將滿洲所具有的「大工業」、「重工業」與「大都市」作為革命勝利的必要條件之一。

　　當然，毛澤東在這裡絕不是肯定日本在滿洲的殖民地統治，不過是要將滿洲所實現的「近代性」利用到自己所領導的中國革命之中。滿洲的「近代性」確實是通

---

[1] 〈關於第七屆候補中央委員選舉問題〉（1945 年 6 月 10 日），中共中央文獻研究室編，《毛澤東文集》（第三卷），北京：人民出版社，1996 年。

過日本的殖民地統治而實現的，但是在實現之前，俄國以及後來的蘇聯在滿洲的建設、張作霖時代開始推進的近代化路線的成果也對「近代性」的實現起到一定的作用，對此，我們不能誤解。

　　滿洲「近代性」的實現，不單純是內外統治者的經營，還要考慮東北亞地域空間的特徵以及清王朝的管理方式。也就是說滿洲原本所具有的地理以及歷史等方面的諸多要素為後來近代的展開提供了可能，滿洲國等新的統治者最大限度地利用這些要素，僅僅是在制度上使近代化得以完成。但是，滿洲近代誕生的前提或「前史」，在地理方面以及歷史方面的諸多條件，在以往的滿洲研究中並沒有受到關注，它們就像是與後來發生的各種近代性建設沒有關聯似的被遺忘在歷史的角落。

　　鑒於這種情況，本論文首先概述前近代時期滿洲地域的狀況、回顧這一地域向近代轉變的過程，繼而對它在「滿洲國」成立後，於殖民地的近代開展中蘊含了何種意義進行整理，對此地域近代空間的成立進行綜合的全面考察。

二、柳條邊與圍場——盟旗制度管理之下的滿洲

　　眾所周知，滿洲即中國東北三省，原本是清王朝祖先的發祥地，17 世紀初，清朝開國以來很長一段時間實行了「禁關令」（封禁令），禁止周邊人口移居和移動。就內部管理來說，康熙年間（1661-1722）相繼設置了盛京將軍、吉林將軍、黑龍江將軍，各自管轄遼河流域以及遼河以東、遼河以北的地域，這鞏固了東北三省的行政基礎。與此相關，為了明確區分以上三者及其與蒙古游牧民的地域，雖遠不及萬里長城，他們在界線上建設了高一米寬一米的土堤，按照一定的間隔在土堤上面立起高約兩米的柳樹圓木，並將這些圓木用繩子繫起來，建起一個擔當「牆壁」功能的「柳條邊」。

　　「柳條邊」有「老邊」和「新邊」，老邊（全長 850 公里）以威遠堡（現在的遼寧省開原市）為起點，南及鳳凰城（現在遼寧省丹東市），西南到山海關，1661年竣工。新邊（全長 345 公里）同樣始於威遠堡，向東北方向延伸，遠達法特（現在的吉林省舒蘭市），1681 年完成。現在柳條邊被稱為舊滿洲的「綠色萬里長城」，有別於真正的萬里長城，它不具備很強的軍事機能，除上述行政區分的功能之外，它特別意識到的是要依據農耕、游牧、狩獵等生產方式而使各民族分區而居。老邊有十六個邊門，新邊有四個邊門（關門），「越境」採集朝鮮人參以及從事其他秘密貿易則會被取締。（參考圖 1「柳條邊」）

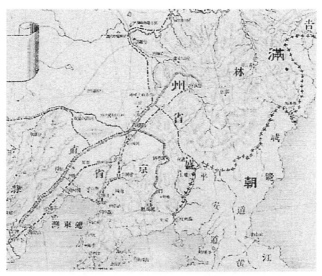

圖 1　柳條邊略圖「北清地圖」
（局部，時事新報社，1894 年，國際日本文化研究中心藏）

　　與「柳條邊」營造並行的是，清政府在統一全國前後，以騎兵軍事訓練為目的，在東北三省進行「狩獵操演」以提高騎兵的騎射等武藝所設置的「盛京圍場」、「吉林圍場」與「黑龍江圍場」這些大規模狩獵場。「盛京圍場」橫跨現在的梅河口市（吉林省元海龍縣）、輝南縣（吉林省）、東豐縣（吉林省）、東遼縣（吉林省）、西豐縣（遼寧省）等，具有東西 240 公里，南北 245 公里的規模。「吉林圍場」由「吉林西圍場」、「伯都納圍場」、「蜚克圖圍場」三部分組成，吉林西圍場別名南荒圍場，相當於現在的磐石市（吉林省）、樺甸市（吉林省）、長春市雙陽區（吉林省）、伊通滿族自治縣（吉林省）一帶，伯都納圍場與現在的扶餘（吉林省）、榆樹（吉林省）兩市幾乎重合。蜚克圖圍場大體是現在的賓縣（黑龍江省）、延壽縣（黑龍江省）、尚志市（黑龍江省）、方正縣（黑龍江省）、阿城市（黑龍江省）的全域。「黑龍江圍場」則分為「索岳爾濟圍場」與「東荒圍場」，前者是今天內蒙古東部中蒙國境附近到黑龍江省北部中俄國境之間，後者位於流經黑龍江中部的呼蘭河的東北，兩者半徑都超過數百公里，範圍很廣闊。這些圍場每年都進行定期或者不定期的「行圍」活動，這是兼備狩獵目的的軍事演練，歷代皇帝都以御幸的方式從遙遠的北京出發來到這裡參加。因此，圍場的管理十分嚴格，禁止外來流民出入自不必說，還嚴格限制附近住民的動物狩獵以及樹木砍伐活動。若有違反，不僅是當事人，連作為管理者的官僚也要受到免職等嚴重的處罰。

圖2　「乾隆皇帝射獵圖」
（郎世寧等作，北京故宮博物院藏）

　　清朝一方面對柳條邊內的漢族與滿族進行以上形式的管理體制，另一方面，在柳條邊外側的蒙古族游牧地域，實際上也實施了幾乎與之相同的「封禁」政策。對於在歷史上曾經對立的蒙古族，清王朝在成立之初就心存戒備，他們通過滿蒙王族間的政策性聯姻來強化雙方的關係，藉由喇嘛教的普及企圖實現全社會的安定。其中，為了弱化他們的軍事力，還將盟旗制度導入近鄰內蒙古，對全域重新劃分，分割為二十四個部、四十九個旗的小地方單位，讓蒙古王族來管理。各旗之間越境放牧與私設牧場被視為違法，還嚴格限制各領域內漢人和滿洲人進入，嚴格限制漢民族與蒙古族之間的通婚。

　　這樣，清王朝時代的滿洲，基於此地為祖宗發祥地的特殊理由，首先用柳條邊讓民族劃地而居，接下來為了軍事演練而圈起圍場，以及用盟旗制度來分割管理，這些措施恰如套匣一樣實行了兩重甚至三重的嚴格封禁。得益於此，約莫長達兩百年以上，幾乎是有史以來的生態系統原封不動地維持了原貌，與周邊地區相比，形成一個巨大的未開發空間。而一旦解禁，沉睡其中的自然資源與流入人口相結合後，將釋放出何等巨大能量自不待言。這就是我在考察滿洲的近代時，特意將「空白」的意義視為第一要義來思考的原因。

三、封禁的解除

　　19 世紀中期列強相繼來到中國，持續了兩百年以上的滿洲封禁政策迎來了轉折點。首先，1856 年第二次鴉片戰爭爆發，俄國藉機與清政府簽訂璦琿條約（1858 年），迫使清政府承認俄國之前已經佔領的黑龍江左岸領有地與烏蘇里江以東的地域為兩國共同管理。繼而，清政府為了結束戰爭而與英法講和，作為調停者的代價，俄國又與清政府簽訂了中俄北京條約（1860 年），承認璦琿條約所認定的俄國對黑龍江左岸地域佔領的有效性，並將原本中俄共同管理的烏蘇里江以東的地域定為俄國單獨佔有。因與英法兩國締結北京條約而已被迫支付八百萬兩白銀的清政府，不僅蒙受極大的經濟損失，還完全喪失了百萬平方公里的廣闊領土。鑒於這樣的事態，清政府緊急開始實施「移民實邊」的方案，力圖同時解決在經濟上增加稅收以及軍事上進行國土防衛的兩大課題，即開始接受曾經嚴格禁止的關內移民，實行鼓勵移民的政策，將具有很長的「虛邊」的滿洲地域改為「實邊」。

　　「移民實邊」政策在短期內為滿洲帶來大量移民，滿洲居住的人口大幅增加。按照估計數字，實施「移民實邊」二十幾年之後的 1880 年代後半期，人口數字已經由戰前的三百六十萬增加了近一倍，來到近六百一十萬[2]。但是，這個階段鼓勵移民的政策總是受到保守派反對，所以始終以滿洲東部為中心展開，沒有波及前面提到的蒙古王朝管理的西部以及俄滿國境一帶的北部地區。在這個意義上來說，即使對滿洲進行了解禁，也並不是全面的，而是局限於部分地區。

　　促使一直躊躇未對滿洲實行完全解禁的清政府最終下定決心、完全放棄過往政策的是兩次「對外戰爭」，即始於 1894 年的中日甲午戰爭和六年後發生的義和團事件。中日甲午戰爭後，中日締結日清講和條約（馬關條約），清政府必須向戰勝國日本支付七年年賦，即白銀兩億兩為賠償金，而後經三國干涉又被要求不得不付出三千萬兩，作為返還遼東半島的補償金。另一方面，義和團事件後還要向八國列強（英國、美國、法國、德國、沙俄、日本、義大利、奧匈帝國）支付賠償金四億五千萬兩，分三十九年償還，由於年利息被設定為 4%，所以總額可達九億八千萬兩。當時清政府的年收入最多只有八千八百萬兩，經過上述兩場戰爭之後，中國所面對的巨大財政困難是可想而知的。

　　不僅在經濟方面，通過三國交涉，俄國令日本放棄了遼東半島的領有權，作為

---

[2]　趙文林、謝淑君著，《中國人口史》，北京：人民出版社，1988 年。

調停的報酬以及對日賠償金的借款擔保，俄國首先在 1896 年 6 月與清政府簽訂《中俄密約》，獲得西伯利亞短路線的東清鐵道（滿洲里、綏芬河之間）的鋪設權。在這次借款擔保的基礎之上，俄國又以清政府需要對山東省等地發生的排外運動負責為理由，在 1898 年 3 月締結了《中俄旅大租借地條約》，得到旅順與大連二十五年的租借權以及東清鐵道南滿洲支線（哈爾濱、旅順之間）的鐵道鋪設權。1900 年，義和團事件波及滿洲，俄國藉口保護尚在建設的東清鐵道南滿洲支線，從而越過國境南下，在極短時間內幾乎佔領了滿洲全境。

　　對於俄國佔領滿洲一事，清政府在取得日本等國支援的同時，在外交方面不斷強烈要求俄軍撤退，在內政方面則強化了之前只在局部實施的「移民實邊」政策，解禁了包括游牧地區在內的滿洲全境。這樣一來可以依靠稅收解決財政困難，二來可藉由移民保護領土安全，為了達到這樣一石二鳥的目的，清政府在上述事件後的 1920 年先設定了「督辦蒙旗墾務大臣」這個新職務，對內蒙古西部地域開始依次實行「蒙地」的解禁與開墾。其後，1904 年又在黑龍江將軍的駐在地齊齊哈爾設置「墾務總局」，並於 1909 年頒布了規定以中俄國界為中心的《沿邊招墾章程》，公開招募內陸各地的開墾移民，用盡方法落實「實邊」。

四、內外移民的流入

　　清政府的這些努力十分奏效。1911 年，統治中國 268 年之久的清王朝由於內憂外患終告崩潰，而這個時候滿洲全境的總人口已經達到兩千萬以上[3]。各省具體數據為：遼寧省一千兩百二十萬，吉林省五百五十萬，黑龍江省三百二十萬，另外內蒙古東部地域也大約超過七十萬。中華民國成立之後由於實施了同樣的政策，人口增加的趨勢進一步加速。1914 年，剛剛成立的民國政府沿襲了之前的「移民實邊」政策，繼而頒布《國有荒地承墾條例》與《邊荒承墾條例》，以低價格承包國有未開墾土地的方式來吸引移民。另外，馬賊出身的奉天軍閥張作霖在 1919 年掌握了滿洲全境的實權後，為了鞏固自身地盤，於 1923 年策劃制定了「移民與開發計劃」，在各省設置「屯墾會辦」作為計劃的實施機關，又在 1928 年設置統括這些機關的「東北屯墾委員會」，進一步加大力度推進滿洲移民事業。其結果是流入滿洲的人口逐年遞增，九一八事件發生前，1930 年滿洲的人口已經超過三千萬[4]。

---

[3]　趙文林、謝淑君著，《中國人口史》，北京：人民出版社，1988 年。
[4]　東北文化社年鑑編印處編，《東北年鑑》，東北文化社，1931 年。

圖 3　長春開埠地
（風景明信片，國際日本文化研究中心藏）

　　以往移民滿洲的人多出身於臨近地區的河北省、山東省，到了這個時期，朝鮮半島以及日本、俄國的外國移居者也開始增加。實際上，早在第二次鴉片戰爭締結的《天津條約》中規定牛莊（營口）為開港地之後，外國的民間人士就開始進入滿洲了。但是那時候人數不多，還沒有形成移民的規模。半個世紀後發生了日俄戰爭，此後狀況轉變，日本承繼俄國在南滿洲的權益，就相關內容與清政府簽訂了《滿洲善後條約》（漢語名稱為《中日會議東三省事宜》，1905 年），根據此項條約與之前締結的《日清追加通商航海條約》（漢語名稱為《中日通商行船續約》，1903 年）與《關於滿洲以及間島的日清協約》（又稱《間島協約》，漢語名稱為《圖們江清韓界務條約》，1909 年）等規定，中國開放了大連、旅順口（西澳）、營口、安東、奉天、鳳凰城、遼陽、新民屯、鐵嶺、通江子、法庫門（以上為遼寧省），長春、吉林、哈爾濱、寧古塔、琿春、三姓（以上為吉林省），齊齊哈爾、海拉爾、璦琿、滿洲里（以上為黑龍江省），龍井村、局子街、頭道溝、百草溝（以上為間島地區）等二十五個港口，其中，包含大連、旅順在內的關東州為日本單獨的租借地，營口、安東、奉天設置了部分日本人居留地，另外還將沿邊（間島）地區認定為朝鮮人的越境居住地，甚至認可他們在當地開墾土地。這些開港地設置的時間比中國其他地區稍晚，但是就規模來說，可以說是最大規模的全面對外開放（圖三「開埠地」）。外國人移居滿洲還具備了地理條件，移民活動首先始於朝鮮半島。1881 年清政府實施前文所述的「移民實邊」政策，開放了一直被封禁的「吉林圍場」，在現在的延邊朝鮮族自治區設置「琿春招墾總局南崗分局」（南崗

為沿邊舊稱），開始吸引國內移民。趁此機會，一部分朝鮮人避開監視，越過國境，移居至此地區。最初的人數只有一萬人，之後隨著俄國開始修建東清鐵道，很多朝鮮人被僱用為土木建設勞工，不僅到延邊，還到達吉林省以及黑龍江省的鐵道沿線，有些地區的朝鮮人甚至開始組建村落。上述滿洲各地設置開港地以及日韓合併後朝鮮總督府的誘導政策，都加速了這個情況展，時至九一八事變發生之前的1930年，東北三省的朝鮮移民已達六十萬[5]。

　　就時期來說，首先到達滿洲的是朝鮮半島的移民，隨後移居此地的外國人是帝政時期的俄國人。隨著 1898 年東清鐵道建設，很多鐵道事業相關人員、工商業者、服務業者、醫生、律師、教師、宗教人士相繼來到鐵路沿線的附屬地。到了 1903 年，東清鐵道包括南滿洲支線在內已全線開通，此時的人數已經超過了三萬人。日清戰爭後，各地的俄羅斯人基本上都集中生活在黑龍江省，1911 年則增長到約七萬三千人。第一次世界大戰時，部分住民參戰，雖然人數一時減少，但到了 1917 年俄國革命爆發、蘇維埃新政權成立之後，難民流入滿洲，滿洲的人口再度增加，革命之後的1923 年大約有二十萬以上的人來到這裡。當然，歸根結底這只是暫時的現象，後來蘇維埃國內形勢穩定，另外依據 1924 年締結的《中蘇解決懸案大綱協定》，東清鐵道由中國與蘇聯共同管理，流亡的俄國人中，有一部分回國，還有很多人奔赴滿洲以外的天津、上海，甚至前往海外的歐美諸國。因此，至 1920 年代末為止，留在哈爾濱等地的俄國移民是無國籍者與蘇維埃國籍者兩方的總和，推定人數大致是七萬左右[6]。

　　比朝鮮與俄國稍晚移居到滿洲的是日本人。日俄戰爭之後，日本得以從俄國手中繼承以東清鐵道南滿洲支線（長春、旅順間鐵道）為主的滿洲權益，日本迅速於1906 年成立了特殊的南滿洲鐵道株式會社（滿鐵），開始負責一切滿洲相關事務。之前僅有五千日本人居住在一部分開港地，隨著滿鐵的成立，以關東州的大連、旅順以及奉天等滿鐵附屬地為中心的日本人急速增加，兩年間就已經接近六萬。後來這個趨勢有所減弱，即便如此，每年仍有平均八千人左右的人口持續增長，1930 年僅是民間人士就約有二十四萬人左右[7]。這二十四萬人基本上都是城市居民，其中，大連約十萬人，旅順一萬人，奉天約兩萬人，除此之外基本上住在開原、遼陽、四平街、鐵嶺、安東、哈爾濱、營口等滿鐵沿線的城市或開港地，後來轟動一時的農業移民實際上只有千人左右的規模。

[5]　石方，《黑龍江移民史》，北京：社會科學文獻出版社，2019。

[6]　石方，《黑龍江移民史》，北京：社會科學文獻出版社，2019。

[7]　王希亮，《近代中國東北日本人早期活動研究》，北京：社會科學文獻出版社，2017。

五、「滿洲國」的誕生──進一步對近代化的繼承與統合

在關東軍周密的準備之下，1931 年 9 月 18 日，九一八事件發生，次年的 3 月 1 日，清王朝末代皇帝愛新覺羅・溥儀被擁立為國家元首，就此「滿洲國」成立。確實從這個時期開始，滿洲的近代之路進入新的階段，但是如上文梳理的那樣，這個起跑點絕不是一片空白，從十九世紀後半葉起，滿洲近代化的基礎就已經逐漸開始形成了。還可以舉出一個具體的例子來論證這個問題，那就是鐵道建設以及由此完備的交通網。

關於滿洲的鐵道建設，人們熟知的有前文所述的俄國東清鐵路、南滿洲支線，以及日俄戰爭中，日本軍建設的、與朝鮮半島相聯結的安奉鐵路（安東，奉天之間），實際上中國的清政府，特別是後來新成立的民國政府也對此大量投資，中央、地方政府和民間，或是與日本合作，建設了很多鐵路。其主要路線有：京奉鐵路（北京、奉天之間，1903 年開通到新民，後來收買日俄戰爭時期日本軍建設的新民、奉天之間的新奉鐵路，1907 年全線開通，全長 842 公里）以及營口支線（溝幫子、營口之間，1900 年開通，全長 91 公里）、大通支線（大虎山、通遼之間，1927 年開通，256 公里）、吉長鐵道（吉林、長春之間，建設費為向日本借來的六百五十萬日元，1912 年開通，全長 127 公里）、四洮鐵路（四平街、洮南間、建設費為向日本借來的三千七百萬日元，1923 年開通，全長 312 公里）以及鄭通支線（鄭家屯、通遼之間，1921 年開通，全長 114 公里）、洮昂鐵道（洮南、昂昂溪間，建設費為向日本借來的兩千萬日元，全長 224 公里）、齊克鐵道（昂昂溪、齊齊哈爾、克山之間，1923 年開通，全長 204 公里）、奉海鐵道（奉天、海龍、朝陽鎮之間，1927 年開通，全長 263 公里）、吉海鐵道（吉林、朝陽鎮之間，1929 年開通，全長 183 公里）、吉敦鐵道（吉林、敦化之間，建設費為向日本借來的兩千四百萬日圓，1928 年開通，全長 210 公里）、呼海鐵道（哈爾濱對岸的松浦、海倫之間，1928 年開通，全長 221 公里）以及天圖輕便鐵道（地坊，後來圖們江岸、局子街，後來的延吉間，中日合併，1924 年開通，111 公里）。根據滿鐵的統計，九一八事變之前，滿洲全境的鐵路總里程已達到約六千公里，十年後的 1940 年，這個數字增加了四千公里，最終突破了一萬公里[8]。

8　滿鐵會編，《滿鐵四十年史》，東京：吉川弘文館，2007。

圖 4　滿洲國建國初期的鐵路網
（風景明信片，國際日本文化研究中心藏）

　　由此可見，在「滿洲國」誕生之前的滿洲，大致已經具備日後「近代國家」得
以成立的諸多要素與條件。廣袤的未開墾土地以及處於開墾過程中的土地、豐富的
森林資源與草原資源、超過三千萬的國內外移民人口、延伸到地方的鐵路網、沿著
鐵道線誕生的城市群、二十五個以上的對外開港地，這些都是滿洲國成立時所繼承
的滿洲近代長達五十年以上的「遺產」，在這個意義上，滿洲國不過是將這些近代
化基礎在制度上加以統合，並巧妙地走向殖民地式的近代化道路。誠然，在日本的
殖民統治之後，滿洲的近代化進程得以全面加速，如本文開頭引用的那樣，連毛澤
東都想將滿洲這個具有「大工廠」、「大都市」的先進地區作為革命根據地。但是
「滿洲」的近代化歸根結底都是以上述的各種因素為前提的，它絕非在短短的十四
年之間忽然出現。即便如此，筆者絲毫無意全面否定後來在滿洲國出現的各種殖民
地式的近代的「成就」。只是迫切地希望，我們在考察滿洲近代「發展」的時候，
一定要想到滿洲國成立之前的「原始風景」。筆者確信，這將十分有助於理解為什
麼「滿洲國」如此短命，其影響卻不只停留在內部，還向周邊地區輻射出超乎人們
想像的巨大能量，而且這樣的長久影響仍延續至今。

第二部

對「近代」的接受、重組
與再詮釋

第九章
對馬與外國船隻——到港與出港

石田徹

（程永超 譯）

引言

本章主要從對馬的視角來探討「東北亞近代空間的形成」[1]。然而，最初「亞細亞」這一概念或名稱本身就是由古希臘、羅馬等歐洲國家命名的[2]，至於「東北亞」這一區域概念則是一個更新、更現代的概念。因此「東北亞」這一概念並非是一個可以追溯到過去的、自生的概念，而是生活在當代的我們所創造出來的概念[3]。

從對馬的視角審視當今的東北亞，也意味著從海洋的角度來思考東北亞。從日本的中心（無論是江戶、東京還是京都）望去，對馬被稱為「西鄙之一孤島」[4]、「絕海之孤島[5]」或「四面環海之絕島[6]」；但若換個角度就會發現，對馬是接收朝鮮半島和中國大陸人流、物流的最前線。再換個角度就會發現，對馬還是位於日本

---

[1] 本章是以筆者在此項目中發表的下列兩篇文章為基礎，並進行必要的調整和補充：〈近世對馬における異國船來著とその對應——對馬宗家文書から考える「北東アジア」〉，《北東アジア研究》別冊 4 號（濱田，2018），下文稱為「近世對馬」論文；〈對馬から考える「北東アジアの近代的空間」〉，《北東アジア研究》別冊 5 號（濱田，2019）。另外，本章中提到的日本曆法均為陰曆，為方便起見，只在年份後面加註西曆年。

[2] 關於「亞洲」這一名稱的他稱性問題，參見松田宏一郎〈「亞細亞」の『他稱』性〉（日本政治學會編，《年報政治學》，1998 年，後收錄《江戶の知識から明治の政治へ》（東京：ぺりかん社，2008）；同〈「亞細亞」名稱への疑い〉，酒井哲哉編，《日本の外交》第 3 卷（東京：岩波書店，2013）。

[3] 平野健一郎，〈書評：宇野重昭著 北東アジア學への道〉，《中國21》40（名古屋：2014），頁 255。

[4] 日本長崎歷史文化博物館藏，《對馬景況概略》。

[5] 《公文錄》，明治 16 年，第 19 卷，明治 16 年 1 月〈內務省第一〉，「長崎縣下對馬國嚴原村へ同縣支廳設置ノ件」中，內務卿山田顯義的上奏書（日本國立公文書館數字檔案）。

[6] 日本長崎歷史文化博物館藏，井上友一，《對馬ノ實況及行政概要》。

海和東海交匯處的「中心」[7]。

中見立夫（1952-）曾指出，「『亞洲』的大多數『地域』並非是生活在那裡的人在歷史進程中生成的，而是在『亞洲』的外部世界中被創造出來的概念」[8]。筆者曾以「對馬宗家文書」中的一則史料──寫於 19 世紀上半葉的〈對馬海邊江前々より異國船襲來漂著度數之書付〉（「從古至今來到對馬海邊的外國船隻及漂流次數的記錄」）為線索研究過此問題[9]，發現在 19 世紀上半葉之前，對馬所能認知到的「外國」，其「地域」概念具體包括從「蒙古」到「唐（中國）」、「廣南（阮氏）」、「交趾」、「大泥（北大年蘇丹國、馬來）」、「咬嚹吧（巴達維亞）」、「柬埔寨」等東南亞各國，還有荷蘭以及可以稱為對馬生活圈一部分的朝鮮。

特別是「蒙古」，在 19 世紀時，與對馬並無直接關係。此處之所以提及「蒙古」，是因為文永、弘安兩役（1274、1281）給對馬造成的衝擊甚鉅。某種程度上，與豐臣秀吉的朝鮮侵略（文祿、慶長之役、壬辰丁酉倭亂、1592-1598）給當代韓國社會留下「傷痕」的觀點類似[10]。所以，以 19 世紀上半葉的對馬來思考「地域」時，縱使「蒙古」已無實際行動，也是不能不考慮的要素之一。

另一方面，「近代」這一概念／定義多種多樣，生活在非西方圈中的人容易演繹性認為「近代（化）」等同於「西方（化）」。然而，若同時代地思考「近代」這一概念，恐怕當時的人並不能明確地理解何為「近代」。因此，本章並非從「近代」這一概念出發，而是採取歸納性的研究方法，盡量從「與以前的差異」中去尋找「近代」。

筆者的關注點是「船」。雖然 1975 年後也可乘飛機去對馬，但此前人們只能乘船前往對馬。18 世紀末以後，包括對馬在內的整個日本都面臨處理「外國船隻」的到港問題，筆者主要關注的是對馬在這一處理過程中哪些內容發生了何種變化。具體來說，筆者將通過追溯「西方」這一要素的涵義，及其如何影響當時的情勢，來思考「從對馬的視角探討東北亞的近代空間」這一課題。

---

[7] 拙文，〈對馬から考える「北東アジアの近代的空間」〉。

[8] 中見立夫，〈「東北／北東アジア」はどのように、とらえられてきたか〉，《北東アジア研究》7（濱田：2004），頁 54，後收入《「滿蒙問題」の歷史的展開》（東京：東京大學出版會，2013）。

[9] 拙文，〈近世對馬〉。

[10] 事實上，從 19 世紀 80 年代到 90 年代，對馬曾掀起過一場紀念在文永之役中戰死的宗助國的運動，提高了以宗助國為祭神的小茂田濱神社的等級。參見拙文，〈對馬宗家文書所藏「宗助國戰死始末」關連史料〉，《北東アジア研究》31（濱田：2020）。

一、外國船隻的處理體制——兩次「到港」

18 世紀末，寬政 3 年（1791）一艘外國船隻漂到了筑前（今福岡縣西北部）、長門（今山口縣西北部）、石見（今島根縣西半部）附近的海域。以此為契機，同年 9 月德川幕府時隔 150 年再次發佈了如何處理外國船隻的告示（「觸書」）[11]。翌年，俄國人拉克斯曼（Adam Erikovich Laksman, 1766-?）來到根室（今北海道根室市）要求與日本貿易，隨後，文化元年（1804）列扎諾夫（Nikolay Petrovich Rezanov, 1764-1807）來到長崎，文化 5 年（1808）長崎的費頓（Phaeton）號事件[譯註 i]，文化八年（1811）戈洛夫寧事件[譯註 ii]，每隔數年，日本就與外國——西方諸國間不時出現齟齬。

此前，德川幕府曾頒布過關於外國船隻漂流入境的法令。該法令是於日本寬永 16 年（1639）作為控制基督教的一環而頒布的，法令規定要對沿海進行監控；遇到可疑船隻時，暫不允許其上岸，得先進行盤問，再送往長崎[12]。翌年，寬永 17 年（1640），九州、中國[譯註 iii]、四國的大名們奉命設置了「遠見番所」（即瞭望哨所——譯者按），加強對近海的監視[13]。根據日本學者上白石實（1964- ）的研究，這些管制措施的基本方針是「隔離外國人」。「遠見番所」的設置與其說是為了沿海防衛，不如說是為了監視沿海[14]。以對馬藩為例，截至天明 6 年（1786），島上共設置了 12 處「遠見番所」和 6 處「在番所」（即值班處——譯者按）[15]。

寬政 3 年（1791）發佈的告示內容如下。「……外國船隻漂流到日本時，務必要做好萬全的準備。先取走船具，再把船送往長崎。送往長崎的流程，須聽從幕府

[11] 藤田覺，《近世後期政治史と對外關係》（東京：東京大學出版會，2005），頁 211。

[12] 高柳真三、石井良助（編），《寬保御觸書集成》（東京：岩波書店，1934），文獻編號 1228（2）。這封告示（「觸書」）也被收錄於《通航一覽》中，文中的「根據去年的規定」（「從先年如御定」）的部分旁邊有一段夾注「據查，目前沒找到這個規定」（「按するに、此御定書、今所見なし」），《通航一覽》附錄卷 15，復刻版第 8 卷（大阪：清文堂出版，1967），頁 454。另外，山本博文認為，直到翌年寬永 17 年，「（幕府）才開始對異國船隻採取了真正的警戒措施」。山本博文，《鎖國と海禁の時代》，（東京：校倉書房，1995），頁 105-106。

[13] 《通航一覽》附錄卷 15，復刻版，頁 455-456。

[14] 上白石實，《幕末期對外關係の研究》（東京：吉川弘文館，2011），頁 10-12，頁 257。同時，不允許人與人間的直接接觸也與控制走私有關。

[15] 日本長崎縣立對馬歷史研究中心，宗家文庫記錄類 1，表書札方 M22(1)，〈寬政五癸丑年異國船漂流之節御備方之儀並　公義御尋ニ付江戶表往復狀扣〉中的「天明六丙午年御目付末吉善左衛門樣ゟ御尋ニ付御答書之寫」。下文將對馬收藏的宗家文書統一標記為：對馬・記錄類 X·XXX，請求記號，史料名。

指示。日後若見外國船隻，應即早安排人員防守。初見外國船隻，切勿大驚小怪，
當派人員筆談並檢查船隻情況……[16]」。與 150 年前的規定相比，此次的告示內容
增加了現場檢查時的具體指示。

　　據此，日本寬政 5 年（1793），針對漂流至對馬的外國船隻，對馬藩的對策
是：「若發現外國船隻出現在海面上，請立即從府中等地的瞭望哨所向當地官員彙
報，並隨時報告該船是僅僅經過，還是在陸地附近漂流，抑或是在海面附近停泊等
具體的情況」[17]，除規定了必須報告「遠見番所」的監視內容，還詳細規定了根據
外國船隻是否停泊等具體情況下的處理方法，以及船隻停泊時調動對馬藩內人員的
準備工作等等。

　　另一份值得關注的對馬藩歷史文獻是《唐船漂著定式帳》[18]，這份文獻被認為
是 17 世紀末編纂的。文獻中收錄了來日（到港）船隻漂流到府內浦（今對馬嚴原
港）時的處理事項、漂流到「鄉下」（即府內以外的對馬藩領土內）時的處理事項
及相關規定、離開日本的回程船隻（「帰帆之舩」）漂流至對馬時的處理事項、不
同情況下動員藩內人員的規定以及要求被動員者提交的誓詞草稿和格式、不同情況
下向長崎奉行和公儀（幕府）報告的文案（包括聽取情況的項目）等，各種遇到
「唐船」漂流時的處理措施以及各種手續和相關文件的格式。

　　在此，首先來看「帰帆之舩」漂流到對馬時處理的項目[19]。依次規定了以下 9

---

[16] 「……惣て異國船漂著候ハヽ、何れ二モ手當いたし、先船具は取上置、長崎表え送遣し候儀、夫々可被相
　　伺事に候、以來異國船見掛候ハヽ、早々手當人數等差配り、まつ見へかヽり事かましく無之樣二致し、筆
　　談役或ハ見分之者等出シ、樣子相試し可申候……」。高柳真三、石井良助（編），《御觸書天保集成》下
　　（東京：岩波書店，1941），文書編號 6525。此外，允許對拒絕檢查的人進行斬殺後放置不管、緝拿、使用
　　大炮及火箭等武器；要求妥善處置拒絕檢查的人，禁止除看守人員外的人靠近。

[17] 「一　異國船洋中二漂候樣子見掛候節は府中並在々二設置候遠見番所ゟ早速其所之役人江申屆乘通リ候
　　歟、或は地近漂候歟、又は浦近く碇を入候歟、其樣子追々遂注進候樣堅申付置候」。對馬・記錄類 1・表
　　書札方 M22（2）的「御內用答」中，「異國船漂流之節手當左之通御座候」。在引用時，漢字、假名、清
　　音濁音、空格等都盡量保留原文的格式，但將助「茂」「者」等分別改為平假名も和は，並加了標點符號。
　　以下在引用對馬宗家文書時亦是如此。另外，寬政 5 年和寬政 9 年（1797），以處理出現在對馬附近海域的
　　外國船隻為契機，對馬的外國船隻處理體制得到了進一步的完善。除上白石實上述著作的第 2 章外，還可參
　　考松尾晉一〈境界領域における「異國船」問題─寬政期の對馬海峽を事例として─〉，《研究紀要》12，
　　佐世保：長崎縣立大學國際情報學部編，2011；以及松尾晉一〈寬政 9 年の對馬情報と幕府の異國船對
　　策〉，《日本歷史》826，東京：2017。

[18] 韓國國史編纂委員會收藏對馬島宗家文書記錄類 2892（下文將韓國國史編纂委員會收藏對馬島宗家文書記錄
　　類全部簡稱為「國編記」）。國編記 2792 與國編記 2892 同名，雖然在行數和換行等處存在差異，兩史料內
　　容大體相同。另外，史料末尾，國編記 2892 只記錄了於貞享 5 年（1688）年的事例，國編記 2792 中還有元
　　祿 6 年（1693）3 月和 4 月的事例。

[19] 國編記 2892。由於篇幅限制，史料原文及其詳細內容等參見拙文〈近世對馬〉。

項內容：①對回程船隻聽取情況的提綱及確認船將起航；②向長崎奉行彙報（「注進」）的內容和方法；③長崎奉行不在時的處理方法；④回程船隻要求提供食物時的處理方法；⑤提供食物和水的價格；⑥提供食物和水時的收據及「唐人方」的許可證；⑦回程船隻長期不離港時的處理方法，⑧修理回程船隻損壞部位時的處理方法；⑨漂流的船上出現死者時，埋葬之。

即使到了 19 世紀中葉大量外國船隻來日時，上述項目依然是最基本的處理原則。提到外國船隻來到對馬，比較著名的是日本萬延 2 年（1861）2 月 3 日，俄國船波薩德尼克（Посадник）號抵達對馬淺茅灣芋崎後與對馬藩的居民發生小規模衝突，導致一名（對馬）百姓被殺，波薩德尼克號一直佔領芋崎至同年 8 月 15 日（改元為文久元年）一事。不過，在本章中，筆者重點討論的不是此船，而是 2 年前的英國船阿克特翁（Actaeon）號。該船於日本安政 6 年（1859）4 月 17 日抵達對馬淺茅灣，並停泊了約 3 周，直到 5 月 8 日[20]。在阿克特翁號來到對馬時，上述 9 項處中除與長崎奉行相關的②③項外在初期時均已得到應用[21]。

下面分析阿克特翁號來日時對馬藩的處理方針[22]。首先，對馬藩大目付（家老手下監察藩內政治的官職——譯者注）向長崎奉行請示了漂流來日的外國船隻的處理方案，並得到了批准。具體方案如下：①來日貿易的唐船（即外國船），若「入港」，則應扣押「人質」送往長崎；若「歸帆」，則不必扣押「人質」允許直接離港。②若是非貿易的唐船，扣押「人質」送往長崎。③荷蘭商船，「入港歸帆」（即到港和離港）都不必扣押「人質」送往長崎，與「歸帆」（回程）的唐船做相同處理。④若是荷蘭的非商船，處理方式參照③。⑤琉球船，扣押「人質」送往長崎。另外，當有唐船漂流到對馬時，也要提供柴和水。從上述規定中，我們可以瞭解到對馬對「外國船隻」的分類情況，即根據船籍分為「唐船」、「荷蘭船」、「琉球船」；根據是否以貿易為目的以及到港或離港，採取不同的措施。

另外，對馬藩對大目付和郡奉行下達了如下命令：

> 由於外國船隻來到了尾崎浦，大目付和郡奉行被一起派到對馬。外國船隻的處理方法與過去不同，因為俄國、英國、法國、荷蘭、美國等國已與我國簽訂了通商條約，所以我們必須按照幕府的要求妥善處理。我們要保證鄉

---

[20] 參見日野清三郎著，長正統編，《幕府における對馬と英露》（東京：東京大學出版會，1968）第一章，以及拙文〈近世對馬〉。

[21] 對馬・記錄類 1・表書札方 M29，〈安政六己未英吉利船尾崎浦江來泊記錄〉。

[22] 對馬・記錄類 1・表書札方 M29，〈安政六己未英吉利船尾崎浦江來泊記錄〉。

（村）的守衛和武器不會被外國人看到。也就是說，我們應當像見到日本漂流民一樣，保持冷靜。[23]

①唐船漂到對馬時，應遵守以往「公邊」（即幕府）的指示；②唐船以外的船隻漂到對馬並請求支援柴和水時，應以「非常嚴格的標準」（「隨分過嚴」）定價；請求支援食物時，應回答「這裡是鄉下，無法提供足夠的食物」；若鄰村有「雞、蛋、菜等」，也應以高價提供；③上條中所收的款項，連同物品名稱一並上報藩主，請示長崎奉行後再報告對馬藩；④「公邊」（即幕府）對待「諸夷」（即西方各國）「異常溫順」，或有人對此不服，但為不違「公邊」本意，請盡量真誠對待「諸夷」；⑤嚴禁買賣除「夷人」要求的柴、水、食物以外的其他物品[24]。

由此可見，前一年（1858）簽訂的所謂安政的五國條約（修好通商條約）對處理外國船隻的到來是有影響的。也就是說，「對待異國」方式與以往不同，由於俄國、英國、法國、荷蘭、美國與日本已經簽訂了通商條約，（若上述國家的船隻來日），對馬藩就必須遵循「公邊」即幕府的方針妥善處理使「萬端穩順」，注意隱藏「堅之人（警備人員）數」和「兵具」，不要刺激對方。

上述是對馬處理外國船隻時的準備，但只要到達對馬的船不是漂流船，或者目的地不是對馬，這些船就會在到達對馬後再出航前往下一個目的地。阿克特翁號亦是如此。阿克特翁號於5月8日離開對馬淺茅灣後，翌日進入釜山港，在草梁倭館附近的海面上停泊了2週多，直到24日才離開。因此，常駐草梁倭館的對馬藩士被迫處理阿克特翁號的「到港」[25]事宜。這就是本節中要分析的另一次「到港」。我們首先來看倭館所做的準備。

5月9日上午，阿克特翁號抵達倭館附近海面的「上之口」。直到5月13日，倭館才收到對馬的來信，得知阿克特翁號停泊在淺草灣。此前，倭館在不知（對馬）藩內政策的情況下，被迫自行處理。在此情況下，倭館的館守（負責人）俵郡左衛門制定了「取穩便之道最為重要」的方針。9日、10日，一直處於僵持狀態。到了11日，倭館的館守才與阿克特翁號方面進行了面談。此時的館守俵郡左衛門已

---

[23] 「尾崎浦江異國船渡來ニ付諸下知として其方達被差下候、就夫異國取扱之儀は最前と違、魯西亞英吉利佛蘭西阿蘭陀亞墨利伽等之國々、其通商御免之御條約相濟居候得者、公邊之御取扱ニ准候而者萬端穩順ニ無之候而者難葉候間、鄉方堅之人數等も兵具等も異人之目ニ不觸樣有之度候、申サは日本人漂著も同樣之姿ニ見體、押靜居候樣可相心得候、」

[24] 當阿克特翁號要求提供食物等時，對馬藩首先開了高價。參見拙文〈近世對馬〉。

[25] 阿克特翁號抵達釜山一事的敘述，除另有說明外，全部出自《對馬》記錄類2‧朝鮮關係B60，〈安政六己巳年異船來舶覺〉這一史料。另外，阿克特翁號並非第一艘抵達釜山草梁倭館的外國船隻。

悲壯地決定,「允許阿克特翁號相關人士上岸面談;對於藩內的責罪,皆由我獨自
承擔,以免連累倭館的其他人」[26]。

13 日,倭館才得知對馬藩方面的決定,鬆了一口氣。「我們接到了來自藩的指
示,與本館處理異國船隻的方案相同;我們可以放心,藩內局勢平穩。最重要的是,
藩主的名聲得以維護,此前對馬藩與阿克特翁號的交涉也是安心的[27]」。此時倭館收
到的口信(即 4 月阿克特翁號抵達對馬時,對馬藩給倭館的口信)內容如下:

> (幕府)理解允許來日的外國人停留數日並在各處上岸閒逛一事令對馬藩感
> 到非常為難,但鑒於當前幕府方面的策略是優待業經簽訂通商條約的各國,
> 所以(對馬藩)必須遵守幕府的規定。若對馬藩無法忍耐,產生異議,甚至
> 導致開戰的話,那就不僅僅是殿下(對馬守)一人的問題,會迅速成為全日
> 本的大患。希望(倭館)處理此事的人能明白事情的嚴重性。[28]

對待通商條約的簽訂國要貫徹「穩順」的原則;若發生衝突,導致開戰,那就
不僅僅是對馬藩的問題,而是會「給本朝全體招來大患」,所以對馬藩指示倭館要
「深思熟慮」。

從〈安政六己巳年異船來舶覺〉中可以得知「穩便、穩順」的內涵。負責此事
的倭館藩士帶上救火用具,穿戴陣羽織,持木刀和木杖待命,以確保不出差錯。此
外,在與阿克特翁號方面的首次會面(11 日)約一周後的 17 日,倭館館守認為應
該「做好防禦準備」,準備了兩門大炮,次日又緊急製作了兩門木質大炮。

另一方面,阿克特翁號方面的人在與倭館館守接觸後,便逐漸開始自由活動。11
日首次上岸時,他們參觀了倭館內的「辦天」(弁財天堂),並在「中山」(今大韓民
國釜山廣域市龍頭山──譯者按)散步。12 日,他們又周覽了倭館一帶(倭館方面派人遠
遠地監視他們)[29]。同時,12 日清晨,他們又目睹了在倭館守門前舉行的早市,並訂

---

[26] 「御國許ゟ之御叱をのとして拙者如何體之御嚴科ニ被 仰付候而も在館之銘々ニ不相抱、一己ニ引請、揚
陸對面をも差免筈ニ決定いたし候」。

[27] 「御國許ゟ之御左右御到來有之、御當館御同樣之異船御取扱之由、平穩之次第、先ニ御目計も相立、御掛
引之程御安心之御事ニ候」。

[28] 「今般來著之異人多日令滯留、追々所々令揚陸徘徊、御國許ニおるて如何敷次第ニ候得共、當時於 公邊
通商之御條約相濟候國ニは諸般御穩順之御振ニ候得共(ママ 者力)、右ニ准御取扱無之候而難葉、自然小憤
ニ不忍異議を生、兵端を引出候節は 上御一分之儀ニ無之、忽 本朝一般之大患を招大切之事候條、右ニ
攝候面々深く可被加勘弁候事、」。

[29] 關於倭館內的情況,請參見田代和生《新倭館》(東京:ゆまに書房,2011)。

購了「2 頭牛、1000 個雞蛋、200 隻鴨子、1 袋白米、還有蔬菜」。恰好在場的訓導（朝鮮王朝的日語翻譯）幫忙翻譯，告訴他們無法立即發貨，要等待東萊府使的批示，但不會收取「費用」。雖然針對提供牛肉一事在對馬發生了糾紛，阿克特翁號在朝鮮似乎沒有發生任何摩擦。24 日出海時，這些「預定的貨物」被裝上了阿克特翁號[30]。

　　此外，倭館似乎還與朝鮮方面就阿克特翁號的到來互通資訊。阿克特翁號人員於 12 日從草梁倭館走到古倭館（1678 年前的倭館，即豆毛浦倭館），朝鮮方面還告知倭館，「朝鮮人數名擋路，阿克特翁號之士拔刀」（「朝鮮人多人數ニ而立塞候時は刀劍を拔放候由」）。這一告知雖然無法上升到日朝合作的高度，但依然可以說是日朝一起處理阿克特翁號一事。

二、另一種「異國船」

　　上一節中我們根據《唐船漂著定式帳》和安政 6 年 4 到 5 月間來到對馬後又前往釜山的阿克特翁號的相關史料討論了「異國船」到港時對馬的準備。不過，從對馬宗家文書中可以看到，其實在阿克特翁號之前，還有另外一個事例，即使用當時先進技術的「汽船」的到來。但從「船籍」來考慮的話，此事例並不是「異國船」，而是「日本船」。不過，既然是「外國式」的船，就意味著需要比以前更加謹慎處理。

　　對馬宗家文書中收藏的《安政五戊午年公義蒸氣船御國來著記錄》[31]中記載了阿克特翁號抵達一年三個月前的安政 5 年（1858）2 月 18 日拂曉，幕府的汽船到達對馬的府內浦（今對馬嚴原港）時對馬藩的處理情況。本節將對這一史料進行詳細分析。

　　當時汽船上共有 159 人，其中包括幕府的目付[譯註 iv]木村圖書（名喜毅，號芥舟）和講武所教官勝麟太郎在內的 140 名日本人以及 19 名荷蘭人。這艘船就是後來成為美國駐日使節船的咸臨丸。此時則是咸臨丸的第一次航海練習[32]。咸臨丸於 2 月 16 日離開長

---

[30] 關於「提供牛肉」一事，可參見拙文〈近世對馬〉。此外，5 月 24 日，東萊府還向朝鮮朝廷報告阿克特翁號到達的消息以及「提供食品的請求」；5 月 28 日，朝鮮朝廷決定給予阿克特翁號必要的食物等物品，以示「柔遠之意」。也就是，東萊府在朝鮮朝廷政事決定前就已經把東西交給了阿克特翁號（《日省錄》朝鮮哲宗 10 年 5 月 24 日、5 月 28 日，《備邊司謄錄》朝鮮哲宗 10 年 5 月 28 日）。

[31] 國編記 4991。史料後半部分還收錄了相關的「諸方書狀控」。除特別說明外，凡是涉及「公義蒸汽船」（即幕府汽船）來到對馬的敘述，均出自此史料。

[32] 咸臨丸是幕府新購入的，於安政 4 年 8 月抵達長崎的一艘船。荷蘭人因指導其進行航海練習，所以在船上。海軍有終會編《幕末以降帝國軍艦寫真と史實・新裝版》（東京：吉川弘文館，2018，初版 1935 年），土井良三《軍艦奉行木村攝津守》（東京：中公新書，1994），坎縢迪克（Willem Huyssen van Kattendijke）

崎後，當天在五島（椛島）停泊，次日從五島出發，但因天氣惡劣，臨時駛向對馬。[33]

　　來到對馬後，包括木村圖書在內的 27 名船員（其中有兩名荷蘭人）在對馬上岸並過夜。對馬藩在港口附近的郡奉行所處設立了指揮所，下令盡快做好各項準備，安排好食宿事宜，還對住宿地周圍進行交通管制，提醒住在港口附近的居民注意防火。[34]據當時負責接待木村圖書等人的「問屋町御用達並[譯註 v]」古谷卯左衛門和藤崎德右衛門的回憶，木村圖書詢問了他們從對馬到一岐及朝鮮的距離、倭館工作人員的數目、對馬的物產、藩主是否在對馬等情況，古谷和藤崎都盡可能地給予了回答（2 月 26 日的報告）[35]。

圖 1　本章相關地圖
（筆者根據日本國土地理院，地理院地圖 GSI Map〔https://maps.gsi.go.jp/〕製作）

著，水田信利譯，《長崎海軍傳習所の日々》（東京：平凡社，1964）。

[33] 本次航海從對馬出發，經平戶，返回長崎（上述坎滕迪克《長崎海軍傳習所の日々》）。另參見木村紀八郎《軍艦奉行木村攝津守傳》（長野：鳥影社，2011）；金澤裕之《幕府海軍の興亡》（東京：慶應義塾大學出版會，2017）第 3 章。

[34] 關於當時府內的地理資訊，參見《嚴原町志》（嚴原：嚴原町志編集委員會，1997）附圖〈（文化八年）對馬接鮮旅館圖〉，以及上島智史〈近世對馬における對馬城下町の空間構造〉（《歷史地理學》53：4，東京，2011），特別是表 3）。

[35] 問答中有很多有趣的內容，但其內容由於不符合本章主題，筆者日後撰寫新稿詳述。

在上述問答中，木村圖書說道，「想參觀朝鮮人的住宅，在哪裡？[36]」，古谷和藤崎回答道，「雖然對馬會有（朝鮮）漂流民（逗留），但他們住的地方比較隱秘，一般看不到，況且現在沒有朝鮮漂流民。當有重要的事務要處理時，他們就住在東北方向的一個叫做「客館」的建築物裡（漂流民遣送回朝鮮前，在對馬的臨時住所。面向港口，與郡奉行所相鄰──筆者注）；除此之外，他們住在濱野附近的客館裡[37]」、「我們在鎮上朝著漂流民家走著，唱著歌，聊著天以轉移他們的注意力；快速路過了漂民屋（重點標記為筆者所加）[38]」。雖然木村芥舟也有自己的關注點，也可以看出古谷、藤崎等人都很小心，盡量不讓木村注意到朝鮮人的存在。

18 日木村芥舟等人在對馬過夜，19 日他們在對馬府中參觀，還參拜了八幡宮。據說，此時一同上岸的荷蘭人也在「市內閒逛」。荷蘭人參觀了沿途的店鋪，看到路邊的嬰幼兒，表現出「特別喜歡的樣子[39]」。另外，18 日在船上過夜的勝麟太郎等人也於次日上岸，與對馬藩相關人士寒暄，還參拜了八幡宮和海岸寺。

其實，幕府一定程度上已經向對馬藩事先告知了汽船的到來。安政 3 年 10 月 18 日幕府的目付、負責海軍傳習所的永井玄蕃頭（永井尚志）的家臣叫來了對馬藩的長崎聞役小田儀兵衛，通知他幕府的汽船將開往對馬的領海，一並告知了船的帆標和船舶標誌。不過，此時幕府通知的並不是咸臨丸，而是觀光丸[40]。

安政 3 年 10 月 24 日小田儀兵衛的來信中提到，島津家、黑田家、宗家、松平家（島原藩）、松浦家、大村家等各家的長崎聞役聯名向長崎奉行所提出請求，不允許觀光丸上的荷蘭人上岸閒逛。小田儀兵衛列舉了如下理由：

> ……後面會提到，我國已與俄國、英國、美國簽訂了條約，當這些國家的船隻和人員來到我國時，（幕府）允許他們在長崎上岸和走動，同樣地（幕府）也允許荷蘭人在長崎上岸走動，但各藩均嚴禁外國人上岸。關於荷蘭人

---

[36] 「朝鮮人住居を見物いたし度、何方江罷在候哉」。

[37] 「漂民參り居候得共、態と相隱、只今參居不申候、御重用之節は客館と唱是より民之方ニ相當相設有之候、御重用外は濱揚立ニ客館有之、其所ニ相住居申候」。

[38] 「市中徘徊之せつ漂民家之方被目差、駕船をも被相詠候付、四方山之事ニ相轉し早く通り拔申候」。

[39] 不過，據坎膝迪克說，「城裡所有的要地全部關閉，大家都很氣憤，退回了船上」。此外，坎膝迪克對對馬藩的印象並不好，他似乎瞭解到對馬藩主（宗義和）拒絕了木村圖書的面談要求（國編記 4991 中沒有特別提到對馬藩主面談的事情）（坎膝迪克《長崎海軍傳習所的日々》，頁 79）。

[40] 觀光丸是安政 2 年（1855）荷蘭國王威廉三世贈送給幕府（將軍）的木製外輪船（舊名索姆賓，即 Soembing 號），是日本擁有的第一艘汽船。安政 4 年 3 月從長崎駛往江戶，成為了江戶的軍艦操練所的練習船。參見上述《幕末以降帝國軍艦寫真與史實‧新裝版》；勝海舟《海軍歷史》卷 3-5，（東京：海軍省，1889）；造船協會編《日本近世造船史》（東京：弘道館，1901）。

登上（幕府）船一事，此次我已經向幕府請示過了，雖然這是（幕府）官員的命令，但若此次允許荷蘭人這麼做的話，漸漸地其他國家的人都會知道此事。以後（異國船在日本）停泊的時候，就會有其他簽約國的人依照長崎的先例擅自上岸，也不再重新申請。況且這些人都通曉地理，不僅測量海岸，還調查土地的面積等等，到最後藩主可能也無法認為對馬是藩屏了……⁴¹

　　此時為安政 3 年，前一節提到的安政五國條約尚未簽訂。這裡所說的「條約」指的是已簽訂的「和親條約」。（外國人）在長崎上岸行走的禁令已經解除，但各藩的禁令依然有效。荷蘭人登上了幕府的船，船在各處停靠時荷蘭人也上岸的話，也會影響其他「外國人」，並且這些「外國人」精通地理，他們的海岸測量是一種偵察行為，所以對馬藩主擔心對馬將不能發揮「藩屏」的作用等等。由此可見，與西方條約的簽訂是一個重大的轉折點。此外，小田儀兵衛還說：「就對馬藩而言，尤其是每年都有很多異國船隻經過，因此防禦最為重要，所以……⁴²」，我們應該留意「防禦最為重要」這一對馬藩基於地理狀況的自我認知。

　　同年 11 月 9 日，上述內容作為（10 月 18 日木村圖書上岸一事的）第一份報告送至對馬。於是，當月 20 日，對馬藩「年寄中」就幕府汽船到來一事以及萬一遇難時的救援制度等等，通知了「與頭眾中」和「大目付中」等藩內各部門。其中的一份通知是給釜山的倭館館守的，其內容與其他通知稍有不同。通知中寫道，若汽船到達朝鮮，很難不把汽船視為「異國船」，「若此船是幕府船一事暴露的話，朝鮮可能會採取大規模行動⁴³」，即考慮到朝鮮方面可能會採取大規模的行動，所以（對馬藩）要求倭館盡可能地隱瞞此船是幕府船的事實，並下達指示命令倭館「提前告知朝鮮，這是在長崎製造的船，是正在航行中的船，不是漂流船⁴⁴」。

　　咸臨丸就是在上述通知和要求下達後不到 1 年半的時間裡來到對馬的。但正如我們所知，荷蘭人上岸並在「市區閒逛」，坊間還流傳著咸臨丸要去朝鮮的傳聞。

---

41 「（前略）然處追々申上候通、魯西亞嘆咕喇亞墨利國江條約御取結相成、當湊〔長崎〕渡來のせつは上陸游步御免被　仰付、蘭人同樣之儀御座候處、惣而何方之御國ニも異國人上陸之儀は堅く御制禁之儀候處、今般江戶表御伺濟之上、御役々樣ニも御乘組ニ付御差配も可有之候得共、蘭人右之通被　仰付候時は追々諸異國人共致傳承、以後系船等之節、右ニ准御條約相濟候國々之者共勝手ニ上陸相心掛候樣相成候時は、新に申上候迠も無御座、右之者共は專ら地理學ニ委く海岸測量は素り、土地之広狭をも相被示、終ニは藩屏之御主意も不相立樣成行可申も難鬥……」。
42 「御國之儀は別而異國船年毎ニ多數乘通候付、防禦方第一之御國柄ニ御座候事故……」。
43 「公義御役船と申儀御打出ニ相成候而は外向大造之御手入相成候趣」。
44 「外向江は長崎表製造之船ニ而乘樣迴海之船ニ付、漂流船ニ無之趣相斷」。

因此，對馬藩決定向木村圖書和長崎奉行所提出請求暫停咸臨丸的朝鮮之行和對馬之行。小田儀兵衛於安政 5 年 3 月 28 日向木村圖書和長崎奉行所提出了請求。首先來看小田請求的具體內容：

> 船上的目付已經提前通知了這次到來的汽船上有荷蘭人一事。之前的信中也提到，長崎聞役小田儀兵衛與其他家的長崎聞役已聯名向長崎奉行所投訴此事，還未得到答覆。A 尤其是在對馬，一直都有朝鮮人逗留，這次也恰好有漂流民，所以對馬藩（宗家）很難同意荷蘭人（在對馬）上岸一事。之前已經通過「御用達」向「御目付」交涉過，對馬無論如何都想阻止此事的發生。但現在既然幕府命令荷蘭人上岸，那麼以目付的權限很難阻止此事。之前就有荷蘭人上岸後會四處走動的記錄，B 更有傳言說荷蘭人也希望去朝鮮。果真如此的話，此事會對兩國的通信之道帶來極大的不便，對馬藩（宗家）也不能對此置若罔聞。此次，（對馬）將派「案內役假役」（即臨時嚮導──譯者按）江口嘉右衛門前往江戶，派「筆頭添役席案書役」（即首席助理起草官──譯者按）海圖善九郎前往長崎 C 讓他們在江戶和長崎兩地分別解釋不便讓汽船訪問朝鮮及對馬的詳情。此外，請一並參考裝訂的信件底本[45]。

需要注意的是，和古谷、藤崎一樣，小田儀兵衛也十分警惕朝鮮人會在對馬看到荷蘭人一事（A），並指出汽船前往朝鮮將「對兩國的通信之道帶來極大的不便」（B）。

對馬藩在安政 3 年幕府提前通知時，就已經盡量避免讓朝鮮方面知道汽船是幕府之船。這裡「極大的不便」的具體內容不得而知，但很有可能是對馬察覺到朝鮮方面會對汽船和荷蘭人採取負面的處理方式。為避免這種情況的發生，對馬藩在江戶和長

---

[45] 「此度御來著之蒸氣御船江乘組居候蘭人揚陸之儀御乘頭之御目付樣より御斷有之候得共、右は先般長崎役小田儀兵衛より他邦樣聞役一同ニ御奉行所江申立居候次第は前々記有之通ニ而、未右barely返答も不被　仰遣居前之儀と申、A 殊更御國之儀は不絕朝鮮人居込之事ニ而此節も丁度漂民居込候得は旁蘭人揚陸之儀は於此方樣は御承諾難被游御意味ニ付、先ツ蘭人揚陸之儀は何篇差留方御用達を以、御目付樣江為懸合候品も候得共、中々當時蘭人上陸之儀は　公邊より之御上聞も掛候事故、御目付樣之御權を以難被仰仰留哉、頓而上陸所々徘徊體之振合前文記錄面之ニ有之、B 加之朝鮮國御渡海御內望之御噂も有之哉ニ相聞、然時は兩國御通信之道ニおゐて誠ニ御不都合千萬之場ニ押移　此方樣御役職ニ被為取御聞そらしも難相成譯ニ付、今度案書役仮役江口嘉右衛門江戶表江、筆頭添役席案書役海圖善九郎長崎江被召仕、兩所ニおゐて C 朝鮮國御渡海は素り御國御渡海等御不都合之條々被仰立候次第委細申含遣、尚織合之書狀扣を以て可考合事、」。

崎向幕府提出異議，要求暫停汽船前往朝鮮和對馬，暫停荷蘭人上岸自由活動
（C）。

接著，來看對馬藩在長崎向木村圖書提出請求的具體內容。首先，關於汽船前
往朝鮮之事，小田儀兵衛解釋道，此前日朝間早已詳細規定了前往朝鮮的日本船隻
的各種細節，「關於來往朝鮮的日本船隻數量早有具體規定，每艘船都必須攜帶對
馬守寫給朝鮮禮曹的書信渡海。除船隻數量外，臨時有事需要渡海時，也須攜帶蓋
有對馬守印章的吹噓（即渡海許可證——譯者按）[46]」。在上述規定外抵達朝鮮的船隻被
視為「和漂船」，必須接受包括航路調查和貨物調查在內的各種調查，且這些調查
可能花費幾個月的時間。但上述是商船的處理方法，此前並無幕府船隻前往朝鮮的
先例。朝鮮方面可能會採取更嚴格的處理，對馬藩也不知道該如何處理。此外小田
儀兵衛在詳細介紹了啟航去朝鮮可能出現的後果後，說道，「總之朝鮮有守舊的傳
統，去了朝鮮後可能無法立即返航[47]」，還訴說了與荷蘭人一起乘坐汽船前往朝鮮
的行為是很有問題的，「船的外形以及船上搭載荷蘭人的事情都會招致（朝鮮的）
懷疑，我們也不知道該如何處理[48]」。

同時，針對荷蘭人的「市內閒逛」一事，小田儀兵衛首先解釋了不斷有朝鮮漂
流民逗留對馬，以及對馬、朝鮮間往來的歷史，還提到朝鮮會在幕府的吊慶及對馬
宗家喜喪時派遣譯官使來對馬[49]，但即便是這些使節也不允許在對馬自由活動。若
逗留對馬的朝鮮人看到或聽到荷蘭人「自由閒逛」，會給對馬與朝鮮間的交流帶來
不便，「由於自古以來朝鮮與幕府有通信關係，對馬守可能不便說明情況[50]」。接
著，他還說道：「若在（對馬）通知朝鮮外國商船獲准入港之前，汽船不在對馬港
以及朝鮮停靠的話，這對對馬守的職務將是極大的安心[51]」。他請求汽船在對馬將
日本與西方間已簽訂條約之事告知朝鮮前汽船不要在對馬停靠。[52]同時，若因天氣
或海浪等原因不得不停靠對馬，他建議停靠在嚴原以北約 7 里的久須保浦，因為那

---

[46] 「彼國江和船往來之儀は以前ゟ員數之定有之、每船從對馬守彼國禮曹江宛候書翰持渡候儀ニ御座候、右定
式員數之外不時之用向有之、手船差渡候儀は吹噓と唱對馬守印證有之書を持渡候儀ニ而」。

[47] 「兔角舊格を押立候國風ニ御座候得ば速ニ御歸船之御都合ニ被為至間敷」。

[48] 「御船形並蘭人乘組之御譯柄等不審ニ存候廉も可有之旁、處置方當惑至極奉存候」。

[49] 關於譯官使，可參見池內敏《絕海の碩學》（名古屋：名古屋大學出版會，2017）；拙文〈對馬藩における
譯官使接遇の諸樣相〉《歷史の理論と教育》152（名古屋，2019）等。

[50] 「古來より　公義と之御通信之國柄ニ付、對馬守會釋向ニ取とも不都合之所も有之」。

[51] 「今般異域之商船入津御免ニ相成候次第、朝鮮國江御打出ニ相成候迠之間は彼國は素對府御寄船御見合共
被成下候得者、對馬守御役職ニ取難有安心仕」。

[52] 安政的五國條約簽訂是於萬延元（1860）8 月通知朝鮮的。拙著《近代移行期の日朝關係》（廣島：溪水
社、2013）第 2 章。

裡是「對州最好的港口」。

　　對於這些要求，木村圖書於 4 月 12 日答覆道，「關於來信提到的事情，朝鮮本是異國，原本就不打算去朝鮮，我也會記得不開往對馬[53]」。木村圖書完全接受了對馬藩的請求。此外，在同年 7 月 3 日的記錄中，對馬藩江戶家老佐須伊織向對馬藩（府中）報告，自己也已向「海防掛老中」堀田備中守（堀田正篤）、「朝鮮御用御聞」松平伊賀守（松平忠優）、「林大學頭」（林復齋）提出了書面請求，並得到了肯定答覆。

　　綜上所述，對馬藩對於幕府汽船前往朝鮮和對馬一事的反應極為負面，並努力不使此事成行，且每次對馬藩都以「朝鮮」為理由。關於汽船開往朝鮮一事，對馬藩強調幕府的船（更何況是汽船）並無停靠朝鮮的先例，加之朝鮮「有守舊之傳統」（「兔角舊格を押立候國風」），還提到漂流民可能會目睹荷蘭人在對馬自由活動，並搬出了譯官使到來時的先例。對馬藩憑藉其豐富的對朝外交經驗和知識，在與幕府（中央政府）的談判中佔據優勢地位，得以堅持自己的主張[54]。

三、另一次「出港」

　　在第一節中，我們探討了阿克特翁號從對馬前往釜山的事例。在本節中，將探討另外一個「出航」的事例。德國（普魯士王國）軍艦赫塔號（Hertha）於明治 3 年（1870）5 月 2 日抵達並停泊在對馬淺茅灣尾崎浦，隔日駛抵釜山，次日離開[55]。此船僅僅在釜山停泊了短短一天的時間，但其特殊性在於對馬藩的人也在船上。此

---

[53] 「書面之趣朝鮮江は外國之儀素ゟ不相越候積、對州江之儀も相含居候事」。

[54] 整個江戶時代，幕府都沒有向朝鮮派遣過正式使節，但從慶應 2 年末開始，在德川慶喜的主導下，幕府開始推進向朝鮮派遣外國奉行平山圖書頭的計劃。對馬藩不斷探聽朝鮮方面對此事的態度，但朝鮮方面一直表示拒絕（拙著《近代移行期的日朝關係》第 2 章）。沈箕載也指出，對馬積極促進幕府向朝鮮派遣使節（沈箕載《幕末維新日朝外交史的研究》，京都：臨川書店，1997，頁 44）。根據《每日記》弍番（慶應義塾大學媒體中心數字收藏）日本慶應 2 年 11 月 23 日的記錄，對馬藩向老中板倉勝靜提議「……無論以前的規則如何，希望能根據最近簽訂的五國條約處理，以維護國威，希望能充分理解此事，作出裁決」（「……從來之古格ニ不拘近來五ヶ國交際之法則ニ准所置を加、御國威相立候樣厚相心得可申段、御沙汰奉願度御座候」）。從文久 3 年（1863）開始，對馬藩內也一直試圖改革對朝政策，並積極向幕府建言，因此可以考慮對馬藩的推動作用（木村直也〈幕末期の朝鮮進出論とその政策化〉，《歷史學研究》679，東京，1995）。看來對馬藩內意見也不是完全統一，以後將會對此事進行深入考察。

[55] 關於德國軍艦赫塔號擅自進入釜山的事件，可參見田保橋潔《近代日鮮關係的研究》（京城：朝鮮總督府中樞院，1940，上卷，頁 235-238）、沈箕載《幕末維新日朝外交史的研究》第 3 章，以及拙著《近代移行期的日朝關係》第 3 章。另外，朝鮮方面的史料中也對此事有所記載，可能是由於日朝使用的曆法不同，朝鮮記載的赫塔號到達港口的日期是「4 日」，與對馬方面的記錄相差一天。

事的意義在於上節中分析的對馬藩的地位發生了變化，並對日朝外交產生了很大的
影響。此前的研究只淺淺提及過此事，本節根據當時記錄，對這一事例展開詳細的
討論。

　　明治 2 年 1 月 10 日，日本與德國簽訂了修好通商航海條約[56]。此後，德國公使
與日本外務卿和外務大輔頻繁對話。但在明治 3 年 4 月 12 日的對話中，德國公使巴
蘭德（Maximilian August Scipio von Brandt, 1835-1920）告訴日本的外務卿澤宣嘉
（1836-1873）和外務大輔寺島宗則（1832-1893），在長崎停泊的「我國軍艦想去
看看尚未開放的港口……[57]」。當澤宣嘉和寺島宗則問到「打算去哪些港口[58]」
時，巴蘭德回答道「佐賀、下關、宇和島、藝州（廣島）、鹿兒島、肥後（熊本）
等港口」。[59]需要注意的是，巴蘭德此處並未提及對馬。巴蘭德此時透露的航行目
的是「我們去佐賀、熊本等其他港口，沒有其他目的，只為展示我國的國旗[60]」，
「此番出航，只是為了展示我國國旗，我們絕不會做任何給日本政府和各藩添麻煩的
事情[61]」。澤宣嘉和寺島宗則當場決定讓外務少丞馬渡八郎陪同[62]。14 日，大政官
將此事通知了中國、四國、九州等地的有關藩縣[63]。

　　巴蘭德等人抵達長崎後，馬渡八郎與長崎縣知事野村盛秀（1831-1973）進行
了面談。長崎縣知事要求駐紮在長崎的嚴原藩（版籍奉還後由對馬藩改名而來）的
翻譯中野許太郎一起上船。5 月 1 日，赫塔號從長崎出發，2 日停泊在對馬淺茅灣尾
崎浦，3 日駛往釜山，停泊在草梁倭館附近，4 日離開釜山[64]。

　　讓我們來仔細瞭解一下赫塔號駛往朝鮮時的原委。赫塔號停泊在倭館附近海面
後，中野許太郎上岸，向倭館館守番縫殿介解釋道：

　　　　德國公使乘坐德國軍艦，請求參觀日本各藩的城邑，並得到了（幕府的）許

---

[56]　《大日本外交文書》第 2 卷第 1 冊，文書番號 15。

[57]　「我國軍艦にて未だ開ざる港江見物ニ罷越候積り……」。

[58]　「何れ之港々へ御越之積りニ候哉」。

[59]　「佐賀、下關、宇和島、藝州、鹿兒島、肥後などに候」。

[60]　「佐賀肥後並其他之港ニ相越候ハ他之子細無之、唯我國旗を示す為ニ候」。

[61]　「此行ハ唯々見物と國旗を示す而已之事にて、政府之ママ面惑あとなる樣乃義各藩へ申込候樣之事決して
　　　無之候」。

[62]　《外務卿等ノ各國公使トノ對話書》第 7 卷，「明治三年對話書十二・獨國之部一」，日本亞洲歷史資料中
　　　心（JACAR）：B03030042200，20～23 張圖片。又參見《外務省日誌》明治 3 年庚午第 13 號（4 月 12 日
　　　項）。

[63]　《太政官日誌》明治 3 年第 18 號（4 月 14 日項）。

[64]　日本長崎歷史文化博物館藏《嚴原藩史草（稿）》。

可，與此事有關的外務少丞馬渡八郎也在船上。（德國公使）參觀淺海（淺茅灣）後，長崎縣廳通知相良丹藏（德國軍艦）有可能會駛向朝鮮，所以需要帶一名翻譯上船，協助完成業務[65]。

也就是說，「長崎縣廳」通知嚴原藩的長崎聞役相良丹藏，在「日本諸藩的城下之旅」時，（德國軍艦）「參觀淺海（淺茅灣）」後，「可能會去朝鮮海[66]」，「為了方便起見[67]」要帶一名翻譯，所以中野許太郎就登船了。但並沒有任何史料顯示是誰提出「淺海遊覽」和「開往朝鮮海」的。

然而，明治 3 年 5 月其實正處日朝外交的重要時期。由於所謂的「外交信函問題」，日朝間的外交談判自明治初年以來一直處於停滯狀態，此時在談判現場想出的「政府對等論」的主意使談判有了一絲轉機[68]。倭館館守番縫殿介聽了中野許太郎的解釋後，說道：

> 雖說此事不可避免，卻對倭館正在進行的談判相當不利。與此同時，我收到了外務少丞的來信，說有急事相商，他在一艘德國軍艦上；但這艘軍艦上並沒有日本的船舶標誌，且朝鮮攘夷正當時，若暗自上船，反而會招致更多的懷疑，可能會成為日後（日朝關係）的阻礙[69]。

此時正值朝鮮「攘夷正當時」，對馬藩的朝鮮語翻譯中野許太郎乘坐德國船一事不僅對日朝兩國正在進行的外交談判「極為不利」，還會對未來產生難以預料的惡劣影響。本章稍後會詳述道，中野的擔心變為了現實。可以說，倭館方面此時正確把握了朝鮮方面的情況。

從上述背景中，我們無法看到上節介紹的對馬藩在咸臨丸停泊事件中展現的

---

[65] 「獨逸國之軍艦二而、同國ミニストル乗組、日本諸藩之城下遊覽願出、既御許容被　仰付置、引合之外務少丞馬渡八郎二も乗組有之、尤淺海見物之上、時冝二依朝鮮海江も寄船之□難量候得ば、御用便之為通弁之者壱人同艦江為乗組方、長崎縣廳ゟ相良丹藏江達有之候段、……、」（日本國立國會圖書館《每日記》明治 3 年 3 月分冊之二、5 月 5 日條）「□」是史料裝訂部分，幾乎無法認讀。下文中除另有說明外，所有關於赫塔號的史料均出自此史料。

[66] 「時冝に依り朝鮮海へも寄船」。

[67] 「御用便之為」。

[68] 拙著《近代移行期における日朝關係》。

[69] 「事情無余儀次第二ハ候得共、當地之驅引二取候而は甚痛心之至二有之、然處外務少丞ゟ切紙を以急々及內談度儀有之、只今獨逸軍艦江乗込有之候樣申來候處、元來日本御印之船揚ニも無之、外向攘夷之只中、陰二乗込候樣有之候而は彌嫌疑を抱、後日之御用害難量御座候得ば、……、」。

「強大的談判能力」。上節中對馬藩在與日本中央政府談判時實現了自己的主張，但此次嚴原藩（原對馬藩）根本沒有進行談判，甚至連干涉抗議的機會都沒有。

　　不過，正如在上節中所討論的那樣，彼時對馬藩的長崎聞役小田儀兵衛察覺到汽船訪朝背後暗藏的問題並採取了行動；但此時對馬藩的長崎聞役相良丹藏並未採取任何行動。由於沒有相關史料可以佐證，所以究竟相良丹藏是不能行動還是覺得沒必要採取行動不得而知。在此筆者並非要追究相良丹藏，僅僅將兩人（小田儀兵衛和相良丹藏）做對比，就會發現很大的不同。

　　巴蘭德想與朝鮮方面的高官會面，請倭館進行斡旋。他表示，若當天（5 月 3 日）無法會面，翌日就準備帶著約二百名護衛士兵親自去送信。巴蘭德展現了相當強硬的立場，表示「萬一朝鮮有暴發之舉，在不得已情況下，為了國民，我死不足惜」[70]。

　　為此，倭館館守番縫殿介採取了「權宜之舉」，聯繫了小通事（朝鮮王朝的翻譯）崔在守，並試圖通知訓導和別差（兩者均為朝鮮王朝的翻譯官）並進行談判，但訓導和別差的回覆如下：

　　　　眾所周知，朝鮮最近頒布了嚴令。由於攘夷是（朝鮮）國內一致決定的事情，無論我們如何懇求，都無法實現會面。不過，考慮到倭館各位的厚誼，我很難直接回絕。此後請直接向釜山府使和東萊僉使提出申請。但若釜山府使和東萊僉使也是相同的回覆，您就不用親自來倭館了，我會寫信通知您[71]。

　　按照倭館方面的解讀，巴蘭德的要求幾乎沒有實現的可能。要注意的是「考慮到倭館各位的厚誼[72]」這句話，在此回覆中，朝鮮還顧及倭館方面的「厚誼」。

　　然而，當上述訊息也轉達給東萊府使時，東萊府使就表明了如下態度：

　　　　首先，貴國人何故上此異樣之船呢？不僅是異樣之船，還有國書。對從未建交的國家沒有交換外交文書的禮儀。即便要接受國書，我們臣下也無法在朝

70 「萬一も朝鮮暴發之舉有之候節は、不得止次第、國民之為ニハ死も遺憾とは不存候」。
71 「朝廷間近嚴達之譯も有之、攘夷ハ國內一決之事ニ候得ば、假令いか樣嘆願申立候時面接不相葉段、皆々存候通ニ候、乍然館中御厚誼ニ被為出候御內諭之趣、我々限御返答難申上候得ば、直ニ訓導是ゟ引返府使僉使江も申出、尤兩所之儀最前同樣之評議ニ候ハ、又々致下來候迠ニも相及間敷、其譯手紙を以可申遣」。
72 「（倭）館中御厚誼ニ被為出候御內諭之趣」。

廷作出決定前擅自接受，希望您能理解這一點，確保貴國的人不會擅自乘坐異樣之船。（因為）與異樣之船上的人在一起時，對同乘之人便會玉石不辨……[73]。

　　朝鮮首先將批判的矛頭指向了對馬，「為什麼異國船上會有對馬的人呢」。此事立即上報到朝鮮朝廷，5 月 12 日，朝廷要求對馬說明外國船來訪的細節，並決定對其進行「譴責[74]」。

　　翌日 4 日，形勢相當緊張，「今晨，（釜山附近）各邑的士兵在釜山和古倭館間集結，德軍軍艦頻頻開炮，最終可能會發生一些事情，我們不能坐視不管[75]」。因此，倭館方面向馬渡八郎和巴蘭德解釋道，「我被傳喚到馬渡公使的官邸，請負責的外國人解釋訓導來信的內容，以及今天的情況可能阻礙日朝關係的發展，這不僅使日本政府為難，更是對馬的困境[76]」。此時，巴蘭德終於表示要當日從釜山起航的意向，說道「我們的船隻進港並強硬要求會見朝鮮官員的行為，給日朝關係帶來麻煩，也給對馬造成困難，對日本政府來說是一種遺憾，那麼我們今天馬上離開這裡[77]」。巴蘭德希望若德國船在倭館附近遇難時，倭館可以對德國船進行救援，「如果有我國民漂流到倭館附近，請務必加以憐恤[78]」。

　　馬渡八郎自己很可能也沒有想到，赫塔號抵達釜山一事會引起如此大的騷動。倭館方面觀察認為，「此次外務少丞負責的汽船開往朝鮮一事，原本（日本）朝廷並不知曉。可想而知，馬渡非常擔心現在的事態發展[79]」。關於向朝廷匯報之事，馬渡似對倭館（嚴原藩）方面實行了緘口處理，他示意倭館（嚴原藩）只需簡單地

---

[73] 「抑異樣船之內ニ貴國人同騎被致候は何之譯ニ候哉、異樣船ニ書契と申事は如何成事ニ而可有之候哉、交誼無之之國ニ書契往復いたすの作法無之、たとひ書契を受ケ候ニも朝廷之御處分以前ニハ下モとして自由ニ可取鬥之法も無之而已ならす、亦異樣船ニ於而は尤不可為對面言語之間ニ而御座れハ、是を以御發明可被下、貴國之人を壹人も必異樣船ニ乘るゝ之事無之樣被成度、異樣船中之人と必相持之場ある時ハ同騎之人は玉石を不辨之事ニ可至、……、」。

[74] 《日省錄》高宗篇 7，朝鮮高宗 7 年庚午 5 月 12 日。

[75] 「今朝ニ至候而は各邑之出兵追々釜山古館之間江致屯集、獨逸軍艦ニハ頻リニ大砲致連發、頓而異變も可相生際、安閒と座視難罷在候得ば」。

[76] 「馬渡公使之居所江誘引有之取次夷人を以訓導來紙之趣且今日之機會詰句（？）日本と朝鮮との交際故障相生間敷ニも無之、日本政府ニおゐて迷惑被存候は素、對州ニ在而尚更苦念之事ニ候處、是等之事情何と御聞取可被下候哉」

[77] 「我々此所ニ致系船朝鮮役人と可致對面段、強而相望候時ハ日本と朝鮮之交リ御迷惑差起、對州ニ於而も御難儀相掛候樣有之候而は、日本政府ニ對シ御氣之毒ニ候間、速ニ今日當所可致出帆候」。

[78] 「我國之者若難破船ニ逢、和館近所江致漂著候節は何卒御憐恤を被加被下候樣」。

[79] 「此節外務少丞當所航海之一件元朝廷御聞濟之事ニ無之、今日之行懸リ馬渡ニも甚心配之樣被相察」。

向政府匯報此事，詳情由他親自報告。倭館方面記錄中寫道，「可以感覺到他可能有他的謀劃，因此，希望將向朝廷的匯報的任務交予他，我們只需報告概要[80]」。

　　然而，此次的「出航」卻成了大問題。這在船隻到港1個月後的6月13日，訓導安東晙（1826-1875）與倭館的談判中鮮明地表現了出來。安東晙將朝鮮方面的憤怒告知了倭館：

> 鑒於鄰好情誼，日本也不應該讓諸屬藩的人乘坐我們的敵人之船，更何況是讓一個通曉我國語言、瞭解日朝鄰好之誼的對馬人乘坐此船呢。這究竟是愚弄還是嘲弄我們呢？或是另有深意，明知我國此次不許天皇的稱號，強加難題與我，嫁禍我國，與異人合謀以斃我國之術？[81]

　　第一節中提到，即使在外國船隻到來之時，朝鮮也會提供食品、柴、水等以示其「柔遠之意」。1866年，朝鮮與西方國家件衝突不斷，先是與美國武裝商船捨門將軍號（General Sherman）發生衝突，之後法國入侵朝鮮（「丙寅洋擾」），1868年德國商人奧佩爾特（Ernst Jakob Oppert, 1832-1903）企圖盜取當時掌權的興宣大院君之父南延君（李球，1788-1837）的陵墓未遂（「南延君陵墓盜掘事件」）[82]。安東晙也提到此事，表現出了對西方的敵意，「德山之祖廟被毀，先祖骸骨被掠，刺骨之恨，不共戴天之仇，切齒痛恨，不堪忍受[83]」。赫塔號到港一事是對馬人出現在「敵」船上的非常令人震驚的事件。如前所述，倭館在一定程度上預料到了朝鮮方面的不滿，但馬渡八郎和長崎縣廳卻不明白。「為了方便起見」（「御用便之為」）而讓翻譯乘坐外國船隻的行為，給日朝間外交帶來了沉重的打擊。

　　也就是說，此後朝鮮對對馬和日本的不信任感不斷加深，形成了所謂的「倭洋一體觀」。在此之前，一直是「通信」、「厚誼」夥伴的對馬和日本，開始與被朝

---

[80] 「同人何か驅引も可有之事かと相察申候間、　朝廷御屆方之都合、同人內意ニ任セ大要而已被仰上被下度奉希候」。

[81] 「日本國鄰好の任るを被顧候時は諸屬の人たり共、我敵船へ乘組、我國へ被參候筈に無之、況んや對州の人にして我國語に通じ頗る兩國鄰好の誼あるを知るの人を被乘組候以ては、是れ我れを愚弄するもの歟、又は嘲弄するもの歟、又是を深く取る時は今般天皇樣の稱號我が不許を知りて難題を我に迫り、我に罪を釀成せしめて異人と相計り必竟我國を斃すの術とも可申歟」（《朝鮮事務書》卷之5，JACAR：B03030164300，第二十幅畫像。引文中片假名已改為平假名）。

[82] 另見拙著《近代移行期の日朝關係》第2章和第5章。

[83] 「德山と內處に有之候先廟をこほち御靈骨をも掠去り候、其怨実に骨髄に徹し共に天を不戴の仇、忿激切齒の至りに不被為堪」（《朝鮮事務書》卷之5，JACAR：B03030164300，第20幅畫像。引文中片假名已改為平假名）。

鮮所敵視的「洋夷」（西方）同等對待，朝鮮的此種日本觀對後來的日朝外交和日朝關係都產生了影響[84]。

結論

　　本章討論了 19 世紀對馬的「近代性空間的形成及其影響」。從本章的視角來看「近代性空間」，即「與以前的差異」是由「異國船隻」、「西方」以及同時具有此兩種要素的「汽船」的登場所帶來的。「異國船隻到港」本身早已有之，但從 18 世紀末西方各國的船隻特別是汽船頻繁出現時開始發生質變。在此背景下，日本與西方之間簽訂的安政五國條約給對馬藩處理「異國船隻到港」帶來很大的影響。隨著此條約的簽訂，在此前唯一的外國（荷蘭）的基礎上又增加了美國、英國、法國、俄國。因此，對馬藩不得不以「穩順」的方式處理。若出現問題，那就不僅僅是對馬藩的問題，而是涉及到幕府的大問題。當阿克特翁號到達釜山草梁倭館時，倭館館守雖不得不在藩的指示到達前的幾天內獨自處理，幸好館守的處理符合藩方面的「穩順」處理的指示。另外，隨著條約的簽訂，日本政府允許外國人在開放的港口「自由閒逛」，但對馬藩和其他相關各藩對此還是非常謹慎，嚴加防範外國人的「自由閒逛」會一點點擴散到其他港口。

　　另一方面，汽船不僅為西方各國所擁有，安政三年幕府也開始擁有了汽船（觀光丸、咸臨丸）。這兩艘船雖是日本船，卻是西式船。對馬基於與朝鮮的關係，對這些船和船上的西方人更加警惕。對馬藩努力不讓西方人看到即將遣返而逗留在對馬的朝鮮漂流民，同時也不希望汽船前往朝鮮或停靠對馬，請求幕府（目付、長崎奉行、幕閣）不要這樣做，並得到了肯定答覆。也就是說，此時對馬藩的首要任務是防止對馬與朝鮮間的關係出現問題。

　　但明治維新後，對馬藩（嚴原藩）的影響力逐漸減弱。在外務省官員的陪同下，德國軍艦赫塔號從長崎經停對馬，次日前往釜山。嚴原藩沒有能力對此進行任何反對和抵抗，而是在長崎縣知事的指示下，讓一名對馬藩的朝鮮語翻譯同船前往朝鮮。換句話說，當時長崎是優先考慮德國軍艦和外務省的。

　　但是，釜山草梁倭館正確地預見到，德國軍艦的到來將是一個重大問題，會成為當時正在進行的日朝談判的一大阻礙，且朝鮮方面會強烈反對。這說明，在嚴原

---

[84] 換言之，在此之前，即使是由於「外交信函問題」談判陷入僵局，日本既不是「敵人」，也不是「攘夷」的對象。

藩內，至少嚴原和倭館並非是在統一的見解下行動的。

結果，由於此艘德國軍艦上搭載了對馬藩的翻譯，朝鮮方面對對馬產生了不信任感；朝鮮對日本的看法從「鄰好之誼」惡化到了「倭洋一體」的地步，日本變成了被嫌棄和被指責的對象。對於明白問題嚴重性的一方（即倭館）來說，不會有比這更令人痛惜的了吧。此外，嚴原藩本身也在德國軍艦抵達釜山一年後的明治 4 年（1871）7 月由於廢藩置縣被廢除，從日韓外交舞台上消失了。

【譯註】

i 1808 年，英國軍艦費頓號入侵日本長崎港，不但劫持了兩名荷蘭人質，還要求日本人提供燃料與食物。這一事件促使了幕府強化海上防衛政策。

ii 俄國軍艦戴安娜號艦長戈洛夫寧（Vasilii Mikhailovich Golovnin, 1776-1831）在勘測千島列島（俄羅斯稱為庫里爾群島）時，在國後島被日本松前奉行手下的官員逮捕，被關押了約兩年三個月後，與高田屋嘉兵衛（1769-1827）交換而獲釋。

iii 日本的中國地區。位於日本本州島西段，由鳥取、島根、岡山、廣島和山口五縣組成。

iv 幕府方面監察旗本御家人（直屬幕府，且俸祿在五百石以上、一萬石以下的武士）的官職。

v 相當於問屋町的御用達（特權御用商人）的職位。

第十章
俄清外交交涉中的溝通隔閡
──以 18 世紀初及 19 世紀中葉的兩個事例
為考察對象

柳澤明

（單荷君　譯）

一、序言

　　筆者曾在以前發表的論文〔柳澤，2017〕中，概觀了 17 世紀後半期至 19 世紀中葉之清朝與俄國外交交涉中使用的媒介語言、譯者和翻譯體系的變遷。其大致趨勢為：17 世紀後半期至 18 世紀前半期，拉丁語與蒙古語為主要的媒介語言。18 世紀中葉以降，由於俄國方面滿語運用能力的提高，滿語作為媒介語言的機會逐漸增加。19 世紀後，俄國方面的漢語讀寫能力也日益提升，便逐漸一手掌握了俄語與滿語、漢語間的翻譯。但該論文並未根據具體事例來分析不同時期外交公文及條約的翻譯準確程度。

　　因此，本文從 18 世紀初（拉丁語與滿語同時作為媒介語言這一慣習確立）與 19 世紀中葉（俄國一手掌握俄語與滿語、漢語間的互譯），分別選取一個事例來分析其翻譯的準確程度，以考察以下問題：即如果原文與譯文有明顯的差異，那麼它們是單純的誤譯，還是有意圖的更改、省略。如果是有意為之，那麼它背後潛藏的原因與目的又是什麼。由翻譯造成的溝通隔閡對實際的外交交涉又產生了怎樣的影響。此外，筆者試圖通過比較這兩件相差約 150 年的事例，展望兩者體現出的溝通隔閡發生了怎樣的轉變。

二、18 世紀初的事例

（一）18 世紀中葉以前的媒介語言與譯者情況

筆者曾撰文討論過 17 至 19 世紀中葉，清朝與俄國間交換條約與來往公文中所使用的語言與譯者的變遷情況，下面就其要點簡略介紹如下。

關於媒介語言，1676（康熙 15）年，俄國使節斯帕法里（Н. Г. Спафарий）在北京與清朝交涉後，兩者一致同意，俄國發往清朝的俄語文書與清朝發往俄國的滿語文書，都附上拉丁語譯文。這樣拉丁語成為主要媒介語言，1680 年代後，清朝發往俄國的文書還附上了俄語譯文。而清朝發往涅爾琴斯克（尼布楚）等俄國地方當局的公文，在 18 世紀初以前與上述情況一致，但在 1703（康熙 42）年，因涅爾琴斯克當地無人可以讀解滿語、拉丁語，應涅爾琴斯克長官的請求，開始使用蒙語譯文代替拉丁語譯文。而涅爾琴斯克長官等發往清朝的文書，多只有俄語，附帶蒙語譯文的很少。至於面對面的口頭交涉，由於拉丁語口譯人才有限，因此蒙語成為主要的媒介語言。簽訂恰克圖界約的弗拉季斯拉維奇使節團（1725-1728），以及清朝兩次派往俄國的使節團（1729-1733），口頭交涉時蒙語都發揮了重要的作用[1]。

關於譯者，清朝方面擔任拉丁語與滿語互譯的當然是天主教傳教士。自 1680 年至 18 世紀後半期，根據《滿文俄羅斯檔》的〈內閣原註〉[2]等，可以確認的從事翻譯的主要傳教士有，南懷仁（Ferdinand Verbiest）、徐日升（Tomás Pereira）、張誠（Jean-François Gerbillon）、巴多明（Dominique Parennin）、紀理安（Kilian Stumpf）、戴進賢（Ignaz Kögler）、白晉（Joachim Bouvet）、宋君榮（Antoine Gaubil）、錢德明（Jean Joseph Marie Amiot）。其中長期作為譯者活動的有張誠、巴多明、宋君榮、錢德明四人。關於他們的翻譯水準需要另行分析，但基本上他們熟習滿語，可以推測在意思傳達上沒有大的障礙。

而負責俄語與滿語互譯的譯者，在 18 世紀上半期以前，都是所謂的阿爾巴津人。他們主要是由來自阿穆爾河附近的俄國的投降者組成的，屬於鑲黃旗滿洲治下的俄羅斯牛錄。根據《滿文俄羅斯檔》的〈內閣原註〉，涅爾琴斯克條約簽訂後至

---

[1] 例如 1726 年 11 月弗拉季斯拉維奇謁見雍正皇帝時，雍正皇帝的發言由清朝方面譯為蒙語後，再由俄國方面的蒙語口譯者 А. Третьяков 翻譯成俄語轉達給弗拉季斯拉維奇。〔РКО XVIII-2: №196: 415〕。

[2] 關於《滿文俄羅斯檔》，請參照（柳澤，2001）。〈內閣原註〉是指俄國相關的文書經由內閣蒙古堂時添加的有關文書處理過程的註記。

康熙 46（1707）年初之間，由 Lodohon 一手擔任翻譯[3]。同年 Lodohon 去世後，由 Kusima、Yagʻao／Yagʻoo 二人接任。兩人分別擔任翻譯至乾隆 2（1737）年和雍正 12（1734）年，同時還參與了內閣俄羅斯文館的設立與營運[4]。之後，俄羅斯文館出身者，或是來北京留學的俄國留學生們開始擔任翻譯。

關於蒙語的翻譯，史料中很少出現譯者的姓名。而滿語與蒙語的互譯，原本就是內閣蒙古堂的掌管業務，因此可推測不乏相關人才。

而關於俄國方面的譯者，本文不進行深入的探討，在此簡單介紹如下。掌管對外關係的使節廳（Посольский приказ），和 1718 年設立的外務參議會（Коллегия иностранных дел）中都有拉丁語的譯者，因此拉丁語的翻譯應無障礙。而關於蒙語的翻譯，17 世紀末使節廳雖已有譯者，但直至北京留學生歸國後，才能直接進行滿語的翻譯[5]。以上都是中央政府之間交涉的翻譯情況，而像前文提到的涅爾琴斯克這種地方當局的交涉，蒙語為主要語言媒介。但事實上俄國方面缺少俄語、蒙語兩種語言之間自由熟練切換的人才[6]。因此俄國發往清朝的公文，往往都只有俄語，清朝方面必須能夠準確理解俄語。

（二）1704～06 年往返公文的文本比較

那麼當時清朝與俄國地方當局間往返文書的翻譯準確程度如何呢？在此筆者選取 1704（康熙 43）年至 1706（康熙 45）年間，理藩院與涅爾琴斯克長官 П. С. Мусин-Пушкин 之間交換的一系列公文為分析對象。公文內容為蒙古東北部的鄂嫩河或斡里扎河附近的住民發生衝突致死事件。下面選取三份文書分別標記為①～③，對比分析其原文與譯文間的異同。

公文① 涅爾琴斯克長官發給理藩院的公文（1704 年 7 月 20 日）

雖然非常遺憾沒有找到此文書的俄語原文，但《清代中俄關係檔案史料選編》

---

[3]　Lodohon 是俄羅斯牛錄首任佐領 Ulanggeri 的兒子，康熙 25（1686）年 Ulanggeri 病逝後，Lodohon 繼承了牛錄的管理。

[4]　俄國史料中也出現 Kusima、Yagʻao／Yagʻoo 二人的名字，他們的俄文名分別為 Козьма Дмитриев，Яков Савин。〔РКО XVIII-5: № 470: 731-732〕。Козьма 被稱為「百人隊的五十人長」，任驍騎校一官。

[5]　比如，1692 年 11 月西伯利亞廳發給使節廳的 3 份清朝公文。拉丁文很快被翻譯成俄文，但使節廳的蒙語譯者 П. Кулвинской 說文件中出現的「蒙語」是「古代中國或是博格德的語言」，因此無法翻譯。〔РГАДА: Ф.62, оп.1, 1692 г. № 2: 11〕。事實上，文件中使用的不是蒙語，而是滿語。

[6]　比如簽訂涅爾琴斯克（尼布楚）條約的交涉過程中，俄國全權代表戈洛溫所帶的蒙語翻譯，「並不精通俄語，無法完整翻譯成俄語」。〔РКО XVII-2: 330〕。

直譯了《俄羅斯來文檔》的俄語原文，因此可藉此窺其原貌〔《選編》1: 115 附錄: 241-244〕。滿語譯文收錄於《滿文俄羅斯檔》〔滿俄 2: 431-445〕，根據〈內閣原註〉記載，康熙 43 年 12 月 3 日此公文由理藩院送達內閣，侍衛 Lodohon 翻譯後同月 11 日呈遞給康熙帝。由於全文非常長，本文只選取其前半部分，如公文①對照表所示，為了方便理解按照公文內容分為 A～D 四個部分，並將現代漢語譯文與當時的滿語譯文同時羅列出來。對比整體後發現，不僅細節處的描寫、固有名詞的標記不同，內容上也多有出入，其主要不同點如下。

首先，A 的部分，開頭關於俄國皇帝一連串的稱號滿語譯文中完全被省略了。並且正文中多次出現的俄國皇帝的稱號，也常常被省略。可以推斷是有意地省略不譯。

B 部分大致內容是指俄國方面的通古斯人，將一名清朝方面的蒙古人額爾德尼[7]帶至涅爾琴斯克，控訴包括他在內的 20 名蒙古人侵入俄羅斯領地盜竊、殺人的事情。對比俄語原文（漢語譯文）與滿語譯文，可以發現以下明顯的差異。

劃線部 a： 原文開頭的 1704 年 7 月 17 日這一日期是指通古斯人將蒙古人額爾德尼帶到涅爾琴斯克官廳，控訴其所作所為的日期，而滿語譯文中，讀起來像是公文的發送日期。

劃線部 b： 3 人的人物姓名中，滿語譯文出現了「da」，推測譯者沒有理解俄語中「да」是接續詞「和」的意思，而將其翻譯成了人名的一部分。

劃線部 c： 原文中，劃線部以後的內容是指將額爾德尼帶到涅爾琴斯克的通古斯人的供述，而滿語譯文讓人誤以為是額爾德尼自己的供述。

劃線部 d： 鄂嫩河一帶是俄國的屬地，這一表述在滿語譯文中被省略了。筆者推測此處省略是有意為之。因為如上所述，滿語譯文中錯誤地將此處翻譯為額爾德尼自己的供述，這勢必與額爾德尼被遣返至清朝後所供述的「鄂嫩河一帶是清朝蒙古人的游牧地」這一表述（文書②E 部分）自相矛盾。

C 部分內容是額爾德尼面對涅爾琴斯克官廳審問的供述，原文與滿語譯文的差異如下。

劃線部 e： 滿語譯文中「1704 年」「21 日前」的表述被省略了。

---

[7] 此人物姓名的滿語拼寫多處表述不同，下文中除引用原文部分，全部統一為文書②的滿語文本中出現的額爾德尼（Erdeni）。

劃線部 f： 原文為清朝方面的 20 人遭遇俄國方面的通古斯人後便四處逃散，額爾德尼則一人在森林中行動。而滿語譯文中出現了原文中不曾出現的「我的哥哥，臣屬於 Oros Han 的 Solon」，額爾德尼與此人一起行動。

劃線部 g： 滿文譯文中出現了清朝人殺害了 3 名俄國人的表述。但原文中沒有此表述。

D 部分的主要內容是，針對額爾德尼的供述，俄國方面展開調查的內容。總的來說原文與滿語譯文存在較大差異，滿語譯文比較簡略，具體差異如下。

劃線部 h： 原文中的表述為，此衝突事件造成清朝方面 3 人，俄國方面 1 人死亡。滿語譯文中則沒有清朝方面 3 人死亡的表述，而是如上述劃線部 g 所示，只有清朝人將 3 名俄國人殺害的表述。並且，原文中俄國方面死者的姓名，在滿語譯文中變成了逮捕額爾德尼的人物的名字（但兩處名字的拼寫差異很大）。

劃線部 i： 滿語譯文中沒有出現俄國皇帝可能對此事件做出處分的表述。

根據上述大致的比較可以明顯地發現，有關理解整個事件經過的重要資訊，滿語譯文都沒有按原文的意思準確地傳達。

公文② 理藩院發給涅爾琴斯克長官的公文（康熙 44 年 2 月 10 日）

本公文是理藩院針對公文①的回信，根據文書①以及被遣返回清朝的額爾德尼的供述，而對俄國方面的反駁。滿語與蒙語文本收錄於《滿文俄羅斯檔》〔滿俄 2：473-489〕。根據內閣原註，由 Lodohon 擔任俄語翻譯[8]。推測由 Lodohon 翻譯的俄語譯文，以及在涅爾琴斯克完成的從蒙語翻譯而來的俄語譯文，都收錄於《18 世紀的俄中關係》第 1 卷中〔PKO XVIII-1: № 20: 68-72〕。〈公文② 對照表〉將本公文按照公文①的內容分為 A～F 六個部分[9]，對比分析滿語原文與 Lodohon 的俄語譯文的異同。

首先我們來看滿語原文中對公文①的概括歸納（B、C 兩處）：此處敘述了額爾德尼一行進入了鄂嫩河附近的山中，與俄羅斯族民發生了衝突殺害了 3 名俄國人；還出現了額爾德尼的兄長這一人物。當然，這是對公文①中的誤譯的沿用。然

---

[8] 《滿文俄羅斯檔》滿俄 2: 517-521；《選編》1：頁 245。
[9] A～D 的部分基本對應公文①的 A～D。本論文只節選原文 A 至 F 的部分，省略了 F 部分後的內容。

而在清朝再次接受審訊的額爾德尼供述道（E 處）：他們不是在鄂嫩河而是在幹里扎河附近採伐狩獵，在那與俄國的索倫（通古斯）人發生衝突，但並沒有殺害 3 名俄國人。在此供述的基礎上，清朝理藩院針對紛爭的發生地點及其歸屬、殺害 3 名俄國人等問題，對俄方主張表示懷疑（F 處）。紛爭發生地點在鄂嫩河還是幹里扎河，的確可以說雙方的認識存在實質上的差異，但是否殺害 3 名俄國人這一事實，公文①的原文中並未出現，不過是由於誤譯造成的沒有根據的論點罷了。

接著我們來看 Lodohon 的俄語譯文。雖然很難恰當準確地給予評價，但基本可以說他如實翻譯了滿語譯文，並沒有過多省略或是擅自添加一些內容。但就譯文而言，п 與 б，т 與 д，г 與 х 等混淆不分，可見其缺乏俄語規範寫法的知識。名詞、形容詞的格的變化，動詞詞尾的變化等很不自然。總而言之，Lodohon 的俄語譯文對俄國人來說不至於無法理解，但可以說是不堪一讀的。

而在涅爾琴斯克由蒙語翻譯而來的俄語譯文中，雖然沒有出現上述的正規字用法或是語法的錯誤，但隨處可見明顯的誤譯，或是沒有完整譯出原文的內容。比如下面正文開頭的部分：

> Ваши де ясашные тунгусы изымали нашего ясашного мужика Аранза с товарыщи и привезли в Нерчинск. А в листе де вашем написано, бутто де они, Ордени, приезжали в двадцати человеках для воровства и отгону табунов, и бутто де убили нарочитого ясашного тунгуса, и коня и платья ево взяли.
>
> 你們通古斯人將我方屬民的男丁阿蘭扎逮捕後帶至涅爾琴斯克。而你們的公文中卻記載道，額爾德尼他們 20 人為了盜竊和趕走馬群而來，故意殺害通古斯人，奪取了他們的馬匹和衣服。

然而根據公文①B 的部分，阿蘭扎指的是逮捕額爾德尼的俄國方面的其中一名住民。公文①的滿語譯文以及公文②Lodohon 的俄語譯文，都是正確的。而且此譯文的開頭便將阿蘭扎認定為被逮捕的人物，其後又突然出現額爾德尼，怎麼看都非常不自然[10]。

此外，關於公文②，還有 1759 年由 А. Леонтьев 翻譯的俄語譯本存在〔РГАДА:

---

[10] 正因如此，所以很難準確把握文章意思，〈公文②對照表〉雖附上了日語譯文，僅供參考。或許可以推測當時的涅爾琴斯克當局主要是基於從蒙語翻譯過去的俄羅斯語來把握內容的，但是，如後所述，那也很難說是正確的翻譯。

Ф.62, Оп.1, 1704 г. № 2: 55-59об.〕。推測此譯文由滿語翻譯而來，文章本身比較流暢，但不是逐字逐句的全文翻譯。

公文③　涅爾琴斯克長官發給理藩院的公文（1706 年 8 月 18 日）

此公文是俄國方面對公文②的回覆，《故宮俄文史料》中收錄了俄語原文與滿語譯文〔《故宮俄文史料》№ 9:37, 245-248〕。《18 世紀的俄中關係》也收錄了俄語文本〔PKO XVIII-1: № 33: 87-88〕，此文本應取自於《故宮俄文史料》。根據《滿文俄羅斯檔》的〈內閣原註〉[11]，此公文於康熙 45 年 12 月 15 日送達內閣，由 Lodohon 負責翻譯。因沒有提到蒙語文本，推測只有俄語文本。〈公文③對照表〉像公文①、②一樣按內容分為 A 至 G 幾個部分[12]，對照俄語原文和滿語譯文的異同。原文與譯文主要有以下幾處差異。

A 的部分照例完全省略了俄國皇帝的稱號。

B、C、D 的部分有以下差異。

劃線部 j： 滿語譯文中並沒有提到被帶到涅爾琴斯克的公文是蒙語這一資訊。雖然不知道具體理由，但從公文②實際是由俄語與蒙語組成的這一點來看，可以推測是故意省略的。此外，關於對清朝公文的摘要的起止範圍，可以判斷俄語原文是到 E 的末尾處，但滿語譯文中則非常模糊[13]。

劃線部 k： 俄語原文寫道俄國住民逮捕了清朝的阿蘭扎等人。這是俄國翻譯公文②的蒙語文本時的誤譯。而滿語譯文，或許基於公文②的原文內容，對其進行了「修正」。

劃線部 I： 滿語譯文中沒有出現對應「а в листу де нашем написано, что」（根據我方公文的內容）的表述。俄語原文是根據蒙語翻譯而來的，因此此處「我方」所指應是俄國。但下文中「自清朝方面送達的公文（公文②）中引用的俄國公文（公文①）的內容」，在滿語譯文中，卻讓人讀起來不像是引用俄國公文（公文①）的，而像是清朝

---

[11] 《滿文俄羅斯檔》滿俄 3：27；《選編》1：頁 278。

[12] 公文③中沒有對應公文②的 F 部分，因此〈公文③對照表〉中省略 F 的記號。同時省略 G 部分之後的內容。

[13] E 的中間，額爾德尼供述結束的部分，即緊接著「tese ai turgun de afanduha be bi sarkū sembi」（我不知道他們為什麼打起來了）之後，人稱發生了變化，俄國開始使用第一人稱表述，或許可以將此處看作對清朝公文的摘要。

自身的敘述。

關於 E 的部分，有以下不同。

劃線部 m：根據原文「и вы де ево, Ирдения, в приказе спрашивали」（你方在行政廳審訊額爾德尼）的表述，審訊的主體是「你方」，應是清朝[14]。然而比較公文①和公文②，以下供述的內容，變成了額爾德尼在涅爾琴斯克的供述與送還清朝後的供述，這兩種供述混雜一起的內容。而根據前面的「……將搶奪了 solon 的馬匹和衣服的人逮捕」這一表述，可以看出滿語譯文中試圖將審問主體解釋為俄國一方，但又很模糊不清。或許是考慮到原文自身表述的曖昧，而有意地翻譯得模棱兩可。

劃線部 n：原文為清朝人殺害俄國方面的通古斯人時，額爾德尼並不在場，而在「на речке Удзе, на хребте Кулдюлюне」（烏澤河，庫勒丟倫山）。滿語譯文卻譯為清朝一行人被俄國方面一群人追趕至「ul de siye / birgan, herulun alin i da」（Ul de siye 溝，Herulun 山腳）。這部分內容原本對應公文②的 E 處，在公文②中記載的地名是「herulun i amargi ulja birai kundulen gebungge ba」（Herulun 北方的 Ulja 河附近 Kundulen 地區）。然而由於俄國方面對文書②的蒙語譯本的誤譯，導致此錯誤也相應反映在文書③的俄語文本中。因此可以推測滿語譯文試圖糾正此錯誤，但最終沒能徹底糾正。

接下來 G 部分，俄語原文與滿語譯文完全不同。原文中認為，在一系列的紛爭中，3 名俄國人和 4 名清朝人死亡這一表述並非事實，事實上應是 1 名俄國人和 3 名清朝人死亡。並指出由於俄國的公文（公文①）沒有被正確翻譯才導致的誤解。然而滿語譯文卻扭曲原文的文脈，以對清朝方面提出的內容（公文②的 F 處）進行回應的方式，要求再次調查 3 名俄國人和 4 名清朝人死亡這一資訊及其關係。此處可以窺見譯者有意配合清朝方面的意圖，同時如果如實翻譯的話，事關公文①的譯者 Lodohon 自身的面子問題，因此可感到其有意掩飾敷衍之意。

（三）文章①～③所見的翻譯實情

通過比較文書①～③的內容可以發現，隨著公文的往返次數增加，因誤譯引起

---

[14] 俄語原文一直使用的是間接轉述的手法，即便是引用部分，第一人稱也應該指的是俄國一方，第二人稱則應該指清朝一方。

的雙方認識的分歧也隨之增加，最終陷入了不可收拾的狀態。而造成此局面的根本原因，既有因單純誤譯而帶來的連鎖反應，同時也由於清朝方面沒有如實翻譯俄國的公文，而是翻譯時有意牽強地迎合清朝方面所把握的事實關係與認識。此外還可窺見譯者本人有意掩飾自己過去的誤譯的意圖。針對公文③，清朝方面於康熙 46（1707）年正月向涅爾琴斯克長官發送了兩封公文反駁，再次要求妥善處理此事件〔《滿文俄羅斯檔》滿俄 17: 58-61; 滿俄 19: 1-7, 18-29;《選編》1: 129, 130: 274-276〕，但俄國方面未做出回應，最終兩者間認識的隔閡也未能消除。

　　本文僅通過列舉有限的事例，便足以窺見 18 世紀前半期，兩國之間，尤其是和以俄語和蒙語為媒介語言的俄國地方當局的交涉，其基礎是非常脆弱的。此事例是 Lodohon 擔任翻譯期間的例子，後繼者 Kusima、Yag'ao / Yag'oo 二人擔任翻譯以後的情況需另作探討。但根據 Kusima 的自述，他出生在北京，並沒有精準翻譯複雜難解的俄語的自信。因此很難期待其擔任翻譯期間，翻譯水準有大幅度的提高改善。

三、19 世紀中葉的事例

（一）18 世紀後半期至 19 世紀中葉媒介語言與譯者的推移

　　18 世紀後半期至 19 世紀前半期，兩國間語言交涉的情況發生了很大變化。俄國方面的滿語及漢語的運用能力大幅度提高。其背後的原動力來自 1727 年恰克圖條約簽訂後，與正教傳道團一同常駐北京的學語言的留學生。1740 年代以後，少數的北京留學生出身的譯者開始陸續就職於中央的外務參議會（1802 年以後為外務省 Министерство иностранных дел）或是伊爾庫茨克總督府等部門。他們也經常作為外交使節團的一員，在口頭交涉中發揮了重大作用。進入 19 世紀，正教傳道團的聖職者中，也開始出現熟練掌握滿語、漢語，深入鑽研中國學、蒙古學的人才。比丘林（Иакинф / Н. Я. Бичурин）和卡法羅夫（Палладий / П. И. Кафаров）便是其中的代表人物。

　　另一方面，清朝也於康熙 47（1708）年設立「內閣俄羅斯文館」，試圖培養俄語翻譯人才，雍正、乾隆在位期間為了振興此館而採取了種種措施。1740-60 年代，該館出身者開始活躍於公文翻譯或是現場口頭翻譯，但未能像俄國一樣培養出相關領域的專家。在此背景下，拉丁語、蒙語作為媒介語言的地位逐漸下降，雙方的交涉主要由俄國方面的筆譯、口譯者通過滿語、漢語來進行。這對於清朝方面而

言，意味著無法驗證俄國方面翻譯的精準程度，在公文解釋上出現疑義時，無法再像之前一樣以拉丁語這種媒介語言為根據。

（二）19 世紀各個條約的文本異同

先行研究中已經有幾個事例表明，俄國在 1850~60 年代締結的諸多條約都顯示其為了追求外交利益而利用了語言能力的優勢。

關於 1858 年的璦琿條約，俄方交付給清朝的條約使用的是俄語、滿語，清朝交付給俄方的條約使用的是滿語和蒙古語，在關於將阿穆爾河左岸劃為俄羅斯領土的規定上，對自阿穆爾河（Sahaliyan ula／黑龍江）與松嘎里河（Sunggari ula／松花江）交匯處至下流的部分，是標記為阿穆爾河還是松嘎里河這一問題，俄語文本與滿語・蒙語文本之間出現了差異。如果對照「阿穆爾河與松嘎里河的航行權只授予俄國與清朝的船舶，禁止第三國船舶航行」的條約規定，那麼根據俄文條約來解釋的話，俄國船舶則可以通過兩河交匯處繼續沿松嘎里河上溯航行〔矢野 1967：88〕。在璦琿簽訂條約時，擔任翻譯的是俄方的希什馬廖夫（Я. П. Шишмарёв），條約本身，包括滿語譯本，都是由俄國作成的〔《選編》3：416：504-509〕[15]。正是在這種背景下，俄國才有條件進行上述的操作。

當然需要注意的是，璦琿條約本身並沒有規定哪種語言的文本為正式的條約文本，雙方交付對方的文本中只有滿語是共通的。因此清朝可以以滿語文本為依據，主張自兩河交匯處至松嘎里河上游的河段，不屬於允許俄國船隻航行的國境河流。

1860 年簽訂的北京條約，俄方利用翻譯上的異同來為本國爭取利益的戰略表現得更加明顯，矢野仁一〔1967〕已針對幾個具體的事例進行了細緻的分析。矢野分析的事例中，其中一個具代表性的事例是對於在重新認定為俄國領地的沿海地區，一直居住的清朝住民的處置辦法的規定（第 1 條）〔矢野，1967：55-57〕。此條在具體規定了俄羅斯領土的基礎上，規定如果上述土地中有中國臣民的居住地，俄國政府必須允許他們留在原地，照往常一樣從事漁業、狩獵活動。而漢語譯文則寫道「上所言者乃空曠之地，遇有中國人住之處及中國人所占漁獵之地，俄國均不得占，仍准中國人照常漁獵」，出現了俄語文本中未曾出現的「上所言者乃空曠之地」的表述。俄語文本僅僅規定不能驅趕俄國新領土的清朝住民，而漢語譯文的意思則是，俄國的新領土僅限於沒有住民居住的空曠土地，清朝居民居住的土地依然

---

[15] 清朝的首席代表黑龍江將軍奕山，自己並不擅長滿語，而以滿語為基礎進行的交涉內容，需經副都統吉拉明嘎翻譯成漢語〔Невельской, 2009: 348-350〕。

屬於清朝管轄。雙方交涉過程中，清朝代表團特意提出加入「空曠之地」的表述，從恭親王奕訢等人於咸豐 10 年 9 月 23 日的上奏文中，也可看出清朝對此事非常重視〔《選編》3: 775: 1002-1004〕。奕訢等在報告 10 月 2 日簽訂條約的上奏中還提到，俄方全權代表伊格那季耶夫要求清朝方面在重新劃定國境線的地圖上簽字，但是如果清朝方面簽字，就等於承認了俄羅斯占據包括清朝居民的居住地在內的整個區域，因此予以拒絕。〔《選編》3：784：1015-1016〕。也就是說，可以看出清朝方面相信，加上上面一句表述，便可保留清朝對沿海部分地區的管轄。然而俄語文本中卻沒有相應的表述。事實上，俄國不管是否是「空曠之地」，逐漸展開了對整個沿海地區實際上的支配統治。

　　以上為先行研究中已指出的事例，北京條約中還有一些未被關注的，由於俄語與漢語文本的差異實際影響了條約解釋的例子。即該條約第 8 條，有關兩國國民在對方國家犯罪時的裁判管轄權與適用法問題。下面在介紹此問題概要的同時，並嘗試探討造成不同文本間翻譯過程之差異的實際情況。

（三）北京條約第 8 條的問題所在

　　在探討此問題時，先介紹一段宋小濂《北徼紀遊》的內容。

> 中俄條約：凡有兩國人民犯事，無論在何國地方，均需送交本國，各辦各國之人。辛卯春，有華人趙鳳蘭在俄界博格羅夫，因錢財口角，用火器打死俄商拉子羅夫。俄官當將趙鳳蘭捉獲，並不送交中國，徑送阿木爾省究辦。中國官屢據約照會俄酋，請將此犯送交中國辦理，俄酋終執不肯。月餘，又有俄人在漠河上數十里江道中，劫中國金廠兵丁財物，當經捉獲帶回。本欲送交彼國，因江冰初解，稍延時日，俄酋即謂之背約，禁止沿江驛站不准代遞文報，輪船不准附搭華人裝載貨物，勢幾決裂。直至開江送還，始和好如初。同一約也，彼公然背之，則以為常事，我未背而誣以為背，則幾啟釁端，俄真無賴也哉！〔宋 1984: 63〕

　　此段文字記載了辛卯年，即 1891 年（光緒 17 年）發生在阿穆爾河附近的兩個事件。宋小濂1911 年時任黑龍江巡撫，民國時期曾擔任黑龍江都督。事件發生當時為漠河金礦的負責人，同時國境附近發生各種問題時，充當著與俄國交涉的角色。非常有意思的是文章開頭「根據中俄兩國間的條約，兩國人民無論在哪一方領土發生犯罪行為，都應遣返本國由本國人制裁」的表述。也就是說宋小濂認為，條約規

定與犯罪的發生地點無關，應按照犯人所屬國家的法律制裁，而俄國卻沒有遵守條約。那麼，當時雙方簽訂的有效條約中，是否確實存在此規定呢？

　　與此內容相對應的應是北京條約第 8 條。此條規定的漢文記載如下，「若有殺人搶奪重傷謀殺故燒房屋等重案，查明係俄羅斯國人犯者，將該犯送交本國，按律治罪。係中國人犯者，或在犯事地方或在別處，俱聽中國按律治罪」（中華民國外交部保存之前清條約協定：中俄續增條約：漢文簽署本）。如此條文開頭所示，「俄羅斯國商人在中國，中國商人在俄羅斯國」，雙方國民在對方國家旅居的情況[16]。因此，如果只根據漢語條約來看的話，確實可以理解為，中國（清朝）人在俄國犯下殺人、搶劫等重罪的情況下，應由中方按照自己國家的法律對其制裁。然而，與此條相對應的俄文條約內容如下。

> В преступлениях важных, как-то: убийстве, грабеже с нанесением опасных ранений, покушении на жизнь другого, злонамеренном поджоге и том. подоб., по произвединии следствия, виновный, если он будет русский, отсылается в Россию для поступления с ним по законам своего государства, а если китайский, то наказание его производится или начальством того места, где учинено преступление, или, если того потребуют государственные постановления, виновный для наказания отправляется в другой город или область.

> 重大犯罪，比如殺人、造成重大傷害的搶劫、殺人未遂、惡意放火、以及類似以上的行為，如果犯人是俄國人，須遣返回俄國按照俄國本國法律制裁。如果是中國人，則由犯罪發生地的地方當局審判，或是根據國家規定的要求，送往其他城市或是州進行審判〔РКО 1689-1916: 37〕。

　　也就是說，針對俄國人犯罪的情況，明確規定了「遣返回俄國按照俄國本國法律制裁」，而針對中國人犯罪的情況，只規定了在「犯罪發生地」或是「其他城市或是州」進行審判，並未規定要將其送回中國，按照中國法律制裁。因此，如果根據俄文條約的話，俄國對於 1891 年事件的處置是符合條約規定的，而根據漢語條

---

[16] 漢語文本中「中國商人」的部分，在俄語文本中僅簡單表述為「китайские」（中國人）。

約的話，則不符合規定[17]。由此可見，在北京條件締結三十多年後，在兩國交界的國境地方，因條約文本間的齟齬造成雙方認知上的隔閡依然沒有得到解決[18]。

（四）北京條約締結交涉過程中的翻譯狀況

那麼，1860 年的北京條約在條文文本間存在差異的情況下，為何還是簽訂了呢？遺憾的是，就目前收集到的資料中，並未發現有關此問題的直接記載。例如在上述咸豐 10 年 9 月 23 日奕訢等人的上奏中，提到了在俄國提出的條約方案中，加入「空曠之地」等條件，但並未提及第 8 條的內容。雖然沒有發現俄國方面直接涉及此問題的記錄，但關於條約內容的翻譯過程，俄國全權代表伊格那提耶夫在發往外交部的報告中留下了以下記載：

> 接到敕令後，俄國使節團立即著手條約內容與中文譯本的最終調整。但還是受到了中國方面全權代表們的強烈反對，因此在修訂中文譯本時，為了避免因拘泥於無用之處而妨礙整個條約的簽訂，我方接受了中方提出的幾處修正意見，並且為了避免條約各項內容俄語與中文譯本字面上的差異，必須對俄語文本的多處進行歪曲〔Отчетная записка: 300〕。

---

[17] 第 8 條的條約內容非常複雜，首先條約開頭規定，俄國商人在中國，以及中國人在俄國旅居時，都受本國政府保護。俄國在喀什和庫倫設置領事館，清朝也可在俄國首都或其他地方設置領事館。並且「凡兩國商人遇有一切事件」（Все дела, касающиеся купцов того и другого государства），根據 1858 年締結的天津條約第 7 條規定，犯罪行為由領事及當地官員按照犯人所屬國家法律審理。天津條約第 7 條是針對上海、寧波等清朝對俄國開放的海口的審判手續的規定。而北京條約第 8 條看似將其適用範圍擴展到旅居在俄國的中國人，使之成為中俄雙邊條約。然而本條後段又規定，「其不關買賣，若係爭訟之小事」（Дела, не касающиеся торговых между купцами сделок, например: споры, жалобы и проч.），犯人根據本國法律處置，若是重大犯罪，則按照上文引用的部分處置。因此整體來看，第 8 條的俄語條約中，開頭雖規定了犯罪者依據犯人所屬國法律制裁，又在條約後段附加了針對重大犯罪的特例。然而只看該條約的漢語文本的話，對於重大犯罪的處置也屬於條約開頭規定的原則範圍之內。

[18] 事實上，這種認識上的隔閡在 1868 年南部沿海地區發生的清朝方面的採金礦者等與俄羅斯方面的衝突事件中就已表面化了。當時，清朝方面依據北京條約第 8 條的漢語文本，要求俄羅斯方面送還被俄羅斯方面逮捕的清朝屬民，俄羅斯則依據俄語文本予以拒絕。〔《籌辦夷務始末》（同治朝）卷61，〈富明阿毓福奏烏勒興阿與俄官會議收到送回八十人按律分別辦理摺〉（同治 7 年 8 月庚申）〕。關於清朝對領事裁判權的認識，青山治世〔2014: 198-199〕對在 1872 年的日清修好條規改定交涉中清朝方面的代表陳欽的發言，即「各自的國家管理〔居留國外的〕屬民是各國通例」，指出，總理各國事務衙門已在 1867-68 的階段認識到，居留國擁有在留外人的法權是歐美各國的通例，陳欽的發言要麼是清朝方面的「單純的撤謊的外交」，要麼是「清朝政府內部對法權或領事裁判權認識還不統一」的結果。但是，從本文所舉事例來看，當時的清朝至少是在與俄羅斯之間的認識是，條約規定的是對於居留在對方國家的本國國民的法權歸屬於本國。如果是這樣，那在與日本的交涉中的上述發言，應該有從別的角度重新探討的餘地。

　　上文中的「敕令」指的是咸豐帝於咸豐 10 年 9 月 26 日對奕訢等人下達的詔書，其內容是對條約文案的評價，即「定議尚屬妥協，即著照所議辦理」〔《選編》3：778：1010〕。這意味著條約內容最終確定了下來，然而根據伊格那提耶夫上述的報告，將俄語條約內容翻譯為中文這一工作完全由俄國負責。當然最初的條約方案也是由俄國起草的。上述報告中雖然沒有明確記載翻譯人員的姓名，但可以推測作為使節團口譯隨行的塔塔里諾夫（А. А. Татаринов），以及正教北京傳教團的古力（卡爾波夫 Гурий / Г. Карпов）等人參與其中[19]。伊格那提耶夫雖在上述報告中提到根據清朝的要求修改俄語文本，但實際上俄方如何翻譯都是其自由，清朝並沒有辦法驗證兩個文本間的差異。關於上述第 8 條重罪罪犯處罰的規定，俄語文本的意思在漢譯的過程中被巧妙地掩蓋了，就這樣雙方於 10 月 2 日（1860 年 11 月 2 日）簽訂了條約。

　　然而，北京條約並未明確規定，當雙方針對條約內容發生解釋上的分歧時，應該依據哪種語言的條約文本。因此矢野指出，「北京條約俄語文本為原文，漢語文本由俄語文本翻譯而來，但既然兩種文本都是兩國全權代表簽署的條約，兩者的效力並無差異」〔矢野 1967: 56〕。然而條約第 15 條，明確記載了將俄語條約（漢語條約中表述為「條規原文」）譯出漢字，畫押用印，因此不難想像實際發生條約內容解釋上的問題時，依據俄語「原文」的俄國一方更具優勢。也就是說，俄國人在清朝領地內犯下重罪被逮捕的情況下，如果清朝不將犯人遣返回俄國制裁的話，不論依據北京條約的哪種語言的文本，都屬於違約行為。相反，清朝人在俄國領地內犯下重罪被逮捕後，即使俄國依據北京條約的俄語文本不將其遣返清朝，由此圍繞條約解釋而產生的糾紛，因犯人已處於俄國的控制之下，清朝方面並未持有要求將其強制送還的手段。因此，中俄兩國國民在對方國家犯下重罪的情況下，事實上只有俄國單方面享有按照本國法律，審判管理本國國民的權利。

---

[19] 塔塔里諾夫（1817-1876）原是醫師，參加了第 12 次東正教北京傳教團（1840-49），在北京學習漢語和中醫學，留下了幾本著作。歸國後在外交部擔任翻譯，曾擔任過塔爾巴哈台（今塔城）領事。古力（1812-82）率領的第 14 次東正教傳教團（1858-64）雖然到北京時日尚淺，但事先在俄羅斯國內接受了漢語的訓練〔Скачков 1977: 153-154, 171-172〕。

四、結論

　　本文通過 18 世紀初期和 19 世紀中葉的兩個事例，分析了兩個時期外交公文、條約翻譯、以及溝通隔閡的實際情況。雖然只通過少數事例來考察 150 年間的變遷還不夠充分，但就本文考察的內容可以概括如下。

　　能夠正確理解對方觀點，同時能夠準確傳達己方觀點，不存在語言上的障礙，雙方能夠充分共有資訊。——如果將上述狀態稱為「近代的」外交交涉的話，那麼 18 世紀上半葉清朝與俄國之間，伴隨翻譯而產生的資訊傳遞的不安定性並未消解，就只能稱之為「前近代」外交交涉。雖說大致形成了以拉丁語和蒙語為媒介語言的慣習，但如本文第一節所舉的事例，並不是所有場合這兩種語言都能發揮其媒介語言的作用。並且，清朝方面不僅僅出現了簡單的誤譯，還出現了省略俄國皇帝的稱號、以及為了配合清朝既有認識而刻意曲解俄國公文內容等，所謂「向內」邏輯下有意圖的「誤譯」。

　　然而，同時需要注意的是，中俄雙方運用媒介語言的能力並沒有出現完全偏向一方的現象。也就是說，中俄雙方都有能力實現本國主要官方語言（滿語、俄語）與媒介語言（拉丁語、蒙語）間的互譯。並且雖然水準有限，清朝方面還擁有俄語與滿語間互譯的能力。

　　與此相對，19 世紀中葉，拉丁語、蒙語等媒介語言的地位下降，開始中俄主要官方語言（滿語、漢語與俄語）間的互譯。然而，這是由於俄國掌握了滿語、漢語的運用能力，而對清朝來說，即使在資訊的傳達上出現了齟齬，也沒有能力驗證。以上這種僅是雙方中的一方消除了資訊傳遞障礙的狀態，可以稱之為「半近代的」外交交涉。正如本文第二節所示，俄國巧妙利用這種語言能力上的優勢，通過操控條約內容的翻譯，創造出有利於本國的狀況。

　　眾所周知，北京條約簽訂後，清朝成立了總理各國事務衙門，附設同文館，著手培養西方各種語言的翻譯人才。在此趨勢下，可以想見語言能力的不平衡狀態逐漸得到改善，開始實現真正意義上的「近代的」外交，不過其真實情況還有待今後的探討。

史料・史料集

РГАДА: Российский государственный архив древных актов.

РКО 1689-1916: Русско-китайские отношения: 1689-1916: Официальные документы. Москва, 1958.

РКО XVII-2: Русско-китайские отношения в XVII веке: Материалы и документы: Том 2, 1686-1691. Москва, 1972.

РКО XVIII-1: Русско-китайские отношения в XVIII веке: Материалы и документы: Том 1, 1700-1725. Москва, 1978.

РКО XVIII-2: Русско-китайские отношения в XVIII веке: Материалы и документы: Том 2, 1725-1727. Москва, 1990.

РКО XVIII-5: Русско-китайские отношения в XVIII веке: Документы и материалы: Том 5, 1729-1733. Москва, 2016.

Отчетная записка: Отчетная записка поданная в Азиатский департмент в Январе 1861 года Генарал-Адъютантом Н. П. Игнатьевым о дипломатических сношениях его во время пребывания в Китае в 1860 году. С.-Петербург, 1893.

《滿文俄羅斯檔》：中國第一歷史檔案館，內閣全宗《滿文俄羅斯檔》。

《故宮俄文史料》：《故宮俄文史料：清康乾間俄國來文原檔》，北平故宮博物院文獻館，1936。

宋小濂（黃紀蓮 標點注釋），《北徼紀遊》，哈爾濱：黑龍江人民出版社，1984。

《選編》1：中國第一歷史檔案館編，《清代中俄關係檔案史料選編》第一編，北京：中華書局，1981。

《選編》3：故宮博物院明清檔案部編，《清代中俄關係檔案史料選編》第三編，北京：中華書局，1979。

「中華民國外交部保存之前清條約協定」：（http://npmhost.npm.gov.tw/ttscgi/npmkm3/ttswebx?@0:0:1: npmcpkm@@0.36673534384874795）。

《籌辦夷務始末》（同治期），北京：中華書局，2008。

參考文獻

青山治世，2014：《近代中国の在外領事とアジア》，名古屋大學出版會，2014。

柳澤明，2001：〈中國第一歷史檔案館所藏のロシア關係滿文檔案について〉，《滿族史研究通信》10。

———，2017：〈17～19世紀の露清外交と媒介言語〉，《北東アジア研究》別冊3。

矢野仁一，1967：〈清代滿洲を繞るロシヤとの国境問題交渉〉，英修道・入江啟四郎監修《中国をめぐる国境紛争》，巖南堂書店（矢野仁一，《清朝末史研究》，大和書院，1944より転載）

Невельской, Г. И. 2009: Подвиги русских морских офицеров на Крайнем Востоке России: 1849-1855. Хабаровск（初版：С.-Петербург, 1878）

Скачков, П. И. 1977: Очерки истории русского китаеведения. Москва.

【公文①對照表】

涅爾琴斯克（尼布楚）長官發往理藩院的公文（1704 年 7 月 20 日）

由俄語原文翻譯而來的漢語譯本 〔《選編》1：115 附錄〕	滿語譯本《滿文俄羅斯檔》滿俄 3: 23-27 （ / 表示改行，#表示抬頭）
A 　　上帝護祐至聖神威之大君主，大俄羅斯、小俄羅斯、白俄羅斯全境之獨裁君主，奄有東方、西方、北方眾多國家和地方之世襲國君與統治者，大公彼得・阿列克謝耶維奇沙皇陛下御前大臣兼西伯利亞邊境城市涅爾琴斯克軍政長官彼得・薩維奇・穆辛－普希金及同僚等，特向奄有亞細亞洲中國及秦國各地至聖皇帝殿下議政大臣會議議政大臣、領侍衛內大臣及內閣各近侍大臣敬緻友愛問候之意，並祝貴大臣政躬康泰，諸事順遂。 　　上帝の庇護する至聖にして神威ある大君主，大ロシア・小ロシア・白ロシア全境の独裁君主，東方・西方・北方の多くの国と地方を掌握する世襲の国君にして統治者，大公ピョートル＝アレクセエヴィチ皇帝陛下の御前大臣にしてシベリア辺境の城市ネルチンスクの軍政長官たるビョートル＝サヴィチ＝ムシン-プーシキンおよび同僚らが，アジア洲の中国および秦国各地を掌握する至聖皇帝殿下の議政大臣会議の議政大臣，領侍衛内大臣および内閣の各近侍大臣に，謹んで友愛の挨拶を送り，あわせて貴大臣の身体の健康と諸事の順調を願う。	A 　　abkai　fejergi　be　uheri　bilume hūwašabure / ## 　　dulimbai　amba　gurun　i / ## colgoroko enduringge 　　genggiyen ejen i hanci bisire aliha amban, / ashan i amban de hūwaliyasun i doroi ereme hargašame / sain be fonjime oros cagan han i nibcoo i hoton i da / sy tol ni ke, we ye we da, piye te ri sa fin i / jui mu sin bu ši gin se 　　天下を遍く撫育する大中国の至高の聖なる明主に近侍する尚書・侍郎に，和の道をもって望み仰ぎつつ挨拶するために，Oros Cagan Han の Nibcoo 城の長，宮廷官にして軍政官たる Piye te ri Sa fin の子 Mu sin Bu ši gin らが， 　　為向撫育天下的大中國的至高神聖明主的近侍尚書・侍郎，以和之道敬致問候之意，Oros Cagan Han 的 Nibcoo（尼布楚）城長官，宮廷官，軍政官 Piye te ri Sa fin 之子 Mu sin Bu ši gin 等人，
B 　　逕啓者：查 a 本年一七〇四年七月十七日敝國大君主，大俄羅斯、小俄羅斯、白俄羅斯全境之獨裁君主，大公彼得・阿列克謝耶維奇沙皇陛下所屬交納毛皮實物稅之 b 通古斯人巴里納吉爾族道羅古奇、波奇戈爾族布山及布里亞特人阿蘭扎等，前來涅爾琴斯克衙門並帶來名為額爾德尼之蒙古人一名。c 據彼等報稱：彼等沿額爾古納河上行 d 至	B 　　oros han i a <u>meni emu minggan / nadan tanggū</u> 　　duici aniya, i io liya biyai juwan nadan de / alibume unggihe, nibcoo de bisire mini yamun de oros / han I alban bure b <u>solon ba li na h'or sy k'o h'o harangga / tor h'o c'y da bo c'y k'or sy k'o h'o harangga, bu šan / da bu ra tsi ye harangga i a ran sa i emgi jafafi /</u>

由俄語原文翻譯而来的漢語譯本 〔《選編》1：115 附録〕	滿語譯本《滿文俄羅斯檔》滿俄 3: 23-27 （ / 表示改行，#表示抬頭）
鄂嫩河附近，于額爾古納河右岸，該地按條約規定屬我大君主陛下管轄，將該竊賊額爾德尼擒獲。又稱，此次共有二十名蒙古人來至彼等通古斯人處行竊，襲擊巴里納吉爾族有名望之通古斯人涅爾丘利，將該頭人打死，搶走其馬匹，剝走其衣服。上述通古斯人等叩請我大君主陛下開恩，敕令涅爾琴斯克衙門收押該竊賊並予以審訊。	gajiha hūlha monggo i gebu c ir diyan i alaha gisun, oros / han i bai birai sekiyen i wesihun be weisime erhune hanci / d o non bira de jifi solon sebe hūlgaki seme be / orin niyalma jifi hūlgame ba li na ir sy k'o h'o sere / harangga solon i dalaha niyalma i gebu niyer cu liya be / wafi morin be gaifi, etuku be gemu sufi gamaha sembi, tere / solon i habšaha de meni oros han i gisun, mini yamun de / afabufi, solon, jai hūlhai jabun be gaisu sehede,
拜啓。a 本 1704 年 7 月 17 日に，わが国の大君主，大ロシア・小ロシア・白ロシア全域の独裁君主にして大公たるピョートル=アレクセエヴィチ皇帝陛下に属する毛皮実物税を納付する b トゥングース人の巴里納吉爾族の道羅古奇，波奇戈爾族の布山およびブリヤート人阿蘭扎等が，ネルチンスクの官庁に額爾德尼というモンゴル人 1 名を連れてきた。c 彼らの報告によれば，彼らはアルグン川に沿って遡り，d オノン川附近に至って，その土地は条約の規定によればわが大君主陛下の管轄に属するのだが，この盗賊額爾德尼を捕えた。また述べるには，今回，合計 20 名のモンゴル人が彼らトゥングース人のもとに来て盗みを働き，巴里納吉族の名望あるトゥングース人涅爾丘利を襲撃し，この指導者を殺害して，その馬匹を奪い去り，衣服を剝いで持ち去った。上述のトゥングース人がわが大君主の恩寵を懇請したので，ネルチンスク官庁にかの盗賊を拘束して審問を行うようにとの勅令があった。	Oros Han の a わが一千七百四年七月十七日に呈送した。Nibcoo にある私の衙門に，Oros Han の貢を納める b Solon の Ba li na h'or sy k'o h'o に属する Tor h'o c'y，da bo c'y k'or sy k'o h'o に属する Bu šan da，Bu ra ts ki ye に属する A ran sa が共に連行してきた賊のモンゴル人，名は c Ir diyan の述べた言葉は，「Oros Han の地の川の源流へ遡り，Ergune の近くの d O non 川に来て，Solon らを掠奪しようと，われら二十人は来て，盗もうとして Ba li na ir sy k'o h'o という所属の Solon の指導者，名は Niyei cu liya を殺して，馬を取り，衣服をみな剝いで持ち去った」という。かの Solon が訴えたとき，われらの Oros Han の言葉は，私の衙門に委ねて，Solon および賊の供述を取れとあったので， 　　於 Oros Han 的 a 一千七百四年七月十七日呈送。在 Nibcoo 的我的衙門，向 Oros Han 納貢的 Solon 們 b 即屬於 Ba li na h'or sy k'o h'o 的 Tor h'o c'y，屬於 da bo c'y k'or sy k'o h'o 的 Bu šan da，屬於 Bu ra ts ki ye 的 A ran sa 一起押送來盗賊蒙古人，名為 c Ir diyan 說，「上溯 Oros Han 的屬地的河流源頭，d 來到 Ergune 附近的 Onon 河，計劃搶奪 Solon 們，我們二十人來到此地，打算偸盗，殺害了屬於 Ba li na ir sy k'o h'o 的 Solon 的指導者，名為 Niyei cu liya，奪取馬匹和衣服」。上述 Solon 申訴時，我們的 Oros Han 委任我的衙門，命令我獲取 Solon

由俄語原文翻譯而來的漢語譯本 〔《選編》1：115 附錄〕	滿語譯本《滿文俄羅斯檔》滿俄 3: 23-27 （ / 表示改行，#表示抬頭）
	和盜賊的供述，
C	C
敝處已在涅爾琴斯克衙門對該竊賊額爾德尼進行審訊，審訊時該犯供稱，彼名額爾德尼，係貴國皇帝殿下達彥宰桑台吉所管之丹仁貝依旗胡爾拉特族納稅牧民。該台吉駐克魯倫河上遊之布恩杜古伊地方，其屬下之牧民人數甚眾，但該犯聲稱不知究竟為數幾何。該犯等二十人于 e <u>本年即一七〇四年，據稱于二十一天前</u>，未經台吉許可，為採伐供支撐帳幕、製作馬鞍用之木料以及為製箭獵雕取翎，行至鄂嫩河附近之山嶺時，f <u>與羅斯大君主所屬交納毛皮實物稅之通古斯人相遇</u>。額爾德尼與其同夥走散，一人進入森林伐木獵雕。其同夥中屬上述台吉者有：波納羅奇季耶、沙拉阿瑪金、多莫漢、奧穆頓、奧金托沃戈、巴瓦伊、托康、巴基德伊、查甘、伊爾齊、康齊奇爾、查哈萊、納普圖基等。另有六名係別族人，該犯不知其姓名。g <u>敝國大君主，大俄羅斯、小俄羅斯、白俄羅斯全境之獨裁君主，大公彼得·阿列克謝耶維奇沙皇陛下所屬交納毛皮實物稅之通古斯人等遂圍捕彼等</u>。該額爾德尼對其同夥與敝國大君主大皇帝陛下所屬交納毛皮實物稅之通古斯人如何發生衝突之詳情一無所知，因當時彼未曾在場等語。	monggo / ir diyan be mini yamun de gajifi jabun gaime fonjihade, / terei alaha gisun, bi / ## colgoroko enduringge ejen i alban jafara taiji dan jin biye su, / dayan jaisang ni harangga fejergi niyalma, mini gebu ir diyan, / dan jin biye su i k'or ra sy k'o h'o, kur lun buir / tu hūi sekiyen i bade tehe niyalma i ton labdu ofi / ejeme mutehekū, taiji i gisun akū, / meni cisui orin niyalma / moo be sacifi boo arame enggemu weileme daimin be butafi / dethe be gaifi niru idume, o non bira i hanci genefi / alin de dosika, f <u>oros han i harangga alban bure solon / mini ahūn i emgi acafi bujan i dolo daimin buthašame / taiji i harangga fejergi urse i jakade genehe</u>, ša riya ja ma hin, do mo h'an, o mu don, o kin to we h'o, ba / wai, do k'on, ba hi diye, dza h'an, ir di si, guwan si / sir, dza ha lai na bu tu gi se ci tulgiyen, jai ninggun / niyalmai gebu be sarkū, g <u>tese oros han i alban bure encu / halai solon sei abalame genehe be ucarafi terei dorgi ilan / niyalma waha</u>, ir diyan bi tubade bihekū ojoro jakade sarkū, / sembi,
本官はネルチンスク官庁においてこの盜賊額爾德尼に對して審問を行った。審問において同人が供述したことには，彼は名を額爾德尼といい，貴国皇帝殿下の達彥ザイサン＝タイジ管下の，丹仁ベイセ旗の胡爾拉特族の牧民である。同タイジはケルレン川上流の布恩杜古伊の地に住んでおり，その屬下の牧民の人数は非常に多いが，同人が申し立てるには，總計どれほどの数かはわからない。同人ら 20 人は，e <u>今年すなわち 1704 年</u>，供述によれば <u>21 日前</u>に，タイジの許可を得ずに，天幕の支柱にしたり鞍を作ったりするために木材を伐採し，箭	モンゴル人 Ir diyan を私の衙門に連れてきて，供述を取るために訊問したところ，彼の告げた言葉は，「私は至高の聖主の貢を献ずるタイジである Dan jin 貝子，Dayan jaisang の属下の者。私の名は Ir diyan。Dan jin 貝子の K'or ra ts'y k'o h'o，Kur lun buir tu hūi の源流の地に住んでいる。人数が多いので覚えていられない。タイジの言葉はなく，われらは勝手に二十名で，木を伐って家を建てたり鞍を作ったりするため，雕を狩って羽を取り箭に取りつけるために，O non 川の近くに行って山に入った。f <u>Oros Han に属する貢を納める Solon である私の</u>

由俄語原文翻譯而來的漢語譯本 〔《選編》1：115附錄〕	滿語譯本《滿文俄羅斯檔》滿俄 3: 23-27 （ / 表示改行，#表示抬頭）
を作るためにワシを狩って羽を取ろうとして、鄂嫩川附近の山稜に行くと，fロシアの大君主に属する毛皮実物税を納付するトゥングース人と遭遇した。額爾德尼は仲間たちと共に逃げ散って，一人で森林に入って木を伐りワシを狩っていた。仲間のうち，上述のタイジに属する者として，波納羅奇季耶・沙拉阿瑪金・多莫漢・奧穆頓・奧金托沃戈・巴瓦伊・托康・巴基德伊・查甘・伊爾斉・康斉奇爾・查哈萊・納普図基がいた。他に 6 名いたが他族の人で，同人はその姓名を知らない。 g わが国の大君主，大ロシア・小ロシア・白ロシア全域の独裁君主にして大公たるピョートル=アレクセエヴィチ皇帝陛下に属する毛皮実物税を納付するトゥングース人らが，ついに彼らを取り囲んで捕えた。額爾德尼は，彼の仲間とわが国の大君主・大皇帝陛下に属する毛皮実物税を納付すするトゥングース人とがどのように衝突を起こしたのか，詳細はまったく知らない。なぜなら，当時彼はその場にいなかったからである。	兄と会って，樹林の中で雕を狩りながら，タイジの属下の者たちのもとへ向かった。Ša riya ja ma hin，Do mo h'an，O mu don，O kin to we h'o，Ba wai，Do k'on，Ba hi diye，Dza h'an，Ir di si，Guwan si sir，Dza ha lai，Na bu tu ki らのほか，さらに六人の名前は知らない。g 彼らは Oros Han の貢を納める他姓の Solon らが巻き狩りに行くのに出会って，その中の三人を殺した。Ir diyan 私はその場にいなかったので知らない。 　　將蒙古人 Ir diyan 帶到我的衙門，為了獲得供詞而審問他，他回答，「我是至高聖主所管的台吉 Dan jin 貝子，Dayan jaisang 的屬下。我叫 Ir diyan。住在 Dan jin 貝子的 K'oi ra ts'y k'o h'o，Kur lun buir tu hūi 的發源地。有很多人因此記不清。沒有得到台吉的允許，我們二十人，為了伐木建屋製作馬鞍，為了猎鵰取翎製箭，擅自來到，Onon 河附近進入山裡。f 遇到了臣屬於 Oros Han 的我的哥哥 Solon，一邊在樹林中狩雕，一邊回到台吉屬下們的身邊。Ša riya ja ma hin，Do mo h'an，O mu don，O kin to we h'o，Ba wai，Do k'on，Ba hi diye，Dza h'an，Ir di si，Guwa si sir，Dza ha lai，Na bu tu ki 以外，還有六個人的名字不知道。g 他們遇到了狩獵的屬於 Oros Han 的他姓 Solon 的人們，殺害了其中的三人。我 Ir diyan 因為不在場，所以不知道」。
D 　　h 據查被打死者有上述之沙拉阿瑪金、多莫漢、奧穆頓等三名及上述向敝國交納毛皮實物稅之涅爾丘利一名。其餘通古斯人將額爾德尼捕獲。查上述貴國屬民人等既係進入我大君主大皇帝陛下境内並打通古斯人一名，此一罪行i應由我大君主大皇帝陛下降旨發落。此案之罪魁禍首乃係上述之沙拉阿瑪金、多莫漢及奧穆頓等三人。 　　h 調査によれば，殺害されたのは上述の沙拉阿瑪金・多莫漢・奧穆頓の 3 名，および上述のわが国に毛皮実物税を納付する	D 　　h ša a ma hin, do mo h'an, o mo don dorgi ir diyan be / miye riye, o liya sere gebungge solon se jafaha, ša riye / a ma hin, do mo h'an, o mo don ese orin niyalma cisui / genefi oros han i ergi solon be wame, weile baime baita dekdebume / yabuha, 　　h Ša a ma hin，Do mo h'an，O mo don の中で Ir Diyan を Miye riye，O liya という名の Solon らが捕えた。Ša riye ja ma hin，

由俄語原文翻譯而來的漢語譯本〔《選編》1：115 附錄〕	滿語譯本《滿文俄羅斯檔》滿俄 3: 23-27（ / 表示改行，#表示抬頭）
涅爾丘利 1 名である。他のトゥングース人が額爾德尼を捕えた。上述の貴国の属民たちは，わが大君主・大皇帝陛下の境域内でトゥングース人 1 名を殺害したが，この罪行に対して，i わが大君主・大皇帝陛下から勅旨を下して處分がなされるであろう。この事件の首魁は上述の沙拉阿瑪金・多莫漢・奥穆頓の 3 名である。	Do mo h'an，O mo don ら二十人は，勝手に行って Oros Han の側の Solon を殺し，罪を犯して事を起こした。 　　h Ša a ma hin，Do mo h'an，O mo don 中，Ir Diyan 被名叫 Miye riye，O liyas 的 Solon 們捉住了。Ša riye ja ma din，Do mo h'an，O mo don 等二十人，擅自殺害了屬於 Oros Han 的 Solon，犯下了罪行。

【公文②對照表】

理藩院發往涅爾琴斯克長官的公文（康熙 44 年 2 月 10 日）

滿語文本 〔《滿文俄羅斯檔》滿俄 2: 473-489〕	俄語譯文 〔PKO XVIII-1: № 20: 68-70〕
A 　　○tulergi golo be dasara jurgan i bithe, oros i nibcoo i hoton i da / piye te ri de unggihe, 　　理藩院の文。Oros の Nibcoo 城の長 Piye te ri に送った。 　　理藩院的公文。 發給 Oros 的 Nibcoo 城的長官 Piye te ri。	A 　　Тульрки колобьдасара из Мунгальского приказу лист в руской Нерчинской город воеводе Педру. К тебе послали. 　　外藩を管理するモンゴル庁から公文をロシアのネルチンスク城の軍政官ペドルへ。汝に送った。 　　管理外藩的蒙古廳發給俄國的涅爾琴斯克城的軍政官 Pedr 的公文。
B 　　sini alibume unggihe bithede, mini yamun de / bisire oros han i alban bure solon bo šan da, bu ra sy ki / ye i harangga a ra sa sei jafafi gajiha hūlha monggo ir / diyan i alaha gisun, be oros han i ba i birai sekiyen i wesihun / ergune i hanci onon bira de meni orin niyalma solon sebe hūlgaki / seme jifi solon i dalaha niyalma niyer cu liye be wafi morin, etuku be / gaiha sembi seme mini yamun de habšaha manggi, 　　汝の呈送した文に，「私の衙門にいる Oros han の納貢する Solon の Bo šan da, Bu ra sy ki ye 所属の A ra sa らが，『捕えてきた賊のモンゴル人 Ir diyan の述べた言葉は，'われらは Oros han の土地の上流にある Ergune に近い Onon 川に，われらの二十人が Solon たちから盗もうといって来て，Solon の指導者である Niyer cu liye を殺し，馬と衣服を奪った『という』と私の衙門に訴えたので，	B 　　Твой посланный в лисдах – у меня в приказе есте руского царя ясашныя солонны Пошанда, брацкого роту Аранца с товарыщ, бымали, привезли мунгальского вора Иритен. Сказывал: мы руского царя земли, поверх Аргуне вершенне реки; блиси Ононна реки те наших тувацети человек солоннов красти готят, пригодили, солонского головны человек Нерчуля, ево упив коня и лопоти взяли. Те для того у меня в приказе пил челом, 　　汝の送った公文に，「われらの官庁にロシア皇帝の納貢ソロン人であるボシャンダ，ブラート族のアランツァらが，モンゴルの盗賊イルテンを捕えて連れてきた。語ったことには，『われらはロシア皇帝の土地，アルグンの上流の川，オノン川の近くへ，われら二十人はソロン人を掠奪しようとやってきた。ソロン人の指導者であるネルチュリを殺して，馬と衣服を取った』という。そのためにわれらの官庁に嘆願し，

滿語文本 〔《滿文俄羅斯檔》滿俄 2: 473-489〕	俄語譯文 〔РКО XVIII-1: № 20: 68-70〕
你方呈送的公文中，「在我衙門的 Oros han 的臣民 Solon 的 Bo šan da，屬於 Bu ra sy ki ye 的 A ra sa 等人向我衙門控訴，『被逮捕的蒙古人盜賊 Ir diyan 供述道："我們在 Oros han 的土地的上游的 Ergune 附近的 Onon 河，我們二十個人想要盜竊 Solon 們的東西來到這裡，殺了 Solon 的指導者 Niyer cu liye，搶了馬匹和衣服，」	你方發來的公文中，「俄國皇帝的臣民索倫人（通古斯人）波山達，布拉特族的阿蘭扎等人，將蒙古盜賊額爾德尼捉住押解過來。據說，『我們來到俄國皇帝的土地，額爾古納河上流，鄂嫩河附近，我們二十人計劃搶劫索倫人而來到此地。殺了索倫的指導者涅爾丘利，搶奪了馬匹和衣服』。為此來我方官廳請求，
C・D 　　monggo ir diyan be / gajifi fonjici, alarangge, bi / ## colgoroko enduringge ejen i alban jafara taiji dan jin biye su i harangga / diyan jaisang ni fejergi niyalma, meni taiji i gisun akū, meni orin / niyalma cisui moo be sacifi boo arame enggemu weileme, daimin be / butafi dethe be gaifi niru idume, onon birai hanci alin de / dosika, oros i han i harangga alban bure solon mini ahūn ša riya, / a ma hin se ci tulgiyen, jai gebu be sarkū, ninggun niyalma, oros han i / alban bure encu halai solon sei abalame genehe be ucarafi terei / dorgi ilan niyalma be waha, ir diyan bi tubade bihekū ojoro jakade / sarkū sembi, ša riya a ma hin sei orin niyalma cisui oros i / han i solon be wame weile baime baita dekdebume yabuha, ...	**C・D** 　　сдало те мунхальской Ириденя привезли, сорошав, сказываля: Высочетсва богдоского царя ясашной тайша Танчин-бесу, ево улусные, Даян-часан, ево нижные люди. Нашево таши слово: нету, мы двацети человек вольно лес рупили избы делати, сетла делати, орлов промышлети, берее имати стрелы берити. Близи Оной-реки на канмень всошли руского царя бодданы ясашные солон, моево брата, Шараамагин (оприче их иныя имен не знаю) 6 человек. Рускаго царя ясашные иного роду солонны облавити годили, побали в тех в них дри человек, те убили. И при тен я дам не был. Дак потому не знаюте — Шараамагин, оне двадцети человек, вольно руского царя солонов те бопивают, вину ищут, дела бодмают. ......
モンゴル人 Ir diyan を連れてきて尋ねると，述べるには，「私は至高の聖主の貢を献ずるタイジ Dan jin biye su 所属の Diyan ジャイサンの属下の者である。われらのタイジの言葉がないのに，われら二十人は勝手に，木を伐って家を建てたり鞍を作ったりするため，雕を狩って羽を取って箭に取り付けるために，Onon 川に近い山に入った。Oros の Han の貢を納める Solon で私の兄の Ša riya a ma hin らのほか，また名前を知らない六人が，Oros han の貢を納める他姓の Solon らが巻き狩りに行くのに出会	そのモンゴル人イリデニを連れてきた。訊問すると，語るには，「ボクドイ皇帝殿下の納貢するタイシャであるタンチン=ベスのウルスのダヤン=チャサンの属民である。われらのタイシャの言葉はなく，われら20人は自らの意思で家を造るため，鞍を作るために木を伐った。羽をとって箭を作るため。オノン川の近くの山に入った。ロシア皇帝に臣属し納貢するソロン，私の兄弟，シャラーマギン（彼ら以外の他の名前は知らない）6 人。ロシア皇帝の納貢する他族のソロン人を掠奪しに行き，出会っ

滿語文本 〔《滿文俄羅斯檔》滿俄 2: 473-489〕	俄語譯文 〔РКО XVIII-1: № 20: 68-70〕
って，その中の三人を殺した。Ir diyan 私は その場にいなかったので，知らない』とい う。Ša riya a ma hin ら二十人は，勝手に Oros の Han の Solon を殺して罪を犯し， 事を起こした。……」 於是，將蒙古人 Ir diyan 帶來審問，據他所 說，「我是至高的聖主所管台吉 Dan jin biye su 所管的 Diyan 宰桑屬下的人。沒有得到台 吉的允許，我們二十人為了伐木建屋製作馬 鞍，為獵雕取翎製箭，擅自來到 Onon 河附 近的山裡。Oros 的 Han 的臣民 Solon 的我 的哥哥 Ša riya a ma hin 之外，以及不知姓名 的六人，遇到圍獵的 Oros Han 的他姓 Solon 臣民們，殺害了其中三人。我 Ir diyan 當時 不在場，並不知道。Ša riya a ma hin 等二十 人擅自殺害了 Oros 的 Han 的 Solon，犯下 了罪行。……」	てその中の 3 人を殺した。そのとき私はそ こにいなかった。そのため知らない〔とい う〕。シャラーマギンと 20 人は，自由意思 でロシア皇帝のソロン人を攻撃し，罪を犯 し事件を起こしている。……」 並將蒙古人額爾德尼帶來。審問後，他答 道，「我是至高皇帝殿下台吉丹金貝子屬下 的達彥宰桑的臣民。未得到台吉的許可，我 們 20 人為了建造房子、製作馬鞍而伐木。 為了取羽毛用來製箭。進入鄂嫩河附近的山 裡。俄國皇帝的臣民索倫，我的兄弟，沙拉 阿瑪金等 6 人（他們以外的其他的名字不知 道）。掠奪俄國皇帝屬下的他族的索倫人， 相遇並殺害其中 3 人。當時我不在場。因此 不知道。沙拉阿瑪金與 20 人，按自己的意 思攻擊俄國皇帝的臣民索倫人，犯下罪行。 ……」
E	E
benjihe ir diyan de fonjici, / jaburengge, mini gebu erdeni, bi kalkai danjin beise i gūsai uksin, yadame / ofi, meni emu nirui sira emegen dalafi, be uheri orin niyalma acafi / beye teile herulun i amargi ulja birai kundulen gebungge bade moo / sacime gurgu daimin buthašame bisire de oros i harangga kamnigan i / juwe tanggū funcere niyalma uksilefi jidere be sabufi, be buruaha, / kamnigan se meni amargici farganjifi, meni hoki nabtoki i jergi duin / niyalma be waha, mini morin tuhere jakade, jafabuha, sira emegen i / jergi tofohon niyalma amasi burulame tucike, kamnigan se mimbe jafafi, / nibcoo i hoton de gamaha manggi, bi ere songkoi nibcoo i da de / alaha bihe, nibcoo i da minde fonjihangge, sinde geli encu gisun bio, / meni kamnigan i dorgi emu niyalma be, suweni hoki niyalma / waha, si sabuhao seme eruleme fonjiha de, bi minde / encu gisun akū, meni hoki niyalma suweni kamnigan be / waha be, bi sabuha ba akū seme alaha, ereci / tulgiyen, nibcoo i da de	те привезли Ириденна, у нево спрашивали. Отвечал: Мое имя Рдим, мунгальского Данзан, были ево четверти служилые, нужно сдало наши отной содни сира-омокон в голови, мы всех давацети человек в месте Голостые Закурлон. назате Улча-реки, Кунтулне на именном на месте лес рупили, зверей, орлов промышлели; были те руских ботданные камника боле двухсот людей, в куяках приехали. Увидев, мы бопежали, камника за нас, босле наконили, наших товарыщов Нандоки, дех чедверых человек, убили, мой конь упал, сдолоси, бьмали сира-омокон, тех бетинацати человек, назати бобежали, вышли камника. Оне меня, бымав, в Нерчинской город увезли де. Стало я едак ж нерчинскому воевоте сказвал было. Нерчинской воевода у меня сорошвал, у л тебе об ети, иныя речи, если те наши камника в тех отново человек ваши товарыщ человек убили, ды видел ли те

滿語文本 〔《滿文俄羅斯檔》滿俄 2: 473-489〕	俄語譯文 〔РКО XVIII-1: № 20: 68-70〕
bi umai onon birai hanci / alin de dosika, ša riya a ma hin se oros han i / kamnigan i ilan niyalma be waha seme alaha ba akū, / onon i bira inu meni kalkai nukteme yabure ba, be / onon birai ebergi ulja bira de bihengge yargiyan, …… meni hoki / oros i ilan niyalma be waha ba oron akū, ……	дак мучили. Сорашивали тея у меня. И иных речей нет: наша товарыщ люди ваших камниканов убили ли, я не видал, не знаюте. Сказвал, обриче етого, в Нерчинской воеводе я: никак плиси Ононну-реки на гребте ушли те Шараамагин; оне руского царя камника дрех человек те убили ли, дак не сказавал. На Ононне-реке ино нащи мунхалы кочевали, годят на места; мы Ононна-реки по сю сдорону на Улче-реке были, …… не знад ли те мы товарыщ руских дри человек убили, ……
送ってきた Ir diyan に尋ねると，答えるには，「私の名は Erdeni。私は Kalka の Danjin 貝子の旗の披甲である。貧しいので，われらの同じニルの Sira emegen が率いて，われら総勢二十人が会して，丸腰で Herulun の北の Ulja 川の Kundulen という名の土地で木を伐ったり獣・雕を狩ったりしていると，Oros 所属の Kamnigan の二百余りの者が武装して来るのを見かけ，われらは逃げ散った。Kamnigan らはわれらの後から追ってきて，われらの仲間の Nabtoki 等四人を殺した。私の馬が倒れたので捕まった。Sira emegen 等十五人は後へ逃れ出た。Kamnigan らは私を捕えて，Nibcoo の城に連れていったので，私はこの通りに Nibcoo の長に告げた。Nibcoo の長が私に尋ねるには，『汝にはさらに別の言葉があるか。われらの Kamnigan の中の一人を，汝らの仲間が殺した。汝は見たか』と刑具を用いて尋ねたとき，私は『私には別の言葉はない。私の仲間が汝らの Kamnigan を殺したのを私が見たことはない』と告げた。それ以外に Nibcoo の長に，私は決して『Onon 川の近くの山に入った』とか，『Ša riya a ma hin らが Oros の Han の Kamnigan の三人を殺した』とか告げたことはない。Oron 川もわれらの Kalka が遊牧している土地である。われらが Onon 川のこちらの Ulja 川にいたことは事実である。	イリデンを送り届けてきたので，彼を訊問した。答えるには：「私の名はルディム，モンゴルのダンザンの部隊に仕える者である。貧しくなり，同じ中隊のシラ=オモコンを頭として，われら総勢 20 人が一緒に，丸腰でクルカンの向こうで，ウルチャ川のクントゥルンという名の土地で木を伐り，獣やワシを狩っていた。ロシアに臣属するカムニカの 200 人以上が武具をつけて来た。それを見ると，われらは逃げた。カムニカはわれらを追ってきて，われらの仲間のナンドキら 4 人を殺した。私の馬が倒れて，捕えた。シラ=オモコンら十五人は逃げ帰った。カムニカは出た。彼らは私を捕えて，ネルチンスク城へ連れていった。私は同じようにネルチンスクの軍政官にも語った。ネルチンスクの軍政官は私に，このことについて他の話があるか，われらのカムニカの中の一人を汝らの仲間の者たちが殺した，汝は見たか，と尋ねて拷問した。私にそれを問いただした。他の話はない。われらの仲間が汝らのカムニカたちを殺したかどうか，私は見ておらず，知らない。それ以外に私がネルチンスクで軍政官に語ったことは，決してオノン川の近くの山稜にシャラーマギンは行かなかった。彼らがロシア皇帝のカムニカの 3 人を殺したかどうか，そのようなことは語らなかった。オノン川で時々われらモンゴル人

滿語文本 〔《滿文俄羅斯檔》滿俄 2: 473-489〕	俄語譯文 〔PKO XVIII-1: № 20: 68-70〕
……われらの仲間が Oros の三人を殺したというのは事実無根だ。……」 　　審問被送來的 Ir diyan，他回答道「我名叫 Erdeni。我是 Kalka 的 Danjin 貝子的旗的披甲。因為太窮了，在我們同一個牛錄的 Sira emegen 的率領下，我們一共二十人徒手來到 Herulun 北方的 Ulja 河的 Kundulen 地方伐木狩獵狩雕。看到 Oros 所屬的 Kamnigan 的二百多餘人的武裝者走近，我們便四處逃散。Kamnigan 等人從後面追來，殺害了我們的同伴 Nabtoki 等四人。我的馬摔倒了於是被逮了起來。Sira emegen 等十五人逃脫了。Kamnigan 等人將我抓住帶到 Nibcoo 城。我向 Nibcoo 長匯報了事情經過。Nibcoo 長拷問我『你還有什麼別的話要說嗎。我們 Kamnigan 中的一人被你們同伴殺害了。你看到了嗎？』我回答，『我沒有其他可說的。我沒有看到我的同伴殺害你們的 Kamnigan』。此外，我絕對沒有對 Nibcoo 長說過『進入 Onon 河附近的山裡』『ša riya a ma hin 等人殺了三名 Oros 的 Han 的 Kamnigan』這種話。Onon 河也是我們 Kalka 遊牧的地方。我們當時在 Onon 河的此側的 Ulja 河，這的確是事實。我們的夥伴殺害了 Oros 的三人是毫無根據的。……」	は遊牧していて，各所に行っている。われらはオノン川のこちら側のウルチャ川にいた。……われらがロシアの 3 人を殺したということは知らなかった。……」 　　額爾德尼被送到了，於是審問了他。回答道：「我的名字叫額爾德尼，在蒙古的丹金的部隊任職。因為貧窮，在同一個中隊的西拉額莫根的帶領下，我們一共 20 人一起，徒手來到克爾倫的對面，在斡里箚河的叫做昆都倫的地方伐木狩獵狩雕。俄國臣民喀木尼喀 200 多人帶著武器前來。我們看到他們後立馬逃走。喀木尼喀從後面追來，殺害了我們的同伴南多基等 4 人。我的馬倒了，因此被逮了起來。西拉額莫根等十五人逃脫了。喀木尼喀出現。他們把我逮了起來帶到涅爾琴斯克城。我向涅爾琴斯克長官重覆了上面的話。涅爾琴斯克長官問我，關於此事還有沒有其他話可說，你們的同伴殺害了我們喀木尼喀的一人。並拷問我有沒有看到你的同伴們殺害了喀木尼喀人。我回覆沒有其他可說。我的夥伴們有沒有殺害你們喀木尼喀人，我沒看到，所以不知道。此外我在涅爾琴斯克對長官說，沙拉阿瑪金絕對沒去鄂嫩河附近的山陵。也沒有說，他們有沒有殺害 3 名俄國皇帝的臣民喀木尼喀的事情。我們蒙古人經常在鄂嫩河遊牧，會去各個地方。我們在鄂嫩河的這邊一側的斡里箚河。……不知道我們殺害了 3 名俄國人。……」
F 　　te ir diyan sere erdeni i jabunde, be / umai onon alin de dosifi oros i ilan niyalma be waha ba akū, / kalkai da fe nukteme yabuha ulja bira de gurgu buthašame / moo sacime daimin butame bisire de, oros i harangga kamnigan i / juwe tanggū funcere niyalma, meni tehe bade dosifi, nabtoki i / jergi duin niyalma be waha, mimbe jafaha, sira emegen i jergi / tofohon niyalma burulame tucike sembi, ir diyan sere erdeni i / jabun be tuwaci, suweni kamnigan i juwe tanggū funcere niyalma, / meni harangga	F 　　Ныне Иридяне, те Рьдни отвечал: мы никак на Онон на камень годив, руских дрех человек убили нет, мунхальской прежные сдарые кочовали, гадили Улча на реке звере оромышляти, лес рупити, орлов ловити, были те руские подданны камника боле двухсот людей. Мы на месте жили, всошли на пдоки, тех четверых человек упили, меня бымали, сира-омокун, тех бятнадать человек, бобежали, вышли те Иридебоот веду посмотряв ващи камника боле двухсот

滿語文本 〔《滿文俄羅斯檔》滿俄 2: 473-489〕	俄語譯文 〔РКО XVIII-1: № 20: 68-70〕
bade dosifi, nabtoki i jergi duin niyalma be waha / sehe bime, suwe ir diyan sere erdeni i jergi orin niyalma be / onon birai alin i hanci dosifi, abalame tucike suweni ilan / solon be waha sehengge ambula jurcenjihebi.	людей на нащи на ботданные места пригодили Набдоки тех четырех человек упили. Было же вы Ириден звали Рьдьни, тех двацети　человек на Онон на реке с канмин плис всошли, облавити вышли, ващи дроих солоннов упили. Те речи много беременял.
いま，Ir diyan という Erdeni の供述では，「われらは決して Onon 山に入って Oros の三人を殺したことはない。Kalka の旧来から遊牧している Ulja 川で獣を狩ったり木を伐ったり雕を狩ったりしていると，Oros 所属の Kamnigan の二百人余りが，われらのいたところに入ってきて，Nabtoki 等四人を殺した。私を捕えた。Sira emegen 等十五人は逃れ出た」という。Ir diyan という Erdeni の供述によれば，汝らの Kamnigan の二百人余りがわれらの属地に入って Nabtoki 等四人を殺したというのに，汝らが，Ir diyan という Erdeni 等二十人が Onon 川の山の近くに入って，巻き狩りに出ていた汝らの三人の Solon を殺したというのは，大いに食い違っている。……	いま，イリデニャことリディニが答えるには，「われらは決してオノンへ，山へ行って 3 人のロシア人を殺してはいない。モンゴルの古老たちは遊牧した。ウルジャ川に狩猟したり木を伐ったりワシを捕えたりするために行った。かのロシアの臣民であるカムニカ人は 200 人以上いた。われらはその場所に留まっていた。入ってきて，ナプドキら 4 人を殺し，私を捕えた。シラ＝オモコンら 15 人は逃げ出した」。このイルデボ〔？〕の答えを見ると，汝らのカムニカが 200 人以上でわれらに属する場所にやってきて，ナブドキら 4 人を殺した。汝らは，イリデンことリディニら 20 人が，オノン川に，山の近くに入って，掠奪に出て，汝らの 3 人のソロン人を殺した〔という〕。話を大いに変えている。……
如今，Ir diyan 即 Erdeni 供述，「我們絕對沒有進入 Onon 山殺害 Oros 的三人。我們在 Kalka 一直以來的遊牧地 Ulja 河狩獵伐木狩雕。Oros 所屬的 Kamnigan 兩百多人，來到我們所在的地方，殺害了 Nabtoki 等四人。逮捕了我。Sira emegen 等十五人逃出去了。」根據 Ir diyan 即 Erdeni 的供述，你們的 Kamnigan 兩百多人進入我們的屬地，殺害了 Nabtoki 等四人。與你方主張的，Ir diyan 即 Erdeni 等二十人進入 Onon 河的山的附近，殺害了去圍獵的三名你方的 Solon，完全不一致。……	如今，額爾德尼即里德伊尼回答說，「我們絕對沒有去鄂嫩，去山裡殺害 3 名俄國人。蒙古的老人們遊牧。在斡里蔔河狩獵伐木獵鷹。俄國臣民喀木尼喀人有兩百多人在那裡。我們在那裡停留。進來，殺害了 Nabtoki 等 4 人，逮捕了我。西拉額莫根等 15 人逃跑了」。根據這個伊里德寶（？）的回答，你們的喀木尼喀 200 多人來到我們的屬地，殺害了納普圖基等 4 人。你們說，額爾德尼即里德伊尼等 20 人，在鄂嫩河，進入山的附近掠奪，殺害了你們 3 名索倫人。完全改變了整件事情。……

【公文③對照表】

涅爾琴斯克長官發往理藩院的公文（1706 年 8 月 18 日）

俄語文本〔《故宮俄文史料》No.9: 37, 144-146〉PKO XVIII-1: № 33: 87-88〕俄語文本是根據《故宮俄文史料》144-146，按現代的正字法進行轉換的。	滿語譯文〔《故宮俄文史料》245-248;《滿文俄羅斯檔》滿俄 3: 23-27〕
A 　　Божьей милостью Пресветлейшаго и Державнейшаго Великаго Государя Царя и Великаго князя Петра Алексеевича, всея Великия и Малыя и Белыя Росии самодержца, и многих го сударств и земель, во сточных и западных и с еверных отчича и дедича, и наследника, и Государя и обладателя, Его царскаго величества Сибирские земли порубежнаго города Нерчинска Столник и воевода Петр Савич Мусин-Пушкин с товарыщи Пресветлейшаго Азиатских Китайских и Хинских стран обладате ля Богдыханова Высочества, в Мунгалской приказ превосходительнейшим Господам ближним людям, сущу великия думы преторианских благородных начальником по объявлению любительного нашего приветства здравия и всякого благопоспешения Вашему Превосходительству Полшчити желаем.	A 　　amba gurun i / # colgoroko enduringge abkai fejergi be uheri bilume hūwašabure genggiyen ejen i tulergi / golo be dasara jurgan i amban, dorgi yamun i hanci bisire ambasa de saimbe / fonjime nibcoo i hoton i da sy tol ni ke we ye we da, piye te ri, mu / sin pu ši gin se alibume unggihe,
神の恩寵により，光輝と権力ある大君主，ツァリにして大公たるピョートル＝アレクセエヴィチ，全大・小および小ロシアの独裁者，東方，西方および北方の多くの国々と地方の世続領主にして相続者，君主にして支配者たるツァリ陛下の，シベリア地方の辺境の城市ネルチンスクの宮廷官・軍政官ピョートル＝サヴィチ＝ムシン-プーシキンらが，光輝あるアジアの，キタイとヒンの国々の支配者たるボグドゥイハン殿下の，ムンガル庁〔理藩院〕の諸閣下，近	大国の至聖にして天下を遍く撫育する明主の理藩院の大臣，内閣の近侍大臣らに，安を問うて Nibcoo 城の長，宮廷官・軍政官たる Piye te ri, Mu sin pu ši gin らが呈し送った。 　　向大國至聖，養育天下的明主的理藩院的大臣，及内閣近侍大臣們，敬致友愛問候之意，Nibcoo 城的長官，宮廷官・軍政官 Piye te ri, Mu sin pu ši gin 們送呈。

俄語文本〔《故宮俄文史料》No.9: 37, 144-146〉PKO XVIII-1: № 33: 87-88〕俄語文本是根據《故宮俄文史料》144-146，按現代的正字法進行轉換的。	滿語譯文〔《故宮俄文史料》245-248;《滿文俄羅斯檔》滿俄 3: 23-27〕
臣と貴族の大会議に参加する長官たちに，好意ある挨拶を送ることを通じて，健康とあらゆる成功とを諸閣下が享受することを願う。 　神的恩寵，光輝與權力的大君主，大公彼得・阿列克謝耶維奇，大小俄羅斯全境之獨裁君主，東方、西方、北方眾多國家和地方之做為世襲領主且繼承者、國君且統治者，沙皇陛下西伯利亞邊境城市涅爾琴斯克軍政長官彼得・薩維奇・穆辛－普希金及同僚等，特向奄有亞細亞洲中國及秦國各地至聖皇帝殿下蒙古廳（理藩院）諸閣下，近臣及貴族大會議參會的長官們敬致友愛問候之意，並祝貴大臣成功康泰。	
B・C・D 　В прошлом 1705 году майя в 2 день явился в Нерчинску в приказной избе перед нами Нерчинской сын боярской Семен Молодой из Китайскаго государства и подал лист j <u>на мунгальском языке</u>, а в том листу написано: k <u>наши де ясачные тунгусы изымали вашего ясачного мужика Аранза с товарыщи и привезли в Нерчинск. l а в листу де нашем написано</u>, что де Ирдени приезжали в двадцати человеках для воровства и отгону табунов, и убили нарочито де ясачного тунгуса, и коня и платье ево взяли. 　去る 1705 年 5 月 2 日に，ネルチンスク行政庁のわれらのもとに，ネルチンスクの小貴族セミョン＝モロドイが中国から〔帰還して〕出頭し，j ムンガル語の公文を提出した。それには次のように書かれていた：k われらの納貢トゥングースたちが，汝らの納貢民であるアランズらを捕えてネルチンスクに連行した。l そして，われらの公文に書かれていたところによると，イルデニらは 20 人で窃盗と家畜の追い立てのた	**B・C・D** 　meni emu minggan nadan tanggū sunjaci aniya / ma i ya biya de, meni nibcoo yamun de meni sen ba yar sy k'oi siye / miyan mo lo dem i gajifi alibuha / # amba gurun ci unggihe bithede, k <u>meni alban bure solon be, suweni alban bure / niyalma a ran dza se jafafi nibcoo de benjihebi</u>, jai suweni ir diyan ni / ya i jergi adun be hūlhafi gamaha sain niyalma be waha alban bure solon i / morin etuku be durime gaiha niyalma be jafafi 　われらの 1705 年 5 月に，われらの Nibcoo 衙門にわれらの小貴族 Siye miyan mo lo dem が持参して呈した，大国から送った文には，k われらの納貢する Solon を，汝らの納貢する者 A ran dza らが捕えて Nibcoo に連行している。また，汝らが Ir diyan ni ya 等の，馬群を盗み取り，善良な者を殺し，納貢する Solon の馬と衣服を奪い取った者を捕えて，

俄語文本〔《故宮俄文史料》No.9: 37, 144-146〉PKO XVIII-1: № 33: 87-88〕俄語文本是根據《故宮俄文史料》144-146，按現代的正字法進行轉換的。	滿語譯文〔《故宮俄文史料》245-248;《滿文俄羅斯檔》滿俄 3: 23-27〕
めにやってきて，故意に納貢トゥングース人を殺害し，その馬と衣服を奪った。 　　去歲 1705 年 5 月 2 日，涅爾琴斯克小貴族謝米揚·莫洛多伊從中國（歸來）到我們涅爾琴斯克官廳，j 提交了蒙古語公文。公文內容如下：k 我們的通古斯臣民，逮捕了你們的臣民阿蘭扎等人，將其帶至涅爾琴斯克。l 並且，根據我們的公文內容，額爾德尼等 20 人為了盜竊和驅逐家畜，故意殺害通古斯人，奪去了馬匹和衣服。	我們的 1705 年 5 月，我們的小貴族 Siye miyan mo lo dem 親自帶來呈遞 Nibcoo 衙門的貴國的公文中，k 我們的臣民 Solon，被你們的臣民 A ran dza 等人逮捕並送往 Nibcoo。並且，你們盜取 Ir diyan ni ya 等人的馬群，殺害良善之人，捉住了搶奪臣民 Solon 的馬匹和衣服的人，
E 　　m и вы де ево, Ирдения, в приказе спрашивали, и он де сказался, человек де он тайши Данжинё Бея улусу даена Зайсана; да он же де Ирденей сказал ездили де они в дватцати человеках своею охотою, а не по отпуску тайши своего, промышлять орлов для перьев и добывать лес на юрты и на седла, и они де взъехали близ Онона реки на хребет, а наибольшей де у них был Шарамыгин и нашего де великого государя 　　ясачные тунгусы съехалися с ними и облавою убили де у них трех чоловек, а он де, Ирденей, в то время с ним, Шарамыгином, не был, и боя де их отчего у них учинился бой, и того не ведает, n а как де он Шарамыгин с товарыщи, з дватцатью человеки убил нашего ясачного тунгуса, и он де Ирденей в то время был в отъезде а был де на речке Удзе на хребте Кулдюлюне и наехали де на них ста з два тунгусов в куяках, и они де того убоялися и побежали и тунгусы де за ними гналися и убили у них четырех человек, а под ним де, Ирденим, лошадь упала и они де тунгусы в то число ево схватали а он де, Шарамыгин, ушел в	E m ir diyan ni ya be / yamun de beideme fonjihade, jaburengge, be taiji dan jin biye su u lu su, / da ye na jaisang ni harangga niyalma, meni orin nihyalma gūnin cisui jihe, / taiji umai same unggihe ba akū, meni cisui daimin i dethe butame, boo / arara, enggemu weilere moo be sacime, o non i bira i hanci alin i butereme / genehe bihe, meni orin niyalma i dorgi de ša ra ma hin dalahabi, oros / han i alban bure solon i emgi emu bade acafi abalara de, oros i ilan / niyalma be waha, tere ir diyan ni ya se afandure fonde, ša ra ma hin / tubade akū bihe, tese ai turgun de afanduha be bi sarkū sembi, n ša / ra ma hin i jergi orin niyalma, meni alban bure solon sebe, ul de siye / birgan, herulun alin i dade amcanara jakade, meni juwe tanggū solon uksilehe / umesi gelefi burulaha be, meni solon se amcanafi duin niyalma be waha, ir / diyan ni ya yaluha morin tuhere jakade, tere nergin de solon sede jafabuha, / ša ra ma hin i jergi tofohon niyalma burulaha, ir diyan ni ya be jafafi / nibcoo de benjihe,

俄語文本〔《故宮俄文史料》No.9: 37, 144-146〉PKO XVIII-1: № 33: 87-88〕俄語文本是根據《故宮俄文史料》144-146，按現代的正字法進行轉換的。	滿語譯文〔《故宮俄文史料》245-248;《滿文俄羅斯檔》滿俄 3: 23-27〕
пятнатцать человеках; И схватя де ево Ирденея, они, тунгусы привезли в Нерчинск.	

m そこで汝らがイルデニーを行政庁で<u>訊問したところ</u>，彼が述べるには，自分はタイシャたるダンジン＝ベイの属民で，ダエン＝ザイサンのウルスの者である。また，彼イルデネイが述べるには，彼ら20人は自分の意思で，タイシャの許可を得たわけではなく，羽を取るために鷲を狩ろうと，また天幕や鞍を作るために木材を得ようとして出かけた。彼らはオノン河の近くの山稜に入った。彼らの長はシャラムィギンであった。わが大君主の納貢トゥングースたちが彼らに遭遇すると，包囲して 3 人を殺した。ただ，彼イルデネイは，そのときシャラムィギンのもとにいなかったので，何がもとで戦いが起こったのかは知らない。n シャラムィギンら20人がわが方の<u>納貢トゥングース人を殺したとき，彼イルデネイは出かけていて，ウザ河，クルデュリュン山稜にいた</u>。それから 200 人の武具を付けたトゥングース人が彼らを見つけたので，彼らは恐れて逃げ出した。トゥングース人たちは追いかけて彼らの 4 人を殺した。彼イルデネイの馬が倒れた。そこで，彼らトゥングース人はその場で彼を捕えた。シャラムィギンは15人で逃れた。彼イルデネイを捕えると，彼らトゥングース人はネルチンスクに連行した。

　　m 於是你們在行政廳審問額爾德尼，他說，自己是台吉丹金貝依旗的屬民，達彥宰桑所管之人。並且，根據他額爾德尼的陳述，他們20個人，未得到台吉的許可，為了獵鷹取翎，以及獲得製作帳篷和馬鞍的木料，進入鄂嫩河附近的山陵。他們的隊長是沙拉阿瑪金。我們的臣民通古斯人遇到他們後，將其包圍並殺害 3 人。但是他額爾德尼，當時不在沙拉阿瑪金身邊，不知雙方因何發生衝突。n <u>沙拉阿瑪金等20人殺害我方</u>

　　m Ir diyan ni ya を衙門で審問すると，供述するには，「われらはタイジである Dan jin biye su u lu su da ye na ジャイサンの属民である。われら20人は勝手に来た。タイジはまったく知りながら送り出したことはない。われらは勝手に雕の羽を取り，家を建てたり鞍を作ったりする木を伐るために，O non 河の近くの山に沿って進んでいた。われら20人の中で，Ša ra ma hin が長であった。Oros のハンの納貢する Solon と一緒に巻狩りをしているとき，Oros の 3 人を殺した。この Ir diyan ni ya らは戦うときに，Ša ra ma hin のもとにいなかった。彼らがどういうわけで戦ったのかを私は知らない」という。n <u>Ša ra ma hin 等の 20 人</u>が，われらの納貢する Solon らに Ul de siye 溝，Herulun 山の麓で追いつくと，われらの 200 人の Solon は武具を付けていた。大いに恐れて逃げ散ったのを，われらの Solon らは追いかけて，4 人を殺した。Ir diyan ni ya の乗っていた馬が倒れたので，その場で Solon らに捕えられた。Ša ra ma hin 等の 15 人は逃げ去った。Ir diyan ni ya を捕えて Nibcoo に連行した。

　　m 在衙門審問 Ir diyan ni ya，供述道，「我們是台吉 Dan jin biye su u lu su da ye na 宰桑的屬民。我們 20 個人擅自前來。台吉並不知道。我們為了獲取雕的羽毛，以及建屋製作馬鞍需要的木材，沿著 O non 河附近的山前進。我們20人中，Ša ra ma hin 是隊長。與 Oros 皇帝的臣民 Solon 一起圍獵時，殺害了 Oros 的3人。這個 Ir diyan ni ya 們在交戰時，並不在 Ša ra ma hin 身邊。我不知道他們因為什麼發生衝突」。n <u>Ša ra</u>

俄語文本〔《故宮俄文史料》No.9: 37, 144-146〕PKO XVIII-1: № 33: 87-88〕俄語文本是根據《故宮俄文史料》144-146，按現代的正字法進行轉換的。	滿語譯文〔《故宮俄文史料》245-248;《滿文俄羅斯檔》滿俄 3: 23-27〕
臣民通古斯人時，他額爾德尼當時在烏澤河、庫勒都倫山。然後 200 名備有武器的通古斯人發現了他們，他們驚慌逃跑。通古斯人追上他們後殺害了 4 人。他額爾德尼的馬跌倒了。於是他被通古斯人當場逮捕。沙拉阿瑪金等 15 人逃跑了。他額爾德尼被捉後，他們通古斯人將其帶到了涅爾琴斯克。	ma hin 等 20 人，被我方臣民 Solon 們追趕至 Ul de siye 溝，Herulun 山麓，我們的 200 名 Solon 人皆備有武器。我方的 Solon 們追擊四處逃散的他們，殺死 4 人。Ir diyan ni ya 騎的馬匹跌倒，因此當場被 Solon 們捉住。Ša ra ma hin 等 15 人逃脫了。將 Ir diyan ni ya 捉住押往 Nibcoo。
G Да что в том же вашем листу написано, будто в нашем листу к вам написано, что убито наших трое человек тунгусов а ваших четыре человека и чтоб про убивство тех людей розыскать подлинно ль убиты, и розыскав о том к вам писать, и то вы писали, знатно с листа нашего переводчик перевел не так, как в нашем листу написано, потому что по розыску явилось убито ваших три человека, а у великого государя одного человека ясачного тунгуса именем Нарауля убили, и о том к вам в Китайское госудатство в вышеписанном листу, которой лист подан был Семеном Молодым, писано, имянно что убит на том бою наш тунгус один человек, а не семь человек.	G meni ilan solon be waha, suweni duin niyalma be waha / turgun be getukeleme baicafi unggireo seme alibume unggihe, aika mende jai / bithe arafi unggire de baicame bahaci mende mejige isibureo, geli meni oros / han de alban bure emu na ra u liya gebungge solon emhun bihe be suweni / nadan niyalma wahangge yargiyan seme, siye miyan mo lo dem de bithe jafabufi / unggihe bihe,
汝ら〔清側〕の公文には，あたかもわれらが汝らに送った公文に，わが方の 3 人のトゥングース人と，汝らの 4 人が殺されたと書いてあるかのように書かれている。そこで，これらの殺害について，（本当に殺されたのか）調査したところ，判明したのは，汝らに書き送ったように，――ただし，汝らの書き方から，われらの公文を，翻訳者がわれらの公文に書いてある通りに訳さなかったことがわかるのだが――調査の結果，汝らの 3 人と，大君主の 1 人の納貢トゥングース人，ナラウディという名の者が殺されたことが明らかとなった。これに	われらの 3 人の Solon を殺し，汝らの 4 人を殺した事情を明らかに調べて送ってほしいと呈送した。あるいはわれらに次に文を書き送るときに，調べてできればわれらに消息を届けてほしい。また，われらの Oros のハンに納貢する Na ra u liya という名の Solon が一人だけでいたのを，汝らの 7 人が殺したことは事実であると，Siye miyan mo lo demi に文を持たせて送っていた。

俄語文本〔《故宮俄文史料》No.9: 37, 144-146〉PKO XVIII-1: № 33: 87-88〕 俄語文本是根據《故宮俄文史料》144-146，按現代的正字法進行轉換的。	滿語譯文〔《故宮俄文史料》245-248;《滿文俄羅斯檔》滿俄 3: 23-27〕
ついては，汝ら中国に送った，セミョン＝モロドイによって届けた上記の公文に，この戦いでわが方のトゥングース人１人が殺されたと明記してあり，４人ではない。 　　你方發來公文的意思好像在說，我方發給你方的公文中寫道，我方的 3 名通古斯人和你方的 4 人被殺害。於是調查殺害的真實情況（是否真的被殺），弄清的事實已發送給你們，──但是，從你們的言辭來看，翻譯並沒有把我方的公文按照公文內容如實翻譯出來。──調查的結果，你方 3 人，和 1 位名叫納拉烏迪的大君主臣民通古斯人被殺害。謝米揚・莫洛多伊帶去的上述公文中明確寫道，這場爭鬥中我方通古斯人 1 人被殺害，而不是 4 人。	希望調查清楚殺害我方 Solon 人 3 人，殺害你方 4 人的事情。或者下次向我方發送公文時，希望盡量能夠調查後告訴我們消息。此外，我方一名叫 Na ra u liya 的 Solon 臣民，被你方的 7 人殺害這一事實，已派 Siye miyan mo lo demi 帶公文送去。

第十一章
中國式秩序的理念
——其特徵及在近現代的問題化

茂木敏夫
（胡藤 譯）

前言

　　如果要將東北亞視為一個有意義的空間，那麼追溯這個地區的歷史，嘗試為其當前狀況定位的做法應當是有益的。這個地區由什麼樣的社會構成，其中存在什麼樣的秩序；支持這一秩序的理念及實際情況如何，以及由於擁有這樣的理念和實際情況；在源於西方的近代價值和規則逐漸普及的過程中，在西方近代的霸權之下這個地區產生了什麼樣的變化，由此產生了怎樣的問題等等，通過對以上這些問題的思考才能清晰地把握這個地區當前的狀況，從中找到構想這個地區將來應有秩序的重要啟示。

　　本文嘗試就以上問題，圍繞中國勾勒一個大致的輪廓。筆者向來將從中國擴散到周邊區域形成的世界及其秩序稱為中華世界、中華世界秩序，在思考這一地區秩序的特徵的同時，也在思考構想這種地區秩序的意義。[1]由於本書不僅考察中國，也包括構成東北亞地區的朝鮮半島、日本、還有蒙古和俄羅斯等地區的世界觀，為了能將中國和這些地區放在一起比較，筆者嘗試對中國內部進行梳理，而不是梳理以中國為中心的向外擴散。為此，暫先稱其為中國式秩序，並對此進行討論。

---

[1]　最近發表的關於此主題的拙文有：〈華夷秩序とアジア主義（華夷秩序與亞洲主義）〉（長谷川雄一編，《アジア主義思想と現代（亞洲主義思想與現代）》，東京：慶應義塾大學出版會，2014）；〈中華世界秩序論の新段階（中華世界秩序論的新階段）〉，東京女子大學紀要《論集》65：1（東京，2014）；〈中華の秩序とその近代——中華世界秩序論の新段階再論（中華秩序及其近代——再論中華世界秩序論的新階段）〉。《中國哲學研究》28（東京，2015）；〈「冊封・朝貢」の語られる場——中華世界秩序論の新段階三論（「冊封・朝貢」的演說場域——三論中華世界秩序論的新階段）〉，《東アジア近代史》20（東京，2016）。

　　本文雖然將就支撐這一中國式秩序的理念展開探討，但這一理念實際上不過是構成這個秩序的國家、社會，或是生活在其中的人們認為其「正確」而廣泛接受的思想和價值觀的模糊的集合體而已，一開始並不存在著一個整理好的、明確的、有體系的理念。一般而言，秩序在運作順暢時，這種觀念往往不會明確地展示出來，反而是在這一秩序無法順暢運作、面臨某種危機之時，才有必要特別地明確說明「這原來是如何如何的」。[2]在這種時候，才從能夠利用的思想或價值觀的片斷、或者是過去的紀錄與記憶之中，根據需要而選取恰當的部分，在此基礎上構築「正確」的理念的敘述。因此，根據危機的內容，即根據面臨問題的不同，被選擇的思想和過去的歷史也會發生變化。同時，隨著時間推移而變化的思想和被認識的過去，其時間的縱軸也會被「橫倒」，而不一定要按照時間順序來適當選擇其中有必要且有益的部分。[3]在這個意義上，理念以及由理念闡述的「正確」的秩序是在什麼時間、在怎樣的語境中、由誰、向著誰、為了什麼目的而說明的，根據場合的不同，話語也會產生微妙的差異。應當認識到，即便是看似由統一的體系說明的歷代會典、正史，也都是編纂它們的權力在當時的情況下，為了說明自身的「正確性」而構建的話語。

　　本文將在留意這一點的同時，嘗試提取出中國式秩序的實際狀況以及支撐它的理念這二者的特徵。在這一過程中，筆者的關注點在於，近現代，即 19 世紀初到20 世紀初這段時間內，這一地區在與西方傳來的近代對峙時發生了怎樣的變化、產生了什麼問題，它們給當下的我們留下了怎樣的問題。並且，這也應當是貫穿本書的主題。因此，還有必要留意，這裡提取出的特徵是在與西方近代對峙時才突顯的特徵。希望通過這樣的思考練習對有關這個地區當前的定位及未來展望的討論有所貢獻。接下來，將首先梳理中國式秩序的特徵，在此基礎上討論其在近現代時期產生了何種問題，並探討其邏輯和構造。

---

[2] 丸山真男認為，正統的教義是與異端的產生相應出現的。他說道：「我的看法是，異端在一開始便存在。異端絕不是針對正統然後出現，而是在一開始便產生了。由於異端必然會產生，因此正統就不得不自我武裝起來，正統教義就這樣形成了。」丸山真男，《自由について　七つの問答（有關自由的七個問答）》（東京：編集グループ SURE，2005），頁 16。此外，在新王朝成立時倡導的觀念及基於此觀念解釋的制度也是克服並改善前朝的矛盾和混亂的再秩序化。亦即，面對混亂時才會討論「應有的」、「正確的」秩序，這一結構是一樣的。

[3] 比如，以《唐律疏義》為先例來將鴉片戰爭後的南京條約中規定的領事裁判權合理化，以元代達魯花赤占為先例來將 1880 年代中期加強對朝鮮的直接統治合理化等例子。此外，滋賀秀三指出：「唐律疏義在嘉慶十三年孫星衍復刻之前，只有元代的刊本，對於明清的人們來說並非易見之書。而且，唐代的『義絕』並非沒有書便可以記憶下來的那麼簡單的東西」。滋賀，《中國家族法の原理》（東京：創文社，1967），頁 506。因此，推測 19 世紀初的復刻與上述對南京條約的解釋有關並不牽強。還有必要注意到這種「橫倒」是多層化了的。

一、中國式秩序的觀念和實際狀況

（一）由人格高尚者統治

　　存在著多重文化、多樣的價值觀，對於「正確」有不同理解和感受的人們如何實現共存、建構秩序？對於這個問題，岸本美緒的觀點頗有意思，她將其分類為「道德型」和「規則型」進行討論。[4]「道德型」認為「普世性的『正確』是存在的，並且是可知的」，它試圖依據唯一的道德的正確性來建立秩序；與此相對，「規則型」則是「放棄對普世性的『正確』的判斷，聚焦於共存的規則」。相對於前者相信存在並可以實現「正確」，後者雖然沒有放棄存在著終極的、絕對的「正確」的可能性，但考慮到實現這一目標需要的巨大成本而暫且將「正確」放在一邊，通過彼此同意來尋找可能共有的規則。由於是基於彼此同意的規則，根據情況的變化，規則也是可變的。歐洲曾經歷過三十年戰爭等慘禍，在宗教對立中為了各自信仰的「正確」，將信仰不同「正確」的他者視為絕對的「惡」而試圖將其徹底抹殺，從對此的反省中歐洲建立了「規則型」，與此相對，傳統中國則始終在「道德型」的框架中摸索。

　　傳統中國由具備「正確」道德的人格高尚者以其道德性來統治，不是基於非人格性的規則的「法治」，而是由「正確」的人格者進行的「人治」。人們之所以會在社會生活中遵循權力者的判斷，是因為執行判斷的權力者的人格在道德上是「正確」的。高尚的人觀察情況、酌情酌理得出的判斷也理應是「正確」的。也因為如此，通過科舉以對儒學經典理解程度為標準選拔出的菁英必須是以高尚的人格至上，刻意做一個不掌握專業技能的人（「君子不器」，《論語・為政》）。這是為了使菁英不被細枝末節所困擾而影響對大局的判斷。當然，即使理解了儒學的經典，也不能保證一定成為理想人格者。但是，在「菁英應當是人格高尚者」這一觀念成為共識的環境下，如果菁英做出有悖道德的行為，他的菁英身分便會從根本上受到嚴厲質疑。如果失去了對其「正確」人格的信賴，就沒有人服從他的判斷。因此菁英應當自我節制以不違背這一話語。如此便形成了人格高尚者的統治，即所謂「人治」、「德治」。

　　選拔菁英的科舉中最終的考試是殿試，由皇帝親自主持，這是因為，皇帝正是

4　岸本美緒，〈德治の構造——寬容の在り處を中心に（德治的構造——以寬容的位置為中心）〉，《中國——社會與文化》30，（東京：2015）。後經修訂收入氏著《明末清初中国と東アジア近世（明末清初中國與東亞近世）》（東京：岩波書店，2021）。

由於其道德性而被授予天命的、最具有道德的人。被皇帝的道德性感化的民眾因仰慕皇帝而聚集，沐浴於皇帝統治的恩澤下，期待皇帝澤被天下和以此為基礎的仁政。判斷是否接受了皇帝充滿道德性的教化，是看他是否實踐了被指定的禮。這樣的生活空間被稱為「版圖」、「疆域」等，也就是王朝的統治空間。相反，不能理解皇帝的道德性，不仰慕皇帝並歸順，也就是不實踐中華的禮的頑冥不靈的民眾則不受皇帝的恩澤，便放任自流，在結果上獲得了自由。但是，不服從教化的民眾如果擾亂了生活和王朝的秩序，也會受到「懲罰」。這一判斷並非基於非人格性的規則，而是基於有德的皇帝的個人判斷，即「叡慮」。就個人判斷這一點來說，叡慮和恣意並無本質區別。

如上所述，傳統的王朝國家重視的是人的統治和控制，並非是屬地主義式的領域統治，即通過邊境線劃定空間、在此領域內實施均質的統治。正如《詩經・小雅・北山》中「普天之下，莫非王土。率土之濱，莫非王臣」所顯示的，傳統中國的統治空間被表述為王土思想，在原理上整個天下都在皇帝的統治之下。

（二）無為之治

一般認為，由人格高尚者統治的理想狀況不是積極行使權力，而是什麼都不做的「無為而治」。關於理想人格者的德性如何推及民眾、實現統治，《論語・顏淵》中稱，「君子之德風，小人之德草。草上之風，必偃」。正如這裡的「偃」的自動詞用法所示，是否接受風一般自然而至的教化，是民眾一方自發的選擇。當然，現實中也有強制的情況，這時便必須為「懲罰」等做出合理的解釋。理想的統治如古代的帝王舜「恭己正南面而已矣」，實現「無為而治」（《論語・衛靈公》）一樣，不作為，即無為的消極統治被視為理想。

這種思考方式不僅通過舜的前一代帝王——堯的「鼓腹擊壤」的故事得以廣泛流傳，在大量用於兒童學習文字的教材《千字文》中也有「坐朝問道，垂拱平章」的說法，可以說，這顯示出這種思考在識字階層從幼兒時期學習背誦此書時就已經被身體化了。天子在上，衣冠垂地拱手而坐，通過其教化，下層的人們便可以過上和平的、有德的生活。[5]

（三）均質的整體

將正確的秩序歸結於有德者的正確人格的這一機制，在闡釋士大夫基本修養的

---

[5]　參考小川環樹、木田章義註解，《千字文》（東京：岩波文庫，1997），頁 56-58。

《大學》中表述為「格物、致知、誠意、正心、修身、齊家、治國、平天下」。菁英的道德性擴展為地區社會的安寧、地區社會的安寧擴展為國家的安寧,從個體呈同心圓狀擴展到整體。另外,這種思考也與福澤諭吉的「一身獨立而一國獨立」(《学問のすゝめ（勸學篇）》三編)相通,可以說,這在東亞受過儒學經典教育的世代中已普遍地被身體化。

通過這種同心圓式的擴展,道德上完善的人格高尚者的內在世界直接與他者的內在世界相聯繫並滲透,這種滲透的無限擴大,便形成了「正確」的秩序。獲得普遍的「正確」性而得以完善人格的內在世界,由於它是完善的,所以可以超越個體的身體限制而與所有人共通。這是因為人格高尚者都會有同樣的感受,有同樣的想法,做同樣的行動!在最終將會實現的所有人都人格完善這樣的理想狀態下,便會「無爾無我」、「萬物一體」,也可以說,設想的是一個沒有多樣性、一律均質的整體。這與西洋近代的市民社會正好呈現鮮明的對照。市民社會中,多樣的個體以多樣的形式集合,在發揮個性的同時共生於一個社會中。而中國社會中,個體與個體的差異被消解,融入共同性之中,成為了全體社會。

此外,相對於採用「規則型」的西洋近代世俗國家擱置了「正確性」,不介入獨立的個人內心世界,傳統中國由於要求內在世界的完善,明代初期,明太祖公布「六諭」等教化民眾的理論便打開了以權力介入並掌控個人內心世界的大門。順著這一延長線看,也可以認為當代中國的思想管制正是因近現代科技的發展而得以實現的。

再者,思想史的研究經常指出,中國有將社會想像成同質性、均質性、千篇一律的整體的傾向,對於異質的他者或多樣的個體存在的觀念很稀薄。[6]就特別重視《大學》的朱子來說,中島隆博指出,朱子構想透過「新民」,即從自我向他者的連續性啟蒙的擴展,其特徵是將人類視為在本質上具有同一性而進行思考。在通過這一過程實現的普遍性中存在著的,「不是作為（各不相同的——譯者注）個別的我,而是可以代理全體的、巨大化的大寫的我」,「由於最終被收聚在『一』之中,可以認為,無法還原為同一性的複數主體（我們）之間成立的『公共性』（即使它不具有很強的普遍性）從一開始就被無視了」。[7]如果是這樣,那麼這種社會將會變

---

6 如伊東貴之對近世思想史的考察,見氏著,〈中国近世思想史における個と共同性‧公共性（中國近世思想史中的個體與共同性‧公共性）〉(《中國哲學研究》第24,2009)。筆者對中國式國家的特徵的考察,見茂木敏夫,〈中国王朝国家の秩序とその近代（中國王朝國家的秩序及其近代）〉(《理想》682,2009)等。

7 中島隆博,《残響の中国哲学（殘響的中國哲學）》(東京:東京大學出版會,2007),第6章。

為一個匿名化的均質的整體。[8]

　　傳統中國、尤其是朱子（或宋明理學）中的，通過正確的內在世界向他者滲透而形成共同性的這種對均質整體的想像，與盧梭「公意」概念有相通之處。盧梭並不假定神的存在，而是依據各個人的內心世界，將個人的意志直接與共同體的意志相連結，作為社會秩序的根據，試圖在共同體的內部建立起來。[9]這種將個人內在世界融入整體而普遍化的情形，二者確有類似之處。這個意義上，盧梭所描繪的社會秩序對於受到漢學薰陶、有宋明理學背景的明治初期知識人而言也並無違和之感。理學家中江兆民關注盧梭也不是毫無理由的。[10]

　　這樣便可以想像在 20 世紀初，前往日本的中國知識人經由日本接受作為共和革命象徵的盧梭時也是同樣的邏輯。集結了旨在推翻清朝、建立共和制國家的勢力的中國同盟會會刊《民報》第 1 號（1905 年 12 月出版）就在卷首的第 4 頁並列刊登了「世界第一民權主義大家盧梭」和「世界第一共和國建設者華盛頓」的肖像。順便一提，在目錄（第1、2 頁）之後的第 3 頁以「世界第一之民族主義大偉人黃帝（中華民族開國之始祖）」為題刊登了黃帝的肖像，盧梭之後第 5 頁則是墨子的肖像，題為「世界第一平等主義大家墨翟」。

　　他們稱讚明末的黃宗羲是「中國的盧梭」，視其為推翻君主制的先驅。這是由於他認為皇帝是「以我之大私為公」，並基於「天下之公」來批判皇帝之故。批判君權的民權主義革命家們對此共鳴是顯而易見的，但正如將在第 2 節中詳述的，不僅如此，20 世紀的革命者之間也共享著黃宗羲「天下之公」、「多數人之公」、「總體之公」的觀點（這裡可以看到從朱子以來，經歷黃宗羲到清末的連續性）[11]，這

8　這裡有必要稍微補充說明一下作為 19 世紀以來近代社會共同特徵的均質化與此處所說的傳統中國的均質化的區別。傳統中國的均質化是指與君子的內在世界同一化，將個體的差異抹平而匿名化，取消自我與他者的區別。而近代社會的均質化是指通過外在的規則毫無例外地、均質地規定多樣的個體，相互確認對規則的理解並徹底執行之。本文第 2 節論述的全球範圍內出現的 20 世紀特有的現象中，這種多樣的個體在市民社會的規則之外，加上統一且徹底地採用工業社會的資本邏輯促成均質化，成為了匿名化的「大眾」，其結果與傳統中國的均質化呈現出相似性。這裡可以看出全球範圍內出現的 20 世紀特有現象與傳統中國的融合（也可以稱作合謀）和加乘效果。

9　小坂井敏晶，《增補　民族という虛構（增補　虛構的民族）》（東京：ちくま学芸文庫，2011），頁228。

10　不過，中江兆民是在瞭解了當時法國教養社會對盧梭公意的批判（例如，盧梭忽視了人民本為善惡雜糅的各個人形成的可謬性存在，要求絕對的人民主權，這將導致多數人的專制的悲劇出現等）的基礎上進行翻譯的。參考宮村治雄，〈中江兆民と「ルソー批判」（中江兆民與「盧梭批判」）〉，（氏著《理学者兆民——ある開国経験の思想史（理學家兆民——某種開國經驗的思想史）》（東京：みすず書房，1989）。

11　溝口雄三《中國前近代思想の屈折と展開（中國前進代思想的屈折和展開）》（東京：東京大學出版會，1981）以及〈「中國の近代」をみる視点（觀察中國近代的視角）〉，氏著《方法としての中國》（東京：

種昇華為均質的整體性的思考可以視為與盧梭的公意的社會觀是一致的。

　　此外，根據山田賢的介紹，羅一農在日本留學後回國發展哥老會組織，成立了「新社會」展開救國運動，他在哥老會舊址設置了關羽、墨子、盧梭和馬克思「四聖師」，早晚禮拜。山田解讀他皈依馬克思時認為，「就像財產共有、兄弟間地位平等的『一家』一樣，中國也應當……恢復像兄弟一樣的『家』的緊密團結，馬克思主義與這種恢復本土傳統的情感之間沒有任何矛盾」。[12]同樣的，盧梭在公意中設想的共同性也可以解讀為與「財產共有、兄弟間地位平等的『一家』」有親和性，產生了共鳴。

（四）禮的媒介性

　　禮是德治的具體呈現和視覺化體現。德治的諸價值根據不同的狀況通過所制定的禮的步驟和行為得到恰當的表象，這一固定形式被要求正確履行，只要恪守這一固定形式，就沒有必要一一說明各個理念。在這個意義上，禮就是形式。只要執行已形式化的禮，便可視為已經具備了禮的實質，而不繼續深入追問內在世界。因為已經共有了形式化行為所表現的話語，只要執行這種禮，相互的關係就在這種話語的框架內得到維持，並保持穩定。

　　另一方面，只要不大幅度地脫離這個框架，不同的參加者可以給同一種禮賦予不同的意義，執行形式化的步驟和行為也構建了異質者之間的關係。例如朝貢關係，對於規定的禮，一方將其理解為確認服從關係，另一方將其理解為交易所需的手續，雙方可通過掩藏自身的想法而結成關係。

　　這個意義上，禮的抽象性和形式性包含著兩面，一方面它可以作為媒介連結多樣的存在，另一方面，如果不履行固定形式的禮便無法建立起關係而被遠之。也就是說，禮是維持邊界的裝置。

　　在多樣且廣闊的中國式秩序的磁場中，在其邊疆存在著不少非漢語、非儒學社會，他們通過一定程度上接受中國王朝指定的禮（即一定程度上接受中國化）得以防止進一步的對內在世界的介入。既然被編入禮的結構之中，也就被編入了中國王朝的統治之中，就可以期待來自有德的中國皇帝一定的恩惠和照顧，在結果上得以保持自己風俗習慣的同時獲得優待。當然，也可以不接受禮、不與中國王朝建立關係，放任於教化之外（化外），雖然不受保護但得以保持自由。中國王朝與和邊疆

　　東京大學出版會，1989）。

[12] 山田賢，《中国の秘密結社（中國的秘密結社）》（東京：講談社新書メチエ，1998），頁188-190。

社會根據各自的考量決定是否通過禮建立關係，可以有各種選擇。如此，在中國式秩序的磁場之中，從結果上看實現了多樣性的共生。

但需要注意的是，這種「多樣性的共生」並非是相互認可對方為不同文化之間通過對等關係形成的多樣性。這裡作為文化被認可的僅有中國文化。由中國皇帝主宰的文化是唯一的、普遍的，並且倫理上「正確」的，即所謂大寫的「文化」。總之，中國（中華）獨佔了標準，並以此唯一的標準來分辨華夷、制定序列。所謂被放任在化外反而享受自由，反過來說就是並未被視為可以平等對話的他者，而是被等同於禽獸。

中國王朝與周邊諸國間建立的冊封或朝貢的關係也在這一邏輯的延長線之上。雖然通過接受中國王朝指定的禮可以與中國建立起正式關係、展開交流，但是否締結這樣的關係，取決於中國與周邊諸國各自的考量。在具體的事例中情況可能有所不同，比如一旦締結冊封或朝貢關係，對中國王朝而言，可以誇耀中國皇帝威德之高，並且由於建立了和平的關係，也可以減輕邊疆地區的軍備。而對於周邊國家而言，通過獲得中國王朝的支持，國王可以鞏固自身在本國的權威，也可以享受與中國貿易的利益。

此時，中國與周邊朝貢國之間在以「德治」為舞台的場域內，各自利用儒學的各種概念與邏輯，互相算計以使自身獲取最大利益。例如，朝貢國方面自稱小國，展現出誠心尊奉大國中國的姿態，中國就不得不展現出作為大國的關照和優待。也就是說，有必要「小事大，大字小」，否則作為大國的道德性將受到損害。接下來簡單地討論德治觀念作用場域內的政治文化。

（五）德治的政治文化

在以德治為舞台的場域內，大國和小國，或中央與周邊地區社會各自從儒學的各種概念出發，通過選擇能使自身處於優勢地位的概念，而將面臨的問題引向對自身有利的方向。這種形態不僅是東北亞地區過去的歷史遺產，也可以說是持續到近現代乃至當下的政治文化。以下簡單討論幾點。

依據道德性建構的正確秩序被稱為「王道」而受到稱讚，相反，通過武力進行統治的「霸道」則是被否定的對象。在使用「王道」和「霸道」的討論中，孫文1924 年 11 月在神戶的「大亞洲主義」演講非常有名。孫文在演講中稱歐洲的文化是「霸道文化」、亞洲的文化是「王道文化」，以此批評帝國主義。[13]另外，中華

---

[13] 〈對神戶商業會議所等團體的演說〉，《孫中山全集》第 11 卷（北京：中華書局，1986）。前揭茂木敏

人民共和國也將武力推行的強權稱為「霸權主義」加以批評。在 1978 年締結的日
中和平友好條約的談判過程中，中國考慮到當時與其對立的蘇聯，執著地要求日方
寫入「反霸權條款」，讓人記憶猶新。而在此一年後爆發中越戰爭時，中國在宣戰
聲明中將自身的軍事行動稱為是對越南侵犯柬埔寨的「懲罰」，以此正當化。在德
治的政治磁場中，由於行使武力僅能以「懲罰」的形式被正當化，因此權力在行使
武力之時，必須宣告其為對某種不正確行為的「懲罰」。德治的磁力也同樣作用於
20 世紀末的中國。

　　但是，人格高尚者統治的地區社會內部圍繞這種道德性展開了激烈的角力。庶
民也通過尊敬統治者的道德性，接受其統治而試圖獲取利益。大澤正昭根據宋代的
訴訟記錄生動地展示了庶民在獲取自身利益受挫時，反過來利用應當被教化的「愚
民」的地位，在訴訟中要求得到更切實的「教導」。[14]這種情況下常常使用的「恃
強凌弱」、「以大凌小」等說法，與「事大字小」展現出的中國王朝與周邊諸國間
的角力是相同的邏輯。

　　另外，現在中國也經常發生「上訪」事件，這是由於指地方政府的腐敗，人們
的問題不能在地方獲得解決，便前往北京直接向中央政府訴求。原本中國就有「信
訪」的制度，政府也設置了國家信訪局，這是合法的請願制度。這種制度的背後暗
含了一種解釋，即中央政府中處於相應地位的領導人是正確的領導人，如果理解了
實際情況，就能做出正確的判斷，作惡的是處於中間的無良官員。

　　這相當於日本近世史上所說的「仁政意識形態」。朝鮮也存在直接通過向主公
直接陳情，祈求主公的「叡慮」解決問題的農民暴動的心理，甲午戰爭期間爆發的
東學農民戰爭中也同樣與此心理相通，這是東亞共通的心性。[15]庶民面對當政者絕
不是唯唯諾諾地服從，而是雙方都利用仁政或德治的框架追求自身利益，不斷角
力。但是這裡並不存在參與權力和決策的所謂參與意識，而是以體制框架為前提，
在這種體制內，庶民要求仁政、倚賴權力的慈惠，當政者自律地施行仁政，雙方都
期待「各得其所」。

　　於 21 世紀初的 2002 年上台的胡錦濤、溫家寶政權在社會不平等和腐敗等成為

夫，《中国王朝国家の秩序とその近代》中對此進行了若干分析。

[14] 大澤正昭《主張する愚民たち——伝統中国の紛争と解決法（愚民們的主張——傳統中國的紛爭與解決方式）》，（東京：角川書店，1996）。

[15] 有關仁政意識形態的話語在東亞的擴散，可以參考深谷克己編，《東アジアの政治文化と近代（東亞的政治文化與近代）》，（東京：有志舍，2000）；金文京，《水戶黃門「漫遊」考》（東京：講談社學術文庫，2012）等。

大問題的背景中，在「和諧社會」的口號下強調「以民為本」、「親民政治」。這些說法都源於儒學經典，是仁政的意識形態。政治權力固化統治者和被統治者的關係，一方面不使民眾參與權力但貼近民眾，另一方面，民眾期待著權力的仁慈──這樣共產黨的獨裁得以再確認。

（六）清朝的構造

中國在 19 世紀與西方近代世界對峙的是滿族這一異民族王朝──清朝，進入 20 世紀後推翻清朝建立的中華民國在法理上是繼承了清朝的中國合法政府，此後的中華人民共和國也是如此。因此，現在的中國空間上領域和民族構成都繼承自清朝。在這個意義上，本文要討論中國式秩序，就必須涉及清朝。

在此，出於方便，將清朝理解為中國與非中國的二元構造。當然，也有三分為滿、漢、藩的看法，即指被稱為「漢土」的明代以來施行中國式統治的地區、滿洲故地、以及蒙古、西藏、突厥系穆斯林的藩部這三部分。[16]但本文旨在討論中國式秩序，因此採用中國／非中國的二分法應當更為明快。圖 1 是為理解清朝構造而參考馬克・曼考爾（Mark Mancall）所說的「東南弦月」和「西北弦月」製作的示意圖。[17]清朝在與蒙古的關係上，是作為繼承自成吉思汗以來內亞大汗王權的正統的內陸帝國；在與西藏的關係上，則通過佛教共同體來解釋。在統合非中國式世界時，清朝使用了非漢語非儒家，即非中國式的多種話語。與內陸非中國地區的關係上，清朝特意採用了不經由漢語和儒學的邏輯，而以滿文或蒙文往來的態度。結果，清朝作為一個整體的統合也可以說是統合在皇帝及其人格之下的。皇帝根據需要對話的對象（滿洲、蒙古、漢、西藏、東突厥斯坦的穆斯林，或者其中的某幾種人）和對話內容的不同，隨時選擇合適的語言和話語來表述。

[16] 例如，石橋崇雄，《大清帝国への道（走向大清帝國）》（東京：講談社學術文庫，2011），頁 54。然而一般而言，為便於理解的模型，越是符合其目的、並且越簡單越好。本模型的目的是提取中國式秩序的特徵，以及討論其在近現代的變化從結果上將非中國的空間納入中國的框架中的過程，因此選擇了二元的構造。但並沒有否定其他模型的意思。

[17] Mark Mancall. The Ch'ing Tribute System: An Interpretive Essay. *In The Chinese World Order: Traditional China's Foreign Relations, edited by John K. Fairbank.* Cambridge, MA: Harvard University Press, 1968. 另外，本文中使用的圖 1～圖 3 來自茂木敏夫，〈中華帝國の解體と近代的再編成への道（中華帝國的解體與邁向近代式重整）〉，東アジア地域研究會編，《東アジ近現代史（東亞近現代史）》4，《東アジア史像の新構築（東亞史形象的新建構）》（東京：青木書店，2002）。

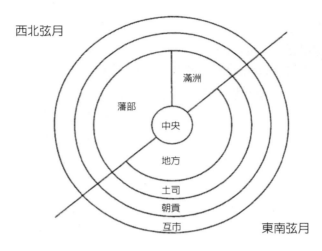

西北弦月

滿洲

藩部

中央

地方

土司

朝貢

互市

東南弦月

圖1　清朝的構造

　　另外，俄羅斯出現在東北亞，與中國式世界相遇也是在清朝期間。但是實際上，與中國相遇某種意義上也可以看作是與滿洲相遇。其象徵是，《涅爾琴斯克條約》（《尼布楚條約》、1689 年）正文除拉丁文外，是由俄語和滿語來記述的。此後直到《璦琿條約》（1858 年）為止，俄國與清朝之間交換的條約都沒有漢語文本。近年來有研究表明這樣一種歷史觀，即將俄羅斯與清朝各視為歐亞大陸上並存的兩個「後蒙古時代」的近世帝國。[18] 據此說法，《涅爾琴斯克條約》以後、近代以前的俄國與清朝之間的交涉和協議都可以視為作為蒙古帝國後繼國家間的利益調整和劃定勢力範圍的行為。這也是俄國與清朝間的交涉被視為對等的原因。

　　然而，當這種內容需要面向中國世界表達時，它一被翻譯為漢語，就以中華的邏輯和儒學概念來粉飾。這是因為如果不把它放進華夷秩序的框架，就不能成為支撐中國式秩序的觀念的「正確」的話語。這正是清朝將涉及對俄關係的官員和使用的語言與漢人和漢語相隔離的原因。

　　進入 19 世紀後期，俄羅斯與清朝間的條約開始使用漢語。這一現象將在下一節將討論，它明確地顯示出清朝的重組是將非中國納入中國的框架內以重組中國的。下一節將簡單地梳理中國式秩序在近現代呈現出的樣態，及其所產生的問題。以上是作為這一問題出現的背景，對中國式秩序的特徵進行的簡單整理。

---

[18] 例如杉山清彥，〈近世ユーラシアのなかの大清帝国──オスマン、サファヴィー、ムガル、そして「アイシン＝ギョロ朝」（近世亞歐大陸中的大清帝國──奧斯曼、薩菲、莫臥兒，以及「愛新覺羅」朝）〉，岡田英弘編，《清朝とは何か（何為清朝）》（別冊環⑯）（東京：藤原書店，2009）。

二、中國式秩序在近現代的變化

（一）雙重重組[19]

　　18 世紀，清朝在乾隆皇帝治下被稱為「盛世」，但在其末期，其體制的破綻也已十分明顯。1796 年發生在四川、陝西、湖北三省交界處的白蓮教徒叛亂花費了清朝足足 9 年來鎮壓。另外，在稍早的 1793 年，英國派出馬嘎爾尼要求建立與中國式秩序禮儀相異的、基於西方各國邏輯的關係。這樣，內外都出現了動搖體制的動向，並在 19 世紀迎來了動盪的年代。

　　即便如此，清朝直到 19 世紀後期才開始意識到西洋各國的近代邏輯是與中國式秩序不同的另一種邏輯，並採取與此前不同的應對方式。其中一個重要的契機是明治日本帶來的衝擊。日本的明治政府上台以後，大幅推進了近代國家的建設，其中第一步就是劃定近代國家基本條件的領土與國境，並以在該領域內建立排他的、一元的主權為目標。由於這一舉動，發生了在整個江戶時代長期保持與日本和清朝兩屬關係的琉球的歸屬問題，在此過程中，日本 1874 年向台灣出兵。

　　另外在同一時期，阿古柏在新疆的喀什建立起伊斯蘭政權，俄羅斯也趁亂佔領了伊犁地區，新疆脫離了清朝的控制。

　　為了應付邊疆的危機，清朝改變了此前對周邊的統治方式，轉為直接進行實際統治。在台灣，清朝針對不接受中國式統治而被視為化外的原住民「生番」積極實施教化，將其納入統治範圍，推進對全台灣的實際統治。1885 年設置了臺灣省，並積極推進開發政策。

　　另一方面，在作為非中國式地區而與漢語、漢人相隔離的新疆，清朝派遣在鎮壓太平天國中活躍的漢人官僚左宗棠帶領麾下的湘軍奪回喀什（1877 年），又通過其他交涉，與俄羅斯劃定新的國界，收回伊犁地區（1881 年《伊犁條約》）。左宗棠積極對突厥系穆斯林展開教化，同時鼓勵從中國內地引進漢人移民，推動新疆與內地漢土的一體化。在此延長線上，1884 年設置了新疆省並將其重組，建立與漢土一體化的統治體制，推進將居民納入直接統治之中的政策。

---

[19] 本小節是對茂木敏夫〈中華帝国の解体と近代的再編成への道〉以及〈中華世界の構造変動と改革論（中華世界的構造變化與改革論）〉，毛里和子編，《現代中国の構造変動（現代中國的構造變化）》7《中華世界──アイデンティティの再編（中華世界──身分的重組）》（東京：東京大學出版會，2001）兩文內容的簡單概括。

　　如此，清朝出於與日本和俄羅斯的軍事壓力及近代國境和領土統治相對抗的目的，一改原來的邊疆統治而將台灣和新疆納入直接的、積極的統治之中，但是這一政策轉變仍然以傳統的觀念加以解釋。首任台灣巡撫劉銘傳向原住民稱「民番皆朝廷赤子」，對歸順者寬大處理是「朝廷一視同仁之至意」。[20]左宗棠認為，由穆斯林「非革除舊俗，漸以華風，望其長治久安，事有難言者」，提倡積極推廣教化，「廣置義塾，先教以漢文，俾其略識字義」。[21]這種教化雖然實質上就是漢化，但通過這種在德治主義的語境中加以闡釋，被包裝成更加普遍的中華化、中國化，也就是唯一的大寫「文化」的教化、文明化。

　　清朝的邊疆統治的重組是中央的權力毫無例外全面均質地滲透下去，也就是說和近代國家的領土統治具有同樣性質。進而，這種邊疆統治的重組中，原有的中國／非中國的二元構造被修正，一向作為非中國世界來統治的新疆也開始中國化，以實現一體化、均質化。從這個意義上來說，這種重組既是轉向領土統治的重組，同時也是將二元結構納入「中國」的框架中實現一元化的重組，即雙重的重組。

　　這個時期的這一重組，如果基於圖 1 的清朝的構造來考慮，則會變為圖 2 的情況。清朝原有的構造（I）是分為中國／非中國，從中國方面看，設想皇帝的德化從中心向遠方逐漸稀薄，即黑點的密度越來越稀的這一同心圓式的世界。中國世界與滿洲故地和藩部都被視為自身的版圖，但如同圖中的虛線所示，僅是不確定的邊境線。這一時期的重組首先便是將此前作為「版圖」區分的邊界重新劃定為絕對的國境（虛線的實線化），進而在其內部，「東南弦月」方面，將中央權力不分輕重差異，均質地覆蓋，並擴展到「西北弦月」一部分的新疆（II）。此後，在甲午戰爭後失去外緣的朝貢國之後（外緣的虛線化），在滿洲設置東三省總督、在藏區東部設置西康省等，將中央權力向「西北弦月」剩餘部分同樣地予以覆蓋（III），在此基礎上邁向了現代國家建設的這一 20 世紀中國的巨大事業。

---

[20]　〈督兵剿撫中北兩路生番請獎官紳摺〉，《劉壯肅公奏議》（收入《近代中國資料叢刊》20，臺北：文海出版社，1968）。

[21]　〈覆陳新疆情形（光緒四年十月二十二日）〉、〈逆酋窺邊官軍防剿情形（光緒五年九月初三日）〉，《左宗棠全集》奏稿（七）（長沙：嶽麓書社，1996）。

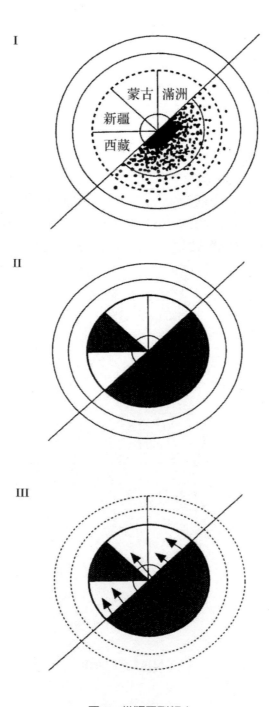

圖 2　從版圖到領土

（二）均質整體的動向

　　關於前近代中國式秩序的理念與實踐，接下來將從中國在近現代經歷了什麼樣的變化這一長期變動的角度，來梳理前近代中國式秩序的理念是如何在實際情況在發生作用的，同時考察其特徵。[22]

　　如果著眼於秩序形成的實際情況中的權力與社會末端間的關係、即中央權力對末端的作用方式以及支撐其的理念，將其中的特徵簡化、將其對比以圖來表示，可以形成圖 3 的內容。橫軸表示權力作用於末端的方式是積極的還是消極的，縱軸表示為使權力正當化，是向自身內部（已知的價值，如德治、禮教和傳統等），還是向他者（未知的價值，如西洋或近代等）尋求所要求的價值。

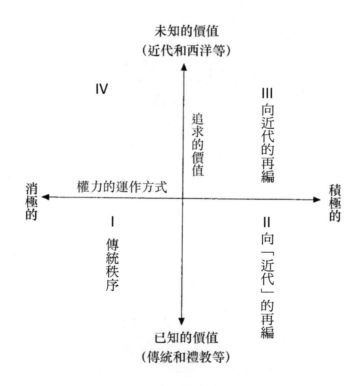

圖 3　秩序生成的邏輯

　　傳統中國的德治秩序中，權力不積極運作，反而是期望民眾一方的仰慕和歸順，因此當屬於第 I 象限。其特徵已在第 1 節論及，以下的考察將整理它在近現代時期發生的變化和產生的問題。

　　從第 2 節（1）中考察的 19 世紀的重組之中可見，在 19 世紀後期與近代世界的領土統治對峙的過程中，傳統的版圖統治無法有效應對，在 19 世紀 70 到 90 年代，清朝因應近代國家領土統治的形式，在邊疆建立了實際統治。清朝認為中央應當在邊疆地區全面地、毫無例外的、均質地積極行使權力，在座標軸上便向右移動。然而，這種重組雖然實質上與近代的領土統治性質相通，但這種毫無例外地向末端推行中國化的做法又是通過德治的進一步普及與教化的完成等傳統觀念來說明的。因此這種重組是帶引號的「近代」式重組。這種變化用下方象限的左側（I）移動到右側（II）來表現是恰當的。

　　此後，在甲午戰爭敗北和同時期引進的進化論思想的衝擊性影響下，同時代的歐美列強是比中國更進化的國家、中國如果不成為這樣進化的國家，將在優勝劣敗的法則下被淘汰等看法，也得到了「科學」的證明。改革也不是過去那樣在夏商周上古三代等自身的過去中尋找理想時代、通過復古改革回歸過去的理想時代，而是自覺地選擇了作為他者的西方模式，以 19 世紀的雙重重組為基礎，推動改革，將自身重組為西洋各國那樣的近代國家。這樣，帶引號的「近代」式重組就成了不帶引號的近代式重組。此後，20 世紀圍繞中國秩序建設的討論都在上方象限內繼續展開。

　　20 世紀的中國以「救亡」為最優先的課題，從結果上看，共產黨建立起動員農民參加游擊戰爭的體制，經歷了抗日戰爭、內戰、冷戰（在亞洲地區是朝鮮戰爭等熱戰）、中蘇對立等接連發生的攸關存亡的危機，在實現「救亡」方面取得了很大成果。在此期間不僅建立了以都市與農村的戶籍管理和以檔案制度為象徵、對每個人從外部進行物理性管理的體制，還建立了可以管理、掌控並動員每個人內部世界的體制。在這個意義上，20 世紀以來中國面向近代國家的重組，大體上是在右上的（III）內展開的。[23]

　　西洋世俗國家本來是標榜不介入獨立個體的內部世界的，然而第一次世界大戰以後，比如福利國家、全體國家（極權主義國家），轉變為像國家權力掌握個人的

---

[23] 圖 3 是表現民族國家（nation state）中的國家（state）形成的圖。關於民族（國族、nation）的形成，則可以通過圖 2（儘管並不充分）解讀為，原本滿洲、蒙古、西藏、突厥裔的穆斯林等各自不同的統合原理向以中華原理統合（即作為中華民族的統合）一元化的過程。

內部世界、影響到個人生活的方方面面那樣的 20 世紀型國家。[24]在這個意義上，20
世紀中國出現權力向末端滲透的這一第 III 象限內的動向，也與向 20 世紀型態國家
轉型的全球趨勢相吻合。

　　同時，由於上節所述的中國特徵，中國也呈現出特有的形態。高度評價黃宗羲
為「中國的盧梭」並視其為革命象徵的所謂「革命派」中，陳天華在 1905 年，批
評「個人的自由」而主張「整體的自由」，為此不得不限制「少數人的自由」；[25]
孫文在 1924 年的《三民主義》演講中也批評「個人的自由」如「散沙」而提倡國
家的自由，稱「到了國家能夠行動自由，中國便是強盛的國家」。[26]在帝國主義的
外敵面前，國家優先於於個人，同時在國內與特權統治階級的皇權對立，為了打倒
皇權將個人匯總為「總體」。個人的這種集合不是不同的他者相互承認、基於人的
複數性的公共性社會和國家，而是作為個人被匿名化、個性被消滅、被均質化後的
全體性的「總體」。之後，它又進一步被概念化為「革命群眾」、「人民」。[27]可
以看到，傳統中國的人生觀、秩序觀想像著君子完美的內部世界穿越他者的身體，
滲透進他們的內部世界，通過消除自己和他者的不同實現均質的整體，這一想像延
續至此。朱子學、以及將這種觀念進一步徹底化了的陽明學[28]也起到了呼應近代的
作用。傳統中國的均質整體這一特徵與全球史意義上 20 世紀型態的國家化的動向
合流後進一步加速，在 20 世紀末的中國成為了現實。

　　此外，君子的內部世界推及到他人內部世界的邏輯也為權力（領導人）介入個
人的內部世界，亦即思想統制，提供了方便。過去雖然有這樣的理念，但這種對內
部世界的介入在現實中是不可能實現的。然而由於近代科技的發展，對個人內部世
界的管理和統治變得可能。這個意義上，朱子和王陽明的理想在 20 世紀的中國相
當程度上得以實現。如果仿照漢娜·鄂蘭將盧梭視為極權主義的起源之一的說法，

---

[24] 上村忠男就指出，20 世紀「全體主義國家」（卡爾·施米特）的出現「放棄了 19 世紀資產階級自由國家對社會保持中立並不介入的原則，變為試圖親自掌握一切社會性存在、親自實現社會的自我組織的國家，國家型態發生了極大變化」。氏著，《現代イタリアの思想を読む（解讀現代義大利思想）》（東京：平凡社ライブラリー，2009），頁 437。

[25] 陳天華，〈論中國宜改創民主政體〉，《中國近代思想家文庫　楊毓麟·陳天華·鄒容卷》。另外，這一文章原刊於第 1 節（3）中提及的、刊登了黃帝的肖像的《民報》第 1 號，以別號思黃刊載。

[26] 孫文《三民主義》第二講〈民權主義〉，《孫中山全集》第九卷（北京：中華書局，1986）。

[27] 「人民」的概念，參考了林少陽，《「修辭」という思想——章炳麟と漢字圈の言語論の批評理論（「修辭」的思想——章炳麟與漢字圈的語言論批評理論）》（東京：白澤社，2009）。

[28] 朱子也設想了現實中存在不能自我覺醒的「小人」並試圖排除之，事實上是承認了他者。但王陽明的「良知」中不存在這種「危險的小人」。可以說在缺乏他者性這一點上，陽明學更為徹底。參考中島隆博《惡的哲學——中國哲學的想像力（惡的哲學——中國哲學的想像力）》（東京：筑摩書房，2012），頁 40-47。

也可以認為 20 世紀中國社會主義的起源之一正是從朱子學到陽明學所展開的宋明理學。[29]

（三）人格高尚者統治的動向

在圖 3 的第 III 象限內，20 世紀的重組是權力徹底地作用於末端的重組，它是為完成「救亡」、「救國」課題的有效選擇。但其代價是，末端的活力被削弱，導致了 1970 年代經濟發展停滯的問題。接著，經濟的停滯和貧困又招致可能亡國的事態。在此期間，在內戰中失敗的台灣卻在獨裁的背景下開始了經濟發展，比在戰爭獲勝的大陸要富足。因此為了應對新的「救亡」的課題，中國提出了改革開放這一起死回生的策略，「放權讓利」，即放寬對末端的管理和掌控，刺激個人的欲望，向市場經濟轉型。19 世紀後期以來，跨越近代的百餘年時間內一直處於右方象限（II、III）發展的、權力積極從中央向末端運作的手段，在改革開放政策下，一定程度上在第 III 象限內向左折返了。

但是問題在於，政治權力放鬆控制從結果上提高末端的自由度的做法，僅是促進了生產力發展，這種自由是國家允許下的自由。在邏輯上，這與天賦的自由權是不同的。決定放寬權力束縛的，是擁有優秀人才、指導國家的先鋒的共產黨。

可以說，改革開放下社會矛盾不斷激化的背景，引爆了這個問題，那就是 1989 年的民主化運動。當時，要求民主的學生和知識人的訴求中，批判人治、要求實現法治也十分受到矚目。他們主張的是，不因為是由優秀的領導人、卓越的先鋒黨做出的判斷就是「正確」的，而是應當由約束這些判斷的法和制度來保障「正確性」。

實際上，通過法律和制度約束權力的討論並非此時才首次出現。1940 年代，在人民共和國成立前夕有關憲政的討論中就被多次提及。例如，費孝通將傳統中國的專制政治中起到保持平衡作用的機制形容為「雙軌政治」。[30]他論述稱，傳統中國的專制政治中，代表皇帝權力的官僚是上意下達地執行政策的官方軌道，另一方面，皇帝的權力又存在無為主義的思考方式，另外還存在著在村民中享有聲望的鄉

---

[29] 丸山真男也曾就盧梭的人民觀與獨裁之間有較高關聯性談到與「德的統治」的關連。「盧梭的『人民』觀念被置於現實政治過程之中，就會設定出代表人民一體性的人格類型，不滿足此條件的單純的經濟人則被其區別開來（citoyen 與普通的人，共產主義人和普通的人）。這種人格類型在抽象的層面具有意義，但它終究會與具體的個人或團體結合。從中就很可能產生對這種政治公民集團的普通的人的『獨裁』（德的統治，科學的統治）」。《丸山真男講義錄〔第三冊〕政治學 1960》（東京：東京大學出版會，1998），頁 200-201。

[30] 費孝通《鄉土中國》（上海：觀察社，1947）；《再論雙軌政治》，砂山幸雄等編，《原典中國近代思想史》第 7 卷《世界冷戰のなかの選擇（世界冷戰中的選擇）》（東京：岩波書店，2011）。

紳向權力下情上達地傳遞社會的意向的非官方軌道，兩者保持著平衡。但自1930年代實施保甲制度以來，二者的平衡被破壞，上情下達的官方軌道得到強化，而鄉紳的非官方軌道被排除。因此，費孝通主張應當更積極地加強下意上達的軌道，「加強自下而上的政治軌道來防止權力的濫用」，那就是民主和憲法。

費孝通承認，在現代社會也需要權力在社會末端起到細密作用，也就是說他的討論是承認第 III 象限的展開的。但是他認為有必要通過民主和憲法自下而上地限制權力的濫用。這種觀點是自下而上地限制權力，並參與這種限制的「參與權力的自由」。然而，這種主張積極自由的觀點在中華人民共和國誕生後被封印了。結果是，自下而上的、積極地作用於權力，顯示限制權力的座標軸沒能出現，圖 3 就處在平面上，沒有新的展開。

另一方面，胡適在 1930 年代從個人主義的立場將當時中國的思潮稱為「集體主義（Collectivism）」，認為這將「發展為民族主義運動、共產革命運動，均呈現出反個人主義的傾向」，[31]對這種第 III 象限權力的強烈磁場表示不滿，標榜「遠離權力的自由」。胡適的這一立場在抗日戰爭之後也一以貫之。[32]胡適的立場可放入第 IV 象限中。

可以說，圖 3 展示了 20 世紀中國走過的主要足跡，反映了 20 世紀「中國由於將國家主義、民族主義等 Nationalism 的邏輯置於優先地位，扭曲了憲政的意義」[33]的動向。這個意義上，顯示了此圖中未能表現的問題，該圖呈現出其局限性的瞬間即是 1989 年的民主化運動。如果在 20 世紀中國走過的足跡之外，要思考 20 世紀中國所產生的討論的可能性，就必須在反映從上到下的權力的作用這一左右座標軸之外，再加入一個從下到上的參與權力、限制權力的座標軸，將圖 3 立體化。1989 年的民主化運動顯示出了這一必要性。而問題是如何將其立體化。

（四）談傳統的方式──代結語

傳統中國「均質的整體」這一秩序特徵在 20 世紀的時代環境中進一步增強，對此，胡適從遠離權力的消極自由角度展開批評。另一方面，1940 年代的費孝通和 1989 年的民主化運動則是主張積極參與權力的自由，呼籲以符合 20 世紀應有秩序

---

[31] 日記 1933 年 12 月 22 日，《胡適全集》第 32 卷（合肥：安徽教育出版社，2003），頁 244。歐陽哲生已在〈胡適在不同時期對「五四」的評價〉，《二十一世紀》34（香港：1996）中指出這一點。

[32] 例如 1948 年 9 月發表的〈自由主義〉，《原典中國近代思想史》第 7 卷。

[33] 中村元哉〈中華民国憲法制定史──仁政から憲政への転換の試み（中華民國憲法制定史──從仁政到憲政轉換的嘗試）〉〉，《中國──社會與文化》30（東京：2015）。

的憲政法治來取代傳統中國的「無為而治」、「人格高尚者的統治」。他們顯示了有必要在圖 3 中再加上一個座標軸，使之立體化並展示其可能性。

　　以上的思考是將 20 世紀中國的秩序問題放在歷史的脈絡中與傳統相關聯而進行的討論，與此不同，進入本世紀後，中國國內近年關於傳統的討論似有輕易地利用傳統的傾向。在政治和軍事上均成為大國的現狀下，喚醒當年主宰中華世界的大國的記憶，以這種記憶作為大國行動根據的傾向變得顯著。這一傾向將清朝的統合作為多民族共存的成功案例加以稱讚，將過去被作為「封建」而否定的朝貢體系予以正面評價，在表面上模仿當年的傳統，直接將其理解為大國應有的姿態。如果仔細解讀史料留下的文脈便可清楚地了解，朝貢體制在中國王朝的考量之外，還包含了其他周邊各國的考量，它是在雙方的考量相互抗衡之中成立的秩序。[34]對傳統的理解不能停留於簡單地描繪史料的表層，而應當將史料放在其所記述的場域中進行仔細解讀，想像史料當時的語境，理解其中所包含的可能性和局限性。

---

[34] 茂木敏夫〈「冊封・朝貢」の語られる場〉便是以此種觀點對當下關於中華世界的討論展開的批判性分析。

第十二章
扎木察拉諾描繪的蒙古近代空間

井上治

（王莞晗 譯）

一、前言

　　蒙古年代記是研究蒙古史的重要史料群之一。在此研究的必讀文獻中，布里亞特人策本・扎木察拉諾維奇・扎木察拉諾（Tsyben Zhamtsaranovich Zhamtsarano. 1881-1942）[1]撰寫的《17 世紀的蒙古年代記》〔Zhamtsarano 1936〕是這項研究的必讀文獻之一。

　　也許是因為扎木察拉諾是 1942 年被視為蘇聯政治犯而死於獄中的人物，一方面他的學術成果在蘇聯、蒙古及西方各國被陸續出版而廣為人知，另一方面直至 1990 年代，他的個人行動經歷和思想相關的資料也幾乎沒得到公開。1956 年得到名譽恢復後，美國的 Rupen 利用當時流傳到西方的資訊和資料，出版了評傳和業績目錄〔Rupen 1956〕，1959 年蒙古的 Rinčen 製作了列寧格勒東洋學研究所所藏的扎木察拉諾資料表，並發表在西方學術雜誌上〔Rinčen 1959〕。1961 年以後，布里亞特也召開了相關學會，出現了使用檔案資料的研究，扎木察拉諾研究有了新的展開。在日本，1973 年田中克彥運用當時可以使用的史料撰寫了評傳〔田中 1990：174-211〕。進入 1990 年代後，Buraev、Dorzhiev、Garmoev、Njamaa、Vanchikova and Enkhtur 等人進行的有關扎木察拉諾的民俗學研究和啟蒙知識份子活動的論考，及其收集俄羅斯、蒙古、布里亞特的扎木察拉諾相關檔案目錄的論文集〔Najdakov 1991〕得到了刊行，還出版了使用檔案資料所著的評傳類和論著目錄等〔Tsibikov and Chimitdorzhiev 1997、Reshetov 1998a、Reshetov 1998b、Ulymzhiev and Tsetsegma 1999、Tsetsegmaa 2008、Vanchikova and Ajusheeva 2010、Tsetsegmaa 2011、Narantujaa

---

[1] 蒙古語中的讀法是 Zhamstrangijn Tsevenen。本文除了引用的原文外，採用國際上固定的俄語稱呼「扎木察拉諾」。

2011〕。此外，他在聖彼得堡時代的田野筆記也得到了出版〔Zhamtsarano 2001、Zhamtsarano 2011、Zhamsrangijn 2014〕。

在一系列的刊物中，最重要的莫過於已相當稀少的舊出版物和手稿，以及收錄了未出版的交換書簡的兩本選集〔選集 1＝Idshinnorov 1997、選集 2＝Idshinnorov 2000〕。在選集中，傳統的蒙古文字底本被轉換成基里爾文字時有一定問題，文字轉換錯誤、排版出現的錯字、漏字等隨處可見。雖然最理想的應是使用原本或其影印本，但本文使用的選集所收錄的著作中，發行過原始底本的相當有限，目前的閱讀條件也十分不佳。因此，本文不得已使用了選集所收的文本，但幸運的是，在以下考察中沒有受到該轉印文本問題的影響。

選集所收的著作中，作者是根據一定的目的而展開他的主張，所以我們從中能夠理解出著作中所包含的扎木察拉諾的目的和主張。結合本項目的主題「東北亞近代空間的形成及影響」，筆者力圖在扎木察拉諾的這些著作中解讀「蒙古（包含了蒙古的東北亞）近代空間的形成」，探明他試圖創造出怎樣的近代空間。

二、扎木察拉諾簡歷

為了導入本文第三節以後的考察，這裡將對扎木察拉諾的生涯，通過總結1990年代末以後檔案資料的先行研究進行概觀〔Tsibikov and Chimitdorzhiev 1997、Reshetov 1998a、Ulymzhiev and Tsetsegma 1999、Vanchikova and Ajusheeva 2010: 4-17、Tsetsegmaa 2008、Badamzhav 2011、Tsetsegmaa 2011、Zhamsrangijn 2014: 14-49〕。另外，下面涉及的扎木察拉諾著作中，畫有底線的將在本文第三節以後進行討論。

扎木察拉諾於 1881 年出生在後貝加爾地區的阿嘎草原。他是使用蒙古系語言的布里亞特霍里人[2]。從成年後的 1903 年開始，他在聖彼得堡帝國大學學習東洋學、哲學、法學、語言學後，一邊在聖彼得堡帝國大學擔任講師，一邊赴伊爾庫茨克州、蒙古、後貝加爾、內蒙古等地進行調查，記錄了口傳和當地的風俗習慣。

扎木察拉諾學習歐洲先進學問與知識之地的聖彼得堡是他的祖國首都。布里亞特人群體在 17 世紀末到 18 世紀期間被東征的俄羅斯帝國吞併，大部分布里亞特人當今屬於俄羅斯共和國或俄羅斯聯邦。19 世紀的霍里・布里亞特的舊知識份子，同

---

[2]　扎木察拉諾在田野筆記〔Zhamtsarano 2001、Zhamtsarano 2011、Zhamsrangijn2014〕中稱自己是霍里氏族的布里亞特人（霍里・布里亞特人）或是阿嘎氏族的布里亞特人（阿嘎・布里亞特人）。因為阿嘎是從霍里分離出來的氏族集團，所以兩個稱呼都沒有錯誤。

時也是在俄羅斯帝國時期統治霍里・布里亞特人的貴族，在 1863 年所著的史書中記載了霍里人通過與俄羅斯帝國的接觸所受到的影響。其內容可以總結為以下 12 項：

（1）霍里人依靠俄羅斯沙皇阿列克謝・米哈伊洛維奇（於 1645 年－1676 年在位——筆者補）的「寵愛」，成為了涅爾琴斯克管區的屬民。

（2）皇帝彼得一世出於「恩愛」，禁止了居住在布里亞特人附近的俄羅斯人的粗暴和狼藉，指定了霍里人的居住地。

（3）俄羅斯帝國對霍里人的居住地進行調查時（1705 年），由於本史書作者的祖先進行了協助，子子孫孫都受到了俄國皇帝的厚遇。

（4）在布連斯奇條約（1727 年）中，俄羅斯帝國與清之間的一部分國境被劃定在布里亞特人的居住地上。

（5）為上述邊境劃定做出貢獻的霍里人貴族被俄羅斯皇帝任命為霍里人的最高統治者。

（6）俄羅斯皇帝授給霍里人軍旗（1727 年），作為非正規兵編入俄羅斯帝國軍（1837 年）。

（7）稅收由實物繳納改革為貨幣繳納（1763 年）。

（8）為了防禦低溫災害，俄羅斯皇帝在霍里人之間普及了農業，他們的生活從「狩獵和畜牧」轉為「農業和畜牧」（1790 年代）。

（9）霍里人中出現了俄羅斯正教徒（18 世紀末）。

（10）　根據俄羅斯帝國的國策，大量俄羅斯人移居到霍里人居住地，導致霍里人移居到其他地方（18 世紀末）。

（11）　俄羅斯皇帝讓霍里人學習種痘（1808 年左右）。

（12）　由俄羅斯皇帝任命霍里人所信仰佛教的第一喇嘛（1741 年～）。

也就是說，霍里・布里亞特人在俄羅斯帝國統治者的恩惠下成為屬民（國民），統治者規定了他們的居住地並開展了土地調查，還根據國境劃定條約，霍里人的居住地成為了俄羅斯帝國國境內的領土，他們也成為了俄羅斯國民。成為俄羅斯帝國國民後，霍里人的最高統治者和最高宗教領導人變為由俄羅斯皇帝任命，同時，引進了從前不曾有的近代醫療技術，還被納入了以帝國的軍制和貨幣經濟滲透為前提的稅制中。隨著農業的普及，他們的生業形態開始發生了變化。另外，隨著霍里人中也開始出現正教徒及大量俄羅斯移民的流入等，霍里・布里亞特人被進一步納入到俄羅斯帝國，促進了他們的近代化和俄羅斯化〔井上 2018：190-201〕。

對受到俄羅斯影響後的布里亞特人的生活狀況，扎木察拉諾在聖彼得堡時代對故鄉阿嘎草原進行的田野調查筆記中記錄了如下實情。在過去的 10 年間，阿嘎・

布里亞特人的畜牧經濟減少了三分之一，富裕牧民擁有的牛從 300 頭減少到 175～
200 頭。原因是土地貧瘠，缺少灌溉。阿嘎・布里亞特人持有的土地面積不足以養
牛。農耕是絕對不可能的，人工耕作為灌溉耕地和在草原上植林需要掘井，因此需
要大筆資金。夏天的草原，牧草可以長高到大約 13 公分，可以餵養家畜，但是這
一年乾旱嚴重，沒有長草。由於連年乾旱不長草，因而沒有乾草餵養家畜，人工灌
溉的水源又被俄羅斯人入殖地和俄羅斯帝國設置的財務辦事所掠奪走。霍里人和阿
嘎人所擁有的水源只有河流，而俄羅斯人大規模搶佔了土地，布里亞特人深知靠著
一點點面積的土地是過不下去的〔Zhamtsarano 2001：220-221[3]〕。也就是說，俄羅
斯帝國對霍里・布里亞特人和阿嘎・布里亞特人的移民政策、土地政策、經濟政策
由於不適合他們的畜牧經濟，使他們的生活變得貧困。並且，與扎木察拉諾談話的
布里亞特人勞動者認為自己只是俄羅斯帝國高官們的剝削對象，他們無奈地稱：

> 我們只是俄羅斯大老們的奶牛。和我們養牛的方法一樣，如果擠不出奶，
> 他們就會把我們當成奴隸殺死。牛奶、牛奶，最後殺牛吃肉。已經太清楚
> 了〔Zhamtsarano 2001：221〕。

　　從以上可知，青年時期的扎木察拉諾顯然認為俄羅斯帝國對布里亞特的殖民統
治是不妥當的。
　　當時清朝正推行經濟和政治體制改革，實行促進近代化的「清末新政」運動，
這一改革同時還要在內蒙古與外蒙古推行（「對蒙新政策」），而這一地區當時正
遭受新興帝國主義國家日本和俄羅斯帝國的威脅。「對蒙新政策」大致包括了行政
機構和制度的改革，建立新式的軍隊和學校，以往被禁止的、漢人農民在蒙古開墾
草原的行動得到了允許，還廢除了迄今為止對喇嘛的優待政策等。清朝政府試圖讓
蒙古方面承擔其中的許多費用，遭到喀爾喀（外蒙古）王公的反對。再加上試圖對
蒙古人上下共同信仰的佛教聖職者實行不敬的政策，以及清朝政權已經被漢人官僚
掌握了實權的狀況，使喀爾喀（外蒙古）的「反清＝反漢」情緒高漲。1910 年，蒙
古地區的漢人活動限制被廢除了，對蒙新政策得到強行推行。1911 年 7 月，喀爾喀
佛教界的首領，被喀爾喀的蒙古人尊稱為「博克多（聖人）」的哲布尊丹巴八世活
佛和喀爾喀的王公等人召開了秘密會議，決定向俄羅斯帝國請求援助他們脫離清
朝，爭取獨立。這樣，「對蒙新政策」成為了蒙古獨立的導火索。以 1911 年 10 月

---

[3]　這裡的蒙語翻譯〔Zhamsrangijn 2014：225〕有部分脫落。

10 日辛亥革命爆發為契機，蒙古於 12 月宣布獨立，推戴了博克多為元首（博克多汗）〔Boldbaatar and Sanzhdorzh and Shirendev 2003：41－58、趙 2004：140-177〕。

扎木察拉諾離開了難以從俄羅斯帝國統治獲得政治獨立和文化自立的布里亞特，來到蒙古族人宣佈獨立的博克多汗政權下的蒙古，擔任庫倫（現烏蘭巴托）的俄羅斯帝國領事館顧問，博克多汗政權外務省顧問、省附屬學校教師，參與了蒙古第一所小學的設立。在外交方面，他從蒙古方面參與了俄蒙協定（1912 年 11 月）、俄中宣言（1913 年 11 月）、俄蒙中恰克圖三邊協定（1915 年 6 月）的簽定、見證了從獨立到被降級為自治、以及從中華民國收回內蒙古的希望落空等外交挫折。另外，他在啟蒙文化活動中也十分活躍，創辦了蒙古首個定期刊物和報紙，向蒙古人介紹了歐洲的先進科學和思想等。在博克多汗政權中，扎木察拉諾的文化學術活動中值得關注的是，扎木察拉諾收集了俄羅斯帝國於 1914 年製作的第一份蒙古地圖〔Kotvich 1914〕的一部分資料。這關係到下文第五節將涉及到的唐努烏梁海的歸屬問題：地圖上唐努烏梁海屬於中華民國境內，但是著色卻是代表俄羅斯帝國的淡綠色。因為這張俄羅斯制的蒙古地圖上標識的唐努烏梁海在中華民國境內，可知在 1914 年蒙古還沒有被承認從中華民國獨立出來，而與蒙古方面的糾紛之地唐努烏梁海卻被標示為俄羅斯帝國統治的領域〔Inoue 2014〕。如下文第五節所述，扎木察拉諾主張該地歸屬於蒙古，但實際上，他自己協助製作的俄羅斯制蒙古地圖卻與他自己的主張不同。這一點也許是俄羅斯帝國方面對他的背叛，也有可能是扎木察拉諾自身的失策，但是迄今為止還沒有發現扎木察拉諾的於此相關的言論。

1917 年，俄羅斯二月革命爆發後，他在布里亞特一邊參與社會革命活動，一邊在伊爾庫茨克大學執教。扎木察拉諾主張旨在統一廣大蒙古部族，建設脫離日本、中華民國、俄羅斯帝國或蘇俄影響的獨立國家，並參與了以此為目標的政治團體。企圖利用這種思想的反革命勢力人物謝苗諾夫，以集結更廣泛的蒙古部族建立「大蒙古國」為目標，於 1919 年在赤塔召開了大會。雖然扎木察拉諾被邀請擔任外交部長，但他沒有出席會議。

1919 年 10 月到庫倫就任的徐樹錚以武力逼迫取消自治，11 月，外蒙古的自治被廢除。扎木察拉諾於 1920 年移至第三國際遠東書記局蒙古、西藏部，並向為了外蒙古獨立越境而來的向蘇俄請求援助的蒙古革命家們提供了幫助。這時候，謝苗諾夫部下的溫琴率領白軍進入蒙古，1921 年 2 月驅逐中華民國軍隊入城後，22 日恢復了外蒙古的自治。扎木察拉諾和蒙古的革命家們從 3 月 1 日開始在特洛伊茨科薩夫斯克召開集會（蒙古人民黨第一屆黨大會），結成蒙古人民黨，建立了臨時人民政府。此時，扎木察拉諾起草了蒙古人民黨綱領《面向大眾的蒙古人民黨宣言》

（也被稱為《蒙古人民黨追求的十項》）。在此之前的同年 2 月蒙古人民義勇軍擊敗了恰克圖一帶的中華民國軍和溫琴的白軍，6 月與蘇維埃紅軍和遠東共和國軍一起解放了庫倫。這時，扎木察拉諾作為蒙古代表參加了共產國際第三屆大會。

解放庫倫後，7 月 11 日，以博克多汗為君主的立憲君主制人民政府（稱為人民革命或民族民主革命）成立了。扎木察拉諾被派往蒙古，兼任博克多汗政權內務省副大臣、典籍委員會研究總書記、憲法準備委員會委員、蒙古人民黨中央委員會委員、國家消費者工會委員、國家經濟評議會委員、國立銀行顧問等要職。

1924 年君主博克多汗去世，11 月 26 日社會主義國家蒙古人民共和國成立。這一年扎木察拉諾著有《國家的權利》，1926 年著有《革蒙古之地之天命行為的開始之略史》（以下除了特別必要時以外簡稱《革命略史》），還將當年秋季開始到第二年 1927 年春季在師範學校（ojuutny surguul，即「學生的學校」）所教的內容總結成了《蒙古國的地勢》一書。1927 年，他撰寫了一篇意味深長的文章〈蒙古革命青年同盟與佛教〉〔選集 1：32-34〕，主張在社會主義政權中不鎮壓佛教、寺院、喇嘛，而是在法律下進行管理。此外，從這一年到第二年的 1928 年，他還將在上述師範學校教授的內容總結成了《蒙古國史》。

但是，在 1928 年 10 月至 12 月的蒙古人民黨第七屆黨大會上，對當時扎木察拉諾等人的政權感到不滿的第三國際和蒙古人民黨左派，將他們認定為右翼傾向。政治上失勢的扎木察拉諾，此後直到 1932 年一直在典籍委員會從事研究。1930 年，他提出了《從人民扎木察朗‧策本到蒙古人民革命黨中央委員會》〔選集 1：35-48〕，申辯了自己的立場，並著有《蒙古國學術活動的意義》〔選集 1：52-56〕，向蒙古人民共和國提出組建學術研究部門。他還與弟子一起執筆了《蒙古的地勢》〔選集 1：57-74〕，介紹了地理學和人類學方面的研究史和現狀。

1932 年 5 月，扎木察拉諾被邀請到列寧格勒的蘇聯科學院東方學研究所，離開蒙古，直到 1937 年 8 月 11 日被捕為止，一直從事了研究工作。在研究生涯的最後階段，其撰寫的有關居住在蒙古人民共和國邊境附近的一些族群的民族誌《達爾哈德、庫蘇古爾湖的烏梁海、杜爾伯特、霍屯、厄魯特、明嘎特、扎哈沁、土爾扈特、和碩特、達里崗嘎、阿爾泰烏梁海、哈薩克、哈米尼干等的起源和現狀》（以下簡稱《民族誌》）於 1934 年在烏蘭巴托出版，還有對 17 世紀用蒙古語撰寫的年代記進行的文獻學研究《17 世紀的蒙古年代記》於 1936 年在列寧格勒得到了出版。

扎木察拉諾於 1942 年 5 月 14 日在奧倫堡州索利‧伊列茨克的監獄中死亡，直到 1956 年 12 月 8 日才恢復了名譽。

本文將從下一節開始，根據《國家的權利》、《革命略史》、《蒙古國的地

勢》、《蒙古國史》四部著作，按照上面設定的目的進行考察。這些著作都是扎木
察拉諾在 1921 年 3 月為蒙古人民黨第一屆大會起草《蒙古人民黨的宣言》之後到
1928 年底他政治失勢之前的期間撰寫的。在此之後的著作中，扎木察拉諾意識到自
身立場的變化，因此其中未免存在改變或隱匿以往主張的部分。因此，扎木察拉諾
的原有思考，可以從政治失勢之前的著作中更準確地讀出。從 4 部著作書名，我們
可以想像內容涉及了蒙古國的國家主權、革命史、地誌、古代・中世史。讓我們來
從這 4 本書中思考扎木察拉諾所構思的近代空間。

三、《國家的權利》

　　這部著作出版於 1924 年。他在著作的末尾說：「我謹遵蒙古國總理賽因・諾
顏・汗先生的命令，簡潔地闡明國內的各種權利（中略）。為了蒙古新國家的發
展！」〔選集 1：31，4-6〕。扎木察拉諾對新生的蒙古國在「國內的各種權利」方
面做出了簡要的說明[4]。他在序文中寫到：「在此扼要說明世界上大小眾多國家的
法律中的，總結處理統治之權利的事項、國外維護和發展權力・利益的事項、以及
國家主權與地方權力和與這兩個權力相關的事項」〔選集 1：17，3-7〕。這裡扎木
察拉諾明確了為今後的蒙古國介紹什麼是統治權，權力保護和發展的國外事例，國
家主權和地方權力以及這些相互關係的目的。

（一）國會

　　首先，扎木察拉諾就國會的起源作了如下說明。在古今大小國家中，有主權的
人們只顧追求自己的利益和名聲，不顧大眾的利益，直到大眾起義導致國家的不安
定，權力者才和各地的代表們開會討論各類國事，制定法律。由於人們理解了設置
這樣的國會可以使國家強大，所以出現了設置國會的國家〔選集 1：17，18-29〕，
這樣，廢除了單獨或少數當政者的統治向議會制國家過渡，形成了近代國家。
　　接著，對一院制和兩（二）院制、雙方制度的優點和缺點進行了說明，並例舉

---

[4]　田中認為：在恰克圖三國協定中與中俄交涉的扎木察拉諾論述道，民族獨立表現為即將建立的國家及其機
　　構，近代各國的議會制度，言論自由、無理由不能逮捕的權利、移民自由等，限制言論會削弱國家的力量〔
　　田中 1990：197－198〕。同樣田中還有 Tanaka Katsukhiko. "O sochinenij Ts. Zhamtsarano «Ulsyn erkhe»,
　　posvjashchennom pravitel'stbu Bogdo-khana." Ts. P. Vanchikova, D. V. Dashibalova, M. V. Ajusheeva (eds.), *Istorija,
　　istochnikovedenie, istoriografija, kul'tura i obrazovanie*. Ulan-Ude : Redaktsionno-izdatel'skij otdel BNTs SO RAN,
　　2008, 19-20. 但筆者未曾見過。

了當時的一院制和兩（二）院制國家。這些國家大部分都是扎木察拉諾著述中出現的20世紀初的君主立憲國。接著他簡明說明了上院議員的任命和下院議員的選舉、選舉權、被選舉權、選舉的實施方法、上院議員的特徵、上議院‧下議院的改選和時期、國會的會期、國會和對議員的尊重等〔選集 1：17，30-22，35〕。

接下來分為 16 項說明了開設國會的必要性和國會的權利與職能〔選集 1：22，36-25，6〕。在 16 個專案中，扎木察拉諾提出的國家的重要權利包括第一項《制定和廢除法律》、第二項《審議下一年的預算，如果需要予以補充修正》、第四項《審議與外國締結或今後締結的條約或條約草案》，第五項《審議修改憲法、印刷紙幣等重要事項》。這裡所涉及的都是扎木察拉諾認為作為國會權力必須包含的事項。從第五項中提到的「憲法」可以看出，扎木察拉諾構想的蒙古國家是立憲制的國家。

接下來值得注意的是，他在第八項中寫到國會通過的法律是在君主的裁決下施行的，君主不能制定和實施沒有得到國會通過的法律。又在第九項中寫道：「若國會對政治和君主造成危害，由敕命解散」〔選集 1：23，34-24，8〕。這兩項都提到了國會和君主的相互關係，便也可知扎木察拉諾在這個時候構想的是君主制國家，作為君主的大權之一，君主擁有國會解散權。

另外，第六項是「宗教是人們的根本，所有宗教、崇拜、傳教、寺院的建設、喇嘛、僧侶們的原則和目的等都應和國政分開，使之與國會無關，（後略）」〔選集 1：23，19-22〕。他提倡宗教、即蒙古人廣泛信仰的佛教應和政治的分離。

綜上可見，扎木察拉諾構想並提倡的蒙古國家是立足於議會制的君主立憲制的國家。

（二）領土、國土

扎木察拉諾接下來介紹的是「領土」（或「國土」）。他首先說道，原本「所謂國家，是指許多人共聚一地，自己統治自己而不服從於其他權利，內外大小各事全部由自己佔據而獨立的名稱」〔選集 1：25，9-12〕。也就是說，國家定義為許多人擁有存在著的一定的土地，擁有自我統治權，決定國內事務和外交事務，處於獨立狀態。而且，對於這樣定義的國家，他寫道「沒有土地就沒有國家。國家滅亡了，國土就沒有了。國土是自我佔有、自定為國家的一個明確的象徵」〔選集 1：25，12-14〕。他認為獨立國家與國土、領土具有不可分的關係，「應在國家領土上完全行使國家主權的佔有，如果對該領土不能完全行使國家主權，或者被其他國家佔領了這樣的權利，國家就沒有完全自主獨立」〔選集 1：25，15-19〕。在這一部分，國家完全自主獨立是指國家主權完全行使於領土上的狀態。因此，他寫道：

「所有國家的政府都努力佔有、行使國家主權，無論發生什麼事情都不被他人奪走，堅守國家領土」〔選集 1：25，19-22〕，教導一國政府要在領土上行使主權，不能為他國所剝奪。

扎木察拉諾在這裡記載的「領土」的概念，具有國家獨立之意，但並沒有明確現在或未來蒙古國家「領土」的地理所在。這一點將在下文第五節《蒙古國的地勢》中進行說明。

（三）國家主權

扎木察拉諾所闡述的是與領土、國土相關聯的「主權」。首先扎木察拉諾說：「所謂國家主權，就是治理國家、管理國家、保衛國家、代表國家、與外界有關等各種權利」〔選集 1：25，25-27〕。那麼，這些權利屬於什麼／誰呢？對此扎木察拉諾表示，「君主的權利與國家的主權基本一致」〔選集 1：25，28-29〕，提出了君主主權。

扎木察拉諾認為的大權，是對國會通過的法律進行裁定、任命大臣和官員、統帥軍隊、依法下達敕令應對事件、規定度量衡和貨幣、對外代表本國、宣佈召開國會和解散國會、赦免，授予品級、稱號、勳章等事項〔選集 1：25，30-37〕。另一方面還稱「君主雖然擁有很大的權利，但不得故意違反法律，對國家造成的危害」〔選集 1：25，39-41〕，認為即使是君主也應該受到法律的限制。

接著他敘述了地方自治的權利。也就是說，通過眾議選出官員，行使地方權利的相關事宜，例如稅收的均分、站務設置、教育、醫療、防疫對策、狼的驅除、資源保全、火災預防、傳統生活道德的養育、收支的監察等，並且都要進行協商〔選集 1：27，23-36〕。而且，國家不能非法鎮壓控制地方的權利，應該尊重地方的自治權，但是為了不違反國家的法律和與大權對立，中央可派遣官員到地方進行監察，如果國家和地方的權利關係產生矛盾可以在國會進行討論〔選集 1：28，9-17〕。

在這一部分，扎木察拉諾的主張有兩點，主權歸君主所有，但它必須受到法律的限制；國家應該尊重地方有自治的權利。

（四）國民的個人權利

他在最後說明的是「國民的個人權利」。扎木察拉諾提到，個人權利在現代世界很多強國的法律中得到尊重〔選集1：28，30-33〕。他將其分為12項進行解釋，還在一部分中列舉了以正當理由限制或終止權力的國外的相關事例〔選集 1：28，34-30，40〕。

這裡的 12 項介紹中，特別值得注意的是除了權利事項以外，還有扎木察拉諾

親自記載的部分。第一，禁止國家侵犯個人權利，個人權利應受到平等保護。第二，身體自由和安全的權利，逮捕・拘留的正當手續，迅速審判手續等。第三，住宅不可侵犯和令狀主義。第四，財產權不受侵犯，為公益而使用時應當給予正當的補償。第五，無正當理由不可入侵住宅。第六，保障言論自由和書信通信的秘密。第七，居住轉移自由和出國自由的權利。第八，思想、良心、言論、出版的自由權利，只要不損害公共福利就可以得到保障。第九，組織結社的自由權利，只要不損害公共福利就可以得到保障。第十，只要不引起騷亂，集會和言論自由就要得到保障。第十一，人有單獨或與他人聯名向政府通知事件的權利，即請求權。第十二，「人人都有隨意崇拜、遵守、說教、傳播宗教、教義的權利」，這是指「不能使用敵對有害的理論」，也就是說，只要不損害公共福利，信教的自由就會得到保障。

扎木察拉諾說，如果不壓制、禁止個人權利的發展，國家就會變得強大，而不尊重個人權利和利益而踐踏壓迫，導致民心動搖，政治混亂的事例也舉不勝舉〔選集 1：30，40-31，3〕。也就是說，他強調尊重人權對於安定、強大的國家建設是重要的，並以此結束了這篇著作。

國民的個人權利，即人權是近代憲法不可或缺的原理。從扎木察拉諾強調這一點可以看出，他構想並提倡的蒙古國是一個擁有憲法的近代國家。

（五）從《國家的權利》看蒙古國家

扎木察拉諾在《國家的權利》中所指出的蒙古國，是一個擁有保障人權的近代憲法的議會制君主立憲國，是君主在領土上擁有行使主權的獨立國家。

扎木察拉諾在青年時期通過俄羅斯帝國了解了歐洲近代國家的情況，掌握了近代知識。富有見聞和知識的扎木察拉諾走進了宣佈從清朝獨立的蒙古國博克多汗政權，他在現場見證了處於近代東北亞國際關係漩渦中的博克多汗政權，在中華民國和俄羅斯帝國的博弈中失去了獨立和自治。當時的總理那木囊蘇倫命令扎木察拉諾執筆撰寫《國家的權利》的時間尚不清楚，但其背景是蒙古國已經喪失了獨立和自治，並在 1921 年恢復了君主博克多汗，建立了人民政府的時代。

扎木察拉諾在人民政府成立第二年的 1922 年 5 月 19 日被任命為憲法準備委員會委員。在準備工作中，接到「簡潔地採用英國那樣國家的法律，按符合現在進行的統治狀況執筆即可」的指示，翻譯了英國、瑞典、比利時、荷蘭等憲法，確認到這些都可以當做範本[5]。第三國際方面認為這是要基於資本主義的自由主義思想來

---

[5] 扎木察拉諾相關文獻目錄中，可以看到翻譯歐洲各國憲法的資料的名稱。這是扎木察拉諾對歐洲各國憲法進

起草草案，便指示要部分採用蘇維埃憲法的形式，受此影響起草工作進展延遲，憲法準備委員會也被暫時廢除。1924 年 5 月，君主博克多汗去世後，通過邀請蘇聯法律專家，於 10 月再次組建了憲法準備委員會。扎木察拉諾再次被任命為委員，利用以往的工作成果，僅僅 3 周就完成了以蘇維埃憲法為範本的草案。該草案於第一屆國會期間的同年 11 月 26 日正式公佈，廢除君主制，成立了蒙古人民共和國〔Boldbaatar and Sanzhdorzh and Shirendev 2003：151-152、Dashdavaa and Kozlov 1996：79〕。尚不清楚扎木察拉諾是否在憲法準備工作的同一時間，即 1924 年執筆了《國家的權利》，但在前面劃線的「以往的工作成果」之中肯定包含了《國家的權利》的知識。實際上，與 1924 年憲法的內容相比，兩者之間最大的區別在於，《國家的權利》只是主張了主權在君，而 1924 年憲法規定主權在民。《國家的權利》提出的事項幾乎都被納入了 1924 年憲法之中。扎木察拉諾在《國家的權利》中描述的蒙古國家構想在 1924 年憲法中基本上得以體現。

四、《革蒙古之地之天命行為的開始之略史》（《革命略史》）

這本著作完成於 1926 年 5 月[6]。扎木察拉諾在著作的開頭主張，由統稱為諾顏（Ноён）的顯貴紳士、高級官員以及喇嘛掌管政治的前政權被稱為自治政權，它是將哲布尊丹巴活佛擁戴為具有無限制權力的君主博克多汗的獨裁政權〔選集 2：152，4-9〕。他說在這個政權時期，清朝的身份制度基本上得以被保存下來，被稱為「扎薩克」的清代蒙古地區的行政區「旗」之長、活佛、高級官僚、被稱為台吉的名門貴族和上層階級，與由平民構成的下層階級之間存在著矛盾〔選集 2：152，10-20〕。

對此，他認為上層階級享有特權，享受自由，領導政治和群眾，而下層階層沒有自由，經常被壓迫剝削，掙扎在擔負勞役和貢役的困難中。共戴 9 年到 11 年（1919-1921），繼徐樹錚軍之後，溫琴率領的白軍入侵蒙古，上層階級不顧國難，只知要求稱號、官職和實利，即使政權滅亡，他們也要繼續剝削下層人民，指望中華民國政府能給予功勳和俸祿。沒有人為了政權而犧牲生命和財產並關心群眾的利益。雖然有一小部分人開始思考怎樣在政權不滅的情況下保護國家的方法，但他們的目標僅在於上級階層的利益和特權不受侵害的情況下試圖獲得支援〔選集

行了比較研究的證據〔Tsetsegmaa 2008：59-60、Tsetsegmaa 2011：46-47〕。

[6] Lonzhid 也發表了《革命略史》的西里爾文字書寫的蒙古語文本〔Lonzhid 1990〕。出版年月遵循了這個見解。

2：152，21-153，12〕。扎木察拉諾批判了階級之間的矛盾、上層階級比起國家的獨立更優先考慮自己的利益、剝削下層階級、倒向不承認蒙古獨立的中華民國的行為。接下來，扎木察拉諾批判性地敘述了下列事實。1911 年末蒙古宣布獨立後，在第二年分別通知了俄羅斯帝國、法國、英國、德國、美國、日本等國，但未被理睬。1912 年俄羅斯帝國終於開始行動，將蒙古的獨立宣言降格為自治宣言，蒙古方面對締結承認俄羅斯帝國經濟權益的俄蒙協定表示不滿，在同年末將外交使節送往俄羅斯帝國的聖彼得堡，開展與各國間的外交活動。從此，在恰克圖三國協定的夾縫中，1915 年陳籙、1917 年陳毅、1919 年徐樹錚從宗主國中華民國赴任至庫倫，為了在蒙古廢除自治，對蒙古的上層階級實行了懷柔政策，並確實有蒙古人被懷柔了〔選集 2：153，13-154，18〕。

接著扎木察拉諾簡要敘述了在蒙古人民共和國時代定式化了的、廢除自治後的歷史內容，即領事館丘派和東庫倫派的結成與合併，蒙古人民黨的建立，7 名代表前往蘇俄和在當地的活動，召開蒙古人民黨（第一屆）黨大會及蒙古人民黨綱領的採納，蒙古人民黨中央委員會的設置、蒙古人民義勇軍的組成、以及繼臨時人民政府建立之後人民政府的成立〔選集 2：154，19-156，17〕。

扎木察拉諾在這部著作的最後寫道：「這就是為了讓我們蒙古國走上人民擁有權利的光輝之路，直接踏上改變天命之路，獨立地建立了人民政府的歷史〔選集 2：156，15－17〕」。他明確指出，廢除有階級矛盾的君主獨裁舊政權，建立人民政府是為了建立人民主權的蒙古國。這說明了成立蒙古人民共和國的正當且最直接的理由。

五、《蒙古國的地勢》

扎木察拉諾在該著作的序文中寫到，「因為在培養小學教師的師範學校裡，教授蒙古國地勢時沒有相關的參考書籍，所以將 16 年秋季到 17 年春季（1926 年秋至1927 年春——筆者）教授了的知識簡單地寫了下來」〔選集 2：108，5-9〕。扎木察拉諾在這部 21 章的著作中，介紹了蒙古國的國境，居住在國境內的居民即國民，和居住在國境外的非居民，即其他國民的蒙古民族。還有國民的人口，國內山岳‧河川‧湖沼等的地形、地質、動植物、具有特徵性的植被、氣候、產業（狩獵、畜牧、林業、農業、礦業）、風俗習慣、宗教信仰、貿易、預算和經濟營運。筆者認為這一考察中最重要的內容在於表示了被國境分割的「領土」和其中的「國民」這一點上。上面第三節之（二）中提到卻未作說明的「領土」，此處進行了闡述。下面，筆者將以「領土」和「國民」為重點進行考察。

　　扎木察拉諾標出國境線的大致位置，表明了蒙古國家的領土。在與蘇俄接壤的北部國境的西半部，可以看到國境線的 10 個地名，其中 7 處是出現在 1727 年被插入恰克圖條約中的布連斯奇條約內的〔選集 2：108，26-109，3、Battör and Mönkhtulga 2004：21〕。由於俄羅斯帝國 1914 年 4 月的干涉，根據布連斯奇條約將清朝政府領土的唐努烏梁海劃為其保護領地，1921 年 8 月在蘇俄的支援下成立了圖瓦人民共和國，因此記錄了以往的國境和領土變更的經過〔選集 2：109，4-8〕。扎木察拉諾承認的國境是簽定恰克圖條約時的，這本著作似乎是在控訴在俄羅斯帝國和蘇俄管控下不得不將國境進行變更的史實[7]。

　　如上所述，扎木察拉諾標出國境位置，敘述了其內側是蒙古國的固有領土，居住在該國境內側的「蒙古民族的國民」和居住國境外側的同一民族，即「蒙古民族的他國民」的存在，並對此作出以下說明。首先在第 12 章中，「作為國民的蒙古民族」由於氣候和土壤狀況的嚴峻，人口很少，大部分是由喀爾喀、杜爾伯特、察哈爾、布里亞特、達爾哈特等多個部落構成的蒙古人，也包括突厥系的霍屯、哈薩克、烏梁海等部族[8]〔選集 2：128，5-12〕。還在第 21 章中，對「蒙古民族的他國民」的起源進行了說明：自古以來，蒙古民族在擴張統治其他民族的過程中，也被其他民族同化〔選集 2：150，4-20〕。他列舉了近代居住在中華民國國內的內蒙古、青海、新疆的蒙古族的「盟」及其下位的「旗」及居住地區的名稱，還列舉了中華民國管轄下的西藏東北部安多地區和中華民國的一部分省中，也生活著失去了自己語言和思想的小集團蒙古人。在內蒙古東部，由於漢人大量流入並佔有土地，蒙古人的生活變得困難。因長時間和漢人混住，並在其統治下漢化。在內蒙古中西部漢人佔有土地的狀況在發展〔選集 2：150，21-151，24〕。另外，在俄羅斯帝國以來的俄羅斯的統治下，有一個被稱為布里亞特和土爾扈特或卡爾梅克的蒙古民族，與上述東部內蒙古三盟的蒙古人一樣，在俄羅斯的統治下失去了自己的風俗習慣和民族語言〔選集 2：151，24-32〕。綜上所述，扎木察拉諾說，有一條將國內外隔開的「國境」線，「國境」內側的「國民」中有著不同民族的人。即使是同一民族的人，只要在「國境」之外就屬於「他國民」的範疇。扎木察拉諾將「國境」外面的同民族的「異化」現象作為「他國民」的現象來說明，也可以理解為他試圖進一步明確蒙古「國民」的歷史與文化一體性的嘗試。

---

[7]　扎木察拉諾從人民政府成立前的 1921 年 6 月到 7 月作為蒙古代表參加了第三國際的第三屆大會，據說在莫斯科向蘇俄提出了將烏梁海合併到外蒙古的主張〔青木 2011：62〕。

[8]　《民族誌》中還記載了當時在蒙古國內由扎木察拉諾確認的約 30 個族群。

六、《蒙古國史》

在該著作末尾的記載中，有「將17年和18年（1927年～1928年——筆者注）在師範學校所教的內容簡略地寫了下來」〔選集 2：97，9-10〕的記述。著作的標題表明此書是「一國史」，那麼，扎木察拉諾到底想通過寫什麼來建立「一國史」呢？從這本著作的序言我們可以解讀到這部著作的寫成對新生蒙古國家所具有的意義。

扎木察拉諾的「一國史」構想在序文的末尾有明確的表現〔選集 2：9，1-22〕。首先他認為，「為了簡潔地研究蒙古的歷史，將其分成三部分，分別分成章、節進行研究」〔選集2：9，1-3〕。第 1 部分〔選集2：10-22〕是公元前2000年左右到公元 1000 年的蒙古勃興前的古代史，沿著時代順序記述了中國古代的五帝、夏、周代的匈奴國之前，匈奴國、室韋蒙古、原蒙古[9]、突厥國、回鶻國、契丹國和金國。第 2 部分〔選集 2：24-84〕講述了從成吉思汗到於 1368 年從現在的北京撤退後回歸到蒙古的妥懽帖睦爾為止的事蹟。這部分可以說是關於從蒙古勃興到元朝北遷的古代史的記述。第 3 部分〔選集2：85-96〕涉及到了妥懽帖睦爾以後的蒙古汗的統治和蒙古汗政權的滅亡、清朝統治時期、至蒙古獨立的活動和蒙古人民共和國的成立。這部分總共包含了從中世史到包括革命史的近現代史的內容。這三部都總結得非常簡練[10]。從結構上，我們可以讀出扎木察拉諾在「一國史」的著作中，按著歷史不間斷、不倒退的時間順序展開，並在上一節《蒙古國的地勢》中所描述的「國境」內，認為自古至今持續存在一個具有同一特徵「國民」組成的、共同體的「國家」。

那麼，看看扎木察拉諾在序言裡是怎麼說的。「比較全世界眾多國家的興亡史，我們蒙古的歷史同樣令人讚歎，不存在醜陋卑賤之處。因此在現代文明國家的中學和高中，蒙古歷史與其他國家的歷史一同被學習著」〔選集 2：6，2-7〕。扎木察拉諾的本意是，蒙古的歷史與全世界許多國家、主要由近代歐洲列強構成的「現代文明諸國家」的歷史是可以相比肩的。接著他認為，蒙古歷史不僅僅依賴於多語言的、長期的歷史記錄，古代史的敘述應基於出土物、碑石、貨幣等確

---

[9]　「原蒙古」（oor mongol）一詞並未被廣泛使用。扎木察拉諾曾引用「柔然汗國」作為「原蒙古」的例子。

[10]　例如在第 3 部的末尾，對蒙古的獨立宣言到自治的等級降低，經由廢除自治到恢復自治或人民政府成立的這段歷史，僅僅用 70 個左右的單詞進行了總結。

鑿證據的「史實」〔選集 2：6，11-27〕。可以想像，這一主張是為了藉助當時歐洲各國的歷史學利用的實證性和客觀性這一學術方法，以與歐洲學術界相通的方法論來構築「一國史」的努力。但是，他認為「單將蒙古國的歷史寫出是非常困難的」。這是因為蒙古人留下史籍等文字記錄的時間比較晚，很難找到「蒙古人自己撰寫的真實歷史」，只能根據與蒙古相關的各國史書來撰寫。而且一個人很難讀懂蒙古語以外的語言和文字史料，並且外加史書類散佈於全世界，珍本書、散佚書也很多，處於難以收集的狀況，不過如果是簡單的蒙古史的話，還是可以編寫的〔選集 2：6，28-7，16〕。

從扎木察拉諾認為很難找到「蒙古人自己所寫的真實歷史」，可以看出他心中理想的蒙古「一國史」，是使用了屬於本民族或共同體、本國民或本國家的語言文字——蒙古語、蒙古文字的記錄類來實證、並客觀構成的。扎木察拉諾說很難找到的「蒙古人自己所寫的真實歷史」之代表，如蒙古年代記那樣的「蒙古人自己寫的歷史」是存在的。例如《蒙古國史》跋文中的《蒙古源流》、著者不明的《黃金史綱》、衛拉特諸史書、戈拉登・協理著《寶貝念珠》、《大元國水晶念珠》、《水晶鑒》[11]〔選集 2：96，16-28〕等等。但是扎木察拉諾寫道：

> 其他史書也不在少數，在這裡不逐一列舉，在今後的某一個時間，分別進行對照和批判。把蒙古的歷史與更多的文獻和史籍進行比較、批判，看看有多少是事實〔選集 2：96，29-32〕。

類似蒙古年代記的很多其他史書，在今後顯示史料批判的結果。也就是說扎木察拉諾認為應通過將「蒙古的歷史」，即蒙古的史書與其他史料進行比較和批判，探求其中記載了多少歷史事實。對扎木察拉諾來說，蒙古年代記類還沒有完全成為「真正的歷史」。因此，用蒙古語（即民族共同體或國家的語言・文字）記錄類來實證且客觀地構成蒙古國「一國史」的理想，可以說在《蒙古國史》中還沒有得到充分實現。

扎木察拉諾在第 1 部分涉及的古代北方民族中，突厥系的突厥、回鶻、通古斯系的女真，在沒有進行足夠說明前是很難承認它們與蒙古民族具有直接的親緣關係，並將其包含在蒙古國家的「一國史」中。對於這個問題扎木察拉諾認為：「自古以來，蒙古民族的故鄉有阿爾泰、杭愛、肯特山脈，飲用的水有鄂嫩河、克爾倫河、土拉

---

[11] 關於這裡列舉的年代記，請參照 Perlee 1958：13-30，包文漢・喬吉 1994：20-177，森川 2007：143-432。

河、鄂爾渾河、色楞格河、貝加爾湖、安哥拉河、克穆河、克穆齊克河、尤爾蓋河等，南方是阿勒泰山脈和興安嶺之間的戈壁草原和黃河彎曲部等地」〔選集 2：7，16-21〕。扎木察拉諾所說的「蒙古民族的故鄉」大致位於下圖的線內。扎木察拉諾之所以在序文中提到這個範圍，是為了說明這才是「蒙古民族的原初地理空間」。

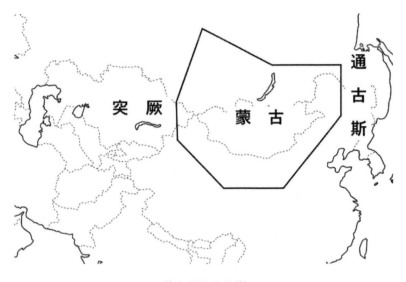

蒙古民族的故鄉

扎木察拉諾接著寫道：「中國史書記載公元前 2697 年驅逐葷粥（匈奴）至北方時，還沒有記載這裡是蒙古。確實當時還沒有出現蒙古這個名稱，但是北方的野蠻集團即北狄一定是蒙古民族」〔選集 2：7，21-27〕。雖然這個說法的根據不詳，但扎木察拉諾認為「葷粥」是匈奴的前身，包括匈奴在內的北方民族的總稱「北狄」是蒙古民族，主張道蒙古民族是歷史上最古老的北方民族延續下來的共同體。接下來，他認為「蒙古民族這個詞的意思不單單是指使用蒙古語的蒙古各集團，還必須加上自古具有同一起源的突厥和女真·滿洲（上圖中的「通古斯」──筆者注）的各集團」〔選集 2：7，27-31〕，提出了蒙古、突厥、通古斯系諸集團同源說。而且，這三個系在歷史上展開了其中一系勃興，兼併其他兩個系和華北而強大起來的歷史。扎木察拉諾指出，記載了這一點的中國史書，對同一民族使用了很多不同的名稱，以至於難以區分。強大的民族統治了其他弱小民族後，有時會將弱小民族的名稱寫在強勢民族的名稱之下，在講述優勢民族史的時候，其他民族的歷史必然會與優勢民族的歷史混在一起〔選集 2：7，31-8，22〕。也就是說，扎木

察拉諾在「蒙古民族的故鄉」中認為，關於古代北方各同源民族相互間的興亡史，中國史書對其歷史記述混亂、混雜，他便以此為由，將古代北方各民族的歷史統合為「蒙古國家的古代史」[12]。

　　本節可總結為，扎木察拉諾認為，在「故鄉」或「國境」、「領土」的境界和領域內，遵循著時間推移這個科學性，存在著一個由歷史上最古老的北方民族延續而來的蒙古民族和蒙古國民構成的共同體和國家，他試圖通過動員以傳統語言文字書寫的文獻史料，和歷史上與蒙古民族和蒙古國民相關連的、其他民族和國家的語言撰寫的文獻史料及出土物等，與近代歐洲列強的歷史學所創造的一國史一樣，為新生蒙古國家提供一部以科學的客觀性和學術的實證性構成的「蒙古國家的一國史」。

七、結束語

　　扎木察拉諾在青年時期體驗了蒙古系布里亞特人的民族危機。因此，他的《國家的權利》、《革命略史》、《蒙古國的地勢》和《蒙古國史》等著作的意圖，並不在於作為研究，通過引用歷史資料，表述分析過程，附上註釋來論證自己的意見。他寫下這些著作的目的，在於為了使蒙古人民不再遭遇同樣的危機和困難，最好的方法就是建設一個能與近代歐洲列強比肩的國民國家，因為這些列強已通過鴉片戰爭等侵略活動證明了他們足以壓倒中國的實力。他想告知當時的「蒙古國民」，由國境線劃定的「領土」，領土內擁有自太古以來被科學和客觀實證的歷史和共同固有特徵的「國民」，以及對領土與國民的統治予以正當化、具有不受外國干涉的、自主決定國內政策權利的「主權」，等等近代的國家概念。扎木察拉諾闡明「蒙古國家」和「蒙古國民」擁有自古長流的歷史。他顯示了遠大的願望，即要在位於近代東北亞一角的「蒙古民族的故鄉」，模仿近代歐洲列強，建設一個不被中華民國、俄羅斯帝國／蘇俄／蘇聯、日本等近鄰蹂躪的、被稱為國家的近代空間，這個國家具備了擁有固有歷史的國民與領土，以及統治他（它）們的主權。

---

[12] 最新的 2003 年版《蒙古國史》繼承了扎木察拉諾的蒙古古代史構想。第 1 卷〔Tseveendorzh 2003〕介紹了繼石器時代和青銅器石器時代之後，「在蒙古地區初期、中期建立的國家」有「匈奴帝國」、「鮮卑、慕容、拓跋諸國、烏桓」、「柔然國」、「突厥系諸汗國（突厥、回鶻、黠戛斯）」、「契丹帝國」，與講述成吉思汗相關蒙古人、民族歷史的第 2 卷相連。這樣的構想在 1924 年（扎木察拉諾當時在師範學校講授蒙古國史）出版的巴特奧其爾著《簡單記載蒙古國自古流傳下來的書》中也能夠看到〔Tachibana and Altanzajaa 2016〕。因為扎木察拉諾和巴特奧其爾都隸屬於典籍委員會，所以兩人很有可能共同擁有這樣的蒙古古代史的構想。

史料

選集 1 = Idshinnorov・S. 1997. *Zhamsrany Tseveen: Tüüver zokhioluud.* 1. Ulaanbaatar："Tana" kompanijn khevlekh üjldver.

選集 2 = Idshinnorov・S. 2000. *Zh. Tseveen：Tüüver zokhioluud.* 2. Ulaanbaatar：Mongol ündesnij tüükhijn muzej,「Ikh zasag」 Khuul' Züjn Deed Surguul'.

『國の権利』：*Ulsyn erkh.* In：選集 1, pp.17-31.

『モンゴルの地の天命を革める行いの始まりを起こしたことの略史』：*Mongol gazryn boshgyg khalakh javdlyn tulgar bosgosny tovch tüükh.* In：選集 2, pp.152-156.

『モンゴル国の地勢』：*Mongol ulsyn gazar orny bajdal.* In： 選集 2, pp.107-151.

『モンゴル国史』：*Mongol ulsyn tüükh.* In：選集 2, pp. 5-97.

『モンゴルの地勢』：*Mongol gazar orny bajdal.* In：選集 1, pp.57-74.

『ダルハド、フヴスグル湖のオリアンハイ、ドゥルヴド、ホトン、ウールド、ミャンガド、ザハチン、トルゴード、ホショード、ダリガンガ、アルタイのオリアンハイ、カザフ、ハムニガンらの出自・現況の記述』：*darqad . köbsügül nayur-un uriyangqai . dörbed . qotung . bayad . ögeled . mingyad . jaqačin . toryud . qošud . čaqar . dariyangy_a . altai-yin uriyangqai . qasay . qamniyan nar-un yarul ündüsü bayidal-un ögülel.* = Zhamtsarano, Ts. 1979. *Darkhad, khövsgöl nuuryn uriankhaj, dörvöd, khoton, bajad, ööld, mjangad, zakhchin, torguud, khoshuud, dar'ganga, altajn uriankhaj, khasag, khamnigan naryn garal ündes bajdlyn ögüülel.* In：選集 1, pp. 75-128.

參考文獻

Badamzhav, M. D. 2011. "Zhamtsarany Tseveenij tovch namtar." In: Narantujaa 2011：14-27.

Battör, Zh. and R.Mönkhtulga（eds.）2004. *1727 ony Oros-Chin ulsyn Buuryn geree.* Ulaanbaatar：[s. n.].

Boldbaatar, Zh. and M. Sanzhdorzh, B. Shirendev (eds.) 2003. *Mongol ulsyn tüükh.* Tavdugaar bot' (XX zuun). Ulaanbaatar：ADMON kompani.

Buraev, I. D. 1991. "Rukopisnyj fond Ts. Zhamtsarano v Arkhive vostokovedov LO IV AN SSSR." In: Najdakov 1991：55-63.

Dashdavaa, Ch. and V. P. Kozlov (eds.) 1996. *Komintern ba Mongol：barimtyn emkhetgel.* Ulaanbaatar：Mongol ulsyn arkhivyn khereg erkhlekh gazar.

Dorzhiev, D. D. 1991. "Tsyben Zhamtsaranogoj ug tukhaj." In: Najdakov 1991：156-161.

Garmaeva, Kh. Zh. 1991. "Fond Ts. Zhamtsarano Otdela pamjatnikov pis'mennosti Vostoka Instituta obshchestvennykh nauk BNTs SO AN SSSR." In: Najdakov 1991：67-73.

Kotvich, Vl. 1914. *Kratkii obzor istorii i sovremennago politicheskago polojeniya Mongolii.* S.Peterburg：Izdaniye O-va "Kartograficheskoe Zavadeniye A. Il'ina".

Inoue, O. 2014. "Materials Related to Mongolian Maps and Map Studies Kept at Prof. W. Kotwicz's Private Archive in Cracow." *Rocznik Orientalistyczny.* 67／1. pp. 116-150.

Lonzhid, Z. 1990. "«Zhamsran Tseveen, Mongol gazar boshgyg khalakh javdlyn tulgar bosgosny tovch tüükh» bichgijn tukhaj." *Tüükhijn sudlal.* XXV (14). pp. 152-156.

Najdakov, V. Ts. (ed.) 1991. *Tsyben Zhamtsarano：zhizn' i dejatel'nost'.* Ulan-Ude：Uchastok operativnoj poligrafii BNTs SO AN SSSR.

Narantujaa, Ch. (ed.) 2011. *Ikh sojon gegeerüülegch Zhamsrany Tseveen*. Ulaanbaatarkhot : Sansudaj.

Njamaa, A. 1991. "Zhamsrangijn Tseveenij üzel barimtlal, zütgel büteel." In: Najdakov 1991 : 14-28.

Perlee, Kh. 1958. *Mongolyn khuvisgalyn ömnökh üeijn tüükh bichlegijn asuudald*. Ulaanbaatar : Shinzhlekh ukhaan, deed bolovsrolyn khüreelengijn khevlel.

Reshetov, A. M. 1998a. "Nauka i politika v sud'be Ts. Zh. Zhamtsarano." *Orient*. 2-3. pp. 5-55.

Reshetov, A. M. 1998b. "Bibliografija osnovnykh trudov Ts. Zh. Zhamtsarano." *Orient*. 2-3. pp. 90-92.

Rinčen, Y. 1959. "L'héritage scientifique du Prof. Dr Žamcarano." *Central Asiatic Journal*. 4 (3). pp. 199-206.

Rupen, R. A. 1956. "Cyben Žamcaranovič Žamcarano (1880-?1940)." *Harvard Journal of Asiatic Studies*. Vol. 19 (1／2). pp. 126-145.

Tachibana, M. and L. Altanzajaa 2016. *Ch. Bat-Ochir. Mongol ulsyn ertnees ulamzhlan irsnijg tovchlon temdeglesen bichig*. Ulaanbaatar khot : Erdenezul KhKhK.

Tsetsegmaa, Zh. 2008. *Mongol orond Zhamsrangijn Tseveenij örnüülsen erdem shinzhilgee, sojon gegeerüülelt, nijgem-uls törijn üjl azhillagaa 1911-1931*. Ulaanbaatar khot : "ADMON" KhKhK.

Tsetsegmaa, Zh. 2011. *Suut erdemten Zhamsrangijn Tseveen*. Ulaanbaatar : "ADMON" KhKhK.

Tseveendorzh, D. 2003. *Mongol ulsyn tüükh*. Tergüün bot' (Nen ertnees XII zuuny dund üe). Ulaanbaatar : ADMON kompani.

Tsibikov, B. and Sh. Chimitdorzhiev 1997. *Tsyben Zhamtsarano*. Ulan-Ude : Izdatel'stvo BNTs SO PAN.

Ulymzhiev，D.B. and Zh. Tsetsegma 1999. *Tsyben Zhamtsarano : nauchnaja, prosvetitel'skaja i obshchestvenno-politicheskaja dejatel'nosti 'v Mongolii, 1911-1931 gg*. Ulan-Ude : Izdatel'stvo Burjatskogo gosuniversiteta.

Vanchikova, Ts. P. and D. Enkhtur 1991. "Materialyj Ts. Zhamtsarano v Gosudarstvennoj publichnoj biblioteke MIR." In: Najdakov 1991 : 64-66.

Vanchikova, Ts. P. and M. V. Ajusheeva 2010. *Opisanie lichnogo arkhiva Ts. Zh. Zhamtsarano*. Ulan-Ude : Izdatel'stvo BNTs SO RAN.

Zhamsrangijn, Ts. 2014. *Zhamsrangijn Tseveenij zamyn temdeglelüüd : 1903-1910 on*. Ulaanbaatar : Admon print.

Zhamtsarano, Ts. 1979. *Ethnography and Geography of the Darkhat and Other Mongolian Minorities*. (Publications of the Mongolia Society. Special papers, Issue 8.) Bloomington, Indiana : Mongolia Society.

Zhamtsarano, Ts. 2001. *Putevye dnevniki : 1903-1907 gg*. Ulan-Ude : Izdatel'stvo Buryatskij nauchnyj tsentr Sibirskogo otdelenija Rossijskoj akademii nauk.

Zhamtsarano, Ts. 2011. *Putevye dnevniki : 1903-1907 gg*. Ulan-Ude : Izdatel'stvo OAO «Respublikanskaja tipografija».

Zhamtsarano, Ts. Zh. 1936. *Mongol'skie letopisi XVII veka*. Moskva-Leningrad : Izdatel'stvo Akademii nauk SSSR.

青木雅浩，《モンゴル近現代史研究 1921～1924 年》，東京：早稲田大學出版部，2011。

包文漢・喬吉（編），《蒙文歷史文獻概述》，呼和浩特：內蒙古人民出版社，1994。

井上治，〈ブリヤート人歷史家の歷史記述—モンゴルとロシアの描寫を中心に—〉，《北東アジア研究》，第 29 號（濱田，2018），頁 183-203。

森川哲雄，《モンゴル年代記》，東京：白帝社，2007。

田中克彥，《草原の革命家たち：モンゴル独立への道》（增補改訂版），東京：中央公論社，1990。（初版、1973 年）

趙雲田，《清末新政研究：20 世紀初的中國邊疆》，哈爾濱：黑龍江教育出版社，2004。

第十三章
辭彙、戰爭與東亞的國族邊界：
「中國本部」概念的起源與變遷[1]

黃克武

一、前言：從華夷秩序到現代國際政治與國家邊界

　　二十世紀上半葉東亞國家疆域的形成與中日兩國在政治、軍事、外交方面的競爭、角力，以及國人對於何謂「中國」與「中華民族」，其領土範圍為何等問題的辯論有關。上述討論之中，涉及一個當時曾普遍使用、而如今已逐漸為人所淡忘的「中國本部」的概念。本文討論「中國本部」概念的起源、演變與衰微。「中國本部」與「邊疆」形成一對相互界定的概念，本部一詞的使用亦表示它與本部之外的「邊疆」有所區隔；本部意指中國人固有的領土（或稱「中土」、「漢地」，或廣義的「中原」等），而邊疆地區的「四夷」則有時加入中國、有時脫離中國。此一語彙內涵的變化涉及中國（包括歷史上和現在）含括的範圍為何？族群與地理的關係、本部之外的滿蒙疆藏等地或其他地方是否屬於中國？以及更根本的議題如民族是什麼？族群、民族與國家的關係為何？

　　中國本部一詞是從西文的 China Proper（包括相同意義的拉丁文、西班牙文、英文等）而來。此一辭彙問題的討論要放在傳統華夷秩序到現代國際政治、國家邊界的過程所引發的爭議來觀察。中國本部與邊疆（或屬領）概念的出現本來是西方學者為瞭解中國歷史、地理與政治統治而創造的辭彙，是配合中國傳統華夷秩序下「內地—本土」與藩部、四夷之地域觀與本身的族性地理觀（ethnic geography）而

1　筆者感謝兩位匿名審查人對本文之指正。本文是筆者參加中央研究院主題計畫「文化、歷史與國家形構：近代中國族群邊界與少數民族的建構歷程」分支計畫「近代中國民族主義的核心概念」的部分成果。有關二十世紀上半葉「中華民族」觀念的形成、演變及其與中日戰爭、中日文化交流的關係，參見黃克武，〈民族主義的再發現：抗戰時期中國朝野對「中華民族」的討論〉，中國社科院近代史研究所編，《近代史研究》，總 214 期（2016），頁 4-26。

發明的一個觀念；此一西文語彙又透過翻譯傳到日本，再傳到中國。近代以後在現代國家形成之際，日本人為解釋中華帝國疆域並合法化本身的疆域擴展，而將西方詞語 China Proper 翻譯為「支那本部」或「本部支那」。

此一辭彙原為描述性，隨後與日本具有帝國主義侵略野心的「滿蒙不屬於中國論」、「元清非中國論」等觀點相結合，用來解釋東亞的地緣政治。此一詞語在清末被翻譯入中文之後，又影響到辛亥革命之前革命派與改良派人士對「中國」範圍的認定，前者秉持漢人為中心的種族革命，國家領域較狹隘，而後者則主張族群融合，領域較寬廣。民國以後此一辭彙在中文世界變得十分普遍。1930 年代「中華民族」的意識在日人侵略下日益增強，開始有學者批評清末「種族革命」與民初「五族共和」的民族觀，亦批判日本帝國主義與日本的一些御用學者的觀點，執意打破中國本部與邊疆之分野，此一觀點又在國內引發有關「中華民族是一個」的爭議。「中國本部」與「邊疆」在近代史上的演變，一方面反映知識概念的跨國流轉，另一方面可以透露中日國族觀念的變遷與國家疆域之角力，以及國內族群與疆域的關係。

有關此一議題較重要的二手研究有四川大學陳波教授所發表的〈日本明治時代的中國本部觀念〉（2016）、〈中國本部概念的起源與建構──1550 年代至 1795 年〉（2017）兩文。[2]這兩篇文章修正、補充了過去對於此一概念的認識。[3]作者的主要貢獻是：第一、澄清西文文獻之中辭彙淵源，認為「『中國本部』是後世對西班牙文 la propia China、拉丁文 Sinae Propriae 和英文 China Proper 等辭彙的中文翻譯。它們於 16 至 18 世紀在歐洲起源，並逐步得以塑造、成型，其土壤是歐洲的血親專屬觀和族性地理觀」。第二、說明日本明治時期「支那本部」一詞乃翻譯自西文，以及該詞出現之後在日本學術界、思想界的變化。作者認為「至明治維新，受西方文獻的影響，始有支那本部等譯法，日本學者逐漸展布相關概念和分類體系，對以前所持的華夷秩序觀進行轉換，繼續建構日本中心主義的同時，對中國諸部重新分類，並逐漸突出『支那本部』即為『支那』的觀念。這為日本擴張主義者利用，成為其分裂中國的指導觀念」。第三、作者也討論到中國學者、政治家使用本部觀念的情況；他指出「1901 年梁啟超將日文的『支那本部』改為『中國本部』後，1910 年代至 1930 年代『中國本部』概念在中國使用得較為普遍」。[4]至 1939 年顧頡剛撰文強調此一觀念與日本帝國主

---

[2] 陳波，〈日本明治時代的中國本部觀念〉，《學術月刊》，2016 年第 7 期（上海），頁 157-173。陳波，〈中國本部概念的起源與建構──1550 年代至 1795 年〉，《學術月刊》，2017 年第 4 期（上海），頁 145-166。

[3] 例如該文修正了「維基百科」上的解釋。「China proper」（漢地），《維基百科》，https://en.wikipedia.org/wiki/China_proper（2019 年 11 月 20 日檢索）。

[4] 陳波，〈中國本部概念的起源與建構──1550 年代至 1795 年〉，頁 162。作者沒有注意到 1896 年在梁啟超

義野心之關連，而主張廢棄此一用語。第四、作者批評部分西方漢學家（新清史支持者有相同的想法）對此概念詮釋的謬誤。例如周錫瑞「論證清是如何在 20 世紀初變成 China；言下之意，清不是 China……他把大清視為『帝國』因此有本部之說」。[5]

　　陳波的分析增加了我們對「中國本部」辭彙的歷史的認識，他對新清史的批評也符合海峽兩岸學界的主流論述。然而有關中國本部的討論還有一些值得進一步分析之處，尤其是該辭彙進入中國的源頭，可以追溯到 1896 年《時務報》古城貞吉（1866-1949）所翻譯的《中國邊事論》，再者，中國本部一詞引發中國知識界辯論的思想史意涵亦可再做挖掘，本文擬在這些方面作進一步的分析。

二、從幾張地圖說起

　　有關近代東亞地理觀念的轉變與中國本部（日人稱為「支那本部」）觀念的出現可以從幾張地圖說起。第一個史料是為《清二京十八省疆域全圖》，此套地圖集由日人東條文左衛門（1795-1878，號琴台）於 1850 年（日本嘉永 3 年、清道光 30 年）所繪製。[6]該書中的兩幅圖可以反映 1850 年時一部分日本人的世界觀與中國在其中的角色。第一張為「華夷一統圖」，第二張為「二京十八省總圖」。這兩幅圖大致展現了 19 世紀中葉以中國為中心的華夷秩序，而所謂「皇國漢土（西洋人呼支那）」的地方主要是指「二京十八省」、「內地十八省」（參見下圖）。「二京十八省總圖」的說明部分表示「唐虞十二州，夏九州……元始為十二省，二十二路。明為二京十三省。清興定為二京十八省，以省統府，以府統州縣」，其中二京為京師和盛京（附吉林、黑龍江），而福建省則包括了台灣府（圖中標為「廈門」）。[7]作者也瞭解按照《清會典》，清朝除了內地二京十八省之外還有蒙古、喀爾喀、青海、西藏等夷地，以及附屬諸國，但是他認為這些地方對於日人「皆無裨益」，所以該書就不收錄了。由此可見此書編者認為清朝主要的領土是「內地十八省」、「二京十八省」。此亦可見 1850 年之時「本部」的觀念尚未出現。有趣的是此圖之中日本不在華夷秩序之內，與《華夷變態》、《中朝事實》等書日本自比華夏，而視清為蠻夷之觀點不同。[8]

　　主編的《時務報》上即有此一辭彙的出現。

[5]　陳波，〈中國本部概念的起源與建構——1550 年代至 1795 年〉，頁 164。

[6]　東條文左衛門，《清二京十八省疆域全圖》（出版資訊不詳，嘉永 3 年，1850 年）。

[7]　作者在圖中畫有三個離島，分別為「瓊州」、「香山」、「廈門」，應該分別指今日的海南、香港與台灣，屬於內地十八省。另「琉球」的顏色不同。

[8]　明朝滅亡後，有日本學者認為滿族統治下被「剃髮易服」的清代中國已淪為蠻夷，而日本才是「中華正統」

○華央一統總圖　斯圖所記位置諸書不同姑從廣輿記一統志等之所辭較彼此之短長諸家之得失覽者有能所識是正誤也
世之論疆域者皆以秦隋混一襄宇為大一統雖然不過九州之外五十里元
四履之遠亘古無比肩之者兒過陰山幹海踰嶺表火州西極流沙星宿東
朱吳知之也明中華始識摟西之諸國各有所記是為地理學之所與起也滿
宗所敕撰其徒若南懷仁
錄顧祖禹方輿紀要陸次

華夷一統圖

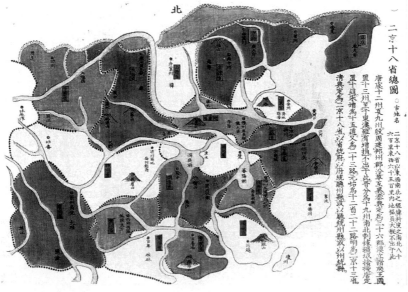

二京十八省總圖　○古垝名
二京十八省東南北之極縱斜度之南北八十
六百里東西六十五百里內地縱員大概不出乎正北
昔唐虞十二州夏九州殷周連郡分軍互異秦蒙典定
置十三州至兩漢輯郡增郡不出乎此晉分為九州省北朿線接投稷定
宜十道宋增為十五道又為二京十八省以府統州以州統
清典定為二京十八省以府統府以州統縣
以縣統鄉州郡縣設以藝統州縣設以州統轄
十三路元増為十二省三百二十二路明為十三布

二京十八省圖

─────────

和「中國」。1672 年林春勝、林信篤的《華夷變態》、1669 年山鹿素行的《中朝事實》都強調應當把「本朝」當作「中國」，而昔日之中原已是韃虜橫行之地，華夏已變成蠻夷。有關此時以日本為中心的華夷觀，並視中國為異國的分析，請參看 Ronald P. Toby, *State and Diplomacy in Early Modern Japan: Asia in the Development of the Tokugawa Bakufu* (Stanford: Stanford University Press), pp. 168-230.

　　第二個地圖史料是 1899 年孫中山所繪製之《支那現勢地圖》。該圖繪於 1899 年底之前，1900 年 2 月在香港，7 月在東京出版，由主張亞細亞主義的東邦協會發行。[9]此圖為套色印刷，為 73 釐米×73 釐米正方形，比例為 1：2,950,000。在繪製《支那現勢地圖》的過程中，孫中山不僅考察了清康熙時期來華天主教士所繪製的《十八省地圖》，同時參考了俄、德、英、法等國所繪製中國南北各省地圖和地文圖、地質圖、航海圖等專門地圖，以及在日本書刊中的統計資料。[10]孫中山在《手製支那現勢地圖識言》中表示：

> 邇來中國有志之士，感慨風雲，悲憤時局，憂山河之破碎，懼種族之淪亡，多欲發奮為雄，乘時報國，舍科第之辭章，而講治平之實學者矣。然實學之要，首在通曉輿圖，尤首在通曉本國之輿圖。……中國輿圖以俄人所測繪者為精審。蓋俄人早具蕭何之智，久已視此中華土地為彼囊中之物矣。故其考察支那之山川、險要、城郭、人民，較之他國輿地家尤為留意。近年俄京刊有中國東北七省圖及中國十八省圖，較之以前所有者，精粗懸絕矣。德國烈支多芬所測繪之北省地文、地質圖各十二幅，甚為精細。[11]法國殖民局本年所刊之南省圖，亦屬佳製。此圖從俄、德、法三圖及英人海圖輯繪而成，惟編幅所限，僅能撮取大要，精詳之作尚待分圖。至於道路、鐵路、江河、航路、山原高低，則從最近遊歷家所測繪各地專圖加入。其已割之岩疆、已分之鐵路，則用著色表明，以便覽者觸目驚心云。昔人詩曰：陰平窮寇非難禦，如此江山坐付人！擲筆不禁歎息久之。時在己亥冬節　孫文逸仙識[12]

　　該圖下方附有「支那國勢一斑」的一個表，上面列有中國面積及人口、十八省

---

[9]　有關東邦協會的歷史及其與孫中山的關係，參見安岡昭男，〈東邦協会についての基礎的研究〉，法政大学文学部編，《法政大学文学部紀要》，通号 22（東京，1976），頁 61-98。狹間直樹，〈初期アジア主義についての史的考察(5)第三章 亜細亜協会について,第四章 東邦協会について〉，《東亞》，卷 414（東京，2001），頁 66-75。朝井佐智子，〈日清戰爭開戰前夜の東邦協会：設立から 1894（明治 27）年 7 月までの活動を通して〉（愛知縣：愛知淑德大學博士論文，2013）。

[10]　有關孫中山繪製此一地圖時所參考的各種資料，參見武上真理子，〈地図にみる近代中国の現在と未来—『支那現勢地図』を例として〉，村上衛編，《近現代中国における社会経済制度の再編》（京都：京都大学人文科学研究所，2016），頁 329-367。

[11]　烈支多芬是德國人李希霍芬（Ferdinand von Richthofen, 1833-1905），他是一位旅行家、地理和地質學家、科學家，以提出絲綢之路而聞名。

[12]　孫中山，《手製支那現勢地圖識言》，秦孝儀編，《國父全集》（台北：國父全集編輯委員會，1989），冊 6，頁 548。

的範圍、二十四個省城（十八省之外還包括順天府、盛京省、吉林省、黑龍江省、西藏、新疆省，應為後版所補充）、外國互市場、重要物產等。其中面積及人口的分類為「支那本部」與「屬領」，後者包括滿州、蒙古、西藏與土耳機斯坦。由此可見清末之時，孫中山所認識的中國包括「支那本部」（亦稱「中國本部」）與四個屬領之地，合而為中國。此圖可視為清末革命者如何以現代國家邊界之理念來繪製中華帝國之「現勢」。

孫中山繪製《支那現勢地圖》

《支那現勢地圖》所附「支那國勢一斑」

　　從 1850 年東條文左衛門所繪製的地圖到 1899 年孫中山的地圖可以窺知「本部」觀念源於十九世紀的下半葉。20 世紀初「中國本部」一語進入中文世界後迅速傳播，根據顧頡剛的說法，至 1930 年代「中國本部……這個名詞可以說沒有一本地理教科書裡沒有，已經用得爛熟，大家覺得是天經地義了」，[13]而中國本部之外即是邊疆。中國本部一詞又與清末民初「五大民族」、「五族共和」的說法結合，「使得中國人……以為本部中住的人民是主要的一部分，本部以外又有若干部分的人民，他們就聯想即於滿、蒙、回、藏，以為這四個較大的民族佔有了從東北到西南的邊隅，此外再有若干小民族分佈在幾個大民族的境內，而五大民族之說以起」。[14]

　　二十世紀之時以「中國本部」之觀念來表示中國之領土在日本人所繪製的地圖之中也很流行。1908 年富山房《國民百科辭典》中配有「支那本部」彩色地圖。[15]1930 年代日本的地理書之中有許多幅「支那本部」的地圖。如 1930 年《開成館模範世界地圖》之中雖有「中華民國」的地圖，但又附了幾張「支那本部」的地圖，如鐵道圖、產業圖等，而滿蒙也單獨繪製了一張地圖。[16]

---

[13] 顧頡剛，〈「中國本部」一名亟應廢棄〉，收入《顧頡剛全集：寶樹園文存》（北京：中華書局，2011），卷 4，頁 88。

[14] 顧頡剛，〈中華民族是一個〉，收入《顧頡剛全集：寶樹園文存》，卷 4，頁 98。

[15] 富山房編輯局，《國民百科辭典》（東京：富山房，1908）。

[16] 東京開成館編輯所，《開成館模範世界地圖》（東京：開成館，1930）。

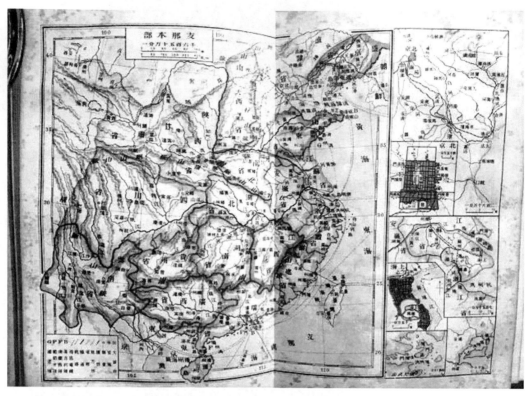

▲
富山房「支那本部」圖

▼
開成館「中華民國」圖

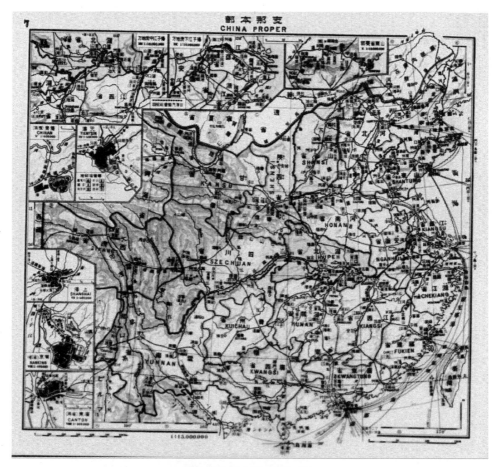

開成館「支那本部」圖

　　至 1940 年代日本侵華時期所繪製的地圖則更強烈地表現出帝國主義侵華之意
圖。如名取洋之助（1910-1962，著名攝影家，留學德國，為國家主義者）1940 年
所出版的《征服華中》（「中支を征く」）的攝影集之中有 404 張照片，24 張地
圖，其中「東亞要圖」之中，東三省被標為「滿洲國」；台灣、大連、朝鮮、庫頁
島南部與日本本土，則被標成同一種顏色（參見下圖）；蒙古、西藏、新疆等沒有
被納入中國的版圖。「支那全圖」之中，中國只包括「支那本部」。[17]

---

[17] 名取洋之助，《中支を征く》（東京：中支從軍記念寫真帖刊行會東京支部，1940）。

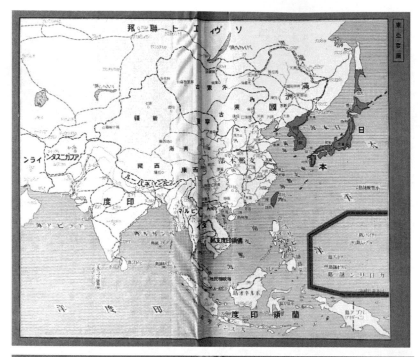

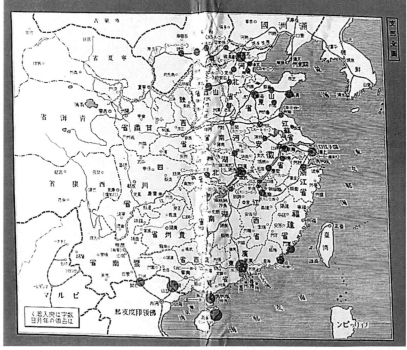

《征服華中》一書的
▲「東亞要圖」
▼「支那全圖」

除了日本人之外，西方人也採用此一觀念。1944 年美軍戰時宣傳片《我們為何而戰：中國戰事》中的地圖，將中華民國分為中國本部、滿洲、蒙古、新疆和西藏。[18]

《為什麼我們要戰鬥：中國之戰》（Why We Fight: The Battle of China）中所示的地圖

本部一詞究竟從何時開始使用，又如何傳入中國，為何在 20 世紀學者間針對「中國本部」一主題產生爭辯？此一爭論對東亞各國疆域形成有何影響？下文將嘗試解答這些問題。

三、中國本部觀念的溯源：從行省制度到中國本部觀念的引介

中國本部觀念在 20 世紀上半葉於中文世界的流行涉及經由跨語際翻譯所產生複雜、多線的觀念的旅行。以下分為數點來做說明。

第一：中國傳統沒有「本部」的觀念，此一辭彙源自近代日語。1952 年錢穆在《中國歷代政治得失》指出「行省」原指流動的中央政府，故行省之稱呼有所不妥，是「名不正而言不順」，而「本部十八省，那更荒謬」，因為中國歷史上根本沒有本部與非本部之別。他說「秦始皇萬里長城早已東達大同江，遼河流域永遠在中國歷史圈之內，如何說它不是中國之本部？這原是外族敵人有意混淆是非造出來做侵略的口實……這都該值得我們警惕的」。[19]這樣的觀念應該是受到顧頡剛的影響。

---

[18]　「漢地」，《維基百科》，https://zh.wikipedia.org/wiki/%E6%B1%89%E5%9C%B0（2019 年 11 月 20 日檢索）。
[19]　錢穆，《中國歷代政治得失》（台北：三民書局，1976），頁 98-100。

　　從語言學上的演變來看也可以說明「本部」一詞乃近代日本的和製漢語，並非中國傳統語彙。陳力衛對於「本－支」概念的語言學研究指出，中國傳統雖然也有「本末」、「源流」、「支幹」的說法，但「本支」的造語是在近代日文在「對義」、「區隔」的理念下追求概念的細分化，而使這些對應和區隔變得更加突出，以此來適應近代化、專業化的需要。「本部－支部」、「本線－支線」、「本隊－支隊」、「本廳－支廳」均為日本近代出現的對義語，這些語彙又傳入中國。相對來說，中文的傳統語彙中「本」與「末」相對，「支」與「幹」相對，並不將本與支合用；至於在現代漢語之中，只要是部分的範疇即能單獨成立，不嚴格地要求以雙元對應來進行區隔。如相對日語中的「大學本部」和「大學支部」的嚴格對應，中文則使用「北大－北大分部」、「委員會－支委會」等。陳力衛又以「中國本部」為例，指出「以前在日本將漢民族十八省作為中國的主要部分，結果出現『中國本部』的用法。出於上述日語的對應區隔的考慮，本部的觀念需有對應性的『支部』。在此理解之下，日人在有一些時期有意無意地將包含蒙古、滿州在內，一些中國在法的支配上很難定位的地方稱為『支部』，從而弱化了中國對其之統治。這與中國傳統的天下觀有所衝突」。[20]上述歷史學家與語言學家的論斷足以顯示「本部」一辭彙與近代日語之關係。

　　第二：中國傳統與本部觀念相關的辭彙是省或行省，本部觀念的形成受到傳統中國「行省」觀念之影響。從元代開始中國地方行政制度有「行中書省」（簡稱「行省」）。錢穆認為其內在精神是「軍事控制」、「使全國各省，都成支離破碎，既不能統一反抗，而任何一區域也很難單獨反抗」。[21]至明代劃分為十三承宣佈政使司，而清代沿襲元明制度，地方行政單位稱為「省」，有「兩京十三省」的說法。省的數目歷代有所增加，從 12、13、15 省到清代有 17 省、18 省。1860 年代羅存德的《英華字典》之中首度將 China Proper 翻譯為「十八省」，可見其對應關係。[22]1884 年井上哲次郎的《訂增英華字典》一方面繼承此一譯法，將 China Proper 翻譯為「十八省」，[23]另一方面他又承繼 1875 年鄺其照《字典集成》將 China Proper 翻譯為「正中國」，鄺其照與井上的譯句如下：「the Chinese Empire consists of

---

[20] 陳力衛，〈なぜ日本語の「気管支炎」から中国語の「支気管炎」へ変わったのか〉，愛知大学中日大辞典編纂所，《日中語彙研究》，第 6 号（名古屋，2016），頁 1-25。亦見陳力衛，《近代知の翻訳と伝播——漢語を媒介に》（東京：三省堂，2019），頁 369-390。

[21] 錢穆，《中國歷代政治得失》，頁 98。

[22] 羅存德（Wilhelm Lobscheid），《英華字典》（*English and Chinese Dictionary with the Punti and Mandarin Pronunciation*）（Hong Kong: The Daily press office, 1866-1869），頁 374。

[23] 井上哲次郎，《訂增英華字典》（東京：藤本氏藏版，1884），頁 239。

China Proper Mongolia, Manchuria and Tibet 大清國天下合正中國蒙古滿洲並西藏而成」。[24]不過「正中國」的譯法後來頗為罕見，1899 年鄺其照《英華字典集成》又略做修改，刪除了「正」字：「the Chinese Empire consists of China Proper Mongolia, Manchuria and Tibet 大清國天下統中國蒙古滿洲及西藏而成」，顏惠慶亦跟著此一譯句，直接將此句中的 China Proper 翻譯為「中國」。[25]

　　在清代文獻中十八省之外則有「藩部」與「四夷」，此即上述華夷秩序的天下觀。在清代文獻之中與「十七省」、「十八省」相結合的詞條有好幾種，如「內地十七省」、「內地十八省」、「中土十八省」、「漢地十八省」等。從「漢地十八省」的用法來看，十八省的觀念與漢人的居住地亦產生關連，此一意涵配合西方的族性地理觀。

　　第三：西文中的 China Proper（中國本土）觀念，此即陳波所謂16 至 18 世紀之中「西班牙文 la propia China、拉丁文 Sinae Propriae 和英文 China Proper 等」語彙在西文文獻中的出現。此一辭彙的一般理解是：

> 是西方世界對歷史上由漢族人口大量聚居、漢文化占統治地位的中國核心地帶的稱呼。由於漢族強勢地帶隨朝代不同而擴張或縮小，中國本部的範圍也隨之變動。近代所用的「中國本部」，與中國最近的漢人朝代明朝的疆域的漢族聚居區，即兩京十三省（亦稱關內十八省、內地十八省等）大體一致。此區域多指長城以南，並不包括由滿洲族統治之清朝所在的滿洲，以及蒙古、西藏、新疆等地域。[26]

　　就文獻的起源而言，陳波所提到最早的例子是 1585 年西班牙人門多薩（Juan González de Mendoza, 1545-1618）的《大中華王國最著禮俗風物史記》（*Historia de las cosas más notables, ritos y costumbres del gran reyno de la China*, Rome, 1585）一書之中「葡萄牙人的城市澳門是與廣州毗鄰，而廣州則是『中國本部』的城市」。[27]

---

[24] 井上哲次郎，《訂增英華字典》，頁 303。鄺其照著、內田慶市、沈國威編，《字典集成：影印與解題》（北京：商務印書館，2016），頁 153。陳波，〈日本明治時代的中國本部觀念〉，頁 163 提到此一譯法「極為罕見」。「正中國」的譯法與後來通行的「支那本部」、「中國本部」的觀念有一致之處，亦即認為只有十八省是真正的中國，或許可以視為為後來的譯法鋪路。

[25] 鄺其照，《華英字典集成（An English and Chinese Dictionary）》（香港：循環日報，1899），頁 76。顏惠慶，《英華大辭典》（上海：商務印書館，1908），頁 459。

[26] 「漢地」，《維基百科》，https://zh.wikipedia.org/wiki/%E6%B1%89%E5%9C%B0（2019 年 11 月 20 日檢索）。

[27] 陳波，〈中國本部概念的起源與建構──1550 年代至 1795 年〉，頁 154-155。此書有中譯本：門多薩，《中

此時觀念的發展尚不成熟，該書也未具體說明「中國本部」的含意，約略指「中國版圖之內」，而這一王國「分為十五省」。[28]至於該辭彙在英文文獻的起源，根據包括約 20 萬本書的 ECCO（Eighteenth Century Collections Online，Gale Cengage learning 公司發行），最早提到「China Proper」的書是 1762 年是 John Mair 著 *A Brief Survey of the Terraqueous Globe*（全世界的簡略探索），[29]書中指出中國本部指「長城以內的中國領土」（頁 164）。其次是 1768-69 年 Tobias George Smollett, *The Present State of All Nations*（各國現況）。[30]

而最早較清楚界定「China Proper」的書是 1795 年英國人威廉‧溫特博特姆（William Winterbotham, 1763-1829）所撰寫的 *An Historical, Geographical, and Philosophical View of the Chinese Empire*（有關中華帝國的歷史、地理與哲學的觀點）。[31]在第二章「中華帝國之概述」，他說：「為試圖對這個龐大帝國做一概括描述，將進行下列安排：一、「中國本部」；二、「中屬韃靼」；[32]三、「中國的冊封屬國」（見頁35）。作者將明朝十五省的疆域歸入中國本部，由血緣群體漢民族居住；而西伯利亞、滿洲（東北）、蒙古、東韃靼（含今日之新疆、阿富汗、北巴基斯坦等）等地歸入中屬韃靼。中國所冊封的屬國（朝貢國）則包括西藏、朝鮮、琉球、安南（越南）、暹羅（泰國）、呂宋（菲律賓）等。此一用法大約是 18 至 19 世紀英文 China Proper 的意涵，亦即指稱明朝 15 省（即兩京十三布政司）、清朝 17、18 省的範圍。

第四：19 世紀末約七十年代：日本以「支那本部」翻譯西方 China Proper 觀念來描述中華帝國。在這方面最早的例子可能是 1870 年內田正雄（1839-1876）所編譯的《輿地誌略》一書（初版），作者指出支那是將「本部」與塞外的許多地方合為其版圖，而「支那本部」是指長城以內，「原來之漢土，是唐虞以降歷代邦國之隆替、英雄之興亡皆在此之內」。[33]其次，根據日本國會圖書館的數字數據庫可以

華大帝國史》（北京：中華書局，1998）。

[28] 陳波，〈中國本部概念的起源與建構——1550 年代至 1795 年〉，頁 157。

[29] 此書的出版資訊如下：Edinburgh: Printed for A. Kincaid & J. Bell and W. Gray, Edinburgh, and R. Morison and J. Bisset, Perth, 1762.

[30] 此書的出版資訊如下：London: Printed for R. Baldwin, No. 47, Paternoster-Row; W. Johnston, No. 16, Ludgate-Street; S. Crowder, No. 12; and Robinson and Roberts, No. 25, Paternoster-Row, 1768-69. 中國本部出現在卷 7 頁 53。

[31] 此書的出版資訊如下：London: Printed for, and sold by the editor; J. Ridgway, York-Street; and W. Button, Paternoster-Row, 1795。

[32] 中屬韃靼（Chinese Tartary）中的「韃靼」是多個族群共享的名稱，包括以蒙古族為族源之一的遊牧民族，然其含意在不同時代差異很大，有時亦將滿州與蒙古合稱韃靼。參見陳波，〈日本明治時代的中國本部觀念〉，頁 164。

[33] 內田正雄編譯，《輿地誌略》（東京：文部省，1870），卷 2，頁 1-2。陳波提到松山棟庵（1937-1919）編

找到德國學者グリウリンヘルド　著、菅野虎太譯述的《萬國地誌略》（1874年），所謂「支那領」的範圍包括「支那本部、西藏、支那轄䡄、天山北路、満州、蒙古、朝鮮、瓊州島、台灣島」。[34]由此可見此時的譯書中支那包含了「支那本部」之外的許多地方，換言之，後來日本人利用「支那本部」一語來「弱化」中國邊疆屬於中國的領域之作法在 1870 年代初期之時尚未出現。

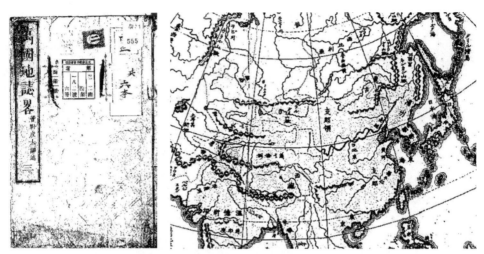

《萬國地志略》書影及其書中所示的「領地」

第二個例子是參謀本部管西局編《支那地誌》（1887）中「本部支那」一詞。在下村修介所寫的凡例之中說明：「支那全部之區分是由歐美人所說而來，但有些小小的出入。今此書對支那行政之區劃本此而定，分為本部支那、滿洲、蒙古、伊犁、西藏等五個部分。以十八省為本部支那、以盛京吉林黑龍江三省為滿洲、內外蒙古青海及內屬游牧部為蒙古、以天山南北路為伊犁、以前後藏為西藏」（參見附圖）。[35]後來所盛行的包括中國本部、滿、蒙、新疆、西藏的「五分法」大致可以追溯到此書。上述孫中山於 1899 年所繪地圖中的地理觀念與此有關，他可能曾參考這一類書籍。

譯《地學事始・初編》（東京：慶応義塾出版局，1870）說「西藏在支那本部之西」。陳波，〈日本明治時代的中國本部觀念〉，頁 162。然核對原書卷 1 頁 11，作者的原文實為「西藏……占支那本國之西」。

[34] グリウリンヘルド　著，菅野虎太譯述，《萬國地誌略》（東京：養賢堂，1874）。

[35] 參謀本部管西局編，《支那地誌》（東京：參謀本部，1887）。

地名	地積	人口
本部支那	三七四,二一五	三八六,二一七,○○○
滿洲	六三,六六二	二二,○○○,○○○
蒙古	一二四八,四四七	四,一五〇,〇〇〇
伊犂	一〇四,七三一	一四,○○○,○○○
合計	八五三,四三二	三九六,三一七,○○○

◀《支那地誌》之統計表

　　在支那本部（與本部支那）一詞出現之後，日本學者有多種不同區分中國的方式。誠如陳波所述「對中國的各種區分法，其核心是要調整所謂本部和其他諸部的關係」，而開始引進「族性的地域觀」，而出現「支那本部即漢人本部」的想法。[36]此一「族性地理學分類體系」進一步的與「日本擴張主義者和軍國主義者」結合，強調本部之外模糊地帶並非中國固有疆域，「元清非中國論」、「滿蒙非中國論」與此一地域觀念有密切的關係。[37]

　　第五：日本的「支那本部」一詞傳入中國而有「中國本部」的辭彙在中文世界的誕生。最早是《時務報》、《知新報》翻譯日文報刊，引入中文世界。首開先河者為1896年〈中國邊事論〉。該文的譯者古城貞吉將日文中「支那」改為「中國」而有「中國本部」一詞的出現。然而同為維新派報刊的《知新報》、《清議報》則直接沿用「支那本部」一詞。[38]清末民初時這兩個辭彙在報刊上同時存在。

　　古城貞吉的翻譯文章是「東文報譯」欄目中，譯自「東邦學會錄」的〈中國邊事論〉一文。此文分四期連載於梁啟超（1873-1929）主編的《時務報》，第 12、15、16、18 期（1896-1897）之上。原文為《東邦協會會報》第 27、28 兩期（1896）所刊的〈清國邊備に對する露國の攻守論〉（俄國對於清朝邊備的攻守論）一文。[39]

---

36 陳波，〈日本明治時代的中國本部觀念〉，頁 165-167。

37 「元清非中國論」，《維基百科》，https://zh.wikipedia.org/wiki/%E5%85%83%E6%B8%85%E9%9D%9E%E4%B8%AD%E5%9C%8B%E8%AB%96（2019 年 11 月 20 日檢索）。

38 如「我支那本部四萬萬人，其種族皆合一，未嘗有如奧斯馬加國中德意志人與斯拉夫人相競之事」。梁啟超，〈論支那獨立之實力與日本東方政策〉，刊《清議報》，第 26 期（東京，1899），頁 6。

39 露國陸軍少將プーチャート著，〈清國邊備に對する露國の攻守論〉，《東邦協會會報》，第 27 期（東京，1896），頁 1-15。〈清國邊備に對する露國の攻守論(承前)〉，《東邦協會會報》，第 28 期（東京，1896），頁

在此文之首有古城貞吉的案語：

> 俄國陸軍少將鋪加脫氏，駐燕京多年，南船北馬，足跡遍四百餘州，即於中國軍事留心考察，著書極富，《觀論中國》一編，已見其用心矣。不識華人讀之，如何感慨乎？或等雲煙過眼乎？亦大為寒心乎？噫！今日中俄保護提攜，惡知異日不作吳越之觀哉。[40]

文中有關「中國本部」（原文為「支那本部」）的部分是在《時務報》第 15 冊，「蓋新疆地方，距中國本部離隔頗遠，懸軍萬里，其不利可知……蒙古一帶之地，荒野蒼茫，介於我西伯利亞與中國本部之間，土地不毛、人煙稀薄，苟從軍政上起見，此處顯為要地矣」。[41]文中其他幾處亦有「中國本部」一詞。[42]

上文中的俄國陸軍少將鋪加脫氏是 D. V. Putiata（1855-1915），俄文名字是德米特里・瓦西里耶維奇 Путята, Дмитрий Васильевич。他參加了塞爾維亞和土耳其的戰爭、俄土戰爭（1877-1878），1886-1892 年出任駐華武官，1896 擔任韓國政府的軍事顧問，1898-1902 擔任亞洲部門的主管。上文所說的《觀論中國》一書則是 1895 年出版的 *Orepku Kutauckou Muzhu Ocherki Kitaiskoi Zhizni*（《中國生活的概覽》）。[43]

東邦協會是日本於 1890 年由熱心南洋殖民的福本誠（號日南，1857-1921）、探險中國內地的小澤豁郎（1858-1901），和從事中國貿易的白井新太郎（1862-1932）等三人發起。該會發行《東邦協會會報》，其創辦旨趣為：「寰宇上國之所以建立豈偶然哉……當此時際，以東洋先進自任之日本帝國，尤非詳審近鄰諸邦之狀況，對外部擴張實力，藉以講求與泰西各國在東洋保持均衡之計不可」。[44]上述

1-24。1890 年代日本對俄國東方策略十分關注，翻譯了一些俄文書籍，如ウエニユコーウ著，《露國東洋策》（東京：哲學書院，1893）、ア・ヤ・マクシモーフ著，《露國東邦策》（東京：哲學書院，1896）等書。

[40] [日]古城貞吉譯，〈中國邊事論〉，《時務報》，第 12 冊（上海，1896），頁 20 上。

[41] [日]古城貞吉譯，〈中國邊事論（續第十二冊）〉，《時務報》，第 15 冊（上海，1897），頁 19 下。上文有關蒙古的部分見〈清國邊備に對する露國の攻守論（承前）〉，《東邦協會會報》第 28 期（東京，1896），頁 1。原文是「……杳渺たる無邊の原野我西伯利并に支那本部の間に介在し而かも土地不毛人煙稀少……」。

[42] 例如「察哈爾汗林丹者，振發暴寇，憑凌所部，於中國本部之北方，獨立稱汗，且至強使明朝納貢」（第 15 冊，頁 20 上）；「以軍事而論，分蒙古地理為二，西北為山地，東北為平原，而首要之處尤映我眼中者，則為東部平原地。何則，我入中國本部，此為最近捷之地也」（第 15 冊，頁 20 上-20 下）；「吉林府在滿洲中部，大道可通四方，東至於海，南直達中國本部，其要路有三條」（第 18 冊，頁 23 上）。

[43] D. V. Putiata 的生平考參 Alex Marshall, *The Russian General Staff and Asia* (London: Routledge, 2006), pp. 31, 32, 79-80.

[44] 東亞同文會對支功勞者傳記編纂會編，《對支回顧錄》（東京：東亞同文會對支功勞者傳記編纂會，

孫中山所繪製的地圖亦出於此一目的而由該協會出版。由此可見〈中國邊事論〉一文是翻譯自東邦協會出版的《東邦協會會報》之中一篇翻譯自鋪加脫俄文書籍的日文作品。換言之，俄日中的連環翻譯造成此一辭彙在中文世界的誕生。

　　1908 年在顏惠慶所編的《英華大辭典》之中 proper 一詞之下有「China proper，中國十八省，中國本部」的解釋，兩者對譯關係正式出現。[45]1916 年赫美玲所編的《官話》也採用此一翻譯，將 China proper 譯為「中國十八省，中國本部」。[46]由此可以確認「中國本部」一詞是從 1896 年出現在中文世界，至二十世紀初年為辭典收錄，並開始流行。

　　第六：中國本部觀念之流衍。在中國本部一詞傳入中國之後，很快地報刊上就出現「本部十八省」的說法，將「本部十八省」相結合。1901 年《清議報》第 75 冊中〈支那保全及滿洲處置〉提到「本部十八省、東三省（滿洲）、蒙古、西藏、天山南北二路、東土耳其斯坦，共稱為大清帝國之版圖」；[47]1904 年《江蘇》第 8 期〈英德於揚子江之競爭〉中有所謂「中國本部十八省，沿海者七省，沿江者七省……」。[48]1907 年呂志伊在《雲南雜誌》所撰寫的〈論國民保存國土之法〉，提到「我國人民無共同心，無團結力。本部十八省則分如十八小國」。[49]

　　第七：種族革命與本部辭彙之結合。晚清時太平天國的文獻、革命書刊，均採取反滿之種族革命之觀點，至民初的「十八星旗」具體呈現此一種族與地域結合在一起的觀念，亦即主張建立一個漢人為主體的國家，而其疆域與十八省的範疇相符合（亦即主張中華民國領土為內地之十八省）。種族革命之起源可以追溯至太平天國，太平天國的口號之一即是希望重建「十八省江山」、「英雄十八省」。[50]晚清的革命志士繼承此一想法，而將目標調整為「本部十八省」。茲舉鄒容的《革命

1936），上冊，頁 677。

[45] 顏惠慶編，《英華大辭典》，頁 1773。

[46] Karl Ernst Georg Hemeling, ed., *English-Chinese Dictionary of the Standard Chinese Spoken Language and Handbook for Translators, Including Scientific, Technical, Modern, and Documentary Terms* (Shanghai: Statistical Department of the Inspectorate General of Customs, 1916), p.1116.

[47] [日]肥塚龍，〈支那保全及滿洲處置〉，《清議報》第 75 冊（東京，1901），頁 4735。

[48] V. G.T.生，〈英德於揚子江之競爭〉，《江蘇》，第 8 期（東京，1904），頁 87。

[49] 呂志伊，〈論國民保存國土之法〉，《雲南雜誌》，收入王忍之等編，《辛亥革命前十年時論選集》（北京：三聯書店，1977），卷 2 下冊，頁 829。

[50] 參見「洪秀全詩：先主本仁慈，恨茲汙吏貪官，斷送六七王統緒；藐躬實慚德，望爾謀臣戰將，重新十八省江山」；石達開文：為招賢舉才，興漢滅滿，以伸大義事。照得胡虜二百年，豈容而汙漢家之土；英雄十八省，何勿盡洗夷塵之羞」。徐珂，〈洪秀全聯合會黨〉，《清稗類鈔》（上海：商務印書館，1917），「會黨類」，頁 146。

軍》與陳天華的《獅子吼》為例。鄒容強調漢族據有「中國本部」而逐漸次第繁殖
於四方，「漢族：漢族者，東洋史上最有特色之人種，即吾同胞是也。據中國本
部，棲息黃河沿岸，而次第蕃殖於四方，自古司東洋文化木鐸者，實惟我皇漢民族
焉。朝鮮、日本，亦為我漢族所蕃殖」。陳天華的《獅子吼》第 2 回，「話說天下
五個大洲，第一個大洲就是亞細亞。亞細亞大小數十國，第一個大國就是中華。本
部一十八省，人口四萬萬，方里一千五百餘萬。連屬地算之，有四千餘萬，居世界
陸地十五分之一」。[51]章炳麟的〈中華民國解〉一文，雖沒有用「本部」的辭彙，
然而其想法亦很類似，較為獨特之處是章氏堅持反滿而主張中國領土不止為十八
省，而應恢復至漢朝之疆域，並認為邊疆地區可「任其去來也」：「故以中華民國
之經界言之，越南、朝鮮二郡必當恢復者也；緬甸一司則稍次也；西藏、回部、蒙
古三荒服則任其去來也」。[52]

　　在十八行省建立漢族國家的想法也受到歐洲與日本從十九世紀開始所謂「民族
建國主義」理論或「單一民族」國家民族主義的影響，即認為在民族國家競爭的世
界裡，惟有單一民族的國家才能強固有力，否則必然分崩離析。《江蘇》〈新政府
之建設〉（1903 年）一文主張：

　　　試一翻近世史，二三百年來此等驚天動地之大風潮，龍拏虎擲之大活劇，連
　　　篇累牘，紛陳眼簾，何一非民族主義所激蕩所演出者耶！蓋自「兩民族必不
　　　能並立於一政府統治下」之精理既發明，歐洲之政局乃大變動，而所謂民族
　　　建國主義者磅礴膨脹不可消磨。[53]

[51] 鄒容的《革命軍》，收入鄒容、陳天華著，《革命的火種：鄒容、陳天華選集》，黃克武、潘光哲主編，
《十種影響中華民國建立的書刊》（台北：文景書局，2012），頁24。陳天華的《獅子吼》，收入鄒容、陳
天華著，《革命的火種：鄒容、陳天華選集》，頁81。
[52] 章炳麟，〈中華民國解〉，《章太炎全集：太炎文錄初編》（上海：上海人民出版社，2014），頁 262。章
氏文章中用「中國本部」之處甚多，如「鄙意今日所急，在比輯里語，作今方言。昔仁和龔氏，蓋志此矣，
其所急者，乃在滿洲、蒙古、西藏、回部之文，徒為浩侈，抑末也！僕所志獨在中國本部，鄉土異語，足以
見古字古言者不少」。章炳麟，〈丙午與劉光漢書〉，《章太炎全集：太炎文錄初編》，頁 158。又如「今
計中國本部及新疆、盛京、吉林、黑龍江四省，大校二千四百萬方里，為州縣千四百，丁口則四萬二千萬有
奇」，章炳麟，〈代議然否論〉，《章太炎全集：太炎文錄初編》，頁 312。
[53] 漢駒，〈新政府之建設〉，《江蘇》，第 5 期（東京，1903），頁 7-33；第 6 期（東京，1903），頁 23-32。
引文見期 6，頁 23-234。參見張永，〈從「十八星旗」到「五色旗」──辛亥革命時期從漢族國家到五族共
和國家的建國模式轉變〉，《北京大學學報（哲學社會科學版）》，第 39 卷第 2 期（2002），頁 106-114。
有關近代中國受日本「單一民族」國家民族主義的影響，參見王柯，《民族主義與近代中日關係：「民族國
家」、「邊疆」與歷史認識》（香港：中文大學出版社，2015）。

　　辛亥革命成功之後的「十八星旗」（中華民國湖北軍政府宣告成立時的旗幟）即具體呈獻此一漢人建國的理念。[54]辛亥革命成功之後，為促成團結改而強調「五族共和」。民國初年的一本軍人教育的宣傳圖冊即表達此一「五族共和」的想法，並將地域與種族做一清楚的劃分，其中「本部十八省」為「漢族」所居之地（分為北中南三帶），此外滿蒙回藏各據一地。「五族共和」實際上具有很強的漢族中心理念，主張以漢人為中心追求五族平等。該書之中的作者表示清朝時「外藩地方」，「毫無權利享的，一種困苦貧窮的形狀，實在是一言難盡」，「現在民國成立，視滿蒙回藏的人，如親兄弟一般，必要設法使他們同漢人一律受利益，享幸福，不許外人侵佔半寸的地皮」。[55]

兩圖為《軍中白話宣講書》，第 4 編（上海：商務印書館，1911），卷首附圖。

　　第八：從 1912 至 1930 年末期，中文之中廣泛地採用「中國本部」、「我國本部」的用法，而並不關心背後的族群政治的意涵。茲舉數例，如 1924 年蔣介石致廖仲愷函，指出：「俄共殊無誠意，其對中國之唯一方針，乃在造成中國共產黨為

[54] 「十八星旗」，《維基百科》，https://zh.wikipedia.org/wiki/%E5%8D%81%E5%85%AB%E6%98%9F%E6%97%97（2019 年 11 月 20 日檢索）。

[55] 倪菊裳，〈中華民國的國土演說〉，收入上海新北門振武台國民教育實進會，《軍中白話宣講書》，第 4 編（上海：商務印書館，1911），頁 9。此一說法忽略了漢族的複雜性與文化性，以及許多漢族之外的人住在所謂「本部」之內。

其正統，決不認為可與吾黨合作。至其對中國之政策，則在使滿、蒙、回、藏諸部，皆為其蘇維埃之一，而對中國本部，亦未始無染指之意也」。[56]又如羅從豫的〈九一八事變前東三省與中國本部貿易之回顧〉，「昔日我國本部對東三省貿易，素視為國內貿易者，今已不得不劃為國外貿易之範圍；本部大量出產品，昔日源源運入東省者，今已不得不受關稅運輸等種種之限制」。[57]這一篇顯然為了因應 1932 年 3 月 1 日滿洲國成立之後的處境。值得注意的是這兩位作者將中國本部視為中性的地理名詞，並不覺得「中國本部」一詞的使用是有問題的。

四、顧頡剛與費孝通對「本部」、「邊疆」等詞的爭辯

　　中國「本部」一詞進入中文之後，與「邊疆」（又有「邊疆民族」的說法）相對應，成為流行詞語。首揭旗幟反對中國「本部」、「邊疆」等詞的學者是顧頡剛。顧頡剛在1930年代發表了一系列的文章強調中華民族應團結一致以抵抗外侮。1937 年 1 月 10 日在《申報》「星期論壇」上顧頡剛曾寫〈中華民族的團結〉，主張「在中國的版圖裡只有一個中華民族……離之則兼傷，合之則並茂」。[58] 1939年 2 月 13 日他又寫了一篇〈中華民族是一個〉，登於《益世報》的《邊疆週刊》，開宗明義即說「凡是中國人都是中華民族，在中華民族之內我們絕不該再析出什麼民族，從今以後大家應當留神使用這『民族』二字」。顧頡剛「主張中國沒有許多民族，只有三種文化集團——漢文化集團、回文化集團、藏文化集團……這三種文化，漢文化是自創的，藏文化是取於印度的，回文化是取於阿剌伯的，一個中國人可以隨著他的信仰而加入一個文化集團，不受限制」。[59]該文刊出之後，各地報紙紛紛轉載，成為人們關注之焦點。[60]一直到 1947 年在南京的《西北通訊》創刊時又轉載了一次，編者表示「顧先生此文，引證詳博，議論正大，為促進民族團結最為

[56] 秦孝儀主編，《總統蔣公大事長編初稿》（台北：中國國民黨黨史委員會，1978），1924 年 3 月 14 日，卷 1，頁 74-75。

[57] 羅從豫，〈九一八事變前東三省與中國本部貿易之回顧〉，《中行月刊》，第 7 卷第 4 期（上海，1933），頁 1-13。

[58] 顧頡剛，〈中華民族的團結〉，《申報》，1937 年 1 月 10 日，第 7 版。

[59] 顧頡剛，〈顧頡剛自傳〉，收入《顧頡剛全集：寶樹園文存》，卷 6，頁 372。

[60] 顧頡剛，《顧頡剛日記》（臺北：聯經出版公司，2007），第 4 卷，1939 年 4 月 15 日，頁 221。「前在《益世報》發表兩文，方神父告我，轉載者極多，如《中央日報》、《東南日報》、安徽屯溪某報、湖南衡陽某報、貴州某報，皆是。日前得李夢瑛書，悉《西京平報》亦轉載，想不到此二文乃如此引人注意。又得萬章信，悉廣東某報亦載」。

有力之作。其熱情洋溢，感人尤深」。[61]

　　顧頡剛力主「中華民族是一個」，而批判「中國本部」一詞，認為這是帝國主義分裂中國，用來欺騙國人的宣傳手法。他表示早在 1934 年創辦「禹貢學會」，發行《禹貢半月刊》之時即注意到此一議題。在〈發刊詞〉中他說「民族與地理是不可分割的兩件事，我們的地理學即不發達，民族史的研究又怎樣可以取得根據呢？不必說別的，試看我們的東鄰蓄意侵略我們，造了『本部』一名來稱呼我們的十八省，暗示我們邊陲之地不是原有的；我們這群傻子居然承受了他們的麻醉，任何地理教科書上都這樣地叫起來」，該刊的目的之一即對此謬論從學理上加以駁斥。[62]1938 年 10 月 18 日的一場演講中，顧頡剛又提及日人為了分化中華民族，巧立「中國本部」一詞，又藉「滿蒙非中國領土論」來「實行強佔東北」：

> 日本人在我國地理上，公然給我們創出「中國本部」的名稱來。我們在古史上從未見過「本部」這一名詞，秦漢時我國的版圖最大，南到安南，東到朝鮮；至於元時之疆域，橫跨歐亞兩洲，雖在中央政府有十一個行中書省，但並無本部的名稱。這完全是日本人利用這些名詞來分化我們的毒策。[63]

　　此後他又撰寫〈「中國本部」一名亟應廢棄〉、〈再論「本部」和「五族」兩個名詞〉等文，這兩篇文章是他對「本部」問題的系統表述，也配合他所謂〈中華民族是一個〉的觀點。[64]

　　1938 年 12 月原在天津的《益世報》因戰火的關係遷至昆明。12 月 3 日顧頡剛至環城東路的天主堂和于斌主教與牛若望神父見面「談國事及週刊事」，雙方決定在《益世報》上出版《邊疆週刊》的專欄；12 月 9 日方豪與牛若望又訪顧「為辦《邊疆週刊》事」；18 日顧頡剛在日記上寫到：「到《益世報》館訪牛若望神父」。[65]19 日《邊疆週刊》發刊，顧頡剛撰寫了〈昆明《邊疆週刊》發刊詞〉：

> 在九一八以前，日本人早在地圖上把滿蒙和他們本國染成一色，然而我國人

---

[61] 顧頡剛，〈中華民族是一個〉，《西北通訊》，第 1 期（南京，1947），頁 3-7。

[62] 顧頡剛，〈發刊詞〉，《禹貢半月刊》，卷 1 期 1（北平，1934），頁 2。

[63] 顧頡剛，〈考察西北後的感想〉，收入《顧頡剛全集：寶樹園文存》，卷 4，頁 85。此文為 1938 年 10 月 18 日在中央政治學校附屬蒙藏學校講演。

[64] 顧頡剛，〈「中國本部」一名亟應廢棄〉，收入《顧頡剛全集：寶樹園文存》，卷 4，頁 88-93。顧頡剛，〈再論「本部」和「五族」兩個名詞〉，收入《顧頡剛全集：寶樹園文存》，卷 4，頁 117-122。

[65] 顧頡剛，《顧頡剛日記》，第 4 卷，頁 169、171、174。

視而不見……我們辦這刊物，要使一般人對自己邊疆得到些認識，要使學者
刻刻不忘我們的民族史和邊疆史……並共同抵禦野心國家的侵略，直到中華
民國的全部疆土籠罩在一個政權之下，邊疆也成了中原而後歇手。[66]

　　由此可見顧頡剛核心旨趣是避免分裂國土，希望未來能將「邊疆」都變為中
原，使全國團結成一個完整的國家。12 月 20 至 21 日，顧在日記又寫到「到校，作
〈中國本部名詞應亟廢棄〉訖，計三千六百字，即抄清，未訖」；「歸，續抄論文
畢」。[67]後來該文刊於 1939 年 1 月 1 日《益世報》「星期評論」之上。1939 年 1 月
27 日，《中央日報》轉載了他在《益世報》上發表〈「中國本部」一名亟應廢
棄〉。1939 年 2 月至 3 月又有許多報刊，如紹興的《前線》旬刊與寧波的《復興旬
刊》轉載此文。[68]

　　他認為此一辭彙在中國的使用源自約 40 年前（1898-1900 前後），來自日本教
科書，是日本人為了侵略中國的「惡意宣傳」，這一點是符合史實的；但是他說
「西洋人承受了日本杜撰的名詞，亦譯『中國本部』為 China Proper」此點則與史
實不符，實際上該詞是日本翻譯西文而來：

　　　　中國的歷代政府從不曾規定某一個地方叫做「本部」，中國的各個地理
　　學家也不曾設想把某一部分國土定為「本部」，在四十年前我們自己的地理
　　書裡更不曾見過這本部的稱謂。[69]

　　　　「中國本部」這個名詞，究竟創始於誰人的筆下？此間書籍缺少，無從
　　稽考，只知道我們的地理教科書是譯自日本的地理教科書，而這個名詞就是
　　從日本的地理教科書裡抄來的……西洋人承受了日本杜造的名詞，亦譯「中
　　國本部」為「China Proper」，這或者是不諳悉遠東的歷史而有此誤會，或者
　　也含些侵略的心思而有意替他們推波助瀾。[70]

---

66 顧頡剛，〈昆明《邊疆週刊》發刊詞〉，收入《顧頡剛全集：寶樹園文存》，卷 4，頁 321。

67 顧頡剛，《顧頡剛日記》，第 4 卷，頁 174-175。

68 顧頡剛，〈「中國本部」一名亟應廢棄〉，《前線》，第 2 卷第 2 期（紹興，1939 年 12 月 21 日），頁 21-24。顧
　頡剛，〈「中國本部」一名亟應廢棄〉，《復興旬刊》，第 8、9 期合刊（寧波，1939 年 3 月 21 日），頁 2-3。

69 顧頡剛，〈「中國本部」一名亟應廢棄〉，收入《顧頡剛全集：寶樹園文存》，卷 4，頁 90。

70 顧頡剛，〈「中國本部」一名亟應廢棄〉，頁 90-91。

　　顧頡剛指出此詞流行之後，許多人認為中國只有中國本部，許多邊疆地方漸漸不成為中國領土。這是日本人「偽造歷史或曲解歷史來作竊奪我們土地的憑證」。顧氏特別舉出日本京都大學矢野仁一（1872-1970）教授的「滿蒙非中國論」，此一觀點又影響到日本的政治人物如首相田中義一（1864-1929）。田中在向天皇的奏章中提出「茲所謂滿蒙者，依歷史非中國之領土，亦非中國的特殊區域……此事已由帝國大學發表於世界矣」；「田中的奏章上又說，『因我矢野博士之研究發表正當，故中國學者無反對我帝國大學之立說也』」。[71]顧頡剛認為「自日本明治天皇定下政策，打算征服中國必先攫奪滿蒙，便硬造出中國本部這個名詞，析出邊疆於本部之外，拿來欺騙中國及世界人士，使得大家以為日本人所垂涎的只是中國本部以外的一些地方，並不曾損害了中國的根本」。[72]

　　顧頡剛認為「本部」一詞對中國的影響則是：

　　　　他們的宣傳達到中國之後，我們就上了當了，大家感覺得「本部」的地方是我國本有的，是痛癢相關的；除了「本部」之外原是雜湊上去的，有之固然足喜，無之亦不足惜，「任他去罷！」於是由得他們一步步地侵蝕，而我們的抵抗心也就減低了許多了。[73]

　　　　一說到「本部」，就使人立刻感到東三省、內外蒙古、新疆和西藏都不是中國的領土了，於是中國不妨放棄，帝國主義者便好放手侵略了。這不是利用了刺戟聽者的情感反應的方法而攫取我們的土地和人民嗎？[74]

　　顧頡剛不但批評「中國本部」的概念，對「邊疆」一詞亦表疑慮。這很可能也受到傅斯年的影響。傅斯年對由顧頡剛主編的《益世報》副刊——《邊疆週刊》，使用「邊疆」為刊名頗有意見。1939 年 2 月 1 日，傅斯年在寫給顧頡剛的信上表示「邊疆」一詞必須謹慎使用。「夫邊人自昔為賤稱，邊地自古為不開化之異名，此等感覺雲南讀書人非未有也，特雲南人不若川、粵人之易於發作耳」。傅斯年並建議刊物名最好改為「雲南」、「地理」、「西南」等，而「邊疆」一詞廢止之。此外他亦提到「民族」一詞亦應小心使用，不應「巧立各種民族之名目」，而造成分

---

[71] 顧頡剛，〈「中國本部」一名亟應廢棄〉，頁 90-91。

[72] 顧頡剛，〈「中國本部」一名亟應廢棄〉，頁 91。

[73] 顧頡剛，〈「中國本部」一名亟應廢棄〉，頁 90。

[74] 顧頡剛，〈再論「本部」和「五族」兩個名詞〉，收入《顧頡剛全集：寶樹園文存》，卷 4，頁 118。

裂。[75]

顧頡剛顯然牢記傅斯年的提醒，2 月 7 日，他在日記之中寫到，「昨得孟真來函，責備我在《益世報》辦邊疆週刊，登載文字多分析中華民族為若干民族，足以啟分裂之禍」。[76]隨後幾天他即在傅斯年觀點的刺激下撰寫了上述的〈中華民族是一個〉一文。1942 年顧頡剛在〈成都《邊疆週刊》發刊詞〉中又表示邊疆研究的理想是除掉「邊疆」、「邊民」等「類乎孽子的」名詞之存在：

> 我們這班人肯挺身而起，儘量做邊疆的工作……我們要對外爭取自由，必須先對內加強組織。到那時，我國的疆土是整個的，不再有邊疆這個不祥的名詞存在；我國的民族是整個的，不再有邊民這個類乎孽子的名詞存在。這才是我們理想的境界。[77]

除了本部與邊疆（邊民）之外，顧頡剛還質疑許多辭彙，例如「漢人」、「漢族」、「五大民族」（「五族共和」）。顧希望以「中華民族」來取代「漢人」、「漢族」，當然同時也企圖打斷「漢人」、「漢族」與「本部」之關連。他說「漢人二字也可以斷然說它不通……我們被稱為漢人的，血統既非同源，文化也不是一元，我們只是在一個政府之下營共同生活的人……現在有了這個最適當的中華民族之名了，我們就當捨棄以前不合理的漢人的稱呼，而和那些因交通不便而致生活方式略略不同的邊地人民共同集合在中華民族一名之下」。[78]他又說「漢人的文化雖有一個傳統，卻也是無數文化的混合，漢人的體質雖有特殊之點，卻也是無數體質的揉雜……漢人體質中已有不少的蒙、藏、纏回的血液」。[79]

顧頡剛也批評「漢族」的概念。「漢人的成為一族，在血統上有根據嗎？如果有根據，可以證明它是一個純粹的血統，那麼它也只是一個種族而不是民族。如果研究的結果，它並不是一個純粹的血統而是已含有大量的滿、蒙、回、藏、苗……的血液，那麼它就不能說是一個種族。不是一個種族而卻富有團結的情緒，那便是一個民族。什麼民族？是中華民族」。[80]「中國各民族經過了數千年的演進，早已

---

[75] 傅斯年，〈傅斯年致顧頡剛〉，收入《傅斯年遺札》（北京：社科文獻出版社，2014），頁 721-722。

[76] 顧頡剛，《顧頡剛日記》，第 4 卷，頁 197。

[77] 顧頡剛，成都〈《邊疆週刊》發刊詞〉，收入《顧頡剛全集：寶樹園文存》，卷 4，頁 329。

[78] 顧頡剛，〈中華民族是一個〉，收入《顧頡剛全集：寶樹園文存》，卷 4，頁 97-98。

[79] 顧頡剛，〈我為什麼要寫「中華民族是一個」〉，收入《顧頡剛全集：寶樹園文存》，卷 4，頁 113。

[80] 顧頡剛，〈續論「民族」的意義和中國邊疆問題〉，收入《顧頡剛全集：寶樹園文存》，卷 4，頁 128-129。

沒有純粹血統的民族。尤其是 『漢族』這個名詞就很不通，因為這是四方的異族混合組成的，根本沒有這一族」。[81]顧頡剛的想法和傅斯年一致，傅斯年說「當盡力發揮 『中華民族是一個』之大義，證明夷漢之為一家，並可以漢族歷史為證。即如我輩，在北人誰敢保證其無胡人血統；在南人誰敢保證其無百粵、苗、黎血統」。[82]

　　基於同樣的理由，他也質疑「五大民族」，認為「五大民族一名，它的危險性同中國本部這個名詞一樣……五大民族這個名詞卻非敵人所造，而是中國人自己作繭自縛」。[83]「五大民族這個名詞似是而非，並沒有客觀相符的實體。滿人本不是一個民族，在今日……固已全體融化在漢人裡了，即在當年亦不具一個民族的條件」。[84]「只能怪自己不小心，以致有此以訛傳訛造成的惡果……造成了今日邊疆上的種種危機」。[85]

　　顧頡剛還談到其他「造了名詞來分化我們的例子」。例如，日本和俄國為了搶奪滿州，「兩國就協調來分贓，從此便有了南滿和北滿的名詞」。英國勢力到達西藏之後，要求中國政府不得干涉西藏內政，「提出內藏和外藏的名詞」。[86]再者，「華北五省」則是日本人將河北、山東、山西、察哈爾、綏遠合起來的稱呼，「這原為這五省接近滿州和外蒙……他們要促使這五省快些步東北四省的後塵而另組成一個偽國……還盡催著華北五省的特殊化和明朗化」。[87]錢穆也呼應他的說法，而批評「東三省」和「華南、華中、華北等稱呼」，認為會產生分化的作用。[88]

　　總之，顧頡剛認為本部一詞為日本人所造，大約在 1900 年前後傳入中國而盛行與中文世界。他撰文剖析本部概念之後的國際政治因素，認為這些名詞都是帝國主義者為侵略中國、牟取自身利益而創造出來企圖分化中國。因此顧的論述主旨在反對日本對中國的領土野心，並支持他與傅斯年等人所強調的「中華民族是一個」的想法。從清末民初民族觀念的演進來說，顧氏於 1939 年所提出的一元性中華民

---

[81] 顧頡剛，《顧頡剛自傳》，收入《顧頡剛全集：寶樹園文存》，卷 6，頁 372。

[82] 傅斯年，〈傅斯年致顧頡剛〉，收入《傅斯年遺箚》，頁 722。

[83] 顧頡剛，〈中華民族是一個〉，收入《顧頡剛全集：寶樹園文存》，卷 4，頁 95。

[84] 顧頡剛，〈再論「本部」和「五族」兩個名詞〉，收入《顧頡剛全集：寶樹園文存》，卷 4，頁 120。

[85] 顧頡剛，〈中華民族是一個〉，收入《顧頡剛全集：寶樹園文存》，卷 4，頁 98-99。

[86] 顧頡剛，〈再論「本部」和「五族」兩個名詞〉，收入《顧頡剛全集：寶樹園文存》，卷 4，頁 118。

[87] 顧頡剛，〈再論「本部」和「五族」兩個名詞〉，收入《顧頡剛全集：寶樹園文存》，卷 4，頁 120。有關日本人創造的「華北」之概念，參見本庄比佐子、內山雅生、久保亨編，《華北の発見》（東京：東洋文庫，2013）。

[88] 錢穆，《中國歷代政治得失》，頁 100。

族觀，一方面批評晚清的「種族革命」與民國初年以來所提出的「五族共和」的主張，另一方面與 1943 年蔣中正在《中國之命運》中的民族主張有前後貫通而相互呼應之處。[89]

顧頡剛的觀念受到費孝通的批評，他的焦點不是針對顧氏所謂「本部」觀念與日本人的侵略主張，而是「中華民族」是否為一個。費孝通不同意「名詞」有分化的作用，亦即對他而言地理名詞的政治意涵並不重要。他認為分化的產生是因為本身內部矛盾而為敵人所運用。這使得兩人議題討論的焦點從國際間領土爭奪轉移為國內的民族問題。費孝通在〈關於民族問題的討論〉（寫於1939年4月9日，原載5月1日《益世報》「邊疆週刊」第19期）中質疑顧頡剛上述的論述。他認為顧的目的是「我們不要根據文化、語言、體質上的分歧而影響到我們政治的統一」。[90]費孝通說中華民族應團結一致，進行抗日，但是從學理的角度也應該承認中國是一個擁有眾多民族的國家，少數民族客觀存在的事實應當受到尊重。抗日並不必然要否認中國境內有不同的文化、語言、體質的團體存在。不同的文化、語言、體質的人群發生共同的利害，有對內穩定、對外安全的需要，自然有可能結成一個政治團體。因此，實現政治上的平等才是解決民族問題的關鍵。謀求政治上的統一，不是要消除各民族及經濟集團之間的界限，而是要消除這些界限所引起的政治上的不平等。這樣的想法與後來他所提出「中華民族多元一體格局」的觀念有延續性。

費孝通也質疑顧對「中國本部」、「五大民族」等名詞的討論。顧頡剛指出「因為 『我們只有一個中華民族，而且久已有了這個中華民族』，所以地理上的『中國本部』，民族上的『滿漢蒙回藏』都是沒有客觀事實相符合的，這些名詞不是 『帝國主義者造出』的，就是『中國人作繭自縛』，都是會發生『分化』作用的」。費孝通首先質疑名詞意義及其可能產生的分化作用。他認為「民族」不是不與事實相符的一個團體，顧沒有區分 nation（民族）與 state（國家）與 race（種族）等觀念，「先生所謂『民族』和通常所謂『國家』相當，先生所謂『種族』和通常所謂『民族』相當」。費認為一個團體或組織如果健全，就不易受到空洞名詞的分化。他說人們不宜太相信「口號標語的力量」，「這都是把名詞的作用看得太重，犯著巫術信仰的嫌疑」。費孝通認為除了留心名詞的使用之外，更為重要的是「我們的問題是在檢查什麼客觀事實使人家可以用名詞來分化我們的國家？我們過

[89] 黃克武，〈民族主義的再發現：抗戰時期中國朝野對「中華民族」的討論〉，中國社科院近代史研究所編，《近代史研究》，總214期（北京，2016），頁20-25。
[90] 費孝通，〈關於民族問題的討論〉，收入《顧頡剛全集：寶樹園文存》，卷4，頁136。

去的『民族』關係是怎樣，有沒有腐敗的情形，有沒有隔膜的情形，使『各種民族』的界線有成為國家團結一致的障礙？」[91]

　　費孝通其實瞭解顧的觀念在抗戰建國上的重要，因此當顧寫了〈再論本部與五族兩個名詞〉、〈續論民族的意義和中國邊疆問題〉來回應費孝通之後，費沒有再繼續討論下去。費孝通於 1993 年在參加顧頡剛誕生一百週年學術討論會上的講話中曾回憶此時他與顧頡剛的辯論：

> 後來我明白了顧先生是基於愛國熱情，針對當時日本帝國主義在東北成立「滿洲國」，又在內蒙古煽動分裂，所以義憤填膺，亟力反對利用「民族」來分裂我國的侵略行為。他的政治立場我是完全擁護的。雖則我還是不同意他承認滿、蒙是民族，是作繭自縛或是授人以柄，成了引起帝國主義分裂我國的原因；而且認為只要不承認有這些「民族」就可以不致引狼入室。藉口不是原因，卸下把柄不會使人不能動刀。但是這種牽涉到政治的辯論對當時的形勢並不有利，所以我沒有再寫文章辯論下去。[92]

　　這或許也可以解釋為何抗戰後期在抵禦外侮的共識下本部—邊疆的討論逐漸地不受到人們的重視。1940 年之後「中國本部」的辭彙只有少數經濟統計的文章將之作為地理名詞來使用。1945 年抗戰勝利之後，隨著帝國主義威脅的解除、中華民族概念擴大、現代國家的確立，此一辭彙日漸式微，在現代英語中 China Proper 一詞用法已減少，而中文之中「中國本部」一詞已非常少人使用。[93]

五、結論

　　近代中國「本部」概念的演變有兩條線索。一方面牽涉元明清以來的地方制度，如「內地」、「中土」、「十五省」、「十七省」、「十八省」等觀念之演變；另一方面也牽涉到西方中國研究中 China Proper 觀念的多重翻譯史，兩者交織為「本部十八省」而成此一「新名詞」。China Proper 辭彙的翻譯史從中西文文獻

---

[91] 費孝通，〈關於民族問題的討論〉，收入《顧頡剛全集：寶樹園文存》，卷 4，頁 140。

[92] 費孝通，〈顧頡剛先生百年祭〉，收入《費孝通全集》（呼和浩特：內蒙古人民出版社，2009），卷 14，頁 269-270。

[93] 值得注意的是《維基百科》China Proper 的中文詞條本來是採用「中國本部」，最近已改為 「漢地」。這應該是由於「中國本部」一詞幾乎已經不為人們所使用。

之中可以清理出一個大致之輪廓，其中包括從歐洲到俄國，再到日本，最後經由梁啟超所辦的《時務報》與《清議報》；維新派的《知新報》等刊物之翻譯而帶進中國。這些辭彙在 20 世紀中國又經歷了十分複雜的變化過程。20 世紀中國本部、邊疆等辭彙之傳播，涉及報章雜誌與教科書等材料的流通，這些概念在從西到東的翻譯、傳播過程之中，亦促成了政治人物與學者之間的辯論。如晚清革命志士以此概念主張「種族革命」，改良派則力倡「五族共和」。1930 年代顧頡剛與日本學者矢野仁一等有關中國本部、邊疆，以及滿蒙問題有所爭執，而費孝通又從多元視角批評顧頡剛之一元的中華民族觀。1930-40 年代本部之爭議是中華民族討論的一環，而日後國共兩黨民族觀之分野植根於此，國民黨肯定顧頡剛所主張「中華民族是一個」，共產黨則支持費孝通後來所逐漸發展出的「中華民族多元一體格局」的民族觀。20 世紀之後東亞疆域變遷及近代中國國家形構與上述辯論有密切的關係。今日看來顧頡剛與費孝通的兩個模式，前者強調一元統一、泯除民族邊界，後者突出多元而一體。1949 年之後以史達林的民族理論為基礎的「民族識別」從事「民族建構」的工作，實際上加強了少數群體的民族意識和民族身份。此一理論配合費孝通所主張的「多元一體」的民族觀，然而多元與一體的矛盾卻造成今日各種的民族問題。誠如馬戎所述，「中國的民族構建（nation-building）究竟當以『中華民族』為單元，還是以政府識別的 56 個『民族』為單元，直至今日，這個問題仍然沒有得到真正解決」。[94]針對此一現象，習近平主席主張加強「四個認同」（對偉大祖國的認同、對中華民族的認同、對中華文化的認同、對中國特色社會主義道路的認同），和促進各民族交往、交流、交融的「三交」。後來又增加一個對中國共產黨的認同，而有「五個認同」的論述。[95]習的說法實際上和顧頡剛的理論有更多的親近性。如何在加強「五個認同」的同時而不排斥對各民族文化差異的尊重，而「公民認同」、「公民意識」是否可以配合認同特定政黨而抒解族群矛盾，這些問題仍需要吾人做更多的思索與討論。

---

[94] 馬戎，〈如何認識「民族」和「中華民族」──回顧 1939 年關於「中華民族是一個」的討論〉，《「中華民族是一個」──圍繞 1939 年這一議題的大討論》（北京：社科文獻出版社，2016），頁 24。

[95] 《「五個認同」：從思想上增強各民族大團結》，「中央統戰部網站」，http://www.zytzb.gov.cn/tzb2010/S1824/201710/1a269b48e7b54125a3e1216c97597d2d.shtml（2019 年 11 月 20 日檢索）。

徵引書目

中文書目

［日］古城貞吉譯，〈中國邊事論〉，《時務報》，第 12 冊（上海，1896），頁 20-23。

——，〈中國邊事論（續第十二冊）〉，《時務報》，第 15 冊（上海，1897），頁 19-22。

［日］肥塚龍，〈支那保全及滿洲處置（未完）〉，《清議報》，第 75 冊（東京，1901），頁 4735-4740。

V. G.T.生，〈大勢：英德於揚子江之競爭〉，《江蘇》，期 8（東京，1904），頁 81-87。

王柯，《民族主義與近代中日關係：「民族國家」、「邊疆」與歷史認識》，香港：中文大學出版社，2015。

呂志伊，〈論國民保存國土之法〉，《雲南雜誌》，收入王忍之等編，《辛亥革命前十年時論選集》，卷 2 下冊，北京：三聯書店，1977，頁 823-833。

門多薩，《中華大帝國史》，北京：中華書局，1998。

倪菊裳，〈中華民國的國土演說〉，收入上海新北門振武台國民教育實進會，《軍中白話宣講書》，第 4 編，上海：商務印書館，1911，頁 7-11。

孫中山，《手製支那現勢地圖識言》，秦孝儀編，《國父全集》，冊 6，台北：國父全集編輯委員會，1989，頁 547-548。

徐珂，《清稗類鈔》，上海：商務印書館，1917。

秦孝儀主編，《總統蔣公大事長編初稿》，卷 1，台北：中國國民黨黨史委員會，1978。

馬戎，〈如何認識「民族」和「中華民族」——回顧 1939 年關於「中華民族是一個」的討論〉，《「中華民族是一個」——圍繞 1939 年這一議題的大討論》，北京：社科文獻出版社，2016，頁 1-28。

張永，〈從「十八星旗」到「五色旗」——辛亥革命時期從漢族國家到五族共和國家的建國模式轉變〉，《北京大學學報（哲學社會科學版）》，卷 39 期 2（北京，2002），頁 106-114。

梁啟超，〈論支那獨立之實力與日本東方政策〉，《清議報》，第 26 期（東京，1899），頁 5-8。

章炳麟，《章太炎全集：太炎文錄初編》，上海：上海人民出版社，2014。

陳天華，《獅子吼》，收入鄒容、陳天華著，《革命的火種：鄒容、陳天華選集》，黃克武、潘光哲主編，《十種影響中華民國建立的書刊》，台北：文景書局，2012。

陳波，〈中國本部概念的起源與建構——1550 年代至 1795 年〉，《學術月刊》，2017 年第 4 期（上海），頁 145-166。

——，〈日本明治時代的中國本部觀念〉，《學術月刊》，2016 年第 7 期（上海），頁 157-173。

傅斯年，〈傅斯年致顧頡剛〉（1939 年 2 月 1 日），收入《傅斯年遺札》，北京：社科文獻出版社，2014，頁 721-722。

費孝通，〈關於民族問題的討論〉，收入《顧頡剛全集：寶樹園文存》，卷 4，北京：中華書局，2011，頁 133-140。

——，《費孝通全集》，呼和浩特：內蒙古人民出版社，2009。

黃克武，〈民族主義的再發現：抗戰時期中國朝野對「中華民族」的討論〉，中國社科院近代史研究所編，《近代史研究》，總 214 期（北京，2016），頁 4-26。

鄒容，《革命軍》，收入鄒容、陳天華著，《革命的火種：鄒容、陳天華選集》，黃克武、潘光哲主

編，《十種影響中華民國建立的書刊》，台北：文景書局，2012。

漢駒，〈新政府之建設〉，《江蘇》，期 5（東京，1903），頁 7-33；期 6（東京，1903），頁 23-32。

錢穆，《中國歷代政治得失》，台北：三民書局，1976。

鄺其照，《華英字典集成（*An English and Chinese Dictionary*）》，香港：循環日報，1899。

鄺其照著，內田慶市、沈國威編，《字典集成：影印與解題》，北京：商務印書館，2016。

顏惠慶，《英華大辭典》，上海：商務印書館，1908。

羅從豫，〈九一八事變前東三省與中國本部貿易之回顧〉，《中行月刊》，卷 7 期 4（上海，1933），頁 1-13。

顧頡剛，〈「中國本部」一名亟應廢棄〉，《前線》，卷 2 期 2（紹興，1939 年 12 月 21 日），頁 21-24。

——，〈「中國本部」一名亟應廢棄〉，《復興旬刊》，期 8、9 合刊（寧波，1939 年 3 月 21 日），頁 2-3。

——，〈中華民族的團結〉，《申報》，1937 年 1 月 10 日，第 7 版。

——，〈中華民族是一個〉，《西北通訊》，期 1（南京，1947），頁 3-7。

——，《顧頡剛日記》，第 4 卷，臺北：聯經出版公司，2007。

——，《顧頡剛全集：寶樹園文存》，卷 4，卷 6，北京：中華書局，2011。

——，〈發刊詞〉，《禹貢半月刊》，卷 1 期 1（北平，1934），頁 2-5。

英文書目

Hemeling, Karl Ernst Georg, ed. *English-Chinese Dictionary of the Standard Chinese Spoken Language and Handbook for Translators, Including Scientific, Technical, Modern, and Documentary Terms*. Shanghai: Statistical Department of the Inspectorate General of Customs, 1916.

Lobscheid, Wilhelm（羅存德）. *English and Chinese Dictionary with the Punti and Mandarin Pronunciation*（《英華字典》）. Hong Kong: The Daily press office, 1866-1869.

Mair, John. *A Brief Survey of the Terraqueous Globe*. Edinburgh: Printed for A. Kincaid & J. Bell and W. Gray, Edinburgh, and R. Morison and J. Bisset, Perth, 1762.

Marshal, Alex. *The Russian General Staff and Asia*. London: Routledge, 2006.

Smollett, Tobias George. *The Present State of All Nations*. London: Printed for R. Baldwin, No. 47, Paternoster-Row ； W. Johnston, No. 16, Ludgate-Street ； S. Crowder, No. 12 ； and Robinson and Roberts, No. 25, Paternoster-Row, 1768-69.

Toby, Ronald P. *State and Diplomacy in Early Modern Japan: Asia in the Development of the Tokugawa Bakufu*. Stanford: Stanford University Press, 1991.

Winterbotham, William. *An Historical, Geographical, and Philosophical View of the Chinese Empire*. London: Printed for, and sold by the editor; J. Ridgway, York-Street; and W. Button, Paternoster-Row, 1795.

日文書目

ア・ヤ・マクシモーフ著，《露国東邦策》，東京：哲學書院，1896。

ウエニュコーウ著，《露国東洋策》，東京：哲学書院，1893。

グリウリンヘルド著，菅野虎太譯述，《萬國地誌略》，東京：養賢堂，1874。

プーチャート著，〈清國邊備に對する露國の攻守論〉，《東邦協會會報》，第 27 期（東京，1896），

頁 1-15。

——，〈清國邊備に對する露國の攻守論（承前）〉，《東邦協會會報》，第 28 期（東京，1896），頁 1-24。

井上哲次郎，《訂增英華字典》，東京：藤本氏藏版，1884。

內田正雄編譯，《輿地誌略》，東京：文部省，1870。

本庄比佐子、內山雅生、久保亨編，《華北の発見》，東京：東洋文庫，2013。

名取洋之助，《中支を征く》，東京：中支從軍記念寫真帖刊行會東京支部，1940。

安岡昭男，〈東邦協会についての基礎的研究〉，法政大学文学部編，《法政大学文学部紀要》，通号 22（東京，1976），頁 61-98。

東亞同文會對支功勞者傳記編纂會編，《對支回顧錄》，上冊，東京：東亞同文會對支功勞者傳記編纂會，1936。

東京開成館編輯所，《開成館模範世界地圖》，東京：開成館，1930。

東條文左衛門，《清二京十八省疆域全圖》，出版資訊不詳，1850。

松山棟庵編譯《地學事始・初編》，東京：慶応義塾出版局，1870。

武上真理子，〈地図にみる近代中国の現在と未来──『支那現勢地図』を例として〉，村上衛編，《近現代中国における社会経済制度の再編》，京都：京都大学人文科学研究所，2016，頁 329-367。

狹間直樹，〈初期アジア主義についての史的考察(5)第三章 亜細亜協会について，第四章 東邦協会について〉，《東亞》，卷 414（東京，2001），頁 66-75。

參謀本部管西局編，《支那地誌》，東京：參謀本部，1887。

陳力衛，〈なぜ日本語の「気管支炎」から中国語の「支気管炎」へ変わったのか〉，愛知大学中日大辞典編纂所，《日中語彙研究》，第 6 号（名古屋，2016），頁 1-25。

——，《近代知の翻訳と伝播─漢語を媒介に》，東京：三省堂，2019，頁 369-390。

富山房編輯局，《國民百科辭典》，東京：富山房，1908。

朝井佐智子，〈日清戦争開戦前夜の東邦協会：設立から 1894（明治 27）年 7 月までの活動を通して〉，愛知縣：愛知淑德大學博士論文，2013。

網路資源

《「五個認同」：從思想上增強各民族大團結》，「中央統戰部網站」，http://www.zytzb.gov.cn/tzb2010/S1824/201710/1a269b48e7b54125a3e1216c97597d2d.shtml（2019 年 11 月 20 日檢索）。

「十八星旗」，《維基百科》，https://zh.wikipedia.org/wiki/%E5%8D%81%E5%85%AB%E6%98%9F%E6%97%97（2019 年 11 月 20 日檢索）。

「元清非中國論」，《維基百科》，https://zh.wikipedia.org/wiki/%E5%85%83%E6%B8%85%E9%9D%9E%E4%B8%AD%E5%9C%8B%E8%AB%96（2019 年 11 月 20 日檢索）。

「漢地」，《維基百科》，https://zh.wikipedia.org/wiki/%E6%B1%89%E5%9C%B0（2019 年 11 月 20 日檢索）。

「China proper」，《維基百科》，https://en.wikipedia.org/wiki/China_proper（2019 年 11 月 20 日檢索）。

第十四章
俞吉濬的文明社會構想與蘇格蘭啟蒙思想
——東亞接受近代思想及其變化的一個形態

張寅性

（樊璐、孫鳴鶴 譯）

一、前言　東亞的啟蒙思想與思想鏈接

　　東亞啟蒙思想以對外開港為契機，在西方近代文明和近代思想的觸發下形成並通過思想鏈接在東亞地區傳播，同時也因區域內各國的政治、社會和文化狀況產生了變化。對蘇格蘭作家約翰·希爾·伯頓（John Hill Burton, 1809-1881）的《經濟學教程》（1852 年）[1]的吸收和改造是展示東亞啟蒙運動思想鏈接的一個很好的例子。

　　伯頓的《經濟學教程》是一本以簡明方式總結蘇格蘭啟蒙運動的教科書，經過福澤諭吉（1835-1901）和傅蘭雅（John Fryer, 1839-1928）的翻譯後對近代東亞啟蒙思想的形成產生影響。福澤的《西洋事情外編》（1867 年，下稱《外編》）是《經濟學教程》的一半的日譯本，此書在明治初期促進了西方訊息和啟蒙知識在日本的傳播。傅蘭雅翻譯的中譯本《佐治芻言》（1885 年）[2]由多家出版社出版，擁有包括康有為、梁啟超在內的一眾讀者，對晚清自由主義的形成起到一定作用。

　　俞吉濬（1856-1914）在朝鮮開港期間所著《西遊見聞》（1895）[3]中也能看出受到《經濟學教程》的影響。1881 年 4 月，俞吉濬作為紳士遊覽團成員赴日，在一

---

[1] John Hill Burton, *Political Economy, for use in schools and for private instruction* (London and Edinburgh: William and Robert Chambers, 1852).

[2] 傅蘭雅（John Fryer）譯，《佐治芻言》（上海：江南製造總局，1885）。

[3] 《西遊見聞》雖然在 1895 年出版，但其初稿完成於 1889 年春，因此可以說該書反映了 19 世紀 80 年代俞吉濬的文明社會構想。

年半的留學期間師從福澤諭吉，此後赴美留學後參考所收集到資料寫成《西遊見聞》[4]，其中最重要的參考資料就是《西洋事情外編》（1867 年，下稱《外編》）。俞通過《外編》受到伯頓以及蘇格蘭啟蒙思想的影響。

　　本文以《西遊見聞》（下稱《見聞》）為主要對象，闡明俞吉濬的文明社會構想中所展現的對近代啟蒙思想的吸收和改造。筆者將著重關注俞吉濬的思想與福澤諭吉和蘇格蘭啟蒙運動之間的關聯。《見聞》是對文明社會論的闡述，探討了 19 世紀 80 年代「改革開放」背景下的個人、社會和國家的性質。俞吉濬用「人民」、「國人」、「各人」、「人世」以及「邦國」、「國家」等概念，敏銳地把握了同時出現的個人、社會、國家等現象和概念以及其相互關係，並巧妙地加以描繪。本文以俞吉濬對個人、社會、國家的理解為中心，分析他對經由福澤諭吉的介紹瞭解到的蘇格蘭啟蒙思想的吸收和改造情況，同時還會關注儒家精神與觀念對其產生的影響。

二、蘇格蘭啟蒙思想的吸收與改造

　　蘇格蘭啟蒙思想是指從大衛・休謨的《人性論》（1740 年）開始到亞當・斯密的《道德情操論》第六版（1790 年）歷時約半個世紀，以愛丁堡為主要陣地，由休謨、托馬斯・里德、亞當・弗格森、威廉・羅伯特森、亞當・斯密等人發起的思想新潮[5]。蘇格蘭啟蒙思想家們認為，人類的本性是相同且恒常的，人類在作為理性的存在之前首先是社會性的存在。他們強調人類經驗的重要性，反對基於假設和推理的社會契約論。他們相信，當人類掌握知識時就會從野蠻進步到文明[6]。

　　伯頓也認為社會通過競爭從自然狀態進步到文明狀態。雖然他不像早期蘇格蘭啟蒙思想家那樣地信奉自由主義，但他在 19 世紀中期也曾為了對抗社會主義者的猛烈攻擊而為自由主義辯護[7]。他指出了對席捲歐洲的革命和社會不安進行說明的

---

[4]　有關《西遊見聞》所參考的具體書目詳見《西遊見聞——朝鮮保守主義의 起源에 관한 省察》（서울: 아카넷，2017），頁 22-26。

[5]　Christopher Berry, "Scottish Enlightenment," *Routledge Encyclopedia of Philosophy* vol.3 (London: Routledge, 1998), p.327；이종흡，〈스코틀랜드啟蒙主義와 資本主義의社會秩序〉《英國研究》10（英國史學會，2003），頁 180；이영석，《知識人과 社會—스코틀랜드啟蒙運動의 歷史》（서울：아카넷、2014）。田中秀夫進行了一系列相關研究，如佐々木武，田中秀夫編著的《啟蒙と社會——文明觀の変容》（京都：京都大學學術出版會，2001）等。

[6]　Berry, "Scottish Enlightenment," pp.23-30.

[7]　Albert M. Craig 著，足立康・梅津順一譯，《文明と啟蒙》（東京：慶應義塾大學出版會，2009），頁 97。

經濟原理中的謬誤，並論及社會的性質以及制度的形成和運作[8]。《經濟學教程》的社會經濟篇（social economy）用 14 個章節概述社會制度的進化，並對家庭的性質、個人的權利和義務、國家的起源與功能、政府的形態與職務等問題進行解釋。政治經濟篇（political economy）的 22 個章節論述對私有財產權和自由競爭進行了擁護。《經濟學教程》雖然並不算是蘇格蘭啟蒙思想史上的代表性作品，但卻是介紹社會經濟和政治經濟的優秀文本。同時，伯頓的保守自由主義和自由主義社會經濟理論對急需形成新社會的東亞國家來說無疑是有效的。

《外編》並非《經濟學教程》的完整翻譯。福澤翻譯了社會經濟篇中的第 1 到第 14 章，其中駁斥自由競爭反對論的第 7 章除外。政治經濟篇中，福澤只翻譯了總論與私有財產權相關章節。福澤將這本書視作文明社會論的著作而不是經濟論著作。福澤將西洋的神（God）翻譯成類似於儒家思想中的天，有利於加強對伯頓的理解。蘇格蘭自然哲學將自然視作神的創造物，儒家哲學也認為自然由天創造，天內在於自然。而人類通過接受教育和道德訓練得以進步，在這一點上二者的看法也是一致的[9]。

俞將《外編》作為參考資料，而並沒有選取赴日留學期間本應讀過的《文明論概略》（1875 年）。這或許是因為他認為《外編》更符合 19 世紀 80 年代朝鮮的思想狀況和自己的主張。《見聞》全 15 篇中的第 3 至 6 篇是在閱讀《外編》相應篇章後寫下的，但有很多部分與原文並不一致，內容上的差異也很多見。俞並沒有選取《外編》中有關「人類」「家庭」「社會的文明開化」「貧富貴賤的差別」的各章節，也沒有涉及私有財產權的內容。在呼籲人民的自由和權利的同時，對私有財產權利持保留態度。

俞在閱讀完《外編》後並非單純地接受蘇格蘭啟蒙思想，而是將自己的想法加入其中進行再解釋。他一邊盼望著迎來近代社會，同時也抱有維護傳統的心理。我們可以從以下實例中看到這一點。伯頓在解釋社會競爭時指出，適當的競爭（emulation）和野心（ambition）不能被壓制，但對人有害的進步的熱情必須予以限制。對此，他進行了如下闡述。

> Vanity and selfishness may sometimes mislead at the commencement. It is not
> impossible, indeed, to follow out profitably a career of injustice and wrong ；　but

---

[8]　Trescott, "Scottish political economy comes to the Far East," *History of Political Economy*, 21:3(1989), p.482.

[9]　Albert M. Craig，《文明と啟蒙》，頁91-92。

independently of all higher motives of religion or morality, It is not wise to do so. The tendency of high civilization is always to make the interest of every man identical with the public good; and he who tries to serve his own ends by doing harm to his fellow-beings, will generally find the public too strong for him. （PE，12.以下加粗強調均為引用者所作）

福澤將這段話翻譯如下，而俞則對其作出改寫。

> 天下眾人之內雖有不義而富且貴者，固違背**天道人理之大義**，不可稱其為智。且隨文明之盛，**為世間一般平均眾人之利益風俗既成**，居於其間為害他人，獨貪私利，必有我力之不可及者。（《外編》，401）

> 夫天下眾人之內，無文不義而富且貴者其無不有，若悖**天道人理之本然大經**，則不可謂其智，亦不可謂福。氣化未定而已，譬如瀌瀌雨雪見日則消，難成世人倚恃之準的。且隨政治漸進之步趨，為**法律權利人世普同利益，建守平均不頗之大紀**。故居於其間貽害他人、獨專己利之惡習，非私力之所及。（《見聞》，133）

福澤用「天道人理之大義」替換了「宗教、道德上的動機」（伯頓），將伯頓所言「缺乏一切宗教、道德上的動機，這樣的做法並不明智」一句翻譯成「違背天道人理之大義」，為其添加了儒學內涵，強調「天道人理」。俞將「天道人理之大義」改寫為「天道人理之本然大經」，二者有些微的差別。俞所加的，法律和權利是為「人世普同之利益」而建立的「平等不頗之大紀」，強調了文明社會的法與倫理的一面。俞並沒有從自然哲學的角度假設「神」與「天」的相似性，而是從社會秩序與倫理的角度試圖找出蘇格蘭啟蒙思想與儒家思想的相同性。

福澤在忠實地傳達伯頓的主張的同時，通過精心的翻譯加入了自己的見解。俞在上述段落中也相對忠實地提煉出伯頓的觀點，但他自主地將《外編》中的文章與概念進行了取捨並自由地加以改寫，對蘇格蘭啟蒙思想進行了主體性接受。在考察俞吉濬對蘇格蘭啟蒙思想的吸收與改造狀況時，必須關注改寫的方法與概念的使用。在分析他主體性觀的理解方式時，有必要仔細閱讀他的文本與概念，對照伯頓的原文和福澤的譯文來分析他的文章。

三、「開化」與「文明」

　　俞渴望建立以自由主義思想和商業為推動力的文明社會。他渴望建成一個承認個人的慾望，實現以「公正的法律」「正直的事理」為準繩的文明社會。俞將社會發展劃分為「未開化－半開化－開化」三個階段。(《見聞・開化的等級》)。福澤參照美國的地理課本——《康奈爾高校地理》(新版，1861 年) 和《米切爾新學校地理》[10]（修訂版，1866 年）[11]，在《掌中萬國一覽》(1869 年) 一書中將社會發展分為「野蠻—文明」，在《世界國盡》(1869 年) 中對其進行進一步延展，採用了「野蠻—未開化—半開化—文明」的四階段發展說。而後，在《文明論概略》中福澤以「野蠻—半開化—文明」的三階段論說代替了之前的說法。俞便是將福澤之說改寫並用到了自己的著作之中的。

　　文明階段說原本是從蘇格蘭啟蒙思想提出的文明社會論中借用而來的概念。蘇格蘭啟蒙思想家認為人類具備追求進步的性質和能力，社會由自然狀態進化到文明社會是有階段性的。亞當・斯密及其後繼者們認為，未開化人・野蠻人・半文明人和文明人的各個社會階段都各具有其道德和文化特徵，文明社會的進步不僅僅體現在工業發展上，還體現在社會秩序、正義、風俗、藝術和女性待遇等各個領域。18世紀後半期起社會發展的構想成為西歐有教養的人的共識，自 19 世紀開始，它通過教科書普及到廣大民眾之間。伯頓的經濟讀本，康奈爾、米切爾的地理課本便是當時最流行的教科書，福澤通過這些書接觸到蘇格蘭的文明社會論，俞由福澤處接觸到文明社會階段說。

　　「civilization」一詞原本是用於描繪國內文明社會的概念[12]。蘇格蘭文明社會論中設想的「class」呈現單線式的發展，代表**時間上的非同時性**。與此相反，在非西歐（非文明）社會，「文明－野蠻」則變成了區分西歐社會與非西歐社會的依據。由此，「class」被加上了**空間上的同時性的維度**。福澤將「class」譯為「層級」，俞則用「等級」替換了「層級」的譯法。層級和等級不僅意味著社會發展的**階段**（class），也具有劃分未開化（野蠻）、半開化和文明的**分類**（classification）意

---

[10]　Sarah S. Cornell, *Cornell's High School Geography* (新版，1861); Samuel Mitchell, *Mitchell's New School Geography* (改訂增補版，1866).

[11]　Albert M. Craig,《文明と啟蒙》第 2 章。

[12]　在歐洲的上流社會，「文明」表示一種相比於未開化人的優越感，是為了與未開化人區別開來而形成的概念。

義。因此，**文明社會論**與國家的國際地位相關聯，帶有**文明國家論**的性質。層級和等級也代表了向文明國家進化的意志。

相比於「文明」來說，俞更偏愛「開化」一詞。他用「未開化－半開化－開化」取代了福澤提出的「野蠻－半開化－文明」，其中並未使用「文明」一詞。這是為何？在19世紀70年代以後的日本，civilization一詞譯為「文明」或是「開化」二者混用，也有許多「文明開化」的用例。福澤在《西洋事情初編》卷1的草稿中使用了「文明」一詞，而在《外編》中則將「civilization」譯為「世之文明開化」。「文明開化」這一譯法具備了「文明」的名詞性質和「開化＝文明化」的動名詞性質的雙重含義。而在19世紀80年代的朝鮮，慣用的是「開化」一詞，「文明開化」則較為少見，俞也幾乎不使用「文明開化」和「文明」這兩個詞。

「文明」一詞原指以文治來教化。開港期間的朝鮮的文士仍將中華文明視為「文明」。19世紀90年代初，金允植曾提到：「開化意味著改變野蠻人的風俗，但（他們）聽了來自歐洲的風聞，將改變自己的風俗謂之開化。東土乃文明之地，為何還再須開與改？甲申[甲申政變]的逆賊尊崇歐洲，輕堯舜，貶孔孟，稱彝倫之道為野蠻，想以歐人之道變之動輒稱之開化。（中略）他們所說的開發變化乃文飾之語。開化指時務」[13]。日清戰爭後，他提出附會論來肯定「開化」。他提出，「開化」一詞出自《周易・繫辭》中的「開物成務」和《禮記・學記》中的「化民成俗」，並認為排斥「開化」就是伏羲、皇帝、唐堯、周公、孔子的罪人[14]。他依然是基於儒教文明觀來理解的「開化」的。

俞執著於「開化」或許也與此有關。如果直接借用「文明-野蠻」或「野蠻-半開化-文明」的框架，朝鮮只能被放在「半開化」或「野蠻」之下。堅持使用「開化」一詞就可以避開這種情況。俞將「開化」視為各領域開化的總體，並將其視為是行實、學術、政治、法律、機械、物品等各領域所應實現的道德。同時，俞還根據行實、語言、禮法，尊卑貴賤和強弱趨勢，以「人生的道理」和「事物理致」為標準，將人類社會劃分為「未開化─半開化─開化」三個等級。俞認為即使是在開化的國家（西洋）也有未開化，半開化之處，在半開化的國家（朝鮮）也有開化之處（《見聞》，377-378）。基於這一相對化邏輯，未開化國和半開化國也可以展望「至美極美之境域」的發展。可以說俞是以「人生的道理」（倫理）和「事物的理致」（知識）為依據，在空間同時性的維度上闡釋「未開化─半開化─開化」的，這一

---

[13]　〈開化說〉（1891）《続陰晴史》（上）（서울：國史編纂委員會，1955），頁156-157。

[14]　《皇城新聞》1889年9月23日付論說。

點與蘇格蘭文明社會階段論中設想的時間維度上的進步有很大不同。

　　俞認為「開化」是「人間千事萬物抵達至美極美之境域」（《見聞》，375），是向「至美極美之境域」的發展（《見聞》，159）。為到達「至美極美之境域」不能做「開化的賓客」、「開化的病身」，而應做「開化的主人」。他批判「無前後推量之知識而主張施行即便費財少，實用不及抵其分數」的「虛名開化」，主張應施行「窮究考諒事物之理致與根本，使之合當其國之處地與時勢」的「實狀開化」（《見聞》，380-381）。俞曾明言，只有具備了知識才能規避惡行，知養生、節用、禮義廉恥，才具備「遠慮」和「奮發的意志」[15]。無論開化發展到何種程度，「行實」與「道理」都是無論怎樣開化也不可違背的開化要義。

　　「開化」究竟是先天的還是後天的？伯頓說道：「畢竟文明大抵都善用其所贈之物。人們具備實行的手段，如果失敗，責任由他們自己承擔」[16]，認為文明化是善良的人類的本性。福澤將這段話譯為「畢竟文明開化之趣意在於棄邪歸正，人亦自有為善之性質。若不然陷於惡則自為其罪」（《外編》，435）。「棄邪歸正」指明了文明是一種天性。俞在福澤的觀點的基礎上又進行了改寫，「開化之最大的目的是勸人棄邪歸正，奢儉之分亦依照開化等級而立」（《見聞》，159）在此處加入奢侈、節儉的倫理把它置換為有關開化的問題，而非作為人的本性和倫理的問題。他排斥儒教中的以奢侈為惡、節約為善的經濟倫理，認為「美物」（精美之製品）並非奢侈品。奢侈會為人民帶來便利，是激勵匠人引導其走向開化之境的美德（《見聞》第6編〈政府的職分〉）。

　　從「天稟」，「人稟」這兩個詞的用法中也可以看出對天性的闡釋。福澤以「天稟」一詞來表達兩種含義。一是人類的本性，「天稟」具有「體察人之所為，其天稟具有喜好群居，彼此相交相助達世之便利之性質」（《外編》，391），「人之天稟無不具重其身愛其身之性」（《外編》，392），此為其一。二是身體或精神上天生的才質。「今有二人，其天稟雖毫無優劣之分，教其一棄其一，其人忽變可至天壤之別」（《外編》，397-398），「人生來天稟相差甚遠，或有筋骨強壯者，或有身體虛弱者」（《外編》，414），此為其二。

　　不同於福澤（伯頓）的解釋，俞在論述出現政府的文明化過程中，對福澤（伯

---

[15] 俞吉濬重視知識，並將其與立法結合起來。他將「人所在之處必有法，社會開始之初便約定其法，可促進兩者共同進步」（《外編》416）改寫為「人所在之處決不可無法。換言之，法是隨著人知識的增加而出現的」（《見聞》，135）。

[16] "In the end, civilisation almost always turns its gifts to good account. Man is, at all events, gifted with the means of doing so, and if he fail, the blame is his own." (*PE*, 36)

頓）的文章進行了大幅度修改。

> 人生天稟甚相異，或有筋骨強壯者，或有身體虛弱者，或有才力剛毅者，或有精心之懶惰者，或有好先制人者，或有好從人賴人成事者。於草昧夷俗之民間，此天稟之異同殊著，雖為害人生最甚，但隨文明之進步漸使此不平均一致，或不能完全一致，亦不至因不平均使生世上之害，卻可施以轉禍為福之處置。（《外編》，414-415）

> 人之天稟不能一定，或有筋骨剛壯者，或有形體虛弱者，又或有才智聰明者，或心志懦昏者之差殊。又有由此理樂先制人者，亦有後於人甘受制者。草昧世界因人稟之差等禍害生民滋甚。然之風氣漸開，則即便立道使人稟之不調歸一，天稟之才操與氣力乃人之智力無可如何者。故雖無其天稟歸一之道，以學問教誨人之道理，以法律守護人之權利，以人生之正理保全其生命與財產，以此事作國家之大業，建政府之規度。蓋設始此規度不論人之強弱、賢愚，各各其人之為人道理與權利歸一也。（《見聞》，136-137）

俞將「天稟」和「人稟」的概念區分開來。將**無法改變的**「天稟的才能與氣力」與**可改變的**「人的知力」分別開來使用。「人的智力」即「人稟」。而福澤的三部作品中沒有出現過「人稟」這個詞。俞用「人稟」一詞表明自己對「以學問教誨為人之道理，以法律守護為人之權利」的展望。同時也否定文明的固定性，主張通過教育可創造通往開化之路。俞還加入了下文進一步明確表明了這一觀點。

> 人之天稟本來非野蠻。（野蠻）指不被教育、知識未開、不行人之道理者。故今日雖野蠻之名，至明日修人之道理則此亦開化域中。細究此理，今蚩貿之野蠻即同於上古未開之人。世界上無有野蠻之種落之別。然故，亦有開化人民變為野蠻者，亦有變野蠻為開化者。可審考修行其道之如何，不可詰問其根本。（《見聞》，136）

> 上等人愛法，中等人畏法，下等人厭法。……但其不犯，由其事勢而不敢，或由處地之不能也。而非其心術正也。然則法律上議論人品區別三等者，舉其生後學識之圈限與知覺之層節。故隨教化普洽之度，辜戾之故犯之數減也。因是，導正人世之俗趨，較之嚴定法律，要在務教化。無論罪犯大小，必罰勿宥，其要道也。（《見聞》，265）

區分開化與未開化的標準是，「人稟」中的「人的道理」是否能施行，「人的權利」是否能得到保障。開化是與「人稟」相關的問題，因此需要對人民施以啟蒙（知識教育）。「人稟」也受到法律的約束，法律的效用也與知識和教育程度息息相關。俞通過區分「天稟」和「人稟」的概念開啟了向文明社會開化的展望。開化的方法是「斟酌古今形勢，依照彼此事情，取其長舍其短」（《見聞》，378），開化的倫理是「勉勵」與「競勵」。

四、「人民」與「各人」

《見聞》中沒有出現「國民」一詞。俞使用的是與傳統的「民」的概念相關的「人民」。福澤偶爾會將伯頓提到的「nation」「people」「men」翻譯成「人民」，但更多是使用「國民」，這種措辭表現出他對國家民族形成的期望。而俞則將「國民」改寫成了「人民」。偶爾使用的「國人」和「國民」與其說是指國民，不如說是籠統地指代國家中人民的總體的概念。俞也沒有使用當時在日本國內流行的「individual」的譯文「個人」一詞，這個詞並不是一個為近代朝鮮的文人熟知的詞。俞使用「各人」「一己」「一人」「一身」來表達「個人」，通過權利論來展現俞的個體意識。

> 固守邦國而保有其權利者，其國人之各人可善護權利。……若國中之人民其相與之際，強者是侮弱者，貴者是慢賤者，強國與弱國之不敵為理勢之自然，強國侵越弱國之權利，其人民視此為當然之道，不激些少之憤怒。然則人民各各愛其自己權利之貴重，而後亦知其國之權利之貴重而誓死守也。
> （《見聞》，129）

人民在擁有知識後才能產生權利意識，在主權遭受侵犯時才會激發憤慨之心並為國盡忠。對此，俞指出「人民之知識高名也，國家之法令均平也，各人衛護一人之權利。然後萬民各各舉所守義氣以守是一國之權利」（《見聞》，98-99）「各人」是指作為權利主體的個人。俞提出的「固守邦國而保有其權利者，其國人之各人可善護其權利」的觀點可以聯想到「一身獨立則一國獨立」（福澤）這一命題，只是俞的思維方式同福澤反向。

人民是如何擁有自由與權利的？《見聞》中的「人民的權利」篇以《外編》中的「人民的通義及其職分」（Individual Rights and Duties-Burton）為基礎，並參考

了《西洋事情》初編、二編的論述。福澤對自由的論述如下。

> 世界中，無論何等國、何等人種，人自使其身體自由，是為天道之法則。即
> 人為其人之人，猶言天下為其天下之天下。其生下即不受束縛，其自主自由
> 之通義由天（God-Burton）賦予，不可買賣。人若行為端正無妨礙他人之
> 舉，縱國法亦不能奪取其身之自由。（《外編》，392）

　　福澤（伯頓）將自由視為「天道之法則」，自由的「通義」（right）不可讓
渡。他還指出「人之天稟中，未有不重其身、愛其身之性者」（《外編》，392）。福
澤將「God」翻譯為「天」，將「a law of nature」翻譯成「天道之法則」，以此來
傳達伯頓的天賦自由觀。另外，他還指出，人們應該勤勉地履行「職分」
（duty），防止因放任自由的「通義」使我們的自然本性受束縛。同時，法律保全
人的身體，保障人的權利，故尊重法律是人的職分（《外編》，393）。自由不僅是天
賦的權利，同時也受法律約束。在《初編》《二編》中，福澤將自由同「任性放
蕩」區分開來，將自由定義為「盡一身之所好為事不覺窮屈」、「使身心作用活性
化為一身之幸福」、「居其國與人交往毫無顧慮，以己力放手做事」[17]。
　　俞吉濬在受到福澤「自由」概念影響的同時，提出了自己獨特的自由論。福澤
論述了自由的「通義」和「職分」，俞則論述了權利的「自由」和「通義」（正
理），並用權利論代替了福澤的自由論，對「通義」的意思也進行了不同的解釋。

> 夫人民之權利謂其自由與通義。……自由是謂隨其心之所好從何事亦無窮屈
> 拘礙之思慮，然絕非任意放蕩之趣意、非法縱恣之舉措，亦非不顧他人之事
> 體自逞自己利慾之意思。乃敬奉國家之法律，自持正直之道理，以自己應行
> 人世之職分，不妨害他人亦不受他人之妨害。其為所欲乃自由之權利。通
> 義，一言以蔽之，乃當然之正理。……**千事萬物遵其當然之道，不失其固有
> 之常經，自守相稱之職分，乃通義之權利。**（《見聞》，109）

　　俞接受了福澤對「自由」的解釋，但沒有採用他對「通義」的解釋。俞認為，
「通義」意味著「當然之正理」。「敬奉國家法律，以正直之道理保全其身，履行

---

[17]　《西洋事情外編》卷 1〈備考〉及《西洋事情二編》〈例言〉，《福沢諭吉全集》第 1 卷（東京：岩波書店，
1958），頁 290、486-487。

人世間應盡的職分」是行使「不妨害他人也不受他人妨害」的「自由之權利」的條件。「通義」是指「守當然之道,不失固有之常經,自守相稱之職分」,這是一個與「職分」相關的概念[18]。

參照福澤(伯頓)的自由權思想,俞指出「自由與通義之權利,乃普天率土億兆人民同有共享者。各人各各其一身之權利,乃與其生俱來、持不羈獨立之精神,不受無理束縛,不受不公阻礙」(《見聞》,109-110)。可以看出他強調「各人」「一身」的權利和自主精神,此外他還強調法律和道理在規範個體權利方面的作用。

> 自由與通義乃人生之不可奪、不可撓、不可屈之權利。然恪遵法律、以正直之道理飭其躬,然後保有天授之權利享受人世之樂。愛惜自己之權利者,無不顧護他人之權利不敢侵犯。若侵犯他人之權利,法律之公平之道必不許是,亦以其侵犯之相同分數,亦剝奪其犯者之權利。……虧屈其自毀者之權利之道,唯法律獨有其當然之義。無法律之公道而行權利之予奪者,可謂權利竊盜,亦可謂仇敵。然過用自由則近放蕩,故以持通義操縱控均適其度。自由比之良馬也,駕馭若失其道,則脫羈靮,層生斥馳之氣習。故以通義作其羈靮,駕馭之道在法律。是以通義隨事物之情況,自在各人之分限者也。
> (《見聞》,113-114)

「自由」「通義」的權利是在「法律之公道」與「正直的道理」的規範下限定「各人之分限」後才能享受到的。「通義」作為以「各人之分限」為前提的「當然之正理」,限制自由的放縱,而法律則引導自由與通義。法律如果不起作用,通義也無法有效。作為天賦權利的自由和通義要在「法律之公道」和「正直的道理」的作用下才能實現。

俞吉濬將通義分為「無係之通義」與「有係之通義」。「無係之通義」是指「屬於一己之身而與他人更無關係者」,是「屬於人的天賦,無論天下之何人,於世俗內與人交際者抑或處世俗之外獨立無伴者皆可達到之正理」。「有係之通義」是指「居於俗世,與世人交往並互相關係者」,在世俗的交際中無關各人一身之職分,以法律干涉「世俗交道之職分」的正理(《見聞》,110),是一個與「處世之自

---

[18] 「通義」是儒教經典中的詞語。《孟子》中有「故曰,或勞心,或勞力;勞心者治人,勞力者治於人;治於人者食人,治人者食於人;天下之通義也」(《滕文公章句上》),被認為是與職責意識相關的普遍原理、共通原理的意思。俞的「通義」概念與孟子所論述的概念相關。

由」相關聯，設想了與各人「相與」的「人世」的概念。俞期待人民不僅僅是「各人」，同時還是作為社會性的存在踐行「人民的邊界」，經營「自主的生計」，具備經濟獨立能力的、有自主性的人。為了實現人民自主性的啟蒙（知識教育）是向文明社會進步的關鍵。

然而，俞並沒有給予自主的人民成長為政治主體的餘地，他還否定了總統制（《見聞》139-140）。他認為人民受君主的恩惠，必須對君主盡忠，應該順從於代替君主統治的政府，人民有義務納稅（《見聞》第 12 篇）。「人民」一方面作為與文明社會相適應的近代化個體，被賦予享有自由與權利的可能性，另一方面又作為傳統的「民」的延續，是統治的對象，與傳統的「國家」相連接。

五、「人世」與「交際」

俞的目標是建立一個受法律約束，以君主制和儒教倫理為支撐的社會。他同伯頓和福澤一樣用「人世」的概念對人民交際的社會進行了闡釋。伯頓和福澤對社會闡述如下：。

> In all societies of human beings there are **common peculiarities of character, and of habits of thought and feeling,** by which their association is rendered more agreeable. There are, however, diversities of disposition, and inclinations to peculiar convictions, which have a tendency to separate mankind. It is everywhere admitted, that **society** only can exist if **individuals** will consent to exercise a certain forbearance and liberality towards their fellow-creatures, and to make certain sacrifices of their own peculiar inclinations. Thus only can the requisite degree of harmony be attained. *(PE, 3)*
>
> 億萬人民，雖因其性情相同故，交際之道得以行於世而無妨，然每人想法各異難求一致，是故欲成就人間之交（際），唯有互許自由、相互忍耐，時而屈己從人，彼此相平均始可存好合調和之親。（《外編》，391）

從福澤將「society」譯為「人間的交際」可以看出他對社會的理解。不同於伯頓將社會理解為「擁有共通的特性、共通的思考、情感習慣的領域」，福澤對社會的理解更注重人的本性的共性和個性達成調和的「人（與人之）間之道」和「人（與人之）間的交際」。福澤還經常使用表示人與人交際範圍之意的「世間」一

詞。然而「世間」也是對「the world」的翻譯，並不特指「society」。

福澤認為經營「人間交際」、「交際之道」的主體是自主營生的獨立的人。「人間交際（社會）之大本」是「自由不羈的人民相聚集，勞心勞力，各從其功得其報，遵守為世間一般人們所設的制度」（《外編》，393）。福澤將自主的個人（individual）譯為「自由不羈的人民」。受伯頓的相互扶助觀念的影響，福澤提出，「論及本來人之大義，人人互謀其便利為一般他人而勤勞，守義氣知廉節，按勞取酬，不羈獨立，以此處世，始得交際之道之成就」，而「交際之道」的施行需「修德行，守法令」（《外編》，393-394）。由此可見，相比於社會本身，福澤的「人間的交際」一詞更重視人際關係。

「人間的交際」是從家庭生活中類推而來的。福澤（伯頓）認為「人間的交際（social economy）以家族為本」（《外編》，390：PE，2）。俞也提出：「個人各從其趣意謀一己之利，一人之力難及其成，結交他人而成事者多」、「世人結交之道，比之家族間的親密慈情，固有彼此之差別，亦能緩急相救、憂樂與共，以飾現世之光景，保大眾之福祿。」（《見聞》，133）。與「親密慈情」的家族不同，雖有彼此之區別，但通過與他人的交際能成就「一己之利」。俞設想的正是這種相互扶助的「人世」，即「互資其虧乏，交換便利」的「人世」（《見聞》，357）。

然而，他們對於國際社會的定義卻不同。福澤（伯頓）在〈各國交際〉（Intercourse of Nations with Each Other）篇中言明，歐洲國際社會是「有力者變非為理，無力者常受其害」的權力政治世界。而且在歐洲國際社會，各國交際的狀態是「往古夷民互爭匹夫之勇」，「至文至明」之國之間亦兵戎相見，招致大禍亂亂，「實令人長歎」（《外編》，411）。

> 受文明之教者皆知戰爭乃凶事，勉力避免，然與外國之交則不然。或有好事者煽動人心，或其君主貪圖功名、野心勃勃之好戰者甚多。故方今歐羅巴諸國，雖以禮義文物自誇，其爭端未曾有止。今日稱文明開化之樂土，明日或將成曝骨流血之戰場。（《外編》，413）

這是二元地把握國內秩序和國際秩序的近代政治邏輯。福澤準確傳達了伯頓的看法。福澤在《概略》中也談到了霍布斯式的國際社會觀。

但俞沒有採取〈各國交際〉篇中對國際社會的論點，而是提出了自己的看法。「（村家）比鄰結友睦信義，通資益便利助成**人世之光景**。雖因物之不齊諸人必有強弱和貧富之差異，但各立其一家之門保守平均之地位，皆為以**國法之公道**來保護

人之權利」（《見聞》，88）與通過「信義」和「便利」經營「人世的光景」（人際交往）一樣，俞設想了比鄰之國在萬國公法的約束下行使主權進行「邦國交際」的國際社會。

> **邦國之交際亦以公法來操制，若以天地無偏之正理行一視之道，則大國亦一國，小國亦一國。** 國之上更無國，國之下亦無國。一國之國之權利以彼此同然之地位不生分毫差殊。是以諸國以友好之意、用平均之禮互換條約，交派使節，不立強弱之分別，相守其權利不敢侵犯。若不敬他邦之權利，是自毀自己之權利。故謹慎自守之道不損他人之主權緣由也。（《見聞》，88-89）

以「友睦信義」「資益便利」創造出的「人世的光景」和「友和之意」、「平等之禮」創造出的「邦國的交際」是相通的。在朝鮮主權遭受侵犯之時，俞提出了普遍主義的萬國平等觀和萬國公法觀。「公道」、「正理」是小國對抗大國的依靠。「國法的公道」、「天地無偏的正理」是約束國內・國際交際的普遍原理。俞的萬國平等論為了對抗清朝利用朝貢體制和條約體制二者來將朝鮮屬邦化的意圖、以保護主權的主張[19]。

俞所設想的「人世」是一個人民在保持「交道」的同時締結「信義」，在遵守「國法」的同時謀求「便利」的社會。「人世」從俞的如「人世的公共大裨益」、「人世的普同（普遍）利益」等表達來看所述，與福澤的「世間」一詞也不是沒有相通之處。然而從俞的「以匹夫之私力不能成之者，必得公眾共同尊之」（《見聞》，263）、「以國法之公道護個人之權利」（《見聞》，88）等描述來看，作為社會的「人世」還具備受「公眾」制定的「國法」的制約的一面。俞的「人世」概念設想了一個受法律和道理約束的「人間的交際」。法律是「操縱其競爭、宰制習尚、明定無相犯之界限、嚴立無相奪之科條、正倫紀、糾俗趨」的「維持大眾秩序的工具」（《見聞》，262-263）。

> 世界無論何邦，無論其智愚等級之高低，各各有其相稱之法律保守維護人民之相處之權利。其道之善與否亦且隨其智愚之等級。基礎於自然之道理立人世之綱紀同然者也。然以古今變遷之時代與彼此殊異之風俗起隨應衡度各自

---

[19] 《西遊見聞・邦國的權利篇》底稿版中的「國權」表明了現實主義的國際政治觀。可見其深受福澤影響。然而，〈邦國的權利篇〉全文貫穿著基於普遍思維的國際社會觀念。

便利之關係，各國不齊與地方參差自生也。推究法律之本意，在勸正直之道、平抑冤之事。若無與眾各各立其相等地位相司職，則是非之分辨與善惡之褒懲，即在一人之干涉或任從自己主見或可。（《見聞》，262-263）

從「人民相與之權利」「人民相與之間」「大眾相與之道」的表達中可看出，俞設想的是人民「相與」的平等社會。作為人民集合體的「與眾」，擁有著「相等」的地位「相司」職。「相等」「相司」「相與」均表示交際的平等性和相互性。當「相稱的法律」規範人民的社會關係時，平等的社會才得以形成。也可以說社會建在交易的原理之上。俞所考慮的個人-社會關係是一種通過遵守社會規則而獲益的交易關係。

六、「邦國」與「國家」

俞尋求一種能夠承受 19 世紀 80 年代「改革開放」脈絡的主權國家和政治體制。從俞對「邦」與「國」、「邦國」與「國家」的用法中可以看出他的國家論的特點。俞將「邦」和「國」區分使用。「邦」是在假設與外邦的關係時，是具有對外主權的主權體；「國」則是在解釋君主、政府與人民的關係時使用，是指行使「國所以為國之道理」的、與對內主權相關的政體。「國」是指「一族人民據有一幅大地，擁有同樣的語言、法律、政治、習俗和歷史，又服從於同一個帝王和政府，共同承受利害與治亂者」（《見聞》，303）。與對外關係相關的「邦」則是在對內關係中「國」具備了「國所以為國之道理」後才能夠成立。

一國之主權，不論形勢之強弱、起源之善否、土地之大小與人民之多寡，但依其內外關係之真的形象斷定。天下無論何邦，不犯他邦之同有之權利時，以獨立自守之基礎自行其主權之權利，則**各邦之權利**由互係之職分之同一之景象，立其德行及習慣之限制。如此，**歸屬邦國之權利**為實現**國為國之道理**，乃其現體之緊切實要也。（《見聞》，86-86）

「邦國」和「國家」分別與「邦」和「國」對應關聯。「邦國」是指「一族人民割據一地之山川建立政府，不受外邦管轄者」，人民服從於掌握大權的君主，聽從政府的指示。與自主的一家族不允許其他家的干涉、自由的一人不受他人指揮一樣，「邦國」擁有不受外邦管轄和指揮的主權（《見聞》，85）。「邦國」雖然也有

與「國家」的意思重複的情況，但總體來說是在思考能夠承擔主權國家體系的國際社會的主體時使用的概念。

「國家」概念是在討論國內社會中為人民的政治、政府與人民的關係、以及為實行民本政治的政府的作用與職能時使用的。「國家」一詞出現在在談論政治體的性質、君主、政府、人民的職分和作用時。「國家」是人民在固守「國」、踐行道理時，服從君主遵從政府保護一國的體貌，維持民的安寧時得以成立的。「邦國的權利」設想的是對外主權，「國家的權利」則理解成為「國所以為國之道理」。俞指出「邦國之名」要想得以成立，首先應該讓「國家」正確地建立起來（《見聞》，91-92）。「國家」指的是宗廟社稷或以君主為中心的統治集團，包含著傳統意義上的國家概念。《見聞》中「邦國」一詞出現四十多次，而「國家」一詞則使用了超過一百三十回，可見傳統國家觀念十分強大。

原本在中國古代，「邦」是與天子國相對應的諸侯國，而「國」是將武裝城邑的「或」用「囗」包圍起來的、通過氏族的結合誕生的大邑，指的是社稷王朝。「邦國」是「邦」的意思，「國家」則是治理「國」的王朝社稷的意思。然而「邦國」和「國家」在被納入主權國家體系時不可避免地發生了變化。「邦國」作為「state」的譯詞被採用，「邦國」的用法在丁韙良翻譯的《萬國公法》（1864 年）和《富國策》（1880 年）中也可看到。在幕末日本，「state」的譯詞有「國」「國家」「邦國」「政府」等很多種，但進入明治時代後譯成「邦國」的情況居多。中村正直的《自由之理》（1872 年）和內田正雄的《輿地志略》（1870-1877 年）中均有出現。福澤的三部作品中沒有採用「邦國」而是使用了「國」一詞。「國家」一詞僅偶爾使用[20]。「國家」給人以幕府很強烈的專制政治的印象。這或許也是「邦國」作為「state」的譯詞流傳開來的原因。「邦國」一詞隨著天皇制國家的形成，被「國家」取代。

俞將「邦國」和「國家」放在一起使用，顯示了開港期秩序變動的情況下兩種國家觀念共存的狀態。在作為「邦國」的對內基礎的「國家」及其主體的君主的理解上，可以看出俞的國家論的獨特性。俞以《外編》卷 1 的〈論政治之本〉為底本，談論了君主制的出現過程。他參照福澤（伯頓）的看法論述了君主制的來歷，即從推舉心力強大者成為酋長，漸漸地發展成推舉賢者成為君主，最後根據血統來繼承王位和世襲君主制。但是，他卻沒有採用福澤的以下論述。

---

[20] 縱觀《西洋事情》全編，「國家」一詞僅出現6次，〈勸學篇〉中有兩次使用「天下國家」，《文明論之概略》中則完全沒有使用。

> 起立國君雖其情形曖昧，然數百年間世世相傳自取之門閥之名，且立牽強附
> 會之說欲益耀其威光，或稱其為天與之爵位。及至近世，隨其歷代愈久，其
> 位愈固，不易動之。若強動之，則國之制度須共其變動。抑或一國之內人物
> 眾多，則有不妨不拘門第舉才德者為君以施國政之理，然若以立君之制度治
> 國，莫過於奉國內人望之名家之子孫，恰以其為**家族之總名代**立於君上之位
> 以維持人心。此所謂**理外之便利**者。（《外編》，417）

　　福澤指出，世襲君主制是在數百年間的「門閥之名」和「天與之爵位」中獲得
權威，成為無法撼動的勢力，而擺脫門閥，選出得人心的名家的德才之人作為「總
代理人」（「總名代」）的選舉君主制是「理外之便利」。俞去掉了這一段論述，
添加了一段支持君主制、批判總統制的論述取而代之。

> 若有以一朝之愚見動搖萬世之大基者，不止紊亂政府之法，不免犯逆臣無君
> 與無父悖子之罪。卻夫人民眾多，則必有其才識德望足以統禦一國者。故有
> 選擇合眾國之大統領之法。泰西學士中有倡可取用其法之議論者，此事勢未
> 達，風俗甚昧，不及童穉之戲談，且政府初始之制度，彼此有殊異，主倡此
> 議者可稱帝王政府之罪人，難逃其責。然故帝王政府之人民，辯駁如彼愚妄
> 者之庸議，固守其政府之世傳之規模，舉國中賢能者任用政府之官吏，安保
> 國人之生命與產業，以一定之法律以享受泰平之樂，可萬世奉守先王之創業
> 之功德。（《見聞》，139-140）

　　俞批評稱，總統制不適合朝鮮的「事勢」和「風俗」，擁護總統制不過是「一
朝之愚見」、「愚妄者之庸議」，他並不認同福澤的「一國之內人物眾多，則不拘
門第舉才德者為君」的觀點[21]。同時他也排斥選舉君主制，支持世襲君主制，指責動
搖「萬歲之大機」即世襲君主制的人是「逆臣」、「悖子」、「帝王政府之罪人」。
　　俞並沒有在意統治國家的君主的權威和權力的淵源及其正當性問題，他僅討論
了受君主委任來營運國家的政府的作用與職能、政府和人民的關係。俞大幅改寫了
福澤（伯頓）的政府論。

---

[21] 在19世紀80年代的朝鮮，有關美國總統制的資訊和對美的有利觀點通過《海國圖志》等書籍傳播開來。可見俞是
在考慮到這一點對總統制進行了批判。

政府體裁雖各各相異，其大趣意如前所云，不外唯集人心恰為一體，為眾民謀便利者。示國政之方向、正順序之事，非一二君相或議政官之手難行，故不可不集人心為一體。謀眾民之便利，人心若不一致，有害眾利寡之患，故此亦政府不可不自上處置。本來諸國立政府國民所以仰之支持之，其趣意只在國內一般蒙其德澤，為政府者，若不為國民謀利，則可謂之有害無益之長物。就中職分之最緊要之一大事，在**平法正律**，是即安人民之生，得自由，得保私有之物之所以。故若施政主誠實，不失公平，假令有一時之過失，不可不尊奉其政府。（《外編》，417-418）

大槩政府初始之制度，或傳於帝王，或傳於大統領，其關係最大者，在於合人民之心成一體，以其權勢**保守人之道理**。故其重大事業與深遠職責，不出於為人民圖謀與保全其泰平之福基。指授國政之方向、遵定次序之權，若不在人君與大臣、及其輔弼參佐之手中，則難行者多。然若人民無有其權，在上位者不能成眾心為一體。……以眾人之議論為公平（之論），渾同汗漫之人民同執政府之權，奈何其可哉？國家設政府之本意在於為民，人君命令政府之大旨亦為人民。人民敬奉政府之事與仰望之願，欲一體均被其德化與恩澤之公平也。則若政府者背棄人民如此誠意與如此希圖，其發行政令與施用法律，失大公至正之原理，則世間一有害無益之長物也。（《見聞》140-141）

福澤（伯頓）主張設置政府的目的是實行「人心一體」（a concentration of the national will），提高「眾民之便利」（public benefit）。俞將其改寫為不僅要讓人民「合心一體」實現「眾心之一體」，而且要在此基礎上憑藉政府的權勢**保守「人之道理」**，他將謀求「眾民之便利」一句替換成保守「人之道理」。福澤從「國民的利益」角度來把握政府的「德澤」，而俞則從「人民的誠意與期望」的觀點說明政府的「德化與恩澤之公平」。福澤將「人心一體」放在多數與少數的利害關係層面，而俞則從強者與弱者的利害關係層面看待它。俞理解為了秩序需要實現人心一致，但他否定人民的政治參與，因此特地加上一句「以眾人之議論為公平（之論），渾同汗漫之人民同執政府之權，奈何其可哉？」。他描繪的政府與人民的關係，是政府向人民佈施「德化」和「恩澤」，人民帶著「誠意」和「期望」來「敬奉」和「仰望」政府。政令和法律的公正性是建立在這種政府與人民的關係之上的。可以說這是儒家民本主義的變相。

七、結語　自主開化和「變通」

　　《西遊見聞》一書是俞吉濬為實現文明社會、維持社會秩序所做的規劃。19 世紀 80 年代俞吉濬通過福澤諭吉接觸到了蘇格蘭啟蒙思想。俞並沒有單純祖述福澤的學說，而是對福澤的文本和概念進行了取捨，同時也加入了自己獨到的見解加以改寫。由此他主體性地接受了蘇格蘭啟蒙思想。他一面夢想實現一個體現了「人生的便利」、「公共的裨益」且依法律維護秩序的文明社會，另一面又想通過保全世襲君主制和儒教道德來應對國內秩序的急劇變化。

　　俞對近代文明的態度不僅僅停留在單純的吸收（「虛名開化」），而是基於朝鮮實際情況的改造（「實狀開化」），即自主開化。自主開化的核心是維持君主制制度。俞構想了一個以法律維持秩序的社會，但法律權力的本源在於擁有「最上位」、「最大權」的君主。君主是社會秩序的終極之源。人君立於民之上為人民設立政府，擁有為天下謀太平的統治權；人民為人君盡忠，遵從政府的命令是「人生的大紀」，它「與日月同輝，與天地共長久，絕非人力可遷動者」。君主制是不可撼動的制度。「開化」並非單取他人之長，同時是保守・補充自己的善美之處（《見聞》，381），政府的時務也應隨時事之變而「變易」、「變通」。

　　「變易」、「變通」的方法是「修改」、「潤色」和「得中」。俞提出，法律應依照「國人習慣」、「古風舊例」來謹慎地「修正」（《見聞》，270），為了不讓人民「無係的自由」淪為禽獸的自由，需要對法律進行「潤色」（《見聞》，118）。推行「開化」必須抱有「過猶不及」和「得中」的邏輯。俞認為「若妄信紙上的空論喜新奇捨其舊，此乃極度輕忽之舉」（《見聞》，269）。俞吉濬的開化思想也可以說是表明了他的與 19 世紀 80 年代的開放、改革脈絡相對應的實學精神與保守精神。

第十五章
近代中國對法理學的接受與展開
——梁啟超對中國「自然法」的「發現」

李曉東

一、作為「文化運動」的「法學」

　　從制度的近代化來說，近代東北亞對西方的接受，其課題無疑就在於如何確立立憲政治。對近代西方的法的接受不僅僅停留在狹義上的編纂近代法典，它同時意味著接受包括近代法的思維方式的廣義上的「法學」，因此，接受近代西方的法的過程本身就是一種文化運動。法的近代化可以說是一個新舊更替的過程，但是這一過程顯然絕非無視本土的文化與傳統而單純地以新換舊，作為文化運動，圍繞新舊法之間的交鋒和對話不僅在中國，在更早些時候的近代日本也同樣能夠觀察得到。

　　1890 年明治日本公佈了民法典（通稱「舊民法典」）。它的編纂是在法國的法學家博瓦索納德（Gustave Émile Boissonade de Fontarabie）主導下進行的。然而，法典在要施行時卻引起了很大的爭論。主張延期施行法典的人認為，由外國人起草的法典沒有充分考慮到日本固有的文化和習慣，特別是對法典具有的近代家族法的性格，法學家穗積八束（他後來成為戰前日本家族國家觀意識形態的代表人物）更是在他題為〈民法出而忠孝亡〉的文章中批判此法典為：「視三千年來的家制如敝屣，雙手相迎極端個人本位的法制」[1]。他的論調代表了「國粹派」的心情。結果，在一片反對聲中，民法典不得不延期實行。八束之兄，同是法學家的穗積陳重也加入到此爭論中來，與八束不同的是，他從法理學的角度把爭論的性質比作德國的自然法學與歷史法學之間的爭論，他從歷史法學的立場出發，強調國民感情的重要性，主張「法律制度不能沒有歷史」。法典的施行延期後，他被指定為新民法的起草者之一。

---

[1] 星野通編著，《復刻增補版　民法典論爭資料集》（東京：日本評論社，2013），頁 84-85。

　　類似明治日本的爭論在中國同樣也可以觀察到。1906 年，在清末的法制改革過程中，由沈家本和伍廷芳等人制定了《刑事民事訴訟法》草案。這個草案很快引起了「法理派」與「禮教派」之間的對立，雙方圍繞「正當防衛是否適用於子孫受到尊親屬侵害的場合」、「無夫姦應否定罪」等問題展開了激烈的爭論。法理派認為，以長輩對子孫的教令權來限制正當防衛的權利，以及將非婚男女之間的性行為治罪等舊律都是家族主義的產物，與近代國家原則不相容。而將舊有的刑法近代化與西方各國並軌是爭取改正不平等條約、廢除領事裁判權的必要條件，因為西方各國認為中國舊有的刑法是非文明的。相對於此，禮教派雖然同樣認為引進西法對積弱的中國是不可或缺之舉，但他們主張應該立足於中國的習俗來立法，二者圍繞著傳統的禮教展開了辯論[2]。

　　以上中日在接受近代西方的法的過程中引起的爭論不能單純地把它理解為近代與傳統、先進與落後之爭。可以說，在接受西方的過程中，如何保持本土的歷史和文化是知識人的共同課題。同時，需要注意的是，無論傾向傳統還是近代，他們在編纂近代法典這一目標上是一致的，法律的近代化對於他們來說已是不可動搖的前提。

　　清末圍繞刑事訴訟法爭論的 1906 年，在近代中國的政法史上是不尋常的一年，這一年清廷發佈了「預備立憲」的詔敕，正式開啟了近代的立憲進程。也是在這一年，梁啟超寫就了〈中國法理學發達史論〉（以下簡稱〈發達史論〉）的長文[3]。梁啟超從法理學的角度對中國的法的歷史及傳統進行考察，探討了禮與法、自然法與實定法、以及近代的法意識與傳統的關係。〈發達史論〉可以說是中國法理學的濫觴。

　　梁啟超在變法失敗流亡日本後，他作為言論領袖始終引領著清末關於憲政的討論，其著述活動始終與同時代的政治現實緊密相關，可以想像，作為一位對現實政治十分敏感的政論家，梁啟超創作這篇長文顯然與這一年的預備立憲和法典論爭密切相關。

　　從文章內容可以看出，梁啟超的文章是直接受到日本法學家穗積陳重在同年年初發表的題為〈禮與法〉論文的啟發的[4]。事實上，〈中國法理學發達史論〉的

---

[2]　有關這個論爭的詳細情況及其分析參見梁治平，《禮教與法律——法律移植時代的文化衝突》（廣西：廣西師範大學出版社，2015）。

[3]　梁啟超發表的除了〈發達史論〉，還有〈論中國成文法編制之沿革得失〉，據他自己說明，後者原本是作為前者的附錄而作，因過長且討論超出了法理學的範圍，才將二者拆開，各自為篇。

[4]　陳重的論文發表在《法學協會雜誌》第 24 卷第 1、2 號上，出版時間分別為明治 39 年（1906）1 月和 2 月。

「法理學」一詞譯自 Rechtsphilosophie，這一譯詞本身就出自於穗積陳重之手。對於他來說，法理學與「法哲學」並不同義，後者是一個專業領域，而法理學作為廣義上的「法學」，是各個領域的實踐法學（如憲法學、民法等）的前提[5]。在〈發達史論〉中，梁啟超也正是在此意義上展開他關於中國法理學史的討論的。文中，他不僅直接引用了穗積陳重的論述，更重要的是，文章的視角與討論受到了穗積陳重的〈禮與法〉的很大啟發。「自然法」一詞可以說是貫穿了文章的關鍵詞，梁啟超明確地在自然法的基礎上系統地討論了中國的法治問題。本文將以梁啟超的〈發達史論〉為中心，考察梁啟超是如何借鑒穗積陳重的研究，並通過西方近代自然法的視角來把握中國的法理學的，以此探明梁啟超從法理學角度對中國法治的思考。

二、西方的自然法與中國的課題

（一）自然法與法實證主義

自然法之所以重要，是因為近代自然法在西方近代的立憲主義中具有重大意義。以近代立憲主義為前提的近代主權國家由獨佔政治權力的國家和自由權利受保障的個人這兩極結構構成，採用權力分立制就是為了防止濫用權力和保障個人的自由權利。1789 年法國人權宣言指出：「凡個人權利無切實保障和分權未確立的社會，就不擁有憲法」，它充分體現了近代立憲主義的這一特徵。法的作用就在於保障國民的自由和權利。但是，法是在政治權力的主導下由立法者制定的，為此，如何排除權力者的恣意性便成為了課題。針對這一課題，自然法思想扮演了重要角色，現實的政治社會中的實定法被置於自然法之下，自然法作為實定法的正當性的根據，對實定法起到制約作用。

西方的自然法思想可以上溯到古希臘的斯多噶學派的哲學，其代表人物澤農（Zenon）從泛神論的立場出發，主張世界與神為同一實體，神是世界之靈，世界是神之形。而將宇宙、世界統一起來並統治它的是作為必然法則的理性（logos）。這裡所指的理性並非人的理性，而是與神相聯繫的客觀存在的統治世界的法則，人類只能部分地擁有這種理性。同時，自然是這一理性——必然法則（logos）——的顯現。自然作為統治整個宇宙的理性的具體體現，對於人類來說就是規範

---

[5] 內田貴，《法學の誕生——近代日本にとって「法」とは何であったか》（東京：筑摩書房，2018），頁168。

（nomos），人類遵守這一自然的理性被認為是美德和正確的生活態度[6]。以上的斯多噶哲學由於其主知主義的性格而與現實的政治社會脫節，但其自然法思想則通過羅馬法中的萬民法被運用到現實的政治社會中。到古代世界末期，自然法進一步與基督教相結合，確立了神的秩序對現實世界秩序的優越地位。13 世紀的湯瑪斯·阿奎那（Thomas Aquinas）將體現神意的永久法和與永久法相連接的自然法與由人制定的實定法相對置，主張與自然和神相通的恒常普世的自然法對實定法的制約性。而到了17 世紀的格勞秀斯（Hugo Grotius），近代自然法在繼承了古代自然法的同時，實現了質的轉變。格勞秀斯切斷了自然法與神的關係，他認為即使不依賴神，人也可以通過自身的理性來「發現」自然法。由此，自然法從超越的神性中得以獨立出來。自然法儘管不再具有神性，但它作為普遍適用於人類的價值，是比實定法更高層次的規範並對實定法具有制約性這一點並沒有改變。可以說，英國的霍布斯（Thomas Hobbes）和洛克（John Locke）也正是在自然法思想基礎上構建起了以社會契約論為特徵的西方近代政治原理。

然而，18 世紀後半期始，自然法論開始受到法實證主義的批判，到了 19 世紀，法實證主義取代了自然法論獲得了壓倒性的優勢。西方法思想史中此二者間的對立結構一直延續至今[7]。

自然法論與法實證主義因時代與論者的不同，見解亦是多種多樣，各有不同，但是二者間的爭論可以說凸顯了法與權力、以及法與道德的關係的根本問題。

首先是圍繞著法與權力的關係問題。在為了防止權力與權力者的恣意性，需要對權力（者）進行制約這點上，自然法與法實證主義是一致的，但是二者提出了截然不同的方法。自然法將實定法置於自然法這一具有超越性和普世性的正義與道德規範之下，通過自然法來制約法的制定，將自然法作為批判實定法的依據。近代以後的自然法論當然已無法再通過神或自然來將自然法的超越性和普世性正當化，而是通過將人權觀念等道德原則作為超實定的原則將它置於實定法的上位來約束它，但二者在思考的結構上是不變的。

相對於此，法實證主義則認為自然法的內容因其終究不過是人的主觀願望或政治意識形態，很容易為權力者所利用，因此他們拒絕在實定法之上設定道德規範加

---

[6]　福田歡一，《政治學史》（東京：東京大學出版會，1985），頁 58。

[7]　有關自然法與法實證主義關係的研究，本文參考了漢斯·凱爾森（Hans Kelsen）著，黑田覺·長尾龍一譯，《自然法論と法実証主義》（東京：木鐸社，1973）；阿南成一等編，《自然法の復権》（東京：創文社，1989）；阿南成一等編，《自然法の多義性》（東京：創文社，1991）；田中成明等著，《法思想史（第二版）》（東京：有斐閣，1997）；青井秀夫，《法理學概說》（東京：有斐閣，2007）等研究。

以限制，主張排除一切針對實定法的倫理上和政治上的價值判斷，強調法的客觀性與純粹性。但是，這種「惡法也是法」式的論斷同樣招致許多批判，例如，有批判認為，法實證主義將政治統治的正當性單純地歸結為合法性，也就是說，合法的統治僅通過法這一技術性手段就可得以保證其正當性，這種僅從表面的國家功能來判斷統治的正當性是危險的[8]。

　　總之，法實證主義在指出了自然法存在的問題的同時，其自身的主張中也存在著陷阱。如何通過法有效地限制權力者的恣意性，實現社會正義可以說是個永恆的課題。

　　第二個問題是關於道德與法的關係上的對立。自然法通過將實定法置於彰顯正義的道德規範之下而對實定法形成制約。例如，在阿奎那看來，理性的規則是正義的保證，而理性的首要規則就是自然法，他說道：「由人制定的所有的法，只要它們是由自然法中導出的，可以說就具有法的本質（ratio legis）；相反，如果它在某點上偏離了自然法，就不再是法，而是對法的歪曲（coruptio legis）」[9]。其後的17、18 世紀的自然法思想更是設定了人類社會的自然狀態，從自由的角度來理解權利觀念，賦予人格的自由以道德價值。這種近代自然法思想最終成為現代對人權規定的基礎。

　　相反，法實證主義則站在實定法一元論的立場上批判自然法，最具代表性的當屬凱爾森（Hans Kelsen）。他從實證主義與價值相對主義的立場出發，認為自然法試圖從自然或神等自然的存在中導出具有絕對性和普世性的正義規範，但被看作是絕對規範的具普世性的自然法，其內容實質上不過是人的主觀的價值觀乃至政治意識形態的產物。可以說，這一批判是對自然法論的根本懷疑。凱爾森嚴格區分道德與法，拒絕將自然法和道德權威作為法的效力根據之源。他從法工具主義立場出發，將法秩序去價值化，把法看作是特殊的社會技術。凱爾森提出「根本規範」來取代自然法，所謂根本規範，在他看來就是「『歷史上最初的，大致要求依據具有實效的憲法行動、並依此對待人們』的規範，不問依此憲法樹立的法秩序是否合乎某種正義的規範」[10]。根本規範賦予實定法以妥當性，它規定實定法的效力的根據，但不規定效力的內容，在考慮實定法的效力時將正義規範置之度外。同時，對

---

[8] 夸克（Jean-Marc Coicaud）著，田中治南、押村高、宇野重規譯，《政治的正當性とは何か》（東京：藤原書店，2000），頁 49。

[9] 湯瑪斯・阿奎那（Thomas Aquinas）著，稻垣良典譯，《神學大全》（東京：創文社，1977），卷 13，頁 94。

[10] 凱爾森（Hans Kelsen）著，黑田覺、長尾龍一譯，《自然法論と法實証主義》（東京：木鐸社，1973），頁153。

凱爾森來說，權利亦非個人先天擁有，它不過是作為法的唯一根本功能的法義務的反映而已[11]。

以上自然法與實定法之爭所反映出的法與權力的關係和法與道德的關係的問題貫穿於西方的法思想史中，它同時也是政治社會普遍要面對的問題。事實上，在中國的法與政治傳統中也同樣貫穿著這些問題。也同樣能夠觀察到類似於西方的自然法與法實證主義之間的對立。

（二）中國法傳統中的儒家與法家

在先秦的諸子百家中，關於法的看法，最為耳熟能詳的對立莫過於儒家與法家之間的對立了。《論語》中的「道之以法，齊之以刑，民免而無恥；道之以德，齊之以禮，有恥且格」的論斷最具象徵意義。在重德治還是重法治、是以禮還是以刑來規範人的行為等問題上，儒家與法家在理念上迥然不同。

從現代的法治觀念看來，一方面，在儒家的「有治人，無治法」的德治傳統中，法律絕無至高權威性；另一方面，法家雖然主張法治，但其主張的法治只是君主統治的工具，同樣不具有法的至高權威，對君主權力的制約，只能期待他們的「自禁」。不過，儒家與法家相比，在梁啟超看來，儒家視野下的君主權力要受到「天視自我民視，天聽自我民聽」、「民貴君輕」的民本思想的約束，而這些政治道德上的要求又與「天」相連，成為約束天子，課天子以義務的具超越性權威的價值理念，這一點，與法家將法作為工具的法一元主義形成了鮮明的對比，頗類似於西方自然法與法實證主義間的對立結構。

然而，在歷史上的現實政治中，儒家與法家、禮與法之間卻絕非水火不容，毋寧說二者的結合在法制史上已是共識。如瞿同祖認為，儒家以禮入法的企圖在漢代就已經開始。漢代的法律雖然是由法家所擬定的，但儒家通過對法律的注釋和以儒家經義來決獄開啟了法的儒家化之端[12]。陳寅恪更是指出，「李斯受荀卿之學，佐成秦制。秦之法制實儒家一派學說之所附繫」，特別是晉以後，「法律與禮經並稱，儒家《周官》之學說悉入法典」[13]。法家源自於儒家，儒家又通過法在現實中踐行其價值。儒家以禮入法，以董仲舒的「春秋決獄」最具象徵意義。董仲舒以儒家經典《春秋》為標準來決獄，溝通德治與法治，融儒法兩家思想於一。他對後世

---

[11] 田中成明等著，《法思想史（第二版）》（東京：有斐閣，1997），頁185。
[12] 參見瞿同祖，《中國法律與中國社會》（北京：中華書局，1981）第六章及附錄。
[13] 馮友蘭，《中國哲學史・下》（上海：華東師範大學出版社，2000年版），頁440。

儒法之間的交融，形成中國獨有的「禮法文化」產生了很大影響。在這種法文化中，國家的法律並非裁判時的唯一標準，而僅僅是作為斷案標準的「天理、國法、人情」中的一環而已。這種禮與法的結合的法傳統從今日來看，帶來的結果是造成了「道德的法律化」和「法律的道德化」，前者引法律入道德，導致原本只是規範個人的外在行為的法律介入並約束人的內心，侵犯個人的內心自由；後者則會導致以道德的名義恣意地解釋法律，導致法的不安定性[14]，可以說，二者都意味著這種傳統的前近代性。那麼，儒家與法家是否可能在近代的前提下構成互補的關係呢？

論及此問題的是日本自然法論者的代表人物田中耕太郎。田中在梁啟超的《先秦政治思想史》中的討論基礎上提出：「（中國）要作為一個近代國家強大起來，就必須從法家思想這一古代的遺產中吸收必要的養分」[15]。在此，田中意識到的是法家的強調「標準」的法律觀、重視法的安定性、以及法的統一的思想。田中認為「法家賦予了法世界以特異的文化使命」，並肯定其意義。但田中同時也指出法家的問題所在：「它陷入了將法絕對化的法萬能主義。它不光主張法與道德之間的區別（Sonderung），更是主張二者的絕緣（Trennung）」[16]。田中認為，法家不考慮法的目的，一味強調法的安定性，「欠缺道義上的要求」，立足於機械的、唯物的人生觀。在認識到傳統法家具有正反兩面的基礎上，田中主張：「今後的問題要在於力圖儒家與法家、王道與霸道的兩個立場間的提攜與調和，且此種企圖並非不可能。這正是在法與道德、自然法與實定法之間架橋的法律哲學問題」[17]。

田中在中國的法傳統的基礎上提出了儒家與法家、道德與法、以及自然法與實定法之間的架橋問題。這裡的儒法之間的調和問題表面上看是中國法傳統中的儒法結合，但是，應該注意到的是，這一意義上的儒法結合與春秋決獄──依據儒家經典中的道德準則來斷案──的傳統的儒法結合有著本質的不同。田中提出自然法與實定法之間的架橋問題基於西方近代法思想的問題意識，它與傳統的「禮法文化」中的「道德的法律化」和「法律的道德化」是在本質上是不同的，它們之間的本質上的區別就在於田中所說的「架橋」是在近代的法治（rule of law）的前提之下來思考如何保持法的正當性的。

---

[14] 參見梁治平，《尋求自然秩序中的和諧──中國傳統法律文化研究》（北京：商務印書館，2013），第10、11章。同時，還可參照寺田浩明，《中國法制史》（東京：東京大學出版會，2018），寺田將傳統中國的聽訟中重視「情理」的法傳統稱為「公論型的法」，以區分與西方的「規則型的法」。

[15] 田中耕太郎，《法家の法実証主義》（東京：福村書店，1947），頁103。

[16] 田中耕太郎，《法家の法実証主義》（東京：福村書店，1947），頁95。

[17] 田中耕太郎，《法家の法実証主義》（東京：福村書店，1947），頁107。

同時，我們又不能忽視儒家自然法與西方自然法之間的共通性。即它們被置於現實中的政治權力以及在權力主導下制定的法律之上，對政治權力與法律起到了制約的作用。對於西方法實證主義中的將政治正當性簡單地等同於合法性的陷阱，自然法思想起到了有力的批判作用。在〈發達史論〉中，梁啟超正是通過「發現」西方的自然法來揚棄傳統法家的法實證主義，並在此基礎上展望中國的法治的。那麼，在文中梁啟超是如何認識中國傳統中的自然法的因素呢？

（三）丸山真男：作為「變革原理」的自然法

西方的自然法在其漫長的歷程中實現了由神性走向世俗化的質的轉變，發展成為構成西方近代政治原理基礎。相反，從近代的視角來看，儒家自然法思想及其思維方式在近代化過程中往往被看作是負面意義的傳統。

對於儒家的自然法，丸山真男曾指出它所具有的兩極指向性。即儒家的自然法對現實中的社會秩序起到兩極的作用，即「要麼固守自然法的純粹理念性對現實中的秩序構成變革原理；要麼使自然法與事實上的社會關係全面合一，成為保障這一社會關係的永久性的意識形態」。丸山一方面認為儒家自然法確有其作為「變革原理」的一面，同時又認為其自然主義「使得自然法的純粹的超越性的理念的性格變得甚為稀薄」[18]。具體地說，丸山指出，朱子學將封建等級秩序看作是「自然秩序」，在日本，「正是內在於朱子學中的這一『自然秩序』的邏輯的要素，使得朱子學成為勃興期封建社會裡最一般最普遍的社會思維樣式」[19]。相反，對於儒家自然法中的「變革原理」的一面，丸山沒有進一步討論。

那麼，儒家自然法的「變革原理」具體指的是什麼呢？儒家的自然法的一個根基在於《易》的自然宇宙觀（這一點本文將在後面具體討論），而固守自然法的理念之所以能成為對現實秩序的「變革原理」，就在於《易》中的宇宙世界秩序是處於動態的變易之中的，它一方面雖然規定了上下的秩序，而另一方面，這一秩序在變易中是不斷更替的，例如，推翻暴君的湯武革命的改朝換代也是順天應人、合乎自然更替之理的。進一步說，變革之所以能順天應人，就在於革命是和與「天理」為一體的儒家以仁為中心的道德價值觀相符合的，這樣，它就構成了變革現實的原理。

在丸山看來，特別是在日本的德川幕府體制下，朱子學將德川封建體制看作先

---

[18] 丸山真男，《日本政治思想史研究》（東京：東京大學出版會，1952），頁203。
[19] 丸山真男，《日本政治思想史研究》（東京：東京大學出版會，1952），頁204。

天存在的自然秩序而加以正當化並固化，起到了體制意識形態的作用[20]，與此相反，儒學者荻生徂徠則克服了朱子學的這種「自然」思維的邏輯，創造出「作為」的近代思維。丸山認為，徂徠把儒家的體現了具有超越性價值的「道」（規範）的禮樂制度外化為政治統治的工具。不僅如此，他還否定將「道」等同於天理、自然，認為「道」是人工的產物，而聖人則是它的製作者。丸山認為，徂徠的這種「作為」的思維方式為近代的具有主體性的人的形成開闢了道路。這是因為，在西方近代政治原理中，作為政治社會的國家並非天然而成的，而是通過個人間的契約，即通過人的主體性的「作為」而形成的，在此意義上，徂徠的思想成為了近代性思維的先聲。

與徂徠的思想相關聯，身為儒家又孕育出法家的荀子往往被提及。荀子主張「聖人化性而起偽，偽起而生禮義，禮義生而制法度。然則禮義法度者，是聖人之所生也」（《荀子・性惡》），它被認為是徂徠學的思想淵源。丸山認為這「在一定程度上是正當的」，但同時，他又認為，在徂徠看來，朱子學將政治社會的關係建立在先天的「自然」基礎之上，對現實中的制度改革形成了障礙，為了克服這一障礙，他將宇宙自然從聖人之道中排除，嚴格區分政治的「作為」與「自然」。徂徠主張：「離禮樂刑政別無所謂道」（〈辨道〉）。丸山認為，徂徠這裡說的「禮樂」不同於荀子，「它不旨在改造人的內面，而完全是作為政治統治的工具」[21]。

也就是說，在丸山看來，荀子所說的「化性起偽」（偽＝人為、作為）確實區分了「自然」與「作為」，因此，在某種程度上可以說是徂徠學之源。但是，荀子所說的「禮」是與他的性惡說密切相關的，在荀子的主張中，內在的修身與外在的治國平天下是連續的、渾然一體的，而沒有像徂徠那樣，將「禮」昇華至純粹的政治性的境界。徂徠主張的「先王之道」，將禮樂完全看作統治手段，它意味著政治從道德中獨立出來，這也正是徂徠思想中所體現的近代性，而荀子則與此無緣。丸山通過「自然」與「作為」這一對概念區分了前近代與近代之間的本質區別，以此來批判朱子學作為體制意識形態以先天「自然」的邏輯將現實政治社會中的上下等級與統治和被統治的關係加以正當化。

的確，從近代國家成立的觀點來看，政治社會是由人的主體性的「作為」構建

[20] 對於丸山將朱子學看作是德川時代佔統治地位的「體制教學」，迄今為止已有不少研究提出了異議。例如，渡邊浩認為，朱子學特別是在德川前期，其影響力是十分有限的，具體參見渡邊浩，《近世日本社会と宋学》（東京：東京大學出版會1985）。相對於此，筆者的關注點不在於朱子學的社會影響，而在於朱子學的思維樣式本身。
[21] 丸山真男，《日本政治思想史研究》（東京：東京大學出版會，1952），頁211-212。

而成的。在此意義上說，儒學意識形態將前近代家長制的上下秩序作為「自然」固定下來，這是與近代的「作為」相對立的，這也正是丸山著力批判之處。相反，對於儒家自然法中所具有的作為「變革的原理」的一面，丸山則沒有更多涉及。

然而，如果我們把出發點放在近代，在這一前提下思考如何「作為」，換而言之，即如何構建近代立憲體制時，就可以發現，儒家自然法中的作為「變革原理」的一面與西方近代自然法思想有相通之處而不容忽視，因為它和近代西方自然法一樣，作為超越性的價值對政治權力及其所主導制定的實定法起到了制約作用。

具體來說，例如明治日本與清末的立憲過程毫無疑問就是一個近代化的「作為」的過程，在近代化的過程中，儒家的自然法作為思想資源被動員起來，但是它朝著兩個完全相反的方向被利用。一方面，在近代的日本，它被動員來作為意識形態將「八紘一宇」的家族國家的政治體制正當化，這也正是丸山著力批判朱子學所體現的儒家自然法的重要原因。另一方面則正相反，儒家自然法被作為「變革原理」而加以利用。

接下來要討論的梁啟超正是這樣，在 1906 年清末的「禮法論爭」中，梁啟超在同年初發表的穗積陳重的論文的啟發下，也在穗積陳重的重視歷史、傳統與慣習的歷史法學方法影響下寫就〈發達史論〉，展開了對中國的法理學的思考。在此長文中，他從西方的自然法思想的角度來重新把握儒家自然法，試圖通過它與近代法治的結合，起到對實定法的規範作用，從而對統治者——亦即徂徠學中的「作為」的主體[22]——起到重要的牽制作用。

三、梁啟超對儒家自然法的考察與穗積陳重

（一）大同與小康之間

在考察梁啟超在〈發達史論〉中關於中國法理學的討論前，首先需要瞭解他對儒家的把握，這也是他的討論的出發點。

據梁啟超本人在《清代學術概論》中所述，他對儒學的把握受其師康有為的影響很大。清末，康有為的《新學偽經考》、《孔子改制考》等給知識界以很大的衝擊。他依據魏晉之後消沉千餘年的今文學派的《春秋公羊傳》，非難古文學派埋沒

---

[22] 徂徠學的「作為」的思維樣式可以說是體現近代思維的萌芽，但是「作為」的主體僅限於統治者的統治毫無疑問恰恰是反近代的。

了孔子的《春秋》中的微言大義，主張《春秋》是孔子託古改制的作品。康有為將
《公羊傳》中的據亂、撥亂／升平、太平的「三世」說與《禮記、禮運》中的「小
康」、「大同」結合起來，用以描繪人類社會從據亂世向升平世的「小康」，最終
達到太平世的「大同」的進化過程。康有為主張，由於孔子在據亂世的春秋時代無
法明言「大同」理想，就將其作為「微言」隱於《春秋》之中。

　　梁啟超依據康有為的主張，將孔子之後的儒家分為孟荀兩支，孟子通過《春
秋》承孔子的大同說，荀子則通過研究孔子的「禮」，繼承了小康說。《春秋》通
過微言表達了孔子太平世的理想，而孔子關於禮的言說是「為尋常人說法」。梁啟
超認為，漢代以後兩千餘年只繼承了荀學，而孟學絕。基於這一認識，接受了康有
為的大同說的梁啟超高舉「紺荀申孟」的旗幟，與夏曾佑、譚嗣同等人的「排荀」
相呼應，致力於大同精神的復興。

　　梁啟超對荀子的批評頗為嚴厲，在〈論中國學術思想變遷大勢〉中，他認為
「荀卿實儒家中最狹隘者也。非徒崇本師以拒外道，亦尊小宗而忘大宗。李斯坑儒
所以排異己者實荀卿狹隘主義之教也。故其所是非殆不足採」[23]。然而，從梁啟超
的政治言論中可以看出，儘管他主張「紺荀申孟」，但梁啟超自身也承認，「孔子
著述言論其屬於小康範圍者十而八九無容諱者」[24]。因此，荀子的思想作為應對現
實政治課題的資源，其合理性是絕不能無視的。梁啟超對荀子的批評很嚴厲，卻不
能無視他。

　　另一方面，梁啟超也清楚地認識到自己與其師康有為之間的不同。1920 年代，
梁啟超談到自己在 30 歲（1903 年）後絕口不談康有為的「偽經」，也基本不觸及
「改制」，與其師保持距離。但梁啟超關於儒學的把握始終一貫如初，他的自然法
思想也正是從這一視角展開的。

（二）梁啟超：孟子與荀子之間

　　前面提到，從丸山真男的角度來看，可以說荀子的「化性起偽」從儒家的「自
然」朝近代的「作為」邁出了一步。然而，同樣從近代的立場出發的梁啟超對荀子
的評價卻正好相反。梁啟超對荀子的批評出自他的自然法視角。梁啟超認為，儒家
本尊崇自然法，儒家的法觀念就是以自然法為第一前提的[25]。但是作為儒家的荀子

---

[23] 梁啟超，《飲冰室合集 文集7》（北京：中華書局，1989），頁 17。

[24] 梁啟超，《飲冰室合集 文集7》（北京：中華書局，1989），頁 101。

[25] 梁啟超，《飲冰室合集 文集15》（北京：中華書局，1989），頁 54。

卻不承認自然法，荀子從性惡說的角度出發，主張以「偽」——人為的禮義法度——來改變人性之惡，這為後來法家的法治主義開闢了道路。

從傳統的大同與小康來看，梁啟超揚繼承大同的孟子而貶繼承小康的荀子；從近代自然法的角度出發，梁啟超同樣認為荀子跟孟子無法相比，而孟子之所以遠優於荀子，就在於孟子是儒家自然法的最具有代表性的體現者，那麼，這意味著什麼呢？

對此，首先我們需要暸解梁啟超對儒家自然法的把握。正如丸山指出的那樣，在朱子學的思維中，儒學的倫理規範「第一，根植於宇宙秩序（『天理』）；第二，它被看作是先天（作為『本然之性』）內在於人性之中，這雙重意義上被自然化」[26]。這正是儒家的自然法所包含的兩個層面。

梁啟超也正是從宇宙的自然與人類的自然這兩個層面來敘述儒家自然法的。

首先，梁啟超認為，宇宙的自然可以在儒家的經典《易》，特別是《繫辭傳》二篇中尋求，儒家一切學說都根基於自然法觀念。

> 天尊地卑，乾坤定矣。卑高以陳，貴賤位矣。動靜有常，剛柔斷矣。方以類聚，物以群分，吉凶生矣。在天成象，在地成形，變化見矣。（《易‧繫辭》）

> 聖人有以見天下之賾，而擬諸形容，象其物宜。（中略）聖人有以見天下之動，而觀其會通，以行其典禮。言天下之至賾，而不可惡也；言天下之至動，而不可亂也。（《易‧繫辭》）

> 是以明於天之道，而察於民之故，是興神物以前民用。（中略）一闔一闢謂之變，往來不窮謂之通，見乃謂之象，形乃謂之器，制而用之謂之法，利用出入，民咸用之謂之神。（《易‧繫辭》）

以上有兩點值得注意。第一，宇宙、天地的自然與人類的自然是直接相聯的，即所謂「天人相與」。聖人知曉宇宙自然，並在它的基礎上行「典禮」，制定了「法」，亦即梁啟超所說的「人定法」。梁啟超認為，孔子五十以學易，就是志在

---

[26] 丸山真男，《日本政治思想史研究》（東京：東京大學出版會，1952），頁202。

求得自然法之總體，以制定人為法之總體[27]。

　　第二，「天尊地卑」與「變、通」的共存。的確，《易》的宇宙觀規定了「天尊地卑」的上下秩序，這也正是丸山批判儒學意識形態的「自然」的問題，即它用天地的上下秩序這一先天性的自然來固化人類政治社會中的家長制的上下秩序。然而，另一方面，這一宇宙秩序同時又是在不斷地「變、通」之中的。《易》中的「一陰一陽之謂道」（《易‧繫辭》），意味著一陰一陽的交互往來，變化無窮的作用乃是易之理、天地之道。換言之，「天尊地卑」並非固定不變，上下之間的往來無窮、充滿動態的「變、通」才是天地之道。同時，這種不間斷的變通的宇宙自然是與人類的政治社會直接相聯繫的，也就意味著在儒家的自然法中，政治社會中的家長制的上下秩序亦不是永遠固定不變的。這正是丸山提到的儒家作為「變革原理」的一面。

　　自然法的第二個層面是人類的自然的層面，而最能表達人類社會自然法的，梁啟超認為孟子是其代表。

　　　　率性之謂道，（中略）道也者，不可須臾離也。（《中庸》）

　　　　惻隱之心，人皆有之；羞惡之心，人皆有之；恭敬之心，人皆有之；是非之心；人皆有之。惻隱之心，仁也；羞惡之心，義也；恭敬之心，禮也；是非之心，智也。仁義禮智，非由外鑠我，我固有之也。（《孟子‧告子上》）

　　　　故凡同類者，舉相似也，何獨至於人而疑之。（中略）至於心獨無同然乎。心之所同然者，何也？謂理也、義也。聖人先得我心之所同然耳。（《孟子‧告子上》）

　　梁啟超看來，孟子認為，人類具有普世性（「普通性」），而這種普世性即出自於自然法。普世性非他，即「心之所同然」的「理、義」、「四端」——仁義禮智，梁啟超認為這是「最為完滿的理論」。[28]

　　以上的儒家自然法，如果從丸山的「自然」與「作為」的理論框架來看，這裡的「自然」毫無疑問是應該被克服和排除的，因為它是將王權神授和家長制的等級

---

[27] 梁啟超，《飲冰室合集 文集 15》（北京：中華書局，1989），頁 54-55。

[28] 梁啟超，《飲冰室合集 文集 15》（北京：中華書局，1989），頁 55。

秩序作為先天的秩序加以正當化的邏輯，而近代的政治社會的特徵首先就在於它是由人的主體性的「作為」創造的。在此意義上，儘管徂徠思想中的「作為」的本質是為了加強德川封建專制體制，因此是反近代的，但是在丸山看來，它作為思維方式卻克服了儒家的「自然」邏輯，具有重大意義。

相對於此，梁啟超同樣從近代的立場出發，認為儒家自然法與西方近代自然法具有相通之處，是創造政治秩序時可以引以為據的思想。孟子從具普世性的人的善的本性出發構築大同社會的思想是梁啟超的理想。在荀子和孟子之間，梁啟超從其理想出發明確地站在孟子一邊。而支持梁啟超的理想的，從根本上來說就是儒家自然法。

如果說梁啟超對儒家的理解受益於其師康有為，那他對儒家自然法的理解卻不能不提到明治日本的法學家穗積陳重。

（三）穗積陳重：自然法與歷史法學之間

前面提到的民法典論爭中的延期派穗積陳重曾留學英國和德國，被稱為「日本最初的法學家」[29]，也是近代日本接受西方法學的領軍人物。他對舊民法典的批判是從法理的角度出發的。穗積陳重將日本圍繞民法典的爭論比作 1814 年德國的法典論爭。在法學者梯鮑特（Anton Friedrich Justus Thibaut）和薩維尼（Friedrich Carl von Savigny）展開的論爭中，前者主張應借鑒法國的民法，在自然法的基礎上制定德意志統一的民法，後者則從歷史法學的立場出發主張法應在民族的歷史中形成，這場論爭實際上就是自然法派與歷史法派之間的論爭。穗積陳重認為，日本圍繞民法典的論爭正與此相同，他深受西方歷史法學的代表人物薩維尼影響，也是從薩維尼的歷史法學的立場出發批判自然法，主張推遲施行民法典的。

然而，實際上薩維尼並非始終一貫地批判自然法，從其法學的整體來看，「與其說他拒斥自然法論，應當說，同時代的自然法論正處於將合理主義精神與歷史精神相結合的過程中，薩維尼將它往更為重視歷史契機的方向進一步發展」[30]。關於這一點，田中耕太郎也指出：「並不能一味認為歷史法學派與自然法學派處於正相反的立場，歷史法學派反對的是啟蒙主義自然法學派強調編纂法典的意義」，歷史

---

[29] 內田貴，《法學の誕生——近代日本にとって「法」とは何であったか》（東京：筑摩書房，2018），頁 33。

[30] 內田貴，《法學の誕生——近代日本にとって「法」とは何であったか》（東京：筑摩書房，2018），頁 121。

法學者在輕視編纂法典的意義上，或可以說倒是和自然法更近了一步[31]。

在結束民法的起草事業之後，穗積陳重從歷史法學的立場出發，開始深入研究日本傳統的祖先祭祀、五人組、隱居、復仇等法制度，在此過程中，他逐漸意識到了薩維尼法思想中的自然法思想因素的重要性[32]，認識到自然法觀念是西方的法的發展與法學成立的基礎。這是因為，自然法所代表的普世主義的視角是避免一味強調歷史和文化特殊性而陷入特殊主義陷阱的重要保障。在既沒有啟蒙主義的理性信仰也沒有與基督教信仰的傳統的日本，要接受西方自然法的觀念絕非易事，穗積陳重的這一轉變可謂邁出了極大的一步。明治時期，伴隨著日本對西方近代法的接受，近代自然法的思想也進入了日本，法國的法學家博瓦索納德可以說具有象徵性意義。明治日本為了修改不平等條約，將編纂近代法典的任務交予西方的法學者。博瓦索納德負責起草刑法、刑事訴訟法（治罪法）、和民法[33]。法國的民法是以自然法思想為基礎的，因此，不難想像博瓦索納德主導起草的民法中所包含著的自然法思想。穗積陳重當初將舊民法典論爭看作自然法學與歷史法學間的爭論正是出於此背景。

具有儒學素養的穗積陳重還把目光投向了中國的傳統，開始關注西方自然法思想的他自然很容易地在儒家思想中「發現」了自然法，1906 年初發表的論文〈禮與法〉，正是在他加深了對西方法學中的自然法的認識的時期寫就的，這篇論文可以說正反映了他對法學理解的變化[34]。而這篇論文發表後又迅速為梁啟超所借鑒。在〈發達史論〉中梁啟超從自然法角度對儒家與法家的解讀可以說顯著地受到穗積陳重的影響。

在〈禮與法〉論文中，穗積陳重將「禮」與「法」相較，認為作為人的行為的規範，在低度的社會中是一個由禮向法的發展過程。在他看來，儒家的「禮」的來源歸於兩個路徑，一個是源自於天，或將人的本性歸於「自然」；另一個是將禮作為聖人的「作為」（「偽」）而歸於人為的產物[35]。

在穗積陳重看來，首先，禮是具有超越性的自然的「道」的有形化，它基於人的本性，是與天、天理同一化了的，同時它又是被人為地創作出來的「形式規

---

[31] 田中耕太郎，《法家の法実証主義》（東京：福村書店，1947），頁 123。

[32] 內田貴，《法學の誕生──近代日本にとって「法」とは何であったか》（東京：筑摩書房，2018），頁 121、241。

[33] 長尾龍一，《法學ことはじめ》（東京：信山社，1998），頁 214。

[34] 內田貴，《法學の誕生──近代日本にとって「法」とは何であったか》（東京：筑摩書房，2018），頁 233。

[35] 穗積陳重，《穗積陳重遺文集 第三冊》（東京：岩波書店，1934），頁 202-203。

範」，「是有形宗教或有形倫理」[36]。其次，同為人為的形式規範，穗積陳重特地
又區分了禮與法二者：「禮是宗教或德教的表徵、信仰的儀容、倫理的形狀和社交
的秩序。因此，禮成為規範的理由是為了將其作為宗教或德教的表徵。法因國家
的權力而存，依國家的權力而行，因此，法作為規範的理由是為了作為國權的表
徵」[37]。在此，穗積陳重沒有使用「自然法」一詞，也許在他看來，中國自古以來
法制發達，但是「有法律而無法學」，是沒有作為科學的法律學的[38]。但是，同是
作為人為的規範的禮與法，穗積陳重明確了二者之間的重要區別：首先，作為道德
倫理的規範的禮是具有超越性的與「天理」相通的「道」的有形化。對此，在梁啟
超看來，禮的權威性的樹立正源自於儒家的自然法；相反，法則是人為制定的實定
法，法的權威性以國家為背景，它是在世俗政治權力背景下制定出來的。

　　穗積陳重從近代國家的角度出發，將「禮」與「法」的關係看作是從禮向法的
過渡過程，更準確地說，是從以法律為輔助手段的「禮治主義」向以「法治」為主
「禮治」為輔的「法治主義」的過渡過程，同時，他是將二者同作為構成「社會
力」的基礎而放在同一基準上進行分析的。可以說，穗積陳重對「禮」與「法」及
其關係的把握給梁啟超以很大的啟發，為他的儒法結合的主張提供了基本視角。

　　在穗積陳重的論述中，前者顯然指的是儒家，後者則指的是法家。而荀子則介
於兩者之間。因為在否認自然法的意義上，他的思想為法家所繼承，然而另一方
面，禮由聖人「化性起偽」而作，「上事天，下事地，尊先祖而隆君師」（《荀子·
禮論》），禮「百王之無變，足以為道貫」（《荀子·天論》），即禮可以為道之條
貫，荀子主張中的「禮」依然保留了其超越性的一面，不同於法家所主張那樣的世
俗權力所制之法。

　　在穗積陳重看來，象徵著禮與法的分化的不僅是荀子的思想，同時還有管子，
他認為：「荀子代表了禮治的終端，管子代表了法治的開端，前者是儒家卻與法家
相近，後者是法家卻與儒家相近」[39]。

　　梁啟超接受了穗積陳重的關於法的進化過程的觀點，認為，由禮到法、法的規
範從「社會制裁力」到「國家制裁力」的進化是中國近代國家建設過程的必經之
路。在此意義上，荀子和管子的思想對於中國的現實具有重大的意義。

---

[36] 穗積陳重，《穗積陳重遺文集 第三冊》（東京：岩波書店，1934），頁206。
[37] 穗積陳重，《穗積陳重遺文集 第三冊》（東京：岩波書店，1934），頁214。
[38] 穗積陳重，《穗積陳重遺文集 第三冊》（東京：岩波書店，1934），頁5。
[39] 穗積陳重，《穗積陳重遺文集 第三冊》（東京：岩波書店，1934），頁216。

（四）穗積陳重與梁啟超：荀子與管子之間

　　儘管梁啟超對荀子的批評相當嚴厲，但是作為清末最具影響的政論家，在確立立憲政治的過程中，荀子的現實主義的「小康」思想對他來說顯得非常重要。他說道：「欲舉富國強兵之實，惟法治為能致之」[40]。「法治主義，為今日救時唯一之主義」[41]。在梁啟超看來，儘管歷史上的法治主義缺點在於僅重視國家利益而輕視國家成員的利益，但是，從消極的動機來看，它打破了階級制度與貴族的專橫；從積極動機來看，它追求富國強兵[42]，起到了救時弊的效用。因此，法治主義是拯救現實中的中國的唯一有效方法。從這樣一種對現實的認識出發，荀子作為法家形成的思想資源變得不可或缺。這樣，如何看待兼具禮治主義和法治主義因素的荀子的思想，便成為焦點。

　　在〈禮與法〉中，穗積陳重通過「禮治的終端」的荀子和「法治的始端」的管子描繪出禮與法的分化過程，梁啟超同樣以進化論方式來展開他的論說。但是，在穗積陳重的基礎上，梁啟超進一步討論了禮治與法治二者之間的關係。在〈發達史論〉中討論法治主義的發生時，梁啟超將它與同時代春秋戰國的放任主義、人治主義、禮治主義和勢治主義進行了比較[43]。特別是論及禮治主義與法治主義時，梁啟超引用了〈禮與法〉中的見解。文中，穗積陳重認為：「原始社會乃禮治社會」[44]。「禮的範圍與智識的發展成反比例，隨著人文的進化漸縮小其範圍」[45]，是一個由禮向法進化的過程。梁啟超繼承此見解，認為國家乃是由禮向法的進化之極。在此前提下，梁啟超說：「儒家之言禮，法家之言法，皆認為行為之標準」[46]。相對於人治，法治與禮治同樣都設定了共同的規範。

　　而荀子正處於二者之間，聖人制「禮義法度」賦予政治社會以秩序。然而在梁啟超看來，禮固為一種制裁力，但是，「此社會的制裁力，而非國家的制裁力」[47]。因

---

[40] 梁啟超，《飲冰室合集 文集 15》（北京：中華書局，1989），頁 92。

[41] 梁啟超，《飲冰室合集 文集 15》（北京：中華書局，1989），頁 43。

[42] 梁啟超，《飲冰室合集 文集 15》（北京：中華書局，1989），頁 91-92。

[43] 在《先秦政治思想史》中，作為容易與法治混同的，梁啟超還提出了「術治主義」。梁啟超，《飲冰室合集 專集 50》（北京：中華書局，1989），頁 137。

[44] 穗積陳重，《穗積陳重遺文集 第三冊》（東京：岩波書店，1934），頁 202。

[45] 穗積陳重，《穗積陳重遺文集 第三冊》（東京：岩波書店，1934），頁 208。

[46] 梁啟超，《飲冰室合集 文集 15》（北京：中華書局，1989），頁 81。

[47] 梁啟超，《飲冰室合集 文集 15》（北京：中華書局，1989），頁 87。

此，他稱荀子為「社會學大家」[48]。但是中國所面臨的課題不是社會，而是國家的富強問題，為此，最需要採用「國家」主義，在此意義上，在荀子的邏輯延長線上的法治主義是最適合於「國家」這一課題的。他說道：「我國之有國家主義，實自法家始」[49]。

以上，梁啟超承穗積陳重的法進化論觀點闡述了由禮到法、法規範由「社會制裁力」向「國家制裁力」的進化過程，但是這樣一來，必然出現一個疑問，那就是從禮到法的進化是否意味著法家思想是儒家法思想的進化態而在價值上處於更高的進化階段呢？如果是這樣，它與梁啟超對儒家和法家的評價正好相反。對此，梁啟超是如何思考的呢？

梁啟超在穗積陳重的基礎上對儒家與法家更進一步進行了探討。他認為向近代的法治的進化是個不可迴避的過程，但同時，他的法的進化論並非簡單的進化。相對於法治，梁啟超認為儒家是尊人治的，荀子的「有治人，無治法」便顯示了這一點。梁啟超認為，這確有其具真理的一面，但是，儒家的人治並非簡單的人治主義。儒家崇拜聖人，那是因為聖人知曉自然法，並在自然法的基礎上制定了人定法。因此，儒家崇拜聖人並非崇拜聖人本身，而是尊崇聖人所制之法。梁啟超引用孟子之言：

> 今有仁心仁聞，而民不被其澤，不可法於後世者，不行先王之道也。故曰：
> 徒善不足以為政，徒法不能以自行。（《孟子‧離婁上》）

這裡所謂「先王之道」，即根據聖人發現的自然法所實行的德治，它通過「仁政」、禮治來體現。因此，梁啟超認為，孟子遠賢於荀子，儒家實際上是合人治與法治而調和之的政治。當然，這裡的法治特指以「禮」的規範為基礎的「法治」。梁啟超主張的進化指的就是這一部分，即作為規範，「禮」的形式需要向近代意義上的「法」進化。

梁啟超在穗積陳重的基礎上，認為主張「社會制裁力」的禮治的荀子是「社會學大家」，而主張「上下設，民生體」、「民體以為國」的管子則是「國家團體說之祖」[50]。同時，梁啟超認為此二者的關係是互補的：

---

[48] 梁啟超，《飲冰室合集 文集 15》（北京：中華書局，1989），頁 48。
[49] 梁啟超，《飲冰室合集 文集 15》（北京：中華書局，1989），頁 87。
[50] 梁啟超，《飲冰室合集 文集 15》（北京：中華書局，1989），頁 48。

社會制裁力與國家強制組織，本為一物，禮治與法治，異用而同體，異流而同源，且相須為用，莫可偏廢，此誠深明體要之言也[51]。

作為「社會制裁力」的禮與作為「國家制裁力」的法並非二者選其一，也不是前者向後者的簡單的進化，而是法治與禮治、德治之間的互補關係。同時，這種互補關係是建立在梁啟超對近代自然法的認識的前提下的。

四、梁啟超：管子與孔子之間

從禮法互補的觀點來看，二者兼具的荀子與管子具有重要意義。梁啟超從荀子和管子的思想來闡述禮法結合，這一結構顯然也可以看出穗積陳重對他的影響。

在〈禮與法〉中，穗積陳重認為荀子「以隆禮治天下為主旨」[52]，同時又主張「明禮義以化之，起法正以治之，重刑罰以禁之，使天下皆出於治，合於善也」（《荀子‧性惡》）。荀子顯然知道單純的禮義無以治天下，須得禮刑相倚，所以，陳重認為荀子是禮法分化期的「禮治的終期」。相對於此，管子在主張「法出於禮」（《管子‧樞言》）、「禮正民之道也」（《管子‧君臣下》）的同時，又主張「法者天下之至道也」（《管子‧任法》），「君臣上下貴賤皆從法，此謂為大治」（《管子‧任法》），對於管子來說，「法為治道之本」[53]。穗積陳重認為管子的思想是「法治的始期」，因為管子的主張是「以法治為主，以禮治為輔」[54]。

穗積陳重的這一定位也為梁啟超所接受，但同時，梁啟超比穗積陳重更深入地探討了荀管的思想，並對管子予以更高的評價。這種評價一來當然是因為梁啟超與穗積陳重一樣是從近代國家的法治的視角來把握管子的，另一個原因在於，梁啟超將管子的思想定位為後世民本思想的源流，而保障民本思想價值正當性的正是儒家自然法。

梁啟超對管子的關注是一貫的。早在 1902 年他就在〈論中國學術思想變遷之大勢〉中認為：「《管子》一書，實國家思想最深切著明者也」[55]。在〈發達史

---

[51] 梁啟超，《飲冰室合集 文集 15》（北京：中華書局，1989），頁 50。

[52] 穗積陳重，《穗積陳重遺文集 第三冊》（東京：岩波書店，1934），頁 217-218。

[53] 穗積陳重，《穗積陳重遺文集 第三冊》（東京：岩波書店，1934），頁 219。

[54] 穗積陳重，《穗積陳重遺文集 第三冊》（東京：岩波書店，1934），頁 219。

[55] 梁啟超，《飲冰室合集 文集 7》（北京：中華書局，1989），頁 21。

論〉中，梁啟超更是高度評價管子。《管子》中主張：

> 上下設，民生體，而國都立矣。（中略）是故國之所以為國者，民體以為
> 國。（〈君臣下〉）

> 先王善與民為一體，與民為一體，則是以國守國，以民守民也。（〈君臣上〉）

對此，梁啟超稱管子為「國家團體說之祖」[56]。

梁啟超在 1906 年的〈發達史論〉之後，於 1909 年的國會請願運動中又寫就了
《管子傳》。在文中，他認為，管子是中國最大的政治家，也是學術界的大家。春
秋時代的管子輔佐齊桓公治齊國四十年，將齊國變為春秋時代的最強國。管子之
後，齊國在幾百年間延續他的政治。管子的成功正是因為他實行了法治。《管子》
中寫道：

> 法者，民之父母也。（〈法法〉）
> 法者天下之至道也，聖君之實用也。（〈任法〉）
> 君臣上下貴賤皆從法，此謂為大治。（〈任法〉）
> 此聖君之所以自禁也。（《任法》）
> 法者天下之儀也，所以決疑而明是非也，百姓所懸命也。（〈禁藏〉）

從以上的《管子》中的敘述可以看出，管子主張徹底實行法治，從這一點看，
是典型的法家。

但是，另一方面，梁啟超認為，管子的法治主義並非純粹的法治，例如，與後
世的法家商鞅相比，梁啟超認為，二者雖然在「法治」這一「政術」的形式上是相
同的，但在精神上則全然相反[57]。商鞅的法治主義的目的純為富國強兵，管子則在
富國強兵之外，更有「化民成俗」的目的。《管子》中寫道：

> 國有四維，一維絕則傾，二維絕則危，三維絕則覆，四維絕則滅。
> 何謂四維？一曰禮，二曰義，三曰廉，四曰恥。（〈牧民〉）

---

[56] 梁啟超，《飲冰室合集　文集 15》（北京：中華書局，1989），頁 48。
[57] 梁啟超，《飲冰室合集　專集 28》（北京：中華書局，1989），頁 30。

在梁啟超看來，「四維」是管子所最兢兢之價值。他主張：

> 政之所興，在順民心；政之所廢，在逆民心。（〈牧民〉）

> 夫民必得其所欲，然後聽上，聽上然後政可善為也。故曰德不可不興也。
> （〈五輔〉）

> 我有過為，而民無過命。民之觀也察矣，不可遁逃以為不善。故我有善則立
> 譽我，我有過則立毀我。當民之毀譽也，則莫歸問於家矣。故先王畏民。
> （〈小稱〉）

無論是順「民心」、「畏民」、德之興（厚其生、輸以財、遺以利、寬其政、
匡其急、賑其窮）中所體現的民本思想，還是「四維」，都是與儒家的自然法下的
政治道德倫理相契合的。

對於管子，孔子儘管一方面譏諷管子：「管仲之器小哉！（中略）管氏而知
禮，孰不知禮？」（《論語・八佾》），另一方面卻盛讚管仲之仁：

> 桓公九合諸侯，不以兵車，管仲之力也。如其仁，如其仁。
> 管仲相桓公，霸諸侯，一匡天下，民到於今受其賜，微管仲，吾其被髮
> 左衽矣。（《論語・憲問》）

孔子高度評價管仲，沒有管子他自己還生活在野蠻社會裡。

對於管子兼具「峻治其民」與「敬畏其民」，梁啟超高度評價他乃禮法兼具。
在這一點上管子與孔子間有很大不同。

孔子論及儒法之別時說：「道之以政，齊之以刑，民免而無恥，道之以德，齊
之以禮，有恥且格」（《論語・為政》），揚德治而抑法治。而管子則與孔子形成鮮明
對照：「所謂仁義禮樂者皆出於法」（《管子・任法》）。在管子看來，沒有法治就沒
有禮治。對於二者主張間的對立，梁啟超明確地表明了其支持管子的立場。他認
為，一國之民若皆能以德禮教育之，固非常理想，但是德禮之力僅及於一部分有德
之士君子，對於其他的人民單純以德禮感化是無效的，正如管子所言：「邪莫如蚤
禁之。赦過遺善，則民不勵。有過不赦，有善不遺，勵民之道」（《管子・法法》）。

　　就這樣，梁啟超從管子的思想中析出了禮治與法治相結合的典範，同時，他對管子的評價是以近代國家為出發前提的。顯然，對於梁啟超來說，管子所謂的君主的「自禁」，其有效性只有在近代的法治之下才能做出合理的制度性安排。在建設近代國家的過程中，近代立憲制度的確立是時代的要求，法治是救時的唯一主義，卻不可能是傳統法家的簡單復古。同時，對於梁啟超來說，以禮為表徵的儒家自然法思想中的諸價值是優越於否認自然法思想的法家的。為了使對近代法治主義的追求不至於陷入使法墮落成為單純的統治者的統治工具，儒家的自然法作為起到制約世俗的實定法作用的法，對於梁啟超來說，是不可缺的具超越性的價值。

　　以上的討論也反映在梁啟超在民國時期出版的《先秦政治思想史》中，對他來說，儒家中的「自然」並不僅僅是過了時的應予以否定的前近代思維，儒家的自然法中所包含的丸山真男所說的「變革原理」是不可忽視的。梁啟超正是從近代的角度出發，在穗積陳重的激發下，通過對中國法傳統進行法理哲學的考察，試圖在法與道德、自然法與實定法之間架起橋樑。

引用及主要參考文獻

阿南成一等編，《自然法の復権》，東京：創文社，1989。

阿南成一等編，《自然法の多義性》，東京：創文社，1991。

長尾龍一，《法學ことはじめ》，東京：信山社，1998。

村上淳一，《〈法〉の歷史》東京：東京大學出版會，1997。

渡邊浩，《日本政治思想史　十七－十九世紀》東京：東京大學出版會，2010。

福田歡一，《政治學史》，東京：東京大學出版會，1985。

福田歡一，《近代政治原理成立史序說》，收入《福田歡一著作集》，第 2 卷，東京：岩波書店，1998。

溝口雄三、池田知久、小島毅，《中國思想史》，東京：東京大學出版會，2007。

國分典子，《近代東アジア世界と憲法思想》，東京：慶應義塾大學出版會，2012。

漢斯・凱爾森（Hans Kelsen）著，黑田覺、長尾龍一譯，《自然法論と法実証主義》，東京：木鐸社，1973。

黃壽祺、張善文，《周易譯注》，上海：上海古籍出版社，1989。

金耀基，《中國民本思想史》，臺北：臺灣商務印書館，1993。

夸克（Jean-Marc Coicaud）著，田中治南、押村高、宇野重規譯，《政治的正當性とは何か》，東京：藤原書店，2000。

李約瑟（Joseph Needham）著，吉川忠夫、吉田忠、高橋壯、寺地遵譯，東畑精一、藪內清監修《中国の科学と文明 第 3 卷 思想史　下）》，東京：思索社，1991。

李曉東，《現代中國的省察——百姓社會的視角》，東京：國際書院，2018。

梁啟超，《飲冰室合集》，北京：中華書局，1989。

梁治平，《尋求自然秩序中的和諧——中國傳統法律文化研究》，北京：商務印書館，2013。

梁治平，《禮教與法律——法律移植時代的文化衝突》，廣西：廣西師範大學出版社，2015。

內田貴，《法學の誕生——近代日本にとって「法」とは何であったか》，東京：筑摩書房，2018。

青井秀夫，《法理學概說》，東京：有斐閣，2007。

瞿同祖，《中國法律與中國社會》，北京：中華書局，1981。

寺田浩明，《中國法制史》，東京：東京大學出版會，2018。

穗積陳重，《穗積陳重遺文集 第三冊》，東京：岩波書店，1934。

穗積陳重，《法窗夜話》，東京：岩波書店，1980。

田中成明等著，《法思想史（第二版）》，東京：有斐閣，1997。

田中耕太郎，《法家の法実証主義》，東京：福村書店，1947。

湯瑪斯・阿奎那（Thomas Aquinas）著，稻垣良典譯，《神學大全》，東京：創文社，1977，卷 13。

丸山真男，《日本政治思想史研究》，東京：東京大學出版會，1952。

丸山真男，《忠誠と反逆——転形期日本の精神史的位相》東京：筑摩書房，1992。

王先謙，《荀子集解》，北京：中華書局，1988。

星野通編著，《復刻增補版　民法典論爭資料集》，東京：日本評論社，2013。

顏昌嶢，《管子校釋》，湖南：嶽麓書社，1996。

朱伯崑，《易學哲學史》，北京：昆侖出版社，2009。

朱熹，《四書章句集注》，北京：中華書局，1983。

第十六章
朝鮮的「無政府主義式近代」：
20世紀初東亞克魯泡特金主義的擴散
和《朝鮮革命宣言》

山本健三
（胡紫鷺、王心藝 譯）

前言

近年來，英國歷史學家肖・柯尼希提出了「無政府主義式近代」的概念。這也是他在 2013 年出版的著作[1]的題目。在該書中，他認為明治以後日本的近代化進程不能單靠「追趕西歐」的說法來解釋。也就是說，日本的近代性不僅僅是對以《萬國公法》為基礎的國際秩序和西洋文明的接受，或是自身的「西化」，還表現在一些其他方面。即主要是通過對源自俄國的文本的翻譯傳入日本的、一種很難說是「西式的」、獨特的精神性的接受。例如柯尼希作了以下陳述：

> 即使翻譯了俄語文本，日本人也不因此就脫「西」或是追求文化民族主義。
> 相反，日本人通過翻譯獲得了一種跨越國家的共感、友愛、與共同經歷以及
> 對不公正共感憤慨的情感[2]。

柯尼希將這種「跨越國家的共感、友愛、與共同經歷以及對不公正共感憤慨」的整體稱作「合作主義式無政府主義」，並將其定位為描述日本近代性的一個側面

---

[1] Sho Konishi, *Anarchist Modernity: Cooperatism and Japanese-Russian Intellectual Relations in Modern Japan* (Cambridge and London: Harvard University Asia Center, 2013), p.426 .

[2] Sho Konishi, *Anarchist Modernity: Cooperatism and Japanese-Russian Intellectual Relations in Modern Japan* (Cambridge and London: Harvard University Asia Center, 2013), p.16.

的概念。一般來說，提到「非西歐式近代化」，首先會想到以國內外的競爭關係為前提的民族國家統合和以資本主義經濟發展為軸心的西歐模式的近代化。然而，在柯尼希看來，日本存在著與之不同的，或是與之對抗的以合作主義式無政府主義為軸心的近代性（無政府主義式近代）。

不過，柯尼希的議論僅限於日本。但筆者認為既然日本的近代化過程不可能不與亞洲諸國產生關係，那麼他的議論就必須站在東亞這一更大的視角上展開。如此構思源自於俄國的無政府主義者彼得・克魯泡特金（1842-1921），在該書中他被認為是合作主義式無政府主義的代表性思想家之一的人物，不僅對日本產生了巨大影響，在整個東亞的社會運動中也產生了巨大影響。

柯尼希指出「（從 19 世紀末到 20 世紀初）《互助論》快速成為象徵日本社會和文化運動的文本」[3]，並強調克魯泡特金思想給日本帶來的巨大衝擊。然而，正如後文所述，克魯泡特金的影響力不僅僅局限於日本。在中國和朝鮮，接受了克魯泡特金主義的洗禮，致力於救濟人民的社會變革運動的青年知識份子也不在少數。

本文將對這樣的一位知識份子申采浩（1880-1936）進行討論。申采浩是朝鮮的思想家、革命家。他在其代表性檄文《朝鮮獨立宣言》中，將民族主義與無政府主義融合成激進的暴力革命論作為抗日鬥爭的基本路線。筆者之所以特別關注申采浩的理由是，對這位提倡肯定暴力論的思想家產生巨大影響的思想家正是克魯泡特金。然而，後文將揭示，克魯泡特金的思想並不積極地認同暴力的意義，而基本上是（在不把暴力鬥爭當作社會變革主要因素的意義上的）一種穩健的思想。

本文認為，申采浩的《朝鮮獨立宣言》正是象徵了朝鮮半島「無政府主義式近代」的文本。即申采浩的文本中所展示的是以克魯泡特金式的合作主義和暴力革命主義的混合體為軸心的近代性。為此，筆者首先將說明《朝鮮獨立宣言》的背景及其特點。然後探明一般被認為是暴力革命路線宣言的《朝鮮獨立宣言》與被看作穩健的社會進化論的克魯泡特金主義相結合的主要原因及背景。最後，筆者想要指出朝鮮的知識份子所面臨的朝鮮固有的近代性問題的背後潛藏著的乍看是對立的二者卻必定融為一體的背景。

另外，本文中的「克魯泡特金主義 *Kropotkininism*」，如後文所述，第一要義是「以克魯泡特金立足於其自然科學上的見解建立起來的世界觀為基礎的革命思想和實踐的總體」。但必須補充說明的是，他之所以能成為世界上具有影響力的思想

---

[3] Sho Konishi, *Anarchist Modernity: Cooperatism and Japanese-Russian Intellectual Relations in Modern Japan* (Cambridge and London: Harvard University Asia Center, 2013), p.73.

家，除了他的思想和實踐之外，還因為他的人格和人生吸引了很多人[4]。很多人在他有名的自傳《一個革命者的回憶》等作品中表現出來的，他的激烈而又富有道德的人生中找到了人生範本[5]。

一、克魯泡特金和申采浩

首先簡單回顧一下作為本文研究對象的兩位思想家的一生。

克魯泡特金於 1842 年出生於名門貴族的公爵家庭。出生於這樣家庭的克魯泡特金，被允許進入只有宮廷貴族子弟才有資格入學的帝室直屬近衛軍官學校，並從幼年開始就盡可能地接受軍事精英式教育。然而，克魯泡特金對知識的興趣點逐漸轉向地理學。他不顧周圍人對他的期待，為了進行研究自願前往西伯利亞赴任，在處理軍務的同時進行地理學的調查。

隨後在這片土地上，克魯泡特金經歷了思想上的轉變。其中影響最大的事件是在西伯利亞期間克魯泡特金暸解到了無政府主義。1864 年，與克魯泡特金相識的詩人、同為流放犯的「米哈伊洛夫」有一本蒲魯東所著的《貧困的哲學》。克魯泡特金借閱此書後，被蒲魯東的思想所吸引[6]。其中克魯泡特金對該書中法國無政府主義者提出的一種叫做「信用制度改革」的和平解決問題的方法感到佩服，並在給哥哥亞歷山大・克魯泡特金（1841-1886）的信中寫道：「無息資本無疑是最好的良藥，同時它也是讓社會認識到『信用制度改革』必要性的一種手段」[7]。不久後，決意改變出路的克魯泡特金徹底放棄了作為精英軍人的職業生涯。

就這樣，克魯泡特金進入了聖彼得堡帝國大學數學學院，在做研究的同時，他對社會改革的興趣也愈加濃厚。而後克魯泡特金接觸到一個以尼古拉・柴可夫斯基（1850-1926）為中心負責民粹派運動的宣傳團體之一——大宣傳協會。1874 年被

---

[4] 中村喜和評價道：「關於無政府主義，已經有法國的蒲魯東和同樣是俄國的巴枯寧這樣的先輩了，他們各自的著作受到了全世界讀者的關注，但他們中卻沒有如此明快地將其理論及生活方式展現出來的人」。中村喜和「解說—最良のタイプのロシア人の自伝」ピョートル・クロポトキン，『ある革命家の思い出　下』（東京：平凡社，2011），頁 330-331。

[5] 《一個革命者的回憶》首先從 1898 年 9 月到 1899 年 9 月在雜誌《大西洋月刊》上連載並獲得了好評，後於1899 年在波士頓以單行本的形式出版，隨後又發行了其他語言版。同年在布宜諾斯艾利斯出版了西班牙語版，1900 年出版了德語版，1902 年出版了法語版和義大利語版。另外，這些版本都在比較短的時間內再版了。См.: Петр Алексеевич Кропоткин / под ред. И.И. Блауберга. - М.: РОССПЭН, 2012. С. 393-417.

[6] *Кропоткин П.А.* Великая Французская революция, 1789-1793 / Примеч. А.В. Гордона, Е.В. Старостина; Статьи В.М. Далина, Е.В. Старостина. - Москва : Наука, 1979. С. 524.

[7] Переписка Петра и Александра Кропоткиных. М.-Л., 1933. С. 191.

逮捕，關押在彼得羅夫斯克要塞監獄。

然而，在獄內患上的風濕病和壞血病成為了解決事態的契機。病情惡化後，克魯泡特金被轉移到尼古拉衛戍醫院，雖然還沒有完全獲得自由，但好在從監獄裡出來了。並且病情好轉後，克魯泡特金可以與外界秘密取得聯繫了。1876 年 6 月，克魯泡特金終於逃出了醫院[8]。經由芬蘭和挪威逃亡至西歐後，克魯泡特金又輾轉英國、瑞士、法國等地，參與巴枯寧派的無政府主義運動，並起到核心作用。

此後，克魯泡特金多次被逮捕入獄，但仍通過活躍的寫作活動繼續宣傳無政府主義，其主要作品被翻譯成多種語言。尤其是《敬告青年》、《奪取麵包》、《田園、工廠和工場》、《互助論》、《一個革命者的回憶》及《俄國文學的理想與現實》等作品在全世界廣為傳閱。

克魯泡特金作為世界著名的革命思想家而聞名，但在第一次世界大戰爆發時，由於支持俄國的對德戰爭，他的聲望一落千丈。1917 年二月革命爆發後，克魯泡特金回到俄國。在十月革命後發表了引退聲明並搬到一個叫多米特羅夫的村莊。直到 1921 年去世為止，一直居住在這個村莊。

但是，在克魯泡特金死後，其「權威」仍然存在。這種權威受到了全世界的尊敬，是蘇聯政府所不能輕視的[9]。實際上，對於在政治上處於不利狀況的俄羅斯無政府主義者來說，克魯泡特金留下的思想遺產成為了其重要的支柱。1921 年，克魯泡特金表彰委員會在莫斯科設立，其設立目的是收集資料、發行克魯泡特金的著作以及營運紀念館，也成為無政府主義者合法活動的少數據點之一。

然而，委員們之間從最初開始就存在意見分歧。該委員會的創立者是克魯泡特金的家屬和與他立場相近的無政府主義者們，但前者認為委員會是文化活動的據點，而後者想要用來作為無政府主義的宣傳據點[10]。

另外，所謂的「神秘的無政府主義者」也參與了該委員會的活動，但不管是他們的思想還是性格都與其他的無政府主義者格格不入[11]。神秘的無政府主義主張在社會革命前先進行精神革命、引入共濟會式的階層組織和宗教儀式，這在其他無政

---

[8]　См.: *Пирумова Н.М.* Петр Алексеевич Кропоткин. - М.: Издательство «Наука», 1972. С. 81-89.（ナターリヤ・ピルーモヴァ著，左近毅譯，《クロポトキン伝》，東京：法政大学出版局，1994，頁 89-97。）

[9]　列寧為晚年的克魯泡特金及其家人提供了物質上的支持。在各大報紙的訃告中，他被譽為「革命俄羅斯不屈的老戰士」。См.: Там же. С. 214-216.（ナターリヤ・ピルーモヴァ著，左近毅譯，《クロポトキン伝》，東京：法政大学出版局，1994，頁 243-244。）

[10]　*Ручкина Е.В.* Трансформация теории П.А. Кропоткина в идеологии анархистов-практиков в России после революции 1917 г. Дис. на соис. уч. ст. канд. ист. наук. 2003. С. 170.

[11]　Там же.

府主義者看來，與克魯泡特金的無政府主義完全不同[12]。後來從 1931 年開始，這些神秘的無政府主義者也因被懷疑從事「反蘇宣傳活動」和「創建反革命組織網」而受到審判[13]。就這樣，到 1935 年為止，無政府主義者們的活動幾乎覆滅[14]。

　　接下來回顧一下申采浩的生平。1880 年，他出生於忠清道的一個貧苦的兩班家庭。自幼學習儒學，1898 年來到漢城。1905 年成為成均館博士，隨後作為記者從事活動。20 世紀 10 年代，為了擺脫日本的殖民統治，申采浩逃往中國，後來又流亡至符拉迪沃斯托克，其後，在上海和北京繼續從事抗日活動和歷史研究。

　　在當時的中國，以無政府主義為首的西方思想通過從巴黎和東京回國的留學生正逐漸滲透。特別是巴黎派那種更傾向於民族主義和直接行動的無政府主義。另外，在華朝鮮人中，也有關注西方革命思想的人。20 世紀 20 年代，他們通過在中國教世界語的瓦西里・愛羅先珂（1890-1952）和時任北大教授的魯迅（1881-1936）吸收無政府主義思想[15]。申采浩大概也是在這個時候瞭解到了無政府主義。雖然不能確定具體時間，但他把與克魯泡特金的《敬告青年》的相遇稱為「洗禮」[16]。

　　進入 20 世紀 20 年代，申采浩結識了中國無政府主義者李石曾（1881-1973），加深了對無政府主義的理解。另外，他還對日本的無政府主義思想，特別是幸德秋水的思想產生了共鳴[17]。就這樣，癡迷於無政府主義的申采浩於 1922 年作為顧問加入義烈團[18]，並於翌年執筆了《朝鮮獨立宣言》。在中國的滿洲地區，好幾個以朝鮮人為首的無政府主義團體出現並開始活動。申采浩與其中的許多團體都有關聯，如以義烈團為首，還有與義烈團一樣標榜直接行動主義，於 1923 年成立的多勿團、1924 年成立的在華朝鮮人無政府主義者聯盟等。申采浩在這些團體的機關報上踴躍發表了文章。

　　就這樣，申采浩在組織包括中國滿洲等地的激進派朝鮮革命家的同時，也在尋求與其他國家無政府主義者的聯合。例如，申采浩於 1926 年加入了由朝鮮、中國大陸、臺灣、日本、越南以及印度六個國家和地區的代表組成的無政府主義東方

[12] Там же.
[13] Там же. С. 171.
[14] Там же.
[15] cf. 구승회 외 지음，《한국 아나키즘 100 년》，이학사，2004，頁 208。
[16] cf. 구승회 외 지음，《한국 아나키즘 100 년》，이학사，2004，頁 168。
[17] cf. 구승회 외 지음，《한국 아나키즘 100 년》，이학사，2004，頁 185-186。
[18] 義烈團是 1919 年 11 月在中國東北吉林市組織而成的抗日運動團體。成員由客居在北京和上海的中國人和朝鮮人的激進分子構成。其目的是暗殺日本天皇和周圍的關鍵人物以及破壞各種機關。高峻石，《朝鮮革命テーゼ——歷史的文獻と解說》（東京：柘植書房，1979），頁 62。

聯盟。這表明了他不僅是抗日民族解放運動家，也是以跨國變革為目標的革命思想家。

申采浩主要通過寫作支持革命運動，但 1928 年在臺灣被日本當局逮捕。之後經過兩年的審判，他被判 10 年有期徒刑，並被關押在旅順監獄。在他的祖國，從1931 年開始在《朝鮮日報》上連載他的歷史著作《朝鮮史》。然而 1936 年，作品未完成申采浩就於獄中去世了。寫成的部分後來以《朝鮮上古史》為題出版。

如前所述，將兩人的生平放在一起看的話，會發現幾個共通點。其一，兩人都具有學者氣質，卻都轉而投入了革命運動；其二，他們的活動是跨越國境的，同時又都執著於各自的祖國。關於申采浩，由於其抗日民族解放運動家身份，也有人會對他的無政府主義者的定位有疑問。但如果說克魯泡特金是無政府主義者，那麼申采浩也應是無政府主義者。

二、克魯泡特金主義和朝鮮

本節對以申采浩為首的東亞思想家和革命家有巨大影響的克魯泡特金主義進行簡要介紹。並闡明克魯泡特金主義受到擁護的背景，克魯泡特金主義在當時的東亞，特別是朝鮮，是一種符合現實的思想。

克魯泡特金主義，筆者的定義為，以克魯泡特金立足於其自然科學上的見解建立起來的世界觀為基礎的革命思想和實踐的總體，即他所主張的「無政府共產主義」。在筆者看來，其最大的特徵是，把自然界的互助作為進化的最重要因素的自然科學社會觀。在克魯泡特金看來，無論在動物世界還是人類世界，互助和合作是進步的主要原因。互助和合作不僅是個體生存所必需的手段，同時也是構成人類道德基礎的要素[19]。也就是說革命的第一要義必須是使互助和協作回歸到人類世界。

但在現實的人類社會中，道德意識常常被蔑視。在克魯泡特金看來，它起因於人類被強制在權威主義的、非自然狀態的、即非人性的社會組織下進行社會生活。例如，他指出了權威主義機構的如下危害。

（國家）夥同所有寄生蟲般的統治者，反對所有的無產者。資本家的教育，

---

[19] См.: *Рябов П.В.* Краткий очерк истории анархизма в XIX-XX веках; Анархические письма. - М.: КРАСАНД, 2010. С. 37.

從孩子出生開始就培養他們違背平等的偏見，使其腐敗。教會遮蔽女性的理性。法律阻礙平等和合作思想的交流。金錢被用來收買無產者信徒並使其墮落。最後，監獄和牢房是為了用來驅逐不被收買的人。這就是國家[20]。

確實，如果持續這種非人性的社會生活，「自助」佔據了生活，人們不可避免會對公共失去興趣，失去與他人共感的能力。其結果是人性的扭曲，道德等很可能成為無用的東西。克魯泡特金之所以立志革命，是為了顛覆這樣的社會，恢復有道德的人性。因此，重新構建新社會的原理不是制裁和強制，而是自由。正是因為這樣的考慮，克魯泡特金才希望顛覆資本家和官僚制所支配的產業社會，實現基於自由和相互扶助原理的無政府共產主義[21]。

重要的是，這個轉變不是由政治革命，而是由社會革命才有可能完成。克魯泡特金說的社會革命，是人類進化過程中的一個階段。所以，這並不是由特定的黨、階級或者中央政府來執行的。也就是說，不需要革命政府和革命專政。而且，革命始終是以作為生活者的人們和地方為主角的「由全體民眾同時進行的刷新經濟結構總體的嘗試」[22]。另外，這種革命並不是局部性的，而是帶有「普遍性」[23] 的，這就是克魯泡特金的觀點。之所以這麼說，是因為國家之間的關係是建立在不穩定的平衡之上的，如果某個國家發生動搖的話，那必然會擴大到其他國家。

在即將到來的無政府共產主義社會，不是國家，而是相互扶助和團結起來的自由個人形成的共同體成為社會的中心[24]。人們工作的目的不是追求利潤，而是獲得需要的東西和維持人的生活[25]。因此，為了有效地增加利潤而進行的、讓勞動者一生從事機械性勞動的、奪去人們才智和發明精神[26]的分工制和集中生產制也必須消

---

[20] *Кропоткин П.А.* Речи бунтовщика: Пер. с фр./ Встп. ст. Д.И. Рублева. Изд. 3-е. - М.: Книжный дом «ЛИБРОКОМ», 2010. С. 7-8.（クロポトキン著，三浦精一譯，〈叛逆者の言葉〉，《クロポトキンI》，東京：三一書房，1970，頁21。）

[21] См.: *Рябов*. Краткий очерк истории анархизма. С. 38.

[22] *Кропоткин*. Речи бунтовщика. С. 17-18.（クロポトキン著，三浦精一譯，〈叛逆者の言葉〉，《クロポトキンI》，東京：三一書房，1970，頁32。）

[23] *Кропоткин*. Речи бунтовщика. С. 17.（クロポトキン著，三浦精一譯，〈叛逆者の言葉〉，《クロポトキンI》，東京：三一書房，1970，頁32。）

[24] См.: *Кропоткин П.А.* Хлеб и воля. - Иркутск: АДА-Пресс, 2010. С. 49.（クロポトキン著，長谷川進譯，〈パンの略取〉，《クロポトキンII》，東京：三一書房，1970，頁47。）

[25] См.: Там же. С. 107.（クロポトキン著，長谷川進譯，〈パンの略取〉，《クロポトキンII》，東京：三一書房，1970，頁100-101。）

[26] См.: Там же. С. 185-186.（クロポトキン著，長谷川進譯，〈パンの略取〉，《クロポトキンII》，東京：三一書房，1970，頁174。）

失。此外，體力勞動和腦力勞動、城市和農村的區分也消失了，土地由城市居民和農村居民共同耕種，所有生產資料都公有化、計畫化，然後按需分配。而且，工作時間限定為一天五小時，每個人都有足夠的閑暇時間來提升自己，工作不再是受苦，而是富於創造力的人[27]。

克魯泡特金主義大致如上所述。在筆者看來，這或可以說是應該是為了實現無政府主義的共產主義。根據克魯泡特金自己所說，共產主義中既有否定自由的部分，也有有助於擴大自由的部分[28]。正因為如此，有必要堅持自由即無政府狀態這一目的，這是克魯泡特金的信念。

> 以無政府為目的和手段的話，共產主義是可能實現的。相反，如果沒有目的和手段，共產主義就會走向個人奴隸化，其最終結果就是失敗[29]。

但是，管見以為，克魯泡特金之所以受歡迎，與其說是因為著作中論述的思想本身，不如說是因為包括克魯泡特金的生活方式和人格在內的克魯泡特金主義精神。筆者曾在報告[30]中討論過，克魯泡特金主義之所以得到傳播，是因為它是科學主義和道德主義的混合物，這兩方面與 20 世紀初東亞的思潮一致。因為當時的亞洲各國正迎來科學和道德的時代。

如上所述，克魯泡特金的方法論是以自然科學的知識為基礎的。像他這樣的思想家之所以受到關注，應是因為 20 世紀初的時代背景，當時以積極引進科學技術為目標的科學主義正興盛。經過了引進科學技術、工業技術的時期後，科學甚至開始被用來作為既有的社會秩序、規範、甚至作為自由、平等等新傳入日本的價值的依據[31]。

從 19 世紀末到 20 世紀初，達爾文進化論和高爾頓優生學介紹到日本後，被利用來作為日本與西歐各國之間的平等的依據並對排除社會低層人民予以正當化。這

---

[27] См.: *Кропоткин П.А.* Поля, фабрики и мастерские. Промышленность, соединенная с земледелением, и умственный труд с ручным. Перевод с английского А.Н. Коншина. Под ред. автора. - Пб.- М.: Книгоиздательство «Голос труда», 1921. С. 216. （クロポトキン著，磯谷武郎譯，〈田園・工場・仕事場〉，《クロポトキンⅡ》，東京：三一書房，1970，頁 458-459。）

[28] *Кропоткин П.А.* Коммунизм и анархизм // *Кропоткин П.А.* Анархия, ее философия, ее идеал. - М.: ЭКСМО-Пресс, 1999. С. 613.

[29] *Кропоткин.* Коммунизм и анархизм. С. 616.

[30] Kenso Yamamoto, "Spreading of Kropotkinism in East Asia: Scientism and Morality," *The 10th East Asian Conference on Slavic Eurasian Studies* (29 Jun 2019, University of Tokyo).

[31] 柿本佳美，〈近代日本の優生学の受容と科学主義〉，《医療・生命と倫理・社会》8，（大阪，2009），頁 107。

說明，科學並不是客觀真理本身，而是作為賦予基於某種價值觀的政策「客觀正確性」的意識形態（科學主義）發揮著作用。無庸贅述，當時代表科學主義的意識形態就是社會達爾文主義。社會達爾文主義往往不僅為社會的不平等，還為肯定「人種之優劣」和「人為選拔精英」提供了「理由」。原本是天賦人權論者的加藤弘之（1836-1916），將進化論和社會有機體論相融合，使「強者的權利」正當化，確立了提倡忠君和愛國的權力國家思想[32]，這是日本受社會達爾文主義影響的典型例子。

　　如前所述，克魯泡特金主義是將「相助」的原理定位為進化的主要因素的進化論。克魯泡特金帶有批評強調「適者生存」的社會達爾文主義者的意圖，而這一點正是他的互助論留在人們心中的理由[33]。也就是說，克魯泡特金主義和社會主義達爾文主義一樣，也是被作為一種科學主義意識形態受到了歡迎。只是，它作為意識形態，科學地否定了典型的將「強者的邏輯」正當化的意識形態。

　　在 20 世紀初的朝鮮也可以看到同樣的意識形態狀況。受到赫伯特・斯賓塞（1820-1903）社會進化論影響的梁啟超（1873-1929）的著作在《大韓每日申報》的評論中被廣泛引用，因此，社會進化論首先滲透到知識份子中，其後在普通人之間，「生存競爭」「優勝劣敗」這樣的詞匯也像流行語一樣被使用[34]。在朝鮮，正式開始接受無政府主義是在三一運動前後，在那之前是以擺脫舊體制和追求社會的近代化，即以「富強」為主要課題，所以社會達爾文主義更容易被接受[35]。實際上，社會進化論是喚起救國的強烈政治意識，推動愛國啟蒙運動的力量，是一部分知識份子提倡的「新民思想」（創造出具有新思想的新民）的基礎[36]。

　　但毫無疑問，社會達爾文主義肯定強者的法則，包含了將列強的帝國主義權力政治正當化的邏輯。特別是在被日本吞併後的朝鮮，對批判和克服有可能成為肯定日本侵略的社會達爾文主義成為了緊迫的課題。在此情況下，受到知識份子們關注的是無政府主義＝克魯泡特金主義。

　　然而，對於「革命中的暴力」這個問題，不得不說克魯泡特金始終保持著曖昧的態度。之所以這麼說，是因為儘管他的著作中頻繁出現「叛逆」、「社會革命」、「剝奪」等詞語，但要說他是否充分闡明了這些內容和意義，未必如此。

---

[32] 黃家華，〈日本と中國における西歐進化論の受容—加藤弘之の權力國家思想と嚴復の「群道」の理念を中心として〉，《年報人間科學》，20：1（大阪，1999），頁201。

[33] cf. Sunyoung Park, *The Proletarian Wave: Literature and Leftist Culture in Colonial Korea, 1910-1945* (Cambridge and London: Harvard University Press, 2015), p.47.

[34] 波田野節子，〈李光洙の民族主義と進化論〉，《朝鮮學報》，136，奈良，1990，頁79。

[35] cf. 구승회 외, 《한국 아나키즘 100년》, 이학사, 2004，頁81-82。

[36] 波田野節子，〈李光洙の民族主義と進化論〉，《朝鮮學報》，136，奈良，1990，頁79。

事實上，在他的思想中，我們確實看不到布朗基主義的暴力革命獨裁，以及巴枯寧那樣的無政府主義者所設想的革命秘密結社的志向[37]。但是另一方面，正如他所說的「準備大革命之前的暴動」[38]那樣，可以看出他並沒有完全否定暴力方法。

儘管如此，克魯泡特金基本上沒有積極提倡暴力手段，也沒有積極呼籲那樣的行動[39]。總之，他在即將到來的革命中，呼籲全世界應該做的事是「對所有可能榨取人類的人的完全剝奪」[40]，也就是作為「對剝削者的復仇」[41]的「暴力」。這樣的主張，與其利他主義的人格有關。克魯泡特金是一個即使犧牲自己作為學者的成功和求知的好奇心，也要貼近貧困民眾的有高潔道德的人。也就是說，他是自然科學家的同時，更是一個有精神和仁愛的人。以下自傳中的描述是如實說明其人格的一個例子。

> 科學是很了不起的。我體驗了科學帶來的喜悦，也始終予以高度評價，這一
> 點恐怕要超過我的許多同伴。即使現在，每當我眺望芬蘭的湖和山丘，眼前
> 就會浮現出新的美麗結論。……但是，當我周圍只有貧困和為了一片發霉的
> 麵包而戰鬥的人的時候，為什麼只有我能有權利去體驗這種至高的喜悦呢。
> 為了生活在這樣一個高度滿足感的世界裡，我所消費的所有東西，不都是從
> 那些自己種麥子卻不能讓自己的孩子吃到足夠的麵包的人們手中剝奪的嗎。
> 因為人類的生產總值非常低，所以一定會從某些人那裡剝奪[42]。

---

[37] 例如，克魯泡特金所述如下。「政府可以被一個秘密結社打倒，而且這個結社可以取代政府，這樣想法是1820年以來，在共和主義資本家中誕生的，所有革命組織都陷入了的錯誤。……對政府給予一擊的既不是秘密結社，也不是革命組織。他們的功能和歷史使命是準備革命精神。而且，準備精神的時候——在有利的外部情況下——最後的壓力不是來自先導集團，而是來自於結社各派的外部的大眾。」*Кропоткин.* Речи бунтовщика. C. 133-134. （クロポトキン著，三浦精一譯，〈叛逆者の言葉〉，《クロポトキンI》，東京：三一書房，1970，頁183-184。）

[38] *Кропоткин.* Речи бунтовщика. C. 153. （クロポトキン著，三浦精一譯，〈叛逆者の言葉〉，《クロポトキンI》，東京：三一書房，1970，頁208。）

[39] *Смирнова В. К.* «Пропаганда действием» в теории и практике российского анархизма рубежа XIX – XX вв. // Вестник Таганрогского института имени А.П. Чехова. 2014. C. 352.

[40] *Кропоткин.* Речи бунтовщика. C. 165. （クロポトキン著，三浦精一譯，〈叛逆者の言葉〉，《クロポトキンI》，東京：三一書房，1970，頁223。）

[41] 研究無政府主義和恐怖主義的薩夫羅諾夫和布德尼茨基等人主張，克魯泡特金沒有否定民眾對統治者階級復仇而使用的暴力。*Сафаронов О.С.* Теория революции в понимании П.А. Кропоткина // Научные ведомости. Сер. «История. Политология. Экономика. Информатика». 2010. № 7 (78). Вып. 14. C. 147; *Будницкий О.В.* Терроризм в российском освободительном движении: идеология, этика, психология (вторая половина XIX – начало XX в.). 2-е изд., доп. М., 2016. C. 196.

[42] Peter Kropotkin, *Memoirs of a Revolutionist* (Boston and New York: Houghton, Mifflin and Company, 1899), 239.

　　說到克魯泡特金，就會提到《互助論》。應該說從某種意義上說那是理所當然的。因為這本書展示了對 20 世紀初處於統治地位意識形態的社會達爾文主義進行批判的有效理論，其內容具有劃時代的意義。但是，以此不能充分說明克魯泡特金聲名大噪的緣故。之所以這麼說，是因為《互助論》以完整的形式發行是在 1902 年，在翻譯後讓日本讀者能閱讀之前，還要更多的時間。大杉榮出版該書的日語譯本是在 1917 年[43]。而 1917 年為止，被翻譯介紹到了日本的是克魯泡特金的《互助論》以外幾本的著作[44]。

　　筆者認為，在克魯泡特金主義的接受上，《敬告青年》比《互助論》更重要。之所以這麼說，是因為很多國家最先閱讀的克魯泡特金的著作不是《互助論》，而是《敬告青年》。實際上，最先被翻譯成英語、法語、西班牙語、義大利語、葡萄牙語、日語的克魯泡特金的著作是《敬告青年》[45]。嚴格說來，在日本還出版了除《敬告青年》外一些著作的節譯[46]。但是，第一部被正式翻譯的克魯泡特金的著作是 1907 年刊登在日刊《平民新聞》上、1909 年出版的大杉榮翻譯的《敬告青年》[47]。

　　另一方面，朝鮮從 20 世紀 20 年代開始，在當時具有代表性的社會主義派雜志《共濟》和《新生活》中介紹了克魯泡特金的主要著作，第一部作品就是《敬告青年》。1921 年 4 月，俞鎮熙（1893-1949）把大杉榮的日譯本翻譯後，刊登在《共濟》上[48]。很多國家的無政府主義者們最先閱讀的克魯泡特金的著作，呼喚年輕人特有的青澀正義感，是略帶說教色彩的著作，這正反映了20世紀初所追求的精神，這麼說或不為過。

　　（ピョートル・クロポトキン著，高杉一郎譯，《ある革命家の思い出 下》，東京：平凡社，2011，頁 24-25。）

[43] クロポトキン著，大杉榮譯，《相互扶助論——進化の一要素》，東京：春陽堂，1917。另外，該翻譯的底本是 1907 年發行的法語版。岩田重則，〈宮本常一とクロポトキン〉，《現代思想》（11 月臨時創刊号 39：15，青土社，2011），頁 112。

[44] クロポトキン，《青年に訴ふ》，東京：革命社，1909；——，《麵麭の略取》（平民社譯），東京：平民社，1909；——，《國家論》，東京：革命社，1911；——，《農工業の調和》（佐藤寛次譯），東京：成美堂，1912。

[45] См.: Петр Алексеевич Кропоткин. С. 381-431.

[46] クロポトキン著，白柳秀湖譯，〈無政府主義の哲學〉，《社会主義研究（2）》，東京：社会主義発行所，1906；堺利彥編，山川均述，《動物界の道德》，東京：有樂社，1908。

[47] 大杉在《平民新聞》中登載了《敬告青年》後，因違反報紙條例被起訴，1907 年 5 月被關進巢鴨監獄，同年 11 月為止一直處於獄中。大沢正道，《大杉栄研究》（東京：法政大學出版局，1971），頁 369。

[48] 金炳辰，〈革命的サンディカリスト大杉栄—「生の創造」に基づいた革命展望〉，博士学位請求論文（總合研究大学院大学文化科学研究科国際日本研究専攻）（東京，2013），頁 170-171。

　　克魯泡特金針對欲從事醫生、科學家、法律家、技術人員、教師、藝術家等腦力勞動職業的青年們寫下了《敬告青年》。他想讓可被稱為「知識精英」的青年們更好地理解資本主義社會的結構性矛盾。他要求青年不是為了自己的出人頭地和利益而活著，而是為了每天受苦受辱的絕大多數勞動者，為了給世界帶來真正的平等、真正的友愛和無窮的自由，和社會主義者一起努力，為現代社會的改革提供力量[49]。

　　《敬告青年》，是一部激發青年人利他主義良心的與道德的著作。恐怕正是因為這個原因，他在日本是能和被稱為世界級文豪、基督教無政府主義者列夫・托爾斯泰（1828-1910）相提並論的存在。也就是說，他作為體現人道性、道德性的人被神格化了。這種傾向在日俄戰爭之後尤為強烈。上述柯尼希指出，日俄戰爭後，托爾斯泰和克魯泡特金迅速結合，這種現象被稱為「托爾斯泰＝克魯泡特金主義」[50]。如上所述，在這個階段，還沒有出現《互助論》的日譯本。考慮到這一點，毋庸置疑，正是在《敬告青年》中包含著克魯泡特金吸引青年知識份子的原因。

　　要解釋 20 世紀初托爾斯泰的被神格化的原因，不能忽視的是，在日本 1895 年侵占臺灣、1910 年吞併朝鮮作為東亞的帝國急速擴大勢力範圍期間的，日本社會對日本國家暴力性的批判眼光，否則就無法說明。如果是這樣，那麼提倡相互扶助，流露著對弱者、受虐者的共感和憐憫的克魯泡特金的學說同樣受到 20 世紀初很多年輕朝鮮知識份子的支持也是極其自然的。

　　綜上所述，克魯泡特金主義有「科學主義」和「道德性」兩個方面。這與20世紀初的時代精神相吻合。克魯泡特金主義中的反國家主義、反資本主義、人類主義、和平主義、反立身出世主義、相互扶助等理念，抓住了許多青年知識份子的心。不難想像，克魯泡特金主義賦予了旨在復興被侵占的祖國的人——特別是像申采浩那樣的人們勇氣。之所以這麼說，是因為克魯泡特金主義的邏輯是將從弱肉強食的競爭世界中勝出的人們，以及將其正當化的思想的野蠻性和暴力性暴露無遺的邏輯。同時，它也是擁護對弱肉強食的世界進行批判、對此抵抗的人們，並將他們的「叛逆行為」正當化的思想。

---

[49] Peter Kropotkin, *An Appeal to the Young, Kropotkin's Revolutionary Pamphlets: A Collection of Writings by Peter Kropotkin, Edited with Introduction, Biographical Sketch and Notes by Roger N. Baldwin* (New York: Dover Publications, INC., 1970), pp.260-282.

[50] Konishi, *Anarchist Modernity: Cooperatism and Japanese-Russian Intellectual Relations in Modern Japan* (Cambridge and London: Harvard University Asia Center, 2013), p.207.

三、《朝鮮革命宣言》和〈無政府主義式近代〉

正如在上一節中確認的那樣，克魯泡特金並沒有完全否定暴力手段，他基本上沒有從這種做法中找到積極意義。然而，從 19 世紀末到 20 世紀初，無政府主義者暗殺要人在世界範圍內也是常見現象[51]。如上所述，申采浩參與的義烈團也走上了暴力革命路線。

申采浩寫下暴力革命宣言——《朝鮮革命宣言》的契機是義烈團策劃的一起事件。即 1922 年 3 月在上海暗殺日本陸軍大將田中義一的上海黃浦灘碼頭事件。當時，向田中發射的子彈擊中了身邊的一位西方女性，義烈團因此受到了在上海外國人，甚至大韓民國臨時政府的譴責[52]。為了對抗這種輿論並主張暴力革命路線的正當性，申采浩寫下了《朝鮮革命宣言》[53]。

在《朝鮮革命宣言》的文本中，申采浩將日本帝國主義的殖民統治稱為「強盜政治」。他譴責「強盜日本」佔領朝鮮並剝奪了朝鮮的經濟和生產基礎。向朝鮮人民徵收重稅，剝奪了其所有生存條件[54]。另外，申采浩還列舉了 1905 年以後日本人對朝鮮人民進行的種種殘酷拷問，控訴朝鮮民族的主體性正在消失，作為人的自覺也在逐漸喪失[55]。他還呼籲通過暴力鬥爭打倒日本。

> 我們宣佈，日本的強盜政治和異族統治是我們民族生存之敵。同時，我們宣佈要用革命手段將我們的生存之敵日本驅逐出我們的疆土[56]。

---

[51] 自暗殺亞歷山大二世的 1881 年起 25 年間，法國、義大利、奧地利、葡萄牙、西班牙、美國、希臘、塞爾維亞、俄羅斯、愛爾蘭、日本等國，都有無政府主義者殺害重要人物。
Benedict Anderson, *Under Three Flags: Anarchism and the Anti-Colonial Imagination* (London/New York: Verso, 2005), p. 4.

[52] cf. 구승회 외，《한국 아나키즘 100년》，이학사，2004，頁 216。

[53] cf. 구승회 외，《한국 아나키즘 100년》, 이학사，2004，頁 216。

[54] 신채호，〈조선혁명선언〉// 이호룡，《신채호 다시 읽기 : 민족주의자에서 아나키스트로》，돌베개，2013，頁 267。（〈朝鮮革命宣言〉[通稱「義烈團暴力革命宣言」]，高峻石，《朝鮮革命テーゼ─歷史的文獻と解說》，東京：柘植書房，1979，頁 51。）

[55] 신채호，〈조선혁명선언〉// 이호룡，《신채호 다시 읽기 : 민족주의자에서 아나키스트로》，돌베개，2013，頁 268。（〈朝鮮革命宣言〉[通稱「義烈団暴力革命宣言」]，高峻石，《朝鮮革命テーゼ─歷史的文獻と解說》，東京：柘植書房，1979，頁 52-53。）

[56] 신채호，〈조선혁명선언〉// 이호룡，《신채호 다시 읽기 : 민족주의자에서 아나키스트로》，돌베개，2013，頁 269。（〈朝鮮革命宣言〉[通稱「義烈団暴力革命宣言」]，高峻石，《朝鮮革命テーゼ─歷史的文獻と解說》，東京：柘植書房，1979，頁 53。）

　　與此同時，申采浩對不甘受日本的統治，以獲得參政權、自治權及培養民族實力為目標，或寄生在日本統治之下的近代化理論者和文化運動者抱有敵意。同時，對呼籲國際輿論幫助朝鮮的人也懷有敵意。首先，他譴責了這些人過於天真的想法。

> 難道你們忘了保障「東洋的和平」「韓國的獨立保全」的盟約墨跡未乾，日本就吞噬了我們三千里疆土的歷史事實嗎？難道你們看不到高唱著「保護朝鮮人民的生命財產和自由」、「增進朝鮮人民幸福」的宣言並沒有付諸實踐，兩千萬民族的命運墜入地獄的事實嗎[57]？

接著，他宣佈：

> 我宣佈，試圖與我們的生存之敵的強盜日本妥協的人（提倡內政獨立、自治、參政權者），或企圖寄生於日本統治之下的人（所謂的文化運動者），都是我們的生存之敵[58]。

　　在這裡必須注意的是，他並不是僅僅因為對日本妥協這一理由，譴責那些文化運動者和準備論者。在申采浩的邏輯中，需要注意的是，不管他們如何通過（祖國復興、民族文化振興等）目的來使自己正當化，他們都只是在幫助日本統治朝鮮。在這個意義上，他們同日本一樣是敵人，他們所提出的民族的「主體化」和「強化」等話語，與帝國主義者的近代化話語、文明化話語是共犯關係。另外，如果「弱肉強食」的世界的現實孕生了暴力，那麼基於這一現實的意識形態和主張，只不過是對這一現實的補充。而且，如果這是現實，就必須正視它，在思想上和實踐上與它敵對。總之，申采浩的文本中所要訴諸的是，如果要對現實進行變革，就必須成為正面對抗帝國主義所孕生出的暴力的主體。

---

[57] 신채호, 〈조선학명선언〉 // 이호룡, 《신채호 다시 읽기 : 민족주의자에서 아나키스트로》, 돌베개, 2013，頁 269。（〈朝鮮革命宣言〉[通稱「義烈団暴力革命宣言」]，高峻石，《朝鮮革命テーゼ—歷史的文献と解說》，東京：柘植書房，1979，頁 53。）

[58] 신채호, 〈조선학명선언〉 // 이호룡, 《신채호 다시 읽기 : 민족주의자에서 아나키스트로》, 돌베개, 2013，頁 270。（〈朝鮮革命宣言〉[通稱「義烈団暴力革命宣言」]，高峻石，《朝鮮革命テーゼ—歷史的文献と解說》，東京：柘植書房，1979，頁 54-55。）

　　從克魯泡特金主義來理解產生這一文本的背景，可以說，那就是以申采浩為首的朝鮮知識份子有一種必須要直接表達「『真實』的自己被剝奪了」的身體感覺的根源性訴求。根據克魯泡特金的說法，社會要科學地加以改良，人類的自由和道德的正當性要用科學來證實[59]。如果依據這樣科學至上主義的立場，現實中的鬥爭，必然是非政治主義的、即簡單直接地行使實力的方法，而不是談判、討價還價、妥協等政治手法。因為對於確信自己掌握著「科學真理」的人來說，政治手法是對自己的「背叛」，在道德上是不被允許的。

　　關於申采浩的暴力論，趙寬子從「我與非我無休止鬥爭的歷史」[60]這一申采浩獨特的歷史觀出發，討論了申采浩的暴力肯定論。對於前述《朝鮮上古史》中所闡述的這種歷史觀，趙寬子是這樣解釋的。

> 在「我與非我的鬥爭」的認識論中，歷史中的我與非我不論其強弱，都是形成利害關係的「權力的同等主體」。正如主人和奴隸是「暴力的同等主體」一樣，我與非我的鬥爭論承認弱者的暴力主體性[61]。

　　據此，既然我與非我是對等的，那麼朝鮮和日本也是對等的。如果日本人用暴力壓迫朝鮮人，那麼朝鮮人也可以用暴力對抗日本人，這是合乎道理的。所謂從正面對抗暴力就是這樣。然而，即使是合乎「物之道理」，肯定暴力者又會面臨別的問題，即暴力作為手段是否正當？將暴力先驗地視為惡，又如何能從目的上肯定這一手段？等倫理上的問題。只要不是認為人的行為是可以擺脫一切制約的人，在直面這樣的問題時，應該就很難繼續忠實於自己的邏輯了。

　　於是，問題就變成了，申采浩何以能忠實於「我與非我的鬥爭」的邏輯了。趙寬子將申采浩的暴力論看作是分解害怕暴力的「我」，不斷產生圍繞暴力的「我與非我」之間的鬥爭過程[62]。換言之，成為暴力主體就是一個通過自我批判克服「內在的軟弱」的過程。然而，對於申采浩的這種徹底面對「內在的軟弱」，以及決不

---

[59] См.: *Кропоткин П.А.* Нравственные начала анархизма // *Кропоткин П.А.* Анархия и нравственность. - М.: Издательство АСТ, 2018. С. 484-487.

[60] 申采浩如下所述：「歷史是什麼？是關於人類社會『我』和『非我』的鬥爭在時間上發展，在空間上擴大的心理活動狀態的記錄。」신채호，《조선상고사》，비봉출판사，2006，頁24。

[61] 趙寬子，《植民地朝鮮／帝国日本の文化連環——ナショナリズムと反復する植民地主義》（東京：有志舍，2007），頁43。

[62] 趙寬子，《植民地朝鮮／帝国日本の文化連環——ナショナリズムと反復する植民地主義》（東京：有志舍，2007），頁61。

妥協的克服，這種「強大」是如何練就的，趙寬子的議論中並沒有明確這一點。

依據筆者管見，申采浩這種徹底地堅持自己邏輯的「強大」，不能不說是受到了克魯泡特金主義的影響。因為克魯泡特金主義是攝取了「科學真理」和「道德的正確性」的理念和實踐的體系，也可以稱之為「科學道德」，即科學主義意識形態，它提供了一種為自然科學的客觀性所證明了的堅信。也就是說，正是這樣的堅信使申采浩擁有了面對暴力也毫不畏懼的非妥協的精神。

正如本文開頭所述，20世紀初，日本有共同信仰克魯泡特金主義（合作主義式無政府主義）的知識分子。它顯示了日本「無政府主義式近代」的形態，但必須說，同一時期的朝鮮知識份子中展開了一種與日本不同的克魯泡特金主義。即朝鮮的克魯泡特金主義是以「跨越國家的共感、友愛、與共同經歷以及對不公正的共感憤慨的情感」為基礎，並伴隨著以自然科學為依據的堅定的暴力革命論而展開的。從克魯泡特金主義中創造出徹底對抗帝國主義暴力的強有力主體，可以說，這種探索正是朝鮮的「無政府主義式近代」。而《朝鮮革命宣言》正是如實反映了這種狀況的文本。

結語

本文通過梳理20世紀初東亞的克魯泡特金主義的傳播情況及其與申采浩的《朝鮮革命宣言》的關係，展示了朝鮮「無政府主義式近代」的形態。在此過程中，明確了以下三點。

首先，克魯泡特金給在朝鮮的年輕知識分子帶來了深刻影響。也就是說，他的思想批判了帝國主義統治，具有超越肯定「強者的邏輯」的意識形態的邏輯，同時又在道德上擁護想對此進行抵抗的人們，對其叛逆予以正當化，所以他獲得了很多支持者。

第二，在克魯泡特金的影響下申采浩提倡暴力革命論的背景。換言之，克魯泡特金主義中推崇科學至上主義的邏輯和道德上的純粹性的精神，引導了申采浩以激進的方法進行變革的想法。

最後是朝鮮「無政府主義式近代」的獨特性。那就是，申采浩的歷史認識——「我與非我的鬥爭」和克魯泡特金主義所呈現的「科學道德」結合在一起後產生的、能夠創造決不妥協的強有力的主體性邏輯。

總之，本文討論了申采浩在肯定暴力的邏輯和精神性的形成過程中接受了克魯泡特金主義的意義。當然，還存在著需要解釋的問題。例如，將申采浩作為「無政

府主義式近代」的代表是否妥當。申采浩去世後朝鮮的無政府主義者仍在繼續鬥爭，對此有必要分析他們的話語，並與申采浩進行比較。

　　另外，本文也沒有提及克魯泡特金主義對申采浩去世後的時代的影響，但是這很重要。因為無政府主義的歷史雖然基本上是「敗北的歷史」，但其精髓在於，雖然「敗北」，但其思想遺傳基因進入了個人和社會的深層，給生活和文化帶來了變化。在柯尼希上述著作的結尾中，強調了在日本合作主義式無政府主義者的作用的意義：

> 在日俄戰爭後的 25 年間，合作主義式無政府主義者顛覆了文化和文化性的意義，使其帶有無政府主義性質。我（柯尼希——引用者）把無政府主義者的話語論中的對文化概念的重構稱為無政府主義文化革命。它是文化表現的空間、時間、源泉在從高雅文化向大眾文化、從國家向非國家、從制度的東西向非制度的東西、從社會語言學式的達爾文主義向文化發展的多樣性、從正式的東西向日常生活的非正式的東西的過渡中產生的[63]。

　　在這一時期的日本，人們對兒童文學、農村文化、世界語的關注度的提高；從生活用品中發現「用之美」的民藝運動的盛行等，文化概念從「高雅之物」轉變為更貼近生活和日常的東西，這些都是受到了無政府主義的影響。朝鮮的「無政府主義式近代」的衝擊對之後朝鮮的文化與日常生活產生了怎樣的影響，對此的考察是筆者今後的課題。

---

[63] Konishi, *Anarchist Modernity: Cooperatism and Japanese-Russian Intellectual Relations in Modern Japan* (Cambridge and London: Harvard University Asia Center, 2013), p.329.

第十七章
朝鮮末期的近代空間
——民主主義土壤的培育

李正吉
（李萌 譯）

一、前言

1919 年 4 月 11 日，大韓民國臨時政府公佈了下述臨時憲章。儘管在殖民地時期（1919 年之後），大韓民國臨時政府在海外積極投身於朝鮮的獨立運動之中，然而其作為政府的作用只停留在象徵性的一面。不過，自 1948 年 8 月 15 日大韓民國政府成立至今，臨時憲章的精神得到了繼承[1]。

> 一、大韓民國是民主共和國。二、大韓民國是由臨時政府依據臨時議政院的決議進行統治。三、大韓民國的國民不論男女貴賤及貧富階級，人人平等。四、大韓民國的國民享有宗教、言論、著作、出版、結社、集會、通信、居住與遷徙、身體、財產等自由。五、具有大韓民國國民資格的人，享有選舉權與被選舉權。（後略）[2]

上述臨時憲章中尤其引人注目的是，大韓民國於 1919 年實行民主共和制（第一條）。而且，在立志於權力分立的同時，廢除朝鮮時代所存留下來的等級身份制，標榜「人權、平等與自由」。另外值得關注的是，「普通選舉制」作為實現上述內容的制度保障被提了出來（第二、三、四、五條）。

這可以解釋為，如今的韓國民主主義並不是 1945 年殖民地解放之後由美國引進的，而是在自朝鮮末期的儒教中央集權體制[3]的龜裂之中萌芽的「民主主義土壤

---

[1] 《大韓民國憲法前文（대한민국헌법전문）》1948 年 7 月 17 日；《大韓民國憲法前文（대한민국헌법전문）》1987 年 10 月 29 日。

[2] 《大韓民國臨時憲章（대한민국 임시헌장）》（首爾：自畫像，2019），頁 17。

[3] 儒教中央集權體制是指，基於民本主義這一儒教理念，具備以王與臣子為統治主體的官僚制、郡縣制、律令制

的培育過程」⁴的基礎之上，植入了帶有美蘇冷戰邏輯色彩的自由民主主義體制的結果。迄今為止，有許多先行研究基於上述的問題意識，主張朝鮮末期朝鮮政府就接受了民主主義⁵。筆者曾撰文分析了這些先行研究的學術意義與課題，同時指出

這些合理且有效率的制度的體制。這裡的民眾作為統治的客體，隸屬於完全的等級身份制之下，而針對王和臣子這些統治的主體，則強調通過德治與仁政來贏得民心。孫文稿，〈朝鮮初期的政治思想研究：以鄭道傳為中心（조선초기의 정치사상연구: 정도전을 중심으로）〉，《湖西文化論叢》，6，（首爾，1991）；姜光植，〈朋黨政治與朝鮮的儒教政治體制的統治構造的變動情況：以分析統治聯合的變動情況為中心（붕당정치와 조선조 유교정치체제의 지배구조 변동양상: 지배연합의 변동양상 분석을 중심으로）〉，《OUGHTOPIA》，24：1，（首爾：2009）。

4 「民主主義土壤的培育過程」是指，在基於民主主義理念的憲法和政治體制被建立之前的這一階段，人們作為民主主義的接受者，其政治意識之中「選舉、分權、人權與平等」這些作為民主主義要素的概念的形成過程。關於選舉，根據熊彼得（Joseph A. Schumpeter）和達爾（Robert A.Dahl）等人的定義以及測定民主主義程度的政體指數（Polity IV）和自由之家指數（Freedom House Index）可以得知，競合性的「選舉」是區分民主主義和非民主主義的最低條件。其次，「分權」是從孟德斯鳩（Charles-Louis de Montesquieu）的《論法的精神》借用的概念。孟德斯鳩主張防止權力的濫用阻礙政治自由的現實方法是建立實現權力間的相互制約的國家構造。這其實就是如今立法權、行政權、司法權三權分立的綱領所在，並且在上述的政體指數中也得到了反映。最後，「人權與平等」是相互關聯的。人權是指，作為個人或國家的成員不論性別、宗教、社會出身、財產，人人都得以平等享受的基本自由與權利。這不僅是《世界人權宣言》所規定的，也是上述自由之家指數中的一項，可以說是當今民主主義體制的基本要素。Joseph A. Schumpeter 著，中山伊知郎・東畑精一譯，《資本主義・社會主義・民主主義》（東京：東洋經濟新報社，1995）；Robert A.Dahl 著，高畠通敏譯，《多頭政治》（東京：三一書房，1981）；孟德斯鳩著，野田良之・稻本洋之助・上原行雄・田中治男・三邊博之・橫田地弘譯，《論法的精神（上・中・下）》（東京：岩波文庫，1989）；美國系統和平中心官方網站 http://www.systemicpeace.org/polity/polity4.htm，瀏覽日期：2021 年 11 月 16 日；自由之家官方網站 http://www.freedomhouse.org/，瀏覽日期：2021 年 11 月 16 日；https://www.amnesty.or.jp/human-rights/what_is_human_rights/udhr.html，瀏覽日期：2021 年 11 月 16 日。

5 著手研究朝鮮末期朝鮮政府就接受了民主主義這一理論的先行研究大體可以分為三類。首先，從「儒教文化」和民主主義間的相反關係來主張民主主義受容理論的主要有姜在彥、金泰吉、李萬甲和李光麟等人。他們的研究是基於從外部傳來的「近代」這一觀點中「儒教文化=反民主主義」的邏輯關係，認為既有的構造性條件由於西洋文化事物的流入而開始逐漸崩塌，促進了「民主主義土壤的培育過程」。第二，趙景達、安外順、金容直以及金웅진等人關注「儒教文化」中的近代性的同時著手於朝鮮末期的民主主義受容理論。他們的研究是從當時的儒教秩序與進步性價值的融合這一觀點來分析朝鮮末期到殖民地時期開化知識人主導的民主主義受容。第三，최형익、國分典子、金正仁和김현정等人關注「現代制度和政治過程」與「朝鮮末期的獨立協會和萬民共同會」間的類似性，主張韓國民主主義的歷史源遠流長。姜在彥，《朝鮮的開化思想》（東京：岩波書店，1980）；金泰吉〈韓國人的傳統價值意識與西歐民主主義（한국인의 전통적 가치의식과 서구민주주의）〉，《東亞研究（西江大學東亞研究所）》，12（首爾，1987）；李萬甲〈韓國社會中的西歐民主主義價值的影響（한국사회에서의 서구민주주의 가치의 영향）〉，《東亞研究（西江大學東亞研究所）》，12（首爾，1987）；李光麟〈韓國的民主主義受容（한국에 있어서의 민주주의 수용）〉，《東亞研究（西江大學東亞研究所）》，12（首爾，1987）；趙景達，《近代朝鮮與日本》（東京：岩波新書，2012）；安外順〈朝鮮的民主主義受容理論的推移：從崔漢綺到獨立協會（조선에서의 민주주의 수용론의 추이: 최한기에서 독립협회까지）〉，《社會科學研究》，9（首爾，2000）；김용직〈近代韓國的民主主義概念：以獨立新聞為中心（근대 한국의 민주주의 개념: 독립신문을 중심으로）〉，《世界政治》，25：2，（首爾，2004）；김웅진〈殖民地時代的民主主義話語中反映的民主

雖然各先行研究就行為者們在面對歷史事件時的選擇做出了說明，但卻並未充分呈現出各行為者對於構造（＝儒教中央集權體制）之認識的變化過程[6]。本文將以「民主主義土壤的培育過程」這一框架來概觀朝鮮末期，探討當時的朝鮮人究竟從何時開始討論「選舉、分權、人權與平等」這些概念。

　　「民主主義土壤的培育過程」是萌發於純祖 1 年（1800 年）開始的勢道政治所導致的儒教中央集權的龜裂[7]，尤其是在高宗 13 年（1876 年）的《日朝修好條規》到光武 3 年（1899 年）「頒佈大韓國國制」這一時期被推動，可以將其分為三個局面。此處所說的「局面」包含著「劃時代性事件→集體性記憶→既得權力的抵抗與鎮壓→質疑→反對提案→社會共識」這六個階段，特指高宗 13 年（1876 年）到光武 3 年（1899 年）間人們認識發生變化的兩種週期，即「劃時代性事件→集體性記憶→既得權力的抵抗與鎮壓→質疑（失敗）」或「劃時代性事件→集體性記憶→既得權力的抵抗與鎮壓→質疑（成功）→反對提案→社會共識」[8]。

　　首先，這裡所說的「劃時代性事件」指的是撼動人們所適應的儒教中央集權體制（或其他體制），讓人們對既有的體制產生疑問之類的事件。第二，「集體性記憶」是指在遭遇劃時代性事件之後，每一個集體所共通的想法。具體來講，集體性記憶與人與人之間通過互相交流所產生的共同想法或共鳴並不相同，它指的是同時間經歷了劃時代性事件的每一個人立刻具備的相同的想法。這樣的想法並不是因為他人與社會的介入而產生的，它只存在於個人的內心裡，每個人之間都帶有不少共通的想法[9]。第三，「既得權力的抵抗與鎮壓」是指，因為擁有既得權力而並不期

主義概念的變容情況：以安廓和新知識人的話語為中心（일제 강점기 민주주의 담론에 반영된 민주주의 개념의 변용 양상: 자산 안확과 신지식인의 담론을 중심으로）〉，《比較民主主義研究》，13：2（首爾，2017）；최형익〈韓國的近代民主主義起源：舊韓末期的獨立新聞、獨立協會、萬民共同會的活動（한국에서 근대 민주주의의 기원: 구한말 독립신문, 독립협회, 만민공동회 활동）〉，《精神文化研究》，27：3（首爾，2004）；國分典子，《近代東亞世界與憲法思想》（東京：慶應義塾大學出版會，2012）；金正仁，〈初期獨立運動與民主共和主義的胎動（초기독립운동과 민주공화주의의 태동）〉，《人文科學研究》24（首爾，2017）；김현정，〈大韓帝國的政治結社相關法令的變遷在憲法史上的意義（대한제국의 정치적 결사 관련 법령 변천의 헌법사적 의미）〉，《法學研究》，25：3（首爾，2017）。

6　李正吉，〈關於朝鮮末期的民主主義始動的諸考察：針對民主主義土壤的培育過程的理論化〉，《東北亞研究》，別冊 5（島根，2019），頁 83-97。

7　李正吉，〈朝鮮末期的民主主義土壤：民主主義土壤的培育過程的三個局面〉，《東北亞研究》，別冊 6（島根，2021），頁 51-88。

8　李正吉，〈關於朝鮮末期的民主主義始動的諸考察：針對民主主義土壤的培育過程的理論化〉，《東北亞研究》，別冊 5（島根，2019），頁 83、頁 96-97。

9　本文所使用的「集體性記憶」容易與哈布瓦赫（Maurice Halbwachs）的集體記憶（collective memory）混

望發生新的變化的階層，會為了維持權力而鎮壓威脅到自己的力量，抵抗變化。第四，「質疑」是指，立志對儒教中央集權體制（或其他體制）進行根本性變革者所提出的異議。第五，「反對提案」是指，為了要實現「質疑」這個環節，人們所提出的統一且具體的方法。最後，與反對提案相應的制度化則帶來社會共識[10]。

　　基於上述概念，本文試將朝鮮末期劃分為三個局面。第一局面被劃定為高宗 13年（1876 年）至高宗 25 年（1888 年）。這一時期的「民主主義土壤的培育過程」以統治階層之中的激進開化派為中心而展開，將門戶開放作為前提，同時藉由在制度上採取「分權與選舉」的君主立憲制來尋求儒教中央集權體制的變革。然而，「分權與選舉」的想法僅僅停留於激進開化派的知識層面，沒能與民眾共有（「質疑」失敗）。第二局面是高宗 26 年（1889 年）至高宗 31 年（1894 年）。這一時期的「民主主義土壤的培育過程」以民眾（以東學道為主）為中心而展開。當時的民眾基於「輔國安民與四民平等」的想法主張嚴懲腐敗的兩班、富豪和貪官污吏，並且斥倭斥華（反倭反華）。從這個意義來說，他們的運動與以往發散式的民亂是不同的。另外，根據人人都可以侍奉帶有人格色彩的天（한울님）這一侍天主（시천주）的原理，在人權與平等這一方面，他們主張燒毀賣身契、改善賤民的待遇、允許年輕寡婦再嫁等等。然而，這些還沒有達到從根本上變革既有的儒教中央集權體制而提出新政治體制的藍圖的高度（「質疑」失敗）。第三局面是高宗 32 年（1895 年）至光武 3 年（1899 年）。這一時期，統治階層中的激進開化派在經歷了第一局面與第二局面的失敗後與民眾相結合，提出為了實現「朝鮮的獨立自治與富國強兵」而「基於朝鮮人的思維轉換進行政治改革（選舉・分權）與社會改革（人權・平等）」。也就是說，在第三局面中，追求對儒教中央集權體制實行根本變革的人們進行「質疑」，並提出了開設議政院的方案作為踐行「質疑」的「反對提案」。

　　本文將通過上述三個局面來概觀當時的朝鮮人是如何議論「選舉、分權、人權及平等」這些民主主義要素的。

涓。哈布瓦赫將記憶分為個人記憶與集體記憶。前者是指「回憶（＝記憶）」，但後者並不是指每個人的「回憶（＝記憶）」的集合，而是自己和他人的記憶之間存在接點，將自己與他人的內心所共通的所與和觀念作為出發點，相互且反復地被認定與再構築的存在。從這一點來看，哈布瓦赫的集體是和本文使用的從「質疑」到「社會共識」之間的過程非常相近的概念。莫里斯哈布瓦赫著，小關藤一郎譯，《集體記憶》（滋賀：行路社，1989），頁 16-17。

[10] 筆者曾採用上述的階段論，分析了 1961 年之後在韓國持續了大約三十年的堅固的軍部權威主義體制之下人們的民主化要求與爭論點是怎樣形成的。李正吉，《韓國政治的轉換點：「分割」與民主主義的政治力學》（東京：國際書院，2020）。

二、朝鮮末期的「民主主義土壤的培育過程」：第一局面

（一）日朝修好條規與開化政策的嘗試

　　在高宗 10 年（1873 年）11 月 5 日這一天，十年來主張強化王權與斥洋斥和（反洋反日）的興宣大院君的攝政期落下了帷幕。然而即使大院君沒有失敗，在當時的國際形勢下朝鮮已經很難再維持斥洋斥和的態勢。比如自憲宗 6 年（1840 年）鴉片戰爭開始後，清朝主導的東亞和平體制迅速崩壞，朝鮮被迫向法、美、俄開放了門戶。而且日本早就先於朝鮮二十年開放了門戶，建立了近代法律體系與政治體制，推進產業化，並且試圖通過征韓論來解決武士階層中約六十萬人的失業問題[11]。在這樣急劇變化的國際形勢下，日朝開放門戶的時間差招致了兩國實力間顯著的不平衡。結果，以高宗 12 年（1875 年）8 月 20 日的雲揚號事件為契機，朝鮮於翌年 2 月 2 日與日本簽訂了《日朝修好條規》[12]。

　　日朝修好條規的締結作為劃時代性事件，動搖了自純祖 11 年（1811 年）以來斷交的日朝關係、高宗 3 年（1866 年）丙寅迫害之後進一步強化的鎖國政策，以及朝鮮與中國之間垂直型的「朝貢－冊封」外交關係[13]。其根據之一是，日朝修好條規締結之後高宗與開化派鞏固了「為富國強兵而開放門戶」的想法。當時締結條約的朝鮮代表申櫶與尹滋承力陳「富國強兵」的重要性：

　　　　（前略）看看當今天下的形勢，各國以武力入侵，這期間我們已經幾番經歷了屈辱。但是就以這種軍力與各國戰爭的話，不知今後我們還要遭受到怎樣的屈辱。十分值得憂慮。（後略）[14]

---

[11] 金容九，《世界觀的衝突與舊韓末期的外交史 1866～1882（세계관 충돌과　한말 외교사 1866~1882）》（首爾：文學與知性社，2001），頁 187。

[12] 關於這一點，石田徹認為，由「西歐衝擊」之後出現的日朝間的不同應對方式（開化、鎖國）而產生的文書問題導致的外交僵局、以及日朝兩國間不同的認識（蔑視朝鮮與倭洋一體），最終導致了雲揚號事件的發生和日朝修好條規的簽訂。石田徹，《近代過渡期的日朝關係：圍繞建交改革的日朝雙方的邏輯》（廣島：溪水社，2013）。

[13] 金正仁認為，從民主主義的視角來看日朝修好條規，朝鮮的國內外宣言從既有的垂直性國際秩序轉換為水平性國際秩序，即進入萬國公法的秩序，對當時的民眾、知識人和官僚產生了巨大的文化衝擊。金正仁，〈近代韓國民主主義文化的傳統樹立與特性（근대 한국 민주주의 문화의 전통 수립과 특질）〉，《歷史與現實》，87（首爾，2013），頁 207。

[14] 최병옥，〈教習軍隊（俗稱：倭別技）研究（교련병대(속칭:왜별기) 연구）〉，《軍事》，18（首爾，

於是，高宗與開化派在高宗 17 年（1880 年）12 月 20 日設立統理機務衙門來掌管政治軍事機密，推行與開化政策相關的各種主要政策。第一個例子就是派遣紳士遊覽團。高宗 18 年（1881 年）4 月 10 日，統理機務衙門選拔出 62 名推進開化政策的 30 到 40 歲年輕官吏，派到日本。紳士遊覽團接觸到日本政府各省廳的長官，還考察了陸軍、稅關、炮兵工廠、產業設施、圖書館和博物館等設施，並完成了多達一百來冊的報告書[15]。第二個例子是於高宗 18 年（1881 年）4 月 23 日創設的新式軍隊和近代化軍制改革。統理機務衙門任命日本公使館的堀本禮造為新式軍隊的訓練教官，並於高宗 18 年（1881 年）9 月 26 日派金允植和魚允中等 28 人赴清朝學習西歐科學技術與兵器製造方法[16]。

（二）既得權力對「門戶開放」的抵抗

高宗與開化派所推動的開化政策也並不是一帆風順的。當時在朝鮮的衛正斥邪派主張「固守已有儒教思想，堅決拒絕門戶開放」。其中，崔益鉉在反對高宗 13 年（1876 年）2 月 16 日簽訂的《日朝修好條規》、主張「倭洋一體論」時說道：

> （前略）要說究竟是如何明確地知道倭人是仇敵的話，是因為他們成為了洋敵的爪牙。而要說為什麼知道他們成為了洋敵的爪牙的話，是因為倭與西洋相互勾結長期橫行於中國。（後略）[17]

另外，在高宗 18 年（1881 年）2 月 26 日正式推進開化政策時，以李晚孫為首的嶺南儒生們也和崔益鉉一樣主張「斥洋斥和」，抵抗開化政策。具體內容如下：

> （前略）趁著我們人才不濟的時機，他們打算改換天下，侵蝕中國、入侵朝鮮加以掠奪。周文王與孔子受到排斥，程子、朱子也被終結了。（中略）俄、美、日都是一樣的野蠻人。（後略）[18]

1989），頁 85。

[15] 이계형，《韓國近代史 1863~1910（한국 근대사 1863~1910）》（首爾：청아출판사，2018），頁 89。

[16] 백태남編著，《韓國史年表（한국사 연표）》（首爾：다할미디어，2019），頁 384。

[17] 崔益鉉，〈持斧扶闕反和議疏（지부복궐척화의소）〉，이주명編譯《原文史料讀解韓國近代史（원문 사료로 읽는 한국 근대사）》（首爾：필맥，2018），頁 19-20。

[18] 李晚孫，〈嶺南萬人疏（영남만인소）〉，이주명編譯《原文史料讀解韓國近代史（원문 사료로 읽는 한국 근대사）》（首爾：필맥，2018），頁 48-56。

於是衛正斥邪派在高宗 18 年（1881 年）8 月 29 日這一天同興宣大院君一起擁戴高宗的異母兄弟李載先為王。但之後事情敗露，包括李載先在內的 30 人被處以極刑[19]。之後，高宗 19 年（1882 年）6 月 5 日這天爆發了「壬午軍亂」。其開端是，隨著新式軍隊的創立，之前舊式軍隊的規模從 5 個軍營被縮小至 2 個軍營，而且在這個過程中出現大量失業者，留下的舊式軍人也有 13 個月沒能拿到俸祿。之後，舊式軍人起而反叛並與擁戴興宣大院君的勢力匯合，使得興宣大院君得以再次回歸政界[20]。

（三）開化派內的分歧與甲申政變

「壬午軍亂」發生之後，開化派的金允植和魚允中立刻向清朝請求援兵。高宗 19 年（1882 年）6 月 27 日，清朝以保護附屬國朝鮮的名義派出馬建忠和丁汝昌統率的三艘軍艦。之後，清朝就「壬午軍亂」問責，將興宣大院君押送至天津，並且在同年 11 月派出馬建常和德國人穆麟德在朝鮮實行顧問政治。

由於清朝的介入，開化派再度登上了政治舞台。而清朝干涉朝鮮內政這件事也揭示出，在開化派內部，以「門戶開放」為交點的穩健派與激進派之間存在著不同想法。穩健開化派以清朝的洋務運動為範本，考慮「基於傳統儒教思想，階段性引進西洋文化產物」，其代表人物主要有金允植、魚允中、金弘集、李祖淵、閔泳翊等人。與之相對，激進開化派則是以日本的明治維新為範本，認為要「將既有的儒教中央集權體制變革為西歐式的政治體制」，代表性人物是金玉均、朴泳孝、徐載弼、洪英植、徐光範、俞吉濬[21]等人[22]。

---

[19] 백태남編著，《韓國史年表（한국사 연표）》（首爾：다할미디어，2019），頁 384。

[20] 이계형，《韓國近代史 1863～1910（한국 근대사 1863~1910）》（首爾：청아출판사，2018），頁 128-129。

[21] 將俞吉濬劃定為激進開化派其實還需慎重考量。從俞吉濬的著作《西遊見聞》來看，他雖然提出君民共治並將之稱讚為「最美的政體」，但他也強烈反對導入美國式大統領制，主張尊重和保護朝鮮傳統的儒教倫理體系。而且，從他對以「提高民眾的知識水準」為前提導入立憲君主制抱持肯定態度這一點來看，也可以將他劃定為穩健開化派。但是就俞吉濬的行動來看，他持續地與激進開化派的人物交往，並且和創刊《獨立新聞》的徐載弼也存在著一些共同之處，比如，一是留學美國，認識到民主政體的優越性；二是反對閔氏家族主導的親清政策；三是提出反俄路線；四是認識到新聞對民眾啟蒙的重要性。因此又不能簡單地將俞吉濬視作穩健開化派。金學俊，《舊韓末期西洋政治學的受容研究：以俞吉濬、安國善、李承晚為中心（구한말의 서양정치학 수용 연구: 유길준, 안국선, 이승만을 중심으로）》（首爾：首爾大學出版文化院，2013），頁 252-253、290-291、306-307。

[22] 康俊晚，《漫步韓國近代史 1（한국 근대사 산책 1 권）（한국 근대사 산책 1 권）》（首爾：人物與思想社，2007）；이계형，《韓國近代史 1863～1910（한국 근대사 1863~1910）》（首爾：청아출판사，

　　激進開化派的思想也可以在高宗 20 年（1883 年）10 月 17 日洪英植提交的「美國訪問報告」以及由朴泳孝與俞吉濬主導創刊的《漢城旬報》的社論之中看出。

　　（前略）美國的政權被分為三項。一是立法權，由上下議員主持，副大統領掌管。二是行政權，由大統領與六部各長官掌管。（中略）三是司法權，由法部長及各審判官主管。（中略）大統領每四年更換一次。（中略）上下議員的任期為 6 年或 8 年，並不相同。行政政府的官員也在大統領更換之時隨時遞補。（後略）[23]

　　（前略）西洋諸國之中（中略）所謂實行仁政的國家，就是讓公議堂的人員掌握大權，將所有的公舉人員的職位分給士農工商。（後略）[24]

　　（前略）立憲政體是以民選為根本。遵照這個主旨，國家的賢能者不論是誰都可以成為議員或宰相，那小人還能將王帶入歧途嗎？（後略）[25]

　　從前面提到的《美國訪問報告》和《漢城旬報》能夠看出，激進開化派不同於以國王為中心的專制君主制，而是著眼於立法、行政、司法三權分立，以及通過選舉來選出大統領和上下議員的民主政體。例如，在上面的論述中，確立了三權分立、所有人都有參加政治的權利的這種政治體制被稱為「寬大的政治」。不過，比起完全的民主政治，激進開化派認為以王為頂點，通過選舉選出宰相和議員，並以宰相和議員來運作國家才是理想的[26]。

　　另一方面，圍繞著越南展開的清法戰爭於高宗 21 年（1884 年）6 月 19 日爆發了，在朝鮮駐紮的 3,000 名清軍中的 1,500 人大舉向越南戰線移動[27]。這激勵了日本加強對朝鮮的影響力，日本更是向對清朝抱有反感的激進開化派予以軍事與財政上的

2018）；최선，〈對韓國近代憲法起源的討論（한국근대헌법의 기원에 대한 의론）〉，《韓國學研究（한국학연구）》，41（首爾：2012），頁 289-321。

[23] 洪英植，〈美國訪問報告（미국 방문 보고）〉，이주명編譯《原文史料讀解韓國近代史（원문 사료로 읽는 한국 근대사）》（首爾：필맥，2018），頁 61-62。

[24] 《漢城旬報》高宗 21 年（1884 年）1 月 11 日。

[25] 《漢城旬報》高宗 21 年（1884 年）1 月 30 日。

[26] 參考注 21。

[27] 백태남編著，《韓國史年表（한국사 연표）》（首爾：다할미디어，2019），頁 387。

支持[28]。然而,以閔泳翊為中心的穩健開化派一方面加強聯繫駐守在漢城府的清軍,同時指揮蕭清包括激進開化派朴泳孝在內、受過日本教育的人士[29]。

在上述各因素的綜合作用下,激進開化派於高宗 21 年（1884 年）12 月 4 日發動了甲申政變。然而僅僅過了三天,甲申政變就被清朝與穩健開化派平息下來。其原因從甲申政變時發表的「政綱十四條」就可以看出。比如,「政綱十四條」的內容與激進開化派原本理想的政治體制相去甚遠。尤其是第十三條和第十四條提出,要廢除既有的議政府與六曹之外的機關來強化內閣的權限。這不僅完全沒反映出激進開化派理想中的「選舉與分權」,而且減輕了甲申政變的激進性,可以說是為了安撫既得利益者不安的措施[30]。

> （前略）十三、大臣‧參贊定期在議政所舉行會議,議定並執行政令。十四、罷免政府六曹之外的冗官,大臣與參贊商議相互啟發。[31]

另外,激進開化派雖然通過《漢城旬報》傳達了「選舉與分權」的思想,但由於使用了漢文,因此只有能閱讀漢文的中央官吏、地方官吏和兩班階層中的一小部分人才能共享「選舉與分權」的主張。也就是說,「選舉與分權」的思想僅僅止步於激進開化派的知識層面,並不能發展到對儒教中央集權體制進行「質疑」的階段。

三、朝鮮末期的「民主主義土壤的培育過程」：第二局面

（一）甲申政變之後朝鮮的現實和東學道的「輔國安民與四民平等」

甲申政變之後,朝鮮民眾的生活更加困頓。比如,通過《日朝修好條規》和《朝清商民水路貿易章程》朝鮮對外貿易的交易量雖然增加了,但對日清兩國的免關稅等最惠國待遇卻給朝鮮的商人帶來巨大的打擊。特別是日本正處於從農業社會

---

[28] 韓永愚,《開拓未來的我們的近現代史（미래를 여는 우리 근현대사）》（首爾：경세원,2016 年）,頁 44。

[29] 康俊晚,《漫步韓國近代史 1（한국 근대사 산책 1 권）》（首爾：人物與思想社,2007）,頁 331。

[30] 康俊晚,《漫步韓國近代史 1（한국 근대사 산책 1 권）》（首爾：人物與思想社,2007）,頁 156。

[31] 박은숙,〈甲申政變的政令中出現的政治體制與權力運行的構想（갑신정변에 나타난 정치체제와 권력운영 구상）〉,《韓國史研究 124（한국사연구 124）》（首爾：2004）,頁 143-173（二次引用）。

向工業社會的轉型期，為維持日本國內產業勞動者的低工資，需要保證穀物價格的穩定[32]，因此日本以低價從朝鮮購進大量的大米和大豆。而且由於朝鮮各地的貪官污吏以各種名目向民眾課以重稅，自高宗 26 年（1889 年）起，民亂以穀倉地帶為中心相繼發生[33]。

在上述情況之下，東學道秉持「輔國安民與四民平等」的想法，提出要幫助步入歧途的國家回歸正途，建立一個保障民眾基本生活水準的平等的社會[34]。東學道所指的平等是根據人可以各自祭祀帶有人格色彩的天這一侍天主原理。就是說，如果每個人可以將他人像天一樣侍奉並祭祀自己內心具有人格色彩的天的話，兩班、中人、良人、賤人、男女老少就都沒有差別，皆為地上神聖或君子，每個人都生出人格尊嚴，因此也就形成了人與人之間的平等關係[35]。東學道的這種想法迅速為慶尚道、全羅道、忠清道地區的民眾所共享，成為之後兩次甲午農民戰爭爆發的基礎。

（二）第一次甲午農民戰爭與《弊政十二條》

第一次甲午農民戰爭是從全羅道古阜地區開始的。當時，古阜郡守趙秉甲動員民眾挖掘了一個名為萬石洑的蓄水池。他不僅藉此來徵收水稅，還為了給自己的父親立追慕碑而向民眾斂財，大肆貪腐。不忿於此的古阜地區東學道接主全琫準[36]於高宗 31 年（1894 年）1 月 10 日率領農民約一千人襲擊官衙殺了衙吏們，並將沒收的穀物還給了農民[37]。之後，全琫準、孫化中和金開南高舉「輔國安民」的旗號，促成周邊地區各接主的會合。

---

[32] 河元稿，〈關於開港後實行防穀令的原因的研究 上（개항후 방곡령실시의 원인에 관한 연구 상）〉，《韓國史研究（한국사연구）》，49（首爾，1985），頁 79；이계형，《韓國近代史 1863～1910（한국근대사 1863~1910）》（首爾，청아출판사，2018），頁 185-186。

[33] 柳鏞泰、朴晉雨、朴泰均，《一起讀東亞近現代史（함께 읽는 동아시아 근현대사）》（首爾：創作與批評社，2018），頁 149-150。

[34] 林賢九，〈崔濟愚的輔國安民思想（최제우의 보국안민 사상）〉，《東學研究（동학연구）》，2（首爾：1998），頁 93；韓國哲學思想研究會，《韓國哲學白描 2（한국철학스케치 2）》（首爾：풀빛，2007），頁 154-156。

[35] 林賢九，〈崔濟愚的輔國安民思想（최제우의 보국안민 사상）〉，《東學研究（동학연구）》，2（首爾：1998），頁 97-98。

[36] 東學道以郡、縣為單位的教團組織和集會所被稱為「包」和「接」。在這裡，「接主」的意思是指地區教團的領導者。

[37] 韓永愚，《開拓未來的我們的近現代史（미래를 여는 우리 근현대사）》（首爾：경세원，2016），頁 54。

（前略）只有民仁臣忠、父慈子孝，才能國家太平。（中略）京中沒有輔助國政的人才，地方卻多有殘害百姓的官吏。（中略）百姓是國家之根本。根本衰敗了，國家則必然滅亡。不思治國安民之策，只考慮一己之利害，將國家積蓄消耗殆盡，這怎麼會是正途呢？（中略）朝鮮八方同心，聚億兆眾議，在此高舉正義旌旗，以輔國安民為死生之誓。（後略）[38]

上述〈東學倡議文〉看似與儒教的民本主義相同，但其實存在著根本性的不同。比如，東學道所說的「民」是指：在儒教的基礎之上重視忠孝價值觀的同時，所有的人為了追求與自身內心所供奉的人格色彩的天合為一體而磨煉人格。因此，在以往的儒教身份等級制度中只被當作統治的客體的「民」就能夠積極致力於解決現實問題了[39]。而且這個「民」與以往的散亂無章的民亂不同，其批判的對象不只限於地方的守令，而是擴大為朝鮮國內整個統治階層[40]。

實際上，〈東學倡議文〉一經問世便在民眾中產生巨大反響。民眾高呼「做得好」、「該滅亡的東西立刻滅亡，必須出現一個新的世界」。各村各戶一見面就一起談論〈東學倡議文〉的內容[41]。於是在高宗 31 年（1894 年）3 月 25 日，金溝、扶安、高敞等地湧出約一萬人的農民軍，他們在古阜郡泰縣白山集結，發出以下的檄文。

（前略）我們奉行大義聚集於此的本意絕無其他，只為救蒼生於塗炭之苦，將國家立於磐石之上。內斬暴虐的官吏，外驅兇暴的強敵。在兩班與富豪面前在苦痛中掙扎的民眾，以及在方伯和守令（地方官）之下嘗盡屈辱的小吏們與我們同仇敵愾。（後略）[42]

---

[38] 吳知泳著，梶村秀樹譯，《東學史：朝鮮民眾運動的記錄》（東京：平凡社，2006 年），頁 169-170（二次引用）。

[39] 林賢九，〈崔濟愚的輔國安民思想（최제우의 보국안민 사상）〉，《東學研究（동학연구）》，2（首爾：1998），頁 89。

[40] 박준성，〈高舉除暴救民、輔國安民的旗幟：1894 年農民戰爭的茂長倡議文與白山檄文（제폭구민, 보국안민의 깃발을 들다: 1894 년 농민전쟁의 무장 창의문과 백산 격문）〉，《開創明天的歷史》，12（首爾：2003），頁 226。

[41] 吳知泳著，梶村秀樹譯，《東學史：朝鮮民眾運動的記錄》（東京：平凡社，2006 年），頁 171。

[42] 吳知泳著，梶村秀樹譯，《東學史：朝鮮民眾運動的記錄》（東京：平凡社，2006 年），頁 174-175（二次引用）。

上述內容中最引人注目的就是衙吏也都被當做農民軍的同伴[43]，以此謀求組織的最大化。之後，全琫準和農民軍在井邑黃土縣與政府軍展開戰鬥並取得了勝利，於高宗 31 年（1894 年）4 月 27 日掌握了整個全羅道。最後，朝廷於 4 月 28 日向清朝請求援兵，與此同時日本也根據天津條約[44]的規定向仁川派出了軍隊。因此，為了在沒有外國介入的狀況下同朝廷解決問題，農民軍於高宗 31 年（1894 年）5 月 7 日和政府締結了全州和議。

> 一、消除道人（東學道徒）和朝廷之間的宿嫌，合力維持庶政。二、查明貪官污吏的各種罪行，嚴加懲處。三、嚴懲貪暴的富豪。四、懲罰不良的儒林學者和兩班貴族。五、燒毀奴婢文書。六、改善七班賤人的待遇，脫下白丁戴的平壤笠。七、允許年輕寡婦改嫁。八、廢除一切無名雜稅。九、任用官吏打破門第之見，登用人才。十、嚴懲私通倭人者。十一、取消一切公私債務。十二、平分土地。[45]

上述由當時的農民軍提出的《弊政十二條》，充分體現了「輔國安民與四民平等」的主張。首先，通過嚴懲不正腐敗、恣意斂稅的地方官吏和富豪，將步入歧途的國家引入正軌。然後根據侍天主原理，要求廢除兩班與賤人之間的地位差別，廢除白丁的身份標誌平壤笠，燒毀奴婢文書，允許年輕寡婦改嫁等等。

（三）第二次甲午農民戰爭與《洪範十四條》

高宗 31 年（1894 年）6 月 9 日，朝廷根據與農民軍簽訂的全州和議要求日本退兵。但是日本派兩千餘名士兵於 6 月 21 日佔領景福宮，強行要求清軍撤退，並要求廢除朝鮮與清朝之間簽訂的條約的同時，解除侍衛軍武裝並驅逐了閔氏家族。而且，日軍在 6 月 23 日攻擊了清朝停泊在牙山灣的軍艦和運輸船，發起了中日甲午戰爭。同時，日本在朝鮮朝廷內推動成立金弘集內閣以及甲午改革[46]。從甲午改革來看，日本的意圖主要是架空高宗和外戚閔氏的權力，同時通過《弊政十二條》中提及

---

[43] 박준성，〈高舉除暴救民、輔國安民的旗幟：1894 年農民戰爭的茂長倡議文與白山檄文（제폭구민，보국안민의 깃발을 들다: 1894 년 농민전쟁의 무장 창의문과 백산 격문）〉，《開創明天的歷史（내일을 여는 역사）》，12（首爾，2003），頁 227。

[44] 甲申政變結束後，清朝與日本於高宗 22 年（1885 年）4 月 18 日簽定了《天津會議專條》。條約規定，清朝和日本從朝鮮撤回軍隊，並約定今後兩國向朝鮮派兵須相互告知，同時出兵。

[45] 吳知泳著，梶村秀樹譯，《東學史：朝鮮民眾運動的記錄》（東京：平凡社，2006 年），頁 171。

[46] 백태남編著，《韓國史年表（한국사 연표）》（首爾：다할미디어，2019），頁 394-395。

的允許寡婦改嫁、廢除公私奴婢制和班常門閥等舉措來將朝鮮民眾對日本的抵抗降
至最低[47]。

　　然而這一事件最終成為第二次甲午農民戰爭爆發的開端。高宗 31 年（1894
年）10 月 9 日，朝鮮北部地區的孫秉熙和南部地區的全琫準帶領農民軍約二十
萬人高舉「斥倭斥華」的旗幟在忠清道公州集結，並將此作為進攻漢城府的據
點[48]。但是農民軍在 10 月 22 日的公州牛禁峙戰鬥中敗下陣來，被逼至忠清道論
山。最後，他們通過下述告示，再次呼籲政府軍與民眾在「斥倭斥華」的大義下
聯合起來[49]。

> 　　（前略）地方相爭乃骨肉相殘。思及朝鮮同胞，即使道不同，斥倭斥華的大
> 義相同。（中略）各自反省，若懷忠君愛國之心即刻回歸義理，相議斥倭斥
> 華，為避免朝鮮倭國化而同心協力，以成就大事。[50]

　　另一方面，在甲午農民戰爭逐漸平息的過程中，日本於高宗 31 年（1894 年）
11 月 21 日讓主導甲申政變的朴泳孝和徐光範進入第二次金弘集內閣，並於 12 月 12
日頒佈了《洪範十四條》。

> 　　（前略）六、人民出稅，總由法令定率，不可妄加名目，濫行徵收。七、租
> 稅課徵及經費支出，總由度支衙門管轄。八、王室費用，率先減節，以為各
> 衙門及地方官模範。九、王室費用及各官府費用，豫定一年額算，確立財政
> 基礎。十、地方官制，亟行改定，以節制地方官吏職權。（後略）[51]

---

[47] 從甲午改革的內容來看，第一，在政治領域，以國王中心的權力構造變為了內閣制，在議政府總理大臣之下
設置八個衙門，讓總理和各衙門大臣來掌握實權。第二，在經濟領域，由度支衙門來負責國家政權，實施銀
本位貨幣制度和現金納稅。第三，在社會領域，允許寡婦再嫁，廢除公私奴婢制度、班常門閥身份制以及罪
人連坐制。韓永愚，《開拓未來的我們的近現代史（미래를 여는 우리 근현대사）》（首爾：경세원，
2016），頁 58-59。

[48] 이계형，《韓國近代史 1863～1910（한국 근대사 1863~1910）》（首爾：청아출판사，2018），頁 204。

[49] 崔玄植，〈全琫準的革命思想考察：以洪招錄為中心（전봉준의 혁명사상고찰: 홍초록을 중심으로）〉
《東學研究（동학연구）》9・10（首爾：2001），頁 29-30。

[50] 姜在彥，《朝鮮近代的運動變革　姜在彥著作選第II卷》（東京：明石書店，1996），頁 162-163（二次引
用）。

[51] 國分典子，《近代東亞世界與憲法思想》（東京：慶應義塾大學出版會，2012），頁 119-120（二次引
用）。

上述第六條到第九條是防止肆意運用財政導致財政紊亂與苛捐雜稅，第十條則打破了腐敗的地方官吏的權力，通過鞏固法治主義來保護民眾的權利。這份綱領雖然是在日本干涉下推出的，但其內容也是《弊政十二條》中提到的。後面將提到《獨立新聞》和獨立協會要求實施《洪範十四條》，從這一點來看[52]，可以說兩次甲午農民戰爭和「甲午改革」以及《洪範十四條》在朝鮮末期的「民主主義土壤的培育過程」之中佔有十分重要的地位[53]。

四、朝鮮末期的「民主主義土壤的培育過程」：第三局面

（一）三國干涉後日本對朝鮮獨佔性影響力的衰退

高宗 32 年（1895 年）4 月 17 日簽訂的馬關條約標誌著日本在中日甲午戰爭中大獲全勝。日本不僅讓清朝割讓了遼東半島、臺灣島和澎湖列島，還獨佔了對朝鮮的影響力。但是由於俄、德、法三國的干涉，日本不得不於 5 月 4 日宣佈放棄遼東半島，其在朝鮮國內獨佔性的影響力也遭到弱化[54]。

在這種國際局勢之下，高宗表明要親自決斷國政。他將金弘集內閣的俞吉濬和金嘉鎮逐出內閣，任用親俄派人士取而代之[55]。然而，日本在 8 月 20 日殺害了閔妃，維持了之前的金弘集內閣[56]。不過次年 2 月 11 日高宗避難於俄羅斯公使館後重新確立了以親俄派為中心的朴定陽內閣（俄館播遷）[57]。

這一動蕩不安的時期之中，徐載弼反省了想要引導出沒有民眾響應的「自上發起的革命」甲申政變的失敗，並通過《獨立新聞》和獨立協會等話語空間[58]開始與民眾分享「朝鮮的獨立自主與富國強兵」的思想[59]。

[52] 《獨立新聞》光武 2 年（1898 年）7 月 13 日。
[53] 閔京植，〈洪範十四條〉，《中央法學（중앙법학）》，9：2（首爾，2007），頁 44、57、79。
[54] 韓永愚，《開拓未來的我們的近現代史（미래를 여는 우리 근현대사）》（首爾：경세원，2016），頁 62。
[55] 康俊晚，《漫步韓國近代史 2（한국 근대사 산책 2）》（首爾：人物與思想社，2007），頁 294。
[56] 康俊晚，《漫步韓國近代史 2（한국 근대사 산책 2）》（首爾：人物與思想社，2007），頁 298-299。
[57] 森萬佑子，《朝鮮外交的近代：從宗屬關係到大韓帝國》（名古屋：名古屋大學出版會，2017），頁 242。
[58] 根據約翰·德萊澤克（John S. Dryzek）的理論，話語空間（公共言論的場域）是為市民社會遠離國家和市場的系統邏輯提供基於批判性思考的生活共同體的基礎，並且是可以通過合理的話語來實現日常政治活動的地方。Dryzek, John S, *Deliberative Democracy and Beyond: Liberals, Critics, and Contestations*, Oxford:Oxford University Press, 2000.
[59] 徐載弼的回憶錄提到了下述內容。「就算我不再回到美國，也要以在野立場為了教育民眾而創辦報紙，努力讓民眾知道政府的工作，讓他們領悟到他國到底在對朝鮮做些什麼。俞吉濬（當時的內部大臣）痛快的承諾

（二）《獨立新聞》與對儒教中央集權體制的「質疑」

　　作為最初的朝鮮文字（諺文）版的《獨立新聞》，不只是兩班層級，一般民眾也廣為閱讀。尤其是當時的民眾間不僅相互傳閱，還有很多識字的人在公眾面前朗讀《獨立新聞》的內容[60]。根據徐載弼的回想，一份報紙少說也有兩百到三百人閱讀。照此來看，參照《獨立新聞》停刊前一次向全國範圍發行 3,000 部的數據來簡單計算的話，意味著每一期有 60 萬人之多的讀者接觸了《獨立新聞》的內容[61]。而當時漢城府的人口約為 20 萬。另外，還有部分民眾通過自由投稿的方式來發表自己對新聞評論文章的看法，這也培育了他們對同時代各種政治問題、社會問題共同的問題意識和對共同體的認同感[62]。

　　《獨立新聞》為了與民眾共享「朝鮮的獨立自主與富國強兵」的想法，提出「基於朝鮮人的思維轉換進行政治改革與社會改革」，對之前的儒教中央集權體制進行了「質疑」。這裡的政治改革是指通過「選舉與分權」進行有效率的國家運作，社會改革則是指基於「人權與平等」的內容。

　　首先，《獨立新聞》是針對高宗 32 年（1895 年）的閔妃弒害事件與春生門事件[63]以及高宗 33 年（1896 年）俄館播遷之後肅清政府內部的親日派人士等親美

　　會給我財政上的支持，我們訂下了約定。」金乙漢，《韓國新聞士禍（한국신문사화）》（首爾：探求堂，1975），頁 27-29。對此，朝廷也在經歷了沒有辦法立刻告知民眾閔妃被殺這樣的慘事來發動社會輿論之後同樣感覺到創辦報紙的必要性。於是朝廷在支援報紙創刊費之外，還指示各個學校和地方官廳訂購報紙，並且派發給記者可以自由進入官廳取材的出入證。최준，《韓國報紙史論考（한국신문사논고）》（首爾：一潮閣，1995），頁 75；康俊晚，《漫步韓國近代史 3（한국 근대사 산책 3）》（首爾：人物與思想社，2007），頁 50。

[60] 홍창기，〈關於朝鮮社會開化期的報紙讀者的研究（개화기 한국사회의 신문독자에 관한 연구）〉，《韓國社會與言論》，7（首爾，1996），頁 106；《獨立新聞》光武 2 年（1898 年）11 月 9 日。

[61] 최형익，〈韓國的近代民主主義起源：舊韓末期的獨立新聞、獨立協會、萬民共同會的活動（한국에서 근대 민주주의의 기원: 구한말 독립신문, 독립협회, 만민공동회 활동）〉，《精神文化研究（정신문화연구）》，27：3（首爾，2004），頁 192；金正仁，《面向民主主義的歷史（민주주의를 향한 역사）》（首爾：同書社，2018），頁 190。

[62] 鄭容和，《文明的政治思想：俞吉濬與近代韓國（문명의 정치사상: 유길준과 근대 한국）》（首爾：文學與知性，2004），頁 375-376。班納迪克·安德森（Benedict Richard O'Gorman Anderson）認為進入近代後，國語的使用以及國語編著的出版物的大量生產與流通為共同體的構成做出了巨大的貢獻。在這一點上，他主張國民並不是基於血緣關係和地域的自然共同體，而是文化性地建構而成的想像的共同體。從這個角度可以評價《獨立新聞》使用諺文這一點為朝鮮形成近代國民國家發揮了巨大的作用。Benedict Anderson, *Imagined Communities: Reflection on the Origin and Spread of Nationalism*, London:Verso, 1983.

[63] 這是指於高宗 32 年（1895 年）10 月 12 日，在景福宮春生門發生的俄美軍水兵與親俄派的前農商工部大臣李範進企圖暗殺議政府總理大臣金弘集的事件。

派、親俄派與親日派依舊持續不斷的勢力相爭、以及對各地民眾的殘酷掠奪，批判朝鮮迎來了一個新時代，而中央和各地的官吏卻沒有想辦法來使國家富強：

> （前略）國家改革和泥瓦匠翻修舊房子是一個道理。不考慮事情的先後順序、輕重緩急，先後倒置、捨本逐末的話，不僅不能成事，而且做成了的事也會功虧一簣。（後略）[64]

> （前略）不分晝夜考慮的只是官職與吸同胞兄弟的血。（中略）不去想著模仿已開化的強國的風俗、規模和政治，努力讓朝鮮也做一次那樣的國家，讓朝鮮的百姓也變成世界各國的人民那樣。（後略）[65]

另外，《獨立新聞》的批判對象不只限於官僚。比如《獨立新聞》也批判了當時的朝鮮民眾也被過去的事大主義想法所束縛，依然想要在以清朝為中心的「朝貢－冊封」體制下尋求朝鮮的自保。

> （前略）我國的成功與失敗與民眾是否全力以赴息息相關（中略），但當中有些人卻希望清奴捲土重來，有些人則（中略）想要將我國的事業交與他國來做。（後略）[66]

在此基礎上，《獨立新聞》提出通過「選舉與分權」的政治改革作為整頓官僚不正之風與無能的方法。

> （前略）官員由民眾投票選出，從中任用有知識的、正直的、有威望的人委以重任。因此，官員從民眾的身上一文錢都撈不到，（中略）官員服務於民眾，民眾把官員當成父親一樣服從，官民間萬事相商。（後略）[67]

> （前略）一國的事務要是讓行政官做議政官的事、讓議政官去做行政的事，

---

[64] 《獨立新聞》高宗 33 年（1896 年）5 月 23 日。

[65] 《獨立新聞》高宗 33 年（1896 年）8 月 1 日。

[66] 《獨立新聞》光武元年（1897 年）10 月 21 日。自高宗 34 年（1897 年）8 月 14 日改年號為「光武」，因此該日期之後均使用改名後的年號。

[67] 《獨立新聞》高宗 34 年（1897 年）1 月 16 日。

　　那無論是議政還是行政都做不好。（中略）在政府中（中略）為了清理雜亂
　　無章的事項，不得不另外開設議政院，選取國家中有學問、有知識、有好想
　　法的人，（中略）只賦予他們討論與立案的權力，讓他們每天公平地討論好
　　的想法和議題。（後略）[68]

　　（前略）有些人把肆意妄為、損人利己當作自由和權利。突然賦予這些人民
　　權，設置下議院，反而是很危險的事。（後略）[69]

　　　　從上述內容來看，《獨立新聞》主張，如果各個地方的官吏和政府要員是通過
選舉產生的話，不僅官員的過失帶來的弊害不會轉嫁為王的責任，還能讓參與選舉
的所有民眾帶有共同的責任意識行使監督之權。另外，《獨立新聞》強調，區別於
政府另設「議政院」來深入討論懸而未決的事項再由政府來執行的話，可以減輕以
往以國王為中心的統治效率低下且不受限制所帶來的弊害[70]。但《獨立新聞》所期
盼的「選舉與分權」其實是帶有相當大的局限性的，即前提是「議政院」也是由從
統治階層中選出的議政官來運行，民眾的水準並不能肩負起「議政院」[71]。

　　　　另一方面，《獨立新聞》提到了作為社會改革一環的「人權與平等」。其適用
對象主要是女性。這是因為在傳統儒教社會中，女性不僅處於士農工商所有身份之
下，從屬於男性[72]，而且被視為是沒有發言自由與行動自由的存在[73]。

　　　　首先，《獨立新聞》提出了「人權」的重要性，主張個人的自主獨立直接與國
家的自主獨立連接在一起。不過，其批判的主要是以前不顧女性意願的婚姻習俗。

---

[68] 《獨立新聞》光武 2 年（1897 年）4 月 30 日。

[69] 《獨立新聞》光武 2 年（1898 年）7 月 27 日。

[70] 최선，〈對韓國近代憲法的起源的討論：以《獨立新聞》的評論為中心（한국 근대 헌법의 기원에 대한
논의：『독립신문』 논설을 중심으로）〉，《韓國學研究（한국학연구）》，41（首爾：2012），頁 305-
306。

[71] 參考注 21。

[72] 姜淑子列舉出下述《禮記》中的三從之道，著眼於朝鮮時代的女性一生都不具備獨立人格且女性的工作僅僅
局限於準備飯菜這一點。「婦人，伏於人也。是故無專制之義，有三從之道；在家從夫，適人從夫，夫死從
子。無所敢自遂也。教令不出於閨門，事在饋食之間而正矣。教記《本命解》」姜淑子，〈儒教思想中
對女性的理解（유교사상에 나타난 여성에 대한 이해）〉，《韓國東洋政治思想史研究》，3：2（首爾，
2004），頁 12。

[73] 이나미，〈《獨立新聞》的自由主義女權運動：以瑪麗・沃斯通克拉夫特（Mary Wollstonecraft）的理論比
較為中心（『독립신문』의 자유주의 페미니즘：울스턴 크래프트의 이론과의 비교를 중심으로）〉，
《韓國東洋政治思想史研究（한국동양정치사상사연구）》，16：2（首爾，2017），頁 168。

（前略）由於年幼的孩童被強制進入婚姻，一起生活（中略）有了認識之後很多人感到後悔。因此好色的男人們納妾、做出淫亂之事，都是因為不是真的愛自己的妻子。在這種壓抑風俗下的朝鮮女性連想說的話也說不了，有懊惱悔恨也不能傾訴。（後略）[74]

　　第二，《獨立新聞》提出在教育和職業選擇上的「平等」。從下面的內容來看，《獨立新聞》在關注開化後的女性如何貢獻國家發展的同時，主張強國家都在為女性教育努力。

（前略）國家開化之後，女性在學問上和男人沒什麼區別，所有事都值得夫妻間充分討論。因此，在成為妻子後幫助丈夫一起分辨大小事宜，教育子女走上正道。先光耀門楣，整個國家自然而然就會興旺。因此西方的女性被稱為賢內助確實正確，而東方的女性不過是男人手下年老的女傭，這難道不應該悲歎嗎？（後略）[75]

　　然而，在這裡提到的「平等」並不是指在所有領域的男女平等。而是像《禮記》中的「三從之道」那樣[76]，女性教育的目的僅僅是停留在家庭內部輔助丈夫、教育子女的層面[77]。

（三）開設議政院的「反對提案」的形成以及與既得權間社會性共識的失敗

　　《獨立新聞》在版面上形成了對儒教中央集權體制的「質疑」。而另一方面，在高宗 33 年（1896 年）7 月 2 日這一天，徐載弼和尹致昊等人成立了獨立協會。獨立協會在每週日定期展開討論會，引來包括學生在內的大量民眾參加。討論會採取的方法是，一個論題下設置同意與反對兩個板塊並各選定兩個人來分別演說，最後由聽眾來決定討論的勝負。截至光武 2 年（1898 年）12 月，獨立協會一共舉辦了34 次討論會，光武 2 年（1898 年）11 月之後的參加者超過了 500 名。討論的主題

---

[74] 《獨立新聞》高宗 33 年（1896 年）6 月 6 日。
[75] 《獨立新聞》光武 2 年（1898 年）9 月 13 日。
[76] 參考注 72。
[77] 이나미，〈《獨立新聞》的自由主義女權運動：與瑪麗・沃斯通克拉夫特（Mary Wollstonecraft）的理論比較為中心（『독립신문』의 자유주의 페미니즘: 울스턴 크래프트의 이론과의 비교를 중심으로）〉，《韓國東洋政治思想史研究（한국동양정치사상사연구）》，16：2（首爾，2017），頁 175。

不僅限於「自主獨立」、「開設議政院」、「人權與平等」，還談到各種懸而未決的政治議題，同時也批判政府失責並促進其改正[78]。

　　獨立協會的活動通過召開三次萬民共同會和一次官民共同會而興盛起來[79]。第一次萬民共同會於光武 2 年（1898 年）3 月 10 日至 12 日在漢城府的鐘路召開，其主要論點是反對向俄國出借絕影島的蓄煤所、以及要求撤走俄國的軍事教官和財政顧問。下述內容是當時的《獨立新聞》社評和萬民共同會的演講詞。

> （前略）將絕影島的煤炭庫許給俄國人，（中略）今天俄國人提出的要建煤炭庫的要求，其藉口是當初也租借給了日本人。（中略）如此下去則國家的土地都可出借給其他外國人，而國人又要去哪裡生存呢？[80]

> （前略）世界各國皆知我大韓乃是獨立自主之國，訓練士官與財政顧問由外國人充任（中略）大韓二千萬同胞皆感恥辱痛心。（後略）[81]

　　從上述第一次萬民共同會的要求來看，當時的朝鮮已經接觸到「獨立自主」。他們認識到將領土出租給外國、將軍事及財政之權委之於外國都是對本國自主權的深刻侵害。之後，政府拒絕租借絕影島，並通告俄國撤走軍事教官和財政顧問。

　　第二次萬民共同會於光武 2 年（1898 年）4 月 25 日至 10 月 12 日召開，主要辯論題目是「近代法制度的實施」。具體內容一是在 4 月 30 日討論的「議政院開設」，二是在 10 月 1 日至 12 日討論的「打算復活連坐和拏戮之刑的守舊派的下台」[82]。

> （前略）一國的事務要是讓行政官做議政官的事、讓議政官去做行政的事，那無論是議政還是行政都做不好。（中略）在政府中（中略）為了清理雜亂無章的事項，不得不另外開設議政院，選取國家中有學問、有知識、有好想

---

[78] 이계형，《韓國近代史 1863～1910（한국 근대사 1863~1910）》（首爾：청아출판사，2018），頁 268。

[79] 萬民共同會是指光武 2 年（1898 年）3 月 10 日，漢城府鐘路舉辦的一場萬人以上的集會，此為 3 月 13 日《獨立新聞》短訊中的用語。

[80] 《獨立新聞》光武 2 年（1898 年）3 月 10 日。

[81] 《獨立新聞》光武 2 年（1898 年）3 月 15 日短訊。

[82] 因為這樣的理由，獨立協會被高宗和趙秉式、李容翊等守舊派所忌恨，並且徐載弼被解除中樞院顧問之職，被迫赴美。此處順帶一提，連坐刑和拏戮刑是連坐制的一種，是誅及罪人子孫的一種制度。當時，申箕善、沈舜澤等守舊派大臣主張恢復這一制度。

法的人，（中略）只賦予他們討論與立案的權力，讓他們每天公平地討論好
的想法和議題。（後略）[83]

（前略）申箕善此人作為法部大臣及中樞院議長，（中略）認為皇帝陛下新
近改定的法律太輕率，中樞院計畫進行的首要之務並非講求利國便民這一目
的，（中略）而是糾集所有中樞院議官向上進言，試圖依據從前的法律再次
實行挐戮、連坐之刑。[84]

從上述內容來看，其邏輯在於將立法與行政分開能夠維持二者的專門化與效率
化。而且選用人才任之以議政官，每天公平地進行討論、制定法律與制度，可以對
專制君主制的弊政撥亂反正，使得國家興盛昌隆。另外，以光武 2 年（1898 年）9
月 11 日的金鴻陸毒茶事件[85]為契機，政府內的守舊派大臣為了將事件相關人員的家
人也連帶處死或判處重刑而嘗試改訂法律。以此為開端，萬民共同會將人權問題作
為重點討論對象。最後，高宗罷免了守舊派大臣，成立了以獨立協會所信賴的朴定
陽為中心的政府[86]。

接著，在光武 2 年（1898 年）10 月 13 日至 11 月 4 日這一期間，由前任和現任
的官員、各社會團體的會員、學生、教員、宗教人士以及下層民眾等社會各階層的
人一同出席的第一次官民共同會召開了。10 月 24 日，獨立協會向政府提出了改革
既有中樞院官制的方案。內容是將中樞院議官 50 人改為官選和民選各占 25 人，民
選是由獨立協會通過投票從會員中選出[87]。然後，獨立協會在 10 月 29 日集會閉幕
之際，通過了準備向高宗上呈的統一的「反對提案」《獻議六條》，民眾與政府大
臣都對此表示贊同[88]。

---

[83] 《獨立新聞》光武 2 年（1898 年）4 月 30 日。

[84] 《獨立新聞》光武 2 年（1898 年）10 月 4 日。

[85] 金鴻陸原為俄語翻譯官，於高宗 33 年（1896 年）俄館播遷之際成為高宗的秘書，之後升任為學部協辦。然
而他在光武 2 年（1898 年）因濫用職權以及通過與俄交涉而牟取私利被流放全羅道黑山島。因為這個緣
由，金鴻陸為了殺害高宗和太子而指使孔洪植在高宗和太子飲用的咖啡中投入了大量的鴉片。

[86] 康俊晚，《漫步韓國近代史 3（한국 근대사 산책 3）》（首爾：人物與思想社，2007），頁 210。

[87] 이방원，《韓末的政治變動與中樞院（한말 정치변동과 중추원）》（首爾：慧眼，2010），頁 68-70；
《獨立新聞》光武 2 年（1898 年）10 月 27 日短訊。

[88] 조계원，〈王與獨立協會間圍繞大韓帝國時期的萬民・官民共同會（1898 年）的糾葛：以同胞、民會的概念
為中心（대한제국기 만민/관민공동회(1898 년)를 둘러싼 국왕과 독립협회의 갈등: 동포, 민회 개념을
중심으로）〉，《談論 201（담론 201）》，19：2（首爾，2016），頁 98。

　　一、不為倚附於外國人，官民同心合力，堅固專制皇權事。二、礦山、鐵
道、煤炭、森林及借款、借兵，凡政府與外國人約條事，若非各部大臣及中
樞院議長合同著銜捺印，則不得施行事。三、全國財政，則毋論某稅，並自
度支部句管，而他府部及私會社則毋得干涉，豫算、決算人民處公佈事。
四、自今為始，凡幹重大罪犯，另行公辦，而被告到底說明究竟，自服後施
行事。五、敕任官則大皇帝陛下諮詢政府，從其過半數任命事。六、實踐章
程事。[89]

　　最後，在光武 2 年（1898 年）11 月 3 日，高宗採納了獨立協會提出的貫徹行政
立法分權的中樞院官制改革方案[90]。然而，11 月 5 日漢城府內張貼了匿名書，稱
「獨立協會在推翻高宗、建立共和國後，將選舉朴定陽為總統，尹致昊為副總統，
李商在為內部大臣，外部大臣由鄭喬等人擔任」。高宗以此為理由罷免了朴定陽，
並將獨立協會視作不法集會，逮捕了獨立協會的 17 名要人[91]。

　　於是，獨立協會在光武 2 年（1898 年）11 月 5 日至 12 月 22 日再一次召開了第
三次萬民共同會。第三次萬民共同會每天大概召集一到兩萬人，高宗考慮不能放任
下去，於 12 月 23 日出動政府軍和小販（褓負商）強制性解散了萬民共同會，並於
12 月 25 日取締了獨立協會[92]。

　　之後，高宗和守舊派試圖強化王權，於光武 3 年（1899 年）8 月 17 日頒佈下述
「大韓國國制」。

　　一、大韓國乃世界萬國所公認之自主獨立之帝國。二、大韓帝國之政治為由
前則五百年傳來、由後則互萬世不變之專制政治。三、大韓國大皇帝享有無
限之君權，公法謂之自立政體。四、大韓國臣民若有侵損大皇帝享有之君權
之行為，勿論其已行、未行，均認失臣民之道理者。五、大韓國大皇帝統率
國內陸海軍，定其編制，命其戒嚴、解嚴。六、大韓國大皇帝制定法律，命
其頒佈與執行，效仿萬國之公共法律以改正國內法律，命大赦、特赦、減

---

[89] 《獨立新聞》光武 2 年（1898 年）11 月 1 日。

[90] 《獨立新聞》光武 2 年（1898 年）11 月 5 日。

[91] 이방원，《韓末的政治變動與中樞院（한말 정치변동과 중추원）》（首爾：慧眼，2010），頁 72。

[92] 趙宰坤，《韓國的近代社會與褓負商（한국 근대사회와 보부상）》（首爾：圖書出版慧眼，2001），頁
185。

刑、復權，公法謂之自定律例。[93]

　　從上述內容來看，「大韓國國制」的目的是為了富國強兵而恢復自開放港口後不斷被損毀的王權，而民眾所真正討論到的「民主主義的基本概念」反而被強化王權這種復古性構想所壓制[94]。其結果就是，以武力鎮壓了人們政治意識成長的「以獨立自主為目的的專制君主制改革」，經歷了光武 9 年（1905 年）日俄戰爭後簽訂的乙巳條約和第二次日韓協約，以及 1910 年的日韓合併後，被輕易地瓦解了。

五、結語

　　本文認為韓國的「選舉・分權・人權・平等」這些民主主義要素並非是殖民地解放之後移植而來，而是在朝鮮末期的儒教中央集權體制的龜裂之中萌芽的。但是這些因素並沒有制度化的原因，是期望保留君主專制的高宗與守舊派的抵抗，以及自從日本對朝鮮國權的侵奪可預見以來，個人的「人權與平等」與「國權的恢復和獨立」之間產生了衝突[95]。除此之外還有一個原因就是，儘管「民主主義土壤的培育過程」是在以前的儒教中央集權體制龜裂之中形成的，但人們無法徹底擺脫從既有體制中形成的認識上的束縛。

　　從第一局面來看，激進開化派雖然對通過「分權與選舉」來獲得民主政治帶有相當大的關心，但從甲申政變時期的《漢城旬報》和「政令十四條」就可以看出，「選舉與分權」的主張僅僅停留在激進開化派的知識層面，實際上只是要「限制既有官僚體制框架內的王權」。從第二局面來看，「人權與平等」的理念雖然基於每個人都可祭祀帶有人格色彩的天這一侍天主原理得到宣揚，但那畢竟只是在「輔國安民」的前提下，想要維持若干腐敗的兩班階層、受到富豪與貪官污吏壓榨與歧視的民眾的生存底線，而並非是對新政治體制藍圖的提議。最後，從第三局面來看，以《獨立新聞》和獨立協會為媒介的統治階層與民眾對儒教中央體制進行了「質疑」並提出了「反對提案」。但是反映了「選舉與分權」的「議政院」被限定為由

---

[93] 《獨立新聞》光武 3 年（1899 年）8 月 23 日。

[94] 李泰鎮表示，高宗繼承了英祖和正祖所追求的民國的理念，期望建立一個以君主為國家代表者、可以依靠民眾的國家。然而他也指出，這符合朝鮮以王為中心運行政治這一根深蒂固的文化。李泰鎮，《高宗時代的重新照明（고종시대의 재조명）》（首爾：太學社，2000），頁 76-77。

[95] 金正仁，〈近代韓國民主主義文化的傳統樹立與特性（근대 한국 민주주의 문화의 전통 수립과 특질）〉《歷史與現實（역사와 현실）》，87（首爾，2013），頁 213。

統治階層內部選出的議政官來運作。另外，同樣是要反映「人權與平等」的女性教育也將其目標定為培養賢妻良母，並不是本意上要實現的人權與平等。

　　綜上所述，朝鮮末期的「民主主義土壤的培育過程」在原有的儒教中央集權體制的龜裂中得到了發展。但由於它不是從既有的儒教文化脫胎換骨，而是在其基礎上發展而來，因此很難藉由高宗和守舊派「通過改革專制君主制來實現富國強兵」的想法使民主主義思想進入制度化的階段。而且，在光武 9 年（1905 年）日俄戰爭之後，隨著朝鮮殖民地化的可視化，對於民眾來說，比起個人的「人權與平等」，「恢復國權與獨立」的問題更為迫切。除此之外，筆者認為，自高宗 13 年（1876年）《日朝修好條規》到光武 3 年（1899 年）「頒佈大韓國國制」這一期間，人們積蓄的政治意識被光武 9 年（1905 年）到 1910 年之間展開的愛國啟蒙運動以及 1919 年的三一運動所繼承，並為之後的大韓民國憲章（1919 年）和大韓民國憲法前文（1948 年）的開花結果等等韓國民主主義土壤的培育做出了巨大的貢獻。

第三部

接觸（CONTACT）的
　　　　「光」與「影」

第十八章
再考沖繩的近代
——關於日本帝國與同化主義的問題

波平恒男

（王菀晗　譯）

前言

　　沖繩的近代是個被日本帝國包攝的時代。因此，思考「沖繩的近代」這一概念時，不能與「日本的近代」這一概念相切離。進一步講，研究日本及沖繩的近代，同時關係到如何思考世界史（以及東亞史、東北亞歷史）中的「近代」及「近代化」這樣一個更為概括性的問題。

　　在這裡，筆者不準備討論何為近代（近代性）、近代化的問題。作為常識性的理解，大多數論者的共同認識的是：「近代」出現於 16 世紀以後的歐洲，在 19 世紀中葉被推廣到全球各個角落；至今依舊在世界各地發生著「近代化」這一不可逆轉的社會變化。雖然問題在於如何掌握其本質性的特徵，但是在這裡先不介入這個難題，而是以 19 世紀的東亞、東北亞為巨大的近代化浪潮所及這一常識性理解為前提，展開我們的討論。

　　包括日本在內的東亞國家之近代，皆始於「西方的衝擊」。中國的鴉片戰爭、日本的佩利來航為其發端。因此，定義日本的近代，廣義而言始於 1853 年，即以佩利提督一行來航的形式受到西洋衝擊；在教科書中則被寫為始於 1868 年，即王政復古和明治改元的一年，這樣的解釋最為常見。此後，直到二戰戰敗後日本帝國崩潰的 1945 年的這段期間，我們稱之為日本史中的「近代」。

　　當然，將 1945 年作為時代的終止並不是絕對的，這是為了便於理解日本史而採用的時代區分，而通常我們會想像近代的後面連結的是「戰後」及「現代」。所以，我們不會去區別近代與現代，例如提出「是近代，還是後近代」之類的提問時，把近代的結束延續到再後來的時代的這種理解是一種有效的想法，根據問題種

類的不同也是必要的設定。

那麼，與這種劃分日本歷史的方法稍異，劃分「琉球・沖繩史」最常見的方法是將「近代」的始點定為 1879（明治 12）年的「琉球合併」（即所謂「琉球處分」），由此直到太平洋戰爭末期（1945 年）「沖繩戰役」為止的這段時期稱作「近代」。也就是說，這裡的「近代」起步稍晚，而且，與其說其「近代」源自西洋的衝擊，不如說明治日本的動向對其影響更加重要。

眾所周知，1853 年，美國的佩利提督一行在來到浦賀之前曾先落腳琉球，並於翌年再訪且簽署日美親善條約之後，又在那霸停靠，締結了琉美條約。但是，我們通常不將佩利來航視為沖繩近代的開始。對沖繩而言（恐怕對臺灣、朝鮮而言也是），相較於「西洋的衝擊」，我們更自然地認為「日本的衝擊」更直接且更具決定性地為其揭開了近代的帷幕。

這樣，講起琉球／沖繩的近代，先有在明治國家「處分」的名義下動員了軍隊、警察的強制合併，接下來則是將曾為琉球王國的人民（琉球人）改造為日本帝國臣民、以皇民化政策為代表的同化，以及各種近代社會化的過程。最後，作為沖繩近代最不幸的總結算，悲慘的陸戰奪走了四分之一居民的生命。在這裡我們將官方設置「沖繩縣」的這六十六年定義為狹義的「沖繩的近代」，展開以下討論。

若順便簡釋琉球／沖繩的「戰後」，在琉球列島，美軍的統治（直接佔領）是以直接延續沖繩戰役中陸戰結束的形式開始的，1952 年的《對日平和條約》生效後，日本雖恢復了主權，但列島依舊被置於美國的軍事統治下，直至 1972 年「回歸祖國」（美國對日本「返還施政權」）後，現在的沖繩縣才算真正復活。正確地講，美軍／美國統治的戰後二十七年裡，「琉球」或「琉球列島」才是那裡的正式名稱，而非沖繩（縣）。在這種特殊背景下的沖繩歷史中，從沖繩戰役結束到 1972 年回歸日本的這段時間多被稱為「戰後」，而 1972 年以後則多被稱為「現代」。

當然，若將所謂「近代（性）」這一概念從宏觀上理解，（例如以哈伯瑪斯式的說法），沖繩至今仍是一個「未完的工程」[1]。眾所周知，直到現在，日本政府與沖繩縣依然圍繞在日美軍基地負擔過重以及新基地建設的問題尖銳地對立著，並且每次發生對立時，沖繩方就不斷指出：縣民的「人權與民主主義被無視」。正是這種針對「人權」及「民主主義」等「近代」重要理念的訴求，以及要求此理念實現並實質化的持久現狀，真實地顯示著沖繩（或者說包括沖繩在內的日本）的「近代」是尚處於「未完」狀態的。

---

[1] J・哈伯瑪斯，《近代——未完のプロジェクト》（三島憲一編譯，東京：岩波書店，2000）。

　　讓我們回到主論點，沖繩的近代是一個被日本帝國合併後，被放置在其統治下的時代。為此，沖繩人的近代體驗，無論好壞都是被日本帝國這個政治體的狀況嚴格限制的。其中眾所周知的一個重要的被規定性，是與北海道的阿伊努和臺灣、朝鮮等殖民地人民相通的，被強行「同化」「皇民化」的歷史。這說明，近代的沖繩是個與日本帝國本土及殖民地都相異的、具有雙義性的地區。順便一提，在具有雙義性這一點上，與沖繩相似的還有北海道。近代沖繩與北海道一樣，常常以「國內（內國）殖民地」的範疇來討論。

　　同時，自 1982 年以來，日本的歷史教科書（主要在審定問題上）曾多次被中國和韓國就歷史認識問題提出批判。其實沖繩也常就沖繩戰役中的集體自決和日本士兵對當地居民的屠殺問題上，對政府文部省（文部科學省）以及民間的歷史修正主義潮流發起抗議活動。這些現象說明沖繩與韓國、中國（臺灣）的相通性，證明日本在戰爭責任和殖民地責任問題的處理及批判性反省有所不足。

　　考慮這種歷史認識問題的時候，不僅要考慮上世紀三十年代以後日本走向中日戰爭及太平洋戰爭的過程、1895 年佔領臺灣、1910 年吞併朝鮮半島後的殖民地統治等問題，還有必要思考，明治維新以後日本在「神權天皇制」[2]下形成了集權國家體制，多次通過對外侵略戰爭來構築東亞一大帝國（「殖民地帝國」）的問題，以及近代日本的帝國性和帝國（主義）統治特性的相關問題。此外，戰敗後天皇制帝國一舉崩潰的脫殖民地化的特殊性所具有的意義也應該得到更多的重視。由於太平洋戰爭的結束與單純擺脫殖民地化的過程相重合，日本在戰後似乎非常簡單地忘記了自己曾經的帝國身份和自己曾實施的特殊形態帝國統治政策，或者說，明顯輕視了這段歷史。

　　本章將在留意以上問題的基礎上，對作為近代日本帝國化的起點和日本帝國統治特性的「同化主義」，從明治維新後的日本帝國與為其所包攝的沖繩之間的關係的視角進行考察。

一、帝國與帝國主義

　　首先，先簡單分析一下日語中對「帝國」和「帝國主義」的解析。提到「帝國」一詞，從明、清「帝國」，或「中華帝國」等用法來看，我們或許會認為此詞

---

[2]　關於「神權天皇制」概念，請參考梅田正己，《日本ナショナリズムの歷史》I.~IV.（東京：高文研，2017）。

是來自漢語的概念，但實際上，「帝國」一詞誕生於日本[3]。

　　據吉村忠典研究，日語的「帝國」一詞源於荷蘭語的「keizerrijk」（與德語的「kaiserreich」相應），在十八世紀被日本的蘭學學者翻譯為「帝國」。「keizer」和「kaiser」都來源於古羅馬的凱撒（Caesar），即皇帝（或「天子」，譯者注）。換句話說，皇帝統治的國度，即為帝國。

　　另外，「imperium」是「帝國」一詞的另一個起源。這是古代羅馬帝政時期以前就存在的詞彙，原意是指最高地位公職人員的命令（權力），後來也指其命令（權力）涉及的範圍。英語中的「empire」和法語中的「Ampir」是此詞彙的派生語，但其意思中不需要有皇帝。

　　最早在公文中出現的「帝國」用例，是附屬於《日美親善條約》（1854 年）的《和解》（日語譯文）中的、「Empire of Japan」的譯詞「帝國日本」。安政年間以後，由於英學代替蘭學開始流行，「帝國」一詞好似原本就是英文的譯詞似的被使用開來。只不過在江戶時代，「帝」一字指的是將軍。

　　與「帝國」一詞相關聯，這裡還要探討一下「國家」＝state 的概念。「國家」是個古老的詞彙，在江戶時代，有象徵日本整體和通指「藩」的兩種不同用法。晚於「帝國」一詞，隨著英學的普及，這個傳統的詞彙成為 state 的譯詞。需要留意的是，在萬國公法（近代國際法）裡，「國家」是基本單位，因此稱為「帝國」的國家也與王國和共和國等都為相同等級的「國家」。但是在近代日本，這種國家間原理性平等的外交觀，尤其在近代的與亞洲國家的外交中，並沒有成為傳統。

　　此外，有關於此，近代以前的西洋世界也曾展開根據君主的爵位來判定國家級別的討論。但是我們應當注意到，在幕末／維新時期日本的知識份子進行相同討論的時候，同時代的西洋世界已經確立了獨立國家無論君主爵位的高低都具有平等地位的國際秩序觀念。再有，例如近代的英國，雖為王國（United Kingdom），卻擁有龐大的海外領土並同時擁有不列顛帝國（British Empire）的稱號。另一方面，在近世後期的日本，上述有關「帝國」的兩種語義中，主要通用的是「（皇）帝統治的國家」一義，並隨後形成「被稱為『天皇』的特殊皇帝所在的國家」，即「皇國」這個特殊帝國的概念[4]。這個過程成為近代日本對亞洲外交時所體現的「將萬國公法作為手段利用，但同時嚴重輕視各國的原理性平等理念」這個特徵之所以形

---

[3]　以下關於「帝國」一詞的概念史，請參考吉村忠典，《ローマ帝國の研究》（東京：岩波書店，2003）。

[4]　桐原健真，〈『帝國』言說と幕末日本——蘭學・儒學・水戶学そして幕末尊攘論〉，明治維新史學會，《講座　明治維新 10　明治維新と思想・社會》（東京：有志社，2016）。

成的重要原因。

　　其次，這裡還需要簡短提及一下「帝國主義」的概念和理論。從世界史角度上看，「帝國」這個概念起源較早，而「帝國主義」這個詞彙最初是在十九世紀的英國作為批判政敵的用語而被使用的。即使在英國，十九世紀中葉時期尚有不少崇信「自由貿易主義」而對擁有殖民地表示批判的政治家，但隨著 1870、1880 年代列強間激烈競爭，在英國國內主張維持並擴張帝國正當化的風潮逐步強化。站在風潮最前線的是保守黨領袖迪斯雷利，他在第二期內閣時期實施的政策被定論為「帝國主義」，遭到自由黨左派評論家的批判。

　　眾所周知，最早被提出的「帝國主義」理論來自英國人霍布森的《帝國主義》（1902 年），其次是列寧的《帝國主義論》（1917 年）。在從經濟角度來解釋帝國主義是資本主義的發展這一點上，兩者理論有很多相通之處，但由於戰後的日本社會受到較強的馬克思主義影響，因此多被引用的是列寧的理論。列寧在其理論中解釋了隨著產業資本的發展，資本的積累與壟斷被強化，被壟斷的產業資本和銀行資本出口到利潤較高的國外以獲得額外利潤的經濟構造。他從社會主義者的立場主張，資本主義已於 1880 年代達到了最高發展階段而向帝國主義轉移。所謂帝國主義，就是十九世紀以後，國家為了迎合以上資本主義所需，將工業原料的供給地和工業製品及剩餘資本的輸出地淪為自己的殖民地的現象。

　　這種帝國主義＝十九世紀末階段論是從馬克思主義式的歷史理解（＝不連續學說）出發，從經濟角度來說明帝國主義從產業資本主義階段演變為金融和獨佔資本主義階段的過程。與此相對，二十世紀中葉提出了對英國帝國主義的新解釋，加拉格爾和羅賓遜的「自由貿易帝國主義」論認為英國帝國主義的連續性貫穿了十九世紀，以及同一脈絡的「正式帝國」與「非正式帝國」的討論。在他們看來，英國帝國主義在整個十九世紀一貫堅持了「最好是非正式帝國，不得已時成為正式帝國」的這種「自由貿易帝國主義」的原則[5]。

　　作為對英國帝國主義的解釋說明，近年來，凱恩和霍普金斯的「紳士資本主義」論的影響亦很重要。加拉格爾和羅賓遜的理論不光包含了英國本土（中心）的政治經濟動向，還涵蓋了本土政治被周邊地區（殖民地及其影響範圍）的政治危機捲入後發生軍事性帝國主義式關聯的現象，重視中心與周邊地區的相互作用。而相比之下，凱恩和霍普金斯卻再次著眼於英國本土資本主義的特有形態（即「紳士資

5　J・加拉格爾、R・羅賓遜，《自由貿易帝國主義》（George H. Nadel、Perry Curti 編，河上肇及其他譯，《帝國主義と植民地主義》，東京：御茶水書房，1983；原著出版年為 1964）。

本主義」），認為自光榮革命以後至第一次世界大戰結束，紳士階層一貫主導著英國的政治，產業資本家階層從未掌握過其主導權。所謂紳士，原為地主階層。他們逐步進入以倫敦為主的金融業和服務業，同時主要從事相同行業的專業精英也接受了紳士特有的生活模式和思想信條。這樣的新舊精英相互融合，使當地經濟結構中的金融業和服務業得到了早期的發展。凱恩和霍普金斯以這種形式解釋了紳士優勢持續的原因，並嘗試有系統地說明二十世紀英國經濟的衰退過程[6]。

在戰後日本，與圍繞所謂「（半）殖民地化危機」的外壓論爭相關聯，石井孝從與加拉格爾和羅賓遜的自由貿易帝國主義論相近的觀點出發研究了明治維新時期的國際環境。另外在英國經濟史研究方面，越智武臣和川北稔等人也提出了接近凱恩和霍普金斯對英國史的解釋來取代長期處於權威地位的大塚久雄的研究，大塚重視馬克斯・韋伯的近代資本主義倫理理論[7]。但是筆者認為，西洋史乃至世界史研究與日本近代史研究的對話與互動並不充分。譬如早在 1967 年，石井孝曾如下寫道：

> 在戰前國家主義式維新觀下，明治維新被視為對抗歐美列強侵略的、舉國上下一致參與的國民運動。而在當今大東亞戰爭肯定論的風潮中，這種見解再次復活。但是在政治上，明治維新中的對抗半殖民地化危機的民族運動的一面卻是由聲稱要與他們最激烈地對決的人們（即左翼的歷史家們，筆者注）得到了強調。這不得不說是一種奇妙的一致。[8]

這段文章認為，明治維新期以及其後的明治前期，能將日本（半）殖民地化的國家只有英國。而且從當時歐美列強的國內及對外狀況來看，應當說這個想法基本上是正確的。但是，當時處於「自由貿易帝國主義」下的英國真的有這樣的意圖和動機嗎？在沒有充分證據的狀態下，日本在那之後依然高唱「被殖民地化的危機」，聲稱日本的（早熟的）帝國主義是對歐美列強侵略威脅的防禦性反應，日本帝國的膨脹與對亞洲國家的侵略行為不過是對歐美列強的帝國主義的模仿，這種自我辯白式主張不斷地反覆至今。

---

[6]　Cain, P.J. and A. G. Hopkins, *British Imperialism 1688-2015*, Third Edition, London and New York.

[7]　越智武臣，《近代英國の起源》（京都：ミネルヴァ書房、1966）。川北稔，《工業化の歷史的前提──帝國とジェントルマン》（東京：岩波書店，1983）。

[8]　石井孝，《近代史を視る目──開国から現代まで》，（東京：吉川弘文館，1996），頁 216。

二、日本的帝國化和琉球合併

在日本史學界，通常認為日本的帝國化始於中日甲午戰爭後，臺灣根據馬關條約被迫割據給日本的 1895 年。但是根據上節所述，日本早在江戶時期就已經通用「帝國」這一稱呼。至少，近代日本在名目上自創始以來就是以擁戴具有神權的天皇的帝國，在佔領臺灣和朝鮮以前就是大日本帝國。但是真正的問題在於，實質上的帝國化到底始於何時。

我們需要留意到，在近代日本的領土中，存在著比佔有臺灣更早就被統治併吞的地區、國家和島嶼。北海道（蝦夷地）、沖繩（琉球）、小笠原、千島即是，它們在江戶時期尚被視為異域或異國，或是沒有特定所屬的島嶼，但在明治初期透過種種途徑被納入／合併到日本。這些地區或島嶼，在被近代日本佔領後的較長時間裡依舊根據特別制度來統治，除了北海道以外，它們或在二戰後脫離日本歸屬蘇聯（千島），或在美國的統治下再次歸屬日本（小笠原、沖繩），總之經歷了與日本本土（內地）地區大不相同的歷史體驗。

在思考近代日本帝國的特性時，筆者認為，日本（實質上）帝國化的起點應該追溯至琉球合併史時期（1872-1879）。當然，筆者並不是想單純地主張是琉球合併本身導致了日本的實質帝國化。而是認為，包括 1879 年完成琉球合併，1872-1879 年琉球合併史時期中發生的種種政治事件，使日本的膨脹主義式帝國意識開始強力地滲透到這個國家的政治精英和國民之間。

筆者曾在拙著《近代東亞史中的琉球合併》中提出，至今仍以日本為中心而近代主義式地解釋琉球合併史的方法，需要從根本上重新審視[9]。關於重新審視的地方，筆者曾寫過，被視為琉球合併史開端的 1872 年 9 月發生的這起歷史事件——通常被稱為「設置琉球藩」，應該記述為「冊封琉球藩王」。理由非常簡單，因為無論是明治政府一方還是琉球一方，當時與此事件相關的人們都是這樣（認為是「冊封藩王」）理解的。

眾所周知，在江戶時代，琉球與朝鮮一樣，被德川時代的日本定位為「通信之國」（即具有外交關係的外國），且與天皇（京都的朝廷）毫無關係。因此，明治維新（＝王政復古）使之產生了設定（重設）明治天皇制國家與琉球關係的必要

---

[9]　波平恒男，《近代東アジア史のなかの琉球合併——中華世界秩序から植民地帝國日本へ》（東京：岩波書店，2014）。

性。在這種狀況下，以相當於日本帝國之皇帝的天皇名義「冊封」琉球國王（尚泰王）為「藩王」，第一次設定了其間的（擬制的）君臣關係，琉球才算被明治政府視為「藩屬」，成為日本帝國的一員[10]。

明治天皇制國家以這種將琉球變成「藩屬」的方式，向實質性帝國邁出了一步。但毋庸置疑，在當時1872年的階段，帝國的性質是「（小）中華模式」。「冊封藩王」是在當時的外務卿副島種臣的主導下實施的，在此之前，左院在回答關於琉球問題對策的諮問時就稱，既然日本是「帝國」，在其下設有「王國」或「侯國」不成問題，因此認可以「王」為號來「冊封」尚泰[11]。

在這個階段，日本與琉球的關係即為上面所述的「冊封」與「藩屬」，隨後兩年半的時間裡，雙方關係也維持比較穩定的狀態。同時，琉球與清國的傳統關係也在明治政府公認之下持續著。但是到了1875年，兩者的關係突然惡化了。

內務卿大久保利通於1875年將琉球的重要官員召喚到東京加以「教誨」（「說諭」）後，又派遣內務省高官松田道之至琉球，要求琉球當局斷絕與中國（清朝）持續了五百多年的傳統關係（朝貢、冊封等）。此外，在這個階段的明治政府與琉球的交流關係上，大久保與松田等人常常以「萬國公法」為引證，提出以往「默許」琉球的（對日清兩國的）「兩屬」關係在「萬國公法」中是不被承認的，迫使琉球結束與清國的關係。要想理解為何明治政府如此轉變基本政策，我們不能忽略當時的背景，在兩年內發生了兩個重要事件，即1873年的「征韓論政變」和1874年的「出兵臺灣」。

1873（明治6）年，出現了伴隨政變而沸騰的「征韓論」與翌年日本第一次對外侵略「出兵臺灣」。即使實際上沒有實現「征韓」和獲取海外領土（臺灣「蕃地」），但是這些事件喚起日本人的「帝國」意識以及認為帝國（主義）式的膨脹是理所當然的想法，於是成為極重要的歷史轉折契機。此外，1875年的江華島事件和其後日朝修好條規的締結，雖然在通常的日本史裡多被敘述為是在模仿佩里的炮艦外交，但實質上條規卻是伴隨武力發動的軍事威嚇的產物。出兵臺灣同樣明顯是對清國領土的軍事侵略，並且日清和談交涉是在日軍持續駐留臺灣期間內進行的。雖然避免了最令人擔心的兩國間的戰爭，但此事件成為第二年日本強行要求琉球停止與清國間傳統的「宗藩（宗屬）」關係，以及1879年合併琉球的不可逆的轉折。

---

[10] 請參照波平恒男，《近代東アジア史のなかの琉球合併——中華世界秩序から植民地帝國日本へ》（東京：岩波書店，2014），第二章第四節。

[11] 波平恒男，《近代東アジア史のなかの琉球合併——中華世界秩序から植民地帝國日本へ》（東京：岩波書店，2014），頁138。

這些發生在1870年代中期的種種對外關係事件，使得以「現實政治」為導向的（具有侵略性的）條約外交這種「西歐模式」顯露契機。

以長遠的目光來看，促進近代日本實質性帝國化的要因中，朝鮮的存在比琉球更加重要。筆者在拙著中曾對朝鮮和琉球的比較性和關係性以「兩次合併」為論點進行了探討[12]。王政復古後的明治政府在琉球問題之前就出於同樣理由面臨著同朝鮮重建外交關係的難題，因所謂「書契問題」受挫後，最終於 1872 年秋天，外務省從舊的對馬勢力手中接收了朝鮮釜山的倭館，在 1873（明治六）年「征韓」問題迅速地顯露頭角。作為征韓論前提的，是認為朝鮮在古代曾為日本的朝貢國（屬國），在實現王政復古後，朝鮮應再次「藩屬」於皇國日本的這種驕傲自大且與時代逆行的思想。同時，以大久保利通等人為代表的內治優先派雖然將征韓派參議們驅逐下野，但並非從原理上否認上述思想，只是認為國內統治尚未整頓，且在軍事上也力不從心，才主張將征韓論延期而已。

「征韓」思想最早來自於吉田松陰等幕末尊王攘夷論者。但必須留意的是，這裡包含著對朝鮮及琉球等周圍國家的鄙視，將其屬國化或視為附屬國的候選、其根本是將這些地區看作是本國膨脹獲取疆域的對象的這種對外觀念。而這些觀念在政治上正是表現於經歷了王政復古和廢藩置縣的明治這個時期。

1874 年的出兵臺灣雖然是在征韓論政變後為了對付抱怨不平的士族而實施的，但同時毋庸置疑裡面隱含著對領土的野心。然而，被稱為出兵臺灣的最大名分，是對發生在兩年半之前的 1871 年年底臺灣「藩地」（先住民的居住地）殺害琉球人事件的報復行為。因此，在 1874 年侵略臺灣及日清交涉以後，由於事件的經過受到了國際性的關注，明治政府不能繼續容忍琉球與清國的傳統關係，便像上面所述，1875 年藉口出兵臺灣的恩惠來強迫琉球當局與清國斷絕關係，又以琉球不服從要求為由，於 1879 年調動軍隊和警察對琉球進行了強制合併的「處分」。

在江戶時代與德川日本同樣有著「通信」國關係、並在王政復古後的明治初年被「藩屬」化或處於相同企圖之下的琉球與朝鮮，一個被相對容易地合併，另一個也在三十幾年之後走向了被合併的道路。這個時間差主要來自於以下兩個原因。第一個是朝鮮與琉球的規模不同，特別是在對抗暴力的能力上有著相當的差異。就像松田道之起草的處分案中所言及的，琉球的情況在於並不用擔心他們的武力反抗所帶來的軍事性失敗。正是因為這樣，明治政府認定外國干涉的可能性很小，便以武

---

[12] 以下論述請參照波平恒男，《近代東アジア史のなかの琉球合併──中華世界秩序から植民地帝國日本へ》（東京：岩波書店，2014），第五章。

力威懾為背景，毫不猶豫地採取了強行合併的手段。

　　第二個原因是，琉球合併後的 1880 年代以後，清國對中華帝國體制崩潰的危機感更加深化，因此強化了對最後一個朝貢國──朝鮮的保護的態度。另外，甲午戰爭以後，朝鮮（韓國）戒備日本而開始依靠俄國等的事實，使日本擔心西洋各國干涉和擴張的可能性，也是真實的。考慮到這種國際干涉的可能性，日本政府內部和相關機構開始摸索包括將朝鮮中立國化的主張在內的，對不同時期各種不同的對韓方針及對未來的構想。然而最終不能忽略的是，不論相關的曲折有多多，各種構想間的差異有多大，在其根底不斷湧動的，都是明治初年以來征韓論般的衝動。

三、日本帝國的同心圓構造

　　近代的日本以本國為中心，以同心圓狀地擴大殖民地和勢力圈的形式營造了帝國。這種日本帝國的構造，隨著近年來殖民地研究的進展，來自「皇國」本國（以及日本內地人）對殖民地（以及當地人）的統治和所伴隨的種種民族歧視現象開始得到很多人的關心，但同時我們不能忘記，在近代日本的神權天皇制度下，類似的歧視構造在日本本土的自身內部也曾經公然地存在著。這個現象其實在戰後初期曾被人們廣泛地認識，但在之後的時代變遷中卻被逐漸地忘卻。

　　在 1990 年代以後的日本，以歷史學為中心的人文社會科學領域中，「國民國家」論乃至「國民國家批判」論成為熱門的論點。上野千鶴子將 1990 年代的國民國家論的盛行現象用「與其說是流通，不如說是流行」來表現，並稱「眨眼之間就被厭倦了」[13]。筆者認為，國民國家論的問題在於把日本帝國的臣民看作「國民」，過大地將其描述為帶有市民意識的同質的存在這一點上，但無論怎樣，經歷了這種「流行現象」洗禮後，將明治維新以後的近代史描述為順利建立「近代國民國家」的歷史，也就是說把其解釋為近代化的成功故事這種傾向已經扎根。

　　緊隨著國民國家論盛行的，是 2000 年前後受到一定矚目的「帝國」論和「帝國」研究。在這兩個研究動向的前提下，山室信一提出了獨自的「國民帝國」概念和模式[14]。山室之所以提倡這個概念，是因為涵蓋了幾乎所有近代帝國主義列強的

---

[13] 上野千鶴子，〈解說──『國民國家』論の功と罪──ポスト國民國家の時代に『國境の越え方』を読む〉，西川長夫，《[增補]國境の越え方──國民國家論序說》（東京：平凡社，2001）。

[14] 山室信一，〈『國民帝國』論の射程〉，山本有造，《帝國の研究──原理・類型・關係》（名古屋：名古屋大學出版會，2003）。

共同特徵，就是這些強國強化國民國家凝聚性的過程與帝國擴大的過程，通常具有難以分離的關係。山室認為，國民帝國就是這種國民國家階段的帝國，普遍採取「在主權國家體系下，將具有國民國家形態的本國，和由異民族、遠隔的統治地區組成的複數的政治空間統合起來的統治形態」。從十九世紀後半到二十世紀初始構築了殖民地帝國的日本也是這樣，「國民國家的建設與帝國的建設平行進展，將北海道和沖繩，特別是把沖繩視為『國內殖民地』來看，就可獲得將兩個過程進行統合性把握的視角」。山室指出的這一點確實富有啟發性，但是卻沒有更進一步展開「國內殖民地」論。此外，他的論述主要針對「國民帝國」的一般論，而筆者關心的卻是在於闡明對日本帝國的特性，以及被包攝其中的近代沖繩的特性。

另外，這些「國民國家」論、「帝國」論以及「國民帝國」論，若與寫於在戰後日本重新出發時的，丸山真男的《超國家主義的邏輯與心理》（1946 年五月）相比較，到底有多少學術性的進步呢？在這一點上我認為並沒有。因為，丸山的日本「超級國家主義」論，不但揭露並剖析了歸結於所謂「天皇制法西斯主義」的近代日本國家主義的宿疾，而且指出了造成其原因的近代日本和天皇制國家（帝國本國）的扭曲及其內在病理，這些都依然不失其重要性。

丸山在他的論述中首先指出，日本的「超級國家主義」被聯合國稱為「Ultranationalism」或「extreme nationalism」，隨後提出大多近代國家相通的民族主義與日本的『極端性』民族主義有何不同的問題，以此展開論述。近代國家只要具有國民國家的性格，民族主義是在哪個國家都能找到的現象，並且依靠武力而擴張的傾向也確實形成了民族主義的內在衝動。在此基礎上，丸山對日本的特殊性進行了以下的敘述。

> 我們的國家主義除了衝動更強，顯露的方法更露骨以外，更重要的是，其對對外膨脹以及對內壓抑的精神起動力有著質的不同，正因此才真正帶有超級（Ultra）的性格。[15]

也就是說近代國家通常的民族主義與日本的「（超）國家主義」之間在「對外膨脹」和「對內抑制」方面具有「精神發動力上的質的不同」。丸山將這種差異發生的根本原因，簡而言之，歸之於近代日本天皇制（皇國＝神州、國體）的意識形態。

---

[15] 丸山真男，〈超國家主義の論理と心理〉（1946），《丸山真男集》（東京：岩波書店，1995），卷 3，頁 19。

　　在西方，近代國家保持卡爾‧施密特所講的「中性國家」的性格，對終極價值的選擇交予其他組織（教會）和個人的內心自由，正是這種自由構成作為市民主體性和責任的基礎。

　　與此相對，在近代的日本，組織和個人的價值取決於「與天皇的距離（＝接近度）」，即以天皇（皇室）為中心，同心圓狀向外擴大的體系。所有的價值（並不是由自由的主體選擇出來的）從中心部溢出，而保證從中心流出的各種價值的絕對性和無限性的，是縱向地貫穿了「天壤無窮」的皇統的同心圓中心的時間軸。

　　這樣，丸山將近代日本的超級國家主義理論以「縱軸（時間軸）的延長即圓圈（空間）的擴大」樣式定格化，認為其起源可追溯到明治維新後的「權威」與「權力」的一體化，也就是直到幕末都處於二元分立狀態的「朝廷的權威」與「幕府的權力」這兩者被一元化為近代天皇制國家。

> 「天壤無窮」的思想保障了價值合理範圍的無止境擴大，相反，「皇國武德」思想的擴大強化了中心價值的絕對性──這個循環的過程從甲午、日俄戰爭開始，經過九一八事變、中日戰爭直至太平洋戰爭，呈現螺旋式上升。[16]

　　根據以上丸山的論點，筆者想確認以下兩點：第一點是，在殖民地帝國日本，即使是本土國內，所謂的「國民」也並沒有認識到自己是由自由平等且具有主體性的平等市民組成的集合體，根據同天皇的距離來評定等級的臣民們的集合體才是他們所理解的自我形象。第二點是，日本帝國同心圓式地擴大佔領的殖民地的居民及出身者，由於與天皇相距甚遠，外加「一視同仁」的皇國臣民化政策不過是花言巧語，他們被區別於原本的皇國民＝大和民族，始終作為被歧視的對象。

　　筆者認為，日本殖民地帝國的這種同心圓構造，不光是琉球合併，也是思考發生在近代沖繩有關同化問題、更準確地講應是同化無止境的問題時，極為重要的一個論點。這是因為，即使是本土內部的「國民」，都沒有「擁有平等市民權利之公民集體」這一觀念，如果無法擺脫根據與天皇＝中心的距離來判斷等級的歧視構造，無論怎麼加速地努力同化都幾乎不可能成為真正的皇國之民，那這個目標是永遠都是難以實現的[17]。

---

[16] 丸山真男，〈超國家主義の論理と心理〉（1946），《丸山真男集》（東京：岩波書店，1995），卷 3，頁 39。

[17] 關於沖繩人的同化問題的詳細敘述，請參考波平恒男，〈教育の普及と同化の論理〉，《沖縄県史　各論編 5

　　丸山等「戰後啟蒙」知識份子，後來遭致批判，認為他們以「理想化的西方近代」為標準來指責日本「畸型近代」。其背景是，戰後的佔領改革及其後經歷的高度經濟成長，由自由平等的市民組成的「國民」這一曾是虛擬的制度的確得到了一定的實體化。之後隨著戰後進步知識份子的影響力衰退，日本的知識界在失去了批判意識的同時，出現了將戰後的象徵性天皇和「國民」的形象投射到戰前的傾向並逐漸顯著。於是，以司馬（遼太郎）史觀為典例，明治時期的日本被描述為近代化的成功物語，司馬在描寫「黑暗的昭和」時代時，其罪責也被相對化了。

四、日本帝國的同化主義和沖繩的同化

　　1879 年沖繩被合併之際，明治天皇曾寫下以下敕書。這段內容一直沒有得到太大關注，但我們在這裡需要特別關注一下這個事實。

> 琉球藩久服王化，實賴覆育之德。今乃怙恩挾嫌，不恭使命。是蓋舟路遙遠，見聞有限所致。朕一視同仁，不深責既往之罪。廢該藩，移尚泰至東京府下，賜以第宅，且以尚健、尚弼特列華族，俱予東京府之貫屬（戶籍——譯者注），所司謹奉行之。（重點標記由筆者所加）[18]

　　文中雖然絲毫沒有提到時間，卻以中華模式的天下國家論式的專有術語稱琉球「久服王化」、並一直依靠著「覆育之德」。儘管如此，由於「海路遙遠，見聞有限」而犯下了種種罪行，受到「廢除該藩」的懲罰，但是天皇「一視同仁」，並未重懲「既往之罪」，使之得到寬大的處置。先不去議論細節，從這段文字中我們可以確認到，這裡依靠天子（＝皇帝）之德給周圍帶去恩澤惠澤的這種「中華模式」式的強詞，將琉球、沖繩的合併處分這種帝國式的膨脹加以正當化。之後將佔領臺灣、朝鮮等殖民地正當化時，當局也採用了「使浴皇化」和「一視同仁」乃最高惠澤和絕對之善的想法，換言之，我們能夠從中確認到丸山所稱的「超級國家主義」的萌芽狀態。在這種想法的基礎上，日本從自己的周圍開始了擴大殖民地之路。從這一點上我們可以看到，近代天皇制國家走向「鄰接殖民地」的帝國之路，與這種

　　近代》（沖繩：沖繩縣教育委員會，2011）。

[18] 波平恒男，《近代東アジア史のなかの琉球合併——中華世界秩序から植民地帝國日本へ》（東京：岩波書店，2014），頁 288。

殖民地帝國之統治原則的「同化主義」，可以說在琉球合併時期就早已被「過分地決定」了。

　　所謂的「同化（政策）」，是日本帝國為了馴服殖民地的居民和民族所採用的統治方式，尤其是臺灣和朝鮮這樣離日本本國（內地）較近又經歷較長日本統治歷史的殖民地，經受了最為徹底的實施。關於同化，在《廣辭苑》（第 7 版）中，同化政策被定義為「殖民國家將殖民地民族同化為本國生活模式及思想等的政策」，與殖民地的統治相掛鉤。而《大辭林》（第 3 版）將同化政策定義為「殖民國家以及統治民族使殖民地的原住民及國內的少數民族適應自己的生活模式及思考方式，加以一體化的政策」。這個解釋將「國內少數民族」同化的例子也包含在內，以適用於近代（多民族）國家作為「國民的形成」以及「國民統合」的一環，針對國內的「少數民族」進行的一體化統治。在日本，阿伊努民族的例子該當之為典型，被合併後的沖繩的情況也與其有極其相似之處。

　　那麼，為何在近代的沖繩，「同化」成為了問題甚至課題呢？其理由可以分為兩個部分。首先要指出的，是近代日本在新被劃為自身版圖中的諸多地區實施了「同化主義」（而不是「自主主義」），這是大致相當於「本地延長主義」的基本政策，是由日本帝國統治的自身特徵所導致的。

　　第二個原因是，與北海道同為版圖擴大最初期事例的琉球、沖繩，「生活模式及思想」和日本本土有著明顯的不同。當然，就像國民國家論所指出的，直到明治初期就算在日本國內，也存在著地域間相當大的身份、階層間的文化相異之處，是花了相當長的時間才形成了共同文化（所謂「國民的形成」）的。然而沖繩的情況是，語言和風俗習慣等文化差異巨大，讓人感受到與其把它看做是國內的地域差異，不如說令人聯想到殖民地民族的顯著差別。因此，所謂「同化」和「同化政策」之詞，在沖繩不僅被自上而下推廣政策的統治者使用，還被作為政策對象的沖繩人自身所使用。

　　讓我們將問題回到剛才提到的、關於日本帝國殖民地統治首要特徵的同化主義，參考代表戰前日本殖民政策學的兩位學者的觀點，討論一下殖民地統治的類型論。這兩位學者，一位是京都帝國大學的山本美越乃，另一位是東京帝國大學的矢內原忠雄。圍繞近代的殖民地統治問題，從早期就有著各種議論，這裡只提一下對本章觀點極為重要的類型論：「同化主義」和「自主主義」（＝「自治主義」）。

　　京都帝大的山本美越乃在《殖民政策研究》（1920 年初版，1925 年改訂第 7 版）中指出，「先進殖民國」的殖民地統治存在「兩個相對立的主義」，稱為「同化主義」和「自治主義」，並進行了如下整理：

> 所謂同化主義概括成一句話就是母國將殖民地看成國內的一個地區，努力
> 使殖民地的諸般政務與母國具有統一待遇；所謂自治主義是指除非出現殖
> 民地損害母國利益的行為，盡量不加於干涉或強制，在最大可行範圍內允
> 許殖民地自行處理自我問題，母國僅對其進行監督指導。[19]

　　山本如上述整理了「同化主義」和「自治主義」的概念後，將法國和英國的殖
民地統治看為這兩個類型的代表事例。

　　在山本的稍後，從 1920 年代的後半期到 1930 年代始終引領日本殖民政策學的
矢內原忠雄採用「以同化主義維持殖民地的法國」，和「以自主主義維持殖民地的
英國」這對概念，這裡的「自主主義」雖與山本的「自治主義」不同，但矢內原的
概念也是以英國自治領為樣板的，內容上與山本的「自治主義」大致相同。當然，山
本和矢內原都將日本的殖民地統治劃入以法國為代表事例的「同化主義」類型[20]。

　　我們應當注目的是山本和矢內原是如何評價這兩個統治模式的。首先應當指出
的是，兩者都視殖民地的「獨立」為最終目標、對「自治主義」（＝自主主義）統
治，特別是英國的做法給予了較高的評價，而對法國以及日本的「同化主義」持
有批評態度。

　　山本認為，法國的「同化主義的理論根據是基於如下信念，即非常重視『人類
社會中的共通理性』……這種靠激發母國即文明國民的理性來得到認可的善良制
度，在具有共通理性的殖民地，其居民亦終會接受」。但是，對於這種法國型同化
主義信念，山本批評道：「殖民地的居民當然也有可以根據他們認為的最佳方法來
主張他們的生存權的權利……這種幾乎不顧及殖民地居民的思想、習慣、制度、信
念的想法，是絕不可允許的偏見[21]」。

　　矢內原也稱，強制同化是對人格的集體性侵害，必將引起原居民的反抗。他還
指出了日法兩國的同化主義所帶有的軍事性、暴力性特徵，直接間接地批判了日本
的殖民地統治。值得特別矚目的是，關於日本和法國的殖民地政策，矢內原在認為
「兩者共通的一般性特徵在於軍事性及同化主義性觀點的優越性」的同時，又明確
地指出了兩國的相異點。那就是，雖然同為同化主義，日本的政策「不是法式的所

---

[19] 山本美越乃，《植民地問題私見》（東京：弘文堂書房，1921），頁 7-8。山本美越乃，《改訂 植民政策研
　　究》（東京：弘文堂書房，1925），頁 156-157。
[20] 矢內原忠雄，〈植民及植民政策〉（1926），《矢內原忠雄全集》（東京：岩波書店，1963），卷 1。
[21] 山本美越乃，《植民地問題私見》（東京：弘文堂書房，1921），頁 10-11。

謂建立於自然法式人類觀基礎上的，而是以日本國民精神優越性的信念為基礎的，在此意思上與法國的同化政策相比更加具有民族性與國家性，因此比法國更容易與軍事性統治相結合」（加點處為筆者注）[22]。

五、關於「國內殖民地」論以及「內部殖民地主義」論

近代沖繩知名的文化人太田朝敷曾指出，沖繩被日本帝國合併後，沖繩縣的人們被置於不但失去了政治權利，還失去了「社會力量」的狀況之下。並說道：「這個地區並不在殖民地之外」[23]。當時不光是縣政府，社會各界的負責人都被其他府縣出身的人（日本內地人）所佔。在「舊慣存置」的基本政策下，近代式的各種改革被推延，相反日本式的學校教育受到推進。這是因為當局判斷，已不指望成年的沖繩人對日本帝國的忠誠與歸附，所以只有致力於從幼年少年開始將他們改造為日本人。

這樣，沖繩縣首任縣令鍋島直彬提出「使語言風俗與本州同一，乃當縣之急務，其法固無外乎教育」，並向政府申請日本式學校教育的預算。同樣，1881 年赴任的第二代縣令上杉茂憲提出自己對沖繩教育的構想：「其教育……但期書信之往復日用之筆算；略曉解皇國的國體知忠君愛國之大義，其語言與內地洞通，起童子愛國之情，不使從來日清兩屬之思想止於腦裡」。事實上，上杉後因針對明治政府的保持琉球王國以來的土地制度、稅制、地方官吏制度為基本政策，提出了一定的改革政策而與政府對立並被罷免，但是他的上述同化、皇民化教育構想，卻成為之後沖繩教育政策中的不動原理[24]。

然而，與北海道的情況相同，近代的沖繩也因長期處於特別制度下的統治，有關兩地近代（特別是在前半期）的研究，有學者將之劃為「國內（內國）殖民地」研究。田中彰曾在強調了政治性歧視結構的共通性的同時，將北海道與沖繩定義為「國內殖民地」。但是田中也強調了兩者的相異之處：相比向北海道投入巨大金額的國家預算這一事實，沖繩反而被過度徵收了租稅[25]。

---

[22] 矢內原忠雄，〈軍事的と同化的・日仏植民政策比較の一論〉，《國家學會雜誌》，1937：2（東京：1937），《矢內原忠雄全集》（東京：岩波書店，1963），卷 4，頁 297、301。

[23] 太田朝敷，〈沖繩懸政五十年〉（1932 年），《太田朝敷選集》（東京：第一書房，1993），上卷，頁 149。

[24] 詳細的論述請見波平恒男，〈教育の普及と同化の論理〉，《沖繩縣史 各論編 5 近代》（沖繩：沖繩縣教育委員會，2011）。特別是關於鍋島的呈報書和上杉教育構想的出處，請參考頁 491-492。

[25] 田中彰，〈明治維新〉，《日本の歷史》（東京：小學館，1976），卷 24，頁 379。另請參考桑原真人，

筆者認為,從近代沖繩的視點來看,美國社會學家邁克爾・赫克特的研究成就《內部殖民主義——英國國家發展中的凱爾特邊緣》(1975、1999)至今仍有許多給人以啟發的地方[26]。若將赫克特的觀點一言以蔽之,在近代的英國(不列顛聯合王國),其中心地區英格蘭和赫克特稱為「凱爾特邊緣」的威爾斯、蘇格蘭、愛爾蘭之間曾經形成並保持了殖民主義關係。

赫克特從已有的有關現代化及國民形成的研究中,抽出了「傳播模式」和「內部(國內)殖民主義模式」兩個類型,認為近代英國(不列顛)的國家發展歸屬於後者。「傳播模式」設想的是,在近代的產業(工業化)發展所帶來的社會流動化過程中,由於地域、民族、身份等諸多差異被融解與均質化,便會形成單一的國家認同。舉幾個簡單的例子,例如把近代的社會流動化比喻為「無止盡的搶椅子遊戲」,將產業社會的急劇發展和國家的形成相掛鉤的、厄內斯特・蓋爾納的民族主義研究[27];還有強調了英國(不列顛)國家意識有效形成(鍛造)的琳達・柯麗的研究[28]。

與此相對,「內部殖民主義模式」設想:根據一定條件,即使經歷了近代產業化,地域性差異與族群性的(乃至國家性的)差異意識還是會被重新生產並持續。其主要條件有赫克特所舉出的「cultural division of labor」。在整體性的社會分工狀態(分工體系中每個人的配置)被文化與民族的屬性界定(制約)的情況下,便會產生這樣的條件。也就是說,英格蘭人和其他三個被劃為凱爾特系的人們相比,前者會更多地處於上級地位或就於高級職業,而後者卻就於與前者相反的傾向,並保持著這種(殖民主義式的)關係。這個現象使威爾斯、蘇格蘭、愛爾蘭的民族意識和認同——它們在遇到微小的契機後便會轉化為民族主義——被持久地維持下去。

英國與法國一樣,經常被看作為近代國家(國民國家)的典型。但是,如近年來流行的「Four-Nations Approach」的研究潮流所示,英國的歷史形象在戰後的經歷中被大規模地改寫了[29]。

正如路易士・H・甘所述,被視為為英國殖民地統治原則的「自治主義」、

《近代北海道研究序說》(北海道:北海道大學圖書刊行會,1982),序章。

[26] Michael Hechter, *Internal Colonialism: The Celtic Fringe in British National Development,* University of California Press, 1975, Transaction Publishers, 1999.

[27] 厄內斯特・蓋爾納,《民族とナショナリズム》(東京:岩波書店,2000)。原著為 Ernest Gellner, *Nations and Nationalism,* Oxford:Blackwell Publishers, 1983.

[28] 琳達・柯麗,《イギリス國民の誕生》(名古屋:名古屋大學出版會,2000)。原著為 Linda Colley, *Britons: Forging the Nation 1707-1837,* New Haven:Yale University Press, 1992.

[29] Hugh Kearney, *The British Isles: A History of Four Nations*, Cambridge:Cambridge University Press, 1986, 2006.

「自主主義」、以及「個別發展（separate development）」，具有英國國內統治模式（分權傾向）向海外「溢出」的特徵。英國的這個特徵與日本國內統治的特質、即中央集權主義和國家主義向鄰接殖民地延長與投射後，在當地實施同化主義政策正好形成了鮮明的對照[30]。

在這種意味上筆者認為，將英國（大英帝國）為中心的西洋各國的殖民統治和日本的情況進行比較研究，是相當重要的課題。在日本，由於學界外的政治思想和學界內在的弱點，無論是關於西洋的近代還是帝國日本的近代史，持續存在著難以得到當地理解的狀況。戰後的歷史學界受馬克思主義（包括列寧的「帝國主義論」）的影響十分強烈。歷史學家們在其影響下，大多相信資本的貪婪性和資本主義在不久的將來即將沒落，因此往往會強調或無條件地主觀認為所謂「西方列強」（先進資本主義國家）的侵略性。本文第一節引用的石井孝也曾提示過，在這種環境下，無論左派右派，都過度貶低了西方近代或資本主義的價值，或在思考近代的普遍價值之前，僅僅議論了它的壓迫性便自我滿足，可以說這種傾向直到現在還被持續著。

無論如何，在考察沖繩的近代時，必須要同時正確地把握住成為其主要條件的日本帝國的特異性。否則的話，沖繩近代（在世界史中的）的特性將無法被切實的闡明。

結語

本章闡述了近代日本經由從 1872 年到 1879 年琉球合併的過程、同時期發生的征韓論的沸騰、出兵臺灣、江華島事件等歷史事件，開始了實質性的「帝國化」的過程。同時，還探討了下列課題：近代日本從本國的周邊出發，同心圓狀地擴大殖民地和統治圈，並在那裡實施同化主義統治的事實；沖繩（與阿伊努民族一同）成為這種統治方針的最初適用對象；在同化主義開始之際，（小）中華主義式的、或是中華模式的想法具有不可輕視的意義；在此意義上的日本帝國化和同化主義有著密切的關係等。實際上，受到小英國主義思想影響的東洋經濟新報社記者石橋湛山，在第一次世界大戰結束後從「小日本主義」立場提出應放棄全部殖民地觀點的時候，原敬首相卻在帝國議會上以沖繩成功實施同化政策為根據，再次表明在臺灣

---

[30] Lewis H. Gann,"Western and Japanese Colonialism: Some Preliminary Comparisons, in Ramon H. Myers and Mark R. Peattie(eds.)", *The Japanese Colonial Empire*, Princeton:Princeton University Press, 1984.

和朝鮮也應實施同化主義（≒內地延長主義）的方針[31]。

的確，在早於臺灣和朝鮮被合併、規模上也較小的沖繩，同化與皇民化相對容易，且最為深化。但是，即使結果上改造為日本人（帝國臣民）的計劃相對成功，但其過程中卻伴隨了相應的種種痛苦經驗。例如，在為擺脫歧視而積極同化的邏輯延長線上的沖繩戰中的「集體自決」的悲劇，以及日本兵在沖繩進行「居民屠殺」的背景中，包含著以「與天皇的距離」來決定人的價值的、超級國家主義的愚昧等等。雖然論證尚不充分，但是希望能為今後的研究提供一些線索。

明治維新以後，成為殖民地帝國的日本實施了同化、皇民化這種否定被統治民族文化（對民族性的抹殺）的政策，最終，日本在第二次世界大戰戰敗後一舉失去了所有海外殖民地，卻沒有去面對脫離殖民地化的問題。由於這種帝國統治與脫離殖民地化過程的特異性，日本與周圍各國間產生了種種問題，並至今未能解決。因篇幅關係，本章沒能結合日美「軍事殖民地」的特性來論述關於戰後沖繩的問題，但是筆者認為，〈前言〉部分所提及的當今日本政府與沖繩的對立，與近代日本的同化主義和民族歧視問題，在根本上是與至今還未清算的殖民地主義的問題相互關聯的。

---

[31] 請參照春山明哲，《近代日本と臺灣》（東京：藤原書店，2008），頁 214。

第十九章
大韓帝國時期漢城的自來水管道建設
──從其與殖民地都市「京城」的
二重構造論的關聯說起

松田利彥

（高燕文　譯）

一、序論

　　20 世紀初葉的朝鮮，在諸國列強的外壓之下摸索著獨立自主之道，同時也面臨著從諸國列強那裡借鑒西洋的文化、制度、設施從而謀求近代化的重要課題。本文擬通過大韓帝國時期（1897-1910 年）首都漢城（殖民地時期稱為「京城」，今首爾）的自來水管道鋪設事業來探究這一問題。討論的重點將集中於當時以大韓帝國為舞臺，諸列強之間展開爭奪利權的競爭之國際關係狀況，以及殖民地時期「京城」（下文省略引號）的二重構造論。

　　首先從第二個論點開始闡述。一般說來，在殖民地都市，隨著來自宗主國的移民流入，往往會形成統治民族和被統治民族分開居住的狀況，即空間上的二重構造現象。關於漢城－京城，朝鮮開國（1876 年）後，原本設置在漢城府的日本公使館（1880 年）搬遷（1882 年）到南山麓的倭城臺之後，其周圍逐漸形成日本人居留地。日俄戰爭之後則形成了居留民團（1906 年京城居留民團成立，1907 年龍山居留民團成立，1910 年兩個居留民團合二為一）。此外，基於第二次日韓協約，設立了韓國統監府及京城理事廳（1905 年）。日韓合併後，京城府於 1910 年成立。這一期間，在漢城的日本人人數由日清戰爭時期的 848 人（1894 年末）激增至日韓合併時期的 35,316 人（1910 年末）。

　　在殖民地都市京城，形成了北部的朝鮮人居住區（北村）和南部的日本人集居地區（南村）的分化。對於京城這種空間上的二重構造，迄今為止，在日本人和朝鮮人的人口分布、道路等市街地的建設、町與洞等地名的命名、建築物及商業娛樂

設施的分布、使用的語言、文學中的表現等各個方面都有許多研究[1]。京城這種所謂的南北差距從殖民地時代起就已經被察覺，尤其在 1920 年代之後進入活躍期的朝鮮語報紙和雜誌上隨處可見對此差距的譴責。這種差距的一個象徵就是自來水管道設施。例如，從朝鮮語報紙上刊載的「京城自來水管道為南部專用物」（《朝鮮日報》1926.12.28）、「北村幾乎沒有享用自來水管道的恩惠，南北村真是天壤之別」（《朝鮮日報》1932.2.11）等報導標題中，可以窺見當時的朝鮮知識分子對此問題的認識。

如今，關於殖民地都市京城的研究，也認可了通過自來水管道所呈現的這種二重構造問題。例如，在殖民地都市研究中領先的橋谷弘列舉了 1925 年的京城中，日本人和朝鮮人的自來水管道普及率（戶數比）各為 84.8%和 28.3%的數據，指出當時日本人居住地區基礎建設的優越性[2]。此外，近年來，在「殖民地近代性」論述的研究框架中，關於京城自來水管道，使用自來水管道的日本人和使用水井的朝鮮人的分化、只有自來水才是清潔的這一衛生觀念自 1920 年代起透過朝鮮總督府和朝鮮人知識份子得到普及，但是計量制（測量儀錶制，1924 年導入）進一步阻隔了朝鮮貧民的自來水利用等問題，也逐漸被納入研究者的視野[3]。

但是，京城的自來水管道，原本就是日本人為了當地日本人的生活才修建的嗎？答案是否定的。有別於日本人居留民團擔當主力修建的釜山和木浦的自來水管道，以及日本動員韓國政府修建的平壤和仁川的自來水管道，漢城的自來水管道是

---

[1] 關於最近幾年的研究成果和問題點，參考了：김종근，〈植民都市 京城의 二重都市論에 대한 批判的 考察〉，《서울学研究》，38（韓國，2010）。

[2] 橋谷弘，〈植民地都市としてのソウル〉，《歷史学研究》，614（東京，1990），頁 12。

[3] 關於殖民地時期的京城自來水管道的研究，主要有以下先行研究成果：김영미，〈日帝時期 都市의 上水道問題와 公共性〉，《社會와歷史》，20（韓國，2002）；홍성태，〈植民地近代化와 物生活의 變化──近代上水道의 普及과 日常生活의 變化〉，孔堤郁、鄭根植編《植民地의 日常、支配와 亀裂》（韓國：文學科學社，2006）；金白永，〈日帝下 서울의都市衛生問題와空間政治──上下水道와 우물의 關係를中心으로〉，《史叢》，68（韓國，2009）；金白永，〈京城の都市衛生問題と上下水道の空間政治〉，《環日本海研究年報》，17（新潟，2010）；朱東彬，〈1920 年代 京城府 上水道 生活用水 計量制 施行過程과 植民地'公共性'〉，《韓國史研究》，173（韓國，2016）；朱東彬，〈수돗물 分配의 政治経済学──1920年代 京城의 階層別 수돗물 使用量変化와 水道水必須財談論의 政治性〉，《歷史問題研究》，38（韓國，2017）；박유미，〈近現代서울의 法令과 近代의 日常性──水道法令으로 나타난 京城의 日常変化를 中心으로〉，《서울民俗學》，5（韓國，2018）；백선례，〈1928 年 京城의 腸티푸스 流行과上水道 水質論争〉，《서울과歷史》，101（韓國，2019）等。
此外，關於殖民地時期朝鮮的自來水管道事業的概況主要有以下相關研究。윤철환，〈서울 20世紀 衛生条件의 変化──上・下水道의 發達〉，《서울 20 世紀：空間変遷史》（서울市政開発研究院，2001）；裵錫滿，〈水道關連記録物의 概說과 解題〉，國家記録院刊《日帝文書解題・土木篇》（韓國，2010）；広瀬貞三，〈近代朝鮮の水道事業と地域社会〉，《朝鮮學報》，240（奈良，2016）。

處在大韓帝國時期的漢城在都市近代化的脈絡中，由美商高佛安&甫時旭（Collbran & Bostwick）修建的。這一點包含著問題的複雜性。下面將針對開頭部分提及的兩種觀點中的第一個觀點──即大韓帝國時期的國際關係及自來水管道建設問題進行討論。

1898 年，美國人高佛安和漢城府之間簽訂了漢城自來水管道特許草約，這個契約之後演變為和高佛安&甫時旭商會（以下略記為 C&B）[4]之間簽訂的自來水管道鋪設特許契約。1905 年這個自來水管道鋪設特權被讓渡給大韓水道會社（大韓自來水公司、Korean Water Works），它負責漢城自來水管道的施工（C&B 是承包），1908 年 8 月開始供水[5]。

正如松崎裕子指出的那樣，C&B 既是大韓帝國時期皇帝權力強化政策之下的「近代化」即「光武改革」的協力者，又是經濟侵奪者[6]。換言之，C&B 一方面壟斷了包括自來水管道建設在內的漢城有軌電車及電燈整備等多項事業活動的特權，為漢城引進了近代化的公共基礎設施；另一方面，C&B 也是在與諸列強爭奪大韓帝國利權的競爭中謀求權益的企業，為了使美國在歐美諸列強中獲得最大的利益而貢獻了一臂之力。

由此來看，我們不免產生這樣的疑問，即把漢城－京城自來水管道與殖民地都市的二重構造論單純聯繫在一起的先行研究，是否並沒有對漢城－京城自來水管道建設的歷史原委進行充分的考察？本文擬通過自來水管道建設事業這一細小的切入點，得出以下結論，即在漢城－京城，不僅可看到伴隨著殖民地統治出現了居住空間分化的情況，也蘊含了日韓合併以前大韓帝國都市建設的歷史，其空間形成的過程是無法依據簡單的二分法來劃分的。

二、自來水管道建設之前，朝鮮人與在朝日本人的水資源利用

在朝鮮半島，從傳統上來說，人們一直使用以河川、水井為主的天然水。朝

---

[4]　1898 年是高佛安獨自一人締結最初的契約，到了 1900 年，高佛安和甫時旭聯手組建了高佛安＆甫時旭，1906 年其公司更名為高佛安－甫時旭開發公司（The Collbran-Bostwick Deveolpment Company）。下文表示企業本身時統一使用 C&B（高佛安&甫時旭（商會））。

[5]　關於大韓帝國時期的自來水管道建設事業，有以下代表性研究成果：孫禎睦，《韓國開港期都市社會經濟史研究》（서울：一志社，1982）；金載昊，〈물장수와 서울의 水道──'測定'問題와 制度変化〉，《經濟史學》，23（韓國，1997）；松崎裕子，〈朝鮮植民地化とコルブラン＆ボストウィックの利權問題〉，名古屋大學大學院國際開發研究科博士論文（名古屋，2001）。

[6]　松崎裕子，前述論文，頁 16。

鮮王朝末期的首都漢城,由於都城內小河川的水質惡化,人們一般使用共用水井
中的水。

　　1906 年英國自來水管道技師調查的報告書顯示,當時飲用水的來源是漢城府內
以約 1,000 英尺(305 公尺)的間隔分布的各種共用水井,大多數水井因為靠近下水
道而已經被污染[7]。因此,就需要選擇良質的水井並運送飲用水,而滿足居民這一
需求的就是「水商」。所謂的水商就是為了居住在漢城的上流階層運送水的下層貧
民,1908 年時,其人數已達到 2,000 人[8]。

　　另一方面,1885 年之後,在南山山麓的泥峴一帶形成居留地的日本人也處於相
似的狀況。在日本國內,1880 年代的大都市中已在推進自來水管道的建設。朝鮮的
日本人居留地中,釜山的居留地也已於 1895 年開通了最初的自來水管道。但是在
漢城,到了 1887 年,日本人居留民(當時 65 戶)還處於在居留地內開鑿最初公
用水井的程度。1905 年自家用水井的數量增至數百處,但是適宜飲用的不過 5、6
處[9]。因此,與朝鮮人一樣,日本人「租戶們也用裝石油的罐子按罐計量買水,有
一些被喚作ムルヂャンス的汲水夫(中略)的人,他們從共同的水栓或者井中汲水
再供應到各戶」[10]。

　　總之,在漢城自來水管道開通以前,整體說來,朝鮮人、在留日本人都是依靠水
商從共用水井中汲水來用,兩方的水資源利用狀況開始出現分歧是大韓帝國時期。

三、漢城自來水管道的建設

(一)韓國政府與高佛安&甫時旭的自來水管道事業特許契約

　　1897 年,朝鮮改國號為「大韓」。在這大韓帝國時期,韓國政府給予美國人高
佛安漢城的自來水管道鋪設特許契約。另一方面,同一時期,在朝鮮的日本人中也

---

[7]　Livesey ,Son & Henderson to S.W(Seoul Waterworks) Syndicate), 1906.1.20.(《米国人「コールブラン」「ボス
　　トウィック」ノ韓国ニ於ケル獲得利権關係雑件　京城電気鉄道、電灯、水道、電話ノ部》第 2 巻,アジア
　　歴史資料センター,ref. B09040862100,f.360-362)。下文,出自同一簿冊的資料,第 1 巻、第 2 巻略記為
　　《雑件》1、2。

[8]　金載昊,前述論文,頁 127。이승원,《사라진 職業의 歷史》(韓國:자음과모음,2011),頁 185-208。

[9]　朝鮮總督府京畿道廳編刊,《朝鮮水道水質之研究》(1919),頁 25;〈京城水道の水質〉,《朝鮮彙
　　報》,1916年1月號(1916),頁97;和田常一、山口太兵衛〈請願書〉(05‧1‧31。《雑件》1,f.250)。

[10]　今村鞆,〈二十年以前の朝鮮〉,今村、大垣丈夫監修《居留民之昔物語》(朝鮮二昔会事務所,1927),
　　頁 181。

出現了建設自來水管道的舉動。當初雙方分別推進的自來水管道建設事業漸成競爭之勢。

　　首先來看一下大韓帝國的自來水管道整備的動向。1898 年 12 月，漢城府判尹‧李采淵和高佛安之間締結了自來水管道鋪設特許草約，藉此，高佛安壟斷了能供給漢城全域用水的近代化自來水管道建設與營運權[11]。

　　亨利‧高佛安（Collbran Henry, 1852-1925 年）出生於英國布萊頓，1881 年移居美國，在科羅拉多州經營科羅拉多‧米德蘭鐵路和米德蘭‧終端鐵路。1891 年取得美國國籍。1896 年將所經營的鐵道事業轉售後，來到朝鮮。在朝鮮，取得雲山金礦經營特許的謨時（Morse James）和亨特（Hunt Leigh）邀請高佛安加入共同經營此金礦。高佛安推辭了，但他於 1898 年取得了漢城的有軌電車及電燈事業的壟斷特許，1904 年取得了甲山礦山的利權，從而成為了大韓帝國內代表美國的經濟權益的企業家之一[12]。

　　1900 年 7 月，自來水管道鋪設契約變更為李采淵和 C&B 之間締結的契約。此契約包含了1898年簽訂的草約內，所有達成共識的內容及所涉及的權利[13]。此外，甫時旭（Bostwick Harry）出生於舊金山，1897 年與高佛安相遇並成為其事業夥伴。

　　但是，由於列強圍繞大韓帝國扶植勢力，自來水管道鋪設事業遲遲未有進展。森山茂德曾指出，大韓帝國時期，在列強（尤其是日本和俄國）圍繞朝鮮問題反覆離合聚散的狀況中，高宗展開「勢力均衡政策」[14]。此政策是為了防止特定的一國（尤其是日本）在韓國確立排他性的支配權，以此維持大韓帝國的獨立。美國的自來水管道利權問題因而也在此種國際關係中沉浮著。

　　首先，1900 年後半期，與自來水管道事業相關的貸款成為一個問題。從 1899 年前後開始，韓國政府根據高宗皇帝的勢力均衡政策，開始計畫從列強那裡貸款。開此先河的是美國。1900 年 9 月，高宗為了漢城自來水管道建設等事業，計畫以海關稅收入為擔保，向包括 C&B 在內的美國辛迪加組織（syndicate）貸款。但因遭到

[11] "Seoul City Water Works, Copies of Concession, Contract, Paper etc. in Possession of Messres. Collbran and Bostwick, pertaining to the above. Concession, Copy of." July 7, 1901, *Despatch from United States Ministers to Korea, 1883-1905*(National Archives, M134, #500 appendix 10-A, R18)。以下，將 Despatch from……M134 略記為 M134。

[12] Dean A. Arnold, "Collbran of Colorado: Concessionaire in Korea," *The Colorado Quarterly* 13(1), 1959. Donald Southerton, *Colorado's Henry Collbran and the Roots of Early Korean Entrepreneurialism* (eBook: Bridging Culture Worldwide, 2012).

[13] Ye Cha Yun, Governor of Seoul and H. Collbran, per H.R. Bostwick, Contractor, "Confirmatory Concession, Copy of," M134, #500 appendix10-B, R18.

[14] 森山茂德，《近代日韓關係史研究——朝鮮植民地化と国際關係》（東京：東京大学出版会，1987）。

韓國政府內意欲推行幣制改革的宮內府內藏院卿李容翊及日英俄各國的反對而未能實現[15]。

　　但是 1901 年後，美國在對韓貸款問題上的孤立形勢轉而消除。由於韓國政府告知英國將解僱英人總稅務司伯卓安（Brown McLeavy）（1901 年 2 月），加上李容翊與雲南辛迪加（Yunnan Syndicate，英法資本家於 1896 年以大清國雲南省礦山開採為目的共同設立的辛迪加組織）締結貸款契約（1901 年 4 月），在這兩個事件上，美國與日本、英國均持反對立場，三國公使藉此展開合作。

　　駐韓美國公使安連（Allen Horace N）的基本認識如下：漢城自來水管道事業是被賦予美國人的壟斷式特許，海關收入是「唯一可以利用的」資金，俄法在「試圖將我們排除出去」。在這樣的認知下，伯卓安反對將事件及雲南辛迪加貸款問題視為俄國、法國及李容翊策劃的一部分[16]。另一方面，日本、英國兩國公使則因為這些問題而敵視俄國和法國，與美國在利害關係的形成一致[17]。安連接觸了駐韓日本公使林權助及英國公使高斌士（Gubbins John），並向美國做了以下彙報：「我在英國和日本的同事以及麥克利維・伯卓安氏都認識到，為首爾提供安全的可用水是十分必要的事情（中略）高佛安&甫時旭商會在這一供水事業中的權利得到了全面承認」[18]。

　　最終，1901 年 6 月，韓國政府取消了對伯卓安的解僱，緊接著於翌年 2 月終止了雲南辛迪加貸款。安連於 1902 年 10 月 11 日謁見了高宗皇帝，試圖向其確認建設自來水管道的意向[19]。高宗的態度搖擺不定。因為漢城於前年（1901 年）遭遇了 30 年來少有的乾旱，出現了水井枯竭的慘狀，所以高宗對自來水管道建設一事十分關心。但另一方面，旱災之後政府預算十分緊張。安連意識到高宗之所以猶豫不決，是因為受到俄、法所支援的李容翊的影響，他督促高宗承諾將海關收入用於自來水管道建設。兩天後的 10 月 13 日，安連在另一宴會上與高宗面談，最終達成一致。其結果就是，高宗命令伯卓安總稅務司連續 8 年每年從海關收入中撥款 20 萬日元用於自來水管道建設事業[20]。

　　對於高宗來說，約定將美國在自來水管道建設方面的權益延續至未來一事是十

---

[15] 森山茂德，同注 14，頁 88-90。

[16] Allen to Hay, June 6, 1901, M134, #358, R17. Allen to Hay, April 24, 1901, M134, #335, R17.

[17] 金賢淑，〈韓末顧問官 J. McLeavy Brown 의 研究（1893-1905）〉，梨花女子大學大學院史學科碩士論文，（首爾：1988），頁 73。森山，前述書，頁 93-94。

[18] Allen to Hay, April 24, 1901, M134, #335, R17.

[19] Allen to Hay, October 11, 1901, M134, #407, R17

[20] Allen to Hay, October 14, 1901, M134, #411, R17, Allen to Hay, October 22, 1901, M134, #500appendix10-C, R18.

分艱澀的決斷。據安連的觀察，高宗好似十分後悔對他做出的承諾。另一方面，高宗在其推行的勢力均衡政策之下，尤其對韓美修好條約（1882 年）第 1 條中的「居中調停」（good office）這一條目抱有期待，多次對安連提起緊急之時想請求美國的政治支援[21]。在自來水管道利權方面的妥協，可以說是高宗考慮到對美關係所做出的政治判斷（不過這一承諾最終並未被履行，如後所述，最終以外債充作自來水管道建設的經費）。

　　然而，同一時期，出現了漢城電氣公司的抵押問題，自來水管道的建設遭遇頓挫。詳情可參見相關先行研究，其大致情況如下。1898 年以高宗・宮內府作為出資者設立了漢城電氣公司（負責經營漢城的有軌電車與電燈事業），並與 C&B 簽訂了承包契約。雙方於 1900 年簽訂了債務支付契約，到了契約規定的債務支付期限 1902 年 8 月 15 日，由於 C&B 向韓國政府要求的償還金額中，加上了原契約不包含的自來水管道事業契約等內容，韓國政府內以李容翊等人為中心拒絕履行抵押約定[22]。

　　1903 年 12 月，漢城自來水管道契約由外部署理李夏榮和安連公使重新簽訂，再次確認了 1898 年和 1900 年的自來水管道特許權[23]。有別於一直以來以 C&B 為當事人所簽訂的特許契約，此次為兩國國家代表之間簽訂的契約，它成為約定漢城自來水管道建設於 1908 年竣工的直接法律根據。

（二）漢城日本人居留民的自來水管道建設和漢城自來水管道的開通

　　推動 C&B 的自來水管道建設並與之形成競爭的是漢城在留日本人的自來水管道建設。1902 年 6 月之後，居住於漢城的林田龜男（具有在其出身地長崎承包自來水管道改良事業的經驗）向日本領事館請願，提出了從南山山麓處引水進行販賣的計畫，得到領事館和日本人居留民團的許可之後，於 1903 年 8 月開始供水[24]。此自來水管道建設的背景之中，隱含著「美國人高佛安最終能否動工還是未知」[25]的認

---

[21] 長田彰文，《セオドア・ルーズベルトと韓国：韓国保護国化と米国》（東京：未來社，1992），頁 18-31。

[22] 松崎，前述論文，頁 85-91。之後，這個抵押問題於 1904 年 12 月，以韓國政府一方的大幅度讓步為前提得以暫時解決。

[23] "Copy of Franchise for Seoul City Waterworks System granted to Collbran and Bostwick," December 9, 1903（亞細亞問題研究所舊韓國外交文書編纂委員會編，《舊韓國外交文書》第 12 卷（美案 3），高麗大學校出版部，1967），頁 719-725。

[24] 前述《朝鮮水道水質之研究》，頁 26-27。三增久米吉在京城領事発小村壽太郎外相宛，〈私設水道敷設報告〉（03・8・8。《雜件》1，f.163、168）。

[25] 三增領事発小村外相宛，前述〈私設水道敷設報告〉（《雜件》1，f.163）。

識。這一私設自來水管道（下文稱為南山自來水管道）雖可稱為漢城自來水管道的嚆矢，但其配水管不過延長了 385 間（約 700 公央），與之後的漢城自來水管道（約 64.0 公里）相比，是非常小規模的工程。1905 年 2 月，南山自來水管道的經營權轉移到居留民團手中[26]。

在留日本人的這一自來水管道建設本來就與 C&B 的壟斷特許相抵觸。日俄戰爭時期出現了擴張南山自來水管道的議論，問題由此浮上水面。日俄戰爭期間 1904 年 7 月，內務省防疫課長野田忠廣視察韓國，與京城領事三增久米吉協議擴張南山自來水管道並敲定了「鋪設完整的自來水管道」的計劃[27]。因為不只是日本居留民在增加，韓國駐箚軍（8 月）的編成也在計畫之中。在此計畫案中，議定了在南山重新修築集水堰儲存雨水，為 1.3 萬居留民供水。1905 年 2 月，得知此計畫的安連公使，要求此案不能與 C&B 的壟斷特許相抵觸，並傳達 C&B 預定同年春天開工的計畫[28]。因此，南山自來水管道最終並沒有擴張。

即使如此，日本一方依然對 C&B 的自來水管道建設事業能否實現抱有疑慮。3 月，駐韓日本公使林權助讓 C&B 提交了建設計畫書，但林氏對此計畫書做出了「在設計費及營業費方面採取最低限的概算，相反在收入方面卻顯著地加算」的嚴厲批評[29]（關於此計畫將在第四節展開論述）。此外，C&B 開始在倫敦募集自來水管道事業建設資金，對此，大藏省和外務省認為「能否成功相當可疑」[30]。

但是，與日方的預想相反，美國公使館 C&B 一方再次向韓國政府確認了以有利條件進行自來水管道鋪設和經營，同時，成功組成了籌措調撥資金的辛迪加。

從與韓國政府的交涉可以得知，1905 年 5 月，韓國政府知會安連公使，對 1903 年簽訂的自來水管道特許契約要求進行以下修正：①C&B 雖然沒有報告自來水管道事業計劃的義務，但是應該在契約中加上應正式通過漢城府向韓國政府提出計劃的條文。②機械資材、自來水管道事業建築等雖然依規定為無關稅、非課稅的對象，但應該由公共負擔。③自來水管道工程可以延期至 1917 年〔確切說是 1914 年〕，但有必要在契約中明確記載完工期限。但是以上修正要求都被安連拒絕了[31]。

---

26 三增領事發小村外相宛，〈水道布設ニ關シ国庫補助稟請ノ件〉（05·2·2。《雜件》1，f.246）。

27 三增領事發小村外相宛，〈水道布設計画ニ關スル件〉（《雜件》1，f.241-242）。

28 Allen to Hayashi, February 1, 1905（《雜件》1，f.264）。

29 林公使發小村外相宛，同前〈米国人独占京城水道事業ニ關スル件〉（《雜件》1，f.259）。

30 高橋是清日本銀行副總裁發曾禰荒助藏相宛（05·4·16。《雜件》1，f.265）。林公使發小村外相宛（05·4·18。《雜件》1，f.266）。

31 Department of Foreign Affairs, Seoul to Allen, May 6, 1905（《雜件》2，f.394-396）。Allen to Mr.Yun Chi Ho, Acting Minister for Foreign Affairs, May 11, 1905（《雜件》2，f.392-393）。此外，同一時期，除自來水管道

關於資金的籌措調撥，1904 年 8 月，C&B 與倫敦的國際辛迪加（International Syndicate）[32]簽訂契約，於 1905 年 8 月將自來水管道鋪設權以 6.5 萬鎊的價格售出。籍此，辛迪加設立的大韓水道會社開始負責自來水管道的鋪設和經營。在 1903 年的特許契約中，明確規定了禁止讓渡自來水管道的建設與經營權，所以 C&B 的行為明顯違約。韓國政府對此提出抗議[33]，但 C&B 一方並未回應。

當然，C&B 並沒有從自來水管道事業中抽身。C&B 成為五家與滿韓利權相關的英、美公司團體的代表，其中包含了國際辛迪加[34]。此外，C&B 從大韓水道會社處承包了自來水管道工程的建設，所以實際上的施工者仍是 C&B 這一點並沒有改變。調查辛迪加和 C&B 關係的林公使最後也得出了「兩者果然（中略）有關係」的結論[35]。

一方面，大韓水道會社的社長由英國人巴漢姆（Barham H. G, Foster）擔任。他作為自來水管道技師，曾在澳大利亞參與布里斯班自來水管道的調查，之後於 1905 年左右來到韓國。加上前述英國資本掌控下的國際辛迪加成為出資者一事，英國經營者的加入，顯示 C&B 的事業在日俄戰爭後發展成跨國化的一面[36]。

1905 年 8 月，國際辛迪加從英國派遣技師到漢城進行現地調查（關於此次調查的報告書將在第四節進行探討）。具體施工中，計畫以漢江東部上游的鸞島為水源地，用水泵將水汲上來淨化後再用鐵管輸送到漢城各個市街。1906 年 7 月 7 日，鍋爐室的基礎工程開始施工，到年末為止，築堤、過濾池四壁的施工都在進行，同時，鐵管、鍋爐等施工材料在英國也進入裝運發貨的階段。1907 年春天起，配水管的鋪設開始動工，1908 年 3 月左右完成鋪設工作[37]。

此外，技術工作者除了英國顧問技師和美國技師長之外，多數為日本人。日本

之外，韓國政府針對 C&B 經營的電燈與電車事業也提出了經營條件的修正要求。（松崎，前述論文，頁 144）。

[32] 1902 年 11 月在倫敦登記，董事會會長為查爾斯·里弗斯·威爾遜（Wilson，Charles Rivers ），以英國的原財務省·外務省高官、銀行家、企業主等為主要出資者的辛迪加（"The International Syndicate Ltd." December 31, 1904.《雜件》1，f.279-282）。

[33] 李夏榮韓國外部大臣發安連美公使〈漢城水道合同改正促求〉（05.5.27.前述『舊韓國外交文書』第 12 卷（美案 3），頁 750-752）。

[34] 三增領事發加藤高明外相宛〈コールブラン、エンド、ボストキック商会組織変更報告ノ件〉（06·1·25。《雜件》2，f.306-310）。

[35] 加藤外相發林公使、電信（06·1·11。《雜件》2，f.297）、林公使發加藤外相宛「京城給水工事ニ關スル件」（06·2·9。《雜件》2，f.358）。

[36] 參照：松崎，前述論文，頁 209-214。

[37] 《朝鮮新報》07·1·28；《京城新報》08·3·21。

承包商按照工區承包，包括監督官、工人等在內有 60 餘名日本人參與。另一方面，施工現場每日有 200 餘名朝鮮和中國勞工被使喚[38]。漢城的自來水管道建設，是在英國資本下，由美國企業承包，再由日本承包商和技術人員承包並於現場指揮，動員了中國和朝鮮勞工實行的跨國的、帶有民族階層結構的事業。

1908 年 8 月，漢城自來水管道終於開始供水。開通當時的供水能力為 12,500 立方公尺，預定供水人口為 12 萬 2,250 人。但是，自來水管道開通前後，日本公使館、居留民和自來水公司之間的關係逐漸惡化。

（三）漢城自來水管道由朝鮮總督府接管

以下探討 1908 年竣工的漢城自來水管道中，C&B 與日本一方的關係。日俄戰爭之後，確立了對韓統治權的日本，開始回收列強在韓國的利權，對自來水管道事業的態度也產生改變。這個過程背後有三個相關的契機。

第一，日本公使館和居留民對大韓水道會會社——C&B 的自來水管道事業活動，看法十分嚴厲。日俄戰爭期間的 1905 年 3 月，如前所述，日本居留民團欲擴張南山自來水管道，但安連公使提出了抗議。在這一過程中，林公使向外務省彙報稱「自來水管道事業任由美國人一家經營是非常遺憾的事」[39]，婉轉暗示了由日本一方收購漢城自來水管道之意。

在留日本人也對自來水管道建設事業以及高佛安印象不佳。在留日本人刊行的《京城新報》的社評中，曾出現「自來水管道設備也好，現在的電車事業也好，等等這些關係公共的壟斷事業（中略）全然交於外人之手，而且沒有值得一提的成果」這樣的責難之語[40]。關於此處提及的電車事業（此係根據高宗和 C&B 之間的協定，於 1904 年 2 月設立的韓美電氣股份公司負責營運的有軌電車），1908 年年初，由於電車費漲價，多家報社屢次組織反對集會[41]。

第二個契機可以說是高佛安自身把自來水管道事業轉賣一事。幾乎與漢城自來水管道開通同時，1908 年 8 月，外務省通商局局長萩原守一曾向曾禰荒助副統監寫信提到高佛安提議將韓美電氣股份公司和大韓水道會社的事業權利轉賣給在

---

38 《朝鮮新報》07·1·28、4·12。

39 林公使発小村外相，前述〈米国人独占京城水道事業ニ關スル件〉（《雜件》1，f.260 ）。

40 社說〈京城電鉄に就て〉，《京城新報》07·11·22。

41 京城新報、朝鮮日日新聞、大韓日報、帝國新聞（朝鮮人經營）等多家報社組織集會，在各自的報紙上刊載抗議報導等。（《京城新報》08.1.12、1.14、1.17）。

東京的資本家一事[42]。這段時期，C&B 解決了 1904 年以來關於其所持有的甲山礦山權利與外務省和統監府之間的爭議，由於大力發展礦山事業的條件已然具備，C&B 似乎想取得處理自來水管道和電氣等其他事業的利權[43]。再加上 C&B 遭遇資金困難的經濟因素，以及「與其被捲入『與統監政治的挑釁性的論爭』，不如將其轉賣」[44]的政治考量。1908 年秋，在仲介者中島多嘉吉和高佛安的代理人之間，C&B 進行了電氣、自來水管道利權的轉賣交涉[45]，但是關於收購價格並未達成一致協議。

　　不過大韓水道會社──C&B 實際上已被捲入「與統監政治的挑釁性的論爭」中。以下便說明其與統監府的對立。

　　首先，1908 年後半期，高佛安頻繁在一個裁判案件中被提起。此次案件是鎮壓抗日運動的知名判決，即梁起鐸判決事件。1907 年起，梁起鐸成為倡議以募款償還韓國對日借款的國債報償運動的核心人物，但因侵吞償還金的嫌疑而被起訴。雖然在 1908 年 9 月的判決中，梁起鐸被判為無罪，但是藉由這次的判決，統監府成功地讓朝鮮人對與梁起鐸共同創刊有著強烈反日論調的《大韓每日申報》的英國人裴說（Ernest Bethell，歐內斯特‧裴說）失去了信任[46]。在此次裁判的起訴狀中，記載裴說將侵吞的部分款項作為支付金（購入金礦公司股票的費用）給了 C&B。高佛安也被要求出庭作證，但是他拒絕出庭，透過美國領事館提交了供述書[47]。

　　從高佛安的立場來說，也許他與裴說的關係並未超出企業家之間的關係的範疇。但是，在朝鮮日本人的報紙《京城新報》的某個專欄大書特書了以下內容：高佛安成了「排日黨人的錢袋」，儼然成為反日運動的黑幕[48]，這顯然導致高佛安形象惡化。

　　此外，翌年即 1909 年的秋季，因為霍亂流行，僅僅漢城一處就出現了 1,000多名感染者，統監府與大韓水道會社就霍亂應對政策產生了對立。京城理事廳認為朝鮮人使用的水井是此次霍亂的感染源，決定暫時封鎖漢城的水井，由大韓水道會社無償供給自來水。1909 年 9 月 26 日，自來水公司經理巴漢姆與京城理事官

---

[42] 萩原通商局長発曾禰韓國副統監宛（08‧8‧27。《雜件》2，f.454）

[43] 松崎，前述論文，頁 192-194。《朝鮮新報》08‧8‧18。

[44] Sammons to O'brien, May 3, 1909, *Numerical File(1906-1910)*(National Archives, M862, 4151/85-86).

[45] 中島多嘉吉発荻原守一（08‧9‧27。《雜件》2，f.468-472）。

[46] 小川原宏幸，〈日本の韓国保護政策と韓国におけるイギリスの領事裁判権─梁起鐸裁判をめぐって〉，《明治大学文学研究論集（文学‧史学‧地理学）》，13（東京，2000）。

[47] 高佛安的供述書（日本語訳）參照：国史編纂委員会編刊《統監府文書》第 5 卷，1999，頁 280。

[48] 対星樓山人《外交団の置土産　ベッセル及コールブラン》（《京城新報》08‧2‧13、2‧16）。

三浦彌五郎之間交換了相關備忘錄,規定截至 10 月為止,免費開放漢城府內的 216 處共用水栓(全部設置在朝鮮人居住地區),作為補償,日本每月支付給自來水公司 2,484 日元[49]。

但是,大韓水道會社提出其遭受的損失遠超過日方的補償金額。因為自來水的濫用,每月損失 4,103.14 日元,同時,因為與承包負責從共用水栓使用者處徵收費用業務的水商公會(水商夜學會)之間解除了契約,公司每月又承受 1,600 日元的損失[50]。特別成為問題的是在留日本人濫用和不當使用自來水管道。按照大韓水道會社的主張,霍亂流行之後,使用私用水栓的日本人,將水分給鄰近而未簽訂自來水使用契約的住戶使用。這種無契約的自來水管道使用者據說多達 1 萬戶[51]。殖民地時期,雖然朝鮮總督府當局提到自來水不當使用的犯人一般總是把朝鮮人當成責難的靶子[52],但從歷史上來看,最初成為盜竊自來水問題焦點的並不是朝鮮人而是日本人,這一點頗具意味。

面對自來水公司提出的補償要求,三浦理事官於 10 月 3 日,予以恫嚇性的回覆。他發出了「自來水供水這樣的公共福利事業是不可或缺的事業,將此事業全面委託給只考慮自身利益的貴公司這樣的公司,真的可以嗎」這樣的質問[53]。隨後,10 月 4 日,京城理事廳諭達第 11 號上公佈了「取消 1908 年 8 月 24 日對大韓水道會社的認可」(應該是指對在日本居留地內鋪設自來水管道的認可)的消息。對此,巴漢姆向在漢城發行的英語報紙 *The Seoul Press* 投稿,從 10 月 8 日至 17 日持續抗辯。

三浦的強硬姿態背後,有日本人居留民區內的輿論作為後援。日本人刊行的《京城新報》、《大韓新聞》、《朝鮮新報》、《朝鮮日日新聞》等報紙針對大韓水道會社追求私利一事進行非難,展開宣傳。加上前年的電車車資上漲問題,C&B 的事業活動成為在留日本人媒體的眾矢之的。此外,日本人居留民一方表達希望開放南山的儲水池,不再使用大韓水道會社水源的意願。本來大韓水道會社為了將漢城自來水管道延伸到龍山地區,正與龍山的日本人居留民團交涉中,但是霍亂發生

---

[49] "Memorandum of Correspondence between Mr. H.G. Foster-Barham, Manager and Engineer of the Corean Waterworks Limited, a British Company, and Mr. Miura, H.I.J.M Resident in Seoul, regarding water supply during the outbreak of Cholera in Seoul in September and October 1909," (《雜件》2,f.513-514)。

[50] 同前,《雜件》2,f.515。

[51] *The Seoul Press*, October 8, October 13, October 15, 1909.

[52] 參照:金載昊,前述論文,頁 148-149;朱東彬,前述論文(2016),頁 287-289。

[53] Miura Yagoro to H. G. Foster Barham, October 3, 1909(《雜件》2,f.511).

後，居留民團一方的態度變得強硬，遂停止交涉[54]。

由於這種與統監府、日本居留民的對立，大韓水道會社明顯進一步體會到在被納入日本保護之下的韓國開展事業活動的困難。公司代表前往東京，重新啟動原已中斷的自來水管道事業的轉售交涉[55]。不過，此事最終並沒有發展成 C&B 所持有的其他利權──比如甲山礦山利權──那樣的日美外交當局之間的長期對立。因為大韓水道會社是英國籍公司，自來水管道利權被視為英國的權益。根據 1905 年的第二次日英結盟，英國承認了日本在韓國的經濟權利，所以兩國外務當局極力避免因為自來水管道問題造成兩國關係的惡化[56]。

1910 年 8 月，日本斷然實行了韓國合併。那之後不久的 1911 年 1 月，大韓水道會社被澀澤榮一的辛迪加收購，緊接著 4 月 1 日，朝鮮總督府以 28 萬 5 千鎊的價格將其買入轉為了官方經營[57]。駐日英國總領事的報告婉轉暗示，霍亂流行時與統監府的對立成為大韓水道會社被轉賣的直接誘因。但是其報告也指出，就這個收購價格而言，自來水公司並未蒙受損失[58]。

四、京城二重都市構造論與自來水管道

（一）漢城自來水管道的計畫內容

正如本文開篇所提及的那樣，殖民地時期，漢城－京城自來水管道，是日本人聚居地與朝鮮人聚居地兩者基礎設施差距的象徵。但是，建造漢城自來水管道的不是日本人，而是從韓國皇帝那裡取得特許的美籍企業家高佛安&甫時旭。那麼，關於自來水管道的建設，兩者的想法有著什麼樣的差異呢？

總括而言，C&B 認為朝鮮人群體中也有一定的自來水的需求量，但日方對此持否定意見。1901 年，駐韓美國公使安連曾闡述了這樣的意見，即「朝鮮人對漢城內

[54] 以上、《京城新報》09·10·8、10·10、11·18。

[55] 關於交涉過程，可參照： 《京城新報》09·10·13、11·25， 10·10·12， 12·23。

[56] Horace Rumbold to K. Ishii〔石井菊次郎外務次官〕，February 19, 1910。石塚英藏統監府總務長官事務取扱発石井宛、10·4·7（《雑件》2，f.515-517）。石井次官発英国大使館エッチ、ラムボルト宛，10·4·29（《雑件》2，f.526-529）。

[57] 朝鮮總督府編刊《水道小誌》1913 年，頁 10、103。

[58] Consul-General Bonar to Sir Edward Grey, January 6, 1911, "Corea, Annual Report, 1910," R. L. Jarman ed., *Japan & Dependencies: Political & Economic Reports 1906-1910*, vol.11, Archive Editions, 1994, p.138.

嘗試供給『山之水』[moutain water]一事非常關心」[59]。此外，1905年國際辛迪加派遣的技師曾在報告中指出「因為朝鮮人有引進日本人習慣的整體性傾向」，「如果重又重新有可能供給自來水的話，可預見他們會使用比現在更多的水」[60]。另一方面，日本一方的見解則與其形成了對照。1905年，仔細調查C&B自來水管道事業計畫的駐韓日本公使林權助指出，朝鮮人「墨守成規」，所以「很難預見他們會急速廢止利用井水或貯藏水而立即依賴自來水管道供水」[61]。

　　那麼，在C&B的自來水管道事業計畫中，為朝鮮人住戶供水一事佔有怎樣的位置呢？下文的表格1-3中列舉了1901-1906年間C&B編制的自來水管道事業計畫。

　　第一，與C&B最初的計畫相比，建成的漢城自來水管道的規模縮小了許多。如在三（一）中所述，1898年簽訂了關於自來水管道鋪設特許的草約，1900年又加以修訂。在1898年的契約中，決定了高佛安承包「建設和營運為首爾市整市供給足量的自來水的近代化的完備的自來水管道」[62]一事。表格1中的「7月提案」即C&B在1901年展示的最初的方案。但是，同年10月安連向高宗皇帝提議要求將海關收入用於自來水管道事業之時，一併提交了減少財政負擔的「10月提案」。在「7月提案」中，C&B計畫在漢城全城都鋪設配水管，「10月提案」中則提出了將來再擴張的方案。從自來水管道的規模來說，實際建成的漢城自來水管道的配水管總長64.0公里（至1909年末），這個長度介於「7月提案」中的52.75英里（約84.9公里）和「10月提案」中的20英里（約32.2公里）之間。但是說到重要的供水量的問題，「7月提案」中計畫的是1,000萬加侖（約37,854立方公尺）以上，「10月提案」中提到的供水量是250萬加侖（約9,464立方公尺）。實際的漢城自來水管道的供水量是13,607立方公尺的話，比較接近「10月提案」中計畫供水量。此外，「10月提案」中還計畫設置兩臺水泵，增加供水能力的餘裕，以期將來的擴張。這也是實際在漢城自來水管道建設中被採用的方案。

---

[59] Allen to the Secretary of State, October 11, 1901, M134，＃407,R17.

[60] 同注7（《雑件》2，f.362）。

[61] 林公使発小村外相宛，前述〈米国人独占京城水道事業ニ關スル件〉（《雑件》1，f.257）。

[62] 同注11。

表 1　高佛安 & 甫時旭 1901 年 7 月及同年 10 月的提案

項目	7 月提案	10 月提案
市內 配水管	在全市鋪設總長 52.75 英里〔約 84.9 千米〕的一整套配水管。水管口徑 4～30 英寸。	總長 20 英里〔約 32.2 千米〕的一整套配水管。水管口徑 6～16 英寸。
供水栓	在全市各處設置多個供水栓。總計 647。	在全市各處設置多個供水栓。總計 155。
供水 人口	每日每人 10 加侖的供水量供給 100 萬人的市民使用。	每日每人 10 加侖的供水量供給 25 萬人的市民使用。為了將來能擴大這一工程設置 2 台水泵（2 台水泵同時運轉的話供水能力也能達到原來的 2 倍）。
總價格	不明	總計 160 萬日元。

出處：“Comparison of Collbran and Bostwick's Original Proposition of July 26th. with Collbran and Bostwick's Reduced Proposition of Oct. 7th,” M134, #407 appendix, R17. 關於 10 月提案中的供水能力中，部分內容和總價格的部分，則參考了以下補充資料：“Comparative Statement of Waterworks Systems for Seoul as Proposed by Mr. P. A. Chance, January 1900, and Collbran and Bostwick, October 7th 1901,” (M134, #407 appendix, R17)。

註：出處來源中，後者所提及的“Comparative Statement of...”這一資料，是將盎格魯－東方辛迪加（Anglo-Eastern Syndicate）的組織代表——英國人 P.A.錢斯（P.A. Chance）於 1900 年在總稅務司伯卓安的斡旋下，謀求漢城水道施工權時所提出的計畫書，以及高佛安 & 甫時旭的計畫書（10 月提案）這兩者進行比較的資料。

　　第二，雖說規模縮小了，但是 C&B 的供水計畫是向包括朝鮮人集居區域、日本人集居區域在內的漢城全體供水。漢城在留日本人的自來水管道計畫（1905 年的南山自來水管道擴張計畫）則是「止於泥峴附近一帶」，即將日本人集居區域限定為供水區域[63]。兩者有著明顯的區別。

　　C&B 對朝鮮人和日本人各自需要的供水量做了怎樣的估算呢？表 2 整理了其於 1905 年 3 月制定的收入預算，在表 2 中可以看到「日本人居留地」（4）單獨立項，此外「公設共用水栓」（1）、「私設個別水栓」（2）「私設共用水栓」（3）[64]及「王宮、官廳、消防、衛生用途的供給政府的用水」（5）是以朝鮮人為對象來考

---

[63]〈京城居留民団體水道事業〉（三增京城領事発小村外相宛，〈水道布設ニ關シ国庫補助稟請ノ件〉05・2・2。《雑件》1，f.248）。

[64] 關於這些類別的水栓各自都是怎樣的供水方式，資料上並沒有明確記載。日韓合併之後，據總督府公佈的府令第 18 號《官營水道給水規則》（1911 年 2 月）所記載，供水方式分為以下幾類。專用供水：屬於一戶或一個地方專用的供水，共用供水（1915 年開始稱為私設共用供水）：屬於兩戶以上共用的供水，特別共用供水（1915 起稱為官設共用供水，本文統一用公設共用水栓這一稱呼）：規定區域通過販賣人為需求者提供所需水。

量的。依據此預算，總收入 327000 日元（①）中以日本人居留地為對象的預算只有 15000 日元，僅佔 4.6%，以朝鮮人為對象的供水預算為 312000 日元（（1）＋（2）＋（3）＋（5）），佔 95.4%。此外，公設共用水栓的預計收入占很高的比例（總收入的 44.6%）這一點也是一大特徵。換言之，在其計畫中，自來水管道收入的大部分是來自於朝鮮人，特別是設置在路上的公設共用水栓的使用者所上繳的費用。

表 2　高佛安＆甫時旭向駐韓日本公使林權助提交的計畫書

收入估算	(1) 公設共用水栓（想定使用量為 1 日平均 100 萬加侖，100 加侖 4 錢或是以同等額的韓國貨幣支付）	146,000 日元
	(2) 私設個別水栓（配水管通至家屋内部。月額）	10,000 日元
	(3) 私設共用水栓（設置於庭院、區域内等處的供水水栓或者水龍頭。平均 1.25 戶月額 4 日元）	60,000 日元
	(4) 日本人居留地	15,000 日元
	(5) 王宮、官廳、消防、衛生用途的供給政府的用水	96,000 日元
收入總計（年額。①）		327,000 日元
支出估算	操業費用	61,280 日元
	減債基金	50,000 日元
支出總計（年額。②）		111,280 日元
純收益總額（年額。＝①-②）		215,720 日元

出處：Seoul Water Works, "Estimated Reciepts"（林駐韓公使発小村外相宛，〈米国人独占京城水道事業ニ關スル件〉05・3・31、《雜件》1，f.262）。
註：與韓國政府互相協商能夠徵收水稅的情況下，公設共用水栓的收入預算是 153,000 日元，關於其收支狀況的表格，在出處來源中也有所記載。這種情況下的純收益總額就變成 222,720 日元。

　　從 1906 年的計畫（表 3）中也可以看出以上相同的構思。供水預定人口中朝鮮人（1）＋2）＋3））209,000 人（93.2%）[65]、日本人 13,000 人（6.1%），依然是朝鮮人佔了壓倒性的高比例。依據筆者個人調查，關於漢城自來水管道的計畫中這份 1906 年的計畫是最後一份。只是，1908 年自來水管道開通之前又有變更，存在著日本人居留地的自來水管道鋪設擴張的可能性[66]。

___

[65] 表 3 的 4)-7)應該也是朝鮮人、但因為原表中沒有關於人數的記載，所以在此沒計算在內。

[66] 1907 年 11 月大韓水道會社（漢城自來水管道的經營公司。後述）與京城居留民團之間簽訂了契約，其中約定了 9 萬加侖以下的水量的話，大韓水道會社無償為居留民団官廳、學校、幼稚園、醫院提供（第 1 項），送水管道在居留民團內按照民團官員指定的適當的方法和位置設置（第 4 項）等內容（《京城新報》07・11・3）。但是，居留地內的水栓數量在自來水管道開通當初貌似不多。1909 年 10 月當時的居留民團內有 250-260 處，大韓水道會社主張的是 800 多處（《京城新報》09・10・8）。與殖民地時期的水栓數量相比，微不足

表3　國際辛迪加派遣的技師的調查結果（1906年）

供水對象	人口（人）	每人1日的消費量（加侖）	1日的總供水量（加侖）
1）上層朝鮮人	10,000	15	150,000
2）城內的朝鮮人	159,000	8	1,272,000
3）城外的朝鮮人	40,000	8	320,000
4）醫院			100,000
5）王宮			100,000
6）兵營			100,000
7）旅館			40,000
8）日本人	13,000	18	234,000
9）外國人	800	40	32,000
10）中國人	1,500	15	23,000
11）鐵道			50,000
計	224,300		2,421,000

出處：Livesey, Son & Henderson to S.W.(Seoul Waterworks) Syndicate, 1906.1.20（《雜件》2，f.361）。

（二）日韓合併之後的變化

　　1908年竣工的漢城自來水管道，於日韓合併後的1911年歸入總督府管轄。C&B的構想在實際建成的漢城自來水管道中得到了多大程度上的反映呢？還有，在殖民地時期，它又出現了怎樣的演變呢？圍繞日本人（日韓合併後成為「內地人」，下文省略引號）和朝鮮人的自來水管道利用問題，以下將從京城自來水管道的市街配水管、自來水管道利用者的人數、所使用的水栓的種類等方面進行探討。

　　第一，京城市街區的配水管的設置狀況問題。關於漢城自來水管道開通時的狀況有以下記錄作為說明。

　　以漢城上游的纛島作為水源的漢城自來水管道，從漢城東部城牆的光熙門通往城內，在青寧橋處分為A-D共4條支線。

　　A（4英寸管2根）：沿黃金町東行至城牆處。
　　B（起始處為8英寸管後分流）：出了本町大街→沿東大門路通至朝鮮銀行前。
　　C（起始處為12英寸管後分流）：出了東大門大街往左右分流→右分支通往東大門。左分支在昌德宮前再次分流：通往典洞、鐘路→通往西大門途中在

道（下文的表4、參照）。

光化門前路再次分流(1)－(3)三條支線。(1)新橋通→太平町→南大門大街。
(2)景福宮前→通往北西部。(3)西大門→和泉町→蓬萊町→御成町→通往麻
浦，通至孔德里、京城監獄南面。
D（起始處為 16 英寸管後分流）：竹園町黃金町→南大門大街→南大門街 3
丁目、從朝鮮銀行前往北約 1 町處。依次經過南大門町、御成町、古市町、
岡崎町、青坡，從龍山元町 3 丁目通至元町 1 丁目漢江沿岸。在岡崎町分
流，從新龍山通往岡崎町漢江路 1 丁目駐箚軍司令部南面[67]。

　　B 支線是沿著內地人集居地區的繁華大街－本町大街往東西兩方延伸的配水管
線路。D 支線也是為以「××町」命名的內地人集居地區[68]及龍山的日本軍衛戍地
供水的路線。另一方面，C 支線是沿著朝鮮人集居地區的繁華街－鐘路東行，中途
出現複雜的分支，主要圍繞官廳街、朝鮮人集居地區的北部和西部，這一支線的自
來水管道網覆蓋了朝鮮人集居地區。因為配水管的鋪設狀況沒有圖示缺少決定性依
據，但仍然可以發現至少 B、D 兩條線路是鋪設在內地人集居地區內的。所以，我
們可以認為，這一原本以朝鮮人居民為中心的計畫，在自來水管道開通之時已在某種
程度上出現更改，變為了以內地人、朝鮮人作為共同供水對象（參考注〔66〕）。

　　另外，日韓合併後，內地人集居地區內的自來水管道配水管進行了集中性增設。
從留有記錄的 1911-1913 年的配水管鋪設工程來看，其施工中心就是竹園町、御成町
（1911 年度）、黃金町、桜井町、羽衣町（1912 年度），米倉町、御成町（1914 年
度）等附有「町」字的區域，即南部的內地人集居地區。附有「洞」字的地區的工程
除了白雲洞和帶洞（現為鐘路區宮井洞）的小規模工程以外，其他很難確定[69]。

　　這一狀況，極大地改變了自來水管道利用者中朝鮮人和內地人的比例。第二
點，來看一下自來水管道利用戶數。在 1913 年，內地人是 9,091 戶、朝鮮人是
10,253 戶。換言之，在殖民地時期的初期，朝鮮人一方的自來水管道利用戶數居
多。可以說，在日韓合併初期，以朝鮮人的自來水管道使用為主的漢城自來水管道原
本的性格還有所殘存。但是，在自來水管道普及方面，內地人一方擁有壓倒性的速
度，翌年即 1904 年內地人自來水管道使用者的戶數已經超過了朝鮮人。當然，京城
在住人口中，朝鮮人一直多於日本人（1913年年末，內地人11,589戶、朝鮮人39,365

---

[67] 前述《水道小誌》，頁 7-8。
[68] 在漢城，1901 年日本人居留民所設定的「～町」、「～通」等的地名有 34 個（最終增至 114 個），因此出
　　現了日本式地名與既有的大韓帝國的行政區劃（「～坊」、「～洞」、「～里」等）並存的現象。
[69] 前述《水道小誌》，頁 10-13。

戶），從按民族區分的自來水管道利用者的比率來看，內地人遠超朝鮮人。圖1為將內地人、朝鮮人的自來水管道普及率圖表化後的結果，從中可以看出，圍繞著自來水管道利用，內地人和朝鮮人之間的差距，至少在1910年代是不斷地在擴大的。

圖1　內地人・朝鮮人的水道普及率（在總戶數中所佔百分比。1913-1937年）

單位：%

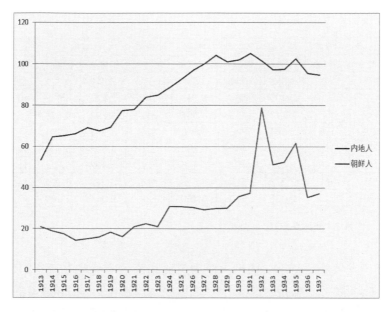

出處：關於內地人與朝鮮人的水道使用者戶數，引用了：京城府編刊《京城府上水道概要》（1938年）
　　　付表，頁3。關於總戶數參考了：朝鮮總督府編刊，《朝鮮總督府統計年報》各年版。
註：基於以上出處資料，筆者將水道使用者戶數在總戶數中所佔比例圖表化。內地人相關的一部分數值
　　超過100%的原因暫時不明。

　　最後，來看一下供水栓的情況。在 C&B 原本的計畫之中的構想是通過公設共用水栓為經濟能力低下的朝鮮人供水（參照本節（一））。截止到1909年9月公設共用水栓的數量達到 216 處，全部設置在朝鮮人集居地區，大韓水道會社完全沒有考慮在日本人居留地設置公設共用水栓[70]。

　　即使是日韓合併後的 1914 年，京城自來水管道與朝鮮境內的其他主要自來水管道相比，公設共用水栓的比例都是較高的[71]。而且內地人和朝鮮人所使用的水栓有

---

[70] *The Seoul Press*, October 16, 1909.

[71] 公設共用水栓在全部自來水栓中所佔的比率，京城自來水管道為 6.7%、平壤自來水管道為 3.3%、仁川自來水管道為 4.5%、釜山自來水管道為 4.6%（〈官營水道に就て〉，《朝鮮彙報》1915年5月號；〈平壤、鎮

著明顯的不同。根據表 4 可以得知，內地人中出現了公設共用水栓的使用戶數在減少，專用水栓、私設共用水栓的使用戶數在增加的傾向。另一方面，朝鮮人幾乎仍在繼續使用公設共用水栓，其使用戶數在 1913-1920 年間僅出現了 95.8%→88.0%的微弱減量。

表 4　內地人及朝鮮人所使用的水栓（1913-1920 年）

單位：戶

年	第 1 種專用水栓		第 2 種專用水栓		私設共用水栓		公設共用水栓		共計	
	內地人	朝鮮人	內地人	朝鮮人	內地人	朝鮮人	內地人	朝鮮人	內地人	朝鮮人
1913	347	62	1,865	337	3,561	33	3,318	9,821	9091	12,166
1914	422	86	2,109	407	4,343	180	3,473	6,626	10,347	9,213
1915	482	44	2,210	433	4,557	212	3,790	5,935	11,039	8,539
1916	539	106	2,564	346	5,070	105	3,565	5,191	11,738	7,664
1917	597	116	2,772	445	5,293	95	3,502	5,404	12,164	7,977
1918	612	126	2,827	451	5,115	95	3,392	5,571	11,946	8,161
1919	798	162	3,073	517	5,316	116	3,202	6,301	12,389	9,015
1920	820	213	3,236	500	5,460	139	3,041	5,261	12,557	8,033

出處：前述《京城府上水道概要》，〈附統計諸表〉，頁 3。

　　並且，在殖民地時期，內地人使用者比率高的水栓種類都得以增設。參考 1912-1920 年間的水栓數量的推移來看，第 1 種專用水栓（非計量收費的專用水栓）的數量從 664 處增至 2,503 處、為原來的 3.8 倍，第 2 種專用水栓（計量收費的專用水栓）的數量從 2,392 處增至 4,471 處，為原來的 1.9 倍，私設共用水栓的數量從 776 處增至 1,451 處，為原來的 1.9 倍。公設共用水栓從 229 處增至 386 處，為原來的 1.7 倍[72]。此外，從制度層面來講，公設共用水栓也受到冷遇[73]。1914 年在京畿道，水商（京城水商公會）被禁止從公設共用水栓取水配送，取而代之的是從住戶中選出水總代來負責徵收自來水管道使用費。不是水商，而是使用者自身不得不自己汲水，這導致了共用水栓使用者的減少和水井水使用者的增加。1920 年代，公設供用水栓的使用費採累進制，專用水栓／私用水栓的使用者受到優待。

　　南浦及釜山水道〉，《朝鮮彙報》，1915 年 6 月號）。
[72] 京城府編刊《京城府上水道概要》（1938 年），〈附統計諸表〉，頁 4。
[73] 金載昊，前述論文，頁 145；朱東彬，前述論文（2016），頁 287。

五、結語

　　本文追溯了漢城的自來水管道的建設過程，藉此指出大韓帝國時期的自來水管道構想和殖民地時期京城自來水管道的實際狀況之間存在著很大落差的問題。

　　在高宗皇帝勢力均衡政策的背景下，大韓帝國的自來水管道事業成為列強之間利害對立的一個焦點。雖然1898年美籍企業家高佛安獲得自來水管道鋪設的特許，但因為列強各有所圖及與之相關的韓國政府內部的反對，自來水管道建設一事未能順利進行。日俄戰爭後，C&B面對與統監府及在留日本人之間的衝突，結果，日韓合併後，自來水管道事業最終被朝鮮總督府收購。

　　C&B的自來水管道建設是美國在韓爭奪利權競爭的一環，但同時也帶有大韓帝國完善近代基礎建設的一面，朝鮮人居民也是受益者。這一點體現在C&B－大韓水道會社的設計思想中，即主要以朝鮮人公設供水栓使用者為對象進行供水。這種對朝鮮人用公設共用水栓供水、對日本人用私設水栓供水，將兩者分開的想法在開通後的漢城自來水管道中仍然保存著。

　　漢城自來水管道的這一特徵，在被總督府收購之後，逐漸消失。以日本人集居地區為中心的自來水管道網逐漸完善，另一方面，供朝鮮人使用的公設共用水栓卻受到冷遇，自來水管道的性質逐漸被修正為優先為日本居留民提供便利。這正是1920年代在殖民地二性空間的城市——京城中，自來水管道問題作為民族差別的象徵而顯露出的歷史前提。

【凡例】

一、稱呼1897年之前的朝鮮的國家、政府時用「朝鮮」，之後使用大韓帝國的略稱「韓國」。但是，與朝鮮半島的地理、民族、社會等相關的稱呼仍使用「朝鮮」。

一、大韓帝國的首都表記為「漢城」，殖民地時期的稱呼為「京城」。自來水管道名稱也按照大韓帝國時期和殖民地時期，分別使用「漢城自來水管道」和「京城自來水管道」。

一、關於新聞報導及外務省記錄的日期問題，如下例所示進行了略記：1926年12月28日→1926.12.28。

第二十章
繪製「蒙疆」
——從軍畫家深澤省三的美術活動與創作

王中忱

一、何謂「蒙疆」

　　所謂「蒙疆」，是在一種特殊歷史狀況下產生的地域概念。1937 年 8 月，由盧溝橋事變發端的日本對華侵略戰爭進一步擴大，關東軍乘機佔領了察哈爾南部、山西北部及綏遠地區，並在這些地區分別建立了「察南自治政府」、「晉北自治政府」、「蒙古聯盟自治政府」等配合日本軍事侵略的傀儡政權。同年 12 月，這三處所謂「自治政府」合二為一，在張家口設立「蒙疆聯合委員會」。統領「蒙疆聯盟自治政府」的德王德穆楚克棟魯布（1902-1966）就任「蒙疆聯合委員會」主席，但政權的實際營運權力掌握在最高顧問金井章二（1886-1967）手上。所以，雖然德王出自建立「蒙古人自治」政權的構想，強烈反對「蒙疆」這樣的詞語表現，「日本方面從對『滿洲』以及中國的整體政策考量，檢討『蒙疆政權』的地位」，結果還是給該政權亦即「聯合委員會」冠上了「蒙疆」之名[1]。

　　1939 年 9 月，該政權改名為「蒙古聯合自治政府」，1941 年又改為「蒙古自治邦」，但「蒙疆」這一名稱，卻一直作為指稱這些親日傀儡政權所管轄的地區的概念而被使用。如 1940 年 11 月出版的《北支蒙疆年鑑》便有如下記述：

　　　　所謂蒙疆，雖為蒙古民族固有的定居地域之總稱，但本年鑑的「蒙疆」，則指稱蒙古聯合政府統轄範圍內的全部地區。支那事變（即「盧溝橋事變」—引用者注）之後，「蒙疆」概念出現了不小變化，隨著民國二十六年九月四日察南自治政府的成立，舊察哈爾省外長城線以南——內長城線以北的十縣脫離

---

[1]　中見立夫，《「滿蒙問題」の歷史的構図》，東京大学出版会，2013 年 3 月，頁 21。

了國民政府的羈絆，翌月，山西省內長城線以北的十三縣亦從同省分離，進入晉北自治政府的統轄，同年十月下旬，隨著蒙古聯盟自治政府成立，把橫跨舊察哈爾省、綏遠省的五個盟收歸治下，此前所謂的北中國五省中的兩省：察哈爾省、綏遠省的政府便告取消，進入三自治政府聯合的新的政治行政管轄之內。而在本年九月一日，因蒙古聯合自治政府成立，上述地區全部一元化地統合到同政府之下，其作為東亞防共特殊地帶的一個回廊而存在的意義，亦愈發強化[2]。

此外還可以舉出其他用例。比如在「蒙疆」政權下設立的國策報紙《蒙疆新報》，從創辦時起直到日本戰敗，也沒有改變名稱。同政權的中央銀行，自1937年設立直到1945年解體，也一直使用「蒙疆銀行」這一名稱。

儘管如此，因為「蒙疆」這一地區畢竟是在戰爭狀態下形成的特定區域，隨著戰局的變化，「蒙疆政權」的統轄範圍時有伸縮，且會有「敵人」的勢力滲透進來，所以，作為地域概念，「蒙疆」所指涉的對象也有流動性或交錯性特點。

本文即在從這樣的視點把握「蒙疆」的地域特徵基礎上，選取在這一地區生活了近八年之久的畫家深澤省三作為考察對象，首先簡要追溯深澤的人生歷程，理清他從一個兒童畫畫家轉向從軍畫家的經緯，然後調查他在「蒙疆」的交遊與美術活動，發掘戰後出版的《深澤省三畫集》裡未曾收錄的迎合戰局的宣傳性作品，究明被稱為「蒙疆」畫伯的深澤省三描繪「蒙疆」的藝術行為與侵略戰爭之關聯。最後，則以深澤省三的《蒙古軍民協和の図》為例，分析這幅被視為「蒙疆」意象的代表畫作的構圖與主旨，指出其中潛藏著的可能超出畫家本人意圖的意涵。

二、從兒童畫畫家到從軍畫家

深澤省三（1899-1992）是知名的兒童畫畫家，據他的〈閑話　如憶錄〉一文說，他在東京美術學校讀書期間，由清水良雄（1891-1954）介紹，成為鈴木三重吉（1882-1936）主編的兒童文學雜誌《赤色鳥》插圖畫家[3]。最初似乎只是作為學畫的學生課外打工，但因為和鈴木三重吉意氣相投，從大正九（1920）年第 4 卷第

---

[2]　《北支蒙疆年鑑》，北支那経済通信社，1940 年 11 月，頁 527。

[3]　深澤省三，〈閑話思い出ずるままに〉，（昭和 63 年 8 月 12 日、山中湖畔山荘にて採話）、多摩美術大學美術參考資料館編，《深澤省三・童画の世界七十年》，多摩美術大學美術參考資料館，1988 年 11 月，頁 54。

5 號起,直至昭和十一(1936)年復刊 12 卷 13 號(鈴木三重吉追悼專號),將近 17 年間,深澤省三沒有間斷地為《赤色鳥》繪製插圖、扉頁、封面,可謂是全身心投入。文學史家小田切近(1924-1992)評價《赤色鳥》雜誌在日本近現代文化藝術史上所做的貢獻,曾說:「鈴木三重吉創辦如此精彩的雜誌,留下了開創一個新時代的成果,固然是因為有芥川龍之介、北原白秋、有島武郎等第一流文學家的支持,但如果同時沒有清水良雄、深澤省三、鈴木淳、武井武雄、川上四郎等畫家的傾情協助,《赤色鳥》肯定也會失去色彩,缺少魅力」[4]。

　　深澤省三在美術學校專攻油畫,作品曾入選過「帝展」,繪製兒童畫,無疑有為了謀生的一面。而在昭和二(1927)年他和武井武雄(1894-1983)、村山知義(1901-1977)等一起結成日本兒童畫家協會之後,「兒童畫家的橫向發展座標得以形成,工作激增,伸展到了《赤色鳥》之外,在《兒童繪本》、《兒童之國》、《兒童之友》等雜誌上,都留下了他的很多童畫作品」[5]。可是,昭和十一(1936)年 8 月,隨著鈴木三重吉的逝世,《赤色鳥》停刊,其他的兒童文藝雜誌也陷入經營不善的狀態,借用深澤省三的話說:「兒童書籍的時代已經結束」,因此,他「決意奔赴蒙古」[6]。後來,深澤曾這樣敘述自己的「蒙古」體驗:

> 蒙古是我的第二故鄉,生活了八年。在蒙古,甚至在政治方面得到重用,並且受惠於可作畫題的動物,更加喜歡上了廣漠的蒙古。像明治維新時期的人一樣,可以率性而為,加之年紀輕,自由任事。從來沒有見過如此有趣的國度,但戰爭失敗後卻真的很難受。[7]

　　查閱兩種深澤省三的《年譜》,分別有這樣記載:「昭和十三年,1938 年,39歲:6 月,作為從軍畫家到蒙古,直至終戰的七年間,以張家口為中心從事繪畫創作」[8];「昭和十三年(1938):到蒙古,直至終戰,為當地人用小學教科書繪製插畫」[9]。所記都與深澤本人的回憶一樣,把他奔赴的場所寫作「蒙古」。但應該指出,深澤所說的「蒙古」一詞含義曖昧,並不是正式的地域名稱。

---

[4]　小田切進,〈深澤省三の仕事〉,同《深澤省三・童画の世界七十年》,頁 46。
[5]　仙仁司,〈『赤い鳥』と深澤省三の童画世界〉,同《深澤省三・童画の世界七十年》,頁 63。
[6]　深澤,前揭〈閑話思い出ずるままに〉,同《深澤省三・童画の世界七十年》,頁 58-59。
[7]　前揭,〈閑話思い出ずるままに〉,同《深澤省三・童画の世界七十年》,頁 59。
[8]　《深澤省三畫集》,荻生書房,平成元(1989)年 11 月,頁 192。
[9]　前揭,《深澤省三・童画の世界七十年》,頁 68。

確實，「蒙古」既是民族稱謂，又作為指稱該民族生活地域的名詞而被使用，但在清朝時期，清政府以「盟旗制」統治蒙古族，被分割的若干「旗」，或直屬於中央政府委任的大臣、將軍，或由中央政府設置的「理藩院」管理，並沒有一個作為行政區劃的「蒙古」。1912 年中華民國成立，北京的民國政府為了重新構築與蒙古族的關係，在 1914 年在一般所謂「內蒙古」地區設置了綏遠、察哈爾、熱河三個特別區。1924 年 11 月，蒙古人民共和國成立，一般所說的「外蒙古」地區脫離了中華民國，1928 年，在南京成立的國民政府接續了北京民國政府時代的政策，進而在綏遠、察哈爾、熱河地區導入「行省制」，把這三個特別區升格為「省」。如此看來，進入中華民國時期，也不存在作為地域名稱的「蒙古」，所以，深澤省三1938 年 6 月從日本奔赴而去，一直住到日本戰敗的「蒙古」，如果用正式的地域名稱來說，應該是「蒙疆」。而如前所述，這個「蒙疆」，並不僅僅是由茫茫草原、晴空白雲、馬和牛羊、牧人等構成的充滿異國情趣的空間，更是以日本軍隊佔領為背景、由親日政權所統治的政治空間。

三、「蒙疆」畫伯

已經是知名兒童畫畫家的深澤省三，為何轉身成為從軍畫家奔赴「蒙疆」？前引深澤本人的回憶文章說「決意奔赴蒙古」，可知他是自主決斷，而非被軍隊強制徵用。他的回憶文章此外便未多說，但在昭和十六（1941）年發表的一篇文章裡，深澤間接談到自己奔赴「蒙疆」的契機：

> 最初和井上先生見面，正在距今四年之前，是昭和十三年初夏，我拜訪張家口善鄰會的時候。井上先生在當時事變突發之際，作為協會理事被賦予重大責任，在一所中國式宅院的房間裡日夜忙碌。我作為從軍畫家初到張家口時，表兄村谷氏便告訴說，先生德望人格皆高，來到此地，是首先應該表示敬意的人物，所以，就乘坐當時還不習慣的人力車，顛簸在當時還不熟悉的張家口城內通往善鄰會的坎坷道路，前往拜謁問候。[10]

此處出現的「井上先生」，就是該文標題出現的井上璞（1877-1941），身份是退役陸軍中將，1934 年出任由日本陸軍省和內務省等機構支持而設立的善鄰協會

---

[10] 深澤省三，〈井上璞先生を悼む〉，《新岩手人》，昭和 16 年 3 月號，頁 2。

第一代理事長，該協會以開展內蒙古民間文化事業的活動為名義，井上曾多次到內蒙古和德王聯繫，1938 年 4 月，亦即「蒙疆政權」建立之後，善鄰協會也在所謂「蒙疆」的首都張家口設置了本部機構，6 月，理事長井上璞移居本部常駐[11]。深澤省三來到張家口後急忙拜見井上，當然不僅僅是因為仰慕同鄉前輩的德望人格，肯定也有爭取這位居於「蒙疆」文化事業領導者位置的人物庇護的打算。

　　同樣值得注意的是上引文字中言及的「村谷氏」，這位被深澤稱為「表兄」的村谷，全名村谷彥治郎，昭和十六（1941）年發行的《蒙疆年鑑》載有他的簡歷：

> 興蒙委員會主任顧問兼主席府秘書處長　【岩手】　明二十二　【東大政】
> 高知縣理事官、群馬縣內務部庶務課長、滿洲民生部關東軍囑託、蒙古軍政府最高顧問、參議府秘書處長。[12]

　　據此可知，村谷氏本為日本內務部官僚，後進入「滿洲」，相當早地參與了所謂「蒙古自治運動」，此處所記「蒙古軍政府」，是 1936 年 4 月在烏珠穆沁建立的組織，是德王勢力為脫離南京國民政府而邁出的第一步，村谷作為「最高顧問」已經參與其中。而接下來的「參議府秘書處長」，則是 1939 年 9 月「蒙疆聯合會」改組為「蒙古聯合自治政府」之後設置的職位，而在改組前的「蒙疆聯合會」時期，村谷是僅次於最高顧問金井章次的參議[13]。1941 年 4 月，「蒙古聯合自治政府」施行「機構改革」，同時發生「最高人事變動」，「參議府秘書處長」村谷被任命為新設立的「興蒙委員會」的「主任顧問」[14]，無疑也是要職。可以想見，在日本國內，深澤作為兒童畫畫家的生活受挫之後，之所以選擇前往「蒙疆」尋求新路，肯定和在「蒙疆」身居要職的表兄頗有關係。從深澤 1939 年 7 月寄給家人的書信看，在到「蒙疆」一年多的時間裡，他的人脈關係已經擴展到「蒙疆政權」的高層：

> 　　從六月二十八日起，在厚和（以前的綏遠）將有蒙古大會，非常期待。
> 　　此次大會據說是第三屆，以後十年或二十年舉辦一次，正所謂千載一遇之

---

[11] 關於善鄰協會的設立，可參見何廣梅〈第二次世界大戦前におけるモンゴル人の留日教育活動——善隣協会のモンゴル人留学生支援事業を中心に——〉（《人間文化創成科学論叢》，第 19 卷，2016 年，頁 145-153）；關於井上璞在內蒙古的活動及其與德王的關係，可參見祁建民，〈蒙疆政府年表〉（〈《県立長崎シーボルト大学国際情報学部紀要》第 8 号，2007 年，頁 249-270）。

[12] 《蒙疆年鑑》，蒙疆新聞社，1941 年 12 月，〈人名錄‧蒙疆〉，頁 44。

[13] 《蒙疆年鑑》，蒙疆新聞社，1941 年 12 月，頁 46。

[14] 《蒙疆年鑑》，蒙疆新聞社，1941 年 12 月，頁 79-80。

機，村谷參議和木村事務官（岩手縣五戶地方的人）兩人和我，再加上金井蒙古最高顧問和大同最高顧問，一行五人住進大青山賓館。

德王賜見。比我的想像更具王者風采。引導我們參觀了蒙疆政府的建築，堅實牢固。抓緊時間給德王素描肖像，德王特別高興，親自在畫布上署上「德親王」和蒙古文字，據說這是前所未有之事。[15]

前引深澤省三的回憶文章說到他在「蒙疆」時期曾「在政治方面得到重用」，但沒有說明他怎樣被重用，經查，在 1940 年，他似乎具有「蒙古自治政府囑託」或「名譽囑託」的頭銜[16]，囑託大約相當於顧問。而在 1941 年刊行的《蒙疆年鑑》之「人名錄」上，則有這樣的記錄：「深澤省三，畫家，蒙古自治政府軍囑託，張家口東菜園村谷公館」[17]。可知深澤與「蒙疆」的政府和軍方都保有關係。

不必說，作為畫家，深澤的主要活動是在美術領域，除了個人的繪畫創作，他作為「蒙疆美術家協會」的組織者，也頗為活躍。由於文獻限制，關於這個協會存立的全貌還不能充分解明，但綜合若干片段資料，也可窺知大略。

（1）上引《蒙疆年鑑》（1941）之「文化」欄裡，設有「美術家協會」一項，記云：

以美術謀求蒙疆諸民族之融合、親善，促進文化啟蒙與向上，七三五年（成吉思汗紀元，昭和十五年）八月，在張家口創立蒙疆美術家協會，乃朔北蒙疆文化史上須要特別記錄之大事。抄錄其規約如下：

一、大會由蒙疆在住美術家組成，會員限於美術家（繪畫、雕塑）。

二、本會致力推動蒙疆文化的開發與發展。

三、本會通過美術進行日蒙華之間的相互介紹與宣傳。

四、本會每年定期舉辦一次展覽會（也應在其他城市巡迴展覽）

---

[15] 深澤省三，〈蒙古の旅から〉，《新岩手人》，昭和 14 年 9 月號，頁 18-19。此文之前附有編者說明云：「左記は目下蒙古旅行中の画伯が家人に寄せた近信から書き抜いたもので、文章の責任は記者にあります」。

[16] 參見《新岩手人》，昭和 15 年 7 月號，頁 15，所載題為「張家口縣人會」的報導。在報導文章最後，列有當時出席者名單，深澤省三的名下標記的頭銜是「蒙古自治政府囑託」。此外，昭和 15 年 3 月 29 日，《新岩手日報》刊載深澤省三〈隨筆　ターキーの空〉，有關作者的介紹，則寫為「蒙古聯合政府の名譽囑託」。

[17] 《蒙疆年鑑》，蒙疆新聞社，1941 年 12 月，〈人名錄・蒙疆〉，頁 39。

　　　　幹部：會長深澤省三◇　幹事林一三、和田北佐久、大野都美男、西原良藏、石本正郎、刀彌治義、吉泉德一、森茂、小澤與次郎

（2）同《蒙疆年鑑》之「文化」欄裡還有一則「蒙疆美術展」報導，所記內容如下：

　　蒙疆美術家協會主辦的第一屆蒙疆美術展覽會於七三五年十二月六日至十二日在張家口上堡蒙疆新聞社內舉行，金井最高顧問、常岡蒙疆學院院長、深澤畫伯等的特別出品之外，出品人日蒙華人總計四十名，西洋畫、日本畫、中國畫、工藝品總計達一百二十點，入場參觀者整個展期間超過萬人，作為蒙疆首次美展，盛況空前，獲得超出預想之效果。首屆獲獎者三十一名。（略）

（3）1942 年 6 月作為蒙疆文藝懇話會之機關雜誌創辦的《蒙疆文學》亦經常刊載關於「蒙疆美術」的報導，同雜誌昭和十七（1942）年 9 月號刊有〈蒙疆美術協會小品展評〉一文，文末署有作者筆名 S，而據同期雜誌「鄂爾多斯」時事短評欄裡的一則報導，「S 先生是在法蘭西戰敗之後仍滯留巴黎一年有餘」，此次「來張家口旅遊」[18]的畫家，S 先生的〈展評〉寫道：「蒙疆美術協會的各位成員都有各自的職業，也許不會特別專注於繪畫，但都有繪畫之心」[19]。由此可推測，蒙疆美術家協會主要由業餘畫家構成。

（4）在《蒙疆文學》的創刊同人、蒙疆文藝懇話會的主持者小池秋羊的未刊回憶裡，有這樣的記述：「《蒙疆文學》得到了深澤氏及任職於《蒙疆新聞》的高玉輝雄氏等人的大力協助，他們的畫作常常裝飾於雜誌的頁面」[20]。由此可知，這位高玉輝雄也是和深澤一樣活躍於蒙疆美術界的人物。而在高玉氏所寫的〈關於蒙疆美術家協會研究所的設立〉一文，則比較清晰地講述了蒙疆美協的宗旨與目標：

　　深澤省三畫伯主宰的蒙疆美術家協會此次在張家口設立的蒙古美術研究

---

18 參見〈オルドス〉（鄂爾多斯），《蒙疆文學》，昭和 17 年 9 月號（1 卷 3 號，蒙古政府成立三周年記念特輯號），頁 28。該專欄文章似有多位執筆者，不署名。

19 參見 S，〈蒙疆美術協會小品展評〉，《蒙疆文學》，昭和 17 年 9 月號，頁 49。

20 小池秋羊，〈《蒙疆文学》そのころ〉，未刊稿。

所，擬通過美術，朝向蒙疆新文化的創建而出發，這具體顯示了同協會面對當下時局所懷持的抱負和展開的實踐：怎樣研究並實現現有時局狀況下的美術課題？怎樣將之生動地展現在蒙疆的土地上？這可說是給蒙疆文化建設運動賦予重大意義的舉措。

……（中略）……

藝術已經不是個人之物，而是民族本身之物，國家本身之物，作為大東亞共榮圈之重要一翼，身居守護西北亞細亞關門位置的蒙疆的美術家和美術作品所應指向的目標，應該是清晰明確的。朝著這個目標，美術家協會把這個研究所作為本部的事務所，在內部，會員之間切磋磨練精神和技術，對外，則指導本地人認識純正的美術，復興草原的藝術，朔北的藝術，給悠遠的東亞民族傳統吹進新的氣息，為扎根蒙疆大地的純正文化的創建而積極工作。[21]

讀了上引文字，不難瞭解，深澤省三所主導的蒙疆美術家協會和蒙古美術研究所想要創建的新美術，在所謂復興草原藝術、朔北藝術之同時，更要迎合「蒙疆」文化建設以及「大東亞共榮圈建設」的潮流。

四、「蒙疆」時期的繪畫創作

生活於「蒙疆」的將近八年，是深澤省三集中精力進行繪畫創作的時期，且多次參與或舉辦畫展。據他的「年譜」所載：「昭和十四年 1939 年 四十歲：一月，從蒙古歸國。在牧野虎雄主辦的旺玄社展上，特別陳列了他在蒙古的作品三十六幅，以及受德王所託搜集的綏遠青銅器、鼻煙壺等」。此外，同年「三月，在盛岡市的川德百貨店舉辦「深澤省三蒙疆風物展覽會」，展出《蒙古婦人》四幅，《隊商》《蒙古平原》《駱駝》四幅，《雲岡石佛》九幅，總計油彩畫三十四幅，素描畫三十幅」。[22]

而在《蒙疆文學》昭和 18（1943）年 12 月號（2 卷 9 號）所載「文化消息」欄裡，亦有關於深澤畫展的記載：「11 月 8 日－12 日，蒙古自治邦主辦的第二屆蒙古美術展覽會在第一國民學校舉行，在此前後，在東亞會館舉辦了深澤省三的個展。去年，麻生豐氏也在同一東亞會館舉辦過個展，聽說當時成交額接近兩萬日元。此

---

21 高玉輝雄，〈蒙疆美術家協会研究所設立について〉，《蒙疆文学》，昭和 18 年 3 月號（2 卷 3 號），頁 62。
22 〈深澤省三年譜〉，前揭《深澤省三畫集》，頁 192-193。

次深澤氏畫展賣出的作品，聽說也超過了一萬七千日元。是不是懂畫，姑且不論，就張家口在住日本人一萬七、八千的人數而言，竟然開拓出這樣的美術市場，確實值得注目」[23]。從這則消息可以看出，當時深澤省三作為「蒙疆」的代表畫家已經被廣泛認可，在美術市場也頗有人氣。

1945 年 8 月，「蒙疆政權」隨著日本戰敗而崩潰，12 月深澤作為遣返者回到本國，他後來曾對友人說：「不知道那麼多描寫蒙古的畫作都怎麼樣了，戰敗的凄慘和恐怖，蒙古人的態度，像翻掌一樣說變就變了」[24]。而有的研究者也跟從深澤本人的說法，認為他在「蒙疆」時期的「畫作幾乎都留在了當地」。[25]

畫家生前出版的《深澤省三畫集》（平成元年，1989）裡收錄「蒙疆」時期的畫作只有很少幾幅，或許就是由於這樣的原因。該畫集標注「1938-1945」年間的作品，多以頗具蒙古風味的人物、風景、動物為題材，畫作描繪的大陸人的骨骼與容貌，和深澤到蒙疆之前的兒童畫裡經常出現的「西洋風的時髦人物」[26]，形成了鮮明對照。但深澤在同一時期創作的風景畫，則可看出與其奔赴「蒙疆」之前的同類作品有一定的連續性，不過，「蒙疆」時期的作品印象派或後期印象派的構圖特點和色彩更為鮮明，作為油畫家，他的藝術進境也是很明顯的。

五、迎合戰爭時局的宣傳性作品是否全部消失？

讀《深澤省三畫集》所收「蒙疆」時期的作品，首先讓人注意到的是，他所描繪的人物速寫和肖像畫，幾乎都是以「蒙疆政權」上層人物或他們的家屬為模特兒。這大概和被稱為「蒙疆」畫伯的深澤氏當時的人脈有關，同時也表明，他的目光幾乎沒有關注下層社會。

更為令人費解的是，在這些畫作裡，幾乎感受不到戰爭狀態下的氣氛。而在深澤給家人的書信裡曾寫到，他在「蒙疆」各地旅行作畫，常常要攜帶手槍[27]。且如前述，深澤主導的蒙疆美術家協會本來就頗為積極地參與「大東亞共榮圈建設」，他的繪畫創作，自然也不可能不與當時的戰爭時局發生關聯。

---

[23] 參見〈文化消息〉，《蒙疆文學》，昭和 18 年 12 月號（2 卷 9 號），頁 37。

[24] 參見重石晃子，〈深澤省三先生と紅子先生のこと〉，岩手県立美術館編，《紅子と省三　絵がき夫婦の70周年》，2019 年 9 月，頁 8。

[25] 參見仙仁司，〈深澤省三の童画世界〉，前揭《深澤省三画集》，頁 173。

[26] 參見仙仁司，〈『赤い鳥』と深澤省三の童画世界〉，前揭《深澤省三・童画の世界七十年》，頁 63。

[27] 在前揭深澤省三寫給家人的書信〈蒙古の旅から〉裡有這樣的描述：「在多倫，素描蒙古女人，因為準備不足，不能自如之處很多。夜裡要把手槍放在枕下入睡，或許你由此可以察知在此作畫的辛苦」。

　　筆者雖然只做了初步調查，但已經發現了《深澤省三畫集》所沒有收錄的「蒙疆」時期深澤的一些作品。在此僅舉兩例。一是昭和十七（1942）年刊載於《兒童之友》雜誌 4 月號上的插畫「蒙古王子」（本文附圖 1），畫面上，服飾華美的蒙古王公帶著他的兒子（王子）在觀賞一位畫家的作畫，而他們的身旁，則有兩位荷槍而立的日本士兵，顯然是在負責保衛。另外一例，是《蒙疆文學》昭和十八（1943）年 3 月號的封面畫（本文附圖 2），畫面上這位女性的激烈表情，和旁邊標注的畫題「勇敢進擊」合起來看，不難判斷，是一幅呼應大東亞戰爭時局的宣傳畫。

附圖 1（上）
附圖 2（右）

　　即使只看上面這兩個例子，也可以說，戰後出版的《深澤省三畫集》其實是有意識地遮蔽了畫家當年為配合侵略戰爭而從事的美術活動。但他當年繪製的宣傳性作品肯定曾為媒體歡迎，並不會全部消失，而為了解明從軍畫家深澤省三的實像以及他以畫作表現的「蒙疆」意象，還有必要繼續對這些作品進行調查和發掘。

六、《蒙古軍民協和圖》的多義內涵

　　最後，且來看一下深澤省三作為從軍畫家而受到高度評價的代表作《蒙古軍民協和圖》（本文附圖 3，見下頁）。如畫題所示，這是一幅表現日本佔領軍和被佔領地區「蒙疆」的「民」之間的「協和」景象的畫作，站立在前景位置的兩個人物，是以日本皇族北白川宮永久王和「蒙疆政府」最高顧問金井章次為模特描繪的。如所周知，這位身著軍裝的北白川宮（1910-1940），是陸軍大將北白川宮能久親王和明治天皇的第七皇女房子內親王所生的第一王子，當時作為陸軍炮兵大尉駐在「蒙疆」，昭和十五（1940）年 9 月 4 日，因為在張家口舉行的航空演習發生

事故而死亡。或許是因為這個人物的特殊地位，昭和十六（1941）年 7 月，陸軍的
周邊團體——陸軍美術協會舉辦「第二屆聖戰美術展覽會」，在第十一展室（陸軍
作戰記錄畫作之部）展示了這幅作品[28]，並列到了昭和天皇的「天覽畫」之內，給
從軍畫家深澤省三帶來了巨大榮譽[29]。

附圖 3

　　但如果細讀這幅畫作，卻會發現，深澤雖然力圖把風景畫與人物畫（包括動
物）凝縮到一個畫面，但畫面後景上的長城、山及前景上的動物，很難說和前景上
的人物取得了平衡。特別是「軍」這一側的視線，和「民」這一側的視線，與其說
是在親切交集，毋寧說是本地的「民」人們面對外部侵入者的「軍」而產生的緊張
氛圍，充溢了畫面。就此而言，或許可以認為，深澤省三其實在無意之中，以其在
「蒙疆」的激蕩生活體驗中獲得的畫家直感，表現了一種「不協和的音調」。

---

[28] 參見《第二回聖戰美術展覽會目錄》（朝日新聞社東京本社，昭和16年7月），頁13。在該書出品編號133
　　號畫作下附的說明云：「故北白川宮永久王殿下には蒙古御出征中、枢機に御参画せらるる傍ら常に軍民協
　　和の事に御心を用ひさせられたことは洵に畏き極みである。本図は張家口大境門外より蒙古平原に続く河
　　原の市場に立たせられ蒙古人漢人の雑踏の中に親しく民情を御視察あらせられる殿下を謹写し奉たもので
　　ある。扈従員は蒙古聯合自治政府最高顧問金井章二氏及び御付武官築山中佐である」，據此可以確認畫作
　　中的場所在與人物原型。
[29] 陸軍美術協會編，《聖戰美術》第 2 輯（昭和 17 年 6 月，非賣品）所收〈天覽画に就いて〉一文說：昭和
　　天皇和皇后觀覽畫作，特別從深澤省三氏的《蒙古軍民協和之圖》憶起故北白川宮永久王殿下的面容身影，
　　感慨頗深。

第二十一章
近代東北亞的形成與俄羅斯邊疆
——1920 年的尼古拉耶夫斯克事件
和薩哈林州的保障佔領[*]

Eduard Baryshev

（王荛晗 譯）

> **獻給已故友人、薩哈林研究者**
> Sergei Pervukhin（1961-2020）

前言

　　「地域」（region）概念的認識建立於特定的內在及外在關係性（relationship）之上，其獨特的整體性可能會受到來自各種原因的制約。受政治、經濟、民族、文化以及宗教上的規範之例或許最易理解，但是在具有「相互依存」特徵的當今社會，歷史遺留下來的問題、錯綜複雜地交織在一起的各種活動之百態、以及「地域」構成單位之間的「力量關係的樞軸」等因素均發揮著更大的影響力。

　　把整個東北亞作為一個地域來看時，有必要特別關注該地域內的歷史關係和相互依存性。可以說，正是由東北亞地區的國家、地域、經濟文化圈之間持續生成的，從對立到協作的複雜關係構成了東北亞的現狀。在這個新空間的形成過程中，筆者認為最具有重大意義的，一方是帝國體制與殖民地主義，另一方是民族解放運動與革命因素。這是因為，當今東北亞各國幾乎所有政權的正統性都是建立在展開獨立運動的「被佔領時代」的。因此這種「苦難史」的記憶成為了國家認同中不可欠缺的一部分。

---

[*] 保障佔領，英文原文為 guarantee occupation，國際法上的一種佔領行為，是為使對方國家履行條約上的義務而實行的佔領行為。

　　本文將焦點對準通常容易被忽略的、位於東北亞北部邊緣地區的俄羅斯邊疆，以 1920 年的尼古拉耶夫斯克事件和日本佔領薩哈林州為主題，從東北亞的歷史形成的問題意識出發來考察同時代的地區、居民以及與其具有緊密關係的東北亞人們的經驗與記憶。薩哈林島和阿穆爾河（黑龍江——譯者注）下游流域在當今的日本和俄羅斯常被作為地方史的研究對象，但是放在東北亞歷史這一廣闊的視野中，筆者確信，其重要性依舊不可低估[1]。

一、薩哈林州與尼古拉耶夫斯克事件

　　第一次世界大戰即將爆發的1914年2月，濱海州的烏德郡被合併到俄國國內被戲稱為「薩哈林半島」的北薩哈林後，薩哈林州的面積與人口增為原有的 4.5 倍（面積由 39,832 平方公里擴大到 186,870 平方公里，人口由 9,300 人增長到 43,300 人），州的經濟、政治中心轉移到了對岸的尼古拉耶夫斯克市。經過這種合併，與流放地時代的薩哈林島完全不同的社會政治空間[2]誕生了。

　　尼古拉耶夫斯克市位於距離阿穆爾河入海口 45 公里處，作為進入阿穆爾河流域地區的門戶具有著重要的戰略性意義，同時也是以阿穆爾河口海灣為中心的俄

---

[1]　這一主題的基礎性先行研究有以下相關內容：和田春樹，〈シベリア戰爭史研究の諸問題〉，《ロシア史研究》，20（東京，1973），頁 2-15；原暉之，〈「尼港事件」の諸問題〉，《ロシア史研究》，23（東京，1975），頁 2-17；伊藤秀一，〈ニコラエフスク事件と中國砲艦〉，《ロシア史研究》，23（東京，1975），頁 18-32；原暉之，《シベリア出兵——革命と干涉 1917-1922》（東京：筑摩書房，1989），頁 518-525、536-544；吉村道男，《增補 日本とロシア》（東京：日本經濟評論社，1991），頁 405-424；Hara Teruyuki, Japan Moves North: The Japanese Occupation of Northern Sakhalin (1920s), in *Rediscovering Russia in Asia: Siberia and the Russian Far East*, edited by Stephen Kotkin and David Wolff (M.E. Sharpe, 1995), pp. 55-67.

[2]　請參照 Адрес-календарь и торгово-промышленный указатель Дальнего Востока и спутник по Сибири, Маньчжурии, Амуру и Уссурийскому краю (以下為 Адрес-календарь). Вып. X. Владивосток, 1914. Отд. II. С. 93-94, 126; Дальний Восток России накануне Первой мировой войны: справочные материалы из «Сибирского ежегодника» (以下為 Сибирский ежегодник). Владивосток: РГИАДВ, 2018. С. 106-107, 121-123, 152-155, 159-161; Анфилов В. К. "Полуостров" Сахалин // Нива, № 16, 19 апреля 1914 г. С. 313-315; История Сахалина и Курильских островов с древнейших времен до начала XXI столетия: Учебное пособие для высших учебных заведений по специальности «история» (以下為 ИСиКО). Под ред. М. С. Высокова и др. Южно-Сахалинск: Сахалинское книжное издательство, 2008. С. 379-383, 389; 原暉之，〈日露戰爭後ロシア領サハリンの再定義——1905～1909 年〉，原暉之編《日露戰爭とサハリン島》（札幌：北海道大學出版會，2011），頁 251-278; Гридяева М. В. Остров Сахалин во второй половине XIX – начале XX века: Административное устройство и управление. Южно-Сахалинск, 2008. С. 54-61, 64-74, 86-87; Козлов Н. А. Островная анкета (Из истории первых переписей на Сахалине и Курильских островов) // Краеведческий бюллетень (Южно-Сахалинск), 1998, № 2. С. 42, 46-47.

羅斯遠東漁業的重要基地。在最興盛的時期，州都尼古拉耶夫斯克的人口達到 1 萬
5,000 人（1915 年 1 月），每年的捕魚量高達 5 萬噸，聚集了 3 萬 4,000 多名外來
勞工。外來勞工的一半以上來自日本，由於捕獲的水產品大部分供應日本市場的
關係，以島田元太郎（1870-1945）等人為代表的日本商業資本家把這裡作為他們
的重要根據點。由於良好的漁業發展，尼古拉耶夫斯克市亦成為北部濱海州的國
際性多民族商業中心而日益興盛，很多猶太裔俄羅斯人及華僑也以此地為據點來
擴大他們的貿易活動[3]。

　　順帶提一下，烏達郡內包含沿海礦山區，礦山區的管理者及礦山警察的辦公地
也設置在尼古拉耶夫斯克。在當時的遠東礦山業中，由於中國勞工的比率高達
75%，生活在烏達郡尼古拉耶夫斯克市的中國人總數超過了 4,500 人。其中佔約三
成的 1,500 人居住在州都，約一半的 2,400 人是礦山區內阿姆貢河流域的金礦礦工。
當地的中國人口中男性佔比為 99%，當地的中國人社會呈現著相當活躍的景象。上
述金礦中開採出的黃金被大量偷運到中國，作為交易，中國的蒸餾酒源源不斷地流
入俄羅斯遠東地區，這在當時已是公開的秘密。此外，州內大陸地區的朝鮮人總數
也達到了 2,294 人（包括三成左右獲得俄籍的市民），他們之中的大多數人在尼古
拉耶夫斯克附近以種植蔬菜為生，但還是有接近一半的人屬於礦工或建築工人。
毫無疑問，俄國遠東各地區的朝鮮人人口是與朝鮮解放運動的開展成正比持續增
長的[4]。

　　第一次世界大戰的結束使俄國與西歐的經濟交流中斷後，尼古拉耶夫斯克港這
個太平洋海岸港口的重要性急劇上升。薩哈林州的天然資源與水產品也備受青睞，
所以俄國本土的資本逐步為打開薩哈林州天然資源開闢了道路。當時最令人矚目的
是商工無限公司伊萬・斯塔赫耶夫（以下稱為斯塔赫耶夫商會）的活動，是由尼古
拉耶夫斯克市的猶太裔二等商人、漁業家麥耶爾・盧利（1881-1954）、艾布拉姆・

---

[3]　Доклады Приморской окружной торгово-промышленной палаты по вопросам экономики русского Дальнего
　　Востока, представленные на Вашингтонскую мирную конференцию 1921 года. Владивосток, 1922 (以下為
　　Доклады ПОТПП). С. 122, 133-134; Глуздовский В. Е. Приморско-Амурская окраина и Северная Маньчжурия.
　　Владивосток: «Далекая Окраина», 1917. С. 120-123. 關於島田，請參照原暉之，〈大戰と革命と干涉——在
　　ロシア日本人ディアスポラの視點から〉，《日ロ關係史——パラレル・ヒストリーの挑戰》（東京：東京
　　大學出版會，2015），頁 178-182。
[4]　請參照 Доклады ПОТПП. С. 116-117, 122, 133-134; Глуздовский. Указ. соч. С.120-123, 129-130; Адрес-
　　календарь. Отд. II. С. 93-94; Емельянов К. Люди в аду: К 20-летию гибели Николаевска на Амуре с
　　предисловием Я. Ловича. Шанхай, 1940. С. 45; Торопов А. А. Корейская эмиграция на Дальнем Востоке России:
　　вторая половина XIX в. – 1937 г., Revue des études slaves, Vol. 71, No. 1, 1999, p. 124.

盧利（？-1920 年）兄弟合作，試圖將北薩哈林地區的煤田、油田據為已有[5]。

　　日本海軍和與此相勾結的資本，從 1916 年左右起積極地開展了贏取當地利權運動，並將 1918 年 8 月起出兵西伯利亞作為在東北亞地區擴大利益的絕好機會。結果，貝加爾湖以東的西伯利亞鐵路沿線要地被日軍佔領，尼古拉耶夫斯克也被安排了守衛隊。雖然沒有向北薩哈林派遣部隊，但是以北辰會為代表的日本海軍藉口與斯塔赫耶夫商會的合作關係，在鄂木斯克政權難以實際控制的離島上幾乎是隨心所欲地進行了天然資源相關的調查活動。當俄羅斯的資本依舊試圖致力於「半島」的煤田開發時，日本人則已經對俄羅斯領薩哈林豐富的油田產生了極大興趣[6]。

　　1920 年 1 月鄂木斯克政權倒臺後，俄羅斯遠東各地成立了各種社會主義政權，游擊隊運動波及到西伯利亞的邊境地區。在尚有聯合軍駐留的符拉迪沃斯托克，組成了濱海州地方自治參事會臨時政府，在北薩哈林地區也由臨時革命委員會和地方自治會的社會主義分子組建了臨時聯立執行委員會。在 2 月上旬的嚴寒中，雅科夫‧特里亞皮琴（1897-1920 年）率領的游擊分隊（約 2000 人）包圍了由日本的守衛隊和白衛軍的殘存分隊、以及日俄自衛團（共約 800 至 900 人）保衛的尼古拉耶夫斯克。日本陸軍當局開始策劃從內地派遣救援隊，將北薩哈林作為「尼港（即尼古拉耶夫斯克——譯者注）派遣隊」據點的設想最初很有力，但是通過海軍偵察後發現救援隊在此地無法登陸。2 月下旬，尼古拉耶夫斯克的日本守衛隊遵照陸軍當局的命令，接受游擊隊的提議，開始了有關停戰的協定，於同月 28 日與游擊隊簽署了休戰協定。當地的左派各勢力開始對游擊隊佔領尼古拉耶夫斯克市表示歡迎，但是在佔領後，薩哈林州原副州長弗里德里希‧馮‧本格（1860-1920 年）為首的反對派陣營 400 餘人就身陷囹圄，游擊隊開始對具有「可惡的舊統治階級」身份的居民實施暴行、掠奪及屠殺的「紅色恐怖」。3 月 11 日，特里亞皮琴要求日本部隊解除武裝來換取人身安全，但是在本應召開薩哈林州勞農兵議員大會的第二天的清晨，日

---

[5]　請參照 Барышев Э. А. Первая мировая война и «сахалинский вопрос» (1914–1918 гг.): Борьба за российские недра // Ученые записки Сахалинского государственного университета. Вып. XIII/XIV (2016-2017). С. 85-91 ；Люри Р. М. Воспоминания об отце, сибирском самородке // Краеведческий бюллетень. Южно-Сахалинск, 1998, № 2. С. 88-89; 澤田和彥，《日露交流都市物語》（神奈川：成文社，2014），頁 68。

[6]　請參照 Победа Советской власти на Северном Сахалине, 1917-1925: Сборник документов и материалов（以下為 ПСВ）. Южно-Сахалинск, 1959. С. 103-106, 108-110；駄場裕司，〈日本海軍の北樺太油田利權獲得工作〉，海軍史研究會編《日本海軍史の研究》（東京：吉川弘文館，2014），頁 40-45；麻田雅文，《シベリア出兵——近代日本の忘れられた七年戦爭》（東京：中公新書，2016），頁 152-154；石塚經二，《尼港事件秘錄——アムールのささやき》（涵館：千軒社，1972），頁 28-40、67-85。

本守衛隊在居民自衛隊的援助下襲擊了游擊隊，結果反而被擴大到約 4,300 人的游擊隊包圍，普通的日本居民和已被逮捕的「反過激派」市民一同遭到無情的殺害，並有約 130 多日本人成為「俘虜」。推算在 3 月 12 日至 14 日的三天內，不分男女老少，約有 1,200 到 1,400 多人（包括俄羅斯人 600-800 人以及日本人 600 人）遭到游擊隊的殘忍的殺害[7]。

二、日軍對北薩哈林及阿穆爾河下游地區的佔領

　　當然，北薩哈林的俄羅斯市民也無法自外於這樣的政治、社會局勢，有人積極加入在阿穆爾河下游流域地區活躍的游擊隊勢力。1920 年 2 月，薩哈林島的臨時聯立執委會與特里亞皮琴分隊取得聯繫，將同為薩哈林島的蘇維埃代表 V. E. 德博夫（於尼古拉耶夫斯克事件中陣亡）率領的支援隊派往尼古拉耶夫斯克，輸送了步槍和彈藥。同時，由 A. M. 弗明（於 1921 年陣亡）率領的 10 多人組成的特里亞皮琴游擊隊分隊也到達亞歷山大羅夫斯克。在尼古拉耶夫斯克大屠殺發生前夜的 3 月 9 日，亞歷山大羅夫斯克市舉辦北薩哈林勞農兵議員大會，選出代表特里亞皮琴的、庫里布林為首的大會執委會，同時選出經驗豐富的革命家、無線電信局長亞歷山大‧察普科（1884-1920 年）為財政經濟部長。隨後，大會執委會宣布工人階級專政的薩哈林當地蘇維埃政權成立。同樣在尼古拉耶夫斯克，3 月 12 日至 15 日的巷戰中鎮壓了日本守衛隊的抵抗。俄羅斯「反過激派」被摧毀後，雖然終於舉辦了薩哈林州勞農兵議員大會，但是在會議中，與有多名社會革命黨員及社會民主黨右派參加的符拉迪沃斯托克地方自治參事會臨時政府的合作路線，以及莫斯科布爾什維克提出的建立緩衝國家的方針都遭到否決，特里亞皮琴等人確定了以尼古拉耶夫斯克和薩哈林州為據點建立「遠東蘇維埃共和國」的方案[8]。

　　同年 3 月 30 日，布爾什維克的影響力逐步增強的濱海州地方自治參事會臨時政

---

[7]　ПСВ. С. 124-127, 143；《日本外交文書——大正九年第一冊下卷》（東京：外務省，1972），頁 773；《西伯利出兵史》（東京：參謀本部，1924），卷 2，頁 901-939、卷 3，頁 890-903；陳拔，〈ニコラエフスクの回想〉，《ロシア史研究》，23（東京，1975），頁 34；原暉之，〈「尼港事件」の諸問題〉，《ロシア史研究》，23（東京，1975），頁 2-17；Гутман А. Я. Гибель Николаевска на Амуре: Страницы из истории гражданской войны на Дальнем Востоке. Берлин, 1924. С. 7, 17, 23-54, 206, 216; Емельянов. Указ. соч. С. 4-6, 15-18; Tne National Archives (further – TNA), FO 371, Vol. 4100 (1919-20), pp. 72-75.

[8]　ИСиКО. С. 389-396；ПСВ. С. 127-133；《西伯利出兵史》（東京：參謀本部，1924），卷 3，頁 815-817；原暉之，〈「尼港事件」の諸問題〉，《ロシア史研究》，23（東京，1975），頁 7；石塚經二，《尼港事件秘錄——アムールのささやき》（涵館：千軒社，1972），頁 103-104。

府宣布，將濱海州、阿穆爾州、薩哈林州以及勘察加州的所有範圍收到其管轄之內，自稱遠東臨時政府。這樣的舉動雖然威脅了遠東地區日本國際政治狀況，但以「尼港事件」而聞名的上述悲劇，從國際政治角度來看成為日本的有利藉口。在 3 月 31 日提出宣言後，日本政府以與西伯利亞有著特殊關係為由，公然宣稱為了使與日本「接壤地區政情安定，消除對鮮滿地區的威脅」以及為了居住在西伯利亞的日本「僑民的生命財產安全穩定」，繼續駐軍西伯利亞。這實際上成為「第二次向西伯利亞出兵」的序幕[9]。

　　4 月 4 日至 5 日，日本派遣軍解除了濱海州俄羅斯部隊的武裝，以武力牽制了「過激派」的進一步進軍。6 日，遠東共和國在上烏金斯克宣布建國後，位於俄羅斯遠東地區的符拉迪沃斯托克、布拉戈維申斯克、上烏金斯克需要調節地區政權間的關係，日本當局對合併濱海、阿穆爾、外貝加爾等遠東三州的政權抱有很大期待，以屯紮著日軍的外貝加爾地區及濱海州的「親日勢力」為槓桿，開始摸索與新成立的緩衝國建立友好關係。作為其中的一環，同月 29 日，符拉迪沃斯托克的「玫瑰色政權」與日本派遣軍之間簽署了保障日方優勢狀況的日俄協定[10]。

　　在民眾憂慮阿穆爾河入海口地區發生的革命主義恐怖活動不斷擴大的時候，在日本陸海軍當局的授意下，4 月 19 日，多門大佐率領的「尼港派遣隊」乘軍艦「三笠」（日本海海戰時為聯合艦隊之旗艦）從小樽出發，前往北薩哈林。同月 21 日晨，先行的碎冰艦「見島」（原為俄羅斯海軍的海防軍艦「Admiral Seniavin 號」）到達了目的地，對登陸地及亞歷山德羅夫斯克革命勢力的規模、市民的警戒程度進行了偵察，在徹底地收集了相關情報的基礎上，將居住在當地的約 30 名日本僑民以看劇為藉口，引導至軍艦上避難。第二天早晨，搭乘「三笠」的 2,000 人的分隊根據事前制定的計劃登陸後，佔領了郵局、電信局及官署等要地，解除了武裝。分隊登陸之前，為了「防止民心的動搖」，在從水上飛機發散的「投降勸告宣言」中說明了登陸目的：「我分隊收到同胞被殺戮的報告，為了確認當地所處狀況而在此登陸，我分隊不會危害俄國人的生命財產」（從尊重日文原文的俄語譯文翻譯——筆者

[9]　Доклады ПОТПП. C. 435；〈我が政府の聲明——撤兵問題に關して〉，《樺太日日新聞》，大正 9 年 4 月 2 日，第 2 面；Пак Б. П. Корейцы в Советской России (1917 – конец 30-х годов). Москва-Иркутск, 1995. C. 54-55.

[10]　В. Р. Правовое положение русских в занятых Японией местностях Сахалинской области （以下為 ППР）. Библиотека «Свободной России» № 16. Владивосток: «Свободная Россия», 1921. C. 11-13; Болдырев В. Г. Директория-Колчак-Интервенты: Воспоминания (Из цикла «Шесть лет» 1917–1922 гг.). Новониколаевск, 1925. C. 324-344; Hoover Institution Archives, Stanford University （以下為 HIA）, V. P. Antonenko Papers, Антоненко В. П. Краткая история смены правительств во Владивостоке. C. 1-8.

注）[11]。

　　在佔領當時，北薩哈林的人口約為 8,000 人，其中俄羅斯人有 5,000 人，原住民有 2,300 人，中國人和朝鮮人合起來大概有 800 多人。而亞歷山德羅夫斯克的人口不足 2,000 人，其中俄羅斯人為 1,300 至 1,400 人左右[12]。據說當初特里亞皮琴等人提出一旦日本部隊登陸俄領薩哈林，馬上將礦山、棧橋及亞歷山德羅夫斯克的大型建築物全部炸毀，殺害監獄中的所有囚犯，要求當地的執行委員會將僑居當地的日本人家屬作為人質，退到森林地區開展游擊戰。但是游擊隊幹部判斷，約 150 人的義勇軍以及剛剛徵集到的 300 至 400 名壯丁的實力無法對抗日本派遣部隊，在日本派遣部隊即將上岸之前就後退到了島的深處。同時，穩健左派的聯立執委會從監獄中釋放了鄂木斯克政權期的活動家。就這樣，「過激派」的當地政權瓦解了，新的統治制度的建立成了燃眉之急的課題。而登陸的日本部隊最初在戰術上是支持市民建立自治體制的活動的。作為臨時行政組織，例如實業家伊萬・彼得羅夫斯基（1887-1935 年以後）等有產階級代表在內的市委員會建立後，亞歷山德羅夫斯克市市會議員選舉的準備工作開始了[13]。

　　日軍參謀本部以上述動態為偽裝，推進了建立傀儡政權的計劃，作為當地政治領導的候選人，與日本部隊一同到達亞歷山德羅夫斯克的原薩哈林州州長、一直流亡於日本的德米特里・格里高里耶夫（1866-1932 年）突然間現身。可是當地的有力市民表示不願意接受以日本的武力和財力為後援的格里戈里耶夫作為領導人，選擇構建協商制的自治體制。「尼港派遣隊」本就對參謀本部的這個操作帶有懷疑，在發現格里高里耶夫作為與英國和比利時具有資本合作關係的俄羅斯遠東工業株式會社的代理人，有著打算排除斯塔赫耶夫商會以及日本資本的想法後，日本海軍決定堅決阻止參謀本部的這個計劃[14]。總而言之，在佔領不久後的一段時間裡，日軍

[11] ИСиКО. С. 396-397；〈亜港上陸と宣言〉，《樺太日日新聞》，大正 9 年 5 月 6 日，第 2 面；ППР. С. 14；Доклады ПОТПП. С. 136；ПСВ. С.137-138.對日軍占領亞歷山德羅夫斯克市的俄羅斯穩健派的看法，可參照 Занятие Александровска // Дело России, № 7, 30.04.1920. С. 1.

[12] 東京大學大學院法學政治學研究科附屬近代日本史料中心收藏，黑木親德文書《樺太と日本との交渉及樺太の住民》，第 1301 號膠捲，頁 531；《大正十三年度北樺太統計表》（薩哈嗹軍政部，1924 年？），頁 13；河合裸石，《薩哈嗹の旅——薩哈嗹州案內》（小樽：いろは堂書店，1922），頁 200、220-221；Козлов. Островная анкета. С. 42, 46-47.

[13] Вишневский Н. В. Отасу: Этнополитические очерки. Изд. 2-ое. Южно-Сахалинск, 2013. С. 28-32；ИСиКО. С. 397；В Александровске на Сахалине // Дело России. 18.06.1920. № 13. Л. 4；《西伯利出兵史》（東京：參謀本部，1924），卷 3，頁 815、824；《北樺太》（薩哈嗹軍政部，1922），頁 91。

[14] Hara, Japan Moves North, pp. 60-61；Вишневский. Указ. соч. С. 32-33；ИСиКО. С. 397-398；На Дальнем Востоке: Сахалинские похождения бывшего губернатора // Новости жизни, 30.05.1920. Л. 2；ПСВ. С. 146；〈樺太に臨

表面上不干涉內政，通過保留當地的俄羅斯行政組織，謀取到盡可能多的利益與權力。直到 5 月中旬為止，斯塔赫耶夫商會所有的洛加塔海角煤礦不但被立即佔領，通過北辰會調查團團員的積極工作，在商會幹部不知情的狀況下，礦山區監督批准了斯塔赫耶夫商會對油田礦區（共 535 個）的試鑽[15]。

　　讓北薩哈林的政治形勢更加複雜化的，是將北薩哈林包含到自身版圖之內的符拉迪沃斯托克地方自治政權的動向。5 月 4 日，薩哈林州行政長官庫拉金率領的 4 名地方自治政權活動家到達亞歷山德羅夫斯克。企望免遭革命迫害的俄屬薩哈林的穩健派雖然多少對這些「不速之客」帶有戒心，但同時也考慮到需要與符拉迪沃斯托克政權構築和諧關係。而另一方面，日本陸軍當初一直堅持欲將北薩哈林從俄羅斯本土分離，建立「獨立政府」的方針[16]。

　　日本陸海軍當局將亞歷山德羅夫斯克作為「尼港派遣隊」的臨時前線基地，從逮捕的原執行委員、以及逮捕後投降的游擊隊員處徹底地進行情報收集後，擬定對薩哈林對岸的佔領作戰計劃。5 月上旬，日方新編制了包括「尼港派遣隊」在內的北部濱海州派遣隊，津野陸軍中將被任命為司令官。5 月 11 日，以浦鹽派遣軍司令官的名義發布的宣言再次主張日本沒有侵害俄羅斯領土的意圖，但是保留性地解釋道尼古拉耶夫斯克事件需要單獨得到解決。同月 13 日，日本救援隊的先遣部隊從亞歷山德羅夫斯出發，開始向德卡斯特里灣移動[17]。

　　5 月中旬，日本陸軍放棄了擁立格里高里耶夫的運動，著手於市會議員選舉的幕後準備工作。同月 17 日，為了對革命勢力的抬頭防患於未然，逮捕了原蘇維埃政權下的執行委員察普科等人（察普科被視為重要情報源，隨後被帶到日本軍艦後失蹤）。通過日方的活動，在同月 20 日進行的選舉中穩健派勢力佔據了大多數，左派勢力的影響被中立化。第二天，符拉迪沃斯托克的地方自治政權代表們在未能登陸

時政府〉，《樺太日日新聞》，大正 9 年 6 月 4 日，第 2 面；〈サモアル〉，《日露實業新報》，6:5（1920 年 5 月），頁 4。

[15] 中里重次，〈北樺太に於ける石油事業の沿革と現狀〉，《燃料協會誌》，11（東京，1932 年 10 月），頁 1455；外務省外交史料館，第 E.4.2.2.2-1 號，〈帝国ノ対露利権問題關係雑件 北樺太石油會社關係〉，2（1928 年 1～12 月），《北樺太石油會社沿革史》，亞洲歷史史料中心，B09040929600，頁 380-381；日本外交史料館，第 1.7.6.4-1 號，《油田利権關係雑件／露國ノ部》第 1 卷，《〈スタヘーエフ〉對北辰會及三菱契約關係 自大正九年七月》，亞洲歷史史料中心，B04011077100，頁 188。

[16] В Александровске на Сахалине // Дело России. 18.06.1920. № 13. Л. 4; ПСВ. С. 139-141, 146；防衛省防衛研究所資料室藏《日獨戰書》第 T3-169-626 號《自大正三年至大正九年戰時書類、卷 176》（亞洲歷史史料中心、C10128416800、頁 1968-1971、1973-1974、1981）。

[17] 《西伯利出兵史》（東京：參謀本部，1924），第 3 卷，頁 807-811、825-826；Доклады ПОТПП. С. 436-437.

的情況下只好踏上歸途，格力高里耶夫也於 22 日離開了亞歷山德羅夫斯克[18]。

　　當然，尼古拉耶夫斯克的革命軍密切關注著日本尼港派遣隊的行動，並把握了部隊登陸北薩哈林的事實。登陸後不久，多門分隊長等人試圖通過無線電和被捕的游擊隊員確認尼古拉耶夫斯克日本居民的安危，據說收到了來自特里亞皮琴「所有人皆存命」的回覆。此外，從亞歷山德羅夫斯克後退下來的 200 多名游擊隊員雖然大部分離開了分隊，但司令官弗明率領的數十人踏過韃靼海峽的冰層安全達到了尼古拉耶夫斯克。就這樣，特里亞皮琴方面收到的「日本人馬上就要攻過來」的情報，導致游擊隊的過激行動進一步升級。據說這是因為在亞歷山德羅夫斯克登陸的日軍在與當地的一般市民談話時，提到過收到「消滅尼古拉耶夫斯克」命令的消息[19]。

　　北部濱海州派遣隊的主幹部隊從德卡斯特里灣上岸後，遠東共和國為了避免與日軍的衝突，命令特里亞皮琴從當地撤退，特里亞皮琴於是開始了「準備撤離工作」。燃燒著革命仇恨的游擊隊殘殺了反布爾什維克政權者和被視為日本協助者的 2,000 多名一般市民以及已被扣留的日本人，將當地及周圍的漁場、漁村毀為廢墟，用船舶堵住了阿穆爾河港灣的水路後，撤退到了大陸後方[20]。6 月 3 日，日軍進入燃燒中的尼古拉耶夫斯克，在佔領當地的同時以北部濱海州派遣部隊司令官的名義散發了宣言書的傳單。傳單中明確表示：「我們來航的目的只有調查我同胞在此犧牲的實情和保護僑居市民」，表明「對不干擾帝國軍隊行動的俄羅斯普通市民及其他居民，不會採取敵對行為」（從俄文翻譯——筆者注）[21]。

---

[18] Hara, Japan Moves North, p. 61; ИСиКО. C. 398-399; В Александровске на Сахалине // Дело России. 18.06.1920. № 13. Л. 4; ПСВ. C. 139-141, 144；防衛省防衛研究所資料室藏《日獨戰書》，第 T3-169-626 號，《自大正三年至大正九年戰時書類，卷 176》（亞洲歷史史料中心，C10128416800，頁 1989-1990）。

[19] 《西伯利出兵史》（東京：參謀本部，1924），卷 3，頁 825；原暉之，〈「尼港事件」の諸問題〉，《ロシア史研究》，23（東京，1975），頁 4；Гутман. Указ. соч. C. 212; ПСВ. C. 124-127, 140; Николаевск-на-Амуре. Страницы истории: Сборник архивных документов об истории развития города Николаевска-на-Амуре. Хабаровск, 2015. C. 234.

[20] 《西伯利出兵史》（參謀本部，1924），卷 3，頁 784-786；〈津野少將と特別任務〉，《樺太日日新聞》，大正 9 年 5 月 9 日，第 2 面；河合裸石，《薩哈嗹の旅——薩哈嗹州案內》（小樽：いろは堂書店，1922），頁 156。

[21] 〈尼港占領廣報〉，《樺太日々新聞》，大正 9 年 6 月 6 日，第 2 面；〈尼港占領詳報〉，《樺太日々新聞》大正 9 年 6 月 10 日，第 2 面；〈非絕、慘絕、尼港內に同胞殘存者無し〉，《樺太日々新聞》，大正 9 年 6 月 11 日，第 3 面；〈奮鬥して全滅〉、〈派遣軍の宣言〉，《樺太日日新聞》，大正 9 年 6 月 13 日，第 2 面；ПНР. C. 15; Доклады ПОТПП. C. 309; Гутман. Указ. соч. C. 238.

三、走向薩哈林州的「保障佔領」

　　1918 年，生活在尼古拉耶夫斯克市有 1 萬 2,200 人，但經歷了 1920 年代前半期的戰爭和恐怖事件後，有 4,000 多名市民慘遭殺害，生存下來的只有三分之二。還有加入游擊隊的、被游擊隊帶走的、得到游擊隊允許後去避難的、以及從游擊隊逃離出來人們，但是在 6 月初左右，當地市內幾乎看不到人影[22]。日軍入侵後，隱身在周圍森林中的人們逐步回到市裡，對此，在免遭破壞的阿穆爾汽船商業公司裡開設了與亞歷山德羅夫斯克相同的外國人辦事處（Канцелярия для иностранцев），對回歸的市民進行了身份調查。在自己的故鄉遭到外國人般待遇的當地市民定是感到相當的不滿。直到 6 月中旬，能夠回來的人們大多回來後，「大致已得到住所」的 2,600 多人接受了調查[23]。

　　佔領後不久，尼古拉耶夫斯克成立了由康斯坦丁·葉梅利亞諾夫率領的市委員會，但是，佔領軍不支持市民的建立自治體制的活動。對佔領軍而言，市委員會的存在對順利進行現狀調查和與接鄰地區自治團體及游擊隊聯絡交涉是有必要的。原彼得羅巴甫洛夫斯克地區法官葉梅利亞諾夫被徵召到革命軍後，從 3 月 20 日開始在特里亞皮琴的分隊參謀部擔任書記助理，4 月 16 日被關進監獄約三周後獲得釋放，並在發生大屠殺期間的 5 月 24 日同妻子一同逃到針葉森林地區，奇蹟般地存活下來。他所留下的有關證言成為阿納托利·古特曼（1889-1950）對事件做出詳細記述的《尼古拉耶夫斯克的滅亡》（柏林，1924 年）的重要參考，之後又以《地獄中的人們》（上海，1940 年）為名單獨出版[24]。

　　雖然自企劃部隊派遣初起，就認識到有必要對被視為日本臣民的當地朝鮮人進行「親日式的指導」，「規誡其狂暴的態度」，但是，與佔領尼古拉耶夫斯克同時開始的調查活動中暴露出來的種種事實，讓日本感到憂慮。首先調查結果表明，許多朝鮮人和中國人直接參與了針對日本人和俄羅斯市民的屠殺。攻擊尼古拉耶夫斯

[22] 河合裸石，《薩哈嗹の旅——薩哈嗹州案內》（いろは堂書店，1922），頁 100；《西伯利出兵史》（東京：參謀本部，1924），卷 3，頁 858、860、864-865、876-877；Гутман.Указ. соч. С. 83, 103-104.

[23] 《西伯利出兵史》（東京：參謀本部，1924），卷 3，頁 877；〈尼港郊外の朝鮮部落から重大なる秘密を蔵めるらしき石川少佐の軍服と二兵士の虐殺死体発見さる——外人取扱所の活動から〉，《樺太日日新聞》，大正 9 年 7 月 10 日，第 3 面; Емельянов. Указ. соч. С. 88; Дело России, № 16, 10.07.1920. С. 4；原暉之，〈「尼港事件」の諸問題〉，《ロシア史研究》，23（東京，1975），頁 3。

[24] Гутман. Указ. соч. С. 15, 21, 41, 44, 106-107, 152, 257-259; Емельянов К. Указ. соч. С. 8, 66, 72-73；《西伯利出兵史》（東京：參謀本部，1924），第 3 卷，頁 913。

克的游擊部隊中原來就有不少中國勞工身份的傭兵，包圍戰過程中，中國士兵的數量越發增多。其次，游擊隊佔領該市後，特里亞皮琴等人與當地的朝鮮獨立運動家組織正式建立了「同盟關係」，新組建了以朴秉吉（朴・瓦西里）為司令官的 380 多人的朝鮮人部隊。這導致在 3 月 12 日超過 4,300 人的「紅軍部隊」中，中國人組成的工兵隊有 1,000 多人，朝鮮志願兵有 500 多人，游擊部隊中三人裡就有一人是屬於所謂國際聯盟的士兵。此後，隨著對市民的橫行屠殺，游擊隊內部出現了對指揮部的不滿，但是此時由中國人和朝鮮人組成的國際部隊擔任著特里亞皮琴的「近衛隊」。據悉進入 5 月後，監獄裡的警衛和實行死刑的大多數是朝鮮人和中國人。不難想像，作為游擊隊的協助者而被日軍逮捕的朝鮮人和中國人的命運是悲慘的。例如，在佔領軍進行了「深入調查」的地區之一、坐落於該市以北一里距離的洛加村（Nakka），就有曾經加入游擊隊的朝鮮人「閉口裝作良民」地生活在那裡[25]。此外，日本陸軍當局在調查後發現，中國商人曾為游擊隊提供物資，其中包括了中國的炮艦，中國領事館對游擊隊也表現了極為合作的態度。中國炮艦的問題成為影響 1920 年日中關係的重要案件，朝鮮人的參與問題也使朝鮮獨立運動受到更強烈的鎮壓[26]。

　　很顯然，特里亞皮琴將尼古拉耶夫斯克和周圍的漁村化為廢墟的作法，無非是為了不留給佔領軍可以依靠的居民和具有利用價值的設備及資源的焦土政策[27]。但

---

[25] 《西伯利出兵史》（東京：參謀本部，1924），卷3，頁853、891-892、895；〈奇怪なる報道〉，《樺太日日新聞》，大正 9 年 6 月 29 日，第 2 面；〈尼港郊外の朝鮮部落から重大なる秘密を蔵めるらしき石川少佐の軍服と二兵士の虐殺死体発見さる〉，《樺太日日新聞》，大正 9 年 7 月 10 日，第 3 面；石塚經二，《尼港事件秘錄──アムールのささやき》（函館：千軒社，1972），頁 246-247；Гутман А. Я. Указ. Соч. С. 19, 24, 31, 119-122, 212, 229-230, 232, 234; 和田著前述著作，第 11-12 頁；原暉之，〈「尼港事件」の諸問題〉，《ロシア史研究》，23（東京，1975），頁 10-12；伊藤秀一，〈ニコラエフスク事件と中国砲艦〉，《ロシア史研究》，23（東京，1975），頁 29-30；麻田雅文，《シベリア出兵──近代日本の忘れられた七年戦争》（東京：中公新書，2016），頁 157-159；Ким М. Т. Корейские интернационалисты в борьбе за власть Советов на Дальнем Востоке (1918-1922). М.: Наука, 1979. С. 120-121, 132-133; Пак. Указ. соч. С. 54-57.

[26] 《日本外交文書──大正九年第一冊下卷》（東京：外務省，1972），頁 773-774；《中華民國外交史資料選編：1919-1931》（北京：北京大學出版社，1985），頁 86-98；《西伯利亞出兵史》（東京：外務省），第 3 卷，第 919-920 頁；石塚經二著前述著作，頁 246-247；陳拔著〈ニコラエフスクの回想〉，收錄於《ロシア史研究》第 23 號（東京，1975 年），頁 34-36；Гутман. Указ. соч. С. 19, 24, 30, 116-120; Погребецкий А. И. Денежное обращение и денежные знаки Дальнего Востока за период войны и революции (1914–1924). Харбин, 1924. С. 164. 1920 年 2 月至同年 5 月期間，由於中蘇關係處於蜜月期，北京政府甚至有意廢除日中同盟關係。相關內容請參照 Хейфец А. Н. Советская Россия и сопредельные страны Востока в годы Гражданской войны (1918–1920). М.: Наука, 1964. С. 376-398。

[27] ПСВ. С. 148-159; Гутман. Указ. соч. С. 227；《西伯利出兵史》（東京，參謀本部，1924），卷3，頁858-859。

是，在幾日之間完全摧毀這座城市終究還是不可能的。意味深長的是，正如特里亞皮琴預想的那樣，入侵的日軍立刻設置了繳收物整理委員，開始收集可繼續利用的器材、設備、材料和資源等[28]。結果，港口的設備與工具、船支及貨船、鋼鐵材料以及殘留在倉庫中的糧食等都被日軍收繳[29]。令存活下來的俄羅斯市民們沒有料到的是，日方根本沒有打算致力於被燒毀城市的重建，對建立市民救助體制也極為消極。在這種狀況下，奇蹟般存活下來而回到市內的大半俄羅斯避難民眾，幾乎看不到重建生活的希望，只好背井離鄉。直到 6 月底為止，大約有 1,150 名俄羅斯市民大致被分為兩半分別被「送回」哈巴洛夫斯克和符拉迪沃斯托克，之後其中的多數人轉向了哈爾濱。到 9 月末止，總共有 6,000 多名俄羅斯市民、中國人和朝鮮人被送回「本土」。對於留在尼古拉耶夫斯克市的俄羅斯市民提出的政治、經濟、社會方面的要求及人權問題，佔領軍採取了完全無視的態度[30]。

6 月底，派遣隊決定暫時撤離，將對岸的北薩哈林作為 1920 年的冬季營地，同時，確定了對薩哈林州的保障佔領方針[31]。在 7 月 3 日最終發表的宣言中對有關「佔領薩哈嗹州」有如下說明：「今年 3 月 12 日以來至 5 月末，在尼古拉耶夫斯克港口，帝國守衛隊、領事館館員以及僑居臣民等共約 700 餘名，不論男女老幼，遭到過激派的殘殺。帝國政府面臨這種慘狀，為了保持國家威信，不得不採取必要措施。然而眼下沒有能夠進行實際交涉的政府，依此不得已狀況，在建立了正當政府，使本事件得到滿意的解決之前，必須佔領薩哈嗹州內的必要地點」[32]。毫無疑問，且不論尼古拉耶夫斯克事件，日軍對薩哈林州的佔領在遠東俄羅斯引起了眾多反感，使反布爾什維克各勢力內「親日派」的立場變得更加困難。

飽受革命與內戰的動蕩和經濟問題所困擾的薩哈林州穩健派居民最初視日軍為解放者，表示了合作的態度，但僅僅救援隊的登陸並沒能解決他們的問題。大多數市民反而直接受到「出兵薩哈林州」的負面影響。特別是在 4 月下旬以後的作

[28] 《西伯利出兵史》（東京，參謀本部，1924），卷 3，頁 878-880。

[29] Доклады ПОТПП. C. 249-253, 312-320; Николаевское «правительство» // Новости жизни, 25.09.1920, № 203. C. 3; 《西伯利出兵史》（東京，參謀本部，1924），卷 3，頁 888-889、912-913；Гутман А. Я. Указ. соч. C. 152-153.

[30] Погребецкий. Указ. соч. C. 165-173；《西伯利出兵史》（東京，參謀本部，1924），卷 3，頁 888-890、919；Гутман. Указ. соч. C. 152-153; Дело России, № 16, 10.07.1920. C. 4; H. Амурский. У николаевских беженцев // Дело России, № 17-18, 16.07.1920, 24.07.1920；河合裸石，《薩哈嗹の旅──薩哈嗹州案內》（小樽：いろは堂書店，1922），頁 99-100。

[31] 《西伯利出兵史》（東京：參謀本部，1924），卷 3，頁 790-802、905-912。

[32] 《北樺太佔領ニ關スル経緯及占領後ノ狀況》（東京：參謀本部編，1924 年），頁 24；《日本外交文書──大正九年第一冊下卷》（東京：外務省，1972 年），頁 796；Доклады ПОТПП. C. 437-438.

戰中，由於通往「俄羅斯本土」的交通和聯絡方式被打斷，生活必需品無法運送到北薩哈林，導致物價的急劇高漲，居民陷入饑荒[33]。並且，日本派遣部隊所發布的宣言與現實也日益背離。進入 6 月後，佔領統治進一步加強，左派活動家受到鎮壓，電信與無線電信被禁止使用，物資被收繳，島內移動受到了限制（通行證制），電話線被禁止利用，各種審查、對形跡可疑者的監視及對市民的暴力和掠奪行為接連發生。被選為市長的彼得羅夫斯基和市會等團體中的「親日派」被迫成為佔領軍的掩護，不得不仰仗佔領軍的鼻息。於同月底到達當地的《樺太日日新聞》特派員也曾報告稱，市中籠罩著的「不自然的寧靜」，是由日本守衛隊靠刺刀維護著的[34]。

自派遣部隊登陸之日起，由於施政方針的原則是「否定並排除佔領地區內的其他權力勢力」，因此必須打斷北薩哈林與俄羅斯其他地區，特別是與符拉迪沃斯托克的遠東臨時政府的聯繫。已被解除武裝的符拉迪沃斯托克政權敦促遠東人民大會議員早日舉行選舉，在 7 月 3 日薩哈林州保障佔領的相關宣言發布前夕，5 名北薩哈林的代表欲前往符拉迪沃斯托克，卻遭到日方阻止。另外同月 5 日，符拉迪沃斯托克臨時政府的兩名代表到達亞歷山德羅夫斯克，但在上岸數小時後就被輪船送返符拉迪沃斯托克。另外，關於保障佔領宣言，其內容主要是面向國際社會的文字，在一段時間裡都沒有向亞歷山德羅夫斯克的市民公開[35]。

四、軍政的導入和當地俄羅斯人社會

7 月 14 日，薩哈林州的市民得到了日本軍政將從同月 25 日開始介入州政府的通知，居住在官營、公營設施的人們被要求搬出居住地，佔領地範圍內的公有財產被收繳。作為統治佔領地的行政機關，在派遣軍司令部下設置了軍政部。自同月 21 日起，未經憲兵當局許可，不允許登載廣告、召開會議、舉行演講會及公開演出等活動。25 日，官方以適用於宿營的官營建築物數量不足為由，宣布臨時徵收一部分市民所有的住宅，並呼籲市民不要離開薩哈林[36]。

---

[33] В Александровске на Сахалине // Дело России. 18.06.1920. № 13. Л. 4; ПСВ. С. 148-158.

[34] ПСВ. С. 148-158；河合裸石，《薩哈嗹の旅──薩哈嗹州案內》（小樽：いろは堂書店，1922），頁 33-35；關築東，〈最近の亜歴山港（上）〉，《樺太日日新聞》，大正 9 年 7 月 11 日，第 2 面。

[35] ПСВ. С. 148-155；《西伯利出兵史》（東京：參謀本部，1924），卷 3，頁 924；外交史料館，第 1.7.6.4-1 號，《油田利權關係雜件──露國ノ部》第一卷，《「スタヘーエフ」対北辰會及三菱契約關係 自大正九年七月》（亞洲歷史資料中心，B04011076900）。

[36] ПСВ. С. 148-159；〈薩哈嗹州に愈軍政を布くに決定〉，《樺太日日新聞》，大正 9 年 7 月 14 日，第 2 面。

薩哈林州的土地和財產被日本人佔領，開始出現廢止俄羅斯行政制度的動向後，擁有北薩哈林利權的俄羅斯資本家為了牽制日方的「侵略性行動」，試圖將北薩哈林的煤炭開採事業國際化。7 月中旬，地方自治政權為了嘗試通過拍賣把封鎖地帶的煤田讓渡給英美商人，決定組建專門審議此問題的特別委員會。這是由布納瑞商會的所有人、經營著北薩哈林皮里沃煤礦的工商大臣礦山工程師鮑里斯・布納瑞（1889-1948）推進的，並獲得斯塔赫耶夫商會支持。

曾在斯塔赫耶夫商會負責北薩哈林地下資源的引航員、原俄羅斯工商部地質學委員會的礦山工程師彼得・鮑立維（1873-1938），將「英國人在為獲得讓渡而盡力」的消息傳達給久原公司駐符拉迪沃斯托克代表小西增太郎（1862-1940）。在北薩哈林被佔領時，在北薩哈林為斯塔赫耶夫商會和北辰會進行地質學調查的鮑立維同家人一起生活在亞歷山德羅夫斯克，他在同年 5 月還在為亞歷山德羅夫斯克市議員選舉做準備，6 月上旬為了與地方自治政權溝通意見，經由日本前往符拉迪沃斯托克，成為久原公司十分重要的情報來源。由於鮑立維同家人一起居住的亞歷山德羅夫斯克的住宅也被佔領軍徵收，於是他向久原公司求助，乘坐義勇艦隊的船隻匆忙回到了當地。而感受到威脅的小西等人向久原公司的幹部和浦鹽派遣軍的幹部做了工作，為了不讓符拉迪沃斯托克政權「過問樺太」，要求迅速向有關部門施加壓力的同時，請求放逐符拉迪沃斯托克政權的兩個代表離開北薩哈林。從日本資本的角度來看，在北薩哈林的處分結束之前，不讓第三者獲得當地的利權確實是一個「良策」[37]。延續這一動向，被任命為薩哈嗹州派遣軍司令官的原朝鮮駐箚憲兵隊司令官兼朝鮮總督府警務總長兒島惣次郎陸軍中將於 8 月 2 日發布宣告，稱上溯到 7 月 3 日以後，俄羅斯的行政權力已在薩哈林州內無效，有關天然資源調查的所有法令、指令也已失效，既得權需要通過新的調查後方被認可[38]。

如上所述，直到 8 月上旬之前，由於引進了軍政的統治，俄羅斯市民的整個生活受到了嚴格的限制。留在北薩哈林的俄羅斯市民陷入更大困境，在他們準備離開該島的時候，多門大佐與彼得羅夫斯基市長於 8 月 10 日聯名向市民呼籲，徵收個人所有的建築物是臨時性的舉措，並強調最晚將在第二年春天還給市民。文中還稱俄羅斯市民不會受到來自日本人的任何壓迫和損害，請求人們取消回到大陸的計劃。

---

[37] 外交史料館，第 1.7.6.4-1 號，《油田利權關係雜件──露國ノ部》第一卷，《「スタヘーエフ」対北辰會及三菱契約關係 自大正九年七月》（亞洲歷史史料中心，B04011076900）；Владивостокское правительство и Сахалин // Дело России, № 14, 24.06.1920. С. 4.

[38] ПСВ. С. 148; Положение на Сахалине // Новости жизни, 10.09.1920, № 192. С. 2. 另外請參考《日本外交文書──大正 9 年 第 1 冊 下卷》（東京：外務省），頁 809-812。

這樣一來，在未得到佔領軍許可的情況下前往大陸的行為實際上已不可能，留給市民們的只有在冰凍期通過韃靼海峽的冰上逃亡的選擇[39]。

當然，對尼古拉耶夫斯克產生決定性影響的是漁業的問題。7月24日，剛剛從特里亞皮琴分隊手中解放出來的尼古拉耶夫斯克，在俄羅斯漁業家們事實上無法參加的情況下，舉行了 1920 年度的阿穆爾河河口流域與該海灣漁區的競賣活動。結果，以往由俄羅斯人掌控的 42 個漁區全部被 19 日乘坐日本軍艦到達當地的漁業家獲得，還違反日俄漁業協定有關條款，以前由當地的俄羅斯農民和先住民利用的、位於尼古拉耶夫斯克市周圍的阿穆爾河下游流域的漁區和保護地區，以及被規定為保護區域的海灣水域（伍德和利雅格的兩個島嶼）也都被分給了日本的漁業家[40]。就這樣，日本漁業家雖然在 1920 年的夏天已經獲得對「尼港事件」的相應補償，但得知陸海軍將在冰凍期前夕撤退的決定後又感到十分憤慨[41]。

毋庸置疑，對倖存下來的尼古拉耶夫斯克市民來講，也難以接受日軍的撤退。這是因為，此政策是在阿穆爾河下游流域的自治體制還沒有得到重建的時候實施的。也就是說，要重建被破壞了的尼古拉耶夫斯克的自治體制，首先必須確保財源，而日本當局在這方面卻採取了完全不合作的態度。以自治體制的復興為目標的薩哈林州議員大會雖然在派遣軍的許可下，於 1920 年 8 月 15 日至 23 日在尼古拉耶夫斯克得以召開，但是日軍麻痺了大會進程，無視了大會有關漁業的意見和要求。尼古拉耶夫斯克所有得以保存下來的可利用資源都被日軍帶走，他們不但將這些資源作為戰利品帶回，俄方還不被允許行使課稅的權限。這樣的行為在一部分俄羅斯市民眼中看來無異於掠奪，是特里亞皮琴毀滅該市後的又一個「災難」。1920 年 9 月 10 日，當地俄羅斯市民將憂慮的狀況寫成書信，以薩哈林州議員大會代表葉梅利亞諾夫的名義送到派遣軍外事部長處。書信以外交式的口吻警告道：如果日本不向市民提供相應的支援，說明俄羅斯市民在佔領體制下所擁有的權利，並對收繳國

---

[39] Доклады ПОТПП. С. 310; ПСВ. С. 152, 156-157, 159.

[40] Доклады ПОТПП. С. 249-253, 312-320; Дело России, № 30, декабрь 1920 г. С. 5-10; Дело России, № 27, 15.10.1920. С. 7-9; Дело России, № 28, 22.10.1920. С. 6-7; Н. Амурский. Погибшая область // Дело России, № 23, 07.09.1920. С. 25-26; Николаевское «правительство» // Новости жизни, 25.09.1920, № 203. С. 3;《西伯利出兵史》（東京：參謀本部，1924），卷 3，頁 910-911；河合裸石，《薩哈嗹の旅——薩哈嗹州案內》（小樽：いろは堂書店，1922），頁 188-194。關於當時發生在阿穆爾河下游流域以及阿穆爾河海灣的漁業鬥爭的性質，請參考原暉之，〈「尼港事件」の諸問題〉，《ロシア史研究》，23（1975），頁 9-10。

[41] 例如《西伯利出兵史》（參謀本部，1924），卷3，頁910-911；〈尼港派遣軍冬營を主張す〉，刊登於《日露實業新報》第 6 卷第 7 號（1920 年 7 月），頁 3；河合裸石，《薩哈嗹の旅——薩哈嗹州案內》（いろは堂書店，1922），頁 121-123。

家、公共及私有財產的理由做出解釋，那麼反日的氣勢將會進一步擴大[42]。導入軍政被人民革命法院認定有罪，但那是在 7 月 9 日對特里亞皮琴執行死刑之後做出的判決，所以對俄羅斯市民而言，其正當性變得更加令人懷疑。

　　8 月 20 日，到達薩哈林的兒島司令官宣告了軍政的開始。在發表的告示中強調，設置於亞歷山德羅夫斯克的薩哈嗹州派遣軍司令部的目的在於「統一民政，保持民眾生活的安寧，推進民眾的福祉」，同時「盡量尊重以往的法規和習慣」。同月 25 日，以彼得羅夫斯基市長為首的當地俄羅斯統治機關的各長官被傳喚到軍政部，被迫在宣布佔領宣言發布後俄羅斯行政權失效的文件上簽了名。但是，由於前往大陸的道路被阻斷，在沒有工資支付的狀況下，他們還不得不繼續著管理文件等業務。此外，同月 26 日，根據軍政長官剛剛任命的同軍參謀長津島陸軍少將的第 1 號公告，在 7 月 3 日佔領宣言公布以後，宣告俄羅斯官吏的行政權被廢止，由俄羅斯行政部門所下達的處分失效，即使從俄羅斯的官憲獲得了某種權利，也有必要在 7 天之內向軍政部申告，此外也禁止通過買賣來轉移權利[43]。日方擔心的是，從 4 月末到 8 月中旬，經濟方面的一部分利權是否已轉讓給外國人。

　　軍政體制下的法律基礎制度自 8 月底得到了積極整備，軍政當局開始著手法律條規的編製，在同年 10 月末之前共發布了 28 件派遣軍令及 9 件軍政部令。8 月 30 日頒布了適用於日本臣民以外人民的軍律（薩軍令第 4 號）和刑事令（同前第 5 號），規定了認為對派遣軍有害的所有罪行之範圍，以及處以軍罰的種類（死刑、監禁、罰款、開除、沒收）等。此外，根據同日發出的派遣軍令第 7 號，廢止了以前的俄羅斯司法制度，決定基於日本法律的民事刑事審判由派遣軍法律部所屬的軍事法官一個人進行判決，並且不允許提出不服。同日還發布了判處 30 日以下監禁到 50 日元以下罰款以及處以沒收等軍令違反罪，不用通過正式的審判，由憲兵機關的各長官當即決定即可的「刑事即決令」（第 8 號）。此外，根據僑居者管理規則（第 15 號），開始對「有可能破壞公安風俗」的俄羅斯市民適用 1 年以上 3 年以下禁止居住的規定，又根據派遣軍令第 16 號，所有有意進入「民政地區」的包括俄羅斯人在內的外國人必須出示具有日本外交機關發行簽證的護照。此外，由於北

[42] Доклады ПОТПП. С. 249-253, 312-320; Дело России, № 30, декабрь 1920 г. С. 5-10; Дело России, № 27, 15.10.1920. С. 7-9; Дело России, № 28, 22.10.1920. С. 6-7; Н. Амурский. Погибшая область // Дело России, № 23, 07.09.1920. С. 25-26; Николаевское «правительство» // Новости жизни, 25.09.1920, № 203. С. 3;《西伯利出兵史》（東京：參謀本部，1924），卷 3，頁 912-913；Гутман. Указ. соч. С. 152-153.

[43] Доклады ПОТПП. С. 310-311;〈北樺太軍発令一括〉,《日露実業新報》, 6：11（1920 年 11 月），頁 51；Японцы на Сахалине // Новости жизни, 26.09.1920, № 204. С. 2.

薩哈林地下資源豐富，第二天31日公布了第19號礦業管理令，此令決定（1）停止辦理探礦許可、礦區許可等的申請手續；（2）禁止既得礦業權利的委讓和轉讓；（3）擁有既得權者必須在10月31日前向日本當局報告；（4）只有已經取得採礦權者且還在經營中的企業家才可以繼續經營活動；（5）軍政部長在需要時可以限制、禁止既得礦業權[44]。

如上所述，這種軍事法制完全無視了俄羅斯市民的人權、市民權、經濟權，9月以後，上述法律決議再次延長、擴大，市民原本能夠自由參加的政治、社會、經濟等各種活動全部被禁止。其中具有代表性的是，同月12日派遣軍發布的與當地團體規則相關的第13號軍令中將「民政地域」的定位為「日本」。同月17日發布的犯罪管理規則（第24號）禁止了所有帶有政治色彩的活動，不僅是肇事者和同謀，包括具有犯罪意識的全部市民都將被視為處罰的對象。此外，根據25日發布的派遣軍令第25號，與自治制度相關的舊俄羅斯法令被完全廢止，取而代之的是在所有市町村設置「長老」（總代相談役）這個無酬的名譽官職，負責向居民傳遞軍政部的指令等，執行軍政部和憲兵機關的委託事宜。另外，在軍政部指定的市町村中，在長老之下設置協議會。生活於同時代的日本人也承認，基於此類法規的軍政呈現出「純粹的日本殖民地統治之觀」[45]。有俄羅斯評論家對此譴責道，在不存在戰爭狀態的情況下制定「視為流放地的制度」，輕視了人們的私有權，否定了經濟活動、移動和集會的自由，酷似蘇俄的政治體制[46]。

薩哈林州原本的中心尼古拉耶夫斯克所處的狀況稍有不同。9月末，日方為保護主要建築物而選定了當地代表者、完成了諜報人員配置、處理掉捕獲的輪船、處分了自衛隊的領導和犯人後，將部隊撤出了當地。同月28日舉辦了市民代表選舉後，成立了由曾任尼古拉耶夫斯克市民漁業組合副會長保羅・埃波夫（1884-1935）牽頭的協議會，並與日軍締結契約，規定協議會負責保存市內的兵營等建築物和港口內輪船，為了維持治安，日軍承擔必要的經費，從繳收的武器中提供若干步槍和彈藥（共65支），對其工作進行全面協助。協議會須向駐在亞歷山德羅夫斯克的司令官至少每個月上交一次報告書，並不得不將逮捕、監禁的犯人轉交給日軍。若

---

[44] Доклады ПОТПП. С. 310-311; ППР. С. 22-56；〈北樺太軍発令一括〉，《日露実業新報》6：11（1920年11月），頁51；外務省外交史料館，第E.4.2.2.2-1號，《帝国ノ対露利権問題關係雑件 北樺太石油会社關係》，2（1928年1～12月），《北樺太石油会社沿革史》（亞洲歷史史料中心，B09040929600、382-383枚目）；河合裸石，《薩哈嗹の旅──薩哈嗹州案內》（小樽：いろは堂書店，1922），頁165-166。

[45] ППР. С. 57-58；《保障占領中ノ北樺太ト引揚前後ノ事情》，（北樺太日本人會編，1927），頁2-3。

[46] Доклады ПОТПП. С. 439-443; ППР. С. 25, 46-47.

協議會任務完成得好，日軍約定在第二年支付報酬。9 月 29 日，以阿爾卡迪・馬克耶夫為首、對日本派遣軍而言「不得不需要的」共 33 名俄羅斯人協助者乘坐陸軍貨船被送往亞歷山德羅夫斯克[47]。他們背後的尼古拉耶夫斯克，當時只剩下 700 多名居民，其中大約一半是中國人和朝鮮人[48]。

結論

　　本論文根據俄羅斯人的經歷與記憶，分析了尼古拉耶夫斯克事件以及因而發生的薩哈林州保障佔領一事。這段歷史給東北亞各國的人們帶來許多啟示。東北亞的人們在其近代史中，都經歷了「亡國」、「被佔領」和「革命」。尼古拉耶夫斯克事件和對薩哈林州的保障佔領正是以東北亞的「俄羅斯地區」為舞臺的這種經歷的象徵性事件，同時，通過它們還能看到東北亞近現代史的縮影。

　　形成當今世界地圖中東北亞地區輪廓的主要原因在於第二次世界大戰結束不久後大日本帝國的毀滅。從這一觀點出發，上述事件明示了該地區獨有的帝國空間之存在方式和軍國主義本質，以及近代民族主義和革命主義的擴大。在尼古拉耶夫斯克代表帝國時代「加害者」的日軍以及「原統治階級」的俄羅斯人，第一次成為「赤化」了的俄羅斯人、中國人和朝鮮人等「底層社會成員」的「犧牲」品，導致日本帝國對蘇聯、中國和朝鮮解放運動提出了嚴厲的清算要求。首先作為對俄的報復，日本完全解除了濱海州俄羅斯部隊的武裝，又以尼古拉耶夫斯克屬於薩哈林州為由，佔領了阿穆爾河下游流域和北薩哈林。其次，日本通過強硬的外交手段，令中國的北京政府謝罪，處罰責任者，並支付賠償。第三，日本強化了對朝鮮人獨立運動的鎮壓，同年出兵間島。尼古拉耶夫斯克事件導致日本軍國主義進一步僵化，成為日本史上的重要分水嶺，可以說當時未得到解決的諸多問題一直持續到了第二次世界大戰時期，並不斷重演。在這個過程裡，日本國民從鄰國各國人民所憎恨的政治體制裡雖然受到了不少恩惠，同時卻也成為這個體制的犧牲品和「人質」。

　　從 1920 年 4 月開始進行的日本「第二次對俄干涉」，一方面是對要統合俄屬遠東地區的俄羅斯政府要求補償，另一方面實際上也是為了提早同布爾什維克政權進行外交談判的手段。這個行為完全無視了不接受革命專政統治的「反革命派」等俄

---

[47] 《西伯利出兵史》（東京：參謀本部，1924），卷 3，頁 933-937。

[48] 〈北樺太と尼港の產業〉，《大阪市商工時報》，33（1921 年 12 月），頁 57。

羅斯國民的立場，只會助長俄國國內的反日情緒，促進遠東地區進一步布爾什維克化。結果，導致長期期待日本帝國人道支援的多數俄羅斯親日派和知日派不得不改變了對日本的看法[49]。特里亞皮琴的恐怖活動使阿穆爾河下游流域近乎全滅，使居住在那裡的普通俄羅斯市民不得不背井離鄉，而北薩哈林地區的市民也不得不生活在佔領體制下。除此之外，州內一部分思想穩健的市民被殘酷的革命主義恐怖活動和日本的利己式軍國主義夾在中間，不得不選擇與日方合作。那裡呈現的，是夢想著與革命專政不同的俄羅斯未來的「流亡俄羅斯人」的悲劇。

　　許多中國人和朝鮮人支援特里亞皮琴建立的短命的無政府主義獨裁政權，參與了尼古拉耶夫斯克大屠殺的事實，無疑是此事件的一個重要特徵。俄羅斯革命受到這些外部因素的影響，將「被剝削」的各民族和各階級的不滿及破壞性能量轉向俄羅斯人的「大國主義」和其他「帝國主義」。中國人和朝鮮人加入游擊隊也是尼古拉耶夫斯克事件的誘因之一，中國人和朝鮮人所懷的對日負面情感，使得對「帝國主義日本」的革命憎惡倍增。對俄羅斯革命運動中中國人和朝鮮人扮演的角色還有待進一步研究，但是，夢想著民族解放的朝鮮人及中國人與不少「過激派」俄羅斯人一起在這場革命大屠殺中玷污了雙手的事實，也是我們應該記住的現代東北亞史上的一個負面插曲。

---

[49] 例如可參考以下史料。Занятие Александровска // Дело России, № 7, 30.04.1920. С. 1; Пути японской политики в русском вопросе // Дело России, № 17, 16.07.1920. С. 2; HIA, Mikhail Mikhailovich Kostenko Papers, box 1, folder 2, Kostenko to Merkulov, 18.10.1921; Mikhail Nikolaevich Girs Papers, box 25, folder 4, Г.А. Крамаренко. Япония и ее политика на Дальнем Востоке, ноябрь 1920 г.

第二十二章
清朝門戶開放後俄國的茶葉貿易
——以恰克圖、漢口的流通為例

森永貴子

（單荷君　譯）

序

　　茶葉是 19 世紀俄清貿易中最重要的商品之一，茶葉的消費與俄國社會的生活文化、工業化密切關聯。俄國的氣候不適宜栽培茶葉，因此需從中國進口，清朝對歐洲各國門戶開放後，俄國商人也加入茶葉貿易中。18 世紀以後，他們的活動據點在俄清邊境沿線的恰克圖和買賣城，19 世紀中葉之後清朝的商業都市漢口（現武漢市）也加入其中。

　　近年來在流通史與文化史的領域，「茶葉的歷史」研究相當興盛。以香辛料、砂糖、咖啡為首的食品、嗜好品作為重要商品，其歷史在經濟史研究領域一直備受矚目。而且隨著全球史的興起，與這些商品相關聯的國家、地區、城市以及越境活動的商人、擔任運輸和流通的人們也開始得到關注。上世紀的全球史研究的經典、I. 華勒斯坦的《近代世界體系》主要論述了 16 世紀以後歐洲國際商業的擴大，並試圖說明現代世界中霸權國家、中堅國家、從屬地區的經濟結構[1]。此後興起了各種各樣的全球史研究，以荷蘭、英國、美國等近代霸權國家為對象的經濟史研究、以大西洋、太平洋、印度洋等海域史為對象的研究等，現在也依舊在進行[2]。但

---

[1] 此書最早於 1974 年刊行。Immanuel Maurice Wallerstein, *The Modern World-System: Capitalist Agriculture and the European World-Economy in the Sixteenth Century*, Academic Press, 1974. （日文版：I. Wallerstein 著，川北稔譯，《近代世界システム〈1〉農業資本主義と「ヨーロッパ世界経済」の成立》，岩波書店，2006 年。）

[2] 比如：Jan de Vries, Ad van der Woude 著，大西吉之、杉浦未樹譯，《最初の近代経済——オランダ経済の成功・失敗と持続力 1500-1815》（名古屋大學出版會，2009 年，原著：Jan de Vries, Ad van der Woude, *The First Modern Economy, Success, failure, and perseverance of the Dutch economy, 1500-1815*, Cambridge University Press, 1997）；Bernard Bailyn 著，和田光宏譯，《大西洋史》（名古屋大學出版會，2007 年，原著：Bernard

「近代世界體系論」也被批判是「歐洲中心主義的 Euro-centric」，21 世紀以來開始出現了以亞洲、拉美等國家與地域為視角的考察[3]。此外，彭慕蘭關注到歐洲在制度與社會構造上非常相似，卻在 17 世紀以後成為「截然不同的世界」的原因，並以中國、英國、法國、德國為主要對象，比較分析了經濟、制度等個別的問題[4]。日本也從日本史、東洋史等角度重新研究、重新認識世界史／全球史[5]。

　　本文的主題「茶葉貿易」的歷史，和全球史的研究有著密切的關係。在迄今為止的研究中，茶葉被視為反映英國與亞洲間經濟關係的好素材，與英國的官方／非官方帝國的政治、經濟、社會和文化等相關聯，涉及很多領域的歷史。比如 17-18 世紀在英國逐漸普及的咖啡屋、新聞媒體、產業革命、美國獨立戰爭，19 世紀的英國、印度與中國之間的三角貿易。先行研究中有關「茶葉的歷史」，以中國、日本或是「英國以及英國東印度公司的茶葉貿易史」為中心，是以「國家」、「國民文化」的形成和發展這一視角為前提的。其中英國茶葉貿易史和「歐洲視角的世界史」猶如互為表裡，現在依舊是熱門的課題。比如波士頓茶葉事件和美國獨立戰爭其背景就是 17-18 世紀荷蘭和英國殖民者把喝茶的習慣普及到美國社會，而英國東印度公司的茶葉進出口特權以及課稅刺激了殖民地的「愛國心」[6]。已故的日本英

Bailyn, *Atlantic History,* Harvard University Press, 2005）關於大西洋史的研究著作還出版了很多；David Armitage &Alison Bashford, *Pacific Histories: Ocean, Land, People,* Red Globe Press, 2013。全球史的研究近年來有許多積累，由於本論文主題不在於概述研究史，因此從略。

[3] A.G. Frank 可以說是批判華勒斯坦的代表人物。Andre Gunder Frank, *ReORIENT: Global Economy in the Asian Age,* University of California Press, 1998。（日文版：Andre Gunder Frank 著，山下範久譯，《リオリエント》，藤原書店，2000 年）

[4] 比如彭慕蘭 2000 年出版的《大分流》在當時的經濟史研究中一石激起千層浪，在日本也引發了討論。Kenneth Pomeranz, *The Great Divergence: China, Europe, and the Making of the Modern World Economy,* Princeton University Press, 2000。（日文版：Kenneth Pomeranz 著，川北稔譯，《大分岐──中国、ヨーロッパ、そして近代世界経済の形成》，名古屋大學出版會，2015 年）

[5] 以亞洲史研究視點出發，考察海域史與廣域經濟史的有以下論文集：籠谷直人・脇村孝平編，《帝国とアジア・ネットワーク──長期の 19 世紀》，世界思想社，2009 年；波斯史的研究專家羽田正以東大的東洋文化研究所為據點，身為研究計畫代表，主持了「歐亞的現代與新世界史敘述」（2010-2014 年度）、「新世界史／全球史共同研究據點的構築」（2015-2019 年度）等包含亞洲史在內的「世界史／全球史」的學習會與研討會，並出版了相應的研究成果。其部分成果如下：羽田正，《新しい世界史へ──地球市民のための構想》，岩波新書，2011 年；同編《グローバルヒストリーと東アジア史》，東京大學出版會，2016 年；同《グローバル化と世界史》，東京大學出版會，2018 年；研究英帝國史的秋田茂，從英國與亞洲的視角研究全球史，出版了以下的研究著作及論文集：秋田茂編，《アジアからみたグローバルヒストリー：「長期の 18 世紀」から「東アジアの経済の再興」へ》，ミネルヴァ書房，2013 年；同編著，《「大分岐」を超えて──アジアからみた 19 世紀論再考》，ミネルヴァ書房，2018 年；同編著《グローバル化の世界史》，ミネルヴァ書房，2019 年。

[6] William H. Ukers, *All About Tea,* Vols I&II, Martino Pub., 2007, pp.49-66.（初版是 New York: Tea & Coffee Journal,

國經濟史學家（1921-2014）角山榮在《茶的世界史》（1980）中論述了西洋經濟史語境中的茶葉貿易，提出了橫跨荷蘭、英國、中國、日本和印度等地的世界史圖像[7]。這些「主要的」茶葉貿易史研究常常把焦點放在英國，諸如英國的茶消費文化、印度殖民地的茶園經營、由英美的快帆船引發的茶葉運輸競爭（從海事史 maritaime history 的角度看問題等）等課題已被詳細研究[8]。

　　但是，19 世紀之前對於世界上最大的茶葉生產地和出口國清朝來說，茶的出口目的地當然不僅僅是英國。特別是對自古以來與中國展開貿易的歐亞大陸與中國之間的茶葉貿易關係，已有先行研究從東洋史、日本史的角度進行了考察。當然這是因為歷史上茶的主要生產地是中國和日本[9]。但是對於同為歐亞大陸「茶文化圈」的俄國、中亞地區的研究，日本方面的研究相對較少，在歐美也沒有那麼流行。但是近代之後的俄國將茶看作自己的「傳統文化」、「身份認同」，茶成為日常的嗜好品。儘管近年俄國的茶葉進口額終於被咖啡超過，人們的嗜好發生變化[10]，但從現代到蘇聯時期，茶一直是俄國最重要的不含酒精的飲品。俄帝國在 16 世紀之後征服了韃靼人等的亞洲裔原住民，開拓了內陸通道，開始通過陸路與清朝展開直接貿易。通過追溯俄國的茶葉貿易史，可以呈現出俄國的現代化與流通的擴大，以及全球化影響下俄國與英國及其它歐美諸國之間的經濟競爭關係的變化。因此，把恰克圖和漢口的茶葉貿易與 19 世紀的國際形勢進行比較討論，或許可以探明地區性的茶葉貿易中所體現的全球性。近年，除了俄國的茶葉貿易之外，隨著廣東港與荷蘭和北歐諸國的貿易關係、中國內陸地區的「茶馬古道」、日本長崎貿易等研究成

　　1935）其中部分被譯為日文，W.H.烏克斯著，杉本卓譯，《ロマンス・オブ・ティー：緑茶と紅茶の 1600 年》，八阪書房，2007 年。

[7]　角山榮，《茶の世界史　緑茶の文化と紅茶の社会》，中公新書，1980 年。

[8]　近年以英國、美國為中心的茶葉貿易研究，主要有以下成果：Ellis Markman, Richard Coulton, Matthew Mauger, *Empire of tea: The Asian leaf that conquered the World,* Reaktion Books, 2015（日文版：越朋彥譯，《紅茶の帝國　世界を征服したアジアの茶》，研究社，2019 年）；Erika Rappaport, *A Thirst for empire: how tea shaped the modern world,* Princeton University Press, 2017。

[9]　中國、日本有關茶的歷史的研究著作汗牛充棟，在此不一一列舉。日本的主要研究者有布目潮渢（1919-2001）、熊倉功夫（1943-）。並且註 1 中列舉的 Ukers, *All About tea* 的 Vol.II中設有小節，分別概覽中國和日本的茶歷史，關於日本的一節已翻譯成日語。Ukers, William Harrison 著，小二田誠二監修，鈴木實佳譯，《日本茶文化大全》，知泉館，2006 年。

[10]　比如 2019 年俄國的茶葉進口額是 4 億 2570 萬美元（世界全體總量的 7.4%），與此相對，咖啡是 6 億 3145 萬美元。Daniel Workman, "Tea Imports by Country", World's Top Exports, http://www.worldstopexports.com/tea-imports-by-country/; A.Melkadze, "Annual value of coffee imports in Russia from 2015 to Jan-May 2020", Statista, https://www.statista.com/statistics/1014852/russia-import-value-of-coffee/

果的問世，「茶的歷史」研究全景逐漸清晰起來[11]。

俄國的茶葉貿易的確是以帝國的邊境西伯利亞當地的中國貿易為開端的。但是歷經南京條約（1842）、天津條約（1858）和北京條約（1860），清朝允許歐洲各國設置領事館、開放通商口岸，俄國也一改與清朝的善鄰友好關係，轉換成強硬政策。在此過程中有著恰克圖貿易經驗的「恰克圖商人（俄國商人）[12]」積極地深入清朝內部，開始直接管理茶田、經營製茶工廠。藉由俄國的民間商人，漢口不僅與東北亞的市場連結，還與俄國西部、歐洲等遙遠之地的市場相通，成為茶葉運輸的中轉點。另一方面，擁有海上運輸優勢的英國建立了與俄國不同的運輸路徑，俄國雖以陸路運輸為主，但同時也試圖加入海上運輸。

作為內陸國家的俄國在 19 世紀仍大幅依賴英國等歐洲各國的海上運輸，苦於海路貿易。要進軍海上運輸，不僅需要俄國傳統商人自我成長，還需仰賴各地區各民族的商人[13]經由恰克圖與中國貿易所累積的經驗，以及與外國資本的合作和協力，無法只靠俄國政府在政治和經濟上的支援。關於這個課題，左近幸村以 19 世紀末的俄國義勇艦隊（Добровольный флот）為主要對象進行了細緻的研究，對俄國內外不太關注的俄國海運進行了詳細的說明。然而左近氏的著作關注的重心在於義勇艦隊和俄國海運業的發展等政治層面，對於海運業的重要組成部分，即船主、船籍、船員、資本、貨主等的多樣性、多民族性等問題並未深入探討[14]。

要理解俄國的茶葉貿易，有必要將目光投向包括海陸運輸在內，跨越俄帝國政治框架的各種群體，及其經濟領域的擴展。由於茶葉貿易從業者的實際活動範圍往往與俄帝國邊界不一致，對於俄國各地各民族的商人在帝國邊界線和政治制約下所形成的網絡、交易手段、全球化的影響、如何處理走私等問題，雖然研究起來非常困難，但也非常值得探討。後文將要介紹《瑷琿條約》簽訂後的恰克圖貿易和俄國商人的活動，一方面是俄國對於以英國為首的經濟威脅的直接反應，另一方面也是

[11] 涉及中國和俄國內陸茶葉貿易路徑的個別實證研究有：M. Avery, *The Tea Road: China and Russia meet across the steppe,* China International Press, 2003。另外，嘗試考察非歐洲圈或是英國以外歐洲各國的「茶的世界史」研究，則有以下成果：Beatrice Hohenegger, *Liquid Jade: The Story of Tea from East to West*, St Martins Pr., 2007（日文版：Beatrice Hohenegger 著，平田紀之譯，《茶の世界史　中国の霊薬から世界の飲み物へ》，白水社，2010 年）；Victor H.Mair, Erling Hoh, *The True History of Tea,* Thames & Hudson Ltd., London, 2009.（日文版：Victor H. Mair, Erling Hoh 著，忠平美幸譯，《お茶の歴史》，河出書房，2010 年）
[12] 這裡的「恰克圖商人」指的是「從事恰克圖貿易的商人」，主要是指莫斯科商人、伊爾庫茨克商人等多個城市的貿易商人。
[13] 比如和地中海方面有關聯的希臘商人、中亞、伏爾加河水系有關的亞美尼亞商人、從波羅的海域遷移過來的德國商人、活動在俄國西部邊境地區的猶太商人。
[14] 左近幸村，《海のロシア史——ユーラシア帝国の海運と世界経済》，名古屋大學出版會，2020 年。

其與中國和歐洲各國間國際關係的變化時所發生的現象。19世紀後半葉之後的俄清茶葉貿易，並不只是停留在兩國間地域性的「橫跨邊界現象」[15]，從其與茶葉的國際市場和流通狀況的連動來看，可以說此時的俄清茶葉貿易更受到全球化的影響。

首先讓我們回顧一下從帝政時代開始的俄國茶葉貿易史研究。在俄國，隨著與中國貿易的增加，19世紀中葉開始出現了茶葉貿易史研究[16]。帝政時代的經濟學者 АП.亞博廷（1852-1906）是研究俄國貿易的專家，出版了同時代俄國茶葉貿易史的概論式研究著作《茶與茶葉貿易》（1892）[17]。此外，還有大量關於俄國的中國貿易與外交關係的研究著作和統計書籍[18]。

然而蘇聯時代，俄國茶葉貿易史研究幾乎停滯。這是因為革命導致中國茶的進口中斷、蘇聯史學意識形態的制約、以及偏向工業史研究等方面的影響，使得流通史的研究比較少。說到蘇聯時代的茶文化研究著作，勉強可以舉出的只有 В. В. Похлебкин 的《茶葉及其類型、特性、消費》（莫斯科，1981），在當代俄國這本書作為獨特的文化史研究書籍多次再版[19]。

另一方面，與俄國茶葉貿易有重疊部分的俄清貿易，研究者一直把焦點放在外交史和貿易統計史料上[20]。這些研究是以「國家」的視點來概觀俄清貿易史的有益

---

[15] 德國學者 Sebastian Conrad 指出，儘管很早就有對「跨界現象」的關注，然而因近年來歷史學家的新要求和觀點上的變化，這一現象被與全球史論爭聯繫起來，其中，Conrad 列舉的最易於理解的第一種研究手法，就是以特定的觀念與物品跨越時代界限作爲全球史的茶和咖啡的歷史。Conrad 舉出的第二種研究手法，即「交換與接續」，在茶的歷史上也是非常重要的因素。近年來，在此方法的基礎上，統合「國內的變化與全球的變容」，所謂第三種研究手法逐漸成為中心。Sebastian Conrad 著，小田原琳譯，《グローバルヒストリー批判の歴史敘述のために》，岩波書店，2021 年，頁 4-11（原著：Sebastian Conrad, *What is global history?*, Princeton University Press, 2016）。Conrad 也參與之前提到的羽田正主持的「新世界史／全球史共同研究據點的構築」研究會，積極展開國際共同研究。

[16] 比如 Я.И.Григорьев 的《茶》（聖彼得堡，1855）簡潔地說明了俄國茶葉貿易史的概要。Я.И.Григорьев, *Чай: [Очерк]*, СПб., 1855. 在此之前也有不少以宣傳冊的形式發行的冊子。

[17] А.П.Субботин, *Чай и чайная торговля в Росии и других государствах. Производство, потребление чая*, СПб., 1892.

[18] 比如以下研究。К.А.Скачков, *Наши торговые дела в Китае*. СПб., 1863；Ф.Ф.Мартенс, *Россия и Китай: историко-политическое исследование*. СПб., 1881.

[19] В.В.Похле бкин, *Чай, его типы, свойства, употребление*, М.: Лег. и Пищ. Пром-ть, 1981. В.В.Похле бкин 原先是斯堪地那維亞諸國的國際關係史專家，之後成為研究世界「民族料理」的獨具一格的歷史學家。後來在上述研究著作的基礎上，增補了伏特加歷史的部分後，再度出版。В.В.Похлебкин,*Чай и водка в истории России*, Новосибирск, 1995.

[20] 比如，Е. П.Силин, *Кяхта в XVIII веке, Из истории русско-китайской торговли*, Иркутск, 1947; М. И. Сладковский, *История торгово-экономических отношений народов России с Китаем. (до 1917г.)*, М., 1974. 在日本，吉田金一的研究是基本的先行研究。吉田金一，〈ロシアと清の貿易について〉，《東洋學報》第45卷4號，1963年8月，頁39-86；吉田金一，《近代露清關係史》，近藤出版社，1974年；吉田金一，《ロ

成果，是蘇聯史學界的堅實先行研究。歐洲各國在 18 世紀以後一般通過海路與清朝之間進行廣東貿易，被清朝拒絕的俄國便通過「陸路」展開恰克圖貿易。19 世紀初期之前，恰克圖貿易一直是「俄國向清朝販賣毛皮的貿易」。這樣的俄清貿易，實際上是靠西伯利亞豐富的毛皮資源、清朝滿洲貴族的黑貂消費、以及中國全國的毛皮流行來維持的[21]。之後隨著毛皮資源的枯竭和清朝毛皮需求的減退，恰克圖貿易逐漸轉變成「清朝向俄國販賣茶的貿易」，茶葉貿易變成俄國商人連接亞洲市場的途徑。但是，蘇聯時期的俄清貿易史的研究，沒有深入挖掘在貿易一線活動的俄清商人、蒙古人、布里亞特人等周邊民族、走私、社會結構等流通的實際情況。雖然有史料制約的因素，但蘇聯史學並不把商人（或者資產階級）研究本身當作學術性的研究。蘇聯史學選擇商人作為研究對象時，往往傾向選擇為「國家」「帝國」做出貢獻的人物。而且從歷史上看，俄國商人的貿易活動很大程度上依賴外國的資本及運輸手段，在經濟史研究上有不被重視的一面。

經過蘇聯時期的停滯，近年俄國再次興起茶葉貿易史、茶文化史研究的浪潮，其中起到主導作用的是索科洛夫[22]。他主要從文化史、譜系學的角度，按照百科全書的形式來收集整理有關俄國茶葉商人的數據。這樣的研究多得益於現在俄國史學界的商人史、企業家史及市場經濟史研究的活躍。從索科洛夫傳達的訊息中還可以推測，近年來中國的經濟增長以及與俄國的合作關係也推動了他的研究[23]。

關於恰克圖貿易，其以往的固有形象因柳澤明、岩井茂樹等人的研究成果正在逐漸被改變。恰克圖貿易和「朝貢貿易」不同，是作為民間自由貿易的「互市」的一種，禁止金銀結算的「易貨貿易」是其最大的特徵[24]。除此之外，近年俄國烏蘭

シアの東方進出とネルチンスク条約》，東洋文庫，1984 年。
[21] 西村三郎，《毛皮と人間の歴史》，紀伊國書店，2003 年，頁 187-191、252-258。
[22] 索科洛夫自 2008 年出版（И.А.Соколов, *Чаеторговцы Москвы, члены их семей, некоторые предки и отдельные потомки; 1700-е-1990-е годы. Биографический справочник*. М., 2008）以來，至今仍致力於出版有關在俄國從事茶葉貿易的商人的研究著作，並透過網路積極地傳達相關資訊。由於本文篇幅有限，只涉及其中一部分成果。
[23] 索科洛夫的著作 И.А.Соколов, *Чай и чайная торговля России: 1790-1919гг.*, М.,2012 也被翻譯成中文。索科洛夫編著，黃敬東譯，《俄羅斯的中國茶時代》（武漢出版社，2016 年）。同事井上充幸氏向筆者提供了有關中文譯本的資訊。
[24] 關於恰克圖貿易的個別問題後面會提到，主要參照以下成果：吉田金一，〈ロシアと清の貿易について〉，《東洋學報》第 45 卷 4 號，1963 年 3 月，頁 39-86；岸本美緒，《清代中國の物價と經濟變動》，研文出版，1997 年，頁 176-178；森永貴子，《イルクーツク商人とキャフタ貿易——帝政ロシアのユーラシア商業》，北海道大學出版會，2010 年；關於清朝朝貢貿易與互市問題，有岩井茂樹一系列的研究成果。岩井研究成果中，集多年研究之大成的有近年出版的以下著作：岩井茂樹，《朝貢・海禁・互市——近世東アジアの貿易と秩序》，名古屋大學出版會，2020 年。有關柳澤明的研究在第 2 節的注釋中介紹。此外，俄國科學

烏德方面還出版了新的有關恰克圖貿易的公文研究成果。但是由於 1850 年代的太平天國之亂和來自英美等國資本主義的「自由貿易」的衝擊，迫使恰克圖貿易不得不改變其舊制度。恰克圖的俄國商人找到新的商機，並深入清朝內部展開貿易活動。成為他們立足點的是漢口，以及茶葉生產地的湖南省、湖北省[25]。在英國的茶葉貿易史研究中常常被忽略的一點是，進入中國市場直接參與製茶業的只有俄國商人。英國商人則是通過中國的中間商進口茶葉[26]，19 世紀中葉之後致力於印度茶的生產。在中國的俄國商人能夠積極地展開活動，很大程度上得益於在恰克圖貿易中長年積累的商品知識，以及通過積極擴展出口中國市場的營銷而建構起來的商人聯絡網。

　　關於俄國商人進軍漢口市場的問題，近年來有 Lee Chinyun（李今芸）的研究。李氏通過對比分析同時代英國、日本的報紙、以及被翻譯成中文的俄國概論著作、中國方面的論考等，指出以下內容。雖然俄國商人的製茶公司會做出親自篩選茶葉、積極進行技術改革等努力，但對中國市場本身並不關心，也並不向美國、澳大利亞市場推銷產品，也沒有像英國商人、日本商人那樣擴大市場。作者認為這是因為俄國商人在貿易上過於依賴俄帝國政府[27]。俄國商人的事業的確是先以俄國市場為軸線展開的，與現在「更加開放的國際貿易」相比，範圍是有限的。同時或許正因為俄美公司的解散、阿拉斯加的變賣（1867）等原因，俄國海運沒能打入太平洋市場、也未能開拓美國、澳大利亞市場。但是觀察個別俄國商人的茶葉貿易可以發現，也有非俄國裔商人一邊與英國茶葉貿易商和商業銀行等資本合作，一邊時刻關注倫敦市場的動態，打入俄國市場，充當俄國市場與外國市場的中介。至少與蘇聯初期

研究所西伯利亞支部的蒙古學・佛學・西藏研究所（ИМБТ СО РАН）出版了以下由 Л. Б. Жабаева 編著的有關恰克圖貿易實際情況的最新成果。Л.Б.Жабаева (отв.ред), *Кяхта-Маймачен. Прообразы свободных экономических зон в Российской империи: история, современность, перспективы*, Улан-Удэ, 2014. 該書的第 4 章在筆者的監修下，由早稻田大學研究生谷川春菜翻譯成日文。レオニート・ヴラジミロヴィチ・クラス著，森永貴子監修，谷川春菜翻譯，荒井幸康協助，〈キャフタ税関：密輸とその対策（18～19 世紀）〉，《史滴》43 號，2021 年 12 月，頁 228-262。

[25] 從都市史、文化史等角度研究漢口的羅威廉提出以下觀點：「在西洋人眼中，茶葉是漢口存在的唯一理由」。但根據水野幸吉對日本領事館的調查，武漢實際上是漢江、長江交匯之處，米、棉花、油等多種商品聚集於此，同時也是商品發往國內外的配送據點。William T. Rowe, *Hankow, Commerce and Society in a Chinese City, 1796-1889,* Stanford University Press, Stanford, California, 1984, pp.122-125.

[26] 英國商人沒有為了直接購買茶葉而深入中國國內市場，這與很多華人商人取得英國國籍，作為英國商人的代理商展開交易的實際情況有關。關於英籍華人的問題，村上衛氏以福建商人為研究對象，展開了非常詳細的實證研究。村上衛，《海の近代中國——福建人の活動とイギリス・清朝》，名古屋大學出版會，2003 年。

[27] Lee Chinyun, "From Kiachta to Vladivostok", *Region*, Vol 3, No2, 2014, pp.195-218.上述論文的分析對象是俄國商人，以恰克圖貿易中的山西商人為研究對象的論述有以下的中文論文：李今芸，〈恰克圖茶葉貿易與晉商（1862- 1917）〉，《漢學研究》28-3，2010 年 9 月，頁 167-196。

的封閉性經濟不同，直到俄帝國末期，俄國的茶葉貿易並非與國際市場無緣。

在 19 世紀的帝國主義潮流中，俄國商人們被俄清兩帝國的政策所左右，在受到政治制約的同時，持續地努力經營以求生存。19 世紀末到 20 世紀初，俄國終成為世界上最大的中國茶葉消費國，其中國茶進口量遠超英國。之後俄國的茶葉貿易，由於革命引起政治上的混亂而中斷，蘇聯市場上印度茶、格魯吉亞茶逐漸取代了中國茶[28]。但直至革命前夕，東北亞的茶葉貿易之所以如此活躍，可以說正是跨越政治界限活動的民間商人網絡和國際形勢變化相互作用的結果。

本文根據以上先行研究和問題點，討論俄國商人為了應對 19 世紀中葉發生的恰克圖貿易危機，而以漢口為據點擴大製茶業的過程，以此考察俄國人的製茶工廠和茶葉貿易的意義。在此需聲明的是，由於筆者的語言能力，本文主要使用俄國方面的資料，並附帶使用其它雜誌上刊登的論文資訊等[29]。

一、1850 年代的恰克圖貿易危機和俄國商人的結構

俄國商人如果沒有長年從事恰克圖貿易的經驗，恐怕進軍漢口是非常困難的。雖然在 1850 年代之前俄清商人跨越邊境進入對方國家市場是被禁止的，但中國商人為了做生意而學習俄語，盡可能地交換商業資訊[30]。下面我們首先來看從事恰克圖貿易的俄國商人的實際情況。

1727 年布拉條約、1728 年恰克圖條約簽訂後，恰克圖貿易正式開始，它是一種事先設定商品交換比率，無需貨幣介入的「易貨貿易」。這是因為俄清兩國害怕白銀流出，因而禁止使用貨幣結算。不同於俄國派往清朝的朝貢使節團的北京貿易，恰克圖貿易是以無關稅的民間貿易為前提的「自由貿易」。而俄國政府禁止恰克圖的毛皮出口，想獨占北京貿易的毛皮收益，但由於走私橫行，這個原則實際上被打破了。新關稅規則的頒布（1755）、從恰克圖出口毛皮的解禁（1762），事實上承認了民間商人的毛皮貿易。1762 年以後，俄清兩國互相隱瞞在恰克圖向本國商人徵收關稅的事實，貿易往來繼續增加。但是恰克圖貿易是在俄清的安全保障這

---

[28] 原暉之，《ウラジオストク物語》，三省堂，1998 年，頁 148。

[29] 森永貴子，〈モスクワ商人とキャフタ危機──公文書が示す一九世紀露清貿易の構造と変化〉，《俄國史研究》100 號，2017 年 12 月，頁 119-144；同〈ロシア帝政末期の茶と社会運動〉，《立命館文學》第 661 號，2019 年 3 月，頁 81-102。

[30] 據俄國資料顯示，清政府向自國商人下令不要讓俄國人學習中文。推測中國商人說的是中俄混雜的「洋涇浜語」。

樣危險的政治平衡上成立的[31]，清政府以俄國方面徵收關稅的事實、居住在邊境地帶的原住民逃亡到俄國領土為藉口，常常宣告停止貿易[32]。18 世紀的清朝，是俄國毛皮最大的出口國，以滿洲貴族為首的中國人毛皮需求量很大。這是促使俄國毛皮商人進軍北太平洋和阿拉斯加的主要原因。在 1785-92 年最後一次貿易停止時期之後，恰克圖貿易就沒有中斷過，始終維持著實物交換貿易，並且開始正式徵收關稅。

　　從事恰克圖貿易的中國商人主要是山西商人[33]。中國商人居住在邊境線上與恰克圖相望的買賣城並開設店鋪。另一方面俄帝國各地的商人聚集、停留在恰克圖販賣毛皮，並購買棉織物等中國商品[34]。18 世紀，被毛皮利潤吸引的歐俄商人[35]移居至西伯利亞，與歐俄商人相比，西伯利亞商人無論是在資本還是人數上都處於弱勢。其中作為恰克圖的腹地，處在東西伯利亞交通要道的毛皮集散地伊爾庫茨克，以毛皮生意為根基的商人群體逐漸成長起來。此外，歐俄的商人中，從俄國北部、俄國中部前往恰克圖的商人也很多，其中，無論是資本額度還是商人數量，莫斯科商人佔據主導地位[36]。在上述的商人中出現了乘船前往阿拉斯加投資北太平洋毛皮業務的商人，形成之後成為俄美公司源頭的資本集團。

　　19 世紀，各個城市的俄國商人都在恰克圖展開貿易。但是 1820-1830 年代其結構發生了變化。首先看貿易品種，到 1810 年左右，清朝向俄國出口的貿易品中，茶的交易額超過了棉織品，進口比例急劇增長[37]。而 1820 年代以後俄國向清朝出口的毛皮量開始減少，取而代之的是外國產的毛棉織品的出口增加[38]。但是經由恰克

---

[31] 柳澤明，〈キャフタ条約以前の外モンゴル——ロシア国境帯〉，《東方學》77 號，1989 年 1 月，頁 1-15；柳澤明，〈1768 年の「キャフタ条約追加条項」，《東洋史研究》62 卷 3 號，2003 年 12 月，頁 568-600。

[32] И.В.Щеглов, *Хронологический перечень важнейших данных из истории Сибири. 1032-1882 г.,* Сургут, 1993, С.153.（Иркутск, 1883 再版）；吉田金一，〈ロシアと清の貿易について〉，《東洋學報》第 45 卷，1963 年，頁 48。

[33] Н.А.Носков, *Кяхта,* Иркутск, 1861, С.2.

[34] 恰克圖到 19 世紀才成為人們長久居住的城市，最初它只是一個人工商業村。Г.Ф.Миллер, *Описание о торгах сибирских,* СПб., 1756, С.41; П.С.Паллас, В.Зуев (перевел), *Путешествие по разным провинциям Российскаго Государства, Часть третья, половина первая, 1772 и 1773 годов,* СПб., 1788, С.182-183.

[35] 烏拉爾山脈以西的俄國領域一般被稱為歐洲‧俄羅斯（歐俄部），西伯利亞則被稱為亞洲‧俄羅斯。因此，雖然都是俄帝國的商人，歐洲‧俄羅斯來的「俄國商人」與西伯利亞商人被明確區分開來。

[36] Ю.В.Гагемейстер, *Статистическое обозрение Сибири. Часть 2,* С.593；А.Корсак, *Историко-статискическое обозрение торговых сношений России с Китаем,* С.94；Х.Трусевич, *Посольския и торговыя сношения России с Китаем. (до XIX века),* С.245.

[37] *Труды статистическаго отделения департамента таможенных сборов, Статистическия сведения о торговле России с Китаем,* СПб., 1909, С.9.

[38] *Труды статистическаго отделения департамента таможенных сборов....,* С.8; *Краткий очерк возникновения, развития и теперешняго состояния наших торговых с Китаем сношений через Кяхту,* М., 1896, С.38

圖向清朝出口的非俄國產的毛棉織品受到從英國進口的廉價製品所壓制，出口額並未增加[39]。然而 1830 年代以後，通過恰克圖的俄國製毛棉織品真正開始大規模出口以後，逐漸佔據了很大的市場比重。

　　恰克圖貿易結構發生變化的主要原因是俄國的「茶葉進口的增加」。根據 Ст.О.Гулишамбаров 的統計，1801 年自清朝進口到俄國的茶葉約是 49,000 普特（約 802,620kg），1850 年增加到約 317,000 普特（約 5,192,460kg）（圖表 1）。五十年間增加了約 6 倍，而且這個數值並不包括當時被禁止的、經由波羅的海和俄國西部邊境走私進來的廣東茶[40]。由此可以推測上述期間茶葉的實際進口量要遠超過統計數值。

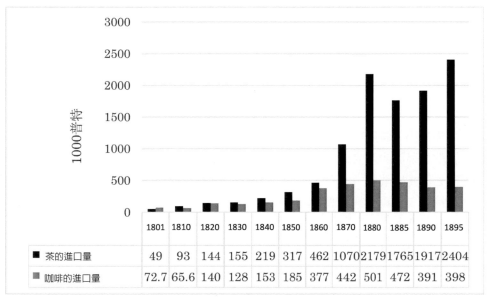

圖表 1　19 世紀俄國的茶葉進口量

出處：Ст.О.Гулишамбаров, *Всемирная торговля в XIX в и участие в ней России*, СПб., 1898, С.36-37.

　　為了比較，在圖表 1 中加入了咖啡的進口量。考慮到 1870 年以前茶葉的走私比

---

[39] *Краткий очерк возникновения, развития и теперешняго состояния наших торговых с Китаем сношений через Кяхту*, С.36-37.

[40] 「廣東茶」指的是在廣東交易、通過英國等歐美諸國的船隻運至歐洲的茶葉。推測俄國事實上有英國船運來的茶，在俄國法律上允許海路運輸茶葉之前，全是通過走私的方式。廣東茶憑藉廉價的海上運輸費用，以及可以逃避俄國國內對茶葉徵收的高額關稅，因此價格低廉。由於不富足的普通民眾對廣東茶的需求很高，俄國政府也為杜絕走私廣東茶而費盡心思。關於嚴禁海上運輸茶葉的海禁規定之後將會論述。

較多，並且違法的代用茶、偽造茶也屢禁不止[41]，因此我們可以推測茶葉的進口增長量遠遠超過咖啡。當時咖啡需求比較高的地區是美利堅合眾國、德國地區，俄國則是茶葉消費國。而且正如 Ст.О.Гулишамбаров 指出的，19 世紀初期的茶葉比世紀末的價格要貴。比如 1805 年茶的進口量為 72,000 普特（約 1,179,360kg），按照 1 普特 25 銀盧布 25 戈比來計算，總計 1,818,150 銀盧布（=2,346,000 紙盧布）。與此相對的是 1895 年光國內的茶需求量就有 2,403,706 普特（約 39,372,704kg），1 普特相當於 16 盧布，總計 38,770,789 銀盧布[42]。也就是說對比 19 世紀初期和末期，茶葉進口數量的增加比進口額的增加更明顯。

　　茶葉的進口量增加對俄國的出口產生了影響，是因為直至 1850 年代恰克圖貿易依然是不能使用金銀結算的易貨貿易。也就是說在恰克圖為了購買更多的茶葉，必須要增加等價的交換商品。1820 年代之前毛皮一直佔據交換商品的大宗，但是由於茶葉進口量的增加，僅靠毛皮作為交換商品還不夠。實物交換貿易導致在俄國發生了如下的變化。①為了應對恰克圖茶葉進口量的增加，增加工業製品的出口，作為相應的交換商品。②18 世紀末至 1820 年代在俄國興起的毛織物、棉織物製造業不斷現代化，1830 年代以後以亞洲市場為目標的俄國纖維工業的生產進一步擴大。當初從恰克圖中轉出口外國纖維製品是為了進口茶葉，為了進一步打破這個局面，俄國纖維製品的生產受到了刺激。對俄國來說，原本由於農奴制使得國內對工業產品需求較小，向清朝、中亞等地出口工業產品成為其通過產業革命促進纖維產業發展的契機。莫斯科工廠老闆通過山西商人，積極地調查人們對於棉織物製品大小、顏色、花樣的喜好[43]。

　　伴隨恰克圖貿易進出口商品種類的變化，從事恰克圖貿易的俄國商人的結構也發生了變化。在西伯利亞商人中，伊爾庫茨克商人、貝加爾湖西部的外貝加爾邊疆區的商人逐漸成長起來[44]，1820 年代交易量逐漸增加。歐俄部商人雖在資金方面一直佔據優勢地位，但隨著他們之間的競爭淘汰，莫斯科商人逐步佔據壓倒性優勢地

---

[41] 森永貴子，〈帝政末期の茶と社会運動〉，頁 84-85。

[42] Ст.О.Гулишамбаров, *Всемирная торговля в XIX в и участие в ней России*, C.36.雖然與 Ст.О.Гулишамбаров 計算的數值有所不同，在這裡並未作修正而直接引用原文。

[43] 關於這一點，在鹽谷昌史的《ロシア綿業発展の契機—ロシア更紗とアジア商人》（知泉館，2014 年）中有詳細的介紹。

[44] 比如除了居住在上烏金斯克（現在的烏蘭烏德）和色楞金斯克（Selenginsk）之外，還有在以前無商人居住的恰克圖定居並註冊行會而逐漸成長起來的巴斯寧、克雷科夫、切列帕諾夫和莫爾查諾夫等商人。РГАДА, Ф. 183, Оп.1, Д.84a, Л.91-об., 93-об., 98-101, 156-157об., 173-173об.; Ф.183, Оп.1, Д.82A, Л.8-11.

位[45]。這是因為當時的「恰克圖茶」是價格非常昂貴的商品，沒有足夠的資本用來支付高額關稅的商人根本沒辦法參與其中。再者，毛棉織品的工廠所有者生產的產品正好能夠與茶葉交換，就這一點他們就比其他商人有利，因此很多擁有工廠的莫斯科商人掌握了恰克圖貿易＝茶葉貿易的主動權[46]。另一方面，俄國出口的毛皮量減少，對西伯利亞當地人來說是極為不利的，但是新一代的伊爾庫茨克商人取代上一代的毛皮商人，出現了像巴斯寧家族一樣，專注於茶葉貿易並取得成功的人[47]。

鴉片戰爭（1840-1842）爆發時，人們擔心會對恰克圖貿易產生影響，但因為和茶葉的內陸輸送路線沒有關係，因此並未產生問題。只是在鴉片戰爭剛結束的1843 年，包括英國在內的歐洲各國船隻運回歐洲的大量茶葉沒有處理完，導致剩餘庫存的茶葉流入俄國，間接造成同年恰克圖貿易的減少。1840 年代貿易額增加，成為「恰克圖貿易的黃金期」[48]。隨著貿易的增加，從事恰克圖貿易的商人對於沒辦法使用金銀結算的實物交換貿易產生了極大的不滿。但是這樣的意見不是大多數。1837 年恰克圖商人呈給財政部長坎克林的請願書中，以「實物交換貿易支撐著俄國工業製品向中國出口」為理由，申訴支持實物交換貿易，於是最終維持現狀不變[49]。請願書反應了莫斯科商人的心聲，1841 年以後茶葉的關稅也逐漸下降。

伴隨著清朝對歐洲各國開放港口，俄國在 1851 年與清朝簽訂伊犁條約，並在庫倫（烏蘭巴托）、庫里哈開設俄國領事館，試圖打開與清朝的新的內陸貿易的窗口。但是太平天國之亂（1851-64）給清朝國內的茶葉運輸路線帶來了重創，致使1853 年運入恰克圖的茶葉銳減，恰克圖貿易陷入了危機[50]。這個時候恰克圖商人再次向俄國政府申訴金銀決算問題。他們對於上述廣東茶走私問題抱有強烈的危機感，試圖尋求解決辦法。於是，1854 年 8 月 6 日頒布敕令，准許恰克圖貿易中工業產品總額的三分之一或毛皮總額的二分之一使用銀製品支付，並且允許經由恰克圖向清朝出口金銀[51]。此後，1855 年 8 月 5 日的敕令廢除了恰克圖的實物交換貿易

---

[45] РГАДА, Ф.183, Оп.1, Д.82А, Л.8-9об.-11.

[46] 根據 1829 年恰克圖貿易關稅臺賬的記錄，莫斯科商人博特金家族，從較小規模的茶葉貿易起步，在 19 世紀靠茶葉貿易和毛織品製造業發展壯大起來。РГАДА. Ф, 183, Оп.1, Д.84а, Л.8-11.

[47] 大量有關巴斯寧的恰克圖貿易史料收藏在莫斯科的國立古文書館（РГАДА）、國立歷史博物館手稿科（ОПИ ГИМ）。

[48] А.Корсак, *Историко-статискическое обозрение торговых сношений России с Китаем*, C.168-169.

[49] РГАДА, Ф.183, Оп.1, Д.48, Л.1-4об.

[50] РГИА, Ф.19, Оп.3, Д.469, Л.11об.

[51] РГИА, Ф.1265, Оп.3, Д.107, Л.2.討論貨幣使用許可問題的背景是，1850 年後由於加強管理，導致因走私茶葉和貨幣而被逮捕、拘禁的俄國從業者和先住民增加，走私的結構與實際情況逐漸被地方當局掌握。被逮捕的不僅有當地人，充當中間商的布里亞特人，還有很多猶太人參與走私活動。Л.Б.Жабаева, *Кяхта-Маймачен...*,

規則。在歐洲各國追求「自由貿易」逼迫清朝簽訂條約的時代潮流中,恰克圖貿易終於從這個時期開始轉向「貨幣的自由貿易」。

以上概觀了俄國商人進軍漢口市場之前的狀況。在俄帝國內,建構了以莫斯科商人為中心的茶葉貿易網絡,在西伯利亞商人奮起直追的過程中,傳統的實物交換貿易制度終在太平天國之亂的影響下落幕。強烈意識到英國式「自由貿易」的潮流和國際市場影響的俄國商人,通過向政府請願實現了恰克圖貿易制度的轉換,不久便開始直接進軍中國市場。

二、俄國商人向漢口市場的進軍與製茶工廠

東西伯利亞總督穆拉維約夫對清朝強硬的外交態度,以及璦琿條約後俄國對遠東濱海邊疆的吞併,使得以伊爾庫茨克商人為首的西伯利亞商人把目光轉向了遠東[52]。對清朝一直保持「善鄰友好」態度的俄國政府,從此轉變外交方針,加強對清朝的軍事施壓。

1860 年清朝和英法俄美之間簽訂了天津條約,同年英國立即派遣了長江調查隊,並在漢口設置英國租界。漢口自古以來被稱為「九省之都」,是內陸交通、流通的要衝,湖北省、湖南省、江西省、安徽省生產的茶葉都聚集於此[53]。從英租界的設置直到 20 世紀,漢口發展為中國內陸的工商業中心。

俄國於 1896 年在漢口設立了租界,但俄國商人在 30 多年前的 1861 年便進軍漢口開始茶葉貿易。同年英國商人也進入漢口市場開展茶葉貿易[54]。包括莫斯科商人在內的「恰克圖商人」在絲毫不懂中文、英文的狀態下,依然帶著俄國商品和貨幣結隊來到漢口。1862 年,訂購茶葉的俄國商人在中國承包商的介紹下,親自前往湖北省、湖南省的茶葉生產地,考察磚茶的製造方法。根據 K. A. 波波夫《中國的茶與俄國人的製茶》(莫斯科,1870)的記載,這個時期的製茶工序作業全掌握在中國人手中,前往湖北省、湖南省視察的俄國茶葉購買商,對於製茶作業沒有插嘴的

C.119-128.

[52] 1858 年,以伊爾庫茨克商人安德烈‧貝洛格羅維為代表成立的阿穆爾公司,雖然承載著當地商人對吞併阿穆爾地區、發展遠東事業的期待,但很快就倒閉了。Н. С. Романов, *Иркутская летопись, 1857-1880г., Продолжение "Летопись" П. И. Пежемского и В. А. Кротова*, Иркутск, 1914, C.17, 19-20, 23, 25-26, 28-33.

[53] 水野幸吉,《漢口 中央支那事情》,富山房,1907 年,頁 415;W. T. Rowe, *Hankow*, pp.122-125. 現在的「漢口」是武漢市轄下的地名。

[54] 這一年英國正式開始以漢口為窗口,出口中國茶葉。此前的 1855 年,湖北省羊樓洞市場的辦事處規定了茶葉的出口關稅。W. T. Rowe, *Hankow*, pp.125-126.

餘地，只能「自始至終作為觀察者」。因此，購買上等茶的嘗試失敗了。這是俄國人
第一次考察茶葉的生產和加工，由於不懂得當地的語言，「自始至終作為觀察者」也
是沒有辦法的事情。波波夫認為俄國商人的考察以及對中國製茶人下達指示的失敗，
是因為收取原材料費的中國人為了降低製茶成本、獲得更多利益而費盡心思[55]。

　　但是可以推測俄國商人應該事先已經得到了一些關於中國製茶人以及茶的品質
的資訊。莫斯科商人博特金的帳簿上，記載了 1852 年白毫茶的種類和生產者的商標
列表，紙張左邊是俄語標記，右側是中文名的漢字標記[56]。從筆跡推測，很有可能是
在恰克圖貿易時，為了確認商標、種類等，雙方在清單上分別標註俄語和漢字名稱。

　　第一次視察失敗後，俄國商人認為有必要完全掌握製茶技術，於是讓承包商以
市場價格購買原料茶，只支付中國工廠老闆磚茶加工的費用。1863 年伊萬諾夫
Иванов、奧克洛夫 Окулов、托克馬科夫 Токмаков[57]三名商人在湖北省崇陽（Цунян,
C'hung-yang）[58]合夥租用製茶工廠，開始製造磚茶[59]，並成立進口茶葉的專門商社
「奧博林・托克馬科夫商會」，以漢口、長江沿岸為基地，從事茶葉進口貿易[60]。
同年又設立了「李維諾夫商會 S.W.Litvinoff & Co」。之後托克馬科夫結束與奧博林
的合作[61]，1866 年改名為「托克馬科夫・莫羅托科夫商會 Токмаков, Молотков и Ко /
Tokmakoff, Molotkoff & Co」[62]。

　　最初俄國人的磚茶製造工廠雖然也使用蒸汽機，但幾乎都是手工作業。壓縮操
作工 22-24 人，木工 5 人，計量操作工 12-15 人，一天進行一次壓縮作業，可以生
產磚茶 45-50 箱。1863 年磚茶生產量是 10,500 箱左右，1869 年增加到 77,103 箱。

---

[55] К.А.Попов, *О чае и его приготовлении русскими в Китае,* М., 1870, С.22-24.

[56] ОПИ ГИМ, Ф.122, Ед.6, Л.52-61.

[57] 推測是指伊萬・菲多羅維奇・托克馬科夫（生卒年不詳）。恰克圖市第一公會商人。

[58] 在崇陽還保留著 1874 年俄國政府派遣的中國學術與貿易調查團的照片等記錄。Улица Цунян между домами в
стиле хуэй с декорированными крышами и резными изогнутыми карнизами. Провинция Хубэй, Китай,
1874г.」, *Мировая Цифрвая Библиотека*, https://www.wdl.org/ru/item/2102/

[59] 磚茶是一種把茶葉壓縮而成的堅硬的固體茶，有時會把茶樹枝、碎屑等連同茶葉一起壓縮，因此原本並不當
作一種品質良好的茶。

[60] К.А.Попов, *О чае и его приготовлении русскими в Китае,* С.24.

[61] 很少有關於奧博林之後活動的記載，但在 П. А.波諾馬廖夫刊行的宣傳冊中提到，有位叫做「阿德里安・伊萬諾
維奇・奧博林」的商人，1882 年在敖德薩販賣茶葉。П.А.Пономарев, *Русская фабрика, Плиточный чай первой
русской фабрики в Китае, П.А.Пономарева в Ханкоу, испробованный, одобренный и рекомендованный Военным
министерством и ординарным профессором Военно-медицинской академии А.Бородиным*, М., 1882, С.4.

[62] Lee Chinyun, "From Kiachta to Vladivostok", p.199; ОПИ ГИМ, Ф.122, Ед.64, Л.7-об., 9, 10, 11, 12, 13-об., 14-об.,
15-об., 16-об., 17-об., 18.

這個時期俄國人的白毫茶製造技術還不成熟，生產數量有限，因此專注於磚茶製造。1869 年的磚茶生產額是 480,730 半兩錢 лан、97 錢 фын，按照 1870 年的外匯比率，相當於 1,249,900 盧布 52 戈比。而俄國人經營的磚茶生產工廠逐漸增加，1869 年湖北省有 12 家工廠，湖南省有 3 家工廠[63]。

　　表 1 是波波夫的文獻中記載的製茶工廠所在地和數量。但由於地名是用俄語標記的，因此現在無法辨別除了崇陽之外的中文標記。

表 1　1869 年俄國商人在中國的製茶工廠

省	俄語標記的地名	工廠數量	總計
湖北省	Цун-Ян（ツン・ヤン　崇陽）	3	12
	Янлоухун（ヤンロウフン）	3	
	Да-Шапен（ダ・シャペン）	1	
	Сянин（シャニン）	2	
	Мяцяо（ミャツャオ）	1	
	Яндзя-ман（ヤンジャ・マン）	1	
	Ши-мын（シ・ムィン）	1	
湖南省	Недеш（ネデシ）	1	3
	Лайсчин（ライスチン）	1	
	Сяйшам（シャイシャム）	1	

出處：К.А.Попов, *О чае и его приготовлении русскими в Китае*, С.25.

　　在漢口從事製茶業的俄國商人中，有些很早就開展茶葉貿易的聖彼得堡商人和莫斯科商人。提供表 1 數據的康斯坦丁・阿布拉莫維奇・波波夫（1814-1872）從 1840 年代開始就在聖彼得堡的涅夫斯基大街做茶葉生意，1843 年進軍莫斯科的庫茲涅茨克，和弟弟西蒙開設了「波波夫商會 К. и С. Поповы」從事茶葉貿易，天津條約簽訂後在崇陽和福州租借製茶工廠[64]。1861 年到德國、比利時、漢諾威、英國、法國商務旅行，試圖掌握茶葉栽培技術，擴大茶葉貿易業務[65]。雖然開創人康斯坦丁於 1872 年逝世，但根據他與在倫敦開設銀行的德裔英商布蘭特（後面會提及）的來往信件可得知，波波夫商會 1882 年前後似乎也在法國展開貿易活動，且於 1888 年在漢口設立了分店[66]。

　　19 世紀下半葉俄國商人的茶葉貿易和在清朝的磚茶製造業是同步進行的。其背後

---

[63] К.А.Попов, *О чае и его приготовлении русскими в Китае*, С.22, 25.

[64] С.Фоменко, *Абрикосовы*, М., 2011, С.45-47.

[65] И.А.Соколов,*Чаеторговцы Российской империи; Биографическая энциклопедия (с добавлением членов их семей, предков и потомков)*, М., 2011, С.181.

[66] Bt 1/1/11 (January 1882-December 1884); Bt 1/1/13（1887-1888）

的原因包括俄國茶葉關稅逐漸降低[67]、海上運輸解禁促使俄國下層勞動者養成喝茶習慣、喝茶有利健康的認知形成[68]，以及價格和關稅都更低廉的磚茶需求量上升等等。

另一方面，1869 年蘇伊士運河開通、1871 年廣東茶正式通過海運運至敖德薩港。以此為契機開始了海上茶葉進口，俄國的茶葉進口量也呈現成倍增長（參照圖表 1）。統計數值之所以增加，是因為一直以來從俄國西部邊境大量走私入境的茶葉正式成為合法的進口商品表現在貿易統計中。

在蘇伊士運河開通之前，通過棉花的進口等就可以看出俄國海上貿易發展的徵兆。1860 年從亞洲進口的棉花有 228,000 普特（約 3,734,640kg），1864 年有 704,000普特（約 11,531,520kg）。並且 1868 年從英國、普魯士、美利堅合眾國等國進口的棉花有 250 萬普特。在這個貿易網中，俄國與英國的倫敦、德國的不來梅等城市相連接，並通過這些城市的同業者展開與印度的貿易往來[69]。關於蘇伊士運河的開通，俄國工商業援助協會（ОДСРПиТ）的書記 К.Ф. 斯卡烏科夫斯基（1843-1906）[70]在報告中表達了與中國和印度發展貿易的期待[71]。

隨著海上茶葉進口的增加，經由恰克圖的茶葉貿易日益減少，駐漢口俄國副領事帕維爾·安德烈維奇·波諾馬廖夫（1844-1883）[72]在 1878 年 2 月發往財政部的報告中提到以下內容。從莫斯科的特拉佩茲尼科夫商會[73]那裡得知，英國開始使用特別壓縮製法生產磚茶，於是急忙趕去倫敦視察其製茶工廠，發現用這種方法生產出

---

[67] 磚茶的關稅稅率比茶葉低很多。並且為了保護恰克圖貿易，經由歐洲進口的茶葉被設定了高額的關稅。

А.П.Субботин, *Чай и чайная торговля в Росии и других государствах. Производство, потребление чая*, С.476

[68] 森永貴子，〈ロシア帝政末期の茶と社会運動〉，頁 88-90。

[69] [Anonymous], *Russian Trade with India. [Reprinted from the] Supplement to the Gazette of India, November 26, 1870*, British Library, Historical Print Editions, p.7.

[70] 他同時是礦山工程師，著有多本關於對俄國太平洋貿易的展望等經濟領域的著作。К.Скальковский, *Русская торговля в Тихом океане: экономическое исследование русской торговли и мореходства в Приморской области Восточной Сибири, Карее, Китае, Японии и Калифорнии*, СПб., 1883.

[71] [Anonymous], *Russian Trade with India...*, p.5.

[72] 波諾馬廖夫出生在伊爾庫茨克的行會會員的家庭，年輕的時候就開始幫助父親製作蠟燭和肥皂。父親安德烈去世後，1867 年他加入了經營中國茶園和製茶業伊爾庫茨克商人 Н.Л.洛喬諾夫（1824-1903）、И.С.哈米諾夫（1817-84）的公司，1871 年移居漢口。

[73] 莫斯科商人中有許多叫做「特拉佩茲尼科夫」的人，本人參照的俄國國立歷史文書館（РГИА）的記錄中並沒有明確是哪一個。但是，通過調查和俄國商人有密切貿易往來的德裔英國商人銀行家布蘭特家族 Brandt 的記錄，其中出現了 A.特拉佩茲尼科夫商會的資訊。即 A.特拉佩茲尼科夫商會的創始人是原伊爾庫茨克第一公會的莫斯科第一公會商人、名譽市民亞歷山大·康斯坦丁諾維奇·特拉佩茲尼科夫的可能性非常高。此人從 1860 年代開始居住在莫斯科，經營工廠與茶葉貿易業務。Brandt Circular, Bt 1/1/15（1891 & 1892）；Bt 1/1/17（1895&1896）； Н.Г.Гаврилова, "Александр Константинович (Трапезников)", Д.Я.Резун, Д.М.Терешков(гл.ред.), *Краткая энциклопедия по истории купечества и коммерции Сибири*, Т.4 (С-Я) К.2, Новосибирск, 1998. С.9-10.

來的茶葉沒有喪失原本的茶香，遠比俄國商人在中國生產的茶葉質量要好，於是在倫敦購買了英式機器[74]。當時俄國商人在倫敦設置經營茶葉貿易的分店和事務所，為從海路進口廣東茶收集資訊。

李今芸通過調查 North China Herald 等同時代的英文報紙及日文資料，指出俄國人的製茶工廠發明了一種「小京磚茶」（又稱「帽盒茶」），由去除碎屑的優質茶葉壓縮而成，比之前的磚茶更加便於攜帶。為了生產此茶而引入的壓縮製法是一種最新的「焦油製法 Goudron process（古隆法）」，在此之後俄國人的製茶工廠引進了現代的英國製機器[75]。據說這種「小京磚茶」在運輸過程中也不易損壞，很受人們歡迎。

根據上述波諾馬廖夫的報告，俄國商人在以漢口為據點的磚茶生產中導入最新技術，試圖提高生產效率的同時，也開啟了中國製茶業現代化之端。1870 年代駐漢口的俄國副領事波諾馬廖夫在 1876 年收購了此前一直合作的洛喬諾夫、哈米諾夫製茶公司的股份，改名為「波諾馬廖夫商會」。他與俄國政府關係密切，向俄國軍隊供應磚茶，同時和日本、奧斯曼帝國、歐洲等國家也有貿易往來[76]。據說他在漢口為降低廉價茶葉的關稅而盡力。

圖 1 是宣傳波諾馬廖夫工廠製造的「小京磚茶」的 3 頁宣傳冊的封面。封面上寫著「新」磚茶得到了軍醫學術教授的推薦、1878 年開始面向俄國、歐洲製造，以

圖1　波諾馬廖夫工廠的磚茶宣傳冊

出處：П.А. Пономарев, *Русская фабрика, Плиточный чай первой русской фабрики в Китае, П.А.Пономарева в Ханкоу, испробованный, одобренный и рекомендованный Военным министерством и ординарным профессором Военно-медицинской академии А.Бородиным.* М., 1882, С.1.

74　РГИА, Ф.20, Оп.5, Д.297, Л.4-5.

75　Lee Chinyun, "From Kiachta to Vladivostok", p.203.

76　П.А.Пономарев, *Русская фабрика, Плиточный чай первой русской фабрики в Китае, П.А.Пономарева в Ханкоу, испробованный, одобренный и рекомендованный Военным министерством и ординарным профессором Военно-медицинской академии А.Бородиным*, С.5-6; Н.Г.Гаврилова, "Пономарев Павел Андреевич," Д.Я.Резун, Д.М.Терешков (гл.ред.), *Краткая энциклопедия по истории купечества и коммерции Сибири в четрех томах*, Т.3, Кн.3, Новосибирск, 1997, С.35-36.

江西省（Цзянь-си）、湖北省、湖南省的茶樹為原材料等資訊。這種磚茶於 1880 年正式進入俄國市場[77]。

　　1870 年以後，恰克圖不再是茶葉進口的唯一窗口，稅關也移到了伊爾庫茨克。另一方面，隨著漢口俄國商人的製茶業和貿易業務的發展，生產的磚茶通過陸路運往恰克圖、西伯利亞、歐俄部，途經伊爾庫茨克稅關時被記錄在冊（圖表 2）。尤其是 1867 年之後，磚茶製造步入正軌，逐漸超過白毫茶的進口量。

圖表 2　經由伊爾庫茨克稅關的茶葉和關稅收入

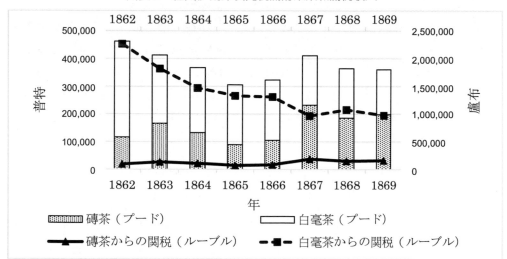

出處：*Краткий очерк возникновения, развития и теперешняго состояния наших торговых с Китаем сношений через Кяхту*, C.75.

　　從圖表 2 可以看出經由恰克圖、伊爾庫茨克進口的茶葉逐漸減少的趨勢，以及俄國國內對於茶葉需求種類的變化。直至 19 世紀中期，俄國人更偏向於沒有香料和花朵等混合物，僅有茶葉的清爽的白毫茶[78]，磚茶進口的增加預示著俄國人嗜好的變化，可以說這種變化是以俄方的茶葉生產為導向的。

---

[77] *К столетию чайной фирмы В.Перлов с сыновьями 1787-1887г.*, М., 1898, C.64.

[78] 曾與普佳京使節團一起訪問日本和中國的岡沙洛夫在《巡洋艦帕拉達號》中提到，在上海對加入花瓣的「花茶」感到很不習慣。Алина Мельникова, "Кронштадтское чаепитие", *Кронштадский Вестник*, https://kronvestnik. ru/history/8807

三、俄國茶葉貿易路徑的拓展與漢口的作用

　　漢口的繁榮得益於自古以來中國內陸的流通結構和它作為集散地的功能，1860
年以後則受到對歐洲各國開港的影響。因為自漢口開港後，包括俄國商人在內的歐
洲各國商人能夠沿長江經由上海，通過海路把商品運往目的地。

　　茶葉運往俄國，首先要先將漢口及其周邊運來的茶葉裝船，沿長江運至上海，
再從上海運往天津、北京之後，通過陸路運往烏蘭巴托、恰克圖。再從恰克圖利用
河流交通等運往伊爾庫茨克、下諾夫哥羅德、莫斯科。俄帝國內最大的茶葉消費地
是莫斯科，也是「恰克圖茶」的終點[79]。這條路線是漢口對外開港之前恰克圖貿易
使用的，1860 年開港之後，茶商利用英國船、德國船、俄國商社的船將茶葉運往俄
國。1870 年代之後，恰克圖貿易額時增時減，1880 年多達 2577 多萬盧布，之後又
下降到 2000 萬盧布以下。1877 年再次增長到 2645 萬盧布，次年則又回到了 1886
年的水準（參見圖表 3）。

圖表 3　經由恰克圖的俄清貿易（俄國進口）

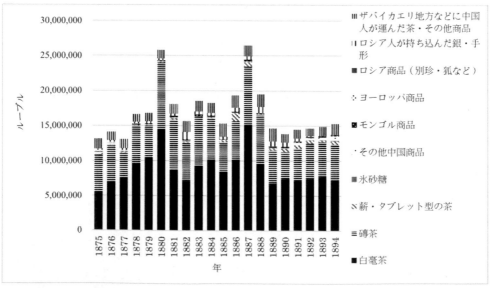

出處：*Статистическия сведения об оборотах сухопутной торговли России с Кмтаем через Кяхту с 1857
по 1894 год и торговли Китая с дргими государствами за последние годы*, М., 1996, С.2-11.

---

[79] 在俄國禁止通過海運進口茶葉的時期，茶葉從莫斯科繼續被運到聖彼得堡。

　　1880 年恰克圖貿易額的增加估計是受到上述小京磚茶問世的影響，同時，義勇艦隊開通定期航線，獨自建立了從漢口出發的船舶運輸路線也是其中一個原因。義勇艦隊是為了對抗俄土戰爭後簽訂的聖斯特凡諾條約，在莫斯科商人的捐款支援下組建而成的。在政府的支持下，自 1879 年開始在敖德薩和符拉迪沃斯托克之間試運行[80]。此艦隊有 4 艘船，1883 年運輸的茶葉達 4,400 噸以上，之後逐漸增加[81]。過往的研究對於俄國海運在 16 世紀以後高度依賴荷蘭船、英國船等外國船的歷史已有充分考察，但對義勇艦隊運輸的評價並不高[82]。1880 年代後，通過海路進口的茶葉量進一步增長是不爭的事實，雖對外國船運輸的依存度依然很高，但通過利用義勇艦隊，俄帝國的茶葉運輸途徑得到擴展，也帶來了新的商機。義勇艦隊的業務也不是一帆風順的，政府在 1886 年制定了「義勇艦隊臨時規則」，鼓勵船舶運輸。1887 年經由恰克圖的俄清貿易額增加，離不開政府對義勇艦隊支援的影響。

　　另一方面，莫斯科商人並不只依賴經由漢口－恰克圖，或是經由蘇伊士運河－敖德薩這兩條路線中的任何一條。比如前文出現的莫斯科商人博特金家族，從 19 世紀後半期至 20 世紀初期一直向漢口訂購茶葉，通過「皮達可夫‧莫爾查諾夫商會」、「奇利科夫商會」、「А.Л.洛喬諾夫商會」、「托克馬科夫‧莫羅托科夫」等進口茶葉[83]。博特金在倫敦設有分店，有時也會大量收購茶葉，與蘇格蘭聯盟、全國愛爾蘭協會等英國公司、德國銀行、俄國協會、沙羅曼達等俄國的保險公司有商業往來[84]。博特金家族彼得‧科諾諾維奇‧博特金（1781-1853）的兒子輩，開設了「П.博特金和兒子們」商會（1854-）[85]，建立了以莫斯科－倫敦為中心的廣大商業貿易網。與博特金有貿易往來的托克馬科夫在 1863 年租借磚茶工廠之後，做起了輪船生意，與各色商人合作發展事業。

　　由於海路運輸路線的開通，1890 年代經由恰克圖的陸路運輸除了 1880 年、1987 年之外，呈持平狀態（圖表 3）。雖然有波動，但從 1870 年代中期開始，經

---

[80] 左近幸村，《海のロシア史》，頁97-108。關於義勇艦隊的設立，筆者於2018年9月刊登在《東北亞研究》別冊第 4 號的〈1860 年代以降におけるロシアと清の茶貿易——モスクワ、キャフタ、漢口を結ぶ流通の視点から〉一文中，頁 117 有誤，特此更正。

[81] 原暉之，《ウラジオストク物語》，三省堂，1988 年，頁 145。

[82] 關於這一點，左近氏批評了筆者的觀點。同氏最新的著作中明確記載，1890 年屬義勇艦隊的船占俄國商船的十分之一不到，說明研究史本身也是有限的。左近幸村，《海のロシア史》，頁 10、13-15。

[83] ОПИ ГИМ, Ф.122, Оп.1, Д.63, Л.10-об., 17, 19-20об., 23-24. 筆者在國立歷史博物館的幾處文書史料中查核到的皮達可夫‧莫爾查諾夫商會，有可能就是李氏論文中記載的「莫爾查諾夫‧佩恰特諾夫商會」。需要說明的是，這是由於商社代表更替而導致的商社名稱變更，還是對標示解讀的錯誤，還有待進一步考證。

[84] ОПИ ГИМ, Ф.122, Оп.1, Д.64, Л.102.

[85] И.А.Соколов, *Чаеторговцы Российской империи; Биографическая энциклопедия*, С.37.

由恰克圖的白毫茶進口額呈現增長趨勢，可說俄商的工廠生產白毫茶取得成功也是原因之一。

圖2　俄國的茶葉貿易路線

出處：А.П.Субботин, *Чай и чайная торговля в Росии и других государствах. Производство, потребление чая*, СПб., 1892.（卷末所附地圖）

　　同時期的莫斯科商人中，在茶葉貿易中起到重要作用的包括：從德國美茵河畔法蘭克福移民到俄國的菲利普・馬克西米利安・馮・沃高（1807-1880）[86]。沃高最早在聖彼得堡、莫斯科從事化學染料生意，之後一邊經營纖維產業，一邊加入與之相關的茶葉貿易中。他最早從敖德薩進口茶葉，並因開拓了藉由海運直接從倫敦、

---

[86] 他的俄國名是馬克西姆・馬克西莫維奇・沃高。

印度、錫蘭、中國、印度尼西亞進口茶葉的路線而為人所知[87]。但他同時也利用經由恰克圖的陸路，構築了陸海兩路的貿易網。沃高作為德裔商人，他積極與同住莫斯科的德商班扎家族和馬克家族等居住在俄國的外國商人合作，並涉足保險業和印花布製造業。

　　有趣的是，在倫敦的沃高家族關係網，與之前提到的布蘭特家族的銀行也有關聯[88]。經營 William Brandt's Son & Co 的布蘭特家族不僅是在英國的德裔商人，他們從 19 世紀初期從事阿爾漢格爾斯克和聖彼得堡貿易，19 世紀中葉，家族其中一支奧古斯都・費迪南德（1835-1904）在倫敦轉向金融業[89]。之後布蘭特家族的金融事業，以阿根廷、美利堅合眾國、英國國內、法國、德國等歐美國家為中心，廣泛展開。在此過程中，他們也繼續維持與俄商的交易，從布蘭特家族的往返文件可以推測他們與「托克馬科夫・莫羅托科夫商會」、李維諾夫等都有過業務往來。

　　利用這個貿易網，1892 年沃高家族、班扎家族、馬克家族以及住在倫敦的莫斯科商人舒馬赫形成資本合作，成立第一家從俄國邊境出口茶葉的專門商社「CARAVAN （Караван）」。把出資者凝聚在一起的正是同為「路德派新教徒」的德裔商人這個社會性出身[90]。1911-13 年 CARAVAN 的資本金達到 150 萬盧布，雖然不及 1,000 萬盧布的庫茲涅佐夫公司和猶太籍的維索茨基公司，但是與 180 萬盧布資本金的博特金商會齊肩，成為外國商社成功的案例[91]。雖然沃高很好地融入了莫斯科商人的群體，但可以推測，以俄國東正教為中心的莫斯科商人的交易網絡，應該有別於居住在莫斯科、後來加入的外國人沃高的交易網絡。

　　如上所述，1860 年代以後的俄國茶葉貿易，以連接漢口、上海、天津、恰克圖、伊爾庫茨克、莫斯科的貿易路線為中心，1870 年代之後又擴展了經由敖德薩的海上運輸路線。雖然陸路和海路存在競爭關係，但在漢口的俄國商人活動以及作為

---

[87] И.А.Соколов,*Чаеторговцы Российской империи; Биографическая энциклопедия*, С.62-67.

[88] Brandt Circular, Bt 1/1/12 (December 1884-December 1886).

[89] S. Thompstone, "Brandt, Augustus Ferdinand", *Oxford Dictionary of National Biography*, 25 May 2006 （https://doi.org/10.1093/ref:odnb/48862）收藏於諾丁漢大學的 Brandt Circular 中，保存了 18 世紀布蘭特家族在阿爾漢格爾斯克開展貿易時留下的帳單、收據的副本。

[90] ЦИАМ, Ф.16, Оп.126, Д.131, Л.1-об., 3-4.據記載「CARAVAN」的前身是成立於 1840 年的「沃高商會」，出資者是 5 名商業夥伴，即康拉德・卡洛維奇・班扎、古高・馬克西莫維奇・馮・沃高、德國臣民莫里茨・菲利波夫・馬克、莫斯科第一公會商人，住在聖彼得堡的馬克西姆・卡洛維奇・馮・沃高、住在倫敦，臨時前來的莫斯科商人伊夫林・舒馬赫，全是屬於路德派的德商。其中馬克是德國臣民，在俄國完全是個外國人。

[91] Н.П.Коломийцев,*Чай：Мировая торговля чаем и вопрос о казенной чайной монополии в России*, М., 1916. С.144-145；С.А.Рогатко, Итстория продовольствия Росси с древния времен до 1917г., М., С.942.

貿易據點的恰克圖的作用依然很重要。這是因為直到 20 世紀初期，漢口一直是中國茶葉的集散地和出口港。

駐漢口的日本領事水野幸吉，在 1907 年出版的資料中提及 1901-05 年漢口的 18 家外國茶商社及其貿易額[92]。在這些外國商社中，英國商社佔壓倒性的比例，這是因為英國很早便建立租界，確保了其優勢。緊隨英國商社其後的，便是中文名叫做「新泰」、「阜昌」、「順豐」、「百昌」、「源泰」、「巨昌」的 6 家俄國商社，以及 1 家法國商社。作為茶葉出口港的漢口，英國和俄國商人的活動是茶葉貿易的中心。上述的漢字公司名是其在中國的名稱，與其在俄國的商社名稱相對照，則如下表所示（表 2）[93]。

表 2　在漢口的俄國茶葉商社

中國名稱表記	俄國商社名	茶葉的交易額（箱）				
		1901	1902	1903	1904	1905
新泰（Xin-tai）	托克馬科夫・莫羅托科夫商會	54,788	57,172	110,541	78,364	106,378
阜昌（Fu-chang）	莫爾查諾夫・佩恰托諾夫商會	122,110	76,135	96,200	108,732	97,760
順豐（Shun-feng）	李維諾夫商會	98,449	85,979	69,805	73,889	80,322
百昌（Bai-chang）	波波夫兄弟商會	52,201	51,507	52,379	57,839	16,483
源泰（Yuang-tai）	納克瓦辛・維爾沙寧商會	8,188	15,064	20,474	15,810	3,504
巨昌（Chu-chang）	不明	14,424	18,270	10,495	—	—

出處：Lee Chinyun, "From Kiachta to Vladivostok", pp.208-209；水野幸吉，《漢口　中央支那事情》，頁 422-424。

※　商會名使用了李的標記，數據使用了水野的數值。另，李氏論文所記載的「莫爾查諾夫・佩恰特諾夫商會」的正確名稱應該是「莫爾查諾夫・佩恰特科夫商會」。

從上表中可以看出，有幾家商社活躍於 19 世紀後半期，但在 1901 年卻不見其名了。俄國商社中，20 世紀初期事業經營依然比較穩定的是「托克馬科夫・莫羅托科夫商會」、「莫爾查諾夫・佩恰托諾夫商會」和「李維諾夫商會」。

---

[92] 水野幸吉，《漢口　中央支那事情》，頁 422-424。

[93] 李今芸氏在前述論文中參照的《漢口駐在班調查報告書》第 105 卷，1906 年，頁 42-43 中的數據，與這裡使用的水野幸吉《漢口　中央支那事情》頁 422-424 的數據有微妙的差異，還需要另行探討。但是，數值的走向基本相同。又，確認這些俄國商社的中文標記時，獲得同事東洋史研究學者井上充幸氏的協助，特此致謝。

　　另一方面，從 1900 年到 1919 年，除去轉口貿易，漢口的進出口貿易淨額整體呈現增加的趨勢，從 1900 年的 57,050,639 兩，到 1919 年的 200,398,431 兩，大約增長了 4 倍（圖表 4）。這不僅是依靠長江的河運，1906 年京漢鐵路開通，打開了通往北京的陸路通道，並與西伯利亞鐵路相連接等，也是影響的因素。

圖表 4　漢口進出口貿易淨額統計（單位：兩）

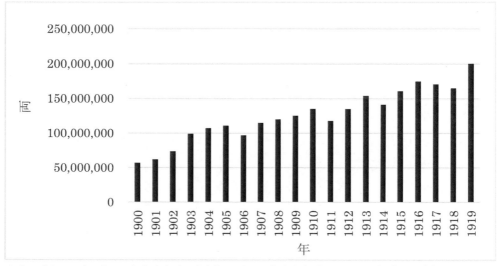

出處：《大正八年　漢口日本商業會議所年報》，漢口日本商業會議所，大正八年（1919 年），頁 9。

　　通過分析漢口貿易的數據，我們可以發現，1901 年到 1919 年的進出口中，出口常常超過進口，包括工業製品在內，作為出口港的特徵比較突出。相反的進口量與中國其他貿易港口相比，並不是很多，1910 年漢口的進口量次於上海、天津和廣東，居第 4 位。雖然在之後的 1912 年，漢口的進口量超過廣東，上升為第 3 位，但第一次世界大戰後，大連作為貿易港口的地位逐漸上升，並於 1917 年超過了漢口[94]。儘管漢口在進出口貿易中分別起著不同作用，但在清朝滅亡之後，它作為貿易港口的重要性也幾乎沒有動搖。相反的，當 1919 年持續多年的大戰結束後，一直短缺的外國商品進口量激增，呈現出前所未有的繁榮景象。在這樣的市場行情下，漢口的日本商業會議所在報告中記載了俄國的茶葉專門商社「阜昌洋行（＝莫爾查諾夫・佩恰托諾夫商會）茶葉倉庫隆茂」與其生意興隆的景象[95]。

[94] 《大正八年　漢口日本商業會議所年報》，漢口日本商業會議所，大正八年（1919 年），頁 12-13。
[95] 《大正八年　漢口日本商業會議所年報》，頁 1。

　　圖表 5 是英國統計的俄國茶葉進口量，可以看到其它有趣的趨勢。19 世紀末俄國開始進口錫蘭茶，1899 年時的進口量為 4,041,000 磅（約 1,830,573kg），1911 年為 20,428,000 磅（約 9,253,884kg），是從英國進口量的 10 倍。與此相對的是從中國進口茶葉的數量低於錫蘭茶。這只是英國統計的數值，主要統計的應是以海運為中心，經由敖德薩、波羅的海的俄國茶葉的進口數量。

圖表 5　英國統計的俄國茶葉的進口量（1000 英鎊）

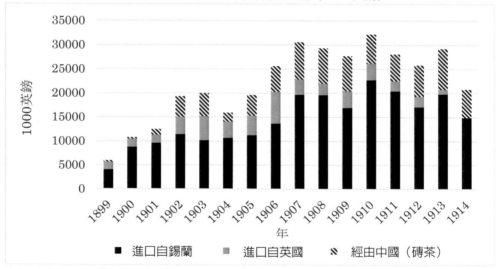

出處：C.A.Рогатко, *Итсория продовольствия России с древния времен до 1917г.*, С.937.
※　Рогатко 提到是引用 Н.П. Коломийцев, *Чай: Мировая торговля чаем и вопрос о казенной чайной монополии в России* 一書頁 27 的統計，但在該頁中沒有發現與此一致的數值。

　　另一方面，另一項統計顯示，俄國透過在亞洲邊界的茶葉進口貿易在 20 世紀後一直很活躍，相較 19 世紀呈增長趨勢。1908 年，歐俄邊境的茶葉進口量為 715,000 普特（約 11,711,700kg），與此相對的是經由亞洲邊境進口數量為 4,605,000 普特（約 75,429,900kg）。[96]如上所述，恰克圖、漢口依然發揮著重要的作用。

　　如此，漢口與俄國商人的茶葉貿易，與經由印度洋的海路運輸，一同構成了 20 世紀初期的俄國貿易網絡。但是這個體系因俄國革命的爆發而宣告結束。

---

[96] 左近幸村，《海のロシア史》，頁 64。

四、俄清貿易的結束與茶葉貿易

辛亥革命後，1912 年成立的中華民國繼承了清朝政權的同時，試圖將地方勢力統一到北京政權之下。這種政治的混亂加劇了歐洲各國的政治、經濟的介入，雖然爆發了第一次世界大戰，但中國主要貿易港口的交易額卻呈增長趨勢。我們可以從各國關稅額的比較統計來推測這個時期漢口出口俄國的商品規模。首先，1915 年的關稅負擔額中，英國船以 1,565,787,695 兩佔據第一位，其次是日本船的 1,314,663,390 兩。俄國船在中國船之後居第 4 位，關稅負擔額為 196,720,871 兩，差不多是英國船的八分之一。美國船在下一年的關稅負擔額超過了俄國船，俄國在漢口的存在感逐漸變弱。但 1917 年，俄國船的關稅負擔額又急劇增加，高達 1,136,661,277 兩，幾乎與日本船和英國船相匹敵[97]。

1917 年在漢口的俄國關稅負擔額突然增加，是由戰爭中軍隊的茶葉供給增加帶來的茶葉交易增長，以及歐洲方面運輸困難等原因造成的。但在第一次世界大戰即將結束的 1918 年，俄國的關稅額下跌到 200 多萬兩，而 1919 年未發現記錄。從這些數據來看，可以推測至少在 1918 年俄國船的茶葉運輸急劇減少，而鐵路等陸路運輸增加了。當然也有第一次世界大戰中受到交戰國德國從海路進攻的可能性，但當時中華民國政府和德國斷交，收回了德國在漢口的租界，因而其影響應該不大。由此看來 1917 年俄國貿易與關稅負擔額的激增只是一時的現象。

導致 1918-19 年俄國關稅額減少的最大原因可以說是俄國革命造成的混亂。漢口的茶葉貿易也因為出口俄國的不穩定性，以及禁止茶葉出口美國的措施，而受到重創。

俄國革命爆發之前，上述的沃高家族在 1915 年由於黑色百人團（Black Hundreds）的大屠殺（pogrom，通常特指對猶太人的集體迫害）而遭受毀滅性的破壞。對交戰國德國的仇恨被視為導火線，這時沃高商會不得不變賣資產，並且其實在 1916 年就中止了活動[98]。茶葉的專門商社「CARAVAN」在此時消亡了。另一方面，1920 年，北洋政府與蘇聯政府締結了新的協定，收回俄國租界。因此俄國商人失去在中國的茶葉貿易據點。蘇聯政府並且在格魯吉亞、阿布哈茲、阿塞拜疆等地開始了茶葉的栽培實驗，1936 年在克拉斯諾達爾地區開始栽培茶葉。加上印度茶的進口替代，蘇聯實際上中止了和中國的茶葉貿易。因此，帝政俄國時代構築的茶葉

---

[97] 《大正八年　漢口日本商業會議所年報》，頁 25。

[98] И.А.Соколов,*Чаеторговцы Российской империи; Биографическая энциклопедия*, C.62-67.

貿易網，隨著第一次世界大戰後的政治變動而斷絕了。清朝滅亡、中華民國及蘇聯的成立，加之後來滿蒙問題的發生等政治變化，使蘇聯與中國之間建構了與「帝國」不同的、新的政治與經濟關係。

　　如上所述，本文討論了 1860 年代以後俄國與清朝的茶葉貿易。從以上經過可以明確以下幾點：19 世紀後半葉俄國商人的製茶貿易非常活躍，19 世紀末雖依賴中國中間商，但已超過英國商人的中國茶葉交易，並通過像德裔的俄國商人沃高等外國商人，俄國商社的茶葉貿易利用陸海路線形成了廣泛的茶葉貿易路線。

　　不僅僅像沃高這樣的外國裔商人的活動十分突出，還有像波波夫商會這樣，和法國保持聯繫並進軍歐洲市場的俄國商社，實際上也發展了大規模的事業。在漢口經營著最大的俄國商社的托克馬科夫的名字也頻繁出現在茶葉貿易的資料上。通過這些貿易網絡，我們可以發現實際狀況並不像李今芸指出的那樣，俄國商人「只關注俄國市場」。

　　雖然俄國是茶葉貿易的主要市場，但是參與交易與運輸的人們並不是僅靠政府意圖就可以控制的，他們也利用了扎根於帝國多民族性、地域性的網絡。與其說進軍漢口的俄國商人們「只關心俄國市場」，不如說他們在英國商人佔據經濟優勢地位的中國市場，一邊受到制約，一邊運用在恰克圖貿易中積累的商業知識和經驗，在 1860 年代後打入了漢口市場。俄國商社在辛亥革命中並沒有受到致命的打擊，但俄國革命的爆發卻完全摧毀了俄國商社的根基，社會主義政權的建立則結束了「自由的企業活動」。但是已經形成飲茶習慣的俄國，把目光轉向了印度市場以及蘇聯國內栽培茶葉的可能性，開拓了新的進口地。俄清之間茶葉貿易終結的主要原因，是兩帝國幾乎同一時期爆發的革命，而不僅僅只是商人「關注」的問題。

　　並且，從上述的實際情況可以發現，處在世界經濟緊密化的延長線上的「俄帝國」商人的經濟網絡，在國際情勢的影響下，歷經與英國等歐洲各國商人的競爭、以及俄國商人和外國商人（尤其是德裔商人）在擅長領域的分化而帶來的結構變化，促進了技術、製造業的現代化。這是一種新的貿易結構，與 18 世紀俄國貿易完全依賴外國商人的狀態有著本質的不同。與中國市場的關係在天津條約簽訂後更加複雜，陸海路貿易更加活躍。現在也不被認為是「海洋國家」而是「大陸國家」的俄國，雖然海運業的發展要晚於英、美許多，但 19 世紀後半葉，俄國商人的活動範圍遍及整個歐亞大陸，絕不僅局限於小小的地理範圍內。

　　但是俄國商人的活動沒能成功應對社會主義國家蘇聯的成立這一政治體制轉換，以及前所未有的社會動盪。而中斷並停止了這種全球化潮流的，是第一次世界大戰與革命引起的世界經濟結構變化。可以說，這既體現了包括俄國商人在內的貿易商開始具備經濟的越境性，也說明了阻礙這種越境性的政治局限。

※本文是在 2017 年完成的〈1860 年代以後俄國與清朝的茶葉貿易──從連接莫斯科、恰克圖、漢口的流通的視點來考察〉（《東北亞研究》別冊第 4 號，2018 年 9 月，頁 101-124）的基礎上潤色修改而成的。

※關於資料收集，受到了科研費基礎研究 C「現代歐亞大陸的俄國商人與茶葉貿易」（代表：森永貴子、2013-2015 年）以及科研費基礎研究 C「19 世紀俄國茶葉貿易和全球化市場：會計帳簿的分析」（代表：森永貴子、2017-2020 年）的助成。

※在本文寫作過程中，關於中文史料資訊確認等，得到了同事立命館大學文學部東洋史專業井上充幸教授的建議和幫助。在此再次深表謝意。

第二十三章
近代過渡時期濟州島民的移動和跨國認同

（蘇文博　譯）

序論

　　迄今為止出版的大部分韓國歷史書，都將濟州島住民的歷史作為近代國民國家韓國歷史的一部分來記述。我想嘗試從這樣一國史的敘述中脫離出來，站在濟州島上的居民立場來解釋他們的歷史。一國史的歷史敘述和以地區為中心的歷史敘述有時一致，但有時對立。在很多情況下都是不同的。我要探索的是涵蓋這些對立與不同的各種歷史敘述的可能性。唯有這樣，才有可能擺脫以國家為中心的歷史觀。

　　濟州島是隸屬於韓國的島，從韓國的首都首爾來看，濟州島是離首爾最遠的邊境的島。但是，如果從近代國民國家的國境中心思考中脫離出來的話，濟州島則處於東亞海洋的正中間，它的周邊是韓國半島、日本、中國、台灣等國家。是政治上、經濟上、軍事上的要地，也是具有代表性的觀光地。

　　濟州島在過去的漫長歲月裡，一直以耽羅國之名維持著獨立性。當時，島民建造船隻，與朝鮮半島、日本和中國的很多地區展開交流。從 12 世紀開始受到高麗統治，濟州這個名字便取代了耽羅。[1]高麗之後的朝鮮國也統治了濟州，在朝鮮時代，濟州始終是離首都漢陽最遠的邊境島嶼。

　　朝鮮國政府在濟州島上建造了牧場，讓濟州負責管理養馬業。朝鮮國政府只關心島上住民生產繳納的海產物。隨著中央政府的掠奪越來越嚴重，濟州島居民以各種形式反抗統治。最強烈的抵抗就是離開島嶼成為「海洋遊民」。對此，政府下達了出海禁令，阻止所有住民離島。政府剝奪了漁民的船，強制他們靠農業和畜牧維持生活。1629 年下達的禁令持續了約 250 年之久。[2]

---

[1]　全京秀，〈文化主権と'済州海女'と海軍基地〉，《濟州島研究》，38（韓國濟州學會，2012），頁 13。
[2]　李映權，《朝鮮時代　海洋流民の社会史》（韓國：ハヌル，2013），第 3 章。

　　到了近代，朝鮮受到日本帝國的侵略成為殖民地。日本帝國在朝鮮設立總督府負責統治，朝鮮人成為日本帝國殖民地的住民。濟州也聚集了日本的漁民，他們作為海洋資源管理者獨佔了資源，濟州島民苦不堪言。但是另一方面，濟州島居民卻從朝鮮時代長期束縛自己的禁令枷鎖中，獲得解放的機會。他們得以出島了。

　　島上的海女開始在接近朝鮮半島南海岸一帶工作，在釜山建立據點之後，活動範圍又接著擴大到整個朝鮮的海岸。此外，濟州島民也移居到以日本大阪為中心的工業地帶當勞工。隨著移居人數的增加，濟州島民的活動範圍陸續擴展到東京、仙台、九州等地。到了 20 世紀 30 年代末，幾乎一半的濟州島居民都移居島外。就這一點而言，日本的殖民統治時期既是濟州島民感到痛苦的時期，同時也是發現新的可能性的時期。

　　1945 年太平洋戰爭結束，日本的領土又恢復為帝國以前的狀態。朝鮮分為韓國和北朝鮮，中國和台灣也分離開了。由此建立了日本帝國時代所沒有的國境框架。對於已經脫離濟州島，在釜山、大阪、東京等地區形成共同體，並且自由往來於此的濟州島民來說，不知該如何接受國家的界限。然而此後濟州島民此後依然以各種方法越過國境，繼續往來各地。這種現象一直持續到 20 世紀 80 年代。

　　這篇論文試圖整理濟州島民的移動和生活，及其超越特定地域界限建構的網絡及其歷史意義。同時，通過這篇論文闡明，長期以來在發展中受冷落、被剝削的濟州島民跨越國界，藉由在東亞各地移動、務工，結合為屬於他們自己的共同體，在其背後，是他們跨國的認同感。

一、歷史中的濟州：從耽羅到濟州

　　國家（State）這個概念被認為是階級分化後，超越種族共同體的水準而具備統治組織的狀態。對此，有人認為耽羅國是一個與高句麗、百濟、新羅同等水準的國家，但是也有人認為耽羅還沒有達到國家的程度，他們稱耽羅為「酋長社會（Chiefdom Society）」。[3]不過儘管社會發展未達到與高句麗、新羅、百濟相同的階段，但耽羅國具有自主運作的政治體制這一點並無疑議。[4]

　　從耽羅（濟州島上的政治體）和其他地區國家交流的記錄來看，鮮有其他地區

---

[3]　秦榮一，《中国古代中世済州の歴史探索》（韓國：濟州大學校耽羅文化研究所，2008），頁 33。

[4]　パクウォンシル，〈耽羅国の形成・発展過程の研究〉，《西江大學大學院碩士學位論文》（韓國，1993）。
　　秦榮一，〈古代耽羅の交易と「国」形成考〉，《濟州島史研究》，4（韓國濟州島史研究會，1993）。
　　秦榮一，〈高麗前期耽羅國研究〉，《耽羅文化》，16（韓國濟州大學校耽羅文化研究所，1996）。

的船隻來到耽羅。相反的，記錄顯示，耽羅人不只積極前往百濟、新羅，同時還遠赴日本、中國等地交流，向百濟、新羅供奉土特產。另外，還有關於耽羅人航海漂流到日本與中國的記錄。耽羅人自己造船，乘船到其他地區交流買賣。在這一點上，耽羅人非常積極地與其他地區互動往來，同時也顯示他們能自己建造遠航船隻，並擁有航海技術。[5]

雖然耽羅的住民喜歡飼養牛和豬，且有關耽羅住民積極從事商業活動的記錄也頻繁出現，但幾乎看不到他們「務農」的記錄。他們交易時出售以貝類、鮑魚等海產品為主的各種特產，而採購回食品和各種生活用品。可以說，耽羅的住民不僅有長期從事水產業的經驗，而且造船用的木材也很豐富，建造能力也很優秀。[6]

高麗把耽羅編入地方政府組織是在1105年。儘管政府派遣了地方官，但統治濟州島的地方本土勢力仍然握有權力。因此，來自高麗政府的直接統治是有限度的，只停留在依靠土著勢力繳納租稅的程度上。

高麗時代後期的 1273 年，蒙古軍隊進入濟州，濟州被置於蒙古統治下，設置了耽羅總管部，此後的百年間，耽羅從高麗王國中分離出來，並接受了元朝的直接統治。期間，飼養蒙古馬的專家來到濟州，改變了濟州島的產業結構。蒙古人還嘗試著在濟州島飼養駱駝等各種家畜，但其重點依舊是馬的養殖，他們定期將馬進貢給元朝，據說一次就要進貢給元朝 400 至 500 匹馬。[7]

1392 年，高麗被朝鮮取代後，耽羅國的土著統治勢力失去了自己的權力並隸屬於中央政府。從那時起，濟州島受到比高麗時代更強力的中央集權體制的統治。高麗時代的政府從住民那裡接受島上的特產。但在朝鮮時代，不僅收受各種特產，而且還建立了納貢系統以及用於養馬的國營牧場體制，同時還將土著勢力編入純化的統治體制。

當時，濟州島以海為生的人很多。他們被稱為「浦作人」。但是，朝鮮政府的海洋政策是空島政策。所謂空島政策就是把在海上的活動最小化。不把海洋這個空間看作是生產空間，水產業僅被限制在沿岸進行。朝鮮政府的海洋政策完全沒有理解和支持浦作人的活動，當浦作人感到政府不僅妨礙自己的海洋活動，還提高稅收掠奪財產時，便乘船與家人一起逃出濟州島。因為他們已找不到住在濟州的理由。

---

[5] 金日宇，〈済州の人々の海上活動とその類型（高麗時代以前を中心に）〉（大韓民國海洋聯盟，2004），頁 73。

[6] 趙誠倫，〈済州島海洋文化の傳統の斷絶と繼承〉，《耽羅文化》，42（韓國濟州大學校耽羅文化研究所，2013）。

[7] 金日宇，《高麗時代耽羅史研究》（韓国：新書苑，2000），頁 296-298。

離開濟州島的浦作人家族散居全羅道、忠清道、慶尚道等朝鮮本土海岸地區，此外還有一部分浦作人流入中國和日本的島嶼定居下來。[8]

隨著濟州人口的不斷減少，政府對島民下達了出海禁令。也就是說，所有的濟州島民沒有得到政府機關的許可就不能乘船，沒有特別的理由就不能航海。無法逃離的島民被動員到交賦稅、服徭役和製作貢品上。

1629 年下達的禁令直到朝鮮末期才解除。出海禁令最大的問題是把濟州人困在島上。這相當於剝奪了濟州人以海為生的空間。因此，當朝鮮後期濟州島民無法乘船，且遠離大海，則水產業、造船業消失，海外貿易也跟著消失了。取而代之的是，濟州的主要產業變成養馬、務農。當然，也有在海岸邊採集海螺、鮑魚、海草裙帶菜等，將其曬乾後作為特產向中央政府進貢並部分售賣的情況，但比重不大。

二、海女們的外出勞動

在帝國列強的壓迫下，日本通過明治維新建立了近代國家。此後，日本通過積極開展富國強兵政策和海外擴張政策，逐漸變成了日本帝國。而成為帝國的第一步就是在 1876 年，日本強制朝鮮開放港口。之後，日本的漁民逐漸來到朝鮮，濟州也是重要的地區之一。來到濟州的漁民大多出身於下關、長崎和鹿兒島。他們是擁有船和各種機器，且具備從事水產業的財力的人。他們從 19 世紀 90 年代開始獨佔濟州島的水產資源。濟州島民雖然進行了抵抗，但是很快就被鎮壓了。[9]

1910 年，日本正式展開殖民統治，更多日本人認為濟州島是發展水產業的最佳場所，大舉進入。日本人利用性能好的船、發達的捕魚技術和潛水機船等優勢，支配了濟州豐富的海上漁場。同時建設漁獲處理工廠並將成品運往日本和大陸。

這些日本人聚集在朝天、咸德、明月、杏源里、城山浦、西歸浦、毛瑟浦等濟州島的灣口。在這些地區設置警察駐地、登記所、郵局和學校。這種發展海岸地區及其產業的政策目的是為了日本人，同時也對村民活躍的經濟活動發揮到很大的作用。島上居民積極投入比過去更具有高經濟價值的漁業活動，特別是海女的活動比以往更加活躍了。濟州的男性受僱於日本人的船，海女則從海中捕撈鮑魚、海參、

8　李映權，《朝鮮時代　海洋流民の社會史》（韓國：ハヌル，2013），第 3 章。

9　姜萬生，〈韓末日本の済州漁業侵奪と島民の対応〉，《濟州島研究》，3（韓國濟州島研究會，1986）。

海膽和各種海草類。日本組織了漁業工會，將其生產的海產品全部商品化。[10]

　　另外，1910 年代日本漁民開始使用潛水艇濫捕，造成海岸資源枯竭。濟州的海女雖然擁有在海岸採集鮑魚和海螺等的優秀技術，但是從漁場採到的成果卻日漸減少。於是，日本船主和商人將視線轉向海女不活動的朝鮮半島海岸地區。他們招募潛水能力優秀的濟州海女，使其乘船遠征，外出勞動。擁有船隻的船主在村子裡四處招募想外出打工的女性，向其父母預付女兒三到四年的工資後，讓女性乘船前往朝鮮和日本的漁場，長期勞動。這樣一來，濟州女性不僅去釜山、慶尚南道，還去了湖南、江原道、咸鏡道，甚至包括日本的對馬和日本各地海岸以及中國、俄羅斯的符拉迪沃斯托克。

　　照片 1 顯示的是濟州的海女為了外出打工而造訪過的朝鮮半島和日本各地，以及中國的大連和青島、俄羅斯的符拉迪沃斯托克等地。[11]濟州外出打工的海女在 1929 年是 3,500 人，同一時期濟州島內的勞工有 7,500 餘人，合計超過萬人。當時濟州人口在 20 萬以下，所以至少有 5%的人口是海女。尤其赴日打工能比在濟州島工作多出 4 倍左右的高收入，海女對外出打工的願望也越來越高。

照片 1 　殖民地時期濟州海女的外出勞動軌跡

出處：濟州海女博物館展示室。2019 年 5 月 19 日筆者拍攝。

---

[10] アン・ミジョン，〈植民地時代の韓・日海域の資源と海女の移動〉，《韓國民族文化》，3（釜山大學校韓國民族文化研究所，2016）。

[11] 伊地知紀子，〈帝國日本と済州島チャムスの出稼ぎ〉，《日本學》，34（東國大學校日本學研究所，2012），頁 71-117。

　　濟州島廳發布的《濟州島勢要覽》統計顯示，1937 年赴日的濟州海女為 1,591
人，其中對馬 750 人、高知 130 人、鹿兒島 55 人、東京 215 人、長崎 65 人、靜岡
265 人、千葉 51 人、愛媛 10 人、德島 50 人。她們分布在許多地區，外出打工的人
口數也達到頂峰。[12]

　　像這樣以東亞的海洋為生的濟州海女，最初往往一年只工作幾個月便回故鄉，
但有時也有在日本漁村定居生活的例子。像是千葉縣安房郡和田町一座叫長興院的
寺廟共有 40 多座墳墓，其中一半以上是濟州海女及其身邊人員的。濟州出身的朴
基滿收購了該地海岸的捕魚權，在故鄉的村莊募集海女，展開事業。漸漸在當地扎
根的海女增加了，海女及其家人落腳生活，終其一生沒有再回故鄉。[13]

　　濟州的女性作為海女遍及朝鮮半島全境，甚至遠赴日本、中國、俄羅斯；而男
性也登船成為船員。如此一來，濟州人終於再次成為以海為生的人。濟州島的居民
在日本漁民手下當勞工，積極學習日本漁民從事漁業的態度和活動，由此誕生了在
海上從事漁業，以大海為生的新群體，解放後成為韓國漁業的骨幹。

三、在日濟州人社會的形成

　　如前所述，殖民地時代初期的海女活動很活躍，同時還有人數不亞於此的濟州
島民開始在日本的阪神工業區、北九州工業區等地擔任勞工。1914 年左右，大阪的
紡織工廠在濟州招募工人，為其嚆矢。[14]

　　1922 年，連接濟州島和大阪的郵輪開通以後，濟州人為了掙錢離開故鄉而去了
日本。此前，濟州島民為了去日本，不得不到釜山和木浦乘船。而自從大阪的航線
開通後，他們就可以用更加廉價的船費去大阪了。[15]

　　李俊植認為，之所以能夠實現直航路線，是因為濟州島民積極的出國潮流與資
本方的利害關係一致。大阪的基礎是勞動密集型的中小企業，大阪的資本家、行政
當局和媒體給予濟州島出身的勞動者「勤勉誠實」的肯定評價。大阪的資本家尋求

[12] ジャンヒェリリョン，〈済州の海女－海を横断するトランスナショナル遊牧主体〉，《比較韓國學》，
19：1（國際比較韓國學會，2011），頁 206。
[13] 金榮、梁澄子，《海を渡った朝鮮人海女》（日本：新宿書房，1988）。
金東栓，〈在日済州人‘済州島水産業の先覚者’朴基滿と海女の移住と定着〉，《アジア・太平洋地 域の移住
とトランスナショナリズム：国際比較韓国学会学術大会発表文集》（韓国，2010），頁 23-32.
[14] ソ・ジョン，〈植民地の時期に、日本工場に行った済州女性〉，《比較韓國學》，18：3，（韓國國際比較
韓國學會）。
[15] 杉原達，《越境する民：近代大阪の朝鮮人史研究》（日本：新幹社，1998），第Ⅲ章。

在惡劣條件下工作的低工資勞動力，而「勤勉誠實」的品行正符合他們的需求。這樣的正面評價成為大阪資本家持續僱傭的基礎。由於濟州島的經濟結構在很大程度上依賴在日勞工的匯款，濟州島當局積極地帶頭輸出勞動力。[16]

抵達定期郵輪終點站大阪的人，在日本最大的工業地區大阪、神戶、京都一帶當工人或者個體戶定居下來的情況最多。濟州島民逐漸將居住地擴展到東京、名古屋、九州、仙台等地。能夠實現這種擴張，李俊植認為最重要的原因是：「濟州島特有的社會網絡發揮了降低渡日風險的作用。」

濟州島民第一次去日本往往會找父母、兄弟姐妹、叔父等親戚或是同村的熟人同行。他們聚集在特定地區，在大阪這個異鄉之地，另建了一個濟州。首先在大阪安頓的人，一方面向濟州島傳達大阪的消息，另一方面也幫助故鄉的家人、親戚赴日，留在濟州島的人也會在得到來自大阪的資訊後前往日本。濟州島以原有的聯絡網為基礎，使其與大阪之間的聯絡網急速擴張，出國者急速增加，這樣的社會網絡為促進赴日發揮了重要作用。

相較於同行業的日本工人，濟州島出身的工人雖然在惡劣的條件下工作，但只能領更少的工資。落腳時也找不到房子，只能聚居在日本人不願意居住的不良住宅、臨時建築、畜舍、傳染病患者收容設施等惡劣的環境裡。即使幸運地找到房子，也需要比日本人更多的保證人和更高的保證金，屋主的蠻橫和由此引發的租房爭議接連不斷。[17]

隨著最初單身離島，在都市當工人和個體戶的年輕人逐漸結婚成家，第二代逐漸出生成長，在日濟州人在當地社會中佔據很大的比例。同時，父母在大阪和東京工作，孩子被送回濟州在祖父母撫養下求學的情況也很多。

就這樣，在日濟州人社會與濟州島的家人、親屬、村民的聯絡網錯綜複雜地交織在一起，且規模不斷擴大。在大阪等大城市定居的濟州人逐漸增加，雖然濟州人口不到 20 萬，但有超過 5 萬人在日本定居，其中以大阪為首，在日本形成了另一個濟州社會。具體的人口變化趨勢如表 1 所示。在日本帝國的統治時期，日本是內地，朝鮮、台灣、南洋群島是殖民地，但都是日本帝國的領土。濟州島民出國時，只要有渡海許可證，不僅可以去日本，還可以去台灣、南洋群島。也就是說，只要是日本帝國的領土，哪裡都能去。國家範圍廣的時候，人的移動稱為「人的移

---

[16] 李俊植，〈日帝植民地期における済州道民の大阪移住〉，《韓日民族問題研究》，3（韓國韓日民族問題學會，2006），頁 13-14。

[17] 李俊植，〈日帝植民地期における済州道民の大阪移住〉，《韓日民族問題研究》，3（韓國韓日民族問題學會，2006），頁 20。

居」。濟州島民大部分人力在島外工作，在朝鮮半島和日本分別形成了以釜山和大阪為中心的在日濟州人社會。

表 1　在日濟州島民的推移

（單位：人）

年份	出國者			歸來者			留守者累計
	男	女	計	男	女	計	
1923							10.381
1924							19,552
1925							25,782
1926	11,742	4,120	15,862	10,029	3,471	13,500	28,144
1927	14,479	4,745	19,224	12,015	4,848	16,863	30,305
1928	11,745	5,017	16,762	10,100	4,603	14,703	23,564
1929	15,519	4,903	20,418	13,326	4,334	17,660	35,322
1930	12,029	5,861	17,890	15,175	6,251	21,416	31,786
1931	11,635	7,287	18,922	12,512	5,533	17,685	33,023
1932	11,695	9,719	21,409	10,382	7,925	18,307	36,125
1933	15,723	13,485	29.208	12,356	5,706	18,062	47,271
1934	9,060	7,844	16,904	8,115	6,015	14,130	50,045
1935	4,327	5,157	9,484	5,986	5,175	11,161	48,368
1936	4,739	4,451	9,190	6,037	5,058	11,095	46,463

出處：桝田一二，〈濟州島人的內地[18]勞働〉，《昭和 14 年濟州島勢要覽》（濟州島庁，1939），頁 20。

四、帝國的解體、國境和偷渡

在日韓國人社會是朝鮮被強行納入日本帝國版圖後成長的人赴日生活所形成的群體。從 20 世紀 20 年代日本產業化發展以來，直到 1940 年為止，在日韓國人大量增加，其中主要是下層民眾，又以韓國慶尚道的人最多，接著是全羅道，然後是濟州島。1945 年 8 月，戰爭結束時，留在日本的朝鮮人總共超過 200 萬。他們幾乎都想回到祖國的故鄉，但是許多人因為各種原因沒能回去。

其中，在日濟州人是指出生並生活在濟州，後來到日本謀生的人及其在日本的第二代與第三代的統稱。若按時期可區分為以下幾類：

A. 從 1920 年代到解放前乘坐君之代丸（船名）赴大阪的人：在日本最大的工業區大阪、神戶、京都一帶當工人或個體戶定居下來的人。

---

[18] 譯者注，此內地，在日語中指第二次世界大戰中與殖民地這樣的「外地」所相對的日本的本國領土被稱為「內地」。

B. 1942 年到 1945 年 8 月，被強制動員徵召或徵兵的人：倖存者幾乎都回國了，不過仍然有相當一部分留在日本。

C. 偷渡的一代：解放後回到故鄉的人很多都沒有定居下來，而選擇再次前往日本。另外，隨著「4.3」事件等國家暴力對民眾的鎮壓越來越嚴重，因此逃往日本的人也很多。

D. 新來的一代：1965 年韓日即便已建交，仍不易往來。直到 1986 年韓國推動自由行的旅行措施，前往日本的韓國人才急劇增加，濟州島民前往大阪和東京的人尤其多。

A 組和 B 組是 1945 年以前形成的群體。戰後，美國軍事統治和日本政府剝奪了解放前給予殖民地居民的日本人的資格。對朝鮮人的日本人資格的剝奪，不論是出於意願而在日本定居的人，或者像 B 組那樣在戰時被動員，最終無法回國而在日本定居的人，都包括在內。在日濟州人幾乎都屬於 A 組。父母一代在濟州島，子女一代在大阪或者東京居住的事例很多，也有很多兄弟各在濟州島和日本建立了生活基礎而定居。C 組和 D 組是戰爭結束，劃定新的國境線後前往日本的群體。設置在長崎縣大村市的大村收容所主要是與 C 組相關的設施。美軍和日本政府允許朝鮮人離開日本返回韓國，但禁止回韓國後再返回日本。許多人雖然知道是非法的，但還是選擇了「偷渡」。偷渡主要是從釜山前往日本，80%以上的偷渡者出身於濟州島。偷渡成為構成新的在日濟州人的重要因素之一。

當然，包括朝鮮戰爭時期在內的 20 世紀 50 年代，韓國全國各地也有偷渡到日本的人，他們偷渡是為了留學、掙錢，或者逃避兵役等各種理由。但是，濟州島民很多是為了維持在濟州、釜山、東京、大阪之間形成的網絡，為了生活而跨越國境。

另一方面，韓國政府也和日本政府一樣，沒有意識到也沒有考慮到在日本社會內形成的多樣化的濟州人共同體與居住在濟州島的家人、親屬和村民之間形成了緊密的網絡，它是雙向互動的。不，甚至可以說韓國政府並沒有意識或考慮到這一點的意圖。20 世紀 70 年代以後，偷渡的濟州島民們利用了居住在日本的家人、親戚以及村民之間的網絡。由於韓國的產業化，在前往首爾和釜山的城市打工的潮流中，濟州島民的外出打工地點是日本。這說明他們和日本的心理距離很近。

大村收容所收容的是違反入境管理法的人，並且遣送他們回國或遣返北朝鮮。曾待過大村收容所的人中，70%以上是濟州人。居住在日本的韓國人中，來自濟州島的人遠遠少於慶尚道的，但偷渡者和收容於大村收容所中的大都是濟州人。[19]對

---

[19] 趙誠倫，〈在日済州人と大村収容所〉，《コリアン・ディアスポラと在日済州人学術大会発表文集》，

於被大村收容所收容的濟州人，玄武岩指出：「在大村收容所全面中斷集體遣返、收容人數達到頂峰的時期，超過 1,600 名的囚犯中，有 1,000 人以上是濟州島人。濟州島和朝鮮、濟州人社會連為一體，共享生活空間。」[20]他出示的資料中，20 世紀 70 年代，大村收容所收容的大部分是濟州人。在此基礎上，我認為不僅那個時期，從大村收容所設立初期到結束其使命為止，濟州人一直都占有 70%-80% 的比例。

在日本居住的韓國人中，濟州島出身比慶尚道、全羅道出身的人少得多，但是偷渡的人，或者被大村收容所收容的則多是濟州人，這是為什麼呢？那是因為濟州人在日本社會內構築的共同體與濟州島不斷交流的網絡。日本的濟州人共同體向濟州島持續發送信號，對此濟州島民也為了擺脫貧困或政治危險而「偷渡」，成為在日本的共同體的成員。在日濟州人的共同體與慶尚道或全羅道出身不同，它不間斷地接受濟州島民出國，並且是在重構過程中不斷變化的發展性共同體。

在日本社會，在日濟州人作為在日韓國人社會的一部分生活著。濟州島民和慶尚道等其他地區的人一起組織朝鮮人總和合會和民團一起活動。同時，濟州島民還建立了像日本東京濟州道民協會、關西濟州道民協會這樣的屬於濟州島民自己的組織，還有像高內里親睦會這樣，以濟州的村為單位的組織。

即便是在日韓國人中，在日濟州島民同鄉的形式聚集在一起，互相聯繫。打從第一次來到日本，他們就依靠親戚和老家的網絡移動，對於決定在日本定居、選擇職業，以地區為單位的居民網絡都有很大的影響。當然，這不僅僅局限於濟州島民。慶尚道或全羅道出身的也基本相同。但是，在日韓國人中，濟州島出身的人比其他地區凝聚力更強。[21]即便是在日本社會中也表現出高度團結，與故鄉的聯繫也是最緊密的，這一點無可否認。濟州島出身的人和其他地區的居民有著格外不同的特性。在日韓國人社會中，來自濟洲、慶尚道和全羅道等其他韓半島地區的人混雜在一起生活，我們也經常這樣加以範疇化。特別是受到當今以「國家」為單位來思考的強烈的時代影響，更是如此。在日濟州人平時也理所當然地接受這一點，進行總聯和民團組織活動時也是如此。同時，在日本社會中，遇到同樣的在日韓國人時，自然就想確認自己是屬於同一群體的「韓人」。但是仍需注意到濟州島民與韓

（大阪市立大学人権問題研究センター，2012）。

[20] 玄武岩，〈密航・大村収容所・済州島—大阪と済州島を結ぶ「密航」のネットワーク〉，《現代思想》，35：7（日本，2007），頁 170。

[21] 李文雄，〈在日済州人の儀礼生活と社会組織〉，《濟州島研究》，5（韓国済州島研究會，1988）。李文雄，〈在日済州人社会における地緣と血緣〉，《韓國人類學の成果と課題》，（首爾集文堂，1998）。

國其他地方出身的人有著不同的歷史淵源。

　　談到在日韓國人移居日本時，經常被講述的是他們在經濟上的困難，以及他們適應日本社會的故事。在日本生活首先會浮現的是遭受民族歧視而受苦的印象。在日濟州人赴日最大的理由當然是經濟，他們在日本工業區當工人，或者作為都市的下層人定居下來。因此，韓國介紹在日濟州人時，往往會說「濟州人克服了貧困。克服了所有的逆境站了起來。在各種歧視和蔑視中，奠定了在日濟州人社會的基礎。」但是，這樣的說法很難說明韓國其他地區出身的人和濟州出身的人之間的差異。

　　現在，要討論在日濟州人移居日本的問題，有必要把濟州島民看作與朝鮮半島居民有著不同獨特性的集團。在漫長的歷史中，濟州人經歷了蒙古入侵和朝鮮時代的出海禁令等各種苦難。從外來勢力入侵和中央政府掠奪的觀點來看，居住在韓國本土和濟州島的人所處的逆境沒有太大變化。但是，20世紀10年代日本殖民地時代的濟州人反而擺脫了中央政府的統治，採取了利用日本的積極態度。移居日本是一個忠於克服貧困的目的意識的人生開拓過程。關於這一點，高鮮徽說：「根據濟州島人的國家觀，濟州島是一個國（country）。濟州島是一個國的話，韓國就是一個國家（state），對韓國這一國家的歸屬意識只不過是觀念上的東西，它接近於外國，與對國（濟州島）的歸屬意識在現實中並不重疊。因此，濟州島人的國家觀具有國（濟州島）和國家（韓國、朝鮮半島）的雙重結構。濟州島的人根據不同情況，將國和國家分開使用。和濟州島同僚的關係是國的意義上的，和朝鮮半島出身者的關係是國家意義上的。從濟州島人的國家觀看，濟州島人的韓國的國家觀是在朝鮮戰爭以後被植入的。與此相比，濟州島人（國）的意識從在歷史上能夠堅守自主性的過程中就可以看出，已經內在化。」[22]

　　我認為這個說法已經在一定程度上說明了濟州島人的跨國認同。當然，他提出的認識框架是有問題的。他提出的「國／國家」的區分，在討論日本人的意識結構時是很自然的，但在韓國是不常見的認識框架。相較於日本，在朝鮮半島成立的高麗、朝鮮等政權，朝鮮在很多地方強化了中央集權。與其他地方相比，濟州島對中央的向心力確實低得多，但即使如此，能否用國的觀念來說明這一點還是存有疑問的。

　　不管怎麼說，濟州島的人對中央政府的歸屬意識與朝鮮半島出身的人有著相當大的不同。對於濟州島的人來說，以濟州島為中心去首爾，與去日本或中國也許是一樣的。特別是往返於大阪和濟州島的定期航線從20世紀20年代開始一直持續到解放前。對於坐著郵輪往返於濟州和日本的濟州島民們來說，大阪港在心理上比首

---

22 高鮮徽，《20世紀の滯日済州島人―その生活過程と意識》（日本：明石書店，1988），頁40-41。

爾更近。

　　但是，現在新來者增加了。1965 年建交後，韓日之間的往來依然困難。直到
1986 年韓國實施旅遊自由化後，前往日本的韓國人激增。特別是 21 世紀韓流熱潮
爆發後，留學生自不必說，去尋找職場的勞動者也大幅增加。我們稱他們為「新來
者」（newcomer）。在日韓國人中，新來者所佔的比例不斷增加，而日本大阪和東
京的濟州人共同體中，第一代已經沒多少人在世，已經以第二代和第三代為中心。
在日本出生的第二代、第三代沒有偷渡的概念，他們的父輩偷渡過來是與自己無關
的遙遠的故事。而且 20 世紀 90 年代以後，偷渡對他們來說不是重要的問題，他們
在日本出生、上學，畢業後在日本就業。然後結婚生子，一邊養孩子一邊生活。對
他們而言，已沒有要回的故鄉了。但是故鄉的網絡還在。他們以父母一輩擁有的網
絡為基礎，出入濟州島。向故鄉捐助各種資金，擴大與濟州島的合作。像這樣在彼
此交流過程中不斷變化的在日濟州人共同體，至今一直是守護濟州島的支柱。它作
為拓展濟州人活動領域的另一個濟州而存在。因此，必須關注在日濟州島民同時具
有與濟州島相連的命運共同體的性質。

五、結語

　　在日韓國人是 20 世紀日本帝國時代形成的群體，在日濟州人是其中特別的一
部分。和所有的離散者（diaspora）一樣，在日濟州人從日本殖民地統治時期開
始，自 1920 年代初開始大量赴日。往返於濟州和大阪的定期郵輪在濟州各個村子
的港口停靠，去日本的交通比去韓國本土還方便。從濟州到日本的人有時一年超過
5 萬，特別是在殖民地時代，濟州人民的活動空間與日本帝國的殖民地版圖基本一
致。濟州人不僅在釜山，足跡遍佈整個朝鮮半島和日本、台灣、大連以及符拉迪沃
斯托克等地。濟州島民所經歷的近代相對開放且活躍。他們的工作多半是海女或
工廠工人，也有商人或船員。僅從這一點來看，濟州島民在殖民地統治中，是處
於日本資本主義經濟結構中最底層的勞動者，但同時這也是他們積極選擇的生存
戰略。[23]

　　濟州島民擺脫了被封閉的島，來到比朝鮮半島更寬廣的日本大城市，體驗了近
代資本主義社會的生活。他們在當地結婚，生了 2 代、3 代，組建家庭，也曾在日

---

[23] 李俊植，〈日帝植民地期における済州道民の大阪移住〉，《韓日民族問題研究》，3（韓國韓日民族問題
學會，2006），頁 20。

本參加勞工運動，接受近代思想和教育。幾百年來，因出海禁令而生活在被封閉的
島上的濟州島民，將他們的生活舞台拓展到日本和日本殖民地。結果，他們進入了
比朝鮮半島的人更廣闊的世界，形成了自己的生活共同體，接受了近代價值觀，並
形成自己的網絡。從這個意義上來說，對於濟州島民而言，日本帝國的統治版圖就
是他們創造自己新人生的新天地。

　　1945 年戰爭結束了。日本的殖民統治也結束了。隨著日本帝國瓦解，分成了日
本、北朝鮮、韓國、台灣、中國、蘇聯等國家。而且，國家之間出現了看不見的圍
牆。但是，濟州島民已經在釜山、大阪和東京形成了共同體，他們在相互連結的緊
密網絡中生活，跨越了國家這一壁壘，維持著緊密的關係。其中最被廣泛利用的手
段是偷渡，他們因此不斷遭受痛苦，成為罪犯，這種密切的關係網一直維持到 20 世
紀 80 年代末。

　　在日濟州島民中有一種常見的模式。其中一種情況是，家人住在日本，部分兄
弟姐妹在 20 世紀 50 年代末乘坐「北送船」前往北朝鮮，住在平壤，而父母和親戚
則在濟州島。戰後的四三事件時期，20 世紀 50 年代從濟州島逃脫偷渡到日本的人
之中，有很多都是「總連」的幹部。因此，即使想回故鄉濟州島也無法成行。直到
20 世紀 80 年代止，這些人經常造訪平壤，但最近為了回鄉，有些人改換為民團的
籍貫。

　　濟州島民移居日本的歷史還沒有結束。現在依然有一些濟州人定期往返於日本
和濟州工作，或拿著一兩年就業簽證到在日濟州人的親戚經營的工廠工作。但是，
目前的整體趨勢正在變化。在日濟州人經歷了形成期、持續成長期，最後陷入了停
滯狀態。與此同時，韓國、日本、北朝鮮等跨越國境連結的血緣關係網也日益稀
薄，最終將慢慢地被日本社會所吸收。但是在日濟州人在近代過渡期的跨國經驗，
在濟州人規畫自己的未來時，還將發揮重要的作用吧。

第二十四章
1910-1930 年代蒙古族的文化教育活動：
以東蒙書局、蒙古文化促進會
及東北蒙旗師範學校為例

娜荷芽

一、前言

　　中華民國政府成立後，為避免蒙古地區發生政治分裂危機，自 1912 年至 1932 年陸續發布了「蒙古優待條例」、「蒙古盟部旗組織法」決議案等一系列優待懷柔政策。與此同時，民國政府在內蒙古地區設置實施特別行政區和省制，採取旗縣並存等制度，在客觀上大大削弱了蒙古王公在蒙古地區傳統的自律性支配及在軍事、行政、司法方面的各項權利。這一時期中央政府及地方政府對蒙政策缺乏統一性，特別是在內蒙古地區社會文化事業方面，主要是以蒙古族人士與各地方政權交涉的形式來推進的。中央政府對內蒙古地區的文化教育事業真正得以實施的時期是在1930 年代以後，但此時其實效統治地區卻已大大縮小。

　　1910-1930 年代以蒙古族開明王公及知識份子為中心自主進行的社會文化活動及教育事業取得了一定成果。其中，1926 年成立於奉天的以發展蒙古文化、振興蒙古教育為宗旨的東蒙書局、1928 年在奉天以東蒙書局為基礎設立的蒙古文化促進會、1929 年在郭道甫以及蒙古文化促進會其他成員的共同努力之下建立的東北蒙旗師範學校[1]等尤具代表性。

---

[1] 娜荷芽，〈東北蒙旗師範学校及びその学報『東北蒙旗師範学校専刊』について〉，《東北アジア研究》（島根県立大学，2019 年 12 月），第 5 号，頁 67-82。

二、民國時期對蒙文教政策

自 1912 年至 1930 年代初，北洋政府及南京國民政府陸續制定並實施了對蒙文教政策。1912 年 5 月，北洋政府在內務部下設蒙藏事務處（同年 8 月改稱蒙藏事務局），貢桑諾爾布出任總裁，姚錫光任副總裁。蒙藏事務局直屬國務總理，分設總務科、民治科、邊境防衛科、勸業科及宗教科等五科，其中民治科分管文教相關工作[2]。

1912 年 7 月，時任教育部總長的蔡元培在北京主持召開了臨時教育會議，在本次會議上通過了《蒙藏回教育計畫》決議案。翌年，作為蒙藏教育行政機構，設立了普通教育司第五科，民國蒙藏教育工作至此拉開了帷幕。有關蒙藏回地區教育用語及文字相關問題，在上述《蒙藏回教育計畫》中明確記載要統一使用漢語[3]。

1914 年 5 月，袁世凱公佈《中華民國約法》（或《袁記約法》），以法律形式強化了大總統許可權。同時，為鞏固其在內蒙古地區的統治體制，改蒙藏事務局為蒙藏院，直隸於大總統[4]，貢桑諾爾布再次出任總裁。蒙藏院分設參事室、秘書室、總務廳、第一司、第二司，並在第一司下設民治科，主管教育相關事務。

1927 年南京國民政府成立後，於 1928 年設置了蒙藏委員會，並由該委員會蒙古事務處第二科負責教育事業。1930 年秋，伊克昭盟在準格爾旗設立該地區第一所新式學校「同仁小學校」時，蒙藏委員會曾撥「邊疆教育經費 2,000 元」，並約定今後每年撥款 1,500 元以支援該校運營[5]。目前有關蒙藏委員會蒙古事務處第二科的資料甚少，至今其具體活動狀況不甚明瞭。

1928 年 5 月，時任中華民國大學院院長的蔡元培在南京主持召開了第一次全國教育會議，通過《融合各民主並發揚文化案》[6]。1929 年 6 月，第三屆中國國民黨中央執行委員會二中全會通過決議《關於蒙古西藏經濟與文化之振興，應以實行發展教育為入手辦法》：（1）通令各盟旗及西藏、西康等地主管官廳，迅速籌辦各級學校，編譯各種書籍及本黨黨義之宣傳品。實行普及國民教育，屬行識字運動，改善禮俗，使其人民能受三民主義之訓育，具備自治之能力；（2）確定蒙藏教育

---

[2]　蒙藏委員會編譯室，《蒙藏委員會簡史》，1971 年，頁 9。
[3]　黃鶴聲，〈我國邊境教育之計畫與設施：上〉，《教育雜誌》，1936 年，第 26 卷第 5 號，頁 39-40。
[4]　蒙藏事務局設立於 1912 年 7 月，其前身為蒙藏事務處。
[5]　岡本雅享，《中国の少数民族教育と言語政策》（增補改訂版），社会評論社，2008 年，頁 198。
[6]　黃鶴聲，〈我國邊境教育之計畫與設施：上〉，《教育雜誌》，1936 年，第 26 卷第 5 號，頁 40。

經費；（3）在教育部內特設專管蒙藏教育之司科；（4）在首都及其他適宜之地設立收容蒙藏青年之預備學校，並特定「國立」及省立之學校，優待蒙、藏、新疆、西康等地學生[7]。教育部根據該決議，設蒙藏教育司為蒙藏教育之專轄機構。

1929 年 7 月，民國政府教育部經與蒙藏委員會多次協商，正式公佈《待遇蒙藏學生章程》，並在其施政綱領中規定蒙藏教育方針如下：留學內地及出洋學生之優待辦法、編譯各種蒙藏書籍及宣傳品、創辦各級學校及職業學校、實行普及平民教育、厲行識字運動、改善禮俗等。之後，國立中央大學、國立北平大學陸續設立了「蒙藏班」。

1930 年 2 月，蒙藏委員會通過《蒙古教育決議案》，內容包括：（1）根據蒙古地區學齡兒童人數，至 1931 年為止在各旗建立小學 1 所以上；（2）六年內在蒙古各盟建立中學 1 所；（3）六年內在蒙古各盟建立職業中學 1 所等[8]。

1931 年 9 月，國民黨第三屆中央執行委員會第十七次常務會議通過《三民主義教育實施原則》，蒙藏教育被列為主要內容之一，並主張在「五族共和」理念下完成國家統一大業[9]。

1932 年 8 月，蒙藏教育委員會在南京成立。該教育委員會隸屬於蒙藏委員會，白雲梯（色楞棟魯布，1894-1980 年）任主任。20 世紀 20 年代，白雲梯在內蒙古地區開展國民黨黨務活動，並與郭道甫（墨爾森泰，1894-1932 年）領導的呼倫貝爾青年黨聯合，成立了內蒙古人民革命黨。內蒙古人民革命黨曾計畫設立大、中、小學，實施免除貧困學生學費等措施。1930 年代中期，由於內蒙古人民革命黨內部出現矛盾，白雲梯等被改組為中國國民黨內蒙古黨部。

1910-1930 年代初，在民國政府上述蒙藏教育施政綱領下，內蒙古地區學校數量有了較大增長，從 1919 年的 28 個旗 30 所小學增至 1932 年的 30 個旗 158 所小學[10]。此外，在北京設立了蒙藏學校（後改名為北平蒙藏學校），在南京設立了中央政治學校附設蒙藏學校等中等教育機構，並計畫開始實施對蒙教育振興政策。

但另一方面，民國政府這一時期的對蒙文化、教育政策未能落實之處甚多，很多設想實際上成為了一紙空談。尤其是民國政府對於在內蒙古地區設置大學一事持有消極態度。在 1930 年召開的第二次全國教育會議上，雖然提出並審議了將來要

---

[7]　黃奮聲，《蒙藏新志》，中華書局，1936 年，頁 548-559。

[8]　胡春梅，《民族教育發展研究》，內蒙古教育出版社，2003 年，頁 26。

[9]　沈雲龍，〈邊境教育〉，《第二次中國教育年鑑》，文海出版社，1986 年，頁 1211-1212。

[10]　烏蘭圖克，《內蒙古民族教育概況》，內蒙古文化出版社，1994 年，頁 26。

在蒙古地區和西藏設置農、工、商專門學校及高等教育機構一事[11]，但至 1949 年為止民國政府並未能實現上述目標。

三、東蒙書局與蒙古文化促進會

民國時期，以蒙古族知識份子群體為中心自主進行的文化活動及教育事業取得了一定成果。其中，1923 年成立於北京的蒙古語出版社蒙文書社、1926 年成立於北京的以振興蒙旗教育、普及蒙古文化為設立宗旨的蒙文學會、1926 年成立於奉天的以發展蒙古文化、振興蒙古教育為宗旨的東蒙書局、1928 年在奉天以東蒙書局為基礎設立的蒙古文化促進會等最具代表性。以繼承民族文化、振興蒙古民族為設立宗旨的上述文教團體曾出版發行過多部蒙古語書籍及教科書等，蒙文書社在印發蒙古語書籍的同時，還曾以蒙古文印刷技術支援過東蒙書局等其他一些文化團體及出版社。

當時，以民族知識份子為主體力量，除了進行出版事業外，在創辦學校、開展教育活動方面也有所建樹。在教育、出版、翻譯等相關方面做出傑出貢獻的克興額（1889-1950 年，東蒙書局的創設者），曾在奉天蒙文教科書編譯局任編輯員，參與了蒙古文教科書的編輯工作。1905 年前後，克興額返回故鄉科爾沁左翼前旗西扎哈氣村，創立了科爾沁左翼前旗蒙漢兩等小學堂，並開設了柏園書室。發明蒙古文鉛字的特睦格圖（蒙文書社的創建者）在 20 世紀初期任蒙藏學校教員、南京政府教育部蒙藏教育司科長兼常任編審，20 世紀 30 年代中期前往興安軍官學校（王爺廟）擔任蒙古語教師。蒙文學會的創設者卜和克什克（梁萃軒，1902-1943 年），1928 年畢業於北京法政大學，1930-1932 年任北京蒙藏學校講師，後赴興安西省（開魯）任文教科科長。卜和克什克旅居北京時曾任歐文・拉鐵摩爾的蒙古語老師，被 W・海西希評價為「蒙古文學的守護者」[12]。

這一時期，在奉天、齊齊哈爾出現了由蒙古人主導的中等教育機構。例如 1929 年，黑龍江省轄內的伊克明安旗、杜爾伯特旗、郭爾羅斯旗、扎賚特旗四個蒙旗共同出資，另有黑龍江省教育廳部分資助建立的黑龍江蒙旗師範學校（齊齊哈爾）；同年，在郭道甫以及蒙古文化促進會其他成員的共同努力之下建立的東北蒙旗師範學校（奉天）等。偽滿洲國時期，把上述兩所學校遷移至扎蘭屯，後在此基礎上設

---

[11] 黃季陸，〈抗戰前教育政策與改革〉，《革命文獻》第 54 輯，中央文物供應社，1971 年，頁 234。

[12] ワルターハイシッヒ著，田中克彥訳，《モンゴルの歴史と文化》，岩波書店，1967 年，頁 264。

立了興安東省扎蘭屯師道學校[13]。

　　上述由蒙古人所主導的文化教育活動雖然在當時獲得了一定的成果，但蒙文書社、蒙文學會、東蒙書局等文化團體無一不被資金所困擾，面臨著嚴重的經營困難問題。民國時期，蒙古人所營運的多數文化教育團體自身經濟實力不足，又無法獲得民國政府的資金援助，所以其營運往往面臨眾多問題，無法有效地開展各類活動。其中，與東北地方政權採取合作辦學方式的東北蒙旗師範學校是為數不多的獲得營運經費的學校之一[14]。在此，首先對蒙古語出版社東蒙書局及設立於該書局內的蒙古文化促進會的活動進行論述，其次對由於蒙古文化促進會的大力推動而建立的東北蒙旗師範學校進行考察。

　　東蒙書局設立時的主要成員有克興額、博彥滿都（1894-1980年）[15]、諾勒格日扎布（1889-1941年）、壽明阿（1885-1947年）、業喜海順（1891-1944年）等當地知名人士及王公。除克興額捐贈自家資產作為東蒙書局的設立基金外，諾勒格日扎布、壽明阿、業喜海順等人也都曾大力資助該出版社[16]。

　　諾勒格日扎布為克什克騰旗貴族，民國時期封為輔國公，因與該旗箚薩克產生矛盾，前往外蒙古。返回故鄉後曾出任奉天督軍署諮議、克什克騰旗箚薩克（1929年）、偽滿洲國民政廳廳長（1933年）、興安西省省長（1937年）等職[17]。

　　壽明阿為科爾沁右翼後旗貴族，民國時期曾歷任輔國公（1916年）、參議院議員、東三省保安司令部顧問、總統府顧問（1923年）、奉天省政府諮議、蒙古宣撫使署顧問（1924年）、蒙邊督辦公署蒙務處處長（1931年）等職。偽滿洲國時期，曾任興安總署理事官（1932年）、蒙政部民政司長、興安南省省長、滿洲電氣公司理事（1942年）等職。1945年，出任長春民報（Arad-un sonin）社社長。1947年被科爾沁右翼後旗公安機關逮捕，同年10月死亡[18]。

[13] 娜荷芽，《二十世紀三四十年代內蒙古東部地區文教發展史》，內蒙古人民出版社，2018年，頁56-58。

[14] 仁欽莫德格，〈瀋陽東北蒙旗師範學校〉，《達斡爾族研究第5輯：郭道甫誕辰100周年學術研究會專輯》，1996年，頁174。

[15] 有關博彥滿都在文化及教育方面的活動，有娜荷芽論文〈1930～40年代の內モンゴル東部におけるモンゴル人の活動―文化・教育活動を中心に―〉（《日本とモンゴル》，2015年，第49輯，頁108-119）。

[16] 克・莫日根，《克興額：一個科爾沁蒙古人》，內蒙古教育出版社，2001年，頁32。

[17] Ü·Šuγar-a, *Mongγul ündüsüten-ü orčin üy-e-ün uran jokiyal-un teüke* · öbür mongγul-un yeke suryaγuli-un keblel-ün qoriy-a, Hökeqota, 1987. pp.393-394（烏・蘇古拉，《蒙古族現代文學史》，內蒙古大学出版社，1987年，頁393-394）。

[18] 〈西科後旗群眾工作報告〉，興安盟科右前旗館藏檔案，1947年，頁17-18；〈內蒙翻身人民法庭處決大蒙奸壽明阿〉，《人民日報》，1947年12月7日，第1版。

　　東蒙書局以「振興發展蒙古民族文化教育」為其設立宗旨[19]，曾不遺餘力地印刷發行供學校使用的詞典、參考用書及教科書等。在東蒙書局出版的教科書中，由諾勒格日扎布編、克興額監修的《初學國文》（全八冊，1928 年）[20]最為著名。《初學國文》除由淺及深地教授蒙古文字母、發音、文字外，還包括蒙古的地理、歷史等內容，在當時得到了師生的高度評價。偽滿洲國時期的蒙古族知識份子也曾以《初學國文》為模範教科書，借鑒其編撰方法。《初學國文》題目「國文」（*ulus-un udq-a*）一詞中的「國」，在當時是指中華民國還是單純屬於單詞的翻譯問題，抑或其他，在此不得而知。

　　東蒙書局除學校用教科書之外，還印刷出版過較多有關歷史、文學方面的書籍[21]。該書局當時還負責東北籌辦蒙旗委員會蒙旗處發行的公報《蒙旗旬刊》[22]的印刷工作。20 世紀 20 年代至 1932 年前後，東蒙書局還因作為旅居奉天的蒙古人的活動交流中心而備受關注。當時，青年學生、教師、工人、僧侶等經常拜訪東蒙書局，進行多種交流活動[23]。

　　1928 年，以教育家、政治活動家郭道甫及東蒙書局的主要成員為中心，成立了蒙古文化促進會。郭道甫為達斡爾（蒙古）人[24]，出生於呼倫貝爾索倫左翼鑲黃旗箚拉木台村。郭道甫作為呼倫貝爾及內蒙古地區政治活動的指導者，在活躍於政治舞臺的同時，還曾積極開展教育活動，力圖通過學校教育改造青年們的思想意識，並希望通過漢文著述向漢族開明人士介紹蒙古人的觀點[25]。郭道甫使用漢文撰寫的

---

[19] Ü·Šuɣar-a，*Mongɣul ündüsüten-ü orčin üy-e-ün uran jokiyal-un teüke*・öbür mongɣul-un yeke surɣaɣuli-un keblel-ün qoriy-a, Hökeqota, 1987, p.395（烏・蘇古拉，《蒙古族現代文學史》，內蒙古大學出版社，1987 年，頁 395）。

[20] Rolɣarjab, Kesingge, 1928-1929. *Angqan surɣaqu ulus-un udq-a*（諾勒格日扎布編、克興額監修，《初學國文》，全八冊，1928-1929 年），額爾敦陶克陶編，《蒙古族教育文獻資料彙編》，內蒙古教育出版社，1983 年，頁 41-302。

[21] Ü·Šuɣar-a, *Mongɣul ündüsüten-ü orčin üy-e-ün uran jokiyal-un teüke*・öbür mongɣul-un yeke surɣaɣuli-un keblel-ün qoriy-a, Hökeqota, 1987, pp.345-358)（烏・蘇古拉，《蒙古族現代文學史》，內蒙古大學出版社，1987 年，頁 345-358）。

[22] 東北籌弁蒙旗委員會蒙旗處，《蒙旗旬刊》，1929 年 1 期 1 頁，封面；Ü·Šuɣar-a, *Mongɣul ündüsüten-ü orčin üy-e-ün uran jokiyal-un teüke*・öbür mongɣul-un yeke surɣaɣuli-un keblel-ün qoriy-a, Hökeqota, 1987, p.346)（烏・蘇古拉，《蒙古族現代文學史》，內蒙古大學出版社，1987 年，頁 346）。

[23] 克・莫日根，《克興額：一個科爾沁蒙古人》，內蒙古教育出版社，2001 年，頁 38。

[24] 民國時期被稱為達斡爾（蒙古），1950 年代經「民族識別工作」被認定為達斡爾民族。

[25] 中見立夫，〈ナショナリズムからエスノ・ナショナリズムへ―モンゴル人メルセにとっての国家、地域、民族〉，毛里和子編，《現代中国の構造変動(7)―中華世界：アイデンティティの再編―》，東京大学出版会，2001 年，頁 128。

著作有《庫倫遊記》（出版社不明，1923 年）、《蒙古問題》（原名《黃禍之復活》，出版社不明，1923 年 2 月）、《新蒙古》（出版社不明，1923 年 11 月）、《內蒙古新青年》（出版社不明，1923 年 11 月）、《蒙古民族自覺運動》（出版社不明，1924年）、《蒙古問題講演錄》（東北蒙旗師範學校，瀋陽，1929年）、《呼倫貝爾問題》（大東書局，上海，1931 年）等 7 冊[26]。

　　1917 年，郭道甫領導黑龍江省內的學生及在北京的專門學校的學生，以地方政治改良為目的，組建了「呼倫貝爾青年會」。1918 年，在家人的支持下，郭道甫利用自家房舍創辦私立蒙旗小學，並自任校長。1919 年，該校改為公立蒙旗小學，校舍設於副都統署西院，仍由郭道甫任校長。其間，該校曾一度停辦。1920 年，原設公立蒙旗小學得以恢復，改稱呼倫貝爾蒙旗學校，並增設中學部，郭道甫仍任校長。同年，郭道甫還以拉丁字母為基礎，創制了達幹爾文字。

　　1925 年，經共產國際同意，在張家口召開內蒙古人民革命黨第一次代表大會時，郭道甫當選為秘書長。1928 年，在共產國際的支持下，郭道甫在呼倫貝爾組織暴動。暴動失敗後，張學良派員與郭道甫等進行交涉[27]。此後，郭道甫開始與張學良及東北政務委員會合作，得以組建蒙古文化促進會，創建東北蒙旗師範學校，並自任校長，致力於教育事業。

　　1928 年 9 月，蒙古文化促進會在奉天（瀋陽）正式成立，並把事務所設於東蒙書局院內。蒙古文化促進會初期主要成員有郭道甫、金鶴年、王宗洛（特格希博彥）、博彥滿都、克興額、王新宇、王召南等，該會成立宗旨為促進蒙古民族文化教育，大力協助東蒙書局發展業務，編輯、出版蒙古文書籍[28]。

　　1928 年底，郭道甫等人以蒙古文化促進會之名向張學良及東北政務委員會提案設立東北蒙旗師範學校。1929 年 1 月，根據東北政務委員會的修正案設立了東北蒙旗師範學校理事會，張學良任理事長，袁金凱（1870-1947）任副理事長，科爾沁左翼中旗箚薩克那木吉勒色楞（1884-?）等任理事。同年 7 月，以「造就蒙旗教育人才、促進蒙古文化」為宗旨的東北蒙旗師範學校在瀋陽正式成立，郭道甫任校長，克興額擔任蒙古語教員。

---

[26] 恩和巴圖，〈郭道甫先生和滿文字母的達呼爾文〉，《達幹爾族研究第 5 輯：郭道甫誕辰 100 周年學術研究會專輯》，1996 年，頁 140；奧登掛，《郭道甫文選》，內蒙古文化出版社，2009 年。

[27] 中見立夫，〈ナショナリズムからエスノ・ナショナリズムヘ─モンゴル人メルセにとっての国家、地域、民族〉，毛里和子編，《現代中国の構造変動(7)─中華世界：アイデンティティの再編─》，東京大学出版会，2001 年，頁 141。

[28] 克・莫日根，《克興額：一個科爾沁蒙古人》，內蒙古教育出版社，2001 年，頁 39。

四、東北蒙旗師範學校

　　1929 年，東北蒙旗師範學校公佈了「東北蒙旗師範學校章程」十六條，明確規定了招生人數、入學資格、年齡、考試內容、畢業年限、課程科目、學費等內容。根據該章程內容，東北蒙旗師範學校的經費由遼寧省政府撥給，並分設師範部（中學部）與附屬小學。由東北政務委員會負責組成東北蒙旗師範學校理事會，當時聘請遼寧省教育廳長及各蒙旗王公兼任理事[29]。

　　該校入學資格規定年齡在 17-31 歲，需持有旗公署推薦信，或毛遂自薦參加入學考試合格者。招生人數為 200 名，除各旗蒙生外還有一些漢生。學科分設講習班與師範班，畢業年限分別為兩年與三年。各科學生除自費生外，每年還招收 10 名官費生，其中師範班的自費生除自行負擔制服費外，全額免收其住宿費、飯費以及教材費。

　　擔任東北蒙旗師範學校專任及兼任教職員的有郭道甫（校長）、黃成垸（教務主任，原西北籌邊使徐樹錚的幕僚）、金鶴年（訓育主任）、梁啟雄（教育學，梁啟超之弟，畢業於北京大學）、色楞呢瑪（蒙古語，畢業於東北大學文學部）、墨爾根巴圖爾（博物）、克興額（蒙古語）、李又聃（心理、倫理，畢業於北京師範大學）、王樹屏（數學，原東北大學教師）、李東白（漢語）、汪宗洛（漢語，東北政務委員會蒙旗處職員）等。其他還有婁熙沈（庶務兼會計主任，瀋陽裕通銀行經理）、張子賡（秘書）等雇員數名[30]。上述教員中，李又聃後來曾在蒙民厚生會設立的中學育成學院擔任教務主任，講授數學及化學課程[31]。

　　1929 年，東北蒙旗師範學校開始招收二期生。翌年秋，根據郭道甫的意向，該校增設了女子講習班（中學）與女子家政講習班。其後，該校規模不斷擴大，講習班也從兩個班增加為三個班[32]。東北蒙旗師範學校講習班及師範班課程表是根據中華民國教育部的規定設置的，但在外語課一項中，東北蒙旗師範學校講授的課程是蒙古語。

　　1930 年，東北蒙旗師範學校的學生代表團曾前往瀋陽參加國際音樂節。在來自

---

[29] 東北籌辦蒙旗委員會蒙旗處，《蒙旗旬刊》，1929 年 1 期，頁 8。

[30] 仁欽莫德格，〈瀋陽東北蒙旗師範學校〉，《達斡爾族研究第 5 輯：郭道甫誕辰 100 周年學術研究會專輯》，1996 年，頁 171。

[31] 娜荷芽，《二十世紀三四十年代內蒙古東部地區文教發展史》，內蒙古人民出版社，2018 年，頁 151。

[32] 《盛京時報》，1930 年 6 月 16 日，第 2 面；《盛京時報》，1930 年 6 月 19 日，第 4 面。

蘇聯、日本、丹麥、澳大利亞、英國及美國等八個國家代表團參加的本次音樂節上，東北蒙旗師範學校代表團演唱了內蒙古民歌《達那巴拉》[33]。

　　1931 年秋，東北蒙旗師範學校向社會輸送了第一期畢業生，共 33 人（蒙古族學生 28 名，漢族學生 5 名）。其中，10 人就職於東北政務委員會及東北蒙旗師範學校附屬小學，其他學員幾乎都按照各自意願就職於各個蒙旗的教育、行政機構[34]。

　　1930 年，哈豐阿（騰續文，1908-1970）、王紹純任主編創辦東北蒙旗師範學校學報 *ǰegün qoyitu-yin mongɤul qosiɤuud-un baɤsi-yin surɤaɤuli-yin darumal* /《東北蒙旗師範學校專刊》（蒙漢合璧，至 1932 年曾刊發 3 期）[35]，該刊是目前為止最早以蒙古文字刊發的學報。哈豐阿於 1929-1930 年在東北蒙旗師範學校在學期間，負責編輯該刊兩期。在創刊號中，刊載了郭道甫書寫的創刊賀詞、哈豐阿創作的 3 篇詩歌（蒙古文）和 1 篇散文（漢文）。此外還刊載了有關蒙古歷史書籍的書評、有關蒙旗教育問題的議論文、小說、翻譯文章、對蒙古人民共和國的介紹性文章及校內新聞等[36]。

　　1931 年，「九一八事變」爆發後，東北蒙旗師範學校隨之停課。1932 年春，該校復課後經過整編，改稱興安東省扎蘭屯師道學校。

五、結語

　　對於蒙古地區來說，清末民初是一個分斷與多樣化的時期。辛亥革命後，隨著清王朝的崩潰，內蒙古地區作為蒙古地區的一部分，一方面繼續其歷史進程，另一方面構成了中華民國的邊疆地區之一。從這一時期開始，內蒙古地區蒙古族所面臨的重要課題即作為邊疆居民，如何確保其自身的主體空間並全方面地振興蒙古地區。

　　民國政府在形成近代多民族國家的過程當中，面臨著如何通過「五族共和」的理念統合國民的政治課題。在此背景下，民國政府開始實施對蒙古地區的諸政策。

---

[33] *ǰegün qoyitu-yin mongɤul qosiɤuud-un baɤsi-yin surɤaɤuli-yin darumal*, 1930.26／東北蒙旗師範學校，《東北蒙旗師範學校專刊》，1930 年，頁 26。

[34] 《蒙藏週報》，1931 年，頁 78；內蒙古教育史志資料編集委員會，《內蒙古教育史志資料 2》，內蒙古大學出社，1995 年，頁 485。

[35] 東北蒙旗師範學校，《東北蒙旗師範學校專刊》，1930 年，創刊號。

[36] 娜荷芽，〈東北蒙旗師範学校及びその学報『東北蒙旗師範学校専刊』について〉，島根県立大学，《東北アジア研究》，2019 年 12 月，第 5 号，頁 67-82。

但在清末至南京國民政府成立的軍閥混戰時期，民國政府與地方政權的對蒙政策總體缺乏一貫性，對蒙文化教育事業基本上是在蒙古族人士與各地方政權的交涉當中展開的。

　　當時，內蒙古的王公及知識份子除在蒙古地區外，還活躍於北京、南京、奉天（瀋陽）、吉林等各地政治、經濟、文化、教育領域。但在這一時期，單靠蒙古族自身的力量已經無法展開強有力的活動，不得不與各地方政權進行交涉，東蒙書局、蒙古文化促進會及東北蒙旗師範學校的活動即為典型的事例。

　　自 20 世紀 20 年代至 30 年代初，東蒙書局發揮了旅居奉天的蒙古人士活動中心的作用，其後在蒙古文化促進會的宣導之下建立了東北蒙旗師範學校。從該校湧現出了以哈豐阿為首的眾多人才。以克興額為代表的東北蒙旗師範學校的教員，在其後的 1930 至 1940 年代為推動民族文化教育工作發揮了核心作用。

研究歷程

李正吉

（黃曉然、孫鳴鶴　譯）

　　2016 年島根縣立大學東北亞區域研究中心（以下簡稱 NEAR 中心）被選為大學共同利用機關・人間文化研究機構所實施的東北亞區域研究項目的日本五大研究基地之一。之後，NEAR 中心發起並推進了「東北亞近代空間的形成及其影響」的共同研究課題，並在眾多專家學者的共同努力下取得了豐碩的成果。本書為這些研究成果中的一部分。

　　本書試圖從統治理念、思想、制度、交流等各方面重新理解和探討東北亞的近代。值得注意的是，此處提到的東北亞這一地域概念不僅僅指中日韓，還包括俄羅斯、蒙古國、對馬、沖繩、濟州等地。本書把東北亞的近代空間看作基於多種關係的網路，將其分為胚胎期、胎動期、形成期三個時期進行考察。

｜第一階段｜東北亞：胚胎期的諸相

　　研究的第一階段，我們在 2016 年 11 月 19-20 日舉辦了第一屆國際研討會，主題為「東北亞：胚胎期的諸相」。

2016 年 11 月 19 日（週六）		
9:30-9:40 會議主旨 說明	井上厚史（島根縣立大學）	
9:40-12:10　第一部分　認識：自我認識或歷史		
主持	李曉東（島根縣立大學）	
發表	飯山知保（早稻田大學）	12-14 世紀的華北——蒙古「中國」的接壤地帶
	井上治（島根縣立大學）	《蒙古編年史》的成立及對其後續歷史展開的研究

	井上厚史（島根縣立大學）	朝鮮和日本的自他認識
	中村喜和（一橋大學）	舊禮儀派俄羅斯人的烏托邦傳說《白水境》
討論	岡洋樹（東北大學）	
12:10-13:30　午飯和休息		
13:30-16:00　第二部分　統治理念		
主持	石田徹（島根縣立大學）	
發表	栗生澤猛夫（北海道大學）	「胚胎期」俄羅斯的「統治理念」
	茂木敏夫（東京女子大學）	中國秩序的理念
	岡洋樹（東北大學）	大清國統治下的蒙古的歷史脈絡
	都賢喆（韓國延世大學）	朝鮮王朝的朱子學支配理念和中國的關係
討論	李曉東（島根縣立大學）	

2016 年 11 月 20 日（週日）		
9:30-12:10　第三部分　交流		
主持	劉建輝（國際日本文化研究中心）	
發表	韓東育（中國・東北師範大學）	前近代中日學界關於「制心」問題的討論
	柳澤明（早稻田大學）	17-19 世紀的清俄外交和媒介語
討論	波平恒男（琉球大學）、天野尚樹（山形大學）、井上治（島根縣立大學）	
12:10-13:30　午飯和休息		
13:30-16:30　綜合討論		
主持	井上厚史（島根縣立大學）	
討論	小長谷有紀（人間文化研究機構）、岡洋樹（東北大學）、娜荷芽（中國內蒙古大學）、Eduard Baryshev（筑波大學）	
16：30　閉會		

　　第一屆國際研討會就如何理解東北亞地區以及關於該地區有什麼樣的研究課題進行了整體的概觀。即我們的東北亞研究的研究範圍在空間上是從西面的基輔、莫斯科到東面的朝鮮半島、日本，在時間上是從 9 世紀到 17 世紀，由此提出了以下三個課題。（1）蒙古對自認屬於歐洲的俄羅斯有什麼樣的影響，以及該影響和俄羅斯人對「東方」的關注有什麼聯繫。（2）中國的「寬容和不寬容」的秩序觀為大

清帝國的近代化帶來怎樣的影響，對周邊的俄羅斯、蒙古、朝鮮、日本的近代化產生了什麼樣的作用及反作用。（3）蒙古只被看作邊緣國家，但在明確它對東北亞諸國近代化的影響的同時，還要探究其自身發生什麼變化，為什麼有必要用內外結合的研究方法來確定蒙古的角色與作用。參加該會議的18位專家學者在主張將「認識（自我認識或歷史）」、「統治理念」、「交流」等方面的研究作為基礎的同時，還都很關注如何定位東北亞地區的蒙古、俄羅斯、中國、朝鮮、日本在其近代化中所充當的角色的問題。這不僅強調了在東北亞的近代化中充當主力的俄羅斯、中國、日本的獨特作用，同時還從新的角度對蒙古、朝鮮的作用進行了探討[1]。

｜第二階段｜東北亞：胎動期的諸相

翌年 9 月 19-20 日，以「東北亞：胎動期的諸相」為主題的第二屆國際研討會在中國長春市的東北師範大學舉辦。

2017 年 9 月 19 日（週二）	
9:30-9:45　開幕致辭和主旨說明	
致辭	韓東育（東北師範大學）、井上厚史（島根縣立大學）
主旨說明	井上厚史（島根縣立大學）
9:45-12:30　第 1 部分　認識：亞洲的他者認識	
主持	石川肇（國際日本文化研究中心）
發表	S. Chuluun（蒙古國科學院）　東方面對的尼布楚條約中的「蒙古」問題：佔領和解決
	唐豔鳳（東北師範大學）　17-18 世紀俄羅斯人的中國觀
	澤井啓一（惠泉女學園大學）　儒教共榮圈的幻影——十八世紀東亞的日本主義
	黑住真（東京大學）　東亞十八——十九世紀日本的「靈性」
討論	井上厚史（島根縣立大學）
14:00-18:00　第二部分　統治理念	
主持	劉曉東（東北師範大學）

[1] 井上厚史，〈第一屆國際研討會 2016〈東北亞：胚胎期的諸相〉總結〉，《北東アジア研究》，別冊：第 3 號（2017 年），頁 8。另外，第一屆國際研討會的的全部成果亦收錄在該論文集《北東アジア研究》，別冊：第 3 號（2017 年）中。

發表	佐佐木史郎（國立阿伊努民族博物館）	清朝對黑龍江的統治理念及其實像
	蘇德畢力格（內蒙古大學）	19 世紀清朝「因俗施治」的對蒙政策的遭遇
	韓東育（東北師範大學）	清朝對「非漢世界」的「大中華」表達──從《大義覺迷錄》到《清帝遜位詔書》
	莊聲（東北師範大學）	清代統治領域的地理特性及其賑災政策：以東北南海琿春河流域為中心
	真壁仁（北海道大學）	江戶儒學界關於清朝的領域統治的評價
討論	岡洋樹（東北大學）	

2017 年 9 月 20 日（週三）		
10:00-12:30　第三部分　交流：「人和物」		
主持	李曉東（島根縣立大學）、娜荷芽（中國內蒙古大學）	
發表	森永貴子（立命館大學）	1860 年代以後俄羅斯和清朝的茶貿易──從莫斯科、恰克圖、漢口的流通路線的視點出發
	中村篤志（山形大學）	清朝統治下蒙古社會的人的移動和驛站
	波平恒男（琉球大學）	琉球人和近代西洋的初次相遇──以 Basil Hall 的《朝鮮‧琉球航海記》（1818）為中心
	石田徹（島根縣立大學）	近世對馬的異國船隻來航及其應對──從對馬宗家文書看「東北亞」
討論	劉建輝（國際日本文化研究中心教授）	
14:00-17:00　綜合討論		
主持	井上厚史（島根縣立大學）	
討論	小長谷有紀（人間文化研究機構）、韓東育（東北師範大學）、劉建輝（國際日本文化研究中心）、黑住真（東京大學）、張寅性（首爾大學教授）、黃克武（臺灣中央研究院教授）	
17：00　閉會		

　　在第二屆國際研討會上，23 位專家學者從「認識：亞洲的他者認識」、「統治理念」、「交流：人和物」的視點出發，對東北亞內的各國各地區面臨近代化的胎動期時的諸多問題進行了研究探討。會議中的重要視角可總結為以下四點：（1）在東北亞地區內移動的人們（移民和商人）（2）因為他們處於「大中華」的世界

觀＝統治理念的保護下，所以在區域內自由交流和移動是可能的。（3）位於「大中華」東側邊境的朝鮮和日本，發生了圍繞「大中華」的正統學問朱子學的民族主義攻防戰，並最終在日本滋生了國家宗教和國家神道這種民族主義性質的政治宗教運動。（4）琉球和對馬等接壤地區被捲入巨大的政治動盪中，以致「大中華」世界觀＝統治理念完全消失。可以看出，本次會議為以下的課題奠定了堅實的研究基礎。即東北亞近代化的胎動期所出現的清朝衰落、近代國家大日本帝國的建設、帝國日本相對於其周邊各國在政治、軍事、經濟、文化方面存在感的增強給東北亞地區帶來怎樣的改變和動搖，以及在西方列強的侵略和攻佔中，東北亞各國構想並構築了什麼樣的近代空間[2]。

| 第三階段 | 東北亞的地區結構變化：跨境考察的共生之路

我們於 2018 年迎來了共同研究項目的第三個年頭，舉辦了第三屆國際研討會，並接連召開了兩次工作坊。首先，按照第一年度的計畫，9 月 22-23 日人間文化研究機構東北亞地區研究推進事業的日本國內六大研究基地（國立民族學博物館、北海道大學斯拉夫－歐亞研究中心、富山大學遠東研究中心、島根縣立大學東北亞區域研究中心、早稻田大學現代中國研究中心）聯合舉辦了題為「東北亞的地區結構變化：從跨境考察的共生之路」的第三屆國際研討會。會議上，島根縣立大學東北亞區域研究中心的四位專家學者就同一主題「近代化的發端」，進行了研究成果發表及討論。

2018 年 9 月 23 日（週日）		
主題：近代化的發端		
主持	井上厚史	
發表	張寅性（首爾大學）	俞吉濬的文明社會構想與蘇格蘭啓蒙思想：近代思想在韓國的一種吸收與改造
	李曉東（島根縣立大學）	近代法理學在中國的吸收和發展：以梁啓超為中心
	娜荷芽（內蒙古大學）	偽滿洲國時期蒙古人的日本留學史研究
討論	井上厚史（島根縣立大學）	

---

[2]　井上厚史，〈第二屆國際研討會 2017〈東北亞：胎動期的諸相〉總結〉，《北東アジア研究》，別冊：第 4 號（2018 年），頁 11。另外，第二屆國際研討會的的全部成果亦收錄在該論文集《北東アジア研究》，別冊：第 4 號（2018 年）中。

然後，9 月 25 日以「接觸地區的『近代』」為主題的工作坊在琉球大學舉辦，11 位專家學者就此進行了研究成果發表和討論。

2018 年 9 月 25 日（週二）		
主題：接觸地區的「近代」		
開幕致辭 和 主旨說明	李曉東（島根縣立大學）	
第一部分		
主持	井上厚史（島根縣立大學）	
發表	波平恒男（琉球大學）	沖繩近代再考
	宮城晴美（琉球大學）	「被近代」下的沖繩女性的地位：從風俗改良到「集體自殺」
討論	阿部小涼（琉球大學）、李曉東、井上厚史、井上治、山本健三（島根縣立大學）	
第二部分		
主持	李曉東（島根縣立大學）	
發表	石田徹（島根縣立大學）	從對馬看「東北亞的近代空間」
	趙誠倫（濟州大學）	近代過渡時期濟州島民的移動和跨國認同
	Baryshev Eduard（筑波大學）	鄂霍次克海域圈「近代化」「被近代化」的浪潮：以國境變動和民族移動為視角
討論	阿部小涼（琉球大學）、李曉東、井上厚史、井上治、山本健三（島根縣立大學）	
閉會致辭	波平恒男（琉球大學）	

最後，2019 年 3 月 16 日以「東北亞近代空間的成立」為主題的工作坊在國際日本文化研究中心舉辦，共有 10 位專家學者參加了該會議。

2019 年 3 月 16 日（週六）	
開幕致辭 和 主旨說明	李曉東（島根縣立大學）

第一部分		
主持	劉建輝（國際日本文化研究中心）	
發表	小長谷有紀（國立民族學博物館）	通過照片看蒙古高原南部的農業開發：東北亞近代空間的成立
	劉建輝（國際日本文化研究中心）	以地圖、鳥瞰圖看東北亞近代空間的成立
第二部分		
主持	劉建輝（國際日本文化研究中心）	
發表	李正吉（人間文化研究機構）	韓國民主主義的發端：以朝鮮末期－1919年大韓民國臨時政府建立為對象
	石川肇（國際日本文化研究中心）	從旅行導遊圖到戰爭路線圖：以朝鮮為起點俯瞰東亞近代空間
綜合討論		
主持	劉建輝（國際日本文化研究中心）	
閉會致辭	李曉東（島根縣立大學）	

在上述的第三屆國際研討會和之後兩次工作坊上，我們也將東北亞「邊境」地區的「統治理念」、「制度（包括慣例和習俗）」和「交流」等方面問題作為研究的重點。同時關注了「周邊」及「邊境」這種不同性質的文化與發源於西歐的「近代」接觸並產生衝突的接壤性，以及在其中作為互相對立鬥爭的結節點的特性。研究認為，東北亞是一個由眾多「contact zone（接壤地區）」組成的、具有很強伸縮性的網絡，與近代國家形成時排他性地劃定出的邊界所表示的地區不同。

此外，如果我們在近代背景下考慮這些「contact zone（接壤地區）」，可以將它們分為可見的地理上的空間和思想精神上的空間。首先，地理空間具有：（1）多種因素交錯並相互作用的混合空間；（2）周邊性和邊境性等性質。(1)包括當時作為蒙古人中轉地的驛站；在鎖國時期作為對外聯絡點的廣東、長崎；還有在華夷秩序下具有「雙重屬地」特徵的琉球和對馬；多元文化混雜的舊滿洲地區；以及作為條約港口發展為現代城市的上海和武漢等。具有（2）的性質的地區包括作為國民國家周邊地區的琉球群島、對馬島、濟州島和薩哈林。東北亞這一網絡中並非沒有「中心－週邊」的概念，但邊境線本身並不受重視。在近代化過程中劃定了排他性的邊界後，基於主權國家的理論形成了排他性的「中心－週邊」結構。在這種情況下，一些城市或地區作為「contact zone（接壤地區）」，由於其固有的混合性在

近代化過程中得到了極大的發展，但也有許多地區在遵循國民國家邏輯進行同質化的過程中被納入國民國家的邊緣地區，失去了其現有的獨特性和自主性。

另一方面，作為思想精神上的接壤空間，在西洋歷時性地形成的「近代」在東北亞地區被共時性地吸收，在這個過程中，自由主義、社會主義、無政府主義等給這一地區的人們帶來了不同形態的「近代」形象。而且東北亞地區的國家之間近代化存在時間差問題。東北亞的近代化進程受各種國內外環境和政治力學影響而呈現極為複雜的局面，包括有些國家成功實現近代化而有些國家近代化遇到挫折，有些國家和地區甚至沒能具備近代化發展的環境和條件，邊緣地區歷史因不同的國內外的環境和政治力學呈現出複雜的狀況。

因此，我們在 2018 年以「contact zone（接壤地區）」的接壤性為重點考察了各種近代化進程，闡明了東北亞近代空間的形成過程及其特點，並探討了源自西方的近代在東北亞意味著什麼，我們自己的近代是指什麼等問題[3]。

｜第四階段｜東北亞「近代」空間的形成：帝國與思想

在項目開啟的第四年即 2019 年，10 月 5 日與韓國首爾國立大學亞洲研究所合作舉辦了第四次國際研討會，主題為「東北亞『近代』空間的形成：帝國與思想」。

2019 年 10 月 5 日（週六）		
開幕致辭	張寅性（首爾大學）	
主旨說明	李曉東（島根縣立大學）	
第一部分		
主持	張寅性（首爾大學）	
發表	山本健三（島根縣立大學）	朝鮮的「無政府主義式近代」：20 世紀初東北亞克魯泡特金主義的擴散與《朝鮮革命宣言》
討論	盧官汎（首爾大學奎章閣韓國學研究院）	
發表	李慶美（東北亞歷史財團）	20世紀20年代朝鮮殖民地的「生活政治言論」
討論	李曉東（島根縣立大學）	
發表	李正吉（人類文化研究機構）	關於朝鮮末期民主主義開始的諸研究：關於「建立民主主義土壤的過程」的理論化

[3] 李曉東〈序言〉，《北東アジア研究》，別冊：第 5 號（2019 年），頁 3-9。另外，第三屆國際研討會和兩次工作坊的全部成果亦收錄在該論文集《北東アジア研究》，別冊：5 號（2019 年）中。

討論	金正仁（春川教育大學）	
第二部分		
主持	井上治（島根縣立大學）	
發表	金仁洙（建國大學）	日本軍的對蘇情報思想戰：朝鮮軍與關東軍的案例及其意義
討論	庵逧由香（立命館大學）	
發表	青木雅浩（東京外國語大學）	蒙古人民共和國建國時期的政治事件與國際形勢
討論	李平來（韓國外國語大學）	
第三部分		
主持	石田徹（島根縣立大學）	
發表	文明基（國民大學）	臺灣、朝鮮殖民地史的比較研究：以員警及輔警機構為中心
討論	岡本真希子（津田塾大學）	
發表	黃克武（臺灣中央研究院近代史研究所）	詞語「中國本土－邊疆」的意義轉換與近代中國的國家形成
討論	李熙玉（成均館大學）	
閉會致辭	李曉東（島根縣立大學）	

此外，同年 12 月 14 日在國際日本文化研究中心舉辦了第五屆國際研討會，主題為「東北亞近代空間的形成：以滿蒙為中心」。

2019 年 12 月 14 日（週六）		
會議主旨說明	李曉東（島根縣立大學）	
第一部分		
主持	李曉東（島根縣立大學）	
發表	王中忱（清華大學）	「蒙疆」的表現形式：以深澤省三為中心
	高燕文（綜合研究大學院大學）	山田清三郎眼中的滿洲開拓地：以《我的開拓地手記》為中心

	單荷君（綜合研究大學院大學）	青島軍管處在第一次佔領期的城市開發：以日本人新城區的形成為中心
	袁漸達（加拿大圭爾夫大學）	矛盾的抉擇：再談滿洲國早期中國政府首腦官員（1932-1937）
	靳巍（大阪市立大學都市文化研究中心）	帝國日本與「滿洲」綿羊改良事業
第二部分		
主持	李曉東（島根縣立大學）	
發表	周閱（北京語言大學）	岡倉天心的中國之旅與中國認識：以第一次中國之旅為中心
	劉建輝（國際日本文化研究中心）	反轉的現代主義：大連租界的城市空間與文化生產
綜合討論	黃克武（臺灣中央研究院）、井上治、山本健三、李曉東、石田徹（島根縣立大學）、李正吉（人類文化研究機構）	

　　特別是 2019 年適逢「三一運動」和「五四運動」一百周年，我們能夠在這一時機討論東北亞的「近代」問題，是非常有意義的。在第四屆和第五屆國際研討會上，許多研究者指出，18 世紀在西歐歷時地形成的「近代」，共時地傳入東北亞，與當地傳統和文化相互交融，形成了具有複雜特徵的形態多樣的「近代」，並且各地區的近代化進程出現了較大的時間差。對此我們提出了以下三個問題：(1) 一方面，蒸汽火車、電報、郵政、印刷等近代物質文明和西方文明精神在東北亞的近代空間被接受；另一方面，文明化伴隨著強制與壓迫成為了將殖民地統治正當化的藉口。(2) 在「contact zone（接壤地區）」推行的近代化政策與傳統固有的交流方式、通用的慣例、觀念之間產生了衝突，引起大量反對和抵制。(3) 近代化所產生的壓迫結構不僅來自西方，也產生於東北亞地區內部，如日本殖民主義。第四屆和第五屆國際研討會提出了上述問題，明確了「contact zone（接壤地區）」包含受近代殖民主義理論支配的地區，並以這種「contact zone（接壤地區）」為中心，揭示出東北亞的近代在與各地區的多種力量、文化的接觸中曲折發展[4]。

---

[4]　李曉東，〈はしがき：コンタクト・ゾーンに見る北東アジアの近代の多面性〉，《北東アジア研究》，別冊：第 6 號（2021 年），頁 3-5。此外，第四和第五屆國際座談會的全部成果亦收錄在該論文集《北東アジア研究》，別冊：第 6 號（2021 年）中。

｜第五階段｜東北亞的多樣性

作為概括過去四年間的研究成果的活動，我們在 2020 年 11 月 7 日線上召開了第六屆國際研討會。為實現「四年成果論集的一貫性」和「基地成員（17 人）就近」原則，當初的計畫是 7 月 4-5 日在早稻田大學戶山校區舉辦，但受到前所未有的新冠肺炎疫情長期蔓延，研討會不得不延期。

在這次國際研討會上，在過去四年的進展基礎上，我們關注了東北亞地區的多樣性。我們試圖擺脫從統治理念、思想、制度（包括慣例和習俗）以及交流方面以日本、中國和韓國為中心的東北亞地域研究傳統。為此，我們不僅重視了俄羅斯和蒙古，更重要的是我們還關注到被認為處於「邊緣」的沖繩和濟州島，把東北亞地區視為一個由多種關係編織而成的網絡，藉此重新認識「近代空間」的形成情況。為了拓寬討論的視野，在現有的 17 名成員的基礎上，第六屆研討會還邀請了 6 名研究員，並將會議分為兩個部分進行充分討論。首先第一部分主題為「理念的多樣性」，由 14 位研究人員圍繞各自的主題進行演講和討論。

2020 年 11 月 7 日（週六）		
會議主旨說明	李曉東（島根縣立大學）	
第一部分		
主持	石田徹（島根縣立大學）	
發表	井上厚史	東北亞近代空間形成中的朝鮮的角色與作用
	澤井啓一	東亞多樣性的形成：以「心學」為題材
	茂木敏夫	中國秩序的理念：特徵和近現代中的問題
	韓東育	清朝對「非漢世界」的「大中華」表達──從《大義覺迷錄》到《清帝遜位詔書》
	岡洋樹	大清國歷史記錄中的蒙古史脈絡
	張寅性	俞吉濬的文明社會構想與蘇格蘭啓蒙思想：近代思想在東亞的一種吸收與改造
	李正吉	東北亞近代空間中朝鮮末期建立民主主義土壤的過程
	山本健三	朝鮮的「無政府主義式近代」：20 世紀初東北亞克魯泡特金主義的擴散和《朝鮮革命宣言》
	李曉東	近代法理學在中國的吸收和發展：以梁啓超為中心

波平恒男	沖繩近代再考
黃克武	詞語「中國本土－邊疆」的意義轉換與近代中國的國家形成
井上治	關於近代蒙古國書寫的蒙古中世史的研究
劉建輝	反轉的現代主義：大連租界的城市空間與文化生產
王中忱	「蒙疆」的表現形式：以深澤省三為中心

第二部分主題為「接壤的諸相」，9 名研究者圍繞各自的主題發表演講並討論。

第二部分		
主持	山本健三（島根縣立大學）	
發表	飯山知保	12-14 世紀的華北——蒙古「中國」的接壤地帶：蒙古帝國的統治和華北社會的變容
	柳澤明	17-19 世紀的清俄外交和媒介語
	中村篤志	驛站的看守人：蒙古國喀喇沁集團的歷史和記憶
	森永貴子	1860 年代以後俄羅斯和清朝的茶貿易——從莫斯科、恰克圖、漢口的流通路線的視點出發
	石田徹	對馬與外國船隻：到航和出港
	松田利彥	韓國合併前後漢城——京城的自來水事業：從與殖民城市二重構造問題的關聯出發
	趙誠倫	近代過渡時期濟州島民的移動和跨國認同
	Eduard Baryshev	保障佔領下的北樺太亞港和斯塔埃夫商會的活動（1920-1925 年）
	娜荷芽	東北蒙旗師範學校及其學報：《東北蒙旗師範學校專刊》
綜合討論：彙報者全員自由討論		
閉會致辭：李曉東（島根縣立大學）		

研究者們的發言和討論顯示，以近代國民國家的自由平等理念、自由主義市場經濟和近代立憲制度等為特徵的發源於西歐的「近代」帶著多種特徵「東漸」到東北亞。此外，通過研究西歐的「近代」與「東北亞」地區的各種傳統之間的接觸，以及東北亞地區之間近代化的時間差，我們共同認識到「東北亞的近代化」呈現出

多樣且複雜的一面。

　　通過這五年的研究，我們確認了傳統的東北亞近代研究的價值，如「近代化理論」、「內發型理論」和「文化觸變論」等，同時也進一步認識到了東北亞近代的多樣性。並且為了研究這種多樣性的特點和意義，首先我們得出西歐的「近代」給近代東北亞帶來的四個特點：排他的「領域性」、近代國家的「均一性」、「近代性」，以及西方中心主義產生的「壓迫性」。隨後我們試圖研究這些特點帶來的關於東北亞近代的諸多問題，主要以「理念」、「制度」和「交流」為中心。特別是，通過「contact zone（接壤空間）」我們能夠發現壓迫、強制、衝突、相互觸發、再詮釋等文化觸變的多樣性，意義重大。因為這為我們意識並解構當前價值觀和世界觀存在的局限性，審視東北亞的歷史，重構東北亞的形態奠定了基礎。也就是說，我們通過本書得以重新認識東北亞各地區在與源自西歐的「近代」對峙中顯現的文化和傳統，在確認東北亞「近代」的獨特性的同時，也認識到東北亞的歷史資源，可以用以克服近代東北亞在西方「近代」的影響下所產生的領土問題和民族主義的問題。

　　當然，本書並非試圖否定既有的「近代」，我們希望能夠在「近代」這一「未完成的事業」中加入我們的東北亞研究的視角，希冀以此追求更具普遍性「近代」。我們期待過去五年的成果能夠成為今後的東北亞研究的一個新的起點。

讀歷史 147　史地傳記類　PC1036

東北亞近代空間的形成及其影響

主　　編 / 李曉東、李正吉
責任編輯 / 鄭伊庭
圖文排版 / 蔡忠翰
封面設計 / 劉肇昇

發 行 人 / 宋政坤
法律顧問 / 毛國樑　律師
出版發行 / 秀威資訊科技股份有限公司
　　　　　114 台北市內湖區瑞光路 76 巷 65 號 1 樓
　　　　　電話：+886-2-2796-3638　傳真：+886-2-2796-1377
　　　　　http://www.showwe.com.tw
劃撥帳號 / 19563868　戶名：秀威資訊科技股份有限公司
　　　　　讀者服務信箱：service@showwe.com.tw
展售門市 / 國家書店（松江門市）
　　　　　104 台北市中山區松江路 209 號 1 樓
　　　　　電話：+886-2-2518-0207　傳真：+886-2-2518-0778
網路訂購 / 秀威網路書店：https://store.showwe.tw
　　　　　國家網路書店：https://www.govbooks.com.tw

2022 年 3 月　BOD 一版
定價：790 元

讀者回函卡

國家圖書館出版品預行編目

東北亞近代空間的形成及其影響/李曉東、李正吉主編. --
　　一版. -- 臺北市：秀威資訊科技股份有限公司, 2022.03
　　　面；　公分. -- (史地傳記類)
　　BOD 版
　　ISBN 978-626-7088-51-7(平裝)

　1.區域研究　2.人文地理　3.文集　4.東北亞

730.07　　　　　　　　　　　　　　　　111002122